R 人大经管
工商管理经典译丛
会计与财务系列

p f i n

个人理财

U0874244

(第3版)

劳伦斯·J·吉特曼 (Lawrence J. Gitman)
迈克尔·D·乔恩科 (Michael D. Joehnk)　著
兰德尔·S·比林斯列 (Randall S. Billingsley)
张宏亮　秦　娜　译

中国人民大学出版社
·北京·

前 言

这是一本美国本土化的个人理财的经典教材。

之所以鼓起勇气要把这本书翻译出来，除了出版社编辑的督促、鼓励与支持，更重要的是，它是一本对个人与家庭非常有用的理财读物。具体的缘由包括以下几个方面：

第一，缘于日益增长的出国群体和潜在出国群体的强烈需求。这里我想举三个数字，一个是在美留学生人数，一个是中国人在美国购房置业金额，另一个是赴美生子人数。美国国务院教育和文化事务局与美国国际教育研究所（IIE）于 2015 年 11 月 16 日联合发布的相关调查报告显示，全美外国留学生接近 100 万人，中国占了 1/3。美国房地产协会（National Association of Realtors）2015 年发布的外国买家购买全美住宅房产的调研报告显示，中国投资者 6 年间在美国购买房产数量增长了 7 倍，遥遥领先于全球买家。2013 年，中国超越加拿大成为美国最大外籍买家，并且连续三年夺冠。这几年差距逐渐拉开，中国人赴美置业愈演愈热。2014 年 4 月至 2015 年 3 月，中国人为美国房产市场贡献了 286 亿美元。另外，《环球》杂志报道，2007 年，中国大陆赴美生子为 600 人左右，2014 年达到 3 万人，2015 年估计达到 5 万～6 万人。当然，还有大量的出国、购房和生子的潜在群体。这些群体需要掌握美国金融、投资、纳税、信托和遗产等方方面面的问题。本书提供了最新、最完整和最权威的解读，对于走入美国社会具有重要的指导价值。举例来说，一个全脱产留学生若有奖学金或者兼职收入，就需要筹划他的税金，进行纳税申报，还有可能接受美国国税局的税收审计，违反税法会受到严厉的处罚，甚至可以判处监禁。

第二，缘于我国理财环境与美国环境的趋同。美国目前主流的理财工具，中国都已经出现，有的发展还很迅速，如股票、债券投资，基金和 ETF 投资，房产、汽车投资（或消费），人寿、医疗与财产保险，信托工具，信用卡和消费贷款等。但是，目前国内还没有一本综合或深入指导个人或家庭进行理财的教材或参考书。第一次见到这本书，结合我在美国学习期间的体验，马上意识到这本书的价值并爱不释手。这是一本既适合美国个人与家庭，也适合中国个人与家庭的普适读物，它的很多原则、方法和工具是我国投资者所急需的，例如，如何在风险资产和稳健资产之间进行配置，如何根据个人年龄、家庭状况、收入水平进行投资与储蓄，如何合理使用信用卡，如何理性购买适合个人与家庭的保险，如何进行个人或家庭的纳税筹划，如何进行房产投资筹划，如何进行信托与遗产规划等，无一不与我们的生活息息相关。美国 2008 年的金融危机使大部分人接受了一次教育，个人理财一度风行。我想，对于处于新兴市场国家的投资者来说，现在是时候进行个人理财规划了。

第三，缘于我国普通个人或家庭对理财的需求。我有一个学生，2008 年毕业，从我的财务管理课程中学习了很多理财技巧，在一家民营地产公司工作两年后，已经积攒了北京四环内购买 100 平方米住房的首付款。这时他面临是购买自有住房还是进行创业投资的选择，他选择了后者。如今，他已经是海南一家大型房地产公司占股 30%的董事总经理，他的财富足以在北京四环内全款购买 5 套住房！还有一个例子，我的一个朋友是中国某著名音乐学院的教授，他写了几首脍炙人口的歌曲。2015 年，从来没有涉足投资的他倾其毕生积蓄进入股市，当时股市 5 000 点左右，没过多长时间就亏损近一半，欲哭无泪。对于他的这种草莽英雄式的投资方式，我感到惋惜和痛心。

本书由北京工商大学的张宏亮和秦娜主译并统稿，研究生段文譞、凌筱、曹丽娟、顾仁臻、王一杰、朱雅丽、李光辉、王靖宇、朱婉莹等参与了部分章节的翻译。本书的译稿还得到美国大都会人寿公司（Metlife）个人理财规划师孙若青（Sarah Sun）女士的审阅，她结合美国经济、金融和社会生活提出了许多修改意见与建议。在此一并表示感谢！

目　录

第 1 篇　理财规划的基础

第 2 篇　基础资产管理

第3篇 信贷管理

第4篇 保险管理

第 5 篇 投资管理

第 6 篇 退休与遗产规划

第 1 篇

理财规划的基础

第 1 章 理财规划的流程

学习目标

1. 理解使用个人理财规划技巧进行个人财务管理的好处。
2. 描述个人理财规划的流程并确定个人理财目标。
3. 理解理财规划生命周期及其在实现个人理财目标中的作用，学会解决一些特殊的理财问题，清楚专业理财规划师的作用。
4. 评估宏观经济环境对个人理财规划的影响。
5. 评估年龄、文化水平以及地理区位对个人收入的影响。
6. 认识职业选择的重要性及其与个人理财规划的关系。

理财规划将如何影响我？

理财规划的核心是根据你消费和储蓄的方式进行筹划以确保达到个人的价值目标。这就是说，不论今后生活怎样变化，你都要明确自己现在的财务状况并为想要达到的财务目标制定计划。比如，假定到2017年，你的社保成本将超过你的收入水平，你如何规划以应对这一问题？再比如，政府决定通过提高税率来弥补赤字，你又如何应对？一个良好的理财规划应当能够体现这些不确定性甚至更多其他方面。

本章首先介绍理财规划流程并且解释其内容。本章所述问题包括理财规划如何与你当前所处的生活阶段相配合，理财规划师对帮助你实现理财目标所起的作用。学完本章之后，你将对如何设计个人的理财规划有一个清楚的认识。

1-1 合理理财规划的好处

对你来说过上“好的生活”意味着什么？是否意味着你拥有追求个人梦想和人生目标的自由？是不是在城里某个地方拥有一个家，创立一家公司，没有任何债务缠身，开一辆独特的汽车，度一个奢华的假期，抑或拥有一大笔投资？当今世界复杂多变，提供了太多让人无所适从的选择。经济、政治、技术和社会环境变化迅猛，使人们难以使用一个固定的理财套路来持续提升其生活水准。更进一步，近年发生的金融危机使人们深深认识到要在财务上做到未雨绸缪。不管你怎么定义它，好的生活都需要合理的规划，以把你的财务目标转化为现实。

实现财务目标的最好路径是个人理财规划，它能够帮助我们确定财务目标并采用合适的战略去实现这些目标。我们不能仅仅依赖于雇员或政府福利（如稳定增长的薪水，单位或社保为我们支付的退休金）安度晚年。制定灵活的规划并定期对其修正才是未来衣食无忧的关键。成功的理财规划还能带来诸如个人自由度提升、生活质量改善、良好的生活习惯养成以及个人财富增长等方面的好处。精心的财务规划使你的理财目标更易达到，也使你在应对疾病、失业甚至金融危机方面具有足够的财务弹性。

本书的目的是揭开个人理财规划流程的神秘面纱，提供有助于你管理个人财务和个人生活的工具。为实现这个目的，本书内容分为如下六个部分：

- 第 1 篇　理财规划的基础
- 第 2 篇　基础资产管理
- 第 3 篇　信贷管理
- 第 4 篇　保险管理
- 第 5 篇　投资管理
- 第 6 篇　退休与遗产规划

如图表 1—1 所示，本书的各篇专注于个人理财规划的不同方面。本书的框架围绕财务决策制定展开，这些财务决策基于一套理财规划操作方案。我们相信，合理的理财规划有助于个人进行决策以实现其期望的结果。

图表 1—1　**理财规划模型**

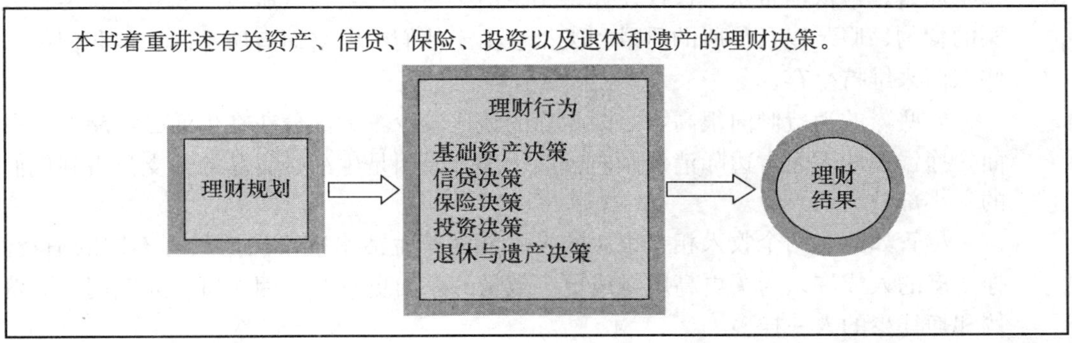

1-1a　提升你的生活质量

通过个人理财规划，我们可以学会如何更高效地获取、使用以及控制财务资源。这也会使我们从个人收入中收获更多的快乐，进而提升我们的**生活水准**（standard of living），也即我们对生活必需品、舒适品以及奢侈品的拥有与渴望。

美国人对生活水准以及生活必需品和奢侈品构成内容的看法因其富裕的程度而不同。比如，45%的美国人认为拥有第二个或休假住所是富裕的首要标志，而其他人则把一年有两次或两次以上休假或者生活在一个没有左邻右舍的地方视作富裕的一个衡量指标。

因此，我们的生活质量与生活水准紧密相连。尽管其他因素，如地理位置、公共设施、当地生活成本、环境污染、交通因素以及人口密度同样影响着人们的生活质量，但财富通常被认为是决定性因素。物质商品如房子、汽车、衣服以及需要用金钱支付的保健、教育、美术、音乐、旅行以及娱乐等都有助于提高我们的生活质量。当然，许多被称为富豪的人却喜欢过平淡的生活，选择宁愿储蓄、投资或者支持慈善事业而不是沉迷于奢侈品。

对我们生活水准有重要影响的趋势是双职工家庭的出现。这在 20 世纪 70 年代早期是十分罕见的，而在当今社会却十分正常，其结果是数百万家庭的收入水平大幅上升。大约 75%的已婚人士说他们和自己的爱人共享收入，一些夫妻则承认自己有小金库。双职工家庭需要买的东西更多，他们更需要明智地管理这些收入。

1-1b 明智地花钱

明智地花钱是理财规划的一个主要好处。不论你挣多少钱，你可以现在就花，也可以把一部分存起来为未来做打算。决定现在和未来花费的分配模式是个人现金管理的一个重要部分。目标当然是花好钱，使你花的每一分钱都产生最大效用。

当前需求

你现在花钱的需求程度取决于你对生活必需品的需求和你自己的**平均消费倾向**（average propensity to consume），即每一元钱的收入中，平均有多少用于当前消费而不是储蓄。最低消费水平仅仅使你得到生活必需品：食物、服装以及住所。尽管人们购买的食物、服装以及住所的质量和类型会由于他们的财富而有所不同，但我们都需要这些东西来维持生存。

一些人的消费倾向很高，是因为挣的钱比较少，大部分花在生活必需品上。另一方面，挣钱多的人通常边际消费倾向较低，部分原因是生活必需品的开支只占到他们收入的一小部分。

尽管如此，两个收入相差很大的人可能因其生活水准不同而具有不同的消费倾向。挣钱多的人或许认为买更高质量或更多数量的东西更重要，因而每一元钱用于消费的比例和挣钱少的人一样多。

理财指示牌　规划你的理财目标时聪明点

如果你的目标有如下特征，你很可能会成功：

- 特定性。我想达到什么目标？我的需求是什么？我有哪些约束条件？
- 可度量性。需要多少金钱？如果成功，我需要知道什么？
- 可达成性。我应该做什么？我所做的与我的其他财务目标是否一致？
- 现实性。我愿意并能够为目标努力吗？
- 及时性。我的目标什么时候完成？在完成长期目标的过程中需要完成哪些短期目标？

资料来源：Inspired by Paul J. Meyer's, *Attitude Is Everything*, The Meyer Resource Group, 2003.

未来需求

一个精心设计的理财规划方案应当将一部分当前的收入存下来，用于未来支出。存下来的钱可以用于多种储蓄或投资，这些钱可以产生回报，直到你要用钱时再把它们取出来。比如，你可以存一笔退休金以确保晚年依然可以享受到你期望的生活质量。这样一来，你不是马上花掉这笔钱，而是把它推迟到将来退休时使用。大约35%的美国人把退休规划视为最急迫的财务问题。其他的递延支出的例子包括子女的教育、基本住所或休假住所、大件资产（比如家庭轿车和家庭娱乐设施）甚至是度假。

我们给未来需求分配的收入比例取决于我们能够挣多少钱，以及我们的消费倾向。大概有 45%的美国富人说他们需要至少 250 万美元才感到有钱。我们挣的钱越多且用于现在的支出越少，能够满足未来需求的钱就越多。任何情况下，都应当留出当前收入的一个固定比例用于未来。这样的方式能够带来良好的储蓄习惯。

1-1c 积累财富

人们除了一些日常开销，还经常会购买其他资产，如汽车、房产、股票和债券。我们的资产在很大程度上决定了我们的富有程度。个人理财规划在财富积累中扮演着重要的角色，它能够指导我们将财务资源分配在产出最高的领域。

一个人的**财富**（wealth）取决于他所拥有的全部物品的价值。财富由金融资产和有形资产构成。**金融资产**（financial assets）是无形的、纸质的资产，如储蓄存款和有价证券（股票、债权、基金等）。它们是人们为了获得承诺的回报而持有的盈利的资产。相反，**有形资产**（tangible assets）则是诸如房产、汽车一类的实物资产。持有这些资产或者是为了消费（如你的住宅、汽车、艺术品、珠宝首饰等），或者是为了投资（比如为了出租而购买的一套复式公寓）。总而言之，大多数人的目标是在积累尽可能多财富的同时保证当下的消费水平。想要了解和典型美国人相比自己的金融资产状况，请看图表 1—2。

图表 1—2 **美国人的平均财务状况**

对比“平均美国人”的财务状况，你能够在收入水平、净资产以及其他指标方面找到自己的定位。这有助于设定未来的目标。

	收入和资产（美元）
我们挣多少钱？（中位数）	
所有家庭	49 800
我们有多少钱？（中位数）	
所有家庭	96 000
房屋财产（中位数）	
主要住所价值	176 000
主要住所抵押贷款	112 000
我们有多少储蓄？（中位数）	
组合投资基金（货币基金除外）	47 000
股票	12 000
债券	50 000
银行存款/定期存款	24 000
退休金	48 000

资料来源：Adapted from Jesse Bricker, Brian K. Bucks, Arthur B. Kennickell, Traci L. Mach, and Kevin B. Moore, “Surveying the Aftermath of the Storm: Changes in Family Finances from 2007 to 2009,” *Finance and Economics Discussion 2011-7*, Board of Governors of the Federal Reserve System, Washington, D. C. (March 2011, data is of 2009), http://federalreserve.gov/econresdata/scf/scf_2009p.htm, Tables 5 and 9, accessed February 2012.

1-2 个人理财规划的流程

许多人错误地认为个人理财规划只是针对富人。但是，事实并非如此，不论你有很多钱还是钱不够花，你都需要个人理财规划。如果你有很多钱，理财规划能够帮助你明智地消费或投资。如果你的收入不太够，尽快实施理财规划将改善你的生活方式。**个人理财规划**（personal financial planning）是一个系统的过程，这个过程考虑到一个人的财务状况的各个重要方面，其目标是帮助人们实现自己的财务目标。

每个人，包括刚刚毕业的大学生、新婚夫妇，以及形形色色的群体，都需要有自己的理财规划。明确你在财务方面有哪些事要做以及怎样去做，将会使你比其他遇到财务问题才做出反应的人更有优势。想想最近发生的金融危机吧，你是否认为理财规划可以帮助人们预测金融危机？

1-2a 个人理财规划的步骤

仔细分析一下，你会发现理财规划的流程是把个人的理财目标转化为特定的理财计划，理财计划帮助你通过财务策略实现这些目标。理财规划的流程分为六个步骤，如图表1—3所示。

图表1—3　　理财规划的六个步骤

理财规划的流程就是把个人理财目标转化成特定理财计划和策略，实施这些计划和策略，用预算和财务报表进行监控与评估，在必要时修改计划和策略。这个流程通常包含如下六个连续的步骤：

1. 明确理财目标。
2. 制定理财计划和策略以实现这些目标。
3. 实施理财计划和策略。
4. 分阶段地制定和实施预算以监督和控制理财目标的实现过程。
5. 运用财务报表去评估计划和预算的实施结果，必要情况下采取修正措施。
6. 根据个人情况的变化重新定义理财目标并修改理财计划和策略。

正如你所看到的，个人理财规划是一个闭合的循环。从理财目标开始，规划并实施理财计划和策略以达到理财目标，通过预算来监测和控制这一过程，通过财务报表去评估计划和预算的实施结果。这会使你回过头去重新定义理财目标以使它与你当前的需求相一致，并且根据情况对理财计划和策略做出适当的调整。

让我们来看一下理财目标的制定是如何适应理财规划流程的。在第 2 章和第 3 章，我们将讨论其他对于形成个人理财规划有重要影响的信息，包括个人财务状况、财务预算和税收。

1-2b　定义理财目标

理财目标（financial goals）是个人想要达到的理财结果，比如购买一栋房屋、积攒大学学费，或实现经济独立。你的理财目标是什么？你有没有把它们说出来？没有理财目标就不可能有效管理你的财务资源。我们需要知道我们要去哪里，就财务层面来说，就是要有效地应对生活中的主要财务事项。你的理财目标和个人偏好必须用货币语言来表述，因为货币及其带来的满足感是理财规划中不可分割的一部分。

行为金融问题　培养财务意识

你是否考虑过你个人的财务行为，包括它的原因及其后果？例如，你是不是过度依赖信用卡透支？你是否存了足够的钱去买一辆新车或正在积攒退休金？你是否在过去一直持续相同的财务行为并希望有所改变？

掌握自己生活的决定性的一步是考虑得简单一些，包括你的所思、所悟和所做。要有财务意识：分析自己与财务有关的思想、感受和行为。将能够影响自己感悟的事情和你所做的决策都记下来。认真审视自己，分析自己对金钱和未来的感受。

然后，问自己两个重要而关键的问题：

- 我花钱的方式与我所说的、所信奉的一致吗？理财规划就是花时间建立一个与你的价值观和花钱方式相一致的计划。
- 我是否清楚表述了对我来说重要的财务目标？如果是这样，我今天应该做些什么以使我向着这个目标前进。理财规划的核心是确定你今天的行为和未来的走向，这意味着我们都需要理财规划：在有限的财务资源下有时需要作出艰难的抉择。

资料来源：Adapted from Carl Richards, "Practicing Radical Self-Awareness," Behaviorgap. com, accessed February 2012.

金钱的角色

大概 80%的美国人相信金钱就是力量，75%的美国人认为金钱就是自由。**金钱**（money）是财务交易中用来计量价值的交换媒介。设定特定的个人理财目标并且测量达成这一目标的程度时，不使用由货币提供的标准交换单位是十分困难的。我们现在所熟知的金钱是在设立理财目标时的一个关键考虑因素。当然，对于大部分人来说，他们想要的不是钱本身，他们想要的是效用。所谓**效用**（utility）就是通过购买给定质量下一定数量的产品和服务而获得满足感的程度，金钱可以使之变得可能。人们选择某个特定的产品可能是由于它的某一特征能够提供额外的效用。额外的效用有可能来自该产品本身的实际功能，或者来自它提供的一种“身份”上的满足，或者二者兼有。然而，相同的产品可能给人们带来不同程度的满足感，并且这种满足感不一定和产品成本有直接联系。因此我们在评估不同的生活质量、支出模式以及财富积累的形式时要与成本一起考虑其效应。

货币心理学

货币及其效用不仅仅是一个经济学概念，它们和价值的心理感知、情感以及个性等概念有着紧密的联系。你的个人价值体系——主导你生命的重要的理念和信仰——同样形成你对金钱和财富积累的态度。如果你十分看重家庭生活，你或许会选择一份有规律的工作时间并且没有什么压力的工作，或是选择一个能够给你提供灵活的工作时间的老板，而不是一个经常需要出差和加班的高薪职位。你可能有许多钱，但是却选择节俭地生活，你宁愿亲历亲为也不愿意雇用其他人为你做事。如果社会地位和个人形象对你来说十分重要，你可能会把自己收入的一大部分花在购买奢侈品上。理财目标和决策应当和你的个人价值观相匹配。你可以通过明确自己的价值观来制定理财规划，以在最大程度上得到满足感和生活的质量。

金钱是个人行为的基本动机，因为它对自我形象有很大的影响。每个人独特的性格和感情特征决定了金钱在他生活中的重要性和地位。你应该意识到自己对金钱的态度，因为这些态度是你的“金钱个性”以及金钱管理风格的基础。

一些向自己提出的问题包括：金钱对我来说有多重要？为什么？什么类型的支出能够带给我满足感？我是一个风险偏好者吗？是否有大额储蓄才会感到安全？回答这些问题是制定现实有效的理财目标和规划的前提。当前收益和未来收益之间的权衡受到价值观、情感以及个性的重大影响。有效的理财规划既要经济节约，又要从心理上接受。它们不仅需要考虑到你想要什么、需要什么以及你具备哪些财务资源，还必须真实反映你的个性和你对金钱的情感反应。

1-2c 金钱和人际关系

平均一对夫妇要花250～700小时来筹办他们的婚礼，并且在大婚当天花费26 000～28 000美元，其差异主要由居住地决定。但是由于婚礼当天的喧闹，许多新人都会忽略婚姻中的一个重要因素：财务协调。金钱可能是任何情感关系中比较容易使人情绪化的一个因素，包括与配偶、父母以及子女。许多人觉得谈论和钱相关的话题很不舒服或者回避这些话题，甚至是和配偶。但是，关于怎样花钱的分歧可能会威胁到婚姻的稳定或引发父母与子女的争吵。学会和爱人沟通金钱问题是制定有效的理财规划的重要一步。

最好的解决金钱分歧的方法是了解爱人的理财风格、进行开放的交流、随时准备妥协。想要改变爱人的风格几乎不可能（就此而论，你自己也是），但是你可以寻找你们之间的分歧。理财规划是相互冲突的资源分配的一个重要组成部分。为了更好地理解你们之间的分歧，最好一起制定一套理财目标，这个目标需要顾及每个人的需求和价值观。

1-2d　理财目标的类型

理财目标包含广泛的财务需求，比如控制生活费用、满足退休需求、设定一个储蓄和投资项目、最小化税负等。其他重要的理财目标包括拥有足够的金钱以过上尽可能好的生活、经济上独立、送孩子上大学、为退休做准备等。

理财目标界定得越明确越好，你说你明年要攒钱并不是一个明确的目标。你想要攒多少？为了什么目的？诸如“将每月税后收入的 10%存下来用于投资一个项目”之类的目标就非常明确地说明了你想要做什么，为什么要这么做。

由于财务目标是理财规划的基础，该目标应该既务实又可以达到。如果你把存款目标定得太高，比如把 25%的税后收入用于储蓄，而你的基本生活成本已经占了税后收入的 85%，这种情况下你的存款目标就是不可能实现的，也没有其他实现路径。但是如果你的存款目标定得太低，你可能就无法为一个有价值的投资项目积累充足的资金。如果你的目标太不实际，你的理财规划的可信度将面临很大风险，进而成为你理财失败的主要因素。

在设定理财目标的过程中要使家庭成员参与其中。当家庭成员认可这个财务目标时，会消除未来的潜在冲突，提升理财成功的机会。在理财目标明确并且被认同后，就可以着手准备编制合理的现金预算。最后，你应该为理财目标设定一个时间框架，并且排出优先顺序。它们是明年的短期目标吗？还是一个中期或是长期的未来几年内都不可能实现的目标？比如，为度假攒钱可能是一个中等优先的短期目标，而买一个大房子则可能是一个高度优先的中长期目标，而购买度假住所则可能成为一个次优先的长期目标。通常情况下，要先设定长期理财目标，再制定一系列短期和中期目标。

理财规划小贴士

常见的对于理财规划的误解包括：

- “一个专业的理财规划师是必不可少的开销。”

答案取决于你自己。你自己可以做许多很好的理财规划。但是请认真地问问自己：我是不是个有原则的人？我有没有足够的时间以及理财规划方面的经验和自信去应对不同的复杂的问题？如果答案是否定的，那么在理财规划过程中雇用一名理财规划师是一个不错的主意。

- “一点儿信用卡负债是合理的。”

定义一下这里的“一点儿”，适度数量的信用卡负债是可以接受的，问题是对大多数人来讲，“一点儿”常常会越变越大。本书第 3 篇的主题正是“信贷管理”，信用卡负债常常成为个人财务管理中最大的问题之一。想一想信用卡的高利率以及很容易积累到大额数字就能明白这其中的道理。

- “我不需要预算因为我对自己的收入和花费有一个大体上的把握。”

这样会不自觉地形成一个超额消费的趋势，因为如果不做预算，支出很容易被低估。如果你先花钱然后把剩下的钱存下来，实现理财目标的可能性就非常渺茫了。坚持做预算是一个关键问题。

- “退休离我们还很远。”

这种说法或许是真的，但这并不意味着盯着诸如缴清房屋首付款等短期理财目标就是正确的。正因为退休离自己还很远，正好有很长一段时间可以充分利用雇员 401(k) 计划和个人退休账户（IRA）的好处以获取更多收益。较早地开始可以让你抢占先机。

资料来源：Adapted from Kimberly J. Howard，CFP®，CRPC，“Financial Fiascos Every Young Couple with Debts Should Avoid,” *NAPFA Planning Perspectives*，volume 6，issue 5，Sept/Oct 2011，HYPERLINK “http//www.NAPFA.org” www.NAPFA.org，accessed February 2012.

1-2e 为理财目标设定期限

当理财目标与其期限一起被制定时，理财目标才能发挥最大效用。**目标期限**（goal date）是未来期望完成特定的理财目标的日期。它们可能是长期理财目标中的一个个节点，也可能是中短期理财目标的完成时点。比如，一个理财目标是在 2016 年（目标实现时点）购买一艘船，另一个是在 2030 年之前攒够 200 000 美元。后一种情况下，目标期限 2017 年和 2022 年的攒钱值可能分别设定为 10 000 美元和 110 000 美元。

长期目标

长期目标应当阐述你想要的和期望的，从第 6 年算起，一直到未来 30 年或 40 年。尽管现在很难确定你 30 年后想要什么，但设立一些尝试性的长期理财目标是非常有用的。你应该知道长期目标会随着时间的变化而变化，你需要据此做出相应的调整。如果理财目标太冒进，你应该把它调整得更加实际一些。如果理财目标太保守，你应该把它调整到能够激励你做出合理的财务决策而不是浪费多余资金的程度。

短期目标和中期目标

短期目标每年制定一次，涵盖 12 个月时间。它们包括制定基本的、日常性的储蓄或投资计划，以积累你的净资产。中期目标是连接长期和短期目标的桥梁，当然，不论是中期目标还是短期目标，都应该与长期目标保持一致。短期目标是现金预算的关键起始变量，现金预算是规划短期收入和支出的工具。为了明确短期理财目标，需要考虑中期目标、当年的预计收入，当然还要考虑长期理财目标。短期理财规划中应该设立一个至少相当于 6 个月收入的应急资金池。这个储蓄存款的作用在于出现财务意外（如暂时丧失收入）时保证支出的安全。

在实现短期理财目标之前，你可能很难实现自己的中期或者长期目标。优先考虑现在的花费而不是留给未来这一想法很诱惑人。但是如果现在做出一些短期的牺牲，你将拥有一个更加舒适的未来。工作表 1—1 提供了一种简单的阐述个人理财目标的方法。表格根据时间长短（短期、中期和长期）对理财目标进行了分类，并且列示了每个目标的优先程度（分高、中等和低），随后列示了完成目标的期限和预计成本。

工作表 1—1　　个人理财目标总览

要认真务实地设定理财目标，因为它们是个人理财规划的基础。每个理财目标都应该明确，并且有确定的优先程度、时间框架以及预计成本。

个人理财目标

姓名　里克和贝斯　　　　日期　2015 年 12 月 27 日

短期理财目标（1 年或以内）

目标	优先程度	目标日期	预计成本（美元）
为福特福克斯轿车购买新轮胎和刹车器	高	2016 年 2 月	500
给贝斯购买职业装	高	2016 年 5 月	1 200
到科罗拉多州滑雪	中等	2016 年 3 月	1 800
更换音响设备	低	2016 年 9 月	1 100
为蒂姆购买新工作服	中等	2016 年 6 月	750

中期理财目标（2～5 年）

目标	优先程度	目标日期	预计成本（美元）
开始家庭生活	高	2017 年	—
偿还除按揭之外的一切借款	高	2018 年	7 500
更换福克斯买一辆更大的汽车	高	2018 年	10 500
购买新的卧室家具	低	2020 年	4 000
去夏威夷度假两周	中等	2017—2018 年	5 000
继续购买保险	高	2018 年	—
积攒 100 000 美元的净资产	高	2020 年	—

长期理财目标（6 年及以上）

目标	优先程度	目标日期	预计成本（美元）
开始为子女积攒上大学的钱	高	2021 年	？/年
分散投资/增加新的投资组合	高	2022 年	根据情况而定
买一个大点的房子	高	2025 年	250 000
到欧洲旅行	低	2023 年	10 000
退休	高	2048 年	？
增加教育基金	高	2023 年	—

所填表格展示了里克和贝斯在 2015 年 12 月做的一份理财方案。夫妇二人于 2011 年结婚，在美国中西部郊区有一套公寓，还没有小孩。里克和贝斯现在分别为 28 岁和 26 岁，他们设定了从现在开始直到 33 年后的长期理财目标。里克已经在一家大型汽车生产企业做了 5 年销售代表，贝斯以前是小学教师，2014 年 5 月刚刚完成 MBA 的学业，之后在当地一家广告公司就职。里克和贝斯喜欢旅游和滑雪，他们打算在几年内开始家庭生活，目前希望保持一定程度的财务独立性和稳定性。他们的理财目标包括购买资产（服装、音响设备、家具以及汽车等）、偿还债务、购买保险、增加储蓄、为退休后的生活做打算等。

1-3 从理财目标到理财规划：持续一生的规划

怎样实现自己的理财目标？答案很简单，理财目标的实现还得看你自己设定的理财规划。理财规划为理财目标的实现提供了一幅路线图。六步理财规划流程（见图表1—3）涉及既独立又有千丝万缕联系的你在生活中会遇到的所有财务事项。一些内容涉及更直接的现金管理，比如编制预算方案帮助你管理开支。其他则专注于购买大额资产、控制借款金额、降低财务风险、预备应急资金、积累未来财富、管理和利用雇主给你的福利、递延并减轻税负、失业时获得财务保障，以及保持遗产继承时的有序性和成本效益。

除了和你的爱人讨论你的理财目标以及你对金钱的看法，你必须为现金管理任务及决策明确责任。许多夫妇一起做重大的财务决策，并通过专业知识以及兴趣来划分各自负责的日常财务决策范围。很多人认为由所有家庭成员作为一个团队来管理家庭财务十分重要，他们每隔几个月就召开一次家庭理财会议以让子女知道家里的钱是怎么花的。

1-3a 理财规划的生命周期

理财规划是一个动态的过程。当你经历人生的不同阶段时，你的需求和目标都会随之变化。当然与年龄因素无关的许多理财目标还是十分重要的。不论你是25岁、45岁还是65岁，在经济低潮或是失业率上升时期有额外的资源供你生存应当成为首要目标。其他诸如换工作、结婚、生子、搬家等新的变化也可以纳入你的初始规划。

通常情况下，你会在一生中经历意想不到的"经济打击"，比如失业、车祸、离异以及丧偶、一场大病或是需要资金帮助成年子女或年迈的父母。有了精心的理财规划，你可以安然度过艰难的日子，也可以过得更潇洒。你需要提前规划并且一步步预测人生中的财务危机。比如，设立一笔应急资金或是削减每个月的支出都有可能在你遇到挫折时帮助保护你和你的家人。

从童年一直到退休，我们会经历不同的人生阶段。图表1—4展示了一个典型的个人理财规划生命周期的内容，它们与不同的年龄段有关。这张图展示了整个理财规划流程的组织框架。我们会把它贯穿本书始终，我们建议你也能把它贯穿你的一生。当从一个人生阶段到另一个阶段时，我们的收入模式、住房情况以及负债同样会发生变化。在童年时期，我们依赖于父母的支持，直到成年的早期，我们开始自己的第一份工作并建立家庭，可以明显看到收入有了巨大变化。比如，45～64岁年龄组的人一般会比年龄低于45岁组的人有更高的收入。由此可见，人们关注的重点在变化，所追求的理财目标也要随之而变。

如今，人们有了新的职业发展策略，比如有规划和未规划的职业变动，一生中经历几种不同的职业，这些都十分普通，因此需要我们对理财规划做出一定的调整。许多年轻人在结婚和有小孩之前专注于建立自己的财务基础。家庭主妇的角色会中断一些女性的职业生涯，她们待在家里照顾孩子，可能6个月或是6年不去工作，这样的家庭将会

图表 1—4 个人理财规划生命周期

随着年龄的增长，你的收入模式也随之发生变化，通常情况下需要制定不同的理财规划。比如，大学毕业时，你关注的重点通常是买车或是买房，你会更加关注健康和汽车保险以减少损失。

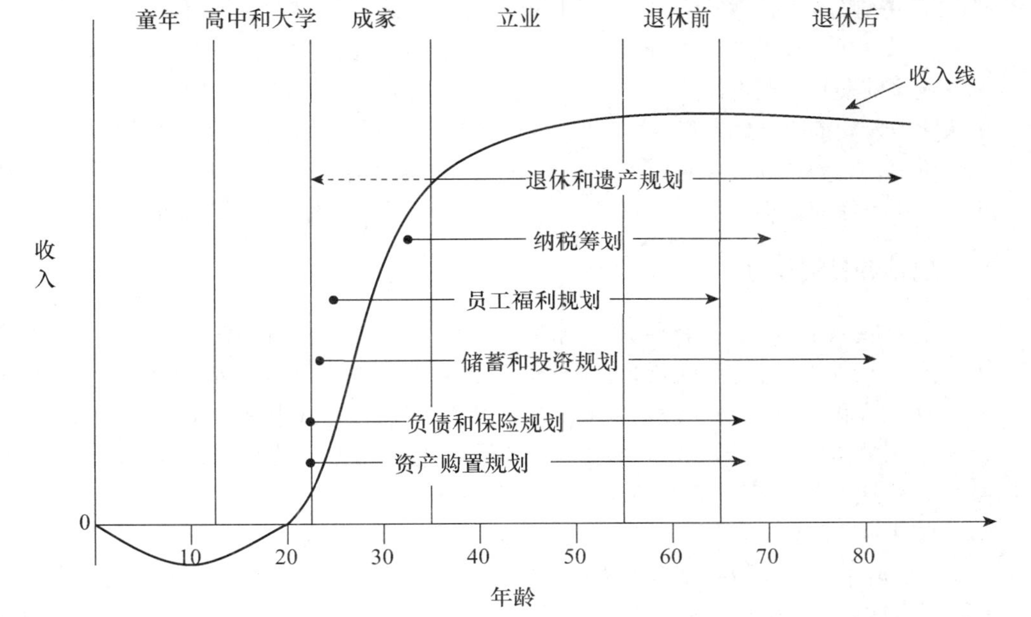

经历一个收入衰减阶段。离婚、丧偶或再婚都会对财务状况产生巨大的影响。许多 30 岁、40 岁以及 50 多岁的人发现他们处于“夹心层”，不但要照顾家中的老人，还需要抚养孩子长大并供孩子上大学。另一些人则需要面对由于公司裁员或提早退休所带来的收入减少问题。

1-3b 制定规划以实现理财目标

理财目标可以是短期的，如为了购置一套新音响而存钱，也可以是长期的，比如为了开办公司而积蓄资金。为了达到特定目标，需要不同类型的理财规划。

资产购置规划

我们经常碰到的第一个类型的理财规划是资产购置。我们一生都在积累资产。这些资产包括流动资产（现金、银行存款以及现金等价物）——用以支付日常开销，投资性资产（股票、债券和基金）——使我们的现金能够获得回报，个人动产（如汽车、家具、器具、衣物、珠宝、家用电器以及类似的资产），以及不动产（土地及房屋等）。本书第 4 章和第 5 章将重点介绍如何管理流动资产以及其他主要的财产（如汽车和房产）。

负债和保险规划

理财规划的另一大类是负债的规划。负债是我们所承担的义务，由发生在我们身上的债务金额来计量。通过借款可以产生负债。我们在大学毕业之前，或多或少都有负债，比如助学贷款、汽车贷款、信用卡欠款等。如果我们想购置更多资产，如住房、家具、器具等，通常需要增加借款。不论欠款的来源是什么，这些交易都有一个共同点，即相关的债务必须在未来某一时刻偿还。管理负债和管理资产一样重要，高效的信贷管理也需要精心规划，在第 6 章和第 7 章我们将对此进行讨论。

购买充足的保险同样十分重要。正如借钱一样，通常情况下在我们生命周期的早期（通常在成家前期）会获得保险。保险是帮助我们减少财务风险同时保护我们的收入（人寿险、健康险以及残疾险）和资产（财产保险和负债保险）的一个途径。大多数消费者把保险看得十分重要，因为一场大病或一次事故可以一下子摧毁你积累多年的一切。但是如果投保数额不对，也可能变得很浪费。我们将在本书第 8～10 章中讨论如何管理保险。

储蓄和投资规划

随着收入的增长，储蓄和投资规划会变得越来越重要。最初，人们储存应急资金是为了应对意外支出。然而，最终，他们把更多精力放在如何对剩余的收入进行投资上，并把这作为积累财富的手段，将来用于子女的高等教育或退休生活。人们通过储蓄和投资于不同的工具来积累财富，投资对象包括：普通股和优先股，政府或公司债券，共同基金，房地产等。投资的收益越高，积累的财富越多。

图表 1—5 展示了不同回报率对人们积累财富的影响。这个例子说明如果你今天有 1 000 美元并能够获得 4%的投资回报率，一段时期后你会积累一大笔可观的财富。比如，在第 40 年年末，你的 1 000 美元将会变成 4 801 美元。回报率越高，获益越大。一些人可能假设多获得 2 个百分点的利率，也就是说利率为 6%的时候，收益不会有太大的变化，但事实上变化真的很大！如果你这 40 年每年都以 6%的利率存这笔钱，你将会积累 10 286 美元的财富，也就是说，超过利率为 4%时的两倍。这个有力的事实有必

图表 1—5　　1 000 美元的投资随时间的增长情况

在 4%或者 6%的利率下，2%的利率差异到底会对投资收益造成什么样的影响？这个影响就是 40 年后利率为 6%的投资收益超过利率为 4%的投资收益的两倍！通过复利神奇的作用，高额投资回报意味着随着时间的推移会有更多的收益。

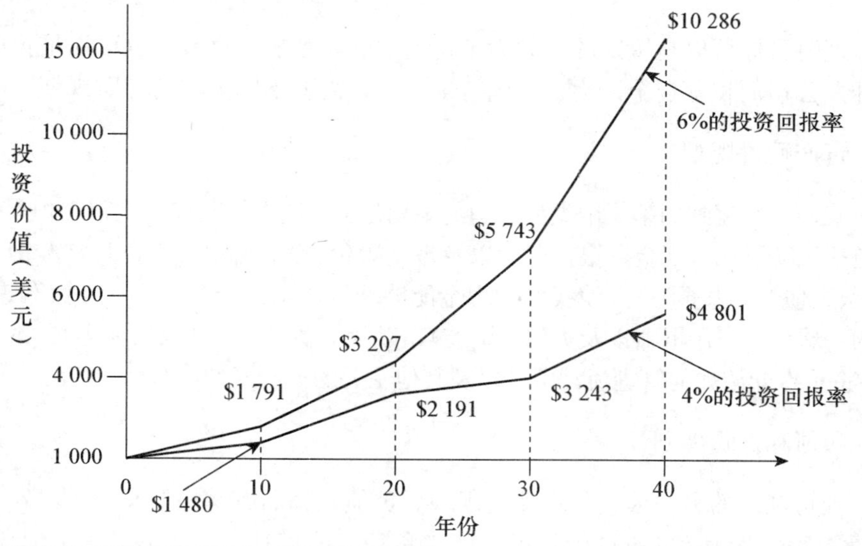

要牢记于心，在比较不同的储蓄或投资品种时十分有用。正如我们将在第 5 篇中讨论的，投资管理费用方面很小的差异在长期内会带来净投资回报的巨大差异。投资的时间长短和投资的回报率一样重要。不论回报率是 4%还是 6%，投资 40 年积累的收益可以是投资 30 年的两倍多。这就是复利的神奇之处，这也就解释了为什么尽早养成储蓄和投资的习惯非常重要。我们将在第 2 章详细讲解复利，在第 4 章讲解储蓄，在第 11～13 章讲解投资。

员工福利规划

你的雇主可能会给你提供不同种类的员工福利计划，大企业更是如此。这些计划包括人寿险、医疗险、残疾险、员工接受再教育的学费、养老金、利润分享、401(k) 退休计划；儿童保育以及卫生保健方面的弹性费用；病假、个人请假时间、休假；其他各种各样类似于内部折扣、餐补以及停车补助的福利。

管理好自己的员工福利规划并把它们与你的其他理财规划相协调是个人理财规划过程中的一个重要部分。特别是在当前，劳动力市场变化很大，你不可能假设自己为同一家公司工作很多年。如果你换了工作，新公司可能无法提供相同的员工福利。因此，你的个人理财规划中应当包含对更换工作后员工福利计划不确定方面的筹划。我们将在第 2 章、第 3 章、第 8～10 章和第 14 章对这个问题作深入讨论。

税收筹划

尽管都在讨论税收改革，但我们的税法依然十分复杂。收入可以主动纳税（正常情况下）、组合纳税（投资的情况）、被动扣税、免税或者递延纳税。因此存在税盾的概念，它通过利用税收法规的不同方面（如折旧费用）来合法减轻投资者的纳税负担。税收筹划就是考虑所有这些问题及其他相关问题。它首先评估你当前和未来的收入，然后通过各种策略来递延或减少税收。税收筹划与投资规划有着紧密的联系，并且经常细化特定的投资策略。尽管税收筹划在高收入群体中更加普遍，低收入人群同样可以从中获得可观的利益。我们将在第 3 章着重讨论税收和税收筹划。

退休和遗产规划

尽管你依然在工作，你还是应当通过管理个人的财产以实现退休后自己认为重要的一些目标。这些目标可能包括维持你的生活水准、远途旅行、探视子女、时不时到饭店吃顿大餐，抑或是购买度假房屋或游艇。应当在你离退休还很遥远时就开始着手准备退休规划。一般情况下，大多数人都是到了四五十岁才开始考虑自己的退休理财规划。这很不好，因为这通常会导致退休后收入大幅减少。你开始得越早，你将来就会过得越好。比如，个人退休账户规定特定的有收入的人可以从 2012 年开始每年拿出不超过 6 000 美元进行投资。如果你从 40 岁开始进行退休投资，每年你仅仅投入 2 000 美元的本金，在利率为 5%的情况下投资 25 年，个人退休账户在你 65 岁的时候可以达到 95 454 美元。但是如果你从 30 岁就开始建立自己的退休账户，在你 65 岁的时候，你的个人退休账户将变为一个惊人的数字，180 641 美元！尽管你只多投入 20 000 美元（每年 2 000 美元多投了 10 年），但你的账户金额几乎翻了一番。我们将在第 14 章对个人退休账户以及其他和退休规划有关的问题做深入的讨论。

积累足够多的财富安度退休后的生活仅仅是长期理财规划过程中的一部分。当人们变老的时候，他们必须考虑如何将财产最有效地转移给他们的遗产继承人，这就是人们所熟知的遗产规划。我们将在第15章中探讨遗嘱、信托、遗产税等复杂的问题。

1-3c 规划中的特殊考虑

学生们或许认为他们不需要在理财规划上花什么时间，至少不是现在。但是，你越早开始自己的理财规划，你就能更好地针对个人状况的变化修改你的目标。这些变化包括跳槽、失业、搬家、结婚、生小孩、出事故、得病、丧偶、离婚、退休以及赡养老人等。这些或者其他压力事件是需要你重新评估自己的理财目标和规划的“财务冲击”。

管理双重收入

作为惯例，双职工家庭中的夫妻双方需要针对财务问题展开相应的讨论，并且要有妥协的意识。夫妇二人需要共同决定如何在家庭日常花费、家庭理财目标、个人理财目标三者之间分配收入。你的兼职收入是用来满足基本开销，还是去过奢靡的生活，抑或是进行一次特别的旅行，还是把它存入退休保障基金？你可能需要尝试多种不同的现金管理策略并找到一种最适合的方法。一些夫妻把他们所有的收入放在一个共同的账户中，有的夫妻则是每人拿出自己工资中等额的一部分建立一个共同账户用于支出，剩下的收入各人自由支配，还有一些夫妻每人拿出自己收入的一部分用于共同的花费和理财目标。不管是哪种情况，夫妻中的任何一人都应当有自己的钱，由个人自由支配。

管理员工福利

如果你有一份全职工作，老板可能给你提供各种各样的福利，从人寿险、医疗险到养老金计划。这些福利很有价值，对家庭收入有着重要的影响。许多美国家庭仅仅依靠单位发起的集团计划来获得医疗保险，从而满足其大部分的人寿保险需求和退休需求。

当今的员工福利红包涵盖了福利的各个方面，包括：

- 医疗和人寿保险
- 伤残险
- 长期医疗保险
- 养老金以及利润分享计划
- 补充退休项目，如401(k)计划
- 牙齿和视力保健
- 儿童保育、老年人护理以及教育资助项目
- 餐补

每个公司的福利红包都不一样。一些企业和行业制定了总体性的福利计划，另一些提供的福利政策却很不吸引人。总体来说，大公司提供的员工福利比小公司要多。由于员工福利可以给你带来总收入的30%或更多，你应该调查清楚每家公司的员工福利政策以选择最适合你个人情况的一家公司。一定记着和爱人的福利计划相协调，避免重复支付。许多公司如今经常改变它们的员工福利政策，而把更多的成本负担转嫁给员工。尽管雇主可能全额支付一些福利，但更多情况下员工需要自己承担集体健康险、补充人

寿险、长期医疗险等的部分成本，并且一些退休保障规划是自愿参加的。

由于双职工家庭的常态化以及劳动就业的多元化，许多雇主正在淘汰传统的由雇主确定员工受益类型和数量的员工受益政策，取而代之的是灵活的员工受益规划，也可以称为**弹性（自助式）受益计划**（flexible-benefit（cafeteria）plans）。在弹性受益项目中，雇主直接给每位员工一定数量的钱，让雇员自己支配，这使得员工福利能够更好地适应他们的年龄、婚姻状况、抚养子女的数量、收入水平等因素。通常情况下，这些福利规划涵盖了从儿童保育到退休福利的全部内容，会提供几种医疗险和人寿险，并对保险额度的最小值和最大值有一定限制。有了这些约束，你就可以选择对你最好的福利政策了。在一些员工福利计划中，你甚至可以把福利的一部分转变为工资或者长期休假的形式！

理财规划小贴士　重要事件对理财规划的影响

正如人生一样，理财规划也会经历不同的阶段。理财规划必须适应你人生的各个阶段。下面是生活中一些重要的事件，这些事件很可能要求你重新考量你现在的理财规划并且对它们进行修正。

1. 结婚。财务需要融合，还可能需要购买人寿险。

2. 育儿。有孩子后就需要为他们上大学攒钱，相应地需要修改预算。同时需要制定遗嘱，以防在孩子未成年时父母都去世孩子无人监护的情况出现。

3. 离婚。基于双方收入而做的理财规划不再适用。修改后的理财规划必须反映财产的分割、相互之间的赡养费以及子女未来的抚养费。

4. 进入中年。尽管很早就开始储蓄和投资并受益，但是未来能够工作的年限在减少，挣钱的能力也在下降。越来越短的工作时间意味着你承受风险的能力更低，所以要削减在股市的投入。尽管需要更多的安全感，但是减少的预期收益也需要清醒对待。除此之外，是时候该考虑在退休后使用长期医疗保险了。

5. 父母过世。遗产需要处置，在处置遗产的过程中也许需要其他帮助。

6. 退休。希望你的理财规划正确计算了退休金的数额。退休后，你将尽力保持自己的资产并且依靠之前投资产生的收入来支付你的生活费用。尽管投资风险应当被降到很低，但是由于通货膨胀风险的存在它不可能被消除。到 59 岁半的时候，不用支付罚金你就可以把退休账户的钱提出来，但是需要纳税。到 70 岁半的时候，你必须以一定比率把这些钱取出来，这个比率基于这个年龄段的平均期望寿命来计算。未来税率上升的风险可以通过使用罗斯个人退休账户（Roth IRA）进行控制，也就是存入时扣税，取钱没有限制，支取时免税。遗产规划和长期医疗规划同样需要得到足够的重视。

在经济困难时期管理财务

经济困难时期可能是由大范围的经济萧条等许多宏观经济因素引起的，也可能是由个人或地区的经济发展引起的。在经济萧条和金融危机的影响下，人们被分为三种类型：(1) 由于失业直接受到重创的人；(2) 由于收入减少而受到打击的人；(3) 没有直接受到影响的人。如果你属于前两种类型的群体，那么你需要为了减少支出而对生活方式做出重要调整。即便你属于最后一种人，经济萧条也会对你产生一些间接影响。比如，通常在这种情况下退休账户都会缩水，以前的理财规划必须做相应的调整。每个人的预期收入都会或多或少受到暂时影响，这使许多人在经济萧条或经济危机时对其支出更加谨慎小心。

2008—2009 年的金融危机以及接踵而至的长期失业状况是全球历史上一场巨大的宏观经济考验，它使得许多家庭受益于良好的理财规划，并加大了没有制定合理理财规划的家庭的成本。股价和房价的剧烈下降以及失业率的大幅上升使每个人对理财规划进行认真反思，并考虑如何度过金融危机。虽然我们都希望这种大范围的危机出现得少一些，但是为了防止它再次发生而进行规划是十分重要的。这本书中讲述的所有理财原则在过去的全球金融危机中是有效的，这些原则应继续为我们所用，以应对未来类似的问题。但是最近一次金融危机给了我们一些有关理财规划的新启示。

你该如何做出理财规划才能安然度过大范围的金融危机呢？首先，你有必要记住本书中所提到的一些制定个人理财规划的基本原则：

- 支出不能超过你的收入。
- 持续投资，使你的金钱持续运转并朝着你的理财目标迈进。
- 清楚自己的财务状况，为未来的不测做出筹划。如果你不去仔细且持续更新你的家庭预算，你就不可能了解自己的财务状况。设立一笔应急资金以备不时之需是十分重要的。正如本章所提到的，你至少应该准备好能供自己使用 6 个月的充足的现金。

其次，当金融危机降临时不要慌张！这意味着你不要试图跟随市场的步伐，不能因为专家说市场走低你就买入，专家说市场走高你就卖出。持续进行长期投资，但也要时刻提醒自己离实现理财目标还有多远。比如，如果你在股市下跌时把自己的全部资金撤出，你就不可能在股市复苏时得到相应的回报。经济萧条和金融危机十分具有挑战性。考虑这些不确定性的理财规划可以帮助你预测金融风暴的来临。本书的第 5 篇将教你如何管理自己的投资。

1-3d 利用专业的理财规划师

大多数的理财规划师可以根据他们领取薪水的方式分为两类：佣金型和手续费型。佣金型规划师通过销售理财产品获得收入，手续费型规划师根据他们提供理财规划的复杂程度收取手续费。许多理财规划师的收入来源介于这两者之间，既收取一定的手续费，又会根据售卖的理财产品收取佣金。如果你购买他们的理财产品，那么理财服务的手续费相对来说会有优惠。

1-4 理财规划的实施环境

理财规划发生在由政府、企业和消费者行为共同构建的动态经济环境中。你的消费、储蓄、投资以及退休规划和决策都会受到当前和未来经济情况的影响。理解宏观经济环境有助于你做出更好的财务决策。

一般情况下，好的经济形势会带来高股票收益，进而给你的投资和退休理财计划带来积极影响。经济状况会同时影响按揭贷款或信用卡贷款的利率，当然也会影响储蓄存款和债券的利率。高通货膨胀时期价格上升很快，这时很难保证收支平衡。在这里我们将讨论影响理财环境的两个重要方面：主要的理财规划主体以及经济状况。

1-4a　理财规划的主体

理财规划的环境包含相互关联的不同主体，它们都希望达成自己特定的理财目标。尽管目标不一定相容，但它们却会相互形成制约。有三个主要理财主体：政府、企业和消费者。图表 1—6 中展示了这几个主体之间的关系。

图表 1—6　　**理财规划的环境**

政府、企业和消费者是经济体系中的主要活动者，在它们的互动中形成我们实施理财规划的环境。

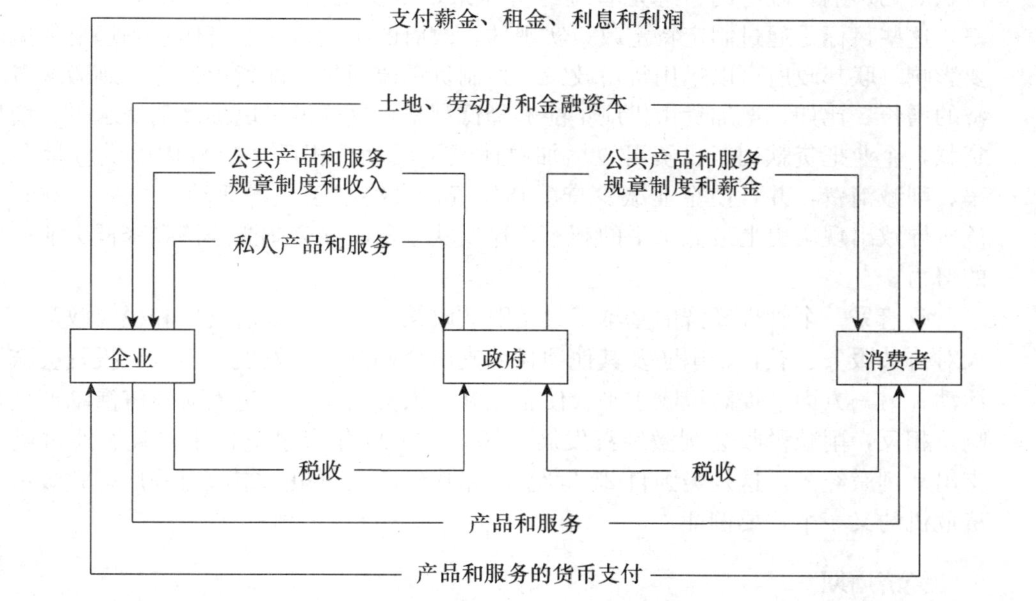

政府

联邦政府、州政府和地方政府为我们提供了许多基础性的公共产品和服务，比如警察、消防、国防、公路、公共教育及医疗等。美国联邦政府在管理经济活动中扮演着重要的角色。政府既是企业的顾客，也是消费者的雇主，因此它是企业收入和消费者薪金的来源。从个人理财规划来看，两个重要的制约因素是规章制度和税收。

企业

如图表 1—6 所示，企业为消费者提供产品和服务，从中获得货币形式的回报。为了生产产品、提供服务，企业必须雇用劳动力、使用土地和金融资本（经济学家称为生产要素）。作为回报，它们为不同的生产要素支付薪金、租金、利息以及利润。因此，企业是保证自由竞争的商业环境中收入流通的重要部门。总体上，企业创造了一个竞争的环境，在这个环境中，消费者可以选择产品和服务。所有的企业在一定程度上都受到联邦政府、州政府以及当地法律的限制。

消费者

消费者是理财环境中的核心主体。消费者的选择最终决定着企业所提供的产品和服务。消费者对储蓄还是消费的选择对当前和未来货币资金的循环流动有着直接的影响。消费者支出的减少通常会带来经济活动的衰退，而消费者支出的增长有助于经济的复苏。

1-4b 经济状况

我们的经济状况受到政府、企业、消费者之间相互作用的影响，同时也受到全球经济状况的影响。政府的目标是管理经济体系，以实现稳定的经济增长及高水平的就业率，这些目标是通过制定特定政策实现的。政府的决策将对经济体系和理财环境产生重要影响。联邦政府可以运用货币政策（控制货币流通量，即货币供应）刺激或者缓和经济的增长。比如，增加货币供应量能够降低利率，这样做可以提高消费水平、增加企业贷款，企业把贷款用于投资可以增加总体经济活动。相反，削减货币供应量会提高利率、削减消费，并且使企业减少贷款和投资，最终减缓经济活动。2008—2009年金融危机导致出现历史上最低水平的利率，这反映了美联储为刺激经济和降低失业率所做出的努力。

政府另一个管理经济的基本工具是财政政策，也就是政府支出和税收政策。政府加大对公共服务、教育、国防及其他项目的支出会刺激经济发展，而减少投资会减缓经济活动。另一方面，提高税收水平会使企业和个人支出减少，进而对经济活动产生负面影响。相反，削减税收会刺激经济发展。2008—2009年金融危机中，政府通过巨额财政支出来刺激经济，这是美国自20世纪30年代经济大萧条以来政府采用财政政策应对经济危机的又一个重要例证。

经济周期

尽管政府使用货币政策和财政政策管理经济体系并保持经济的稳定性，经济活动的水平却经常处于变化之中。经济活动在深度和广度方面的上升和下降催生了经济周期（也称为商业周期），经济周期通常包含以下四个阶段：扩张期、高峰期、收缩期和低谷期。

图表1—7中展示了经济周期的不同阶段与实际国内生产总值（GDP）的关系。GDP是一国经济活动的重要指标。经济状况越好，实际国内生产总值越高，失业率越低。在经济周期中的**扩张期**（expansion），实际国内生产总值持续增长，直至达到**高峰**（peak），而高峰在通常情况下预示着扩张期的结束和**收缩期**（contraction）的开始。在收缩期（衰退期），实际国内生产总值最终会下滑到**低谷**（trough），这同时也是收缩期的结束和下一个扩张期的开始。近75年来，美国政府成功地使经济发展避开大萧条，当然我们也经历了经济衰退后快速扩张和高通货膨胀时期。一些人认为2008—2009年

的金融危机几乎成为历史上又一次经济大萧条。

图表 1—7　　经济周期

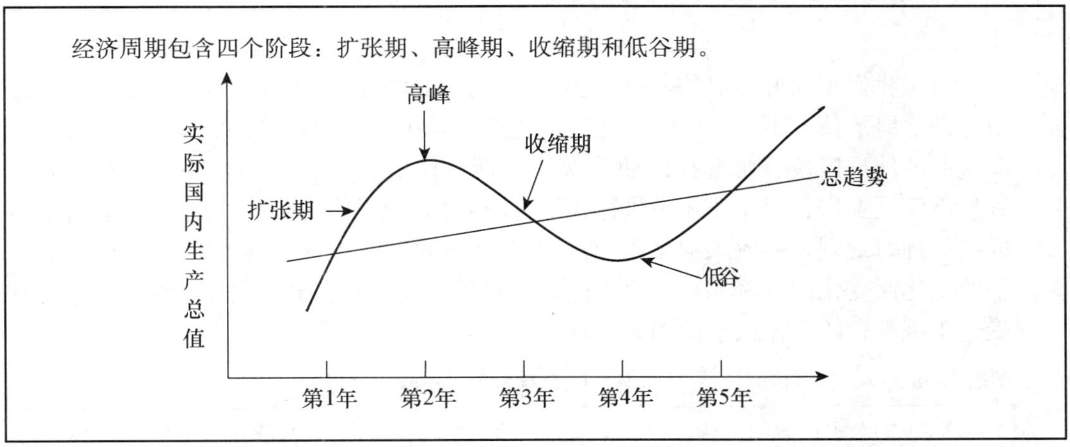

资料来源：Adapted from William Boyes and Michael Melvin，*Economics*，8th ed.（Cengage，2011），p. 135.

通货膨胀、价格与规划

我们已经讨论过，经济体系建立在企业和消费者（包括消费者、政府与其他企业）之间商品和服务交换的基础之上，而交换的媒介称为货币。促成这种交换的机制称为“价格体系”。从技术层面上来说，某个物品的价格是出售者因为提供一定数量的商品或服务而期望收到的货币数量，比如以 3 美元出售一磅肉或者 10 美元提供一小时服务。若商品的总体价格水平在某段时间内增长，就称为**通货膨胀**（inflation）时期。最常用的衡量通货膨胀的方法是**消费者价格指数**（consumer price index，CPI），它建立在消费者消费的商品和服务成本变化的基础之上。有时候通货膨胀率会非常高。比如 1980 年，商品价格飞速上涨了 13.6%。幸运的是，通货膨胀率之后很快降下来。1983 年以来，除了 1990 年出现了 5.4%的通胀水平，其他年份的通胀率均保持在 5%以下的水平。2000 年以后，美国的通货膨胀率在 1.6%～3.8%之间波动。

通货膨胀是理财规划中需要考虑的一个重要因素。它不仅会影响到我们为了获取商品和服务所付出的代价，还会影响我们工作的收入。通货膨胀有时会给人们造成一些假象。也就是说，虽然看起来我们挣了很多钱，但实际上却没有。当价格升高时，我们需要更多的收入，因为**购买力**（purchasing power）（在特定时刻每一元钱能够购买的商品和服务的数量）降低了。举个例子，假如你在 2015 年的收入是 48 000 美元且每年都在增长，到 2018 年，你的薪水会达到 52 000 美元，算下来，年均增长率为 2.7%。但是，如果通货膨胀率每年平均为 3%，虽然你的收入增长了，你的购买力却降低了。你需要至少 52 451 美元的收入才能跟上通货膨胀的步伐。所以记住看看自己收入的购买力，而不是简单地看货币的绝对值。

通货膨胀也会对利率产生直接影响。由于出借人要对其损失的购买力进行补偿，高通货膨胀率会推高借款成本。高利率意味着较高的房屋月供、汽车月供，以及其他支出。最后要说明一下，持续的高通货膨胀率会对你的退休保障计划以及其他长期理财规划产生重大的不利影响。事实上，对于许多人来说，会使这些目标落空。

1-5 什么决定了你的个人收入？

决定我们生活好不好的一个重要因素是我们挣得的收入。在不考虑遗产继承以及其他意外之财的情况下，你的收入在很大程度上是由你的年龄、婚姻状况、受教育水平以及生活的地理区位、所选择的职业等因素所决定的。挣大钱不容易，但却不是不能做到！不管是上班、办企业还是进行投资，只要你有奉献精神、愿意努力工作并有一整套成熟的理财规划，高收入触手可及。图表 1—8 展示了收入是如何随着年龄和受教育水平的变化而变化的。例如，低收入的人通常集中在年轻和老年的年龄组中，家庭成员中受过正规教育的人比低学历的人挣钱更多。

图表 1—8 **年龄和受教育水平对年收入的影响**

收入水平与年龄以及受教育水平有着密切的联系。总的来看，你越接近中年（45～65 岁），你接受的教育越多，你的收入水平越高。

主要成员年收入	
年龄	收入中位数（美元）
25～34	42 800
35～44	60 800
45～54	64 800
55～64	54 800
65～74	41 000
75 岁及以上	24 500
教育水平	收入中位数（美元）
没有高中学历	27 380
高中学历	30 627
本科学位	56 665
硕士学位	73 738
专业学位	127 803
博士学位	103 054

注：家庭成员的年龄取自 2007 年，收入取自 2009 年。

资料来源：Adapted from Jesse Bricker，Brian K. Brooks，Arthur B. Kennickell，Traci L. Mach，and Kevin B. Moore，"Surveying the Aftermath of the Storm：Changes in Family Finances from 2007 to 2009，" *Finance and Economics Discussion 2011-7*，Board of Governors of the Federal Reserve System，Washington，D. C.，http://federalreserve. gov/econresdata/scf/scf_2009p. htm，Table 9，accessed February 2012；and U. S. Census Bureau，Statistical Abstract of the U. S.：2012，http://nces. ed. gov/programs/digest/d10/tables/dt10_392. asp，Table 392，accessed February 2012.

1-5a 你的住所

地理区位同样可以影响你的收入高低。在美国，收入在各地变化很大，北部和西部地区的收入水平明显要比南部高。通常情况下，如果住在大城市，你的收入会比住在小城镇或农村更高。

不同地区的经济环境、劳动力供给状况以及行业状况等也会影响收入水平。全国各地的生活成本变化很大。你在洛杉矶比在田纳西州的孟菲斯市挣得要多，但你的实际收入由于洛杉矶高昂的生活成本并不会高到哪里去。

1-5b 你的职业

你所从事的职业是决定你一生收入水平的重要因素。你选择的职业与你的受教育水平、特殊技能、兴趣爱好、生活方式以及价值观都有关系。社会、地域、经济、技术发展趋势会对你选择哪一领域能够带给你最好的未来发展机会的决策产生影响。尽管许多职业都没有门槛（比如销售业、服务业、一些制造业和行政工作），但在某个职业中接受正规教育通常能够给你带来更多决策权，最终提升你的收入水平。图表 1—9 列出了不同职业的平均收入水平。

图表 1—9　　不同职业的代表性薪酬

有专业技能的员工以及管理者一般具有大学学历，有更高的薪水。

职业	年平均工资（美元）
会计师和审计师	68 690
建筑师和工程师	75 550
电脑程序员	74 900
医生	173 860
财务分析师	86 040
人力资源经理	108 600
律师	129 440
律师助理	49 640
药剂师	109 380
警察	55 620
心理学家	167 610
护士	67 720
小学教师	54 330

资料来源："Occupational Employment and Wages, May 2010," U. S. Department of Labor, Bureau of Labor Statistics, http://www.bls.gov/oes, accessed February 2012.

1-5c 职业生涯规划

职业生涯规划和个人理财规划联系密切，一方的决策会影响到另一方。正如理财规划一样，职业生涯规划也贯穿了人的一生，包括短期目标和长期目标。由于你的职业目标可能会变化多次，你不应想着一辈子待在一个领域或一家公司停滞不前。

现在刚开始工作的美国人平均期望经历 10 项不同的工作，5 个或更多的雇主，我们很多人一生中会有三四个或更多的职业。许多这些变化主要是由于个人选择带来的，其他原因如被雇主解雇或是公司裁员。例如，一家地区性银行的分支机构经理如果觉得银行的合并减少了她未来的职业发展机会，她可能会加盟一家快印店让自己做老板。稳定的工作已经成为历史，对雇主的忠诚让位于新的职业发展策略下自我导向型职业发展之路。

通过职业生涯规划，你可以改善自己的工作状况，从而获得更多的个人和职业满足感。一些职业规划的步骤和我们之前讲到的个人理财规划的步骤类似：

- 了解自己的兴趣、技能、需求以及价值观。
- 设立个人的短期和长期职业发展目标。
- 采取行动方案来实现这些目标。
- 根据情况的变化对职业发展做出评价和修正。

个人所拥有的各项技能，不论是一般性的还是专业性的，都可以使你在经济衰退期保持挣钱的能力，在经济繁荣的时候发挥优势。在公司重组或生产萎缩时，老板需要灵活的、适应性强的员工。通过职业培训和继续教育来保持你的技能始终不被淘汰十分重要。

良好的职业猎寻能力会对你的职业发展产生积极的影响。要学会如何去发掘新的职业机会以及洞悉有潜力的工作，充分利用网络资源，也要考虑使用传统渠道。可以利用大学的就业办、图书馆、亲朋好友的个人关系建立大范围的职业资源库。除此之外，要知道如何通过简历、求职信、电话和面试推销你的职业优势。

理财规划小贴士　**理财顾问的潜在利益冲突**

当面试一个可能成为你的理财顾问的人时，你需要意识到潜在的利益冲突：

1. 理财顾问是如何获取回报的？

理财顾问可以通过理财产品销售合同中约定的费用和（或者）顾客支付的服务费来获得回报。顾客支付的服务费包括计时收费和年费，由投资者投资额决定的收费或者提供每一项服务的固定收费。一些理财顾问同时进行以上几种收费来获得回报。

2. 利益冲突。

尽管大多数理财顾问都是诚信的，但也会有利益冲突的时候。和你签订了协议的理财顾问一般情况下希望多卖些理财产品，从而给他们带来回报，而这些理财产品并不一定最适合你。计时收费的理财顾问可能会磨洋工。以投资财产的规模作为收费标准的理财顾问可能会鼓励你加大投资额度。

3. 需要考虑的问题。

要问清楚理财顾问的收入来源。如果理财顾问拿佣金，那么要一份产品的佣金说明。如果理财顾问以服务费来获取回报，那么问清楚他们对每一项服务收取的费用。使用由国家个人理财顾问协会（NAPFA）网站所提供的问卷可能会有帮助，其网址是 www.napfa.org。这份问卷精心设计了面试一个理财顾问时可能会提到的各种问题，并且提供了一张你的理财顾问可以用来披露他收取的佣金的表格。

资料来源：Adapted from Jennifer Lane，CFP，with Bill Lane，“Advisor Fees and Conflicts，” http://www.net-places.com/money-for-40s-50s/do-you-need-an-advisor/advisor-fees-and-conflicts.htm，accessed February 2012.

练习题

1. 怎样使用理财规划工具帮助你改善自己的财务状况？至少举出两个例子，说明理财规划给你带来的改变。
2. 使用工作表1—1。填写工作表1—1“个人理财目标总览”，这些目标要反映你自己目前的状况以及对未来 5～10 年的期望。讨论你的理财目标变化的原因，并说明你需要怎样调整自己的理财规划。

3. 为以下主体提供三个理财目标以及相应的理财活动：

a. 一名大学三年级的学生。

b. 一位准备拿 MBA 学位的 30 岁的电脑程序员。

c. 一对 30 多岁的夫妇，他们有两个孩子，分别为 5 岁和 9 岁。

d. 一位 42 岁的离异男士，他有一个 16 岁的孩子和 72 岁生病的老父亲。

4. 解释理财规划的生命周期，以及它们在实现你的理财目标的过程中的作用。

5. 根据 GDP 的增长率、失业率以及通货膨胀率，阐述一下现在和未来的经济形势。你将如何使用这些信息来做出个人理财规划和职业生涯发展规划？

6. 评估年龄、受教育水平以及地理区位对你个人收入的影响。

7. 假设你刚刚从大学毕业，专业为市场营销，在一家大型消费品生产企业找到一份工作。工作 3 年后，企业在裁员时将你解聘了，阐述一下你重新“包装”自己以进入其他职业领域的步骤。

名　词

生活水准（standard of living）　我们对生活必需品、舒适品以及奢侈品的拥有与渴望。

平均消费倾向（average propensity to consume）　每一元钱的收入中，平均有多少用于当前消费而不是储蓄。

财富（wealth）　个人所拥有的全部物品的价值，如储蓄账户、股票、债券、房屋和汽车。

金融资产（financial assets）　无形的、纸质的资产，如储蓄存款和有价证券，目的是获得承诺的回报。

有形资产（tangible assets）　诸如房产、汽车一类的实物资产，持有这些资产或者是为了消费，或者是为了投资。

个人理财规划（personal financial planning）　一个系统的过程，这个过程考虑到一个人的财务状况的各个重要方面，其目标是帮助人们实现自己的财务目标。

理财目标（financial goals）　个人想要达到的理财结果，比如购买一栋房屋、积攒大学学费，或实现经济独立。

金钱（money）　财务交易中用来计量价值的交换媒介。

效用（utility）　通过购买给定质量下一定数量的产品和服务而获得满足感的程度。

目标期限（goal date）　未来期望完成特定的理财目标的日期。

弹性（自助式）受益计划（flexible-benefit (cafeteria) plans）　雇主直接给每位员工一定数量的钱，然后让雇员自己支配，这使得员工福利能够更好地适应他们的年龄、婚姻状况、抚养子女的数量、收入水平等因素。

扩张期（expansion）　实际国内生产总值持续增长，直至达到高峰的时期。

高峰（peak）　扩张期结束和收缩期开始的阶段。

收缩期（contraction）　实际国内生产总值最终下滑到低谷的时期。

低谷（trough）　收缩期结束和下一个扩张期开始的时期。

通货膨胀（inflation）　经济体系中商品总体价格水平上涨的情况。

消费者价格指数（consumer price index，CPI）　根据消费者所消费的商品和服务的成本变化来测度通货膨胀的指标。

购买力（purchasing power）　在特定时刻每一元钱能够购买的商品和服务的数量。

第 2 章

使用财务报表和预算

- 2-1　在财务上规划你的未来
- 2-2　资产负债表：你今天价值几何?
- 2-3　利润表：钱是怎么挣来的，到哪里去了?
- 2-4　使用个人财务报表
- 2-5　现金流入和现金流出：编制和使用预算
- 2-6　货币的时间价值：把货币的时间价值用于理财目标

学习目标

1. 理解理财规划和财务报表的关系。
2. 编制个人资产负债表。
3. 编制个人利润表。
4. 建立一套良好的记账体系并使用财务比率评估个人财务报表。
5. 编制现金预算并用它去监测和控制个人消费。
6. 利用货币的时间价值理念赋予理财目标以货币价值。

财务报表和预算将如何影响我？

一项最新的调查显示，57%的美国家庭没有预算，50%的美国人的应急存款数额还不到一个月的工资。这些数据很吓人，本章将会告诉你该怎么做来避免这些情况发生在自己身上。

大家都知道如果不清楚自己现在在哪里，那么很难到你想要去的地方。理财目标已经告诉你目的地，财务报表和预算将会告诉你在个人理财进程中你处于什么样的位置。本章将会帮助你定义自己的理财目标并讲解如何随着时间推移精心规划自己的行为。

2-1　在财务上规划你的未来

在实现理财目标的路途中，你需要一些导航工具来指引你到达目的地，也就是说完成你的理财目标。没有计划就如同没有地图去旅行一样，理财计划、财务报表和预算为你提供方向，帮助你向特定的理财目标前进。理财计划正如地图一样告诉你路线，而个人财务报表让你明确自己所在的财务位置。预算是详细的短期财务预测，通过比较预计收入和预计费用，你能够监测和控制自己的支出和采购，使这些支出与你的理财计划相一致。这三种工具把个人理财事项的不同方向整合在一起，可以实现理财控制。

2-1a　财务报表在理财规划中的作用

在设定具体的理财目标、进行理财规划或有效管理钱财之前，你需要掌握自己当前的财务状况，同时，也需要一些工具来监测其进展。**个人财务报表**（personal financial statement）是一个规划工具，能够对你的财务状况提供最及时的评估，发现潜在的财务问题，并在信息透明的基础上帮你做出财务决策。个人财务报表能够衡量你的财务状况，所以可以设立符合实际的理财目标并评估自己的理财目标的实现情况。知道如何编制和解读个人财务报表是个人理财规划的基石。

资产负债表（balance sheet）反映了你在给定时点上的财务状况：你的资产减去负债，就等于你的净资产（总的资产水平）。与此相对，**利润表**（income and expense statement）则反映一定时间的财务成果。**预算**（budget）作为另一种类型的财务报告，具有前瞻性，由于预算表建立在预期收入和费用的基础之上，它使你能够监测和控制自己的花费。图表2—1总结了在个人理财规划过程中不同类型的财务报表（报告）及其相互关系。需要注意的是，理财规划能够为年度财务预算提供方向。

图表2—1　理财规划和财务报表的互动关系

个人理财规划是一个报告体系，此体系把未来目标和计划与实际结果相联系，这一体系能够提供方向、控制与反馈。

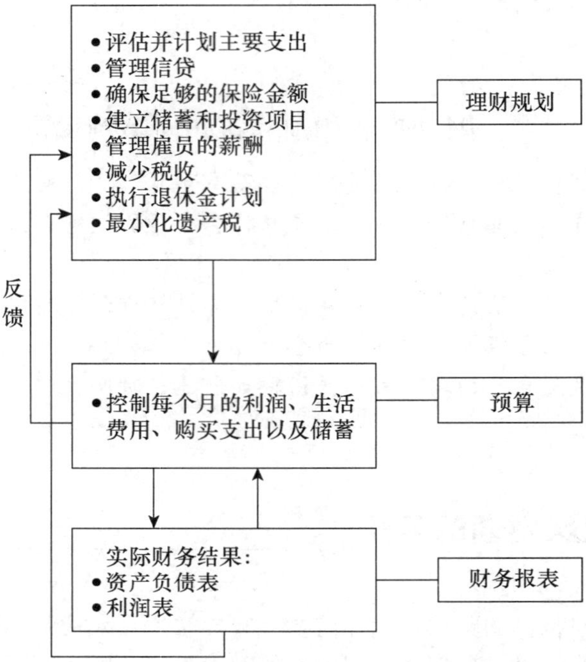

2-2　资产负债表：你今天价值几何？

编制个人资产负债表或财务状况表，从而为增加你的财务福利提供抓手。可以把资产负债表看作一年中某一天你的财务状况的快照。

资产负债表分为三部分，合在一起能够简要描绘出你的财务状况，它们是：

- 资产：你拥有的。
- 负债：你欠别人的。
- 净资产：资产和负债之间的差异。

这三者之间的会计关系称作资产负债表等式，可以采用两种方式表示：

资产＝负债＋净资产
净资产＝资产－负债

下面让我们来看看资产负债表每一部分的内容。

2-2a 资产：你拥有的

资产（assets）是你拥有的所有东西，一件物品无论是用现金购买的还是通过负债取得的都归类为资产。一种有用的方法是根据资产潜在的特性和用途对它进行分类。这样资产可以有四个大的类别：流动资产、投资、不动产和个人财产。

- **流动资产**（liquid assets）：以现金或金融工具形式存在，能够随时并快速地转换为现金且不会带来价值损失的低风险金融资产。现金、现金支票、储蓄存款、货币市场存款、货币市场共同基金以及一年内到期的定期存款等都是流动资产。
- **投资**（investments）：为了得到回报而不是用于提供某项服务的资产。这些资产大多是无形的金融资产（股票、债券、共同基金以及其他类型的证券），持有投资一般是为了实现长期的个人理财目标。企业股权、寿险和养老金的现金价值、退休基金如个人退休账户、401(k) 计划，以及诸如商品、金融期货和期权等是其他形式的投资资产。
- **不动产和个人财产**：这些是我们每天生活中都会用到的有形资产。**不动产**（real property）是指土地和其他固定不动的资产，比如一栋房子。不动产通常情况下有较长的使用寿命和较高的使用成本，随时间推移还可能会增值。**个人财产**（personal property）是可以移动的财产，比如汽车、娱乐设施、房屋家具以及类似的其他资产。工作表 2—1 列出了个人资产负债表中可能有的典型资产。

工作表 2—1 里克和贝斯的资产负债表

编制一个资产负债表，可以在一边（资产）展示你所拥有的，在另一边（负债和净资产）展示你所支付的。可以看到，里克和贝斯的资产比负债多。

资产负债表

单位：美元

姓名 里克和贝斯　　日期 2015 年 12 月 31 日

资产			负债		
流动资产			**流动负债**		
现金	150		应付公用事业费	175	
现金支票	575		应付租金		
储蓄存款	760		应付保险费		
货币市场基金和储蓄	800		应交税金		
定期存款			应付医疗费	125	
流动资产合计		2 285	应付修理费		
投资			信用卡欠款	425	
股票	3 750		购物卡欠款	165	
债券	1 000		旅行与休闲卡欠款	135	
定期存款			汽油与其他贷记卡欠款		
共同基金	2 250		银行贷款限额		
不动产			其他流动负债	45	
退休基金、个人退休账户	4 000		流动负债合计		1 070

其他			**长期负债**		
投资合计		11 000	个人住房按揭贷款	160 000	
不动产			第二套住房按揭贷款		
个人住房	225 000		投资性不动产按揭贷款		
第二套住房			汽车贷款	4 350	
其他			设施/家具贷款	800	
不动产合计		225 000	房屋修缮贷款		
个人财产			一次性偿还贷款		
汽车：10 年的卡罗拉	13 600		教育贷款	3 800	
汽车：08 年的福特福克斯	9 400		证券保证金贷款		
休闲车辆			其他长期贷款（欠父母的）	4 000	
房屋家具	3 700		长期负债合计		172 950
首饰与艺术品	1 500		（Ⅱ）负债合计		174 020
其他					
个人财产合计		28 200	净资产（Ⅰ－Ⅱ）		92 465
（Ⅰ）资产合计		266 485			
			负债与净资产合计		266 485

在做个人财务分析时，无论哪种类型的资产，以当前**公允市场价值**（fair market value）把它们记录在资产负债表上很重要，这个市场价值可能与其初始购买价格大相径庭。公允市场价值要么是资产的实际价值（比如现金支票的价格），要么是资产在公开市场上合理出售的价格（比如二手车和二手房）。根据美国一般公认会计原则（GAAP）（一套专业指引），在资产负债表中资产以成本而不是公允市场价值列示。

2-2b 负债：你欠别人的

负债（liabilities）代表个人或者家庭的债务。它们可能源于在商店的花费、信用卡支付、分期付款，或者是房屋或其他不动产的按揭贷款。一项负债如果不考虑其来源，它其实就是拥有的在未来需要偿还的欠款。

通常情况下，我们可以根据到期日把负债分为以下几个类别：

- **流动（短期）负债**（current（short-term）liability）：所有当前拥有的并预期在一年内支付的负债称为流动负债（或短期负债）。流动负债的例子包括：消费品的应付款、应付公用事业费、应付租金、应付保险费、应交税金、应付医疗费、应付修理费和**信用卡应还额度**（open account credit obligations）（信用卡授权额度减去剩余额度，一般因信用卡消费产生）。
- **长期负债**（long-term liability）：期限为一年或一年以上的债务。这些债务通常包含房屋按揭贷款、大多数的分期付款、教育贷款以及证券保证金贷款。

大多数贷款都归类为长期负债，但是预期在一年之内到期的贷款应该列示为流动负债。例如，6 个月内到期的一次偿还的银行贷款，以及 9 个月内由于购买冰箱而产生的分期付款都属于流动贷款。不管哪种类型的贷款，只有最近未偿还的贷款余额才会在资产负债表中列示为负债，因为在任何给定时点，重要的是贷款未偿还余额，而不是最初贷款的金额。另一个比较重要的概念就是，只有尚未偿还的贷款或按揭的本金部分才会列示在资产负债表的负债中。在工作表 2—1 中你会看到最常见的负债种类。

2-2c　净资产：财务价值的衡量指标

现在你已经列示了你拥有的和你欠别人的，在此基础上就可以计算你的**净资产**（net worth），也即个人或者家庭所拥有的实际财富和**权益**（equity）数额。它表示在按照预期的公允市场价值出售你所有资产并且付清所有债务（假设没有交易手续费）之后剩余的货币数额。对会计等式进行变形，我们可以看到，净资产等于总资产减去总负债。如果净资产小于零，则这个家庭从技术上说已经**资不抵债**（insolvent）。当然，并不意味着这个家庭最后需要进行破产清算，但是从一定程度上反映这个家庭缺乏理财规划。净资产通常随着个人和家庭的生命周期延长而增加（见图表 2—2）。

图表 2—2　　**不同年龄的净资产均值**

净资产在 35 岁前开始积累并持续攀升，在 55～64 岁年龄段达到顶峰。通常在 65 岁左右，当一个人退休并开始用其资产支付生活费用时，净资产开始下降。图中没有列示净资产在一个人退休后开始下降的阶段。

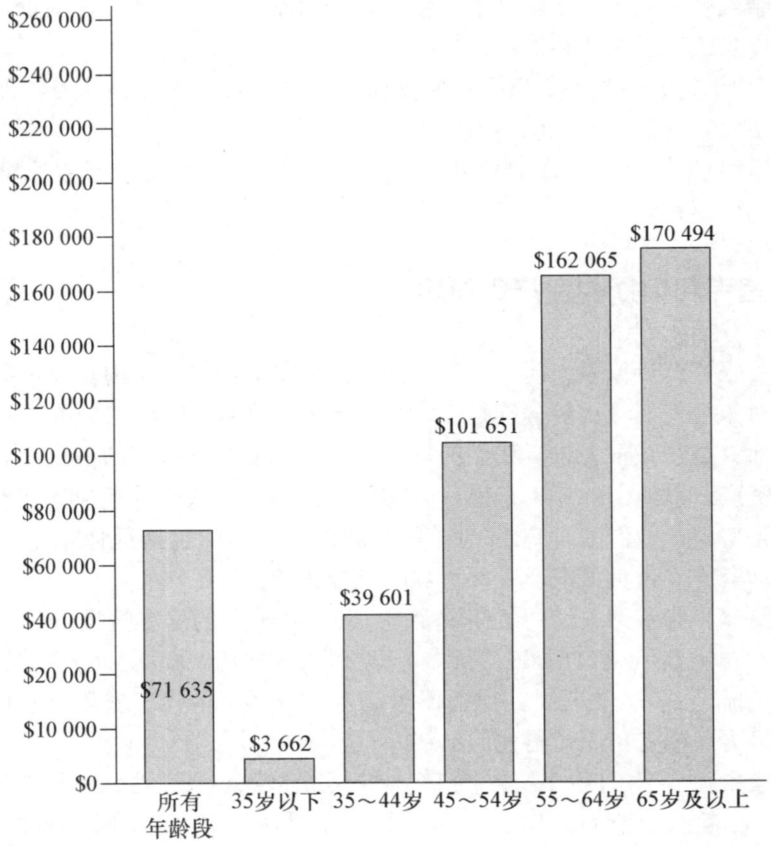

资料来源：Adapted from Brian K. Bucks, Arthur B. Kennickell, Traci L. Mach, and Kevin B. Moore, "Changes in U. S. Family Finances from 2004 to 2007: Evidence from the Survey of Consumer Finances," *Federal Reserve Bulletin*, Board of Governors of the Federal Reserve System, Washington, D. C., vol. 95 (February 2009), pp. A1－A55, http://www.federalreserve.gov/pubs/oss/oss2/2007/scf2007home.html, accessed March 2011.

理财指示牌　制定实际的预算

- 遇到促销商品怎么办？不要购买自己不需要的东西。
- 花费要小于你的收入。你需要偿债，制定一个预算，并且每月有一些存款。
- 多做饭，少买饭。如果会，就自己做饭、煮咖啡及做家务。
- 保持涨工资前的生活习惯。涨工资后，仍然保持自己以前的生活消费习惯，把多出来的钱存入银行。
- 制作一个30天的清单。当你看见一些特别想买的东西时，把它记在这个30天的清单上，看看30天后你是否需要。

2-2d　资产负债表的格式与编制

你至少需要每年编制一次自己的资产负债表，最好是每3～6个月一次。使用工作表2—1中的分类，我们来看看如何编制资产负债表。

1. 编制资产负债表的那天把资产的公允市场价值列出来。现金支票、现金储蓄及投资的余额就是其公允市场价值。使用公开信息估计房子和汽车的价值，例如类似房屋的销售广告或二手车销售网站。

2. 列示所有的流动负债和长期负债。列出所有的未偿还债务，即便你还没有收到账单，也要把它们列在流动负债一项。

3. 计算净资产。用你的总资产减去总负债就是你的净资产，它能够反映你在所有资产上的净权益。

2-2e　里克和贝斯的资产负债表

从一张资产负债表中能了解到哪些信息？我们假设一份由里克·弗莱彻和贝斯·弗莱彻这对年轻夫妇（年龄分别是28岁和26岁）所编制的2015年12月31日资产负债表。下面就是这张报表告诉我们的关于这对夫妇的财务状况的信息：

- 资产。以他们的年龄来说，弗莱彻夫妇的资产状况看起来非常不错。他们主要的资产就是房屋，他们同时有11 000美元的投资，其中包括退休基金，看起来他们有足够的流动资产支付负债以及一些小额的意外花费。
- 负债。弗莱彻夫妇的负债主要是160 000美元的房屋按揭贷款，这栋房屋的净值大概为65 000美元（225 000美元的市场价值减去160 000美元的按揭贷款）。他们现在的流动负债是1 070美元，其他负债包括12 950美元的汽车贷款、家具贷款、教育贷款以及父母为房屋首付而借给他们的钱。
- 净资产：他们的净资产为92 465美元（266 485美元的资产减去92 465美元的负债），考虑到他们的年龄，这个数字超过图表2—2中同年龄段人群的平均数。

比较弗莱彻夫妇总负债与总资产的状况，人们会对他们当前的财务状况有更切合实际的看法，这比单独看资产和负债要好得多。

2-3　利润表：钱是怎么挣来的，到哪里去了？

缺资金的时候，人们问自己的第一个问题就是："钱到哪里去了？"编制一张利润表就能回答这个问题。可以把这张表看成一个动画，它不仅能够显示出这段时间以来的实际结果，还能让你将它和预算做比较。

利润表有三个主要部分：收入、费用以及现金盈余（或赤字）。现金盈余（赤字）是收入和费用之差。这张表**以现金为基础**（cash basis）来编制，这表示只有与实际现金流入和现金支出相关的交易才被记录。现金在这里不仅包括现钞，还包括支票以及借记卡储蓄，以及其他一些类型的存款。收入和费用的构成随着个人和家庭在其生命周期中所处的阶段不同而有所差异。

2-3a　收入：现金流入

一般的**收入**（income）来源包括：薪金、自我经营收入、奖金和佣金，储蓄和投资的利息及股利收入；出售资产的收入，比如股票、债券以及汽车。其他收入包括养老金、年金以及社会保险收入，出租资产的收入，赡养费和小孩抚养费收入，奖学金和助学金收入，退税收入，以及其他各种类型的收入。工作表 2—2 中列示了一般的收入类别。需要注意的是，在这里应当使用总的薪水和佣金，它形成在纳税和其他工资扣除之前从雇主处收到的总收入。

工作表 2—2　　**里克和贝斯的利润表**

利润表可以展示你挣了多少钱，钱是怎么花的，剩下多少（或者若你花的比挣的多，你的"窟窿"有多大）。

利润表　　单位：美元

姓名　里克和贝斯

从　年初　　到　2015 年 12 月 31 日

收入		
工资和薪金	姓名：里克・弗莱彻	65 000
	姓名：贝斯・弗莱彻	18 350
	姓名：	
自我经营收入		
奖金和佣金	里克的销售佣金	3 050
投资收益	收到的利息	195
	收到的股利	120
	收到的租金	
	证券销售	
	其他	

养老金和年金		
其他收入		
	（Ⅰ）收入合计	86 715
	费用	
房屋	租金/按揭付款（包括保险和税金）	11 820
	修理、维护与更新	1 050
公用事业	燃气、电力和水	1 750
	电话	480
	有线电视和其他	240
食品	食品杂货	2 425
	外出用餐	3 400
交通	汽车贷款还款	2 520
	牌照费等	250
	汽油、机油、修理、轮胎及保养费	2 015
医疗	健康、大病与伤残保险（从工资里扣除或雇主不提供）	2 250
	保健医生、牙医、住院和药品	305
服装	服装、鞋和其他配饰	1 700
保险	家庭财产保险（如果按揭付款不提供）	1 200
	寿险（雇主不提供）	1 865
	汽车保险	1 780
税金	所得税与社会保障税	18 319
	财产税（如果按揭付款不提供）	2 100
家具、器具及其他主要购置	贷款还款	800
	购买与维修	450
个人洗护	洗衣、化妆品、理发	700
娱乐和休闲	度假	2 000
	其他娱乐与休闲	2 630
其他项目	学费与书籍：贝斯	1 400
	礼品	215
	贷款还款：教育贷款	900
	欠款还款：父母资助	600
	（Ⅱ）费用合计	65 164
	现金盈余（或赤字）[（Ⅰ）−（Ⅱ）]	21 551

2-3b 费用：现金流出

费用（expense）代表花费的现金。

工作表 2—2 中，费用根据其受益类型进行分类：（1）生活费用（如房屋、公用事业、食品、交通、医疗、服装、保险）；（2）税金；（3）资产购置，如汽车、音响、家具、器具及其分期付款；（4）其他的个人洗护、休闲和娱乐支出；（5）其他项目。这其中的一些是**固定费用**（fixed expenses），通常是合同性、预先确定和每期等额付款的费用（一般按月），举例来说，包括按揭贷款、分期付款、保险费、有线电视费。其他费用（如食品、服装、公用事业、娱乐和医疗费用）属于**变动费用**（variable expenses），其金额每期都会有变化。

图表2—3以百分比形式显示了每年税后收入用于主要费用种类的平均支出，它可作为你与整个国家平均支出进行比较的标杆。然而，你个人的花费可能会由于自己的年龄、生活方式以及居住地而与他人有所不同。比如，在圣迭戈购买一套房子要比在夏洛特购买花费更多。同样，如果你住在郊区，你的通勤费用会比住在城市里的人更高。

图表2—3 **我们的收入去哪了？**

税前收入中几乎有3/4花在四个主要类别上：房屋、交通、食品和个人保险及养老金。

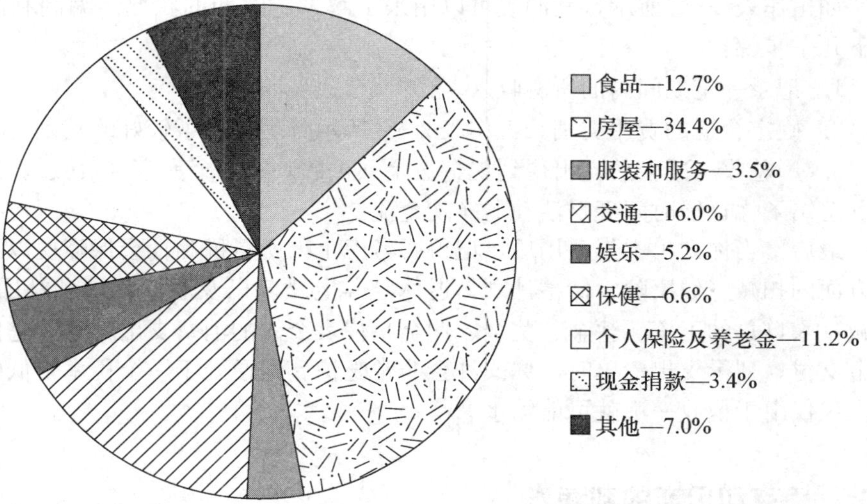

资料来源："Consumer Expenditures—2010," Washington, D. C.: U. S. Department of Labor, Bureau of Labor Statistics, News Release, USDL-11-1395, Chart 1, "Shares of Average Annual Expenditures Spent on Major Components, 2010," September 27, 2011, p. 2.

2-3c 现金盈余（或赤字）

利润表第三部分显示了当期财务活动的最终结果。将总收入减去总支出就会得到这段时间的现金盈余（或赤字）。简单看一下，你就知道自己在这段时间内的财务状况。正数表示费用比收入低，也就是**现金盈余**（cash surplus），如果差值为零，就表示这段时间内费用和收入正好相等。负数则表示费用超过收入，产生了**现金赤字**（cash deficit）。

理财指示牌 **最大的预算失误**

1. 没有计划必然性支出。

当然有一些费用是非预期性的，但大部分不是。要制定汽车的保养计划，并把其列入预算。包括房产、汽车、保健和寿险、税金、服装及礼品。

2. 没有应急资金。

真正的意外——不是非预期性支出——包括收入损失、严重疾病或家庭成员的死亡。

3. 生活支出高出你的预计。

如果你犯了超出预算的错误，你的花费将超过你的收入。预算会帮助你计划未来，免得陷入债务的泥潭。

2-3d 编制利润表

如工作表2—2所示，利润表可以用来了解一定时期的状况。编制利润表需要遵循以下几个步骤：

1. 记录一定期间内的所有收入。
2. 确定合适的费用类别。工作表2—2所示分类提供了较好的基础。
3. 用总收入减去总支出得到现金盈余（正数）或现金赤字（负数）。这个“底线数字”总结了你这段时间理财活动的净现金流。

最后，当你列出本年费用后，记得要考虑个人所得税和社会保障税以及其他工资薪酬方面的扣减（健康险、储蓄计划、退休与养老缴款以及职业培训和社团费用）。这些扣减（来自总的工资、薪金、奖金、佣金）代表个人的消费支出，尽管它们不是直接的现金支付。列示支出清单时，你或许会非常吃惊。即便处于一个税率很低的水平，你的收入仅仅由于税收一项就可能缩水25%。

2-3e 里克和贝斯的利润表

工作表2—1中所示的里克和贝斯的资产负债表反映了其2015年12月31日的财务状况。工作表2—2是截至2015年12月31日的利润表，是根据前面提供的一些信息编制出来的。这张表告诉我们现金是怎样在他们的“口袋”中流入流出的。

- 收入。截至2015年12月31日总收入为86 715美元，里克的工资很明显是家庭的主要收入来源，当然贝斯已经完成了她的MBA学业，现在对收入的贡献也很大。其他的收入包括195美元存款与债券的利息收入以及120美元的普通股股利收入。
- 费用。本年度总费用为65 164美元，包括他们的房屋按揭还款、食品、汽车贷款还款、服装、所得税与社会保障税。本年其他较大的支出是房屋修缮费、燃气费和电费、汽车牌照费、保险费、学费和教育贷款还款。
- 现金盈余。弗莱彻夫妇在年末有21 551美元的现金盈余（86 715美元的收入减去65 164美元的费用）。他们可以利用这些现金盈余增加储蓄，投资股票、债券或其他金融工具，或者偿还一些债务。如果存在现金赤字，他们就需要提取储蓄、减少投资，或者借一笔钱去弥补这些赤字。现在有了21 551美元的盈余，这为增加他们的净资产做出积极的贡献。

2-4　使用个人财务报表

不论你是仅有少量净资产，处于起步阶段，还是已经朝自己的理财目标前进，资产负债表和利润表都能使你了解自己当前的财务状况。你现在可以使用这个信息去评估自己的财务状况，监测自己的财务活动，并记录下向理财目标前进道路上的每一步。现在让我们来学习那些能够帮助你更好地编制和分析财务报表的方法，让你更加清楚自己的财务状况。

2-4a　保持良好的记录

尽管保持记录在大多数要完成的事件里不算特别重要的，但是好的记录体系能够帮助你管理和控制自己的财务事项。最好每年都能编制个人财务报表，在你制定预算时编制。许多人每 3～6 个月就编制一次财务报表。你可能希望用一本账或一个财务记录本来总结自己的所有交易。这本账中需要设立资产、负债、收入和费用来源等项目，每个项目都有自己独立的账户。

管理你的财务记录

你的记账系统不需要多么有效。从编制清单开始吧，把你拥有的和欠别人的列个表，至少每年检查一次以确保每次数据都是最新的，并审核你的财务进展情况。然后把交易手工记到账上或者是用理财软件来记录。你可能想为税收筹划记录建立独立的文件，一个记录收入（支票存根、存款利息等），另一个记录支出，也可以记录个人的共同基金和股票账户。

2-4b　跟踪财务进展：比率分析

编制财务报表的时候，你可以分析报表并看看你的理财目标完成得怎么样了。比如，你可以比较实际理财结果与预算数字，来确定你的支出是否在控制范围之内。同样，将各个理财规划和资产负债表作对比，可以看出你是否达到了储蓄和投资目标、减少了债务，或增加了退休储蓄。你可以拿当前业绩和历史业绩做比较以确定自己的财务状况是得到优化还是变得更糟。

计算一些特定的财务比率可以帮助你评估自己在一段时间内的财务业绩。如果你申请了贷款，出借人可以通过这些比率来分析你的偿债能力。四个重要的进行货币管理方面的比率是：（1）净资产比率；（2）流动比率；（3）储蓄比率；（4）偿债能力比率。前两个比率和资产负债表联系紧密，后两个和利润表联系更密切。图表 2—4 提供了这些比率的定义，并以弗莱彻夫妇的财务报表为例对这些比率进行了计算。

图表 2—4　　个人财务报表分析的比率　　单位：美元

比率	公式	弗莱彻夫妇 2015 年的数据
净资产比率	$\frac{\text{净资产}}{\text{总资产}}$	$\frac{93\,535}{266\,485}=0.351$，或 35.1%
流动比率	$\frac{\text{流动资产}}{\text{流动负债}}$	$\frac{2\,285}{17\,710^{(a)}}=0.129$，或 12.9%
储蓄比率	$\frac{\text{现金盈余}}{\text{税后收入}}$	$\frac{21\,551}{86\,715-18\,319}=\frac{21\,551}{68\,396}=0.315$，或 31.5%
偿债能力比率	$\frac{\text{每月贷款还款额}}{\text{税前总收入}}$	$\frac{1\,387^{(b)}}{7\,226^{(c)}}=0.192$，或 19.2%

(a) 在工作表 2—1 中我们会发现弗莱彻夫妇的流动资产（2 285 美元）和流动负债（1 070 美元），总流动负债 17 710 美元：流动负债 1 070 美元（工作表 2—1）加上一年内到期的贷款 16 640 美元（工作表 2—2）。注意：一年内到期的贷款包括 11 820 美元的按揭贷款、2 520 美元的汽车贷款、800 美元的家具贷款、900 美元的教育贷款和 600 美元的父母欠款。

(b) 以年度为基础，弗莱彻夫妇的总负债为 16 640 美元（11 820 美元的按揭贷款、2 520 美元的汽车贷款、800 美元的家具贷款、900 美元的教育贷款和 600 美元的父母欠款，都在工作表 2—2 中）。弗莱彻夫妇每月的贷款偿还额大约为 1 387 美元（16 640÷12 个月）。

(c) 用弗莱彻夫妇年度总收入（也在工作表 2—2 中）86 715 美元除以 12，等于 7 226 美元。

资产负债表比率

评估资产负债表时，你最应该关心的是给定时点的净资产。**净资产比率**（solvency ratio）以百分比形式表示你面临破产风险的程度，或者说你有多少“缓冲”来抵御破产。弗莱彻夫妇的净资产比率是 35.1%，这就意味着在破产之前他们可以承受 35%的资产市价下跌。可以看看股票市场，以标准普尔 500 指数作为衡量指标，在 2008 年金融危机期间下滑了 37%。同时，以标普/希勒美国全国住房价格指数来衡量，危机当年房价大约下跌了 18%。弗莱彻夫妇的净资产比率表明，他们目前状况不错，但是在未来应增加一些净资产以应对经济萧条的发生。

尽管净资产比率表示承担财务风险的能力，它却不代表真实的偿还债务的能力。这个能力需要用**流动比率**（liquidity ratio）来衡量，它表示你用流动资产来支付流动负债（一年内到期的所有账单和费用）的能力。

流动比率的计算表明，弗莱彻夫妇现在的流动资产仅能够偿还 13%的一年内到期的负债。也就是说，他们大约有偿还一个月债务的能力（一个月大约是一年的 8.3%）。如果一个意外事件使他们失去了收入，他们的流动资金就会立刻枯竭。尽管对于这个比率应该是多少并没有明确的规定，但对于弗莱彻夫妇来说这个比率看上去有些低。他们应该增加现金盈余，让贝斯全职工作。

流动资金储备随着个人条件和舒适性要求而有所不同。一个有用的关于流动性的建议是建立相当于 6 个月税后收入的储备资金，以应对生活所需。2015 年弗莱彻夫妇每月的税后收入是 5 700 美元（86 715 美元的总收入减去 18 319 美元的所得税和社会保障税再除以 12 的结果）。根据此建议，他们应至少有 34 200 美元的流动资产，这个数字大大高于目前他们资产负债表上的金额（2 285 美元）。在经济困难时期，有人可能想储备高于 6 个月的资金，以在失去工作时能够自保。

利润表比率

评价利润表时，你需要关于利润表的“底线数字”，它表示这一段时间内你的现金盈余（或赤字）。你可以把现金盈余（或赤字）与收入相比较，并计算**储蓄比率**（savings ratio），这个比率使用税后收入来计算更为有效。

里克和贝斯大概存下了 31%的税后收入，这非常棒（美国家庭的平均储蓄比率是 5%～8%）。想要存多少是个人的选择。

尽管保持充足的储蓄对于个人理财规划来说十分重要，保持及时偿债能力同样重要。**偿债能力比率**（debt service ratio）可以使你清楚能否完全满足偿还债务的需要。这个比率剔除了流动负债，只关注按揭贷款、分期付款以及其他个人长期贷款。

每月的贷款偿还占用了弗莱彻夫妇 19%的总收入，这个很低的比率说明他们还款时没有什么困难。在你的理财规划中，尽量把偿债能力比率保持在 35%之下，因为这个比率通常作为债务的可管理比率。当然，偿债能力比率越低，意味着债务到期时偿还的压力越小。

2-5　现金流入和现金流出：编制和使用预算

我们都不愿意去碰预算，好像它很麻烦。然而，编制、分析和监测个人预算对于个人理财规划来说是重要的一步。

确定了短期财务目标之后，你可以为来年编制一张现金预算表。回忆一下，预算是一个能够帮助你实现短期理财目标的财务报告。现金预算是一个有用的现金管理工具，它将帮你：

1. 为监测和控制财务状况得到必要的信息；
2. 为达到理财目标决定如何分配自己的收入；
3. 采用一套有规律的消费模式，而不是一时兴起就花钱；
4. 减少不必要的开支以增加储蓄和投资的资金；
5. 实现长期理财目标。

就像你的目标随年龄阶段而改变一样，预算也应在你的财务状况变得复杂时保持弹性。通常情况下，随着资产和负债的增加以及家庭责任的增大，收入和费用的种类会更多。对于大多数人来说，这个过程在你退休之前都不会变简单。

2-5a　预算的过程

就像利润表一样，预算也应该建立在现金基础之上，因此，我们把这个文件称为**现金预算**（cash budget），因为它主要考虑到预计的现金收入和现金支出，包括储蓄和投资，且预期在下一年发生。

现金预算的编制过程包括三个阶段：估计收入，估计支出，最终形成现金预算。预计收入和支出时，要考虑到生活成本的变化以及这些变化对预算各项目的影响。如果你的收入固定（在预算期内不会变化），那么不同支出项目的增加可能会降低收入的购买力。工作表 2—3 把收入（收到的现金）和支出（支出的现金）分为两个独立部分，分别列示了大多数常见的收入和支出类别。

工作表 2—3

弗莱彻夫妇按月份记录的年度现金预算表

年度现金预算表显示有几个月持续为赤字，他们可以根据此信息制定计划来弥补这些缺口。

按月份记录的年度现金预算表

单位：美元

姓名 里克和贝斯

从 年初　到 2016年12月31日

	1月	2月	3月	4月	5月	6月	7月	8月	9月	10月	11月	12月	全年合计
收入													
到手的薪金	4 800	4 800	4 800	4 800	4 800	5 200	5 200	5 200	5 200	5 200	5 200	5 200	60 400
奖金和佣金						1 350						1 300	2 650
养老金和年金													
投资收益			50			50			50			50	200
其他收入													
（Ⅰ）收入合计	4 800	4 800	4 850	4 800	4 800	6 600	5 200	5 200	5 250	5 200	5 200	6 550	63 250
支出													
房屋（租金/按揭、修缮）	1 185	1 485	1 185	1 185	1 185	1 185	1 185	1 185	1 185	1 185	1 185	1 185	14 520
公用事业（电话、电、燃气和水）	245	245	245	175	180	205	230	245	205	195	230	250	2 650
食品（居家和外出用餐）	696	696	1 200	696	696	696	696	696	696	696	696	696	8 856
交通（汽车/公共交通）	375	620	375	355	375	375	575	375	375	425	375	375	4 975

续前表

	1月	2月	3月	4月	5月	6月	7月	8月	9月	10月	11月	12月	全年合计
保健医生、牙医，包括保险	50	50	50	50	50	75	50	50	50	50	50	50	625
服装	150	150	670	200	200	200	300	600	200	300	300	300	3 570
保险（寿险、汽车和家庭财产）				660	1 598					660	1 598		4 516
税金（房产税）		550						550					1 100
器具、家具及其他（购置及贷款）	60	60	60	60	60	60	60	60	60	60	60	60	720
个人洗护	100	100	100	100	100	100	100	100	100	100	100	100	1 200
休闲与娱乐	250	300	3 200	200	200	400	300	200	200	200	200	2 050	7 700
储蓄与投资	575	575	575	575	575	575	575	575	575	575	575	575	6 900
其他支出	135	200	175	135	510	180	135	235	235	135	405	325	2 805
零花钱	200	200	230	130	200	200	200	200	200	200	200	230	2 390
（Ⅱ）支出合计	4 021	5 231	8 065	4 521	5 929	4 251	4 406	5 071	4 081	4 781	5 974	6 196	62 527
现金盈余（或赤字）((Ⅰ)-(Ⅱ))	779	(431)	(3 215)	279	(1 129)	2 349	794	129	1 169	419	(774)	354	723
累计现金盈余（或赤字）	779	348	(2 867)	(2 588)	(3 717)	(1 368)	(574)	(445)	724	1 143	369	723	723

估计收入

编制现金预算的第一步是估计下一年的收入，它包括下一年度所有的收入项目：夫妇实际到手的薪金、预期的奖金和佣金、养老金和年金以及投资收益，包括利息、股利、租金和资产（特别是证券）销售收入。不同于利润表，在做现金预算时你需要使用实际到手的收入而不是总收入。现金预算主要关注你能够控制的项目，大部分人对于税金、公司代缴的保险费和年金等只有有限的控制力。实际上，到手的收入表示你从老板那里获得的可自由支配收入。

估计支出

现金预算的第二步是最困难的：为下一年的花费做一个预算清单。这个清单一般可以使用前一年的实际支出（可以从利润表和其他一些支持信息中获得相关数字）以及一些事前确定的短期财务计划来编制。

不管你是否有历史数据，编制现金预算的时候，要对自己的消费结构和消费方式有所认识。通过追踪几个月的支出，分析自己的消费习惯，来考虑是否有需要改变的习惯。比如，你可能意识到自己去自动取款机（ATM）取钱或者使用信用卡的频率太高了。你可能会发现把这些支出打包成几个大类编制费用预算比分别估计每一个小项目要容易许多。工作表2—3就是一个对费用进行打包分类的例子，根据收入和费用的种类进行分类。

不要忘记给家庭成员留些零花钱，每个家庭成员可以自己做主花一些钱，这会给家庭成员一些经济上的独立性，有助于形成健康的家庭预算关系。

形成最终的现金预算

在预计收入和支出后，通过对比计划的收入和支出来编制最终预算。在第三部分列示差额，表现为盈余或者赤字。在一个平衡预算中，本年的总收入大于或等于总支出。如果发现年末出现赤字，你就需要重新调整自己的支出。如果好几个月都有大额盈余，你就有能力弥补未来几个月的赤字了（后面讲解）。当所有月份的赤字都解决，并且年度总预算达到平衡，预算工作就完成了。

2-5b 应对赤字

即便全年预算达到平衡，在某些月份收入也可能会超过支出，产生月份预算赤字。同样，当某些月份收入超过支出时，会产生预算盈余。有以下两种解决方法：

- 把有预算赤字的月份的支出转入有预算盈余的月份（或者通过另一种方式，把盈余月份的收入转移到赤字月份）；
- 使用存款、投资或者借款来弥补暂时的赤字。

由于预算年度内是平衡的，弥补短缺资金只是暂时的。当出现预算盈余时，应该把盈余放在存款和投资中，或偿还贷款。上面提到的两种方式都可以作为在年度平衡的预算表中解决月份预算赤字的方法，第二种可能更加实用。

如果在支出调整后预算仍显示赤字，该怎么办？下面有三个选择：

- 提取足够的存款、投资，或者借入足够的钱来弥补总的预算缺口。显然，这种方式并非最优选择，因为它背离了预算目标：把支出控制在一定范围内，享有合理的生活水准并为实现长期理财目标而努力。

● 削减预算中不重要的支出。这个方法相对第一种来说显然要好一些。它通过削减那些相对短期目标最不重要的支出，使你不需要通过外来资金就能平衡自己的预算。比如，削减一些弹性的开支（比如休闲、娱乐和一些潮流服饰）。

● 提高收入。找一份工资更高的工作，或者是兼职工作，这恐怕是最困难的一种选择。它可能需要你做出更多的规划，并完全改变你的生活方式。但是，那些无法通过提取存款和投资或者借钱来满足生活所需的人可以通过这种方式来平衡他们的预算。

行为金融问题　你真的想减少支出吗？

花一点心思改变你的行为：

● 编制一个预算并用它设立理财目标。确定你想花多少并设定一个储蓄目标。

● 首先使用你的储蓄账户，最后使用你的支票账户。开设两个账户，使货币能够在两个账户间流动。把你的钱存入储蓄账户并把预算转到支票账户（而不是相反）。

● 使用现金，减少对信用卡的依赖。不是什么东西都可以用现金购买，这样你会节省一些。

● 让其他人监督你。让你信任的人（爱人、朋友、父母等）知道你的目标并让他们关注你的进展情况。

● 买东西前考虑一个替代方案。在进行大额购置前，总是等上至少两天，看看它是不是符合你的预算。想一想替代方案。

资料来源：Adapted from Brian Reed, "6 New Behavioral Strategies to Curb Your Spending in 2012," http://www.investinganswers.com/personal-finance/savings-budget/6-new-behavioral-strategies-curb-your-spending-2012, accessed January 2012.

2-5c 里克和贝斯的预算实例

使用短期的理财目标（第 1 章中的工作表 1—1）和以前年度的财务报表（工作表 2—1 和工作表 2—2），里克和贝斯编制了 2016 年度的现金预算。工作表 2—3 展示了弗莱彻夫妇 2016 年预计每月的收入和支出以及现金盈余和赤字。

弗莱彻夫妇按月列示的 2016 年到手收入是 63 250 美元。由于使用到手收入，因此可以忽略所得税、社会保障税的支出以及其他包含在工资中的缴款。到手工资反映出弗莱彻夫妇预期的工资增长。

估计 2016 年的支出时，弗莱彻夫妇预计会有小幅通货膨胀，并在其支出项目中考虑了价格增长。他们同时分配 6 900 美元的预算给储蓄和投资，这是一个很明智的策略，同时留了一笔由两人分享的零花钱。

在预算过程中，贝斯和里克发现他们第一次预计的支出预算是 63 877 美元，相对应的收入预算为 63 250 美元，因此产生了赤字。为了消除 627 美元的赤字并顾及一些非预期支出，贝斯和里克做出如下决策：

● 去掉一些非优先项目：在音响上花得少一些；到夏威夷进行短期度假，代替科罗拉多的滑雪之旅。

- 重新安排偿还父母贷款的计划。
- 小幅缩减零用钱开销。

这些削减把弗莱彻夫妇总的花销降到 62 527 美元，并给他们带来 723 美元（63 250－62 527）的预算盈余，在年度基础上平衡了预算，还留了一些钱。当然，弗莱彻夫妇可以削减可控性费用以进一步增加预算盈余并为非预期费用留有余地。

弗莱彻夫妇预算的最后一步是分析月度盈余和赤字，并决定是否使用储蓄、投资或者贷款等手段来填补各月的预算赤字。现金预算的最后一行列示了累计或当月的现金总盈余和总赤字。除了年底 723 美元的现金预算盈余，他们从 3 月到 8 月一直有现金赤字，主要是 3 月份的夏威夷度假和支付保险费所致。为了弥补这些赤字，贝斯和里克向他们的父母借了一笔无息贷款。如果使用储蓄来弥补这些赤字，他们可能会失去很多利息收入，而利息收入包含在总预算收入之中。他们也有可能推迟衣服、休闲和娱乐的支出到年末，避免赤字增加。如果不能得到资金去弥补这些赤字，他们需要进一步削减费用或增加收入。在年末，他们可以使用现金盈余增加储蓄或投资，或者偿还一些贷款。

行为金融问题　不要自欺欺人了……保守的预算会赢

在给未来几个月编制预算时，人们往往过于乐观。他们容易低估短期费用，但在长期预算上更现实一些。我们一般对长期的情况不太自信，并会把费用调整到安全水平。有目的地在短期预算中保守一点会赢。

2-5d 使用预算

最终分析中，现金预算只在以下两种情况下才有价值：（1）使用它；（2）详细记录自己的收入和支出。这些记录会告诉你花销是否在预算范围之内。

在每月开始的时候，记录每个类别的预算金额，并在合适的页面上记录收到的收入和花的钱。在每月结束的时候，加总所有账户并计算盈余和赤字。除了特殊的收入账户（比如工资）以及固定的支出账户（如按揭贷款和贷款偿付），大多数预算类别在月末会有一个正或者负的差异，表示现金盈余或赤字。接下来可以分门别类地把自己的总花费转换成**预算控制表**（budget control schedule），预算控制表比较实际收入和费用与预算项目，并列示其变化。

这种每月一次的比较使我们很容易识别收入低于或支出高于预期水平的重要项目（5%～10%的差异）。在洞察这些项目之后，你可以采取一些调整行动使预算处于合理范围之内。不要只是关注差异的大小，而应分析这些差异，尤其是那些数额大的项目，探究它们是如何发生的。只有在特殊条件下你才可以使用存款、投资或者借款来进行调整。

可以看看弗莱彻夫妇一家 2016 年 1 月、2 月和 3 月的预算控制表（见工作表 2—4），你会发现实际的收入和支出和他们预计的目标十分接近，所示月份还有正的差异（实际盈余超过预算盈余）。最大的差异在于食品和交通方面，但是没有超过预算数字太多。因此，这三个月，弗莱彻夫妇对收入和支出的控制做得十分到位。事实上，通过削减可操控性的支出，他们积累了 349 美元的现金盈余。

工作表 2—4 弗莱彻夫妇 2016 年 1 月、2 月和 3 月的预算控制表

预算控制表为实际现金与预计现金的流出情况提供了重要的反馈，如果差异较大且持续数月，弗莱彻夫妇就应该考虑改变其消费习惯或现金预算。

预算控制表

单位：美元

姓名 里克和贝斯

从 年初 到 2016 年 3 月 31 日

	1 月				2 月				3 月			
	预算数	实际数	月度差异	累计差异	预算数	实际数	月度差异	累计差异	预算数	实际数	月度差异	累计差异
收入	(1)	(2)	(3)	(4)	(1)	(2)	(3)	(4)	(1)	(2)	(3)	(4)
到手的薪金	4 800	4 817	17	17	4 800	4 817	17	34	4 800	4 817	17	51
奖金和佣金			0	0								0
养老金和年金			0	0								0
投资收益			0	0					50	46	(4)	(4)
其他收入			0	0								0
（Ⅰ）收入合计	4 800	4 817	17	17	4 800	4 817	17	34	4 850	4 863	13	47
支出												0
房屋（租金/按揭、修缮）	1 185	1 185	0	0	1 485	1 485	0	0	1 185	1 185	0	0
公用事业（电话、电、燃气和水）	245	237	(8)	(8)	245	252	7	(1)	245	228	(17)	(18)
食品（居家和外出用餐）	696	680	(16)	(16)	696	669	(27)	(43)	1 200	1 325	125	82

续前表

	1月				2月				3月			
	预算数	实际数	月度差异	累计差异	预算数	实际数	月度差异	累计差异	预算数	实际数	月度差异	累计差异
交通（汽车/公共交通）	375	385	10	15	620	601	(19)	(4)	375	310	(65)	(69)
保健医生、牙医，包括保险	50	0	(50)	(30)	50	45	(5)	(35)	50	0	(50)	(85)
服装	150	190	40	40	150	135	(15)	25	670	650	(20)	5
保险（寿险、汽车和家庭财产）	0	0	0	0		0	0	0		0	0	0
税金（房产税）	0	0	0	0	550	550	0	0		0	0	0
器具、家具及其他（购置及贷款）	60	60	0	0	60	60	0	0	60	60	0	0
个人洗护	100	85	(15)	(15)	100	120	20	5	100	75	(25)	(20)
休闲与娱乐	250	210	(40)	(40)	300	250	(50)	(90)	3 200	3 285	85	(5)
储蓄与投资	575	575	0	0	575	575	0	0	575	575	0	0
其他支出	135	118	(17)	(17)	200	150	(50)	(67)	175	150	(25)	(92)
零花钱	200	200	0	(30)	200	225	25	(5)	230	130	(100)	(105)
（Ⅱ）支出合计	4 021	3 925	(96)	(101)	5 231	5 117	(114)	(210)	8 065	7 973	(92)	(302)
											0	0
现金盈余（或赤字）((Ⅰ)－(Ⅱ))	779	892	113	118	(431)	(300)	131	244	(3 215)	(3 110)	105	349
累计现金盈余（或赤字）	779	892		118	348	592		244	(2 867)	(2 518)		349

2-6　货币的时间价值：把货币的时间价值用于理财目标

假如你的理财目标是 6 年内买下第一套房产，第一个问题是购买房产需要花多少钱。假定你看了看房屋价格，并考虑到未来通货膨胀因素，你认为可以在 6 年内购买一个 200 000 美元的公寓。当然，你不需要一下子拿出这么多钱。假设你需要支付 20%的首付款和 5 000 美元的交易费用，即 45 000 美元。现在你有了一个十分明确的长期目标：在 6 年内存 45 000 美元来购买一个 200 000 美元的公寓。

下一个问题是如何得到这么多钱。如果你知道自己的目标及期望通过储蓄或投资攒多少钱，你就可以轻易地算出每年需要存下或者投资多少钱。在这种情况下，你可以从零开始（现在还没有存钱），并预计资金可以取得大概 5%的回报，你需要在接下来的 6 年内每年存下或投资 6 616 美元以达到 45 000 美元的总目标。现在你已经掌握了一个重要的信息：你知道接下来的 6 年里每年攒多少钱才能实现你的理财目标。

我们是如何得到 6 616 美元这个数字的呢？我们使用了一个叫做**货币时间价值**（time value of money）的概念，其思想是现在的 1 美元比未来的 1 美元值钱。使用时间价值的理念，我们可以比较不同时点上货币的价值。只要投资能够获得正的回报率（利率）（不考虑税收和其他行为因素），从严格的财务意义上来说，在获得相同金额的情况下，你更愿意早一些得到。关于时间价值的两个重要概念——终值和现值会在后面分别讨论（注：对时间价值的讨论和举例最初都使用财务表，作为另一种选择，可以用计算器计算）。

2-6a　终值

为了计算购买 200 000 美元的房子所需的储蓄金额，需要使用**终值**（future value）这一概念，它是当前一定数量的货币在给定时间内以特定利率增长所得到的金额。举例来说，假定你每年向储蓄账户存入 2 000 美元，并可以得到 5%的利息，20 年之后，你总的存款额为 40 000 美元。如果你在这段时间里没有提取存款，你的账户余额将变为 66 132 美元。这个增值不仅有利息的影响，还和**复利**（compounding）有关系，即存款每年产生的利息也留在账户中成为本金的一部分并在以后年度产生利息。

一次性收付款的终值

为了更好地说明终值，让我们回到前面买房的例子。正确解决这个问题的方法是使用终值的概念。比如，如果你现在开始投资 100 美元，利率为 5%，一年下来就有 105 美元。在年末你就能赚 5 美元，并回收刚开始存入的 100 美元本金。已知时间长度和利率，你可以通过下面这个公式计算终值：

终值＝投资金额×终值系数

终值系数表（附录 A*）使上述计算得以简化。这个表格十分好用：你只需要查出

---

* 请登录人大经管图书在线（www.rdjg.com.cn）查看。

对应年限和利率的终值系数就可以了。根据附录A，期限为6年、收益率为5%的终值系数是1.340（6年和5%交叉点的数字）。

回到上面的问题，假如你已经为购买新房存了5 000美元，为了计算6年后收益率为5%的这笔存款的终值，你可以使用如下公式：

$$终值=5\ 000\times1.340=6\ 700(美元)$$

6年后，这笔收益率为5%的存款的价值将变为6 700美元。由于你预计需要45 000美元，离目标仍然差了38 300美元。

年金的终值

如何积攒另外的38 300美元？这里再一次用到终值的概念，但这次使用年金终值系数。**年金**（annuity）是每年固定发生的货币金额，例如，在未来5年每年年末存1 000美元。为了计算达到某一给定金额每年需存入的金额，可以使用下面的公式：

$$每年的存款=\frac{期望的货币金额}{年金终值系数}$$

计算年金时你需要使用另一个系数表（附录B）。注意，这个表和前面的附录A很像，并且使用的方式也一样：正确的年金终值系数是一个给定年份和利率相对应的数字。比如，你可以发现在附录B中利率为5%、期限为6年的年金终值系数是6.802，使用前面提到的公式，你可以计算出为了存够38 300美元，如果利率是5%，在后面的6年里你每年需要存多少钱，公式如下：

$$每年应该存的钱=\frac{38\ 300}{6.802}=5\ 630.70(美元)$$

你需要每年存入5 630.7美元才能达到目标。注意，这个例子中你必须把每年的5 630.7美元加到初始存款5 000美元上，才能在6年后得到45 000美元的存款。以5%的利率来算，每年5 630.7美元的存款最终会变为38 300美元，而5 000美元最终会变为6 700美元。所以在6年后，你将有38 300+6 700=45 000美元的存款。

你或许会问，如果一开始没有存下5 000美元，那么每年需要存多少钱？在这种情况下，如果你仍然想在6年后拥有45 000美元，但由于是从零开始，最终的45 000美元需要来自每年的存款。假设6年的利率仍然保持在5%，你可以用相同的年金终值系数计算每年需要的存款。公式如下：

$$每年的存款=\frac{45\ 000}{6.802}=6\ 615.70(美元)$$

或者说约等于6 616美元，注意，这些钱就是在本部分开始的时候提到的那个数字。

2-6b 终值

你很幸运！假定你买彩票中了100 000美元的奖金。你希望花掉一部分，但你现在刚30岁，你希望把其中一部分留作退休基金。你的目标是在55岁（离现在还有25年）

之前存够 300 000 美元，如果你估计投资可以取得 5%的年收益，你需要多少钱去投资才能在接下来的 25 年里实现这个目标?

使用**现值**（present value），即未来回收金额现在的价值，可以得到结果。它告诉你给定利率和时间长度，为了得到终值，需要投资的数额。计算现值的过程叫做**折现**（discounting），它是利用复利计算终值的相反过程。

一次性收付款的现值

假定现在存入一笔钱建立退休基金（终值），你可以通过以下公式计算所需的储蓄额：

$$现值=终值\times 现值系数$$

现值系数表使计算变得简单（见附录 C）。首先，查找期限为 25 年、利率为 5%的投资的折现率（现值系数在 25 年和 5%的交叉处）。在附录 C 中，这个系数是 0.295。其次，把终值 300 000 和现值系数 0.295 代入现值公式中：

$$现值=300\ 000\times 0.295=88\ 500(美元)$$

88 500 美元是你为了在 25 年后得到 300 000 美元现在需要存钱的金额。

年金现值

你也可以使用现值法计算出每年你可以从养老基金里取出的钱。这需要使用年金现值系数。假设你现在 55 岁，你想在未来 30 年每年从退休基金（300 000 美元）中提取相等的金额。一开始，你可能想每年提取 10 000 美元（300 000 美元/30 年），然而，基金存款每年还可以产生 5%的利息。为了计算每年可以取出的金额，还需要考虑货币的时间价值。在这里，你可以使用如下公式：

$$年取款额=\frac{初始存款}{年金现值系数}$$

可以使用附录 D 中的年金现值系数进行计算。把 300 000 美元的初始存款和在附录 D 中查到的 30 年、5%的年金现值系数 15.732 代入之前的公式，我们得到：

$$年取款额=\frac{300\ 000}{15.732}=19\ 514.73(美元)$$

因此，在 55 岁之后的 30 年里你每年可以取出 19 514.73 美元。这个数额显然比之前提到的 10 000 美元多了不少。

现值的其他运用

还可以使用现值方法分析投资。假设有机会可购买一项承诺未来 5 年每年支付 700 美元的年金投资，你知道在 5 年时间内可以获得 3 500 美元（700×5）。但是，为了在投资上获得至少 5%的收益，你每年需要支付的年金的最高值是多少？通过对前面公式进行变形，可以得到答案：

$$初始存款=年取款额\times 年金现值系数$$

把这个公式运用到上述例子中，初始存款表示支付年金的最大值，年取款额是每年支付的700美元的年金。5年、5%对应的年金现值系数是4.329。把上述数值代入前面的等式得到：

初始存款＝700×4 329＝3 030.30(美元)

假设5年内每年收到700美元、年收益率为5%，所需支付金额的最大值为3 030美元。以这个金额投资，你会得到5%的投资收益。

使用现值的概念，你可以很快计算出未来某一收款金额的现值、期初一笔存款若在以后数年中等额提取每年可以提取的金额，以及未来数年每年提取等额现金需要在当前存入的金额。这些过程，和终值的概念一样，允许你把货币的时间价值概念用于长期理财目标。

一生中的规划：预算

预算对于人生中的每个阶段都很重要，以下是每个阶段的主要考虑事项。

独立生活阶段 20多岁	家庭与职业发展阶段 30～45岁	成熟阶段 45～65岁	退休 65岁以上
建立记账体系	根据家庭与职业的财务状况的变化修改预算	修改预算以反映相对支出来说收入的提升	根据退休生活支出、保健支出、保险需求及收入状况修改预算
建立预算与详细的费用记录	为子女的教育编制预算	评估费用支出计划，为退休做准备	使用退休收入和积攒的资产
为每月储蓄的金额编制预算，建立应急资金	开始预留退休金	把更多的预算留给退休金	根据之前的长期目标安排支出
建立个人资产负债表、利润表，并计算净资产(至少每年一次)	根据之前的短期和中期目标安排支出	根据之前的中期目标安排支出	至少每年更新个人资产负债表、利润表并计算净资产
建立短期、中期和长期理财目标	至少每年更新个人资产负债表、利润表并计算净资产	至少每年更新个人资产负债表、利润表并计算净资产	

练习题

1. 斯科特·班尼特正在编制截至2016年6月30日的资产负债表、利润表。他在对以下6个项目进行分类时遇到困难，并向你求助。下面这些交易分别属于资产、负债、收入或费用的哪些项目？

a. 斯科特以每月1 350美元租了一幢房子。

b. 2016年6月21日，斯科特为妻子买了一对钻石耳环，使用万事达卡付款，耳环价值900美元，但他还没有收到账单。

c. 斯科特去年秋天向父母借了3 500美元，到目前为止还没有偿还。

d. 斯科特每月分期还款225美元，已经还了大约一半的本金和利息，还有20期需要偿还，金额为4 500美元。

e. 斯科特本年缴纳了3 800美元的税金，预期有650美元的税金返还，但还没有收到。

f. 斯科特花2 300美元买了一些普通股。

2. 斯坦和伊丽莎白正在编制其2016年的现金预算，请帮助这对夫妇协调以下分歧并提供理由。

a. 他们唯一的收入来源是斯坦的工资，税前每月5 000美元，伊丽莎白想把此金额列到每月的收入之中，而斯坦认为到手的3 917美元才是正确列示的金额。

b. 伊丽莎白想预留一点零花钱，斯坦不能理解，他问："每项支出都列入预算了，为什么还要零花钱?"

3. 利用终值或现值方法计算下面的问题。

a. 假如你现在继承了45 000美元，并把这些钱全部投资于回报率为7%的证券，25年后你会有多少钱?

b. 假如现在新房子的平均价格为275 000美元，如果价格每年上涨5%，10年后这个房子值多少钱?

c. 你在考虑未来15年后为孩子提供214 000美元的大学学费，如果你现在有75 000美元并在未来15年内以4%的利率进行投资，到时是否足够?

d. 如果回报率为4%，你想在35年后退休时有100万美元，那么每年需要存多少钱?

4. 格雷格·弗雷德里克斯希望把800 000美元用于20年后的退休基金，他可以现在开设一个一次性收付款的退休基金账户。

a. 如果在退休前的20年中，格雷格计划把这800 000美元投资于回报率为4%的基金，在退休后的15年中，他每年最多可以提取多少等额资金?

b. 为了每年提取35 000美元，格雷格需要为退休存多少钱?

c. 为了达到每年提取35 000美元的目标，在取得4%的回报率的情况下，格雷格现在需要存入多少钱(以a项所示情况进行投资)?

名　词

个人财务报表（personal financial statement） 资产负债表、利润表等作为规划的工具，能够对你的财务状况提供最及时的评估。

资产负债表（balance sheet） 反映你在给定时点上的财务状况的报表。

利润表（income and expense statement） 反映一定时间的财务成果的报表。

预算（budget） 一种具有前瞻性的详细的财务报告，它建立在预期收入和费用的基础之上。

资产（assets） 你拥有的所有东西。

流动资产（liquid assets） 以现金形式存在，或能快速转换为现金且没有价值损失的资产。

投资（investments） 为了得到回报而不是用于提供某项服务的资产，如股票、债券、共同基金。

不动产（real property） 土地和其他固定不动的资产，比如一栋房子。

个人财产（personal property） 可以移动且日常使用的资产。

公允市场价值（fair market value） 资产的实际价值，或者是资产在公开市场上合理出售的价格。

负债（liabilities） 信用卡欠款、贷款及按揭等债务。

流动（短期）负债（current（short-term）liability） 资产负债表中预期在一年内需要支付的负债。

信用卡应还额度（open account credit obligations） 信用卡授权额度减去剩余额度。

长期负债（long-term liability） 资产负债表中期限为一年或一年以上需要支付的负债。

净资产（net worth） 个人或者家庭的实际财富，等于总资产减去总负债。

权益（equity） 拥有某项或一组特定的资产。

资不抵债（insolvent） 净资产小于零的财务状况。

以现金为基础（cash basis） 财务报表的编制方法，只有实际收到或付出现金的交易才被记录下来。

收入（income） 工资、薪金、奖金、佣金、利息、股利或资产销售等收益。

费用（expense） 生活支出以及支付税金、购置资产或偿还债务的现金花费。

固定费用（fixed expenses） 合同性、预先确定和每期等额付款的费用。

变动费用（variable expenses） 支出金额每期都会有变化的费用。

现金盈余（cash surplus） 收入超出费用的金额，会带来净资产的增加。

现金赤字（cash deficit） 费用超出收入的金额，会带来净资产的减少。

净资产比率（solvency ratio） 净资产除以总资产，用来度量面临破产风险的程度。

流动比率（liquidity ratio） 总的流动负债除以总的流动资产，用来度量偿还流动负债的能力。

储蓄比率（savings ratio） 现金盈余除以净收入（税后），表示给定时期得到的相关现金盈余。

偿债能力比率（debt service ratio） 每月贷款还款总额除以每月总收入（税前），用于评价及时偿还负债的能力。

现金预算（cash budget） 考虑到下一年预计月度现金收入和支出的预算。

预算控制表（budget control schedule） 综合比较实际收入和费用与预算项目并列示差异（盈余或赤字）。

货币时间价值（time value of money） 一元钱现在比终值更多的概念。

终值（future value） 当前一定数量的货币在给定时间内以特定利率增长所得到的金额。

复利（compounding） 存款每年产生的利息也留在账户中成为本金的一部分并在以后年度产生利息。

年金（annuity） 每年固定发生的货币金额。

现值（present value） 未来回收金额现在的价值，现值以给定利率和时间长度进行投资能够得到终值。

折现（discounting） 计算现值的过程，它是利用复利计算终值的相反过程。

第 3 章

纳税申报

学习目标

1. 讨论所得税的基本原则，确定申报身份。
2. 阐述总收入的来源及其调整，区分标准扣除与逐项扣除，计算应纳税收入。
3. 使用合适的税表和税率编制基本的纳税申报表。
4. 解释哪些人需要支付预估税金，什么时候填报和更正纳税申报表，如何应对审计。
5. 知道到哪里寻求税收帮助，了解软件是如何使税收申报变容易的。
6. 使用有效的税收筹划策略。

纳税申报将如何影响我？

人们在抱怨税收时常说一个笑话，税收分为两大类别：男人的和女人的。这一章要帮助你实现税收筹划目标：如何通过合法地最小化你的应纳税收入来最大化货币的价值。在计算税收时需要考虑收入、对收入的各种调整、扣除、借款。在这一章里我们将学习如何完成纳税申报表，同时讨论社会保障税和税盾的影响。本章将为如何选择专业注册税务代理和税收申报软件提供思路。学习完本章，你应该知道如何处理自己的纳税事项，并通过软件和税收专家更好地了解和评估你的税收状况。

3-1 理解美国联邦所得税的原理

税金（taxes）是我们作为社会成员需要支付的款项，是在一国生活成本的一部分。国家、州和地方税收为政府运转和大量公共服务提供资金，从国防到地方图书馆都有税收的贡献。美国国税局（IRS）负责国家税收的管理与实施工作，它是美国财政部的一个部门。

因为联邦所得税通常是个人需要缴纳的最大税项，所以最好将税收筹划作为个人理财规划的重要组成部分之一。现在，一般的美国家庭每年支付的税金超过其个人总收入的1/3，这个数字包括联邦所得税、社会保障税，以及大量的州和地方所得税、营业税和财产税。要把税收筹划作为每年例行的活动，并在编制、调整理财规划和制定主要理财决策时考虑税收的影响。

税收筹划的目标很简单：合法地最小化税收以最大化货币的价值。只要行为诚实并在法律允许范围内，尽量减少税收不是不道德、不守法、无节操的行为。这里我们重点关注个人需要缴纳的所得税，特别是联邦所得税。为了让你更好地了解你将面临的税收环境，我们以一对处于职业生涯中期的夫妇为例来阐述个人税收的主要方面。

行为金融问题 我们真的使税收有价值了吗?

很奇怪，人们是愿意交税的！最近的研究表明，人们对于通过纳税提升其他人的生活状况感觉良好。“税收亲和力”假设认为，人们更愿意保有现金而不愿意纳税。这并不奇怪，交税毕竟不同于往外扔钱。交税被看作好事，哪怕是在潜意识中。人们不希望不平等并希望保持个人的正面形象，这意味着大部分人不愿意在税收上做假。有趣的是，有证据表明，当人们知道要纳税时，工作会更努力。最近进行了一项实验，参与者在给付 100 美元报酬并缴纳 10 美元税收时，比直接给 90 美元免税报酬工作更努力。

如何解释这个现象？如果这是真的，那么让人们知道他们所交的税金是在为社会做好事非常重要。这表示当人们清楚地知道他们的税金被用做好事时，他们会觉得交税是一件惬意的事。这项发现对所有政府都提出了挑战，即如何使其税收体系更透明，能不能清楚地解释钱都花在哪些地方。这样做会带来民主的感觉并给纳税人以激励。

资料来源：Adapted from Patrick Temple-West, “Surprise, Your Brain Might Value Paying Taxes,” http://blogs.reuters.com/taxbreak/2012/04/02/surprise-your-brain-might-value-paying-taxes, accessed June 2012, based on a research article by Iwan Djanali and Damien Sheehan-Connor, “Tax affinity hypothesis: Do we really hate paying taxes?” *Journal of Economic Psychology*, August 2012.

除了联邦所得税，还有其他形式的税收，如联邦自雇税、州和地方的营业税、所得税、财产税和牌照税。当你购买一辆价值 25 000 美元的汽车时，你应知道州和地方的营业税、牌照费和注册费可能占到汽车价值的 10%或更多。

这里我们将介绍主要的税收概念并看看它们如何用于一般的情况。本章的税率表、税收计算表和纳税申报表基于美国至 2011 年生效的税收法律。虽然税率和一些条款会改变，但基本的程序是一样的。

3-1a 税收的经济意义

所得税（income taxes）是联邦政府收入的主要来源。个人所得税采用累进税率，为了进一步阐述这个**累进税率结构**（progressive tax structure）是如何实施的，可以看一看 2011 年纳税人填写申报表所涉及的税率。

应纳税收入（美元）	税率（%）
1～8 500	10
8 501～34 500	15
34 501～83 600	25
83 601～174 400	28
174 401～379 150	33
379 151 及以上	35

当然，所有的非应税收入以税率 0 来计算。当应纳税收入的税级由下一级升到上一级时，较高的税率仅对额外增加的所得征税而不是对所有的收入征税。例如，假定有两个单身的兄弟斯科特和内森，他们的应纳税收入分别是 45 000 美元和 90 000 美元。

对于斯科特来讲，他所支付的 25%的税率仅仅是针对 45 000 美元减去 34 500 美元那部分。因为是累进税率，所以你挣的钱越多，交的税越多。虽然内森的收入是斯科特的2倍，但他所交的税是斯科特2.5倍。

每个税级的税率——10%，15%，25%，28%，33%，35%——称为**边际税率**（marginal tax rate），或者说是应纳税收入中额外一美元所适用的税率。当你把应交税金与应纳税收入相除时，得到的税率称为**平均税率**（average tax rate），这个税率会有明显下降。斯科特的平均税率大约是16.4%（7 375/45 000），内森的平均税率是20.9%（18 817/90 000）。很明显，税率仍然是递增的，但其实他们的税率并没有表中所示的那么高。

单位：美元

姓名	应纳税收入	税金计算	应交税金
斯科特	45 000	=[(45 000−34 500)×0.25] +[(34 500−8 500)×0.15] +(8 500×0.10) =2 625+3 900+850=	7 375
内森	90 000	=[(90 000−83 600)×0.28] +[(83 600−34 500)×0.25] +[(34 500−8 500)×0.15] +(8 500×0.10) =1 792+12 275+3 900+850=	18 817

3-1b 申报身份

你纳税多少部分取决于你的申报身份，而申报纳税身份基于纳税年度最后一天（一般是12月31日）你的婚姻和家庭状况。共有五种申报身份类别：

- 单身纳税人，即未婚人士，以及协议或判决与配偶离婚的人；
- 已婚共同申报，已婚夫妇共同申报其收入和扣除数，并填写一张纳税申报表；
- 已婚单独申报，已婚夫妇单独填写申报表，只报自己的收入、扣除数和减免额；
- 户主身份，纳税人未婚且承担一半以上家庭的支出，并有一个受抚养的孩子或亲人；
- 孀（鳏）居身份，配偶如果在两个纳税年度内死亡（举例来说，对于2011年来说，在2009年或2010年死亡），并且独立抚养一个孩子，可以适用联合申报税率并可以享受最高标准的扣除额。

每个独立个体或者结婚的夫妇如果取得特定水平的收入，都要求填写纳税申报表。例如，对于65岁以下的人群，一个单身收入超过9 500美元，或者结婚后夫妻两个人的收入达到19 000美元，就必须填写申报表（对于2011年来说）。就像个人所得税税率一样，最低纳税额度也会根据每年的通货膨胀进行调整。无论如何，即使你的收入低于当前的最低起征点，你也必须填报纳税申报单以获得当年由于预缴税金而带来的税收返还。

3-1c 到手收入

我们大部分人在当年取得收入时就要纳税。在这个“即收即纳”的税收体系中，你的雇主会扣除你的一部分收入并把它上缴到美国国税局，计入你的税收账户。自雇人群需要在每年的四个时点估计其收入并预缴税金（称为季度预估税支出）。纳税年度结束后，你需要计算实际应缴纳的税金并填写申报表。填报时，你可以从税收账户中扣除预缴的部分，并且：(1) 从国税局取得税收返还（如果你上缴了超额税金或预缴了估计的税金）；(2) 补交差额税金（若你已支付或预缴的税金没有超过你的税金）。雇主一般会代扣税金，除了所得税，还有联邦保险捐助条例（FICA）（社会保障）税，以及州和地方所得税（如果适用），这些州及地方所得税可能会从联邦所得税中扣除。其他收入扣除包括医疗保险、储蓄计划、退休计划、行业或者工会会费，或者是慈善支出。所有以上项目减少了你的到手收入，你的到手收入是从你的总收入中扣除一些项目之后的剩余部分。

联邦代扣所得税

联邦代扣所得税（federal withholding taxes）在每个支付周期从你的总收入中扣除，其数额取决于你的收入水平和 W-4 表申报的减免金额，W-4 表是你必须上交的。若有减免额，可以减少纳税。一个纳税人可以给自己申报一份减免，可以给没有工作的配偶（或合并填写）申报一份减免，还可以给每个被抚养人（主要由纳税人负担的孩子或父母）申请一份减免。此外，在某些特定情况下，你还可以申报特殊减免或额外减免。纳税人在纳税年度工作或婚姻状况的改变可能导致其更改税收减免情况。

社会保障税和其他代扣税金

所有雇员（除部分联邦雇员）都必须根据**联邦保险捐助条例**（Federal Insurance Contributions Act，FICA）合并支付养老、抚恤、伤残和医疗税，这些税通常称为**社会保障税**（social security tax），由雇主和雇员共同支付。2011 年，社会保障税的税率是 13.3%，其中 10.4%用于社会保障，2.9%用于医疗。10.4%适用对 106 800 美元（这个征税上限根据全国平均工资水平进行调整）以下的收入进行征税，医疗税部分对所有收入征税。2011 年，自雇群体支付 13.3%的税金，但是可以在其纳税申报表中扣除其中的 50%。而且，2011 年，一项特别税收条款减少了个人社会保障税税率 2 个百分点，从 6.2%下降到 4.2%，目的是对经济萧条进行补贴。这个 2%不适用于由雇主支付的部分，因此，在 2011 年不是完全对半支付社会保障税的。这项特殊条款一直延续到 2012 年年初。

美国的许多州都有自己的所得税，而且各州规定不同。有些城市甚至还有所得税。这些州和地方所得税也会从收入中扣缴，这些税可以从联邦纳税申报表中予以扣除。州和地方税是否可以从联邦税中扣除需要依据州和地方法律的规定。

3-2　应纳税收入更为重要

计算所得税是一项非常复杂的工作，包括多个步骤和多个计算公式。图表 3—1 描述了计算**应纳税收入**（taxable income）和总的所得税的过程。这看起来很简单：从你的总收入中扣除一些调整项得到调整后总收入；减去个人扣除项得到应纳税收入；最终，通过减去已交税金，加上其他税金得到总的应交税金。然而，实际过程并不像看到的这样简单。后面我们会看到，在界定你的扣除额时，问题就出现了。

图表 3—1 **计算应纳税收入和总的应交税金**

为了计算应纳税收入，你必须先把调整项从总收入中扣除，之后减去扣除项和个人豁免的费用。总的应交税金包括应纳税收入的税金，减去所有的已交税金，加上其他应交税金。

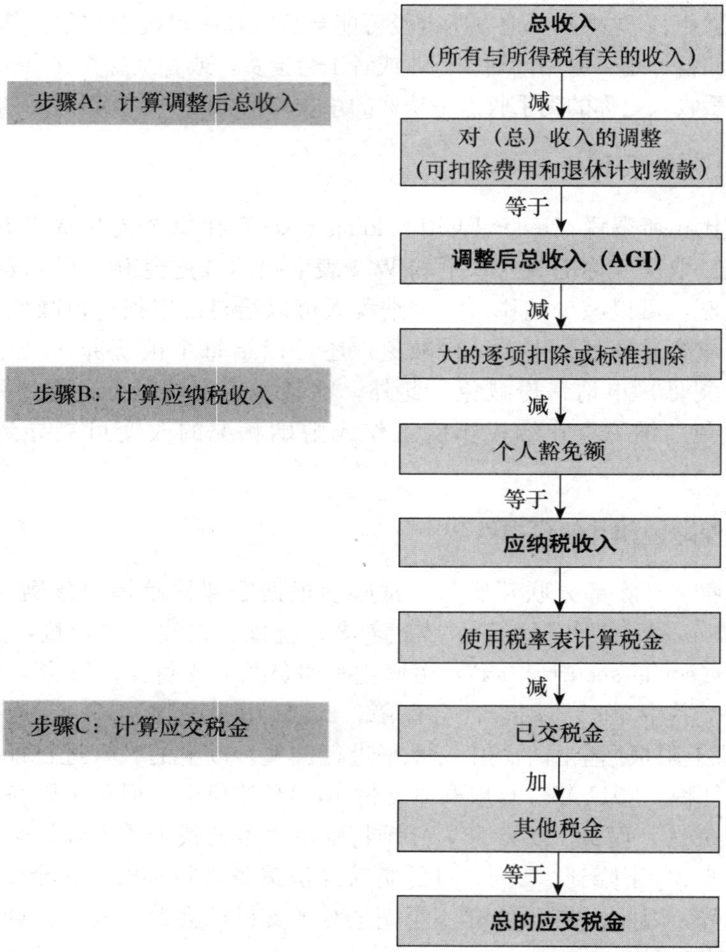

3-2a 总收入

总收入（gross income）实际上包括所有与联邦税收有关的收入。下面是一些常见的总收入形式：

- 薪资
- 奖金、佣金和小费
- 收到的利息和股利
- 收到的赡养费
- 企业与农场收入
- 资产销售收入

- 养老金和年金收入
- 租金与合伙经营收入
- 奖励、彩票中奖和赌博收入

除了以上收入来源，其他收入，如子女抚养费收入、市政债券利息等为免税收入，不包括在总收入之中。

三种性质的收入

个人收入可以归属于以下三个基本类别中的一种：

- 行为收入：在工作过程中挣得的，如工资、奖金、小费，同时包括其他非投资活动的收入，如退休金、赡养费。
- 投资收益：大部分产生于投资取得的盈余，如利息、股利和资本利得（出售投资的利润），包括储蓄、股票、债券、共同基金、期权和期货。
- 被动收入：一个特殊类型的收入，主要是来自房地产、有限合伙和其他形式的收入。

这些种类限定了纳税人可以扣除或抵销的金额。特别来说，与投资和被动收入相关的可扣除数额限定在从这两个来源取得的收入之中。为扣除的目的，你不能把投资收益和被动收入混合在一起，或者与行为收入混合在一起。与投资有关的费用只能用于投资收益，被动投资费用只能抵销被动收入（只有极少例外）。后面要讨论的其他扣除和减免是可以抵销纳税人的行为收入的金额。

- 资本利得

从技术角度讲，当资产（如股票、债券、地产）的销售收入高于其初始成本时，会产生资本利得。如果以每股50美元买进一只股票，以60美元出售，则每股产生10美元的资本利得。

资本利得根据持有时间，以不同的税率征税。图表3—2展示了不同的持有时间所对应的不同税率（2011年度）。

图表3—2　　2011年的资本利得税率

资本利得税率对于低收入水平最低为0%，对于高收入水平达到15%，当然持有期间要大于12个月。

持有期	税级（2011年）	资本利得税率
少于12个月	全部（10%，15%，25%，28%，33%，35%）	同普通收入
大于12个月	10%，15%	0%
	25%，28%，33%，35%	15%

对于纳税人可以取得的资本利得没有限制，但美国国税局对纳税人每年的资本损失有一些规定（仅针对产生收益的资产销售）。一个纳税人可以先从资本利得中抵销资本损失，之后在行为收入中最多可以抵销3 000美元的资本损失。因此，若一个纳税人在2011年取得了10 000美元的资本利得，并有18 000美元的资本损失，在2011年纳税时只能抵销13 000美元：抵减在2011年取得的10 000美元的资本利得和抵减行为收入的3 000美元。剩余的部分，在本例中为5 000美元，只能在以后年度抵销，与刚才所讲的顺序一样：先抵减资本利得，再最多抵减3 000美元的行为收入。

出售房产：一种特殊情况

房产所有者在出售房产时会进行特别的税务处理。在出售自己的基本居所时，单身纳税人最高可以扣除250 000美元（已婚纳税人是500 000美元）。为了取得这个资格，纳税人必须在出售房屋前拥有并使用至少两年。例如，拉扎兹（已婚纳税人）刚出售了自己的基本住所，出售价格是475 000美元，这个房子是他们在出售房屋4年前买的，价款是325 000美元。他们可以把150 000美元（475 000－325 000）的利得从收入中扣除，因为他们在这个房子里居住超过两年，且利得少于500 000美元。

这种特殊情况只适用于两年内仅出售一套房子的情形。基本住所出售的损失是不能扣减的。一般来说，法律对房屋所有人还是很照顾的。

3-2b 对总收入的调整

把你的所有收入加在一起后，就可以开始**对总收入的调整**（adjustment to（gross）income）。可以从总收入中扣除的项目包括一些员工或个人的退休、保险和支持性费用。这些扣除在性质上都是非商业的。下面是可以对总收入进行调整的一些项目：

- 教育费用（有限额）
- 大学学费（有限额）
- 个人退休账户缴款
- 自雇税金支付（最多为支付金额的50%）
- 自雇医疗保险缴款
- 提前支取存款的罚款
- 赡养费
- 搬家费（有一些限制）

[注：自主退休计划方面的限制，如个人退休账户、SEP，将会在第14章讨论。]

把所有的调整项从总收入中扣除后，剩下的是**调整后总收入**（adjusted gross income，AGI）。AGI是一个重要的数值，它是计算逐项扣除额的依据。

3-2c 扣除：标准扣除还是逐项扣除

如图表3—1所示，计算税金的第二步是从调整后总收入中减去扣除项。这个过程是纳税中最复杂的部分。你有两个选择：采用标准扣除，即根据你的填报身份扣除一个固定的数额；或者逐项扣除（逐项计算个人的税收扣除额）。很明显，你应该使用有较大扣除额的方法。

标准扣除

纳税人可以选择**标准扣除**（standard deduction），也就是包括通常由纳税人产生的各种扣除费用的一篮子扣除。若纳税人逐项扣除的金额过小，可以选择标准扣除，其金额根据纳税人的填报身份（单身、已婚共同申报等）、年龄（65岁及以上）和视力（是不是盲人）而不同。2011年，标准扣除额的范围在5 800～16 200美元之间。单身申报人是5 800美元，已婚共同申报人11 600美元，年龄高于65岁或者盲人可以享受更高的税收扣除。每年，标准扣减额会随着生活成本的变化而进行调整。

理财规划小贴士　不要忽视这些降低税收的方法

一些纳税人常常会忽视降低税收的扣除和抵免，由于对税收扣除和抵免有一些资格要求和限制，你应该花点时间了解下面这些机会：

- 就医交通费用。如果医生建议到医疗机构就医，则交通费用是可以扣除的。如果开车，有标准扣除里程数，你还可以扣除一些费用，如打车费、停车费和过路费。
- 医疗保险费和医疗费用。医疗保险费可以扣除，包括长期护理保险费。同样，药品费用和包括在所抚养子女学费中的独立列示的医疗费也可以扣减。你为所抚养的人支付的医药费也可以扣除。
- 房产税和房屋销售费用。房产税可以扣除，与按揭有关的手续费也可扣除。公寓的物业费也能扣除，因为这是你所交房产税的一部分。
- 与志愿活动和捐赠有关的费用。你若向一个慈善机构捐赠或花时间进行了志愿活动，相关费用可以扣除。例如，你向一个慈善机构捐助了饼干，那么可以扣除烘焙费用，其运输成本也可以扣除。
- 找工作的费用。与找一份新工作有关的费用一般可以扣除，你可以扣除代理机构费用、简历打印费用和相关的交通费用。
- 与纳税和投资有关的费用。编制纳税申报表的费用可以扣除，与投资管理相关的费用也可以扣除，如财务顾问费和投资出版物订阅费。
- 大学学费。如果调整后总收入低于一定数额，家庭成员的大学学费最高可以抵扣2 500美元。

逐项扣除

逐项扣除（itemized deductions）允许纳税人从其调整后总收入中扣除个人支出，美国国税局允许扣除的常见项目有：

- 医疗或者牙医费用（不超过调整后总收入的7.5%）。
- 州、地方与外国所得税与房产税，州和地方的个人房产税。
- 住房按揭贷款利息和投资利息（有限制）。
- 慈善捐赠（根据不同因素分别限定为调整后总收入的50%，30%或20%）。
- 意外和被盗损失（不超过调整后总收入的10%；每件100美元）。
- 找工作及其他费用（不超过调整后总收入的2%）。
- 搬家费用（有一些限制，没有选择逐项扣除的纳税人也可以扣除）。

选择最适合的项目

选择标准扣除还是逐项扣除会随时间而变化。如果纳税人认为自己因选错方法交了太多的税，他可以使用另一种方法重新计算税金并填写一张更改申报表（1040X表），以申请退还差额。比如，你采用标准扣除方法，计算的应交税金为2 450美元。但几个月后你发现如果使用逐渐扣除，税金只有1 950美元。通过使用相应的表格，你可以申请退还500美元的差额。为了避免填写更改申报表，最好用标准扣除和逐项扣除两种方法计算你的扣除额，选择交税最少的一种。

3-2d 豁免额

根据纳税人收入所供养成员数量而确定的扣除额，可从调整后总收入中扣除，这称为**豁免额**（exemptions）。一个纳税人可以为自身、配偶和供养的人，如子女和其他亲属申请豁免额，只要他们的收入低于规定的水平（2011年为3 700美元）。这个收入限制不适用于24周岁以下非独立的子女。举例来说，对于一个大学生来说，即使他能够挣到8 000美元，只要非独立这个条件满足，父母仍然可以为其申报豁免额。2011年，每个豁免指标可以减除3 700美元，这一数字和生活成本相关联，并且每年进行调整。

一个人的豁免只能申报一次。如果一个孩子符合由其父母申报豁免的条件，那么他自己在进行申报时就不能使用个人的豁免指标，无论其父母是否使用这个豁免指标。2011年，一个四口之家可以豁免14 800美元（3 700×4）。通过减去申报的逐项扣除额（或标准扣除额）和豁免额得到应纳税收入，这个金额是计算应交税金的基础。一个纳税人一年挣了50 000美元，在进行调整、扣除和豁免后可能其应纳税收入只有25 000美元，这是一个较低的数字，决定了一个人纳税多少。

3-3 计算并填写纳税申报表

为了计算应纳税收入，我们需要考虑：（1）税率；（2）税收抵免；（3）税率表；（4）税金计算的方法。

3-3a 税率

为了得到应纳税收入，我们需要从调整后总收入中减去逐项扣除额（或标准扣除额）和个人豁免额。以上两种方法使用的程序相同，这是计算税金的关键。报告的应纳税收入与联邦所得税直接相关。只要有应纳税收入的金额，就可以使用税率表计算应交税金。

税率不仅与应纳税收入有关，还与申报身份有关。因此每一种申报身份会使用不同的税率表，图表3—3展示了四个税率表。大部分纳税人会归于前三个税级，适用的税率分别为10%，15%或25%。

为了解图表3—3中使用的方法，可以假设有两个单身纳税人：一个有应纳税收入12 500美元，另一个人的收入为35 600美元。下面是他们各自应交税金的计算过程：

- 对于应纳税收入12 500美元：850+[(12 500−8 500)×0.15]=850+600=1 450（美元）。
- 对于应纳税收入35 600美元：4 750+[(35 600−34 500)×0.25]=4 750+275=5 025（美元）。

图表 3—3　**税率表示例**　单位：美元

税率根据个人报告的应纳税收入和纳税人申报身份而不同。

2011 年税率表

明细表 X：单身申报身份

应纳税收入：高于	不超过	税金为：	
0	8 500	------10%	0 以上的部分
8 500	34 500	850.00+15%	8 500 以上的部分
34 500	83 600	4 750.00+25%	34 500 以上的部分
83 600	174 400	17 025.00+28%	83 600 以上的部分
174 400	379 150	42 449.00+33%	174 400 以上的部分
379 150	------	110 016.50+35%	379 150 以上的部分

明细表 Y-1：已婚共同申报或符合条件的孀（鳏）居身份申报

应纳税收入：高于	不超过	税金为：	
0	17 000	------10%	0 以上的部分
17 000	69 000	1 700.00+15%	17 000 以上的部分
69 000	139 350	9 500.00+25%	69 000 以上的部分
139 350	212 300	27 087.50+28%	139 350 以上的部分
212 300	379 150	47 513.50+33%	212 300 以上的部分
379 150	------	102 574.00+35%	379 150 以上的部分

明细表 Y-2：已婚单独申报

应纳税收入：高于	不超过	税金为：	
0	8 500	------10%	0 以上的部分
8 500	34 500	850.00+15%	8 500 以上的部分
34 500	69 675	4 750.00+25%	34 500 以上的部分
69 675	106 150	13 543.75+28%	69 675 以上的部分
106 150	189 575	23 756.75+33%	106 150 以上的部分
189 575	------	51 287.00+35%	189 575 以上的部分

明细表 Z：户主身份申报

应纳税收入：高于	不超过	税金为：	
0	12 150	------10%	0 以上的部分
12 150	46 250	1 215.00+15%	12 150 以上的部分
46 250	119 400	6 300.00+25%	46 250 以上的部分
119 400	193 350	24 617.50+28%	119 400 以上的部分
193 350	379 150	45 323.50+33%	193 350 以上的部分
379 150	------	106 637.50+35%	379 150 以上的部分

资料来源：美国国税局。

对于 12 500 美元的应纳税收入来说，部分以 10%征收，部分以 15%征收。对于

35 600美元的应纳税收入来说，第一部分8 500美元收入的税率为10%，第二部分26 000美元收入的税率是15%，剩余1 100美元的税率是25%。记住一点，纳税人无论是否选择逐项扣除方法，计算程序是一样的。为了展示应交税金是如何随着应纳税收入的不同而变化的，图表3—4分别列示了个人和夫妻共同申报情况下，应纳税收入为1 500～400 000美元所对应的应交税金。

图表3—4 **应纳税收入与应交税金（2011年）** 单位：美元

由于采用累进利率，你的收入越多，应交税金越多。

应纳税收入（美元）	应纳税额（四舍五入）	
	个人申报	共同申报
1 500	150[a]	150[a]
8 000	800[a]	800[a]
15 000	1 825[b]	1 500[a]
30 000	4 075[b]	3 650[b]
60 000	11 125[c]	8 150[b]
100 000	21 125[d]	17 250[c]
180 000	44 297[e]	38 470[d]
400 000	117 314[f]	109 872[f]

a. 税率为10%。
b. 现在适用15%税率。
c. 现在适用25%税率。
d. 现在适用28%税率。
e. 现在适用33%税率。
f. 现在适用35%税率。

回到我们之前举的例子，对于收入为35 600美元的纳税人来说，可以看到他的平均税率为14.1%（5 025/35 600），这个值远低于25%的名义税率。实际上，25%表示纳税人的边际税率，即额外一美元收入需要征收的税金。需要注意的是，边际税率25%仅适用于个人收入超过34 500美元的部分，这个例子中是1 100美元。

有些纳税人适用于可选择性最小纳税（AMT）方法，不超过175 000美元的部分税率是26%，超过的部分税率是28%。一个纳税人的纳税金额是AMT方法或常规方法中的较高者。AMT设立的初衷是向有较多税收扣除项目和投资税盾的高收入纳税人提供更多的扣除，使他们能够支付一个公允的税额。AMT包括一些其他方法所不允许扣除的项目，如州和地方所得税、房产税，各种混合的逐项扣除，未付医疗费和折旧费。因此，那些具有中等收入，包括生活在税率较高的州和有较多折旧的自雇群体，可能适合采用AMT计算税金。

3-3b 税收抵免

确定纳税金额后，有些纳税人允许扣除一些特定项目，称为**税收抵免**（tax credits）。税收抵免比扣除和豁免更有价值，因为它直接减少税收，而扣除和豁免仅减少应纳税收入。一个常用的税收抵免项目是小孩或被抚养人的抚养费用。这个抵免基于纳税人（若为已婚夫妇）在上班或上学期间为被抚养人支付的抚养费。抚养未满18周岁的小孩符合条件的最高抵免额是 12 360 美元。其他常见的税收抵免包括：老年人和残疾人的抵免、国外纳税抵免、以前年度最低纳税的抵免、按揭贷款利息的抵免、符合条件的电动车辆的抵免。为了获得这些抵免，纳税人必须在填报申报表时填写一张独立的表格，以支持其申请。

3-3c 税率表

美国国税局要求纳税人使用表格进行申报，这些表格和指导如何填写的各种说明书可免费获取。表格和说明可以从 http://www.irs.gov 上下载。

各种 1040 表

人们使用不同种类的 1040 表填报纳税。1040EZ 表是一个简单的表格。如果你是单身或者已婚共同申报，65 岁以下（已婚需要满足 65 岁以下的条件），非盲人，没有声明有需要抚养的人，应纳税收入在 100 000 美元以下，仅有工资、小费或应税奖金，利息收入在 1 500 美元以下，没有声明税收调整、逐项扣除和其他税收抵免，则有资格使用这个表格。工作表 3—1 显示了 2011 年田中宽子所填的纳税申报表，他是州立大学的全脱产研究生。他的收入包括 12 500 美元的奖学金，其中包括用于吃住的 4 900 美元，兼职和暑期打工收入 7 600 美元，储蓄存款利息收入 50 美元。奖学金用于学费和杂费是免税的，但需要申报用于吃住的部分。当年他总共预缴了 495 美元的税款。虽然田中也需要填写工资报告表，但这里可以省略，因为表格仅列示用于吃住的 4 900 美元奖学金、兼职收入 7 600 美元和预缴的税金。

如果想用 1040A 表申报，那么工资须低于 100 000 美元，且来源于特定渠道。使用此表，你可以扣除美国国税局指定的某些税额，并且可以申报一些税收抵免，但是不能列示逐项扣除。如果你的收入大于 100 000 美元或者使用逐项扣除，那么你必须使用 1040 表和一些明细表。

虽然申报表做了一些说明，但纳税人在填写时仍然会犯许多错误，一般包含遗漏信息和计算错误。因此，在向美国国税局提交申报表之前，一定要检查再检查。在 http://www.irs.gov 网站上有免费的税收软件可以帮助纳税人计算税金。

3-3d 詹姆斯和罗斯一家 2011 年的纳税申报表

我们现在把所有关于纳税申报的细节综合在一起，看看詹姆斯·沙利文和罗斯·沙利文是如何计算并且填报纳税申报表的。沙利文一家有一栋房产，他们都是 35 岁，结婚 11 年，有三个孩子——迈克尔（9 岁）、基思（7 岁）和凯蒂（3 岁）。詹姆斯在他家乡的一家保险公司总部任经理。罗斯在一家零售店做兼职销售员。2011 年，詹姆斯的工资为 60 415 美元，罗斯挣了 9 750 美元。詹姆斯的雇主为其预缴了 6 260 美元的税款，罗斯预缴了 1 150 美元的税款。当年，沙利文一家从其共同的存款账户获得了 800 美元的利息，通过出售他们持有 11 个月的证券获得了 1 250 美元的资本利得。此外，詹姆斯为他哥哥的汽车代销企业记账，一年净收入 5 800 美元。由于他们的工资收入没有缴税，本年内，他们预估并支付税金 1 000 美元。沙利文一家的记录表明一年内他们有

工作表3—1　　2011年田中宽子的纳税申报表（1040EZ表）

1040EZ表很容易使用，许多说明都在表格当中。田中宽子适用于此表，因为他单身、年龄在65岁以下、非盲人，且有收入与扣除限制。

美国财政部—国税局

表 **1040EZ**　单身或共同申报且没有被抚养人的所得税申报表(99)　**2011**　编号：1545-0074

名 宽子	姓 田中	社会保障号 123 45 6789
若为共同申报，配偶的名	姓	社会保障号
家庭地址（街区和号码），若有邮箱，请看一下说明。 1000 State University Drive	公寓号码 201－B	▲ 请核实上述号码的正确性。
城市、镇或邮局，州邮编，如果有外国地址，也要填写（见说明）。 Anytown，Anystate 10001		**总统竞选活动** 如果你或你的配偶（若共同申报）希望为此基金缴款3美元，请勾选。勾选此项不会改变你的税金或税金返还。☑你 ☐配偶
外国国家名	国外省份/地区　国外邮编	

收入 请在此附上W-2表。对于所有的收入，提供附件，但不要粘贴。	1	工资、小费。具体在W-2表中列示，将W-2表粘贴在此。	1	12 500
	2	应纳税利息。如果总额高于1 500美元，不能使用1040EZ表。	2	50
	3	失业补贴和阿拉斯加永久基金分红（见说明）。	3	
	4	加第1，2和3行，形成你的调整后总收入。	4	12 550
	5	若有人把你（或你的配偶）作为被抚养人，则勾选下面的框，在背面填写金额。 ☑你　☐配偶 若没有人把你（或你的配偶）作为被抚养人，如果单身申报则填写9 500美元，如果已婚共同申报则填写19 000美元。见背面解释。	5	9 500
	6	用第4行金额减去第5行金额，若第5行金额大于第4行，填0。这是你的应纳税收入。▶	6	3 050
税金支付、抵免和税金	7	预缴联邦所得税，来自W-2表和1099表。	7	495
	8a	取得的收入抵免（EIC）（见说明）。	8a	
	b	非应税的部队服役收入选项。　8b		
	9	第7行与第8a行相加，得到你的总的税金支付和抵免。▶	9	495
	10	税金。使用上面第6行的金额和税率表得到你的税金，把金额填写在本行。	10	305
税金返还 可以直接退款到你的储蓄账户！见填表说明及11b，11c和11d行，或者8888表。	11a	如果第9行大于第10行，用第9行减去第10行，得到你的税金返还。如果有附表8888，勾选此框 ▶ ☐	11a	190
	▶ b	银行代号 ▶ c 类型：☐支票账户 ☐储蓄账户		
	▶ d	账号		
应交金额	12	如果第10行大于第9行，用第10行减第9行，这个金额是你的应交税金。关于支付的详细方法，见说明。▶	12	

第三方指定人　是否想让其他人代你向美国国税局申报（见说明）？☐是的，完成下面内容。☐否

指定人姓名 ▶　电话号码 ▶　个人标识号（PIN）▶

签名　以不实处罚为前提，我声明我已经检查了申报表，并且根据我的知识与信仰，本表是真实、正确的，本年所得收入的来源与数字是准确的。申报者（不同于纳税人）的声明基于申报者所掌握的所有信息。

共同申报？见说明。	签名 Hiro Tanaka	日期 4/14/12	你的职业 学生	电话号码 (555) 555-1212
保留副本以备查阅	配偶签名（若共同申报，都要签名）	日期	配偶的职业	如果国税局给了你一个用于身份保护的个人标识号，填写在此处（见说明）

代付的申报人专用	（正体书写）申报人姓名	申报人签名	日期	自雇请勾选 ☐	PTIN
	公司名称 ▶		公司的雇主识别号 ▶		
	公司地址 ▶		电话号码		

对于披露、隐私法案及减少文书法案的提示，见独立的说明。　Cat.No.11329W　**1040EZ表**(2011)

14 713 美元的潜在逐项扣除额。最后，沙利文一家决定向罗斯的传统个人退休账户缴款 4 000 美元。2011 年开始的时候，沙利文一家计划将罗斯的一般退休账户转换成罗斯(Roth) 个人退休账户（更多相关信息见第 14 章）。

探究沙利文一家的税金：1040 表

通过阅读沙利文一家 2011 年的纳税申报表（工作表 3—2），我们能了解 1040 表的基本要求。虽然没在这里列示支持性的明细表，但是我们会阐述基本计算过程。沙利文一家详细记录了他们的收入和支出，这不仅是为了税收的目的，也是为了提供编制预算所需的重要信息。使用这些信息，沙利文一家准备编制 2011 年的纳税申报表并尽可能将总应交税金降到最低。就像大多数已婚夫妇一样，沙利文夫妇采用已婚共同申报身份。

总收入。沙利文一家 2011 年的总收入为 78 015 美元，这个数字列示在申报表第 22 行“总收入”中。他们同时拥有行为收入和投资收益，具体如下：

行为收入	
詹姆斯的收入	$ 60 415
罗斯的收入	9 750
詹姆斯的净业务收入	5 800
总计劳动收入	$ 75 965

投资收益	
储蓄存款利息	$ 800
资本利得*	1 250
总计投资收益	$ 2 050
总收入（75 965＋2 050）	$ 78 015

*因为该收入是由持有少于 12 个月的股票实现的，所以全部金额作为普通收入计税。

因为没有抵销投资收益的投资费用，所以他们的全部投资收益都要纳税。虽然沙利文一家有利息收入，但是他们不需要填写 1040 表的明细表 B（利息及股利收入），因为他们的利息收入少于 1 500 美元并且没有股利收入（如果将来他们获得股利收入，就需要填写 1040 报税说明书中提供的“符合条件的股利和资本利得申报表”，符合条件的股利以较低的资本利得税率征税）。此外，詹姆斯还需要填写明细表 C，详细记录他在代理记账业务中的收入和支出，并需要填写明细表 D 报告资本利得收入。

总收入调整。沙利文一家只有两笔收入需要调整：罗斯的个人退休账户缴款和詹姆斯代理记账业务净收入所产生的 50%的自雇税。由于罗斯没有参加退休计划，并且詹姆斯和她的合并调整后总收入低于 169 000 美元（该金额在 2012 年增加至 173 000 美元），他们可以扣减罗斯缴入个人退休账户的全部 4 000 美元（2011 年最高可扣除缴款额为 5 000 美元，或者根据年龄达到 6 000 美元），即使詹姆斯参与了一个公司的退休项目（见第 14 章）。使用 2011 年的税率，詹姆斯的自雇税将是他 5 800 美元净业务收入的 15.3%，所以他能抵扣此金额的一半，即 443.7 美元 [(0.153×5 800)/2]，填写在第 27 行。

工作表 3—2　　2011 年沙利文夫妇的纳税申报表（1040 表）

因为使用逐项扣除，沙利文夫妇使用标准的 1040 表申报纳税，在向美国国税局申报时，他们的申报表不仅包括 1040 表，还包括许多关于费用和扣除项目的明细表。

表 **1040** 美国财政部—国税局 (99) 个人所得税申报表 **2011** 编号：1545-0074 专供国税局使用——不要在此填写或订书钉

2011年1月1日至12月31日或其他纳税年度始于 ，2011年，终于 ，20 见独立的说明。

名 詹姆斯	姓 沙利文	社会保障号 1 2 3 4 5 6 7 8 9
若为共同申报，配偶的名 罗斯	姓 沙利文	社会保障号 9 8 7 6 5 4 3 2 1
家庭地址（街区和号码），若有邮箱，请看一下说明。 1234 Success Circle	公寓号码	▲ 请核实上述号码的正确性。
城市、镇或邮局，州邮编，如果有外国地址，也要填写（见说明）。 Anytown，Anystate 10001		**总统竞选活动** 如果你或你的配偶(若共同申报)希望为此基金缴款3美元，请勾选。勾选此项不会改变你的税金或税金返还。☑ 你 ☐ 配偶
外国国家名	国外省份/地区	国外邮编

申报身份（只勾选一项）

1 ☐ 单身
2 ☑ 已婚共同申报（一方有收入）
3 ☐ 已婚单独申报。填写配偶的社会保障号与全名。▶
4 ☐ 户主（和有资格的人员）。(见说明。) 若有资格的人员是一个孩子但不是你抚养的，填写其姓名。▶
5 ☐ 孀（鳏）居并抚养孩子

豁免

6a ☑ 你自己（若其他人把你作为被抚养人，不要勾选）
b ☑ 配偶
在6a或6b的框中打勾 2

c 被抚养人：

(1)名 姓	(2)被抚养人的社会保障号	(3)被抚养人与你的关系	(4)17岁以下子女(见说明)
迈克尔·R·沙利文	0 6 5 0 1 2 3 4 7	儿子	☑
基思·O·沙利文	0 1 2 3 4 5 6 7 8	儿子	☑
凯蒂·C·沙利文	0 3 4 6 5 1 2 3 4	女儿	☑
			☐

如果有四个以上被抚养人，见说明并在此打钩▶ ☐

6c中子女的数量，其中
• 由你抚养 3
• 由于离异或分居不由你抚养（见说明）
6c中已独立未列入表内的成年子女

d 申报的总豁免人数 以上合计 ▶ 5

收入

在此附上W-2表，若有代扣税金，附上W-2G表和1099-R表。

若没有得到W-2表，见说明。

对于所有的收入，提供附件，但不要粘贴，同时使用1040-V表。

行	项目		行	金额
7	工资、小费等，附W-2表		7	70 165
8a	应纳税利息。如需要，附明细表B		8a	800
b	免税利息，不要包括在第8a行中	8b		
9a	普通股利，如需要，附明细表B		9a	
b	符合条件的股利	9b		
10	应税退款、抵免或州、地方税收抵销		10	
11	获得的抚养费		11	
12	业务收入或亏损，附明细表C或C-EZ		12	5 800
13	资本利得或损失，如需要，附明细表D，若不需要，勾选 ▶ ☐		13	1 250
14	其他利得或损失，附4797表		14	
15a	个人退休账户提款 15a	b 应纳税金额	15b	
16a	养老金和年金 16a	b 应纳税金额	16b	
17	房产租金、版税、合伙收益、S类公司收益、信托收益等，附明细表E		17	
18	农场收入或损失，附明细表F		18	
19	失业补贴		19	
20a	社保收益 20a	b 应纳税金额	20b	
21	其他收入，列示类型与金额		21	
22	把第7~21行相加，这是你的总收入 ▶		22	78 015

调整后总收入

行	项目	行	金额	行	金额
23	教育者费用	23			
24	预备役军人、艺术家和政府官员相关费用，附2106表或2106-EZ表	24			
25	健康储蓄金抵扣，附8889表	25			
26	搬家费用，附3903表	26			
27	自雇税金的可抵扣部分，附明细表SE	27	443 70		
28	自雇退休计划抵扣	28			
29	自雇健康保险费用抵扣	29			
30	提前支取存款的罚款	30			
31a	支付的抚养费 b接受者的社保号 ▶	31a			
32	个人退休账户抵扣	32	4 000		
33	学生借款利息支出	33			
34	学费与生活费，附8917表	34			
35	国内生产活动所得的抵扣，附8903表	35			
36	把第23~35行相加			36	4 443 70
37	第36行减去第22行，得到你的调整后总收入 ▶			37	73 571 30

对于披露、隐私法案及减少文书法案的提示，见独立的说明。 Cat.No.11320B **1040** 表(2011)

栏目	行	项目			行号	金额	
税金和抵免	38	第37行的收入（调整后总收入）			38	73 571	30
	39a	勾选 { □ 您于1947年2月2日前出生 □盲人；□ 配偶于1947年2月2日前出生 □盲人 } 都勾选 ▶ 39a □					
	b	你的配偶单独采用逐项扣除，或者你具有双重国籍，勾选 ▶ 39b□					
	40	逐项扣除（来自明细表A），或标准扣除（见左边）			40	11 979	
	41	第38行减去第40行			41	61 592	30
	42	豁免额，用第6d行乘以3 700美元			42	18 500	
	43	应纳税收入，第41行减去第42行，如果第42行大于第41行，输入0			43	43 092	73
	44	税金（见说明）。勾选所用表：a □ 8814表 b □ 4972表 c □ 962			44	5 613	91
	45	可选择的最低税金（见说明），附6251表			45		
	46	第44行加第45行 ▶			46		
	47	国外税收抵免，若需要，附1116表	47				
	48	抵免小孩与被抚养人生活费用，附2441表	48				
	49	8863表的教育费抵免，第23行	49				
	50	退休储蓄缴款抵免，附8880表	50				
	51	子女税收抵免（见说明）	51	3 000			
	52	家庭能源消费抵免，附5695表	52				
	53	其他抵免：a □ 3800表 b □ 8801表 c □ ______	53				
	54	第47~53行相加，得到你的总抵免额			54	3 000	
	55	第46行减去第54行，若第54行大于第46行，则填0 ▶			55	2 613	91
其他税金	56	自雇税，附明细表SE			56	887	40
	57	来自以下表格的未报告的社会保障税与医疗税：a □ 4137表 b □ 8919表			57		
	58	向国税局缴纳的附加税金、其他符合条件的退休计划等，若需要，附5329表			58		
	59a	家庭雇佣税金，来自明细表H			59a		
	b	首次购买人的税收返还，如果需要，附5405表			59b		
	60	其他税金，根据说明填写代码			60		
	61	第55~60行相加，这是你的总税金 ▶			61	3 501	31
税金支付	62	预缴联邦所得税，来自W-2表和1099表	62	7 410			
	63	2011年估计的税金支付和2010年结转的金额	63	1 000			
	64a	挣得的收入抵免（EIC）	64a				
	b	非应税的部队服役收入 64b					
	65	其他子女税收，附8812表	65				
	66	美国机会性抵免，来自8863表第14行	66				
	67	首套购房抵税额，来自5405表第10行	67				
	68	表外支付的税金	68				
	69	超额社会保障和铁路雇员扣税	69				
	70	燃料税收抵免，附4136表	70				
	71	其他抵免：a□2439表 b□8839表 c□8801表 d□8885表	71				
	72	第62~71行相加(除去第64b行)，得到你总的税金支付 ▶			72	8 410	
税金返还	73	如果第72行大于第61行，用第72行减去第61行，这是你多付的税金			73	4 908	69
	74a	第73行你想返还的金额。若已附8888表，勾选▶□			74a	4 908	69
直接存入银行？见说明。▶	b	银行代号 ▶c类型：□ 支票账户 □ 储蓄账户					
▶	d	账号					
	75	你想用于2012年预估税金的第73行金额 ▶	75				
应交金额	76	应交金额，用第61行减第72行。关于支付的详细方法，见说明。▶			76		
	77	估计的税金罚款（见说明）	77				

标准扣除说明：
- 在第39a或39b行打钩的人可以声明为被抚养人，见说明。
- 其他人：单身或已婚单独申报，5 800美元。已婚共同申报、符合条件的孀（鳏）居申报，11 600美元。户主申报，8 500美元。

如果你有符合豁免资格的子女，附SIC表。

第三方指定人

是否想让其他人代你向美国国税局申报（见说明）？ □ 是的，完成下面内容。 □ 否

指定人姓名 ▶ 电话号码 ▶ 个人标识号 ▶

签名

共同申报？见说明。保留副本以备查阅。

以不实处罚为前提，我声明我已经检查了申报表，并且根据我的知识与信仰，本表是真实、正确的，本年所得收入的来源与数字是准确的。申报者（不同于纳税人）的声明基于申报者所掌握的所有信息。

签名	日期	你的职业	电话号码
詹姆斯·T·沙利文	4/10/12	经理	(555) 555−1234
配偶签名（若共同申报，都要签名）	日期	配偶的职业	如果国税局给了你一个用于身份保护的个人标识号，填写在此处（见说明）
罗斯·D·沙利文	4/10/12	销售员	

代付的申报人专用

（正体书写）申报人姓名	申报人签名	日期	自雇请勾选 □	PTIN
公司名称 ▶		公司的雇主识别号 ▶		
公司地址 ▶		电话号码		

1040 表(2011)

调整后总收入。从总收入中抵扣443.7美元的自雇税和罗斯的4 000美元个人退休账户缴款之后，沙利文一家的调整后总收入是73 571.3美元，填写在第37行。

逐项扣除还是标准扣除？沙利文一家采用已婚共同申报身份填报，夫妇二人都没有超过65岁，也不是盲人，因此，根据1040表第2页的说明，他们能有11 600美元的标准扣除额。然而，他们希望先评估一下逐项扣除额，再决定到底使用哪种扣除方式。当然，他们会选择有更高扣除额的方式，这能使他们的应交税金降到最低，从而产生最小的纳税义务。他们计算扣除额的初始草稿如下：

医疗和牙医支出	\$1 223
州所得税和房产税	2 560
按揭贷款利息	7 893
慈善捐款	475
找工作以及其他费用	2 522
总计	\$14 673

税金、按揭贷款利息和慈善捐款为全额抵扣，为了使税款最小，沙利文一家的逐项抵扣额为10 928美元（2 560＋7 893＋475）。然而，医疗、牙医支出和找工作的花费必须超过调整后总收入的最低规定比例，因为只有超过这一比例，支出的部分才能包括在逐项扣除额之中。医疗、牙医的最小支出是调整后总收入的7.5%，找工作的花费的最小支出是调整后总收入的2%。调整后总收入的7.5%是5 517.85美元（0.075×73 571.30），他们的支出低于此最小比例，所以所发生的医疗和牙医支出全部不能抵扣。相反，因为调整后总收入的2%是1 471.43美元（0.02×73 571.30），他们能够抵扣找工作的花费中超出部分的金额，即2 522－1 471.43＝1 050.57美元。这笔金额加上他们其他可抵扣金额（10 928美元）后逐项扣除额总计11 979美元。这个数字超过了标准扣除额的11 600美元。所以沙利文一家会考虑采用逐项扣除方式。他们需要把详细的扣除数记录在明细表A中并且附在1040表上（沙利文一家的逐项扣除额合计数列示在1040表的第40行）。

沙利文夫妇都可以申报豁免，还有他们抚养的三个孩子，总计可申报五个（见第6d行）。由于每个豁免额可抵免3 700美元，他们的全部个人豁免额为18 500美元（5×3 700）。这个数字填写在1040表的第42行。

沙利文一家的应纳税收入和应交税金。应纳税收入由调整后总收入减去逐项扣除额和个人豁免额得到。沙利文一家的应纳税收入为73 571.30－11 978.57－18 500＝43 092.73美元，列示在第43行。有了这个数字，沙利文现在可以查阅税率表（见图表3—3），找到适合的税率，最后计算需要支付的税金。可以看到，沙利文一家的43 092美元的应纳税收入落在15%的边际税率范围内。使用图表3—3，他们计算其税金如下：1 700＋[0.15×(43 092.73－17 000)]＝5 613.90美元。这个数字填写在第44行。

沙利文一家同时满足儿童税收抵免条件：17岁以下的儿童每人可以抵免1 000美元税金。他们在第51行和第54行同时填写3 000美元，同时用第46行的税额减去此抵免额，在第55行填入2 613.91美元。此外，沙利文一家需缴纳詹姆斯净业务收入5 800美元的自雇税，这会使他们增加887美元（0.153×5 800）的应交税金，并且要在明细表SE中报告，填写在1040表的第56行（回想之前沙利文已扣除了这笔金额的50%，即 443.70 美元，填写在第 27 行作为收入的调整项）。沙利文一家在第 61 行填写总的应交税金：3 501.31 美元（2 613.91＋887.40）。

他们能获得退税吗？总计预缴的税额是 7 410 美元（6 260 美元来自詹姆斯的工资，1 150 美元来自罗斯的工资，联合登记在第 61 行），他们还有预估的税金支付 1 000 美元（列示在第 63 行），共计 8 410 美元。这个数字填写在第 72 行，这个值超过了他们的应交税金。最终，他们有权获得退税（也就是税收返还）4 908.69 美元：9 210 美元减去 3 501.31 美元（大概有 65%的纳税人每年可以得到退税）。他们本年能得到税收返还，而不是向国税局交税（一般来说，在纳税申报表填写完的 1～2 个月，退税支票就会被寄出）。

到此为止，沙利文一家现在要做的就是在 1040 表上签名和写上日期，与其他支持性表格和明细表一起，在 2012 年 4 月 17 日或之前送到国税局最近的区办公室。

沙利文一家具有较大退税的原因之一是儿童税收抵免。有如此多的退税，沙利文一家可能会考虑不再预缴税款，因为他们合计的预缴税款已经超过需要缴纳的金额。另一个选择是减少预缴的税额。

需要注意的是，如果总的已付税款小于沙利文一家的应交税金，他们需要向国税局交税，需缴纳的金额由应交税金减去已付税款。如果他们需要交税，在填写纳税申报表时，需要在 1040 表相应的空格处填写交税的金额。

理财指示牌 **花点时间进行税收筹划**

花点时间进行税收筹划可能会大幅减轻你的税收负担，以下技巧可以帮助你很好地组织纳税活动：

- 收集消费发票、银行结算单和收入单据。这是准备纳税中最耗时的部分，为了简单起见，应尽可能多地利用在线资源。把所有项目都归入收入或可抵税支出两类。一定要查看退休金、按揭贷款和房产税的报表。最理想的情况是使用一些记账系统记录全年的涉税信息。如由 Mint.com 网站提供的 Spreadsheets 在线程序，或者像 Quicken 这样的财务软件，都是非常有用的辅助工具。
- 决定自己报税还是寻求帮助。如果你不完全自己报税，可考虑使用像 TurboTax、H&R Block，或者 TaxACT 这样的税务软件。如果你打算将自己的报税活动授权给他人，一定要确保他具有承担这个重大责任的资格。一个好的税务师可以帮你省下一大笔钱。可以考虑注册会计师、税务律师或注册税务师。与你想聘请的税务师面谈是一个好主意，朋友、家人或者同事的建议也可以考虑，问问周边的人会是一个不错的开始，三个臭皮匠顶个诸葛亮。

3-4 其他填报事项

其他需要考虑的事项包括：预估税金的支付、延期填报、申报表修改；税务审计的可能性；考虑是否使用纳税申报服务或者计算机软件协助编制纳税申报表。

3-4a 预估、延期以及修改

就像詹姆斯为他哥哥的公司提供记账服务一样，你可能会有那些不代扣税金的收入。你在提交纳税申报表时，需要同时提交一份预估税金的声明，然后按季预缴税款。另外，你可能无法赶上 4 月 15 日申报的最后期限或者需要修改之前提交的纳税申报表。让我们了解一下处理这些情况的相关程序。

预估税金

因为联邦预缴税款只能从常规的工作收入中收取，工资即属于这种情况，所以国税局要求特定群体为他们从其他来源获取的收入支付**预估税金**（estimated taxes）。预估税金适用的对象包括投资者、咨询顾问、律师、企业所有者以及其他各种收入不必预缴税款的人群。

预估税金声明（1040-ES 表）一般和纳税申报表一起填写。预估税金必须分四期，一般在当年的 4 月 15 日、6 月 15 日、9 月 15 日和次年的 1 月 15 日支付。未按照国税局规定预估税款并支付，将可能被处以罚款。

4 月 15 日：常规的申报截止日期

正如我们从沙利文一家的案例中所见的，每个纳税年度末，纳税人需要填写一张申报表，确定其应交税金，这个金额源于他们过去一年的活动。纳税年度与自然年度一致，从 1 月 1 日到 12 月 31 日。纳税人在纳税年度截止之后至 4 月 15 日之前的任何时间都可以提交纳税申报表（如果当天为周末或者联邦假日，则顺延至假期结束后的第一个工作日）。如果你有一台电脑，可以联网，并有报税软件，你可以使用国税局的电子报税和电子支付服务，你的税金可以用电子方式支付，也可以使用信用卡，或者对你的支票或储蓄账户进行授权然后进行电子扣款。你可以使用“授权电子报税服务商”的服务，它们需要收费，或者使用商业纳税申报软件自己填报。

根据预缴税金和预估税金之和与应交税金的大小，纳税人可能会收到退税或缴纳不足的税金。纳税人可以用信用卡支付。然而，因为国税局不会向信用卡公司支付交易手续费，所以纳税人在支付时要通过一个服务商并且支付一定的服务费。

延期申报及更改申报书

有时候你需要延期填报，你可以申请 6 个月的自动**延期申报**（filing extension），只需要提交 4868 表，就可以将申报时间推迟至 10 月 15 日。但是，申请延期申报，纳税人必须预估税款并且在提交申请的同时支付税款。延期申报并不能让纳税人延期支付他们的税款。

提交申报表之后，你也许会发现自己忽略了一些收入、一项重要的抵扣或者有些错误，使你多付或少付了税款。填写一张**更正申报表**（amended return）（1040X 表），你可以很容易地改正错误，在上面列示正确的收入或抵扣数额以及你需要支付的税款，同时填写你需要退还或者补缴的金额。从你提交原始纳税申报表开始三年内或者支付税款后两年内（取两者中较迟的时间点），你可以填写更正申报表。

3-4b 申报表审计

由于是由纳税人自己提供关键信息并填报必要的税务表格，国税局不能证明税金的计算是正确的。为了以某种方式证明申报表的正确性并为调查提供证据，国税局会随机抽取部分申报表进行**税收审计**（tax audit）。被审计的概率非常低，国税局只审计大约1%的申报表。尽管审计说起来有些让人害怕，但审核的结果不一定都是向国税局补缴税款。事实上，大约有5%的审核结果是增加退税，而15%的纳税申报表是编制正确的。

通常，审计的问题有两个：(1) 所有的收入是否正确报告；(2) 申报的扣除是否合法，金额是否正确。国税局从你提交纳税申报表之日起三年内，有些情况下可达六年，可能会审计你的纳税申报表，所以七年内你应该保管好在纳税申报中用到的相关记录及收据。违反税法可能会被处罚，甚至判处监禁。

总之，你应该利用所有合法的税收扣除将你的应交税金降到最低，但是你需要按照国内税法正确地报告所有的收入和支出项目。

理财规划小贴士 **注意税收审计的小红旗**

的确，国税局只审核1%的申报表，但现实中的一些情况会增加你被审计的概率，对以下这些可能的“地雷”需要保持警惕：

- 高收入。收入越高，你越有可能被审计。举个例子，如果你的收入超过20万美元，你被审计的概率是4%；如果你的收入是100万美元或者更多，你被审计的概率会上升到12%。(这不是说你不应该多挣钱，而是说你应该意识到危机，值得注意的是，如果你诚实报税并且保持良好的记录，审计并不是一件多么可怕的事。)
- 未报告的应纳税收入。如果你的1099s表和W-2s表上的金额加起来比你在纳税申报表上报告的要多，那么就等着国税局的罚单或者是被审计吧。
- 高于平均水平的抵扣额。如果你的抵扣额相对于收入来说过大，国税局可能会用“小红旗”对你的申报表作个标记，以便以后审计。一定要了解国税局关于捐赠的规定，并且保管好所有的证明文件和收据。
- 家庭办公室抵扣。家庭办公室不能用于商业活动。但国税局发现很多人没有遵守这个规定，因此这部分的抵扣会被拒绝。因此，这是审计的一个小红旗，如果你有这方面的抵扣，要准备好证明。
- 商业餐饮、旅行和娱乐。国税局的审计经验表明自雇群体有大量和收入无关的扣除。在商业餐饮、旅行和娱乐方面的大额扣除将是税务审计的小红旗。如果你计划申报这些抵扣，请一定保留良好的记录。
- 商务用车。声明一辆车完全用于商业用途对于国税局而言是审计的一个小红旗。因为个人使用汽车时，将其专门用于商业的情况很少见。所以确保你持有详细的里程记录。
- 未报告的外国银行账户。你需要披露境外账户，如果国税局发现一个未报告的账户，这将是税务审计的一个小红旗。

资料来源：Adapted from Joy Taylor，“IRS Audit Red Flags: The Dirty Dozen，” http://www.kiplinger.com/features/archives/12-audit-red-flags-the-irs-looks-for.html，accessed June 2012.

3-4c 税收服务：帮助你进行纳税申报

许多人针对简单的税务情况自己编制纳税申报表。而面对相当复杂的财务事项时，需要花时间来进行纳税申报。国税局发行了大量出版物，其中有手把手教你编制纳税申报表的内容。你可以通过邮件直接索取这些出版物，也可以从国税局网站（www. irs. gov）上下载，或者通过拨打国税局的免费电话（800-829-3676，某些区域可能会有其他专门号码）索取。一本优秀（并且免费）的综合性税务编制指南是国税局的17号出版物《你的联邦所得税》。另一项信息服务就是电话，即可以通过拨打免费电话（800-829-4477）选择收听各种税务信息的电话留言。还有传真，只要你拨打703-368-9694，就可以通过传真收到许多报税表格和操作说明。

国税局的帮助

国税局除了发布各种出版物，也向纳税人提供直接帮助。国税局为那些应纳税收入少于10万美元且没有采用逐项扣除的人计算税金。使用国税局这一服务的人必须在纳税申报表签上姓名及日期，并且在下一个纳税年度的4月15日之前送至国税局。国税局会试图给你算一个“最小”的税款。然后它会给纳税人退税（如果他们的预缴税款大于应交税金）或者寄送账单（如果他们的应交税金大于预缴税款）。那些没有资格或不想使用这一整套服务的人同样可以获取国税局的帮助，即通过免费电话享受服务。你可以查询离你最近的国税局办公室的免费电话号码。

私人纳税申报服务

超过半数的纳税人倾向于选择专业的纳税申报服务来保证他们应交税金的准确性并将其降到最低。专业纳税申报的费用不同，简单的申报表至少100美元，复杂的申报表1 000美元甚至更多。你可以选择以下纳税申报服务：

● 全国和地方税务服务：包括全国服务机构，如H&R Block以及地方公司。这些服务一般适用于纳税人的收入和支出都是比较常见的类型。

● 注册会计师（CPA）：他们是税务专业人士，可以编制纳税申报表并提供建议。

● 注册税务代理（EA）：由联邦政府授权的个人税务专家，他们需要通过由国税局组织的考试，考试共两天并且非常难。他们完全可以处理各种复杂情况的纳税申报。

● 税务律师：精通税收筹划的律师。

在签名之前一定要仔细检查所填写的纳税申报表。记住，纳税人需要为纳税申报表的准确性承担主要责任。国税局要求税务师作为编制人在每一张申报表上签字，填写自己的社会保障号和地址，并给纳税人一份申报表的复印件。税务师会使用必要的硬件和软件来帮他们的委托人在线报税，使符合条件的纳税人更快收到退税。

专业的税务师不能保证你的应交税金百分百正确，即使最好的税务师也没有所有问题的答案。在《金钱》杂志最近一次年度纳税申报表测试中，45位有经验的税务师受邀为一个虚拟的家庭做申报，最后没有人是正确的，他们之中只有24%的人计算的应交税金与正确金额的差额在1 000美元以内。为了减少出错的概率，你应当熟悉基本的税收原则和法规，检查所有与准确性相关的文件（比如W-2s表和1099s表），和你的税务师保持良好的沟通，对纳税申报表上的项目存在疑问时要求作出解释。

3-4d 基于计算机的纳税申报

许多人使用计算机进行税收筹划并编制申报表。几款好的税务软件能帮你在填写纳税申报表格时节省大量时间。计算机程序经常能够识别那些你可能会错过的节税机会。这些计算机程序并非适用于所有人，简单的申报表，像1040EZ表格就不需要。面对复杂的纳税申报，税务会计师和税务律师的技能和专业知识是必不可少的。税收筹划软件对于那些需要逐项抵扣且没有税务顾问的纳税人而言最有帮助。

有两种常见的软件：税收筹划软件和税务申报软件。像Quicken这样的筹划软件可让你尝试不同的策略，看看每一种策略对需要支付税款的影响。另一类税务软件着重于帮你填报纳税申报表。这些软件缩短了纳税申报的时间。如果你填写的是长的1040表和其他支持性表格，在股票市场有投资，拥有不动产，有来自国外的收入或经营家族企业，使用申报软件大有裨益。

理财规划小贴士 **如何选择好的税务师**

如前所述，即使其他人为你进行纳税申报，你还是需要对你的纳税申报表承担法律责任。因此选择正确的人或者公司为你进行申报很重要。在做这个重要决定并与你的税务师配合时，记住以下要点：

- 资格。所有的收费税务师都必须拥有申请报税号码（PTIN），看看你想选择的税务师有没有这个PTIN号。
- 税务师历史。去企业改进局（Better Business Bureau）查询税务师的执业历史，看看他有没有受过处罚，通过州会计委员会查询注册会计师的执照状态。同理，可去州律师协会查询律师，到国税局注册办公室查询注册税务师。
- 知道税务师向你收多少钱。理解你所接受的服务并与税务师的收费进行比较。使用提出按你退税金额一定比例收取费用的税务师没有意义。
- 电子填报。请确定你想要用的税务师提供国税局的电子表格，你可以选择填写纸质申报表，但电子表格一般来说是最简单的，此外，选择电子报税会更快收到退税。
- 沟通方便。确保你可以很容易联系到税务师，以防你在填报纳税申报表前后遇到什么问题。
- 要求记录和发票。好的税务师会要求查看你的记录和票据。他们也会问一些关于你的收入、税收扣除，以及其他方面的问题。最好不要选择那些仅在网上帮你填报纳税申报表而不看你的W-2表和其他记录的税务师。
- 申报表签名。一定不要选择让你在空的申报表上签字的税务师。同样，检查整张申报表并确认准确性，在你签名之前确保税务师提供了他的PTIN号。

资料来源：Adapted from Internal Revenue Publication，“Tips for Choosing a Tax Return Preparer，” http://www.irs.gov/newsroom/article/0,,id=251962,00.html，accessed June 2012.

两个主要的软件分别是财捷集团（Intuit）的TurboTax和Block H&R Block公司

的 TaxCut，它们可以在微软和苹果的操作系统上运行。TurboTax 软件有一个网络版，可以让你在任意一台电脑上完成纳税申报。这两家大公司都提供附加的程序可以准确地为向慈善机构捐赠的家庭用品估计市场价值。两个软件都有清晰易懂的操作界面，通过让你回答关于你具体情况的问题来指导你一步步完成纳税申报表。除了基本的纳税申报表，它们还提供扩展资源、网络链接、视频合辑——帮助你理解复杂的概念、税务规划调查问卷、扣除项目搜索等工具，当你输入的数字有错误时它会给你提示。当然正版纳税申报软件比较贵，无论是 TurboTax 还是 TaxCut 都能对申报计算过程给予保证并且会赔偿你由于程序错误而遭受的损失。每个主流的软件供应商都有适用于联邦纳税申报的免费在线版本以满足特定人群的要求。可以到 http://apps. irs. gov/app/freeFile/jsp/indexjsp 上找到免费软件的提供者目录及它们的特殊限制。

国税局最近推出了填充式申报表，可以用 Adobe Acrobat Reader（免费软件，可以从网上下载）软件在电脑上打开，你可以往里面填写信息。输入要求填的信息之后，可以打印完成的表格。填充式报表为你向国税局纳税提供了更加清晰的打印版。不像纳税申报软件，填充式报表没有计算功能，所以你需要在填写之前算好。此外，你需要一次性输入所有的数据，因为 Acrobat Reader 不能保存你未完成的表格。这些表格在国税局网站上的标识为“Fill-in forms”。

3-5 有效的税收筹划

税收筹划是你个人理财规划的关键部分，有效税收筹划的最优目标是在合法的前提下通过减少、转移、延期的方式将税款降到最低，从而使税后收入最大化。当然，不要混淆避税和偷税，偷税包括类似遗漏收入和夸大扣除等违法行为。**偷税**（tax evasion），从结果来看，是没有准确报告收入或者扣除，在极端情况下，是完全没有缴纳税款。被发现有偷税这种犯罪行为的人，会被处以严厉的经济处罚，甚至判刑。**避税**（tax avoidance），恰恰相反，专注于用各种方式减少纳税，合法且符合国会的意图。

3-5a 税收筹划的基本目标

税收筹划涉及各种投资工具、退休计划和遗产分配程序的使用，从而：（1）减少税金；（2）转移税金；（3）延期纳税。你可以减少税金，例如，使用一些技巧去创造税收扣除、税收抵免或者是税收优惠待遇，如产生折旧（如不动产）的投资或者创造免税收入（如市政债券）。你也可以把你的收入通过赠与或信托的方式转给税率较低的家庭成员，同时他们也是你想要提供资助的人，如已经退休的老人，从而转移税金。

延期纳税背后的意图是通过推迟纳税来减少或消除税金。更重要的是，延期纳税可以让你充分利用这部分应该缴税的资金，通过投资挣到更多的钱。延期纳税一般可以通过各种类型的退休计划来实施，比如个人退休账户，或者通过某一类型的年金、各种寿险，甚至是 EE 系列债券（美国储蓄债券）来实施。

税收筹划的基本目标是使用全部扣除项目，且充分利用税法条款，从而使应交税金达到最小。因此，综合的税收筹划是一个持续的活动，既要着眼当前，也要放眼长远。

税收筹划和许多财务规划活动联系紧密，包括投资、退休和遗产规划。

3-5b 一些常见的税收筹划策略

许多税收筹划策略相当简单和直白，中等收入纳税人可以使用。利用这些节税点子和方法，你可以不必承受较高的税率。举例说明，你从EE系列债券中获得的利息不必缴纳州所得税，并且持有者可以选择延迟支付联邦所得税，其纳税时间为以下较早的年度：(1) 债券以现金赎回的年度；(2) 债券最终到期年度。这一特点使得EE系列债券成为延期纳税的最佳工具。

当然还有其他减少应交税金的策略。把扣除加速或集中到一年，这样使用逐项扣除较好。如果你预期本年所处的税级与下一年相同或高于下一年，则把收入递延到下一年，把支出移动到本年，这样可以增加扣除额并减少本年的税金。

抵扣最大化

把所有可能的扣除都列到一张表中，因为积少成多，小支出会节约大税金。如果可以，把扣除加速或集中到一年，这样使用逐项扣除比标准扣除要好。例如，第四季度预估税金在12月31日前缴纳要比在1月15日缴纳好，这样可以在当年扣除。把各种其他杂费组合起来，合理安排未支付的可选择医疗项目，将这些项目安排到同一年，使得费用超过抵扣需要的最低值（其他杂费要超过调整后总收入的2%；医疗费要超过调整后总收入的7.5%），增加酌情扣除的金额，如慈善捐赠。

收入转移

减少所得税的一种方式为**收入转移**（income shifting）。纳税人转移一部分收入，使税率降到较低的水平。可以通过为家庭成员开设信托或托管账户或者直接赠送产生收入的财产来实施。举例来说，夫妻应纳税收入为125 000美元（28%的边际税率），有年利息2 000美元的价值18 000美元的企业债券，他们可能会把这些债券给他们15岁的孩子，可以解释为最终用于孩子的大学教育。这2 000美元的收入就属于孩子，孩子需要为这笔收入支付105美元（0.10×[2 000－950(被抚养人的最低标准抵扣额)])的税款，而父母的应纳税收入减少了2 000美元，从而减少税款560美元（0.28×2 000）。

遗憾的是，这个策略并非看起来这么简单。在这个策略上有一些针对19岁以下子女的限制条件，所以可对大一点的孩子采取这些策略（前提是这个孩子有年纪较大的亲属，比如年老的父母）。父母需要知道为了减少纳税将财产转移到孩子名下可能会对孩子在大学接受资助的资格产生影响。给被抚养人赠与的附加税问题会在第15章讨论。

免税以及递延纳税

一些投资活动提供免税收入，然而在大多数情况下，所得税只能递延（或延期）到以后某一时间。现在，投资免税项目已经不多了，最好的例子是市政债券的利息收入。一些收入不用征收联邦所得税，也可能不用征收州所得税（免税的市政债券会在第12章讨论）。将挣的钱投到罗斯个人退休账户也是免税的。与此相比，**递延纳税**（tax deferred）只能将税款推迟到未来某个时间点支付。在纳税时间到来前，递延纳税的投资工具可以让你积累免税收入，这将带来比纳税账户里更多的存款。一个好的关于递延纳税的例子是在传统的个人退休账户里挣的钱。第14章会提供有关此工具和其他类似安排的详细讨论。

大部分工薪阶层的人都能开一个个人退休账户，并且每年可以往账户里存入5 000美元（或者是6 000美元，取决于年龄）。个人退休账户中的收入都是免税收入。这是一种递延纳税投资，直到你开始使用账户里的存款，所以你最终还是需要为这些收入纳税。除了个人退休账户，递延纳税也可以通过其他类型的养老金、退休计划及年金来实施（第14章会提供更多关于这些财务产品和策略的信息）。

一生中的规划：纳税申报与筹划

以下是人生的每个阶段纳税申报与筹划的主要考虑事项。

独立生活阶段 20多岁	家庭与职业发展阶段 30～45岁	成熟阶段 45～65岁	退休 65岁以上
√管理好你的预缴税款金额，使它大致等于你的应交税金，避免大额欠税或退税	√当你结婚或家庭状况改变时，相应修改你的预缴税款金额	√当你的收入增长时，考虑类似市政债券这样的免税投资	√当你收到付款时估计社保福利及计划
√保持详细的收入和税收扣除的记录	√使用税盾，比如按揭，其利息为可扣除费用	√考虑在有税盾的退休计划中增加缴款	√有计划地从有税盾的退休账户和纳税账户中提款
√考虑使用纳税申报软件	√向有税盾的雇员退休计划缴款，考虑开设个人退休账户	√考虑加大你退休计划的缴款	√考虑使用人寿保险应对遗产的潜在税收。更多内容详见第15章

练习题

1. 玛丽·沃森24岁，单身，住在公寓中，没有被抚养人。去年她作为Focused商业分析公司的销售助理挣了45 000美元，其中工资被代扣了3 910美元的联邦所得税。另外，她有利息收入142美元。计算应纳税收入、应交税金及税收返还（或支付）。

2. 黛布拉·弗格森2011年收到如下表所示的收入项目和金额，帮助她计算：(a) 总收入；(b) 总收入中的豁免额。

单位：美元

工资	33 500
股利	800
母亲的礼物	500
前夫给孩子的抚养费	3 600
储蓄存款账户的利息	250
租金	900
银行贷款	2 000
州政府债券利息	300

3. 艾米·菲利普斯单身，适用28%的税率，计算下面每一项交易的相关税金（使用美国国税局2011

年关于资本利得的规定）。以下三种情况相互独立。

a. 出售5个月前以1 000美元购入的股票，售价1 200美元。

b. 出售3年前以3 000美元购入的债券，售价4 000美元。

c. 出售15个月前以1 500美元购入的股票，售价1 000美元。

4. 使用书中的工作表3—1和3—2。高强2011年大学毕业，并在当年7月就业，工作为系统分析师。他准备填报2011年的纳税申报表，他收集的当年相关财务信息如下表所示。

单位：美元

学费	5 750
奖学金（用于吃住）	1 850
工资	30 250
利息	185
可抵扣费用（总计）	3 000
预缴所得税	2 600

a. 编制高强2011年的纳税申报表，采用5 700美元的标准扣除，一个豁免，金额3 650美元，税率使用工作表3—3中的数字。高强应当采用哪个申报表，为什么？

b. 使用以下的额外信息编制高强2011年的纳税申报表：

个人退休账户缴款	$5 000
收到的现金股利	150

在这种情况下，他应当使用哪个表，为什么？

5. 解释对于一个有40 000美元税前收入、适用25%税率的单身纳税人来说，1 000美元的税收抵免和1 000美元的税收扣除的区别。

6. 史蒂夫和贝斯夫妇被通知他们将接受税收审计，他们应当如何为审计做准备？

名　词

税收（taxes）　我们作为社会成员需要支付的款项，是在一国生活成本的一部分。

所得税（income taxes）　联邦政府、许多州及地方政府依据应纳税收入征收的税种。

累进税率结构（progressive tax structure）　更多的应纳税收入适用更高税率的一种税收结构。

边际税率（marginal tax rate）　应纳税收入中额外一美元所适用的税率。

平均税率（average tax rate）　对每一美元应纳税收入征税的税率，用税金除以应纳税收入得到。

联邦代扣所得税（federal withholding taxes）　在每个支付周期由雇主从你的收入中扣除的税金，其数额取决于你的收入水平和W-4表申报的减免金额。

联邦保险捐助条例（社会保障）税（FICA or social security tax）　法律规定的养老、抚恤、伤残和医疗税，由雇主和雇员共同支付。

应纳税收入（taxable income）　需要纳税的收入金额，即从总收入中减去调整项、标准扣除或逐项扣除的较高者，以及豁免额后的金额。

总收入（gross income）　纳税人（在调整、扣除和豁免之前）所有与联邦税收有关的收入，包括行为收入、投资收益和被动收入。

对总收入的调整（adjustment to（gross）income）　从总收入中扣除一些调整项，包括一些员工或个人的退休、保险和支持性费用。

调整后总收入（adjusted gross income，AGI）　从总收入中减去所有调整项后得到的金额。

标准扣除（standard deduction） 根据纳税人的填报身份、年龄和视力（是不是盲人）而不同的一篮子扣除。在纳税人逐项扣除的金额过小时采用。

逐项扣除（itemized deductions） 在计算应纳税收入时允许纳税人从其调整后总收入中扣除的个人支出项目。

豁免额（exemptions） 根据纳税人收入所供养成员数量而确定的从调整后总收入中扣除的金额。

税收抵免（tax credits） 直接从纳税人的税金中进行扣减（而不是减少应纳税收入）。

预估税金（estimated taxes） 没有预缴税款的收入分四期支付税款。

延期申报（filing extension） 纳税人经国税局允许在4月15日最后截止时间之后申报不会被处罚。

更正申报表（amended return） 调整提交申报表之后收到的信息或更正错误的报表。

税收审计（tax audit） 国税局对所收到的申报表的正确性进行审查。

偷税（tax evasion） 没有准确报告收入或者扣除的非法行为，在极端情况下，是完全没有缴纳税款。

避税（tax avoidance） 以合法且符合国会的意图的方式减少纳税的行为。

收入转移（income shifting） 纳税人转移一部收入，使税率降到较低的水平。

递延纳税（tax deferred） 将税款推迟到未来某个时间点支付。

第 2 篇

基础资产管理

第 4 章

现金与储蓄管理

学习目标

1. 理解现金管理在个人理财规划中的作用。
2. 讲述当今的金融服务市场，包括存款与非存款金融机构。
3. 选择支票、储蓄、电子银行和其他银行服务来满足你的需求。
4. 开通并使用支票账户。
5. 使用复利和终值计算利息。
6. 制定融合多种储蓄计划的现金管理策略。

现金与储蓄管理将如何影响我？

想要建立各种可选择的现金管理账户和资产的最佳组合，需要结合个人的目标与约束条件，仔细地进行成本—效益分析，其中包括个人目标和约束。

本章将提供各种备选方案，并重点介绍现金的一些主要特征，包括流动性、最低余额、利率和成本、安全性。现金管理的替代手段包括支票和储蓄账户，以及货币市场存款账户、定期存单、货币市场共同基金、美国国库券、美国I系列债券。这章会为你设计一个有效的现金管理策略，这是综合理财规划的一个组成部分。

4-1 现金管理在个人理财规划中的作用

养成良好的理财习惯的重要方面是管理好现金以及其他各类资产。在这一章，我们将重点考察**现金管理**（cash management）——对现金和类现金资产进行常规的、日常性的管理，这种资产也称为流动资产。这些资产被认为有很大的流动性，因为它们可以现金方式持有，也可以在无损失或损失很少的情况下随时转换为现金。

除现金外，还有其他几种类型的流动资产，包括支票账户存款、储蓄账户存款、货币市场存款、货币市场共同基金和其他短期投资工具。图表4—1简要列示了一些常见的流动资产类型及其2012年春季的收益率。这些收益率反映了美国联邦储备委员会（美联储）保持低利率的政策目标，以刺激2008—2009年全球金融危机后脆弱的经济。一般来说，手头现金用于满足短期需要，各种类型的储蓄或短期投资工具用于满足计划之外或未来的需要。

在个人理财规划过程中，有效的现金管理要保证有足够的资金用于家庭所需和有效的储蓄项目。只开本周或本月以内的支票，在可能有计划外支出时尽量不带支票簿（或借记卡）。如果去购物，要先设定一个支出限额，使这个金额符合你的现金预算。这种方法不仅可以帮助你避免随意的、冲动性的支出，也能记录在哪里花的钱、怎么花的钱。

现金管理的另一方面是制定持续的储蓄计划，它是个人理财规划的重要组成部分。储蓄不仅可以充当财务意外的缓冲器，也是一种积累资金以实现未来理财目标的手段。你可以把钱存下来，这样你就可以在几年内重回学校进修并获得一个研究生学位，或购买新房，或者度假。储蓄可以帮助你完成这些特定的理财目标。

图表 4—1　收益率情况

类型	2012 年春	说明
现金	0%	手中的现金、纸币或硬币。
支票账户存款	0%～0.47%	现金的替代品，由商业银行或其他金融机构提供。
储蓄账户存款/货币市场存款	0.05%～0.9%	储蓄账户存款随时可以动用，但不能使用支票提取。货币市场存款（MMDA）需要较大的最低储蓄额（一般 1 000 美元以上），可以开支票。
定期存单（CD）	0.15%～1.15%（1 年）	一种储蓄工具，资金存入约定期限（1 周到 1 年，或者更长），提前支取要支付罚款。市场收益根据金额大小和期限长短而不同，不能开支票。
美国国库券	0.085%（3 个月）	短期、高市场流动性债券，由美国财政部发行（发行时间为 13 周和 26 周），最小面值是 100 美元。
美国储蓄债券（EE 系列）	0.6%	由美国财政部折价发行的债券，利率与财政部债券利率挂钩，是一种受欢迎的长期储蓄工具（广泛用于薪金扣除计划）。发行时间大约为 5 年，到期面值兑付；面值为 25 美元或更高。

4-1a　低利率问题

由美联储政策导致的金融危机后的复苏过程中利率的下降幅度有多大？可以看一看 2012 年春的主要利率，并与从 1980 年 4 月到 2012 年 4 月的历史平均利率比较一下，1980—2012 年间，5 年期和 10 年期国债的平均利率分别为 6.46%和 6.88%，2012 年 4 月，这些利率已降至 0.89%和 2.05%！3 个月可转让存单回报率可能只有 0.29%，而历史平均水平是 4.70%！

这些利率大幅下降对个人理财有重大影响。为了有一个直观认识，可以假定 2012 年春以 0.089%的利率投资 25 000 美元，并与 6.46%的历史平均利率进行比较。按历史平均利率，5 年之后，你的投资会涨到大约 34 188 美元，而按低的利率，只会达到约 26 132 美元。

2008—2009 年金融危机后持续的前所未有的低利率既有利也有弊。到底是好是坏取决于你看它的角度。2012 年，美联储承诺至少在未来两年会维持低利率。虽然金融市场对推高资产价格的低利率政策反应积极，但是，低利率往往会带来经济增长的低迷和通货紧缩的风险。低利率的好处包括：减少美国预算赤字的融资成本，这个数字在 2011 年为 4 540 亿美元；低利率有助于支持“大到不能倒”的银行，实际上，美联储的低利率政策让银行对其储蓄支付仅不到 1%的利息。但成本也不小，低利率会减少退休人员的收入和养老金。这种情况下，一些退休人群不得不动用自己的本金，这可能会对老年人福利计划造成压力，并可能促使政府加大对有缺口的养老基金的资金支持。

近期极低的利率有利于借款人，但挫伤了储蓄的积极性。虽然低利率使处于摇摆中的大银行得利，但许多人认为，低利率使银行免于对自己行为所产生的不利后果负责，并重新与审慎的存款人分配财富。事实上，经通胀调整后的实际利率一直为负，这意味着存款人没有跟上通胀的步伐，他们要么动用本金要么削减开支。这对退休群体和整体经济是不利的。人们减少向慈善机构的捐款以弥补低利率导致的收入缺口。储蓄在收入中的百分比下降，从1999年到2009年，纳税人增长超过1 300万，而他们获得的所有应税利息从6 720万美元下跌到5 780万美元。因此，获取利息的纳税人的比例大幅下降，从52.9 %到44.1%。

低利率也会导致经济畸形，当真实的、经通货膨胀调整后的利率为负时更是如此。低利率鼓励以资本替代劳动力，这一情况非常值得关注，因为发达经济体经济增长的动力大约70%来自消费。这种替代会随着就业和收入水平下降而相应降低整体社会需求。较低的借贷成本鼓励企业在资本结构中用债务替代股票，从而增加财务风险。低利率不利于储蓄，也不利于经济中整体债务水平的下降。可以看一看利率对退休储蓄的影响，在利率从5%下降到4%的情况下，为了达到与之前相同的退休计划目标，每年需要增加18%的退休储蓄。同样，利率每下降1%，养老基金负债会增加约1 800亿美元。低利率也促使投资者寻求投资来弥补收入，从而增加对股票支付高股息的需求，增加对低级别、高风险债券的要求。低利率意味着持有非收益资产具有更小的机会成本。投资者希望资产价格上涨，这增加了像黄金和其他可选择资产（比如艺术品）这些投资品的需求，对风险产生错误的定价，从而产生资产泡沫。遗憾的是，在这个过程中，低利率似乎并没有增加信贷供应。因为金融危机后银行不愿承担太多风险，它们倾向于更多地投资于政府证券和发放低风险贷款。

在这样一个低利率市场中，储蓄者应该怎么做呢？遗憾的是，追求更高的回报致使许多人倾向于一些高风险的投资。一些人之前买了高质量的公司债券，但是，随着利率降低，这些债券价格会上升。当利率上升时，债券价格会下跌，因此购买长期债券有很大风险。较为温和的策略是买入支付较高股利的股票和优先股，这将在第12章中讨论。但股票风险普遍比债券高，所以在低利率环境下追求更高的回报必须仔细考虑风险的适度性。

4-2 当前的金融服务市场

索尼亚没再去过她的开户银行。每个月公司把工资打到她的支票账户上，而她一般在家里用电脑处理一些银行业务：点击鼠标，她就可以查看账户余额、支付账单，甚至可以查找有最高利率的储蓄工具。做一些简单登记，她就能在苏黎世通过自动取款机（ATM）从她的美国银行账户提款！

金融服务业的不断发展在很大程度上得益于先进的技术和不断变化的监管。现在，消费者可以在许多不同类型的金融机构中进行选择，这些机构都在为其业务竞争。你不再需要去一个地方办理支票账户存款，到另一个地方办理信用卡或贷款业务，再到其他地方办理中间业务。金融机构正在扩大服务，通过将不同的账户集合在一起提供竞争性产品报价。例如，如果你在美国银行的不同账户里有25 000美元，你可以低成本或零成本进行股票交易、免费开支票、免费支付费用、免费刷卡、免费进行ATM借记卡交易。网上银行可以使你更方便地使用这些服务。

现在我们所知道的金融服务业集合了各种机构，出售各种金融产品（如支票和储蓄账户、信用卡、贷款和按揭、保险和共同基金）并提供各种金融服务（如理财规划、证券经纪、纳税申报和筹划、遗产规划、房地产、信托和退休）。20～25年前几个明确区分的行业（虽然彼此有联系）现在成为一个行业了，其中的企业差别更多在于组织结构而不是名称或所提供的产品。

4-2a 金融机构的类型

金融机构按能否像传统银行一样接受存款分为两大类：存款金融机构和非存款金融机构。

行为金融问题　为什么我不能存更多钱，我该怎么办？

有个关于为什么读书总是拖延的笑话，是心思根本不在书上。同样，拖延是一种常见的心理，它会阻碍我们存款，因为机会没了。有证据表明，在做比较复杂的决策时，人们往往会拖延。例如，如果你把储蓄看作和复杂投资一样的决策，你很可能把存钱的决策拒之门外。那么，什么才是存钱的最好方法？通过采用简单的计划简化决策，如每月存收入的 10%，填写凭条让银行自动把支票账户的钱转到储蓄账户。使用这些基本的决策以应对我们拖延的倾向。在进行复杂投资决策前这是一个好习惯的起点。没有存钱就没有投资，最好现在就开始吧，别担心每月的储蓄决策会有什么问题。

存款金融机构

绝大多数金融交易发生在存款金融机构，如商业银行（包括实体银行和网络银行）、储蓄和贷款联盟（S&L）、储蓄银行和信用合作社。虽然它们由不同的机构监管，但由于其产品和服务相似，所以这类金融机构通常称为“银行”。这些机构不同于其他金融机构的特征是它们接受存款的能力，大多数客户使用存款金融机构来满足对支票和储蓄账户的需要。这类金融机构在图表 4—2 中进行了简要描述。

图表 4—2　存款金融机构

存款金融机构与非存款金融机构的差别在于其吸收存款的能力。大多数客户使用存款金融机构来满足对支票和储蓄账户的需要。

类型	描述
商业银行	提供支票与储蓄账户服务，以及广泛的金融产品和服务，它们是唯一能够提供无利息支付支票账户（活期存款）的金融机构，是最常见的储蓄金融机构。大多是实体银行，但**网络银行**（internet bank），即在线商业银行，由于其便利性、低收费和高利息支付而大量出现。
储蓄和贷款联盟（S&L）	为购买房屋而进行按揭贷款的存款人的存款渠道，它们与商业银行一样提供支票、储蓄和贷款，它们的存款利息比商业银行要高一些。
储蓄银行	与储蓄和贷款联盟（S&L）类似，但主要位于新英格兰州，大多数是共同基金协会，存款人也是股东，其分红的一部分以利息形式支付。
信用合作社	非营利的、会员所有制的金融合作组织，向会员提供广泛的金融产品与服务，会员具有共同的职业、信仰或血缘关系，或居住在同一地域。与商业银行及储蓄和贷款联盟相比一般较小，提供有利息支付支票账户，称为**股金提款账户**（share draft account），具有多个存款与贷款项目。由于为会员服务，相对其他存款金融机构来说，信用合作社向储蓄存款支付较高利息，向贷款收取较低利息。

非存款金融机构

提供银行服务，但不像传统银行一样接受存款的其他类型的金融机构，被视为非存款金融机构。现在，你可以持有一个股票经纪公司发行的信用卡，或开设一个共同基金账户，此账户可以开立有金额限制的支票。

4-2b 你的钱安全吗？

几乎所有的商业银行、储蓄和贷款联盟、储蓄银行和信用合作社由美国政府机构提供担保。少数未经联邦担保的机构一般通过州政府特许或私人保险机构进行担保。多数专家认为，私人保险机构相对联邦保险机构抵御损失的能力要差。图表 4—3 列示了一些保险机构以及不同的联邦存款保险项目可提供的最大保险金额。

图表 4—3　联邦储蓄保险项目

联邦保险机构对支票和储蓄账户的保险金额为 250 000 美元。

储蓄机构	保险机构	基本保险金额
商业银行	联邦存款保险公司（FDIC）	250 000 美元/存款人通过银行保险基金（BIF）支付
储蓄和贷款联盟	FDIC	250 000 美元/存款人通过储蓄联盟保险基金（SAIF）支付
储蓄银行	FDIC	250 000 美元/存款人通过银行保险基金（BIF）支付
信用合作社	国家信用社管理局（NCUA）	250 000 美元/存款人通过全国信用社股份保险基金（NCUSIF）支付

存款保险（deposit insurance）可以在金融机构破产时保护银行和其他存款机构的资金。保险机构在金融机构的背后，保证你的存款安全，并有特定的最高限额。《多德-弗兰克华尔街改革和消费者保护法案》（Dodd-Frank Wall Street Reform and Consumer Protection Act）2011 年年末签署生效后，最高存款保险金额由 100 000 美元增加到 250 000 美元。

要知道存款保险是为存款人而不是存款账户提供保护的。因此，只要不突破最高保险金额，存款人的每个支票和储蓄账户都被纳入保险范围，存款人无论有多少账户都会纳入保险范围。要记住这个重要的特点，因为很多人误以为最大保险金额适用于他们每一个账户。例如，一位存款人在第一国家银行的分行开设有存款 15 000 美元的账户，在第一联邦银行的总行有一个存了 135 000 美元的货币市场存款账户，并持有该银行发行的 50 000 美元的定期存单，这些金额都可以被联邦存款保险公司的保险所覆盖。如果定期存单的金额为 150 000 美元，那么该存款人的总金额是 300 000 美元，这些金额不会全部纳入保险计划。然而，可以在另一家提供 250 000 美元存款保险的银行购买定期存单，这样存款人的资金就可以全额纳入保险范围。

现在银行提供各种各样的产品，包括共同基金。需要知道只有存款账户（包括定期存单）才纳入存款保险的覆盖范围。通过银行购买的证券不受存款保险的保护。

作为存款人，在同一家机构用不同名字开户可以增加 250 000 美元的保险。例如，一对已婚夫妇可以通过开设多个账户获得高达 150 万美元* 的保险覆盖：

* 疑为 15 万美元。——译者注

- 夫妻双方各开一个（产生 500 000 美元的保险覆盖）。
- 夫妻双方共同开设账户（这又产生 500 000 美元的保险覆盖，因为账户中每个所有者可以有 250 000 美元的保险覆盖）。
- 以夫妻每个人的名字建立的独立信托或自主退休账户（IRA，Keogh 等）（每人又增加 250 000 美元）。

在这种情况下，每个存款人被视为一个独立的法律实体，享受全额保险覆盖，丈夫、妻子及夫妻都被认为是法律实体。独立信托或自主退休账户也被看作单独的法律主体。

4-3 现金管理产品的全菜单

手头紧张的斯科特·斯弗正在大学里读书，他知道计划储蓄和支出的重要性，希望在管理其财务资源时作出正确的决策。通过使用支票账户比较表（见图表 4—4），斯科特可以对照以下信息，如每日账户余额要求、服务费、利率和其他服务。

图表 4—4　　支票账户比较表

大多数银行提供多种支票账户供人们选择，一般在最低余额、费用和其他服务上有所不同。

某代表性美国银行				
特性	大学账户	定制账户	优先账户	优先⁺账户
每日最低存款余额（放弃每月服务费）	无	750 美元	5 000 美元	7 500 美元（合计余额）
每月服务费	5.95 美元	9 美元（直接存款）	11 美元（无直接存款）；业主选择服务项目免费	12 美元（在直接存款情况下折扣 2 美元）
利息	无	无	有	有
在线账户报告	免费	免费	免费	免费
支票保管	免费	免费	免费	免费
每月返还	3 美元	3 美元	3 美元	免费
自动取款机和支票保证卡	免费	免费	免费	免费
电话银行	免费，自动应答	免费，自动应答	免费，自动应答	免费，银行人工辅助应答
透支保护	信用卡	信用卡	信用卡，信用额度账户，选择性储蓄账户	信用卡，信用额度账户，选择性储蓄账户
直接存款优先服务	不适用	可以，每月至少有 100 美元以上存款	可以，每月至少有 100 美元以上存款	可以，每月至少有 100 美元以上存款

4-3a 支票和储蓄账户

人们持有现金及其他形式的流动资产，如支票和储蓄存款，是因为这些资产使购物活动更方便，满足日常生活需要，并可以应对非预期支出。根据联邦《1993年诚信储蓄法案》（Truth in Savings Act of 1993），所有存款金融机构必须明确披露支票账户存款和储蓄账户存款的费用、利率及其他条款。此外，在开始付息前，银行必须使用标准的复合（稍后讨论）年化百分比收益率公式来计算账户需要支付的利息。该法律还要求银行按日或月度客户平均存款余额计息，禁止银行按最低每日余额计息，也禁止当客户存款余额低于最低余额水平时不支付利息。此外，银行必须在降低存款账户利率或定期存单利率之前30天通知客户。

支票账户

在金融机构开设的支票账户称为**活期存款**（demand deposit），这表示只要存款持有人有需求，银行就必须允许其提取资金。你可以把钱存入支票账户，这样你就可以开支票、使用借记卡或者提取现金了。只要账户有足够的资金，当你提交有效的支票或电子转账请求时，银行需立即付款，并从账户扣除相应金额。

普通支票账户是支票账户最常见的类型。根据惯例，这种账户不支付利息，但如果你保持一个最低账户余额（通常为500～1 500美元），可以免收服务费，不少银行正在取消这样的最低余额要求。只有商业银行可以提供非付息普通支票账户，储蓄银行、储蓄和贷款联盟和信用合作社也提供支票账户，但这些账户必须支付利息，现在称为可转让存单账户或股金提款账户。

储蓄账户

储蓄账户是另一种形式的流动资产，可在商业银行、储蓄和贷款联盟、信用合作社和其他类型金融机构开立。储蓄存款是指**长时存款**（time deposits），资金在账户中停留的时间预期比活期存款要长。由于储蓄账户存款的利率较高，当存款人的目标是为未来的支出或意外支出积累资金时，会优先考虑使用储蓄账户。大多数银行为大额储蓄账户存款支付较高的利率。例如，一家银行可能对500美元的储蓄存款支付0.65%的利息，对2 500～10 000美元的储蓄存款同样支付0.65%的利息，对10 000美元及以上的储蓄存款支付0.75%的利息。此外，除了提现政策和存款保险，提供的利率和利息的计算方法是选择金融机构的重要因素。前面已提到，由于美联储在金融危机后政策有所变化，目前的利率处于历史上非常低的水平。

付息支票账户

存款人可以选择NOW账户、货币市场存款账户、货币市场共同基金。

NOW账户。协商提款账户（negotiable order of withdrawal (NOW) account）是一种金融机构支付利息的支票账户。现在还没有法律规定的最低余额，但许多机构有自己的要求，往往在500～1 000美元之间。一些机构为账户中的所有余额支付利息，但大多数机构为特定余额之外的存款余额支付较高的利息。

货币市场存款账户。货币市场存款账户（money market deposit account，MMDA）由银行及其他金融机构提供，与基于存款目的的货币市场共同基金存在竞争。MMDA之所以在存款人和投资者中很受欢迎，是因为它方便、安全，此外，MMDA中的存款还得到联邦担保。大多数银行要求1 000美元或以上的最低MMDA余额。

存款人可以使用支票或自动取款机存取 MMDA 资金。他们每月有一定的免费使用次数（一般为 6 次），超过这个次数需要付费。虽然这降低了这些账户的灵活性，但由于大多数存款人把 MMDA 看做储蓄，所以并不认为这些限制是一个大的障碍。此外，MMDA 在可以开支票的账户中支付的利息最高。

货币市场共同基金。货币市场共同基金是有史以来最成功的共同基金。**货币市场共同基金**（money market mutual fund，MMMF）把许多小投资者的存款汇集到一起，购买高回报、期限短、可交易的证券，如美国财政部、大型企业、大型商业银行和各类政府机构发行的有价证券（共同基金将在第 13 章中讨论）。

MMMF 从历史上来看，支付 1%～3%的利率，高于一般的储蓄账户。此外，投资者通过签发支票可以快速提取基金，但有最低金额限制（通常为 500 美元）。这些支票看起来和用起来与其他储蓄账户的支票一样。和有利息支票账户一样，当支票在银行系统中流转时，可以继续赚取利息。

资产管理账户

非存款金融机构提供服务的最好例子就是**资产管理账户**（asset management account，AMA），或中央资产账户。资产管理账户是一个综合的存款账户，它集支票、投资和借贷活动于一身，主要由券商和共同基金公司提供。资产管理账户吸引投资者是因为他们可以在一个机构完成大多数金融交易。

一个典型的资产管理账户包括无限制免费使用支票、Visa 或 MasterCard 借记卡、自动取款机以及股票账户和贷款账户。年费和账户费用（如每次从自动取款机取款的交易费用）有所不同。这些账户的显著特点是，它们会自动“扫描”多出的余额（如 500 美元以上的金额），每天或每周把这些金额转入高回报的货币市场共同基金账户。当账户持有人需要资金购买证券或开支票时，资金会调回货币市场存款账户。如果购买的证券或支票提示付款的金额超过账户余额，所需要的资金自动由贷款提供。

虽然资产管理账户具有吸引力，并可替代传统的银行账户，但它们也有一些缺点。例如，与银行相比，它们的“分支”机构和场所较少。资产管理账户通常附属于 ATM 网络，以方便提取资金。然而，ATM 的交易成本较高，而支票需要更长时间来取款，同时有的银行可能不受理支票。此外，资产管理账户没有被存款保险所覆盖，其存款由证券投资者保护公司和私人保险公司承保。

4-3b 电子银行服务

现金管理中变化最快的领域是电子银行服务。无论是使用 ATM 机还是网上支付，电子银行服务使你更容易、更方便管理你的资金。电子资金转账系统允许在一天的任何时间办理多种类型的银行业务。

电子资金转账系统

通过最新的通信或计算机技术，**电子资金转账系统**（electronic funds transfer system，EFTS）可以让存款人全天候办理各种银行业务，可以电子方式从账户中转入或转出资金。例如，你的单位可以使用电子资金转账系统直接把工资打到你的个人账户中，无论你的银行与单位相同还是不同。这省去了单位准备和签发支票的过程，同时也不用员工去存款。电子资金转账系统可以借助借记卡、自动取款机、预授权存款和付款、电话银行账户和网上银行完成这些服务。

借记卡和自动取款机。电子资金转账系统使用有特定号码的塑料卡片，称为**借记卡**（debit card），把资金由顾客账户转入收款人账户。借记卡可以在有能接受借记卡的终端机的购物地点进行消费。借记卡的个人识别号（PIN）可以验证你是否有权使用该账户。

Visa 和 MasterCard 发行链接你的支票账户的借记卡，并让你更灵活地使用资金。卡片除了能够购买商品和服务，还可以在自动取款机上使用，这是常用的银行业务办理方式。**自动取款机**（automated teller machine，ATM）是远程计算机终端，银行或其他存款机构的客户可以用它来进行存款、取款和其他交易，如发放贷款和转账，服务时间是7天24小时。多数银行都在其经营场所外面设有ATM机，其他地方也会有ATM机，如商场、机场和杂货店、大学，及其他人流密集区域，这样可以提高银行在竞争中的地位。如果你的银行属于某一EFTS网络，如Cirrus、Star或者Interlink，那么你可以从美国任何一家银行或国外采用此网络的银行的ATM机上取现（实际上，出国旅游时最简单的获取外汇的方式是使用你开户行系统内的ATM机，它会给你最低的汇率）。使用另一家银行的ATM机，银行平均每笔收取2.40美元的费用，一些银行在你刷卡消费时也会收取一定费用。然而，为了更有竞争力，现在一些银行代客户支付使用其他银行的ATM机的费用。

借记卡日益普及，这些卡既方便零售商，它们不再担心支票退票，同时又有利于消费者，他们不用再支付现金。借记卡深受欢迎，2008年，使用Visa借记卡进行交易的总金额超过了其信用卡的交易金额。然而，借记卡的这些方便之处也许是其最大的缺点：卡片很容易透支。为了避免这个问题，在用借记卡消费的同时要在你的支票簿上进行记录，并把金额从你的支票账户中扣除。另外要知道的是，如果交易存在问题，你不能停止付款，而当你用支票或信用卡付款时可以及时停止付款。

理财指示牌 **如何有效使用网上银行**

- 确认在线银行的网址是合法的。注意一些伪造的网站，它们使用和你的银行相似但不一样的域名。这些网站试图让你提供你的账号和密码。在你输入任何账户信息之前请确保输入了正确的网址。阅读“关于我们”选项，上面会有机构介绍，并确认其存款由联邦存款保险公司进行担保，看其有没有FDIC标志或是不是“FDIC会员”。更好的方法是搜索FDIC在线数据库，通过http://www2.fdic.gov/idasp/main_bankfind.asp上的“Bank Find”可以找到。
- 保护你的个人信息。银行需要告知你它们的隐私政策，它们会列示哪些信息由银行保有，哪些信息可以与其他公司分享。登录银行网站时，确保该网站是加密的，其阅览器上有锁或钥匙的标志，“https”要在地址栏中显示。使用密码或个人识别码（PIN）——只有你一个人知道，并定期更换。

资料来源：Adapted from “Safe Internet Banking,” http://www.fdic.gov/bank/indi-vidual/online/safe.html, July 15, 2010, accessed March 2012.

预授权存款及付款。两个相关的EFTS服务即预授权存款及付款，它们允许你接受自动存款和进行定期支付。例如，你可以把薪水、每月的退休金或社保款直接存入你的账户。定期、固定金额的支付，如按揭贷款还款、消费贷款分期支付或每月的退休基金缴款，可以通过预授权自动完成。你也可以预授权数额不等的定期支付，如每月水电费。

电话银行。银行客户可以通过电话进行各种交易，方式是打电话给处理事务的客户服务人员，或是使用电话拨号键给银行的计算机发指令。在客户输入密码后，系统会给出进行各种交易的提示，如查询账户余额、查询支票清算情况、向其他账户转账、向供货商付款。为了鼓励电话交易，不少银行对基本账户交易实行免费，或客户每月享有一定的免费交易次数。目前，网上银行正在逐渐替代电话银行。

网上银行及缴费服务

美国互联网调查机构“皮尤网络与美国生活项目”（Pew Internet & American Life Project）最近发现，近45%的网民使用网上银行服务，这个比例一直在增长。银行使在线服务更便捷，人们使用互联网进行金融交易也更惬意。许多人用它查余额，但半数以上的人使用互联网转账。如今，大多数银行积极争夺网上银行业务，因为这样做有利可图。最近的一项研究表明，一个综合柜员每项交易的成本大约是1美元，ATM机低于30美分，而网络交易的成本不到1美分。

虽然以计算机为基础的“足不出户的银行”还不能替代ATM机让人去取现金或存现金，但它确实节省时间和成本。还有其他好处，包括便利、高利息或低费用。有些银行对网上银行服务收费，但大多数已经免费。然而网上银行并不是尽善尽美，它不能存取现金，会有支付损失，你也不知道钱何时到账。下面会提供更多信息帮助你决定是否使用网上银行。

4-3c EFT服务的监管

《1978年电子资金划拨法案》（Electronic Fund Transfer Act of 1978）界定了你作为电子资金转账系统使用者的权利和义务。根据此法案，对于有缺陷和有问题的商品，你不能止付，当然私人银行和州法律有更多宽松的条款。如果有错误，你必须在付款后60天内通知银行，银行在10天内进行调查并给出建议，而后银行再用45天或更长时间去核实错误并在问题解决后把有争议的资金退还给你。

如果你没有在60天内通知银行，根据联邦法律，银行没有义务进行调查并退还资金。对于EFTS卡被盗、丢失或非授权使用等情况，一定要尽快通知银行。在发现卡丢失的两个工作日内通知银行，你的损失被限定在50美元，在两个工作日后损失可能会达到500美元（小偷的提现不会高于500美元）。在你的定期账单被寄出60个工作日内还没有报告，你可能损失账户中的所有金额。在向银行报告错误或非授权使用时，最后使用电话并寄一封信，记得留份信的复印件。这些措施尽管能保护你，但最好的保护措施还是你账户的个人识别号。不要把个人识别号写到卡上，记得检查账单上可能的错误和非授权交易。

4-3d 其他银行服务

除了上面所述的服务，许多银行还提供其他类型的货币管理服务，如保管箱和信托服务。

- 保管箱。保管箱是在银行金库中租赁的抽屉，年租赁费大约30美元，根据大小租金会有不同。你在保管时会有一把钥匙，银行也有一把，只有同时使用保管箱的两把钥匙，箱子才能打开。这些措施可以免于箱子被盗，是保管首饰珠宝、合同、有价证券、证书和其他贵重物品的好方法。把这些贵重物品放在保管箱中可以减少家庭的保险费用。
- 信托服务。银行的信托部门提供投资和不动产规划服务。它们经营和管理在信托账户中或不动产上的投资。

4-4 持有支票账户

大学生活开始时，杰克·克雷默在一家汽车销售店打工，每周能挣几百美元。一些顾客会预付款项，一些人会购买后支付，一些人干脆忘记（或不想）付款。通过向其支票账户存入支票或现金，杰克不用做复杂的账就能追踪其收入。支票账户是最有用的现金管理工具之一，是持有现金和管理现金流的安全便捷的方式。你可以通过商业银行、储蓄和贷款联盟、储蓄银行、信用合作社开立普通或付息支票账户，甚至在有资产管理账户的券商处也可以开立。为方便起见，我们重点关注商业银行的支票账户，当然我们的讨论对于其他金融机构的账户同样适用。

4-4a 开立并使用支票账户

到哪里去开立支票账户的主要考虑因素是便利情况、服务和收费。很多人就是考虑方便因素才选择一家银行，包括所处位置、营业时间、营业窗口的数量、分支机构与ATM机的位置与数量。便捷性很明显是一个重要的考虑因素，许多人更喜欢选择家或工作单位附近的银行。但是除了便捷和安全，你还应该考虑银行提供的利率、账户的类型（包括融合信用卡、免费支票及减免费用等特征的特定账户）、收费的构成以及顾客服务的质量。

支票账户的收费

由于各种原因，银行的服务收费已经涨了很多，其中包括付息的支票账户。现在，只有极少数银行和其他存款机构能够免费并无限制签发支票。当你的余额低于要求的最低余额时，很多银行都会收取月费和每张支票的签发费。有些银行，不管你的账户余额是多少，都会收取支票签发费。

一些银行逐渐放弃最低余额的要求，一般的要求是，最低余额为500～1 000美元或者更多才能免收账户服务费。虽然有些银行按照每月的平均账户余额来确定是否收费，但大多数银行按照每日余额来确定。这意味着在一个月里如果仅有一天你的余额为1美元并低于最低余额，即使你的月平均余额是最低余额要求的三倍，你也要承担一笔很高的服务费。服务费有两种形式：（1）基准服务费，如每月7.5美元；（2）附加服务费，如每开一次支票收取25美分，用ATM机或者电话银行进行一次交易收取10美分。

除了支票账户的服务费，银行同时提高了大部分与账户相关的收费，提高了免费签发支票或其他服务免费的最低余额要求。退票的平均收费额在25～30美元之间，止付指令一般是20～35美元。一些银行向使用ATM机或电话银行进行超过一定金额的交易收费。大部分银行对使用非本系统银行ATM机交易收费。因此，聪明的客户在选择支票开户银行时将收费作为最主要的考虑因素一点也不奇怪。

个人账户还是联合账户？

两个人可以通过下面三种方式开立支票账户：

1. 每人开一个个人支票账户（另一人不能用其他人的账户开支票）。
2. 开立他们需要同时在支票上签名的联合账户。
3. 开立一个每个人都能开支票的联合账户（最常见的一种联合账户）。

联合账户相对于两个个人账户的优点是服务费用较低。除此之外，账户有生者对死者名下财产的享有权：对于一对夫妇来讲，其中一人去世了，在世的一个人在满足特定法律要求之后，可以提取账户里的款项。如果账户的主人被认为是一个普通的权利人而没有上述权利，生者仅可以得到他（她）自己份额内的款项。所以，当你开一个联合账户时，记得明确你享有的权利。

理财规划小贴士 **选择新银行**

如果你正在寻找一家新银行，可以考虑以下因素：

● 便捷的地理位置和网络服务。找一家具有较好的地理位置和网络服务的银行，因为提供网络服务的银行会提供一个更有竞争力的利率。

● 免费支票和免费转账。免费支票就是账户里不需要保留最低现金余额并且可以在一个月中随意开具支票。尽管这种情况不太多，但可以找一找。同时，要找一家可以免费转账的银行。

● 便捷的ATM机。使用另一家银行的ATM机的平均费用是3美元，虽然有些银行返还这些费用，但只有开户行才能免去这些费用及返还费用的要求。这个银行最好有ATM机在你家或单位附近。

● 透支及联邦存款保险公司承保。考虑到目前支票的平均花费是30美元，知道这是些什么收费很重要，要知道有哪些透支保护，同时要看一看你的存款是不是由联邦存款保险公司承保。

● 有竞争性的利息收入。要知道银行是否给你的账户支付利息，你可以用你的邮政编码在www.bankingmyway.com上搜索最具竞争力的利率。

资料来源：Adapted from Farnoosh Torabi, Back to Basics: Choosing a New Bank, http://www.mainstreet.com/article/moneyinvesting/savings/back-basics-choosing-new-bank, accessed March 2012; and How to Choose the Best Checking Account, http://www.mainstreet.com/article/money/investing/how-choose-best-checking-account, accessed March 2012.

一般支票账户的使用程序

当你找到合适的银行之后，开户就是一件很简单的事了。开户申请表需要一些个人基本信息，如姓名、出生日期、社会保障号、住址、电话号码和工作地点。你同时需要提供身份证明、签署签名卡并存入款项。在你收到个人支票之前银行会提供一些通用支票供你使用。

开立支票账户后，按以下程序操作：

- 用水笔填写支票。
- 包括收款人的姓名、日期和支票的数额——每个数字和单词都必须准确。
- 支票上的签名要与开户时给银行预留的签名卡保持一致。
- 注意支票上的用途项——通常在支票的左下方，这个信息对编制预算和纳税很有用。

确保记录所有的支票账户交易。所有交易，包括开支票、存款、借记卡消费付款、ATM 机交易、预授权的自动支付和收款，都要登记在**支票登记簿**（checkbook ledger）（在开户时与支票一起提供）中。这样，通过减去每张支票的金额、借记卡消费金额、ATM 机取款或其他支付，加上之前每次账户存款，来实时记录你的账户余额。良好的交易记录和准确的账户余额可以防止账户透支。

每次写一个记录条（这种记录条一般支票上都有，银行也会提供），列示存入的纸币、硬币或支票的金额。登记支票时要登记支票上打印的交易号，通常在支票右上方。同时要在你交存的支票上背书。为了避免已背书支票可能出现的损失，通常采用特定背书，比如“根据 XYZ 银行指令付款”，或者限制背书，如“仅限存款”。交存支票时，由于银行间清算的需要，实际可用资金可能会有一些延迟。为了避免账户透支，你必须知道银行的“持有”原则，支票在交存后 1～5 个工作日就能用了。

透支

当签发的支票金额大于目前的账户余额时，会出现**透支**（overdraft）。如果透支被证明是故意的，银行可以对开户人采取一些法律程序，其应对措施因开户人与银行的关系和透支的数额而不同。在大多数情况下，银行会在支票上附上“存款不足”等提示，并把支票退还给签发人。这就是通常所说的“空头支票”。接下来会通知开户人，开户人的银行会从开户人的账户里扣除差不多 20～25 美元的罚金。空头支票的提交人会被银行收取 15～20 美元的罚金，这就解释了为什么商人一般向空头支票的签发人收取 15～25 美元的费用，并在以后拒绝收取其签发的支票。

若你与开户银行关系很好或设立了**透支保护**（overdraft protection），银行就会支付透支账户签发的支票。在没有设立保护条款但是银行对支票进行付款的情况下，会给银行造成麻烦，银行会警告开户人并且收取一定的罚金。然而，支票没有空头，支票签发人的诚信不会受到影响。

有几种方法可以设立透支保护。很多银行会提供透支信用额，出现透支时，透支额自动转为贷款。然而在大多数情况下，贷款是一个特定的金额，比如 50 美元或者 100 美元，利息（或费用）是按贷款的数额而不是实际透支的数额来征收的。这是一种成本较高的保护方式，不能按时偿还借款时更是如此。

另一种补足透支额的方法是自动转账安排，当发生透支时，银行会自动将储蓄账户里的资金转入支票账户。在这种安排下，一些银行会同时收取年费和每次的转换费。当然，最好的透支保护方式是使用良好的现金管理技术并且经常计算支票账户余额。

止付

有些情况下，有必要对支票进行**止付**（stop payment）处理，即支票作为合同的一部分签发，而合同未履行，或者所需付款的商品或服务有缺陷（注意，有些州禁止对有缺陷的商品或服务止付）。为了止付支票，你必须通知开户银行并且填写一张表格，内容主要包括支票号码、日期、数额以及收款人名称。你可以通过网络或电话发送止付指令。一旦你设置了止付指令，银行就会拒付相关的支票，如果另一家银行正在进行支票清算程序，也会拒付。银行通常对每笔止付收取25～30美元。当然有一个例外，那就是如果你的支票或支票簿丢了或者被偷了，没必要止付，因为没有个人应付债务。在这种情况下，止付支票只会发生费用，它不会改变你的个人负债。

4-4b　银行每月账单

每个月，开户银行都会给开户人提供一张账单，账单会逐条记录支票账户的所有交易（签发支票、ATM机交易、借记卡消费、自动付款和收款），账单上同时包括银行收取的服务费和给付的利息（见图表4—5中杰里米·本特利2015年5月的银行账单）。一些银行会在账单中附上开户人曾取消的支票交易，而大银行在向无纸化过渡的过程中把这些项目都取消了。银行不会返还已撤销的支票，只有当客户要求时才提供复印件，并且要收费。许多银行现在允许客户在网上免费浏览已撤销的支票。浏览银行账单对于核实账单的准确性并调节银行账单和支票登记簿的差异是非常重要的。同时，银行账单也是我们记录税收的一个重要信息来源。

图表4—5　**对账单**

每个月，你都会收到开户行或存款金融机构的对账单，详细列示本月每一笔交易和最新账户余额。2015年5月，杰里米·本特利的对账单不仅提供了支票付款，还列示了所有的ATM机交易、ATM的消费交易（通过系统内银行在Lucky商店购物）及工资收入。

银行　＃240
邮箱：51b，××市，美国　90000-0000

杰里米·A·本特利
1765号，××街　N　电话：(800) 222-0000
××市，××州，12091　21　24小时/天，7天/周
为您提供服务

第1页/共1页　对账单期间：2015-4-30至2015-5-29

优先账户	摘要			
	上期余额	473.68	最低余额	21.78
0123-45678	存款	1 302.83＋		
	支取	1 689.02－		
	服务费	7.50－		
	直接存款折扣	1.00＋		
	最新余额	80.99		

支票付款	支票号	支付日期	金额	支票号	支付日期	金额
	203	5-01	10.00	213	5-08	40.00
	204	4-30	15.00	214	5-09	9.58
	205	5-10	635.00	215	5-20	66.18
	206	5-08	25.00	216	5-20	64.92
	207	5-07	19.00	217	5-21	25.03
	208	5-07	50.00	218	5-21	37.98
	209	5-08	15.00	219	5-22	35.00
	210	5-10	83.00	220	5-22	105.00
	211	5-10	10.00	222*	5-22	100.00
	212	5-08	70.00	223	5-21	40.00
				224	5-29	40.82
	优先账户费减 1.00 美元的折扣				4-30	6.50
ATM 交易	4-30，Lucky 商店 43 号单，系统内消费			#572921	5-01	50.00
	5-04，在 00165A 提现，#08108				5-06	20.00
	5-11，Lucky 商店 56 号单，系统内消费			#807409	5-13	12.51
	5-17，在 00240C 提现，#01015				5-17	20.00
	5-20，在 00167C 提现，#04792				5-20	20.00
	5-21，在 00240D 提现，#04386				5-21	40.00
	5-28，Lucky 商店 43 号单，系统内消费			#880318	5-29	30.00
存款					到账日期	金额
	AVS 汽车租赁公司，工资，G2，000000035382				5-03	618.69
	AVS 汽车租赁公司，工资，G2，000000035382				5-17	83.39
	AVS 汽车租赁公司，工资，G2，000000035382				5-17	600.75
所用 ATM 机位置	00165A：249 号，××路，××市，美国					
	00240C：490 号，××路，××市，美国					
	00167C：1145 号，××路，××市，美国					
	00240D：490 号，××路，××市，美国					

账户调节

客户应该在收到银行对账单之后尽快调节银行账户，通过**账户调节**（account reconciliation）程序或支票登记簿结算程序，可以发现支票记录、存款增减的错误，偶尔能发现银行处理存在的问题。账户调节也迫使我们核实账户余额进而避免透支情况的发生。在确定你和银行都没有出错的情况下，若支票登记簿余额和银行对账单出现差异，原因可能有四种：

1. 你已经签发支票，ATM 机取了款，借记了消费，或其他的自动授权支付已完成，但是你的开户银行还未收到相应的单据或未进行处理从而未付款；
2. 你已经存了款并增加了登记簿金额但是银行还未入账；
3. 银行已经从你账户中扣除了各项服务费，但是你未在自己的登记簿里扣减；
4. 存款利息已经到账（如果是 NOW 账户或 MMDA 账户），但是客户未增加自己的登记簿金额。

银行对账单的背面通常会提供调节表，并有详细的说明。作为示例，工作表 4—1 是杰里米完成的 2015 年 5 月的账户调节表。你可以用这张表编制普通支票账户或付息支票账户（如 NOW 账户或 MMDA 账户）的调节表。

工作表4—1　2015年5月的账户调节表

杰里米·本特利用下面这张表调节其2015年5月的支票账户。由于A行等于B行，他正确调节了银行对账单上80.99美元和他的支票登记簿上339.44美元的差异。每月收到银行对账单时应尽快编制调节表。

支票账户调节表

月份　5　年份　2015

开户人名称：　杰里米·本特利

账户类型：　普通支票账户

1．银行对账单余额　$80.99

加：未入账的支票付款和现金提款合计

支票号或日期	金额（美元）	支票号或日期	金额（美元）
221	81.55		
225	196.50		
Lucky商店5/28	25.00		
ATM机5/29	40.00		
		合计	343.05

2．从银行对账单余额中减去总的未入账的支票付款和现金提款　－　$343.05

加：未入账的支票和收款合计

日期	金额（美元）	日期	金额（美元）
2015－5－29	595.00		
		合计	595.00

3．银行对账单余额加上总的未入账的存款　+　$595.00

A　调整后银行余额（1－2+3）　$332.94

4．支票登记簿余额　$339.44

5．减去本期银行收费　（－7.50+1）　－　$6.50

6．加本期银行利息　+　0

B　新的支票登记簿余额（4－5+6）　$332.94

注：要使A行与B行相等。

4-4c 特殊支票类型

在有些情况下，商品或服务的提供商可能不接受个人支票，因为它们不能确定支票是否可以收到款。当大宗交易或购买者的开户银行与购买地不是同一地域时，这种情况会经常出现。这时会要求提供确保能支付的支票，包括银行本票、旅行支票、保付支票。

- 银行本票。任何人都可以从银行购买**银行本票**（cashier's check），这种支票的使用者通常没有支票账户。这种支票可以票据的面值加大约2美元的服务费购得，当然有时银行也开具不收取任何费用的本票。银行开具本票并付款，而不是由你来付款，因此这种支票有最好的保证。
- 旅行支票。一些大的金融机构，如花旗银行、美国运通、MasterCard、Visa、美国银行，会发行**旅行支票**（traveler's check），旅行支票可以从商业银行和大多数的金融机构购买。面额从20美元到100美元不等，购买金额可以是20～100美元的整数倍，在购物或消费时会收取1%或更多的费用，对于优质客户免费。正确背书并签名的旅行支票能够被美国大部分企业接受，并可以在全球大部分地方换成当地货币。旅行支票不怕丢失或被盗，为旅行提供了一种安全、便捷、流行的资金携带形式。
- 保付支票：**保付支票**（certified check）是一种由银行保证的个人支票，银行在票面签章，保证支票资金的可用性。签发后，银行会立即从你的账户里扣除支票的额度。如果你是银行客户，银行会收取很少的费用或免费。

4-5 制定储蓄计划

几乎94%的美国家庭有某种形式的储蓄，这说明现在大家都知道储蓄对未来的重要性。在近期经济复苏的过程中，美国个人的储蓄率提高到税后收入的6%，而2005年曾降至1%的低水平。储蓄是一种深思熟虑的行为，通过储蓄可以保持货币的价值、维持流动性、得到有竞争力的收益率。通过储蓄的定义可以看到，聪明的储蓄者也是聪明的投资者，他们认为储蓄不是那么简单——把零钱扔进储钱罐，他们意识到储蓄的重要性，并且认为要像管理证券一样对储蓄进行灵活的管理。毕竟，我们平常所认为的“储蓄”实际是一种投资，当然只是一种期限短、流动性高、风险低的投资。制定和保持持续的储蓄计划是个人理财规划的重要部分。当然，为了使储蓄价值最大化，你需要了解你的选择，并理解不同的储蓄产品是如何支付利息的。

4-5a 开始储蓄计划

好的理财计划意味着你要拿出一部分资产来满足流动性的要求并积累财富。尽管拿出多少作为流动储备金有不同观点，但是后危机时代的共识是大多数家庭应该持有至少6个月的税后收入。因此，如果每月的到手收入是3 000美元，你应该拿出大约18 000美元作为流动储备金。如果你的单位福利很好，工资具有持续性，在你长期请病假时还发工资，或者有一个比较高的信贷额度，那么储备金低一点也可以。

一个专门定制的储蓄计划应当朝着积累资金的方向发展。储蓄在你的预算里应该是一个优先项目，并不是收入超过消费就存一笔。一些人的做法是直接从工资中扣一笔钱进行储蓄。这样的直接存款方式不仅节省精力，也能使资金更快地赚取利息。或者你可以定期把钱转入其他金融机构，如商业银行、储蓄和贷款联盟、信用合作社乃至共同基金。但成功的关键是养成规律。

你可以实际操作一下，每个月在力所能及的范围内拿出一些钱，即使只有 50 或 100 美元（请记住在每月存 100 美元、利率 4%的情况下，20 年后的金额会超过 36 500 美元）。

你也需要决定哪种储蓄产品最适合你。很多存款人倾向于把他们的应急资金存到有联邦保险的金融机构。尽管这些账户安全、便捷、流动性高，但它们通常支付较低的利率。其他需要考虑的重要因素有个人的风险偏好、资金闲置时间的长短、当前和预期的利率水平。

假定从现在起一年内，你计划从储蓄中拿出 5 000 美元作为购买一辆新车的首付，你预期未来一年内利率会下降，在这种情况下，你可以通过购买一年期的定期存单来锁定现在的高利率。在另一种情况下，你不确定到底什么时候使用资金或者认为利率会上升，你可以选择一个货币市场存款账户或者是货币市场共同基金账户，因为它们的利率会随着市场状况而变化，同时你可以随时使用资金且不需要支付罚款。

很多理财专家建议在投资组合中至少有 10%～15%投资于储蓄型产品，同时还要保有前面提到的 6 个月的流动储备金。这样，如果某人有 50 000 美元的投资，应该最少有 5 000～12 500 美元投资于短期产品，如货币市场存款账户、货币市场共同基金账户或者定期存单。有些情况下，投资于短期工具的金额可以高出建议的最低数量，接近投资组合的 50%甚至更多，这通常取决于未来利率的变动。如果现在利率较高而你预计未来会下降，为了锁定高利率你可以选择长期投资工具；如果现在利率较低而你预计它会上升，你应该选择投资短期工具以便未来利率上升时再投资。

4-5b　赚取利息

赚取的利息是将钱存入储蓄账户或投资于短期工具所获得的回报，要知道利息是如何获得的。遗憾的是，即使较简单的储蓄，也不是以相同方式生成利息的。

复利的效果

利息的取得方式有两种。第一种是一些短期投资工具被折价出售，也就是证券以低于其到期偿还价值的价格售出，购买价格与偿还价值的差异是投资过程中获得的利息。如美国国库券就是一种折价证券。另一种短期投资取得利息的方式是直接支付，将利息支付到普通存款账户之中。也就是说，获得的利息将直接加到投资本金之中，到期时，可以取出所有的本金以及所有的利息。虽然过程简单，但实际利息的计算却相对复杂。

一个比较复杂的内容是计算年度**复利**（compound interest），你可能见过银行或者其他储蓄机构所做的广告，在广告中，它们声称每天支付一次利息，而不是每年支付一次。让我们通过一个案例来了解其含义。假设你的储蓄投资是 1 000 美元，被告之每年支付一次**单利**（simple interest），利率5%，这样，如果你存1 000美元，在一年内将获得50美元利息，一年后，你的账户余额是1 050美元。在这种情况下，**名义利率**（nominal（stated）rate of interest）为5%。相比之下，**实际利率**（effective rate of interest）才是投资在一年中取得回报的利率，可以用下面的公式来计算：

$$实际利率=\frac{一年中取得的利息金额}{投资或存入的金额}$$

在上面的例子中，由于50美元的利息是投资1 000美元，经过一年之后获得的，实际利率是50/1 000，即5%，与名义利率是一样的。（注意在上面的式子中，利息是一年之中获得的，这点非常重要；如果想计算持有6个月储蓄的实际利率，利息就要加倍。）

假定将你的资金用于其他利率为5%、每半年复利一次的投资。因为利息半年支付一次，在剩下的后6个月里会产生"利滚利"。实际取得的金额计算如下：

前六个月的利息＝1 000×0.05×6/12＝25.00（美元）
后六个月的利息＝1 025×0.05×6/12＝25.63（美元）
年度总利息　50.63（美元）

在第二个半年产生的利息是在一个较大的投资额基础上计算的，包含了第一个半年所产生的利息（25美元）。此存款的名义利率虽然是5%，实际利率却是5.06%（50.63/1 000）。你可能会想到，在综合的名义利率下，更频繁的利息次数会产生较大的实际利率。图表4—6展示了利率和复利计算周期的关系。需要注意的是，以7%的名义利率每日复利一次会增加0.25个百分点的总回报，这不是单利的结果。

图表4—6　复利的魔力

如下所示，利息以高于一年一次的频率进行复合计算时，实际利率会超出名义利率。

名义利率（%）	实际利率（%）				
	年度	半年	季度	月度	每日
3	3.00	3.02	3.03	3.04	3.05
4	4.00	4.04	4.06	4.07	4.08
5	5.00	5.06	5.09	5.12	5.13
6	6.00	6.09	6.14	6.17	6.18
7	7.00	7.12	7.19	7.23	7.25
8	8.00	8.16	8.24	8.30	8.33
9	9.00	9.20	9.31	9.38	9.42
10	10.00	10.25	10.38	10.47	10.52
11	11.00	11.30	11.46	11.57	11.62
12	12.00	12.36	12.55	12.68	12.74

用复利计算终值

复利与第2章所介绍的终值的概念一致。你可以用第2章介绍的过程计算一笔存款在一段时间内按复利增长的情况。例如，使用终值公式和附录A的终值系数，你可以计算把1 000美元存入储蓄账户，按5%的复利计算，四年后的金额是多少。

终值=存款金额×复利终值系数=1 000×1.216=1 216(美元)

你可以使用与此相同的方法来计算年金的终值，当然需要使用年金终值系数表。例如，如果每年存1 000美元，利率5%，四年后你会有：

终值=每年存款金额×年金终值系数=1 000×4.310=4 310(美元)

4-5c 储蓄的各种途径

在过去的十年里，储蓄工具和短期投资工具大幅增长，特别是对中等收入群体而言。现在，投资者可以在储蓄账户、货币市场存款账户、货币市场共同基金、NOW账户、定期存单、美国国库券、EE系列债券、I储蓄债券和资产管理账户之中进行选择。在本章前面的部分我们已经了解了一些，下面我们介绍四种储蓄和证券类型。

定期存单

定期存单（certificate of deposit，CD）不同于之前讨论的储蓄工具，区别是定期存单必须存入特定时间（通过券商购入的除外），时间从7天到几年。虽然存款到期前可以提取现金，但是要支付一定的罚款，这增加了提前支取的成本。银行或一些存款金融机构虽然不收费，但是会扣除一些利息。银行、储蓄和贷款联盟及券商等金融机构可以为客户提供他们想要的多种利率和到期日的定期存单。对于大额和长期存款，大部分机构会提供较高的利率。对于购买者来说，定期存单的购买和持有非常方便，它会提供有吸引力和竞争力的收益率，同时提供联邦存款保险的保护。

理财指示牌　计算一下你会得到多少利息

在开户前，考虑以下因素，计算储蓄或付息支票账户能得到多少利息。

- 确定复利周期。计息期越短（复利次数越多），回报越高。
- 利息以余额计算。确定余额计息的依据。许多银行现在采用实际余额法或存款与取款的差额法计息。实际余额法比较公允，因为其对存款人实际的存款资金支付利息。
- 支付的利息率。《1993年诚信储蓄法案》要求将银行对存款账户的利率计算方法标准化，这使我们容易比较各银行的年化收益率（APY），并选择支付较高年化收益率的银行。

美国国库券

美国国库券（U.S. Treasury bill，T-bill）被认为是储蓄或投资中最保险的一种形式。国库券由美国财政部发行，是融资的一种手段。国库券折价出售，最小面值为100美元，期限有1个月（4周）、3个月（13周）、6个月（26周）或者1年（52周）。在每周的星期一开始出售，由美国政府进行信誉担保，国库券能得到可观而安全的回报，并且不用缴纳联邦和州所得税。

国库券几乎具有与现金同等的流动性，它可以随时出售（在非常活跃的二级市场上）且不用承担罚息。然而，到期之前将它售出，如果当时利率上升的话，将会产生一些损失，并要向经纪人支付手续费。国库券和其他的储蓄工具或短期投资工具不同，它以折价为基础支付利息，也就是说，利息等于到期面值与购买价之间的差额。比如，花980美元购买了到期面值为1 000美元的国库券，利息是20美元（1 000－980）。

个人购买者可以通过参加每周一次的拍卖会买入国库券，也可以间接地通过商业银行或券商购买，但需要支付佣金。现在，可以在网上（www. treasurydirec. gov）购买或通过电话（拨打800-722-2678，然后根据提示完成交易）购买。

EE系列债券

尽管**EE系列债券**（Series EE bonds）也由美国财政部发行，也免征州和地方所得税，但它与国库券有很大的不同。它是储蓄债券，也是应计制证券，也就是说，利息在购进或尚未到期时就支付，而不是在存续期间定期支付，"爱国证券"（为了纪念"9・11"而发行）即是这种债券。EE系列债券由美国政府提供信誉担保，在丢失或损坏的情况下可以免费补办。投资者可以通过银行、其他存款机构或者通过薪金扣除计划来购买。面值从25美元到10 000美元不等，购买价都是面值的50%（这样100美元的证券以50美元出售，到期时价值是100美元）。

EE系列债券在30年中获得固定的收益率。由于债券存续时间较长，投资者把这种债券用于教育或者退休安排这样的长期目标。支付的利率越高，购买价增长到面值所用的时间越短。债券在购买一年后可以随时赎回，赎回5年以内的债券会扣除最后3个月的利息作为罚息。其利率根据当前国债市场利率每6个月设定一次，分别是5月和11月。债券价值每月增加一次并按约定的利率每半年复利一次。

除了免收州和地方所得税，EE系列债券还有一个好处：投资者在赎回债券之前不需要在联邦纳税申报表上报告其利息收入。另一个有吸引力的地方是，当购买债券是为了给自己、配偶或其他美国国税局规定的被抚养人支付教育费用，如大学学费，可以全部或部分避税。

I储蓄债券

I储蓄债券（I savings bonds）与EE系列债券有很多相似之处。首先，两者都由美国财政部发行，都是应计制债券，在30年中都是每半年复利一次。同EE系列债券一样，I储蓄债券也免州与地方所得税，但是，要承担州和地方的财产税、遗产税和其他一些税种。除了有限制地用于教育费用，利息要缴纳联邦所得税。

这两种储蓄工具也有一些不同点。首先，I储蓄债券有较小的面值（25～10 000美元）。其次，EE系列债券以折价方式出售，而I储蓄债券按面额出售。第三，I储蓄债券的年利率取决于其存续期内的固定利率和随着城市居民消费者物价指数（CPI-U）变动的半年通胀率，EE系列债券的利率以5年期国债6个月平均市场利率为基础。它们之间最主要的不同点就是I储蓄债券的利率是根据通货膨胀调整的。需要注意的是，I储蓄债券的利率不能低于零，债券的价值不能低于其面值。

一生中的规划：现金与储蓄管理

以下是人生的每个阶段现金与储蓄管理的主要考虑事项。

独立生活阶段 20 多岁	家庭与职业发展阶段 30～45 岁	成熟阶段 45～65 岁	退休 65 岁以上
√建立一般性储蓄及应急资金	√增加储蓄从而为未来理财目标提供资金	√保持应急资金	√持有配偶和家庭方便操作的银行账户
√把欠的大学贷款还完	√扩展现金管理工具的种类，请理财规划师制定一些发展战略	√使储蓄策略与退休计划更直接地联系起来	√享受银行对老年人的费率优惠
√根据收费、回报和便利性寻找最佳金融机构开户	√精心设立储蓄项目以满足孩子未来的教育需求	√对为老年人提供的折扣保持敏感	√把现金管理与储蓄、退休支出、遗产计划结合起来
		√估计退休时你的社会保险福利	

练习题

1. 你父母退休了，经常担心他们存款的利率太低。他们咨询了顾问，顾问说他有一种方法可以使你父母得到高利率。你应该怎么告诉你父母当前的低利率环境，对于顾问提出的新的投资观点你该如何向你父母建议？

2. 有人偷了你的银行卡并从你的支票账户提走了 950 美元，根据联邦法律的规定，在以下时间内向银行报告，你会损失多少钱？(1) 被偷当天；(2) 被偷后 6 天；(3) 在收到对账单后 65 天。

3. 你已结婚，对目前的银行不太满意。讨论你应当如何选择一家新银行并开户，考虑一些对你比较重要的因素，如新账户的类型和所有权、银行收费等。

4. 计算下面支票账户的年净成本：

(1) 月固定费用 4 美元，每张支票服务费 20 美分，平均每月签发 23 张支票。

(2) 账户余额超过 750 美元时年利率为 2.5%，如果账户余额低于最低余额，每月收费 8 美元，平均账户余额 815 美元，账户有 4 个月的余额低于 750 美元。

5. 如果你在储蓄账户中存入 6 000 美元，以年度 4%的复利计息，5 年后可以积累到多少钱？（提示：使用终值公式）5 年中你能得到多少利息？如果每年在储蓄账户中存入 6 000 美元，以年度 4%的复利计息，5 年后可以积累到多少钱？

6. 请阐释用于现金管理的短期投资工具。如果由于近期金融危机而产生的政府赤字会在未来导致通货膨胀水平大幅上升，你会重点关注投资工具的哪些因素？

名　词

现金管理（cash management）　对现金和类现金资产进行常规的、日常性管理，这种资产也称为流动资产，由个人或家庭持有。

网络银行（internet bank）　在线商业银行。

股金提款账户（share draft account）　由信用合作社提供，类似于其他金融机构的提供利息支付的支票账户。

存款保险（deposit insurance） 在机构破产时保护存款资金的一种保险类别，由联邦存款保险公司和国家信用社管理局承保。

活期存款（demand deposit） 在金融机构开立的当存款持有人有需求就可以提取存款的账户，与支票存款账户同义。

长时存款（time deposits） 在金融机构的一种储蓄存款，资金在账户中停留的时间比活期存款要长。

协商提款账户（negotiable order of withdrawal（NOW）account） 一种金融机构支付利息的支票账户，没有法律规定的最低余额。

货币市场存款账户（money market deposit account，MMDA） 由联邦担保的储蓄账户，由银行及其他金融机构提供，和基于存款目的的货币市场共同基金存在竞争。

货币市场共同基金（money market mutual fund，MMMF） 把小投资者的存款汇集到一起，购买高回报、期限短、可交易的证券的共同基金。

资产管理账户（asset management account，AMA） 一个综合的存款账户，主要由券商和共同基金公司提供。

电子资金转账系统（electronic funds transfer system，EFTS） 通过最新的通信或计算机技术，以电子方式让客户从账户中转入或转出资金。

借记卡（debit card） 有特定号码的塑料卡片，在购物或消费过程中可以把资金由顾客账户转入收款人账户。

自动取款机（automated teller machine，ATM） 远程计算机终端，其他存款金融机构的客户可以7天24小时用它来办理基本业务。

支票登记簿（checkbook ledger） 在开户时与支票一同提供，对所有的支票账户交易进行记录。

透支（overdraft） 签发的支票金额大于目前账户余额的状态。

透支保护（overdraft protection） 开户人与存款金融机构的一种安排，即出现透支时由银行自动支付透支款。

止付（stop payment） 由开户人发出的指示，存款金融机构拒付已经签发的支票。

账户调节（account reconciliation） 确定银行对账单记录与支票簿余额的准确性，在支票账户上逐项列示交易。

银行本票（cashier's check） 由银行开具并向第三方付款的票据，购买时要缴纳一定的服务费（大约5美元）。

旅行支票（traveler's check） 由大的金融机构出售的支票，面额从20美元到100美元不等，可以购买并在全球大部分地方换成当地货币。

保付支票（certified check） 一种由银行保证的个人支票，并由银行付款。

复利（compound interest） 用上一个计息周期中按名义利率计算的利息加入本金而计算的利息。

单利（simple interest） 利息仅以存款的初始金额计算。

名义利率（nominal（stated）rate of interest） 存款或贷款的承诺利率。

实际利率（effective rate of interest） 投资（或借款）在一段时间内取得（支付）回报的实际利率。

定期存单（certificate of deposit，CD） 金融机构发行的一种储蓄工具，必须存入特定时间，从7天到几年不等。

美国国库券（U.S. Treasury bill，T-bill） 由美国财政部以折价发行的短期（3，6，12个月）债务工具，是融资的一种手段。

EE系列债券（Series EE bonds） 由美国财政部发行的有不同面值的储蓄债券。

I储蓄债券（I savings bonds） 由美国财政部按面值发行的储蓄债券，其利率根据通货膨胀进行了调整。

第 5 章

购车与购房决策

- 5-1　购车
- 5-2　租赁汽车
- 5-3　应对住房需求：买还是租?
- 5-4　你能负担多少房款?
- 5-5　买房过程
- 5-6　为交易融资

学习目标

1. 设计并研究购买新车或二手车的方案。
2. 做出买车还是租车的决策。
3. 确定住房的选择，评价租赁选择并进行租赁或购买决策分析。
4. 评估个人购房的收益与成本，估计你能为购房付多少钱。
5. 阐述买房过程。
6. 选择按揭贷款来满足你的资金需求。

购车与购房决策将如何影响我？

住房是通常情况下你做的最大单项投资，而汽车仅次于住房。相应地，住房与汽车的购买与融资决策是一个重要、个性化且复杂的过程。

这一章主要讲述何时购买第一套住房、如何为住房融资、在什么情况下租房比买房更合适等问题，同时，本章还将讨论如何做出是买新车还是二手车以及是买车还是租车的决策。由于这两项资产需要很大的支出，本章提供的框架将会对你的短期和长期财务状况产生很大的影响。

5-1 购车

购车可能是很多人的第一项大额支出，其花费通常仅次于购买住房。由于你一生中要多次买车，大多数人每2～5年买一辆，好的选车和融资方案意味着大额节约。在购买之前——无论是汽车、住房还是其他大型家具——考虑以下基本原则以使你的购买决策更加理智：

- 仔细研究此购买行为，不仅考虑市场情况，还要考虑你的个人需求。
- 选择最符合你需要的对象。
- 经过砍价和协商得到最优惠条件后再购买，在了解所有条款之后再签订合同。
- 定期保养，在必要时及时维修。

图表5—1总结了新车购买的步骤。

图表5—1　　购买新车的关键步骤

以下几步总结了本章所讨论的买车过程：

- 分析哪种车更符合你的需求，你可以承受什么价位。为你的车选择最好的支付方式——现金、贷款或租赁。向你的保险代理人了解不同车型的保费，保险是买车后的一项重大支出。
- 通过上网（比如Edmunds.com）、看电视或者在报纸上找你所要购买的车的赠品、返款，有的车有现金返款或者低利率贷款。
- 算一算车价，可以通过卖家或类似商家的汽车成本加经销商的利润算出，同时要记着减去返款和赠品。
- 从大小、性能、安全、风格等几方面选出你最中意的车，找到至少三款目标汽车，可以通过网络从经销商那里获得车的报价。

● 试驾汽车并观察汽车销售员。至少在市内街道和高速路上各试驾一次，考察汽车销售员是不是一个你愿意与之打交道的人，主要看他是否能轻松、坦率且愿意回答你的问题。

● 如果你想以旧换新，旧车的折价一定比你自己卖这辆车更便宜。可以在网上（如 Edmunds. com 和 kbb. com）搜索你的旧车的交易价格，并从不同经销商那里获得报价。

● 与至少三个经销商谈判并获得最低价，在成交前不要透露你的心理价位。

● 交易时不仅要想着车的成本，还要看看相关费用，比如销售税和各种费用。在去经销商那里之前，先让他把交易清单和发票传真给你。

● 检查并签订纸质合同，如果经销商给了你交易清单，合同一定要与之相符，确保所有的数都能对上并且没有新增费用。

● 检查车有没有划痕和凹痕，如果有东西丢失——如脚垫——向销售员要一个欠条。

资料来源：Adapted from Philip Read, "10 Steps to Buying a New Car," http://www. edmunds. com/car-buying/10-steps-to-buying-a-new-car. html, accessed March 2011.

5-1a　选择汽车

混合动力车、柴油车还是汽油车？SUV 还是皮卡？轿车、敞篷车还是跑车？现在，人们比以前有更多的车型可供选择，因此做一个消息灵通的买家尤为重要。有不少消息来源可以搜寻汽车的相关信息，包括价格、特点以及可靠性。生产商消息来源包括厂家的宣传册和经销商个人。汽车杂志也是一个途径，如《名车志》（*Car and Driver*）、《汽车族》（*Motor Trend*）、《公路》（*Road and Track*），以及消费者杂志，比如《消费者报告》（*Customer Reports*）和《消费指南》（*Customer Guide*），这些杂志有不同型号的汽车比较和汽车评级。另外，《消费者报告》和《吉普林个人理财》（*Kiplinger's Personal Finance*）杂志会出版年度消费指南，其中包括大多数美国及其他国家车辆的统计数据和评级信息。

网络使得踏入卖家店面前的准备工作变得很简单。现在，人们可以很方便地登录购买汽车的综合性网站，搜寻车价与车型信息，以及其他有用网站的链接。别忘了汽车公司都有自己的网站，比如，福特汽车公司的网址是 http://www. ford. com，丰田汽车公司的网址是 http://www. toyota. com。

5-1b　负担能力

在买车之前，要估计你能负担多少。如果不想全部借款买车，你就需要计算两个数：

● 首付款。这笔钱最好用存款支付，不要动用应急资金。

● 你可以负担的月还款额。结合基本的交通需要，仔细考虑你手头可以用的钱和你付得起的钱，当然不要忘记保险。请记住，你每月的还款额不能超过月净收入的 20%。

使用成本

使用一辆车不仅需要支付购车款，还有保险费、牌照费、汽油费、机油费、轮胎费和其他一些运行和保养的支出。这些支出中一部分是固定的，即与你开了多少无关；一部分是变动的，取决于你开车的里程。最大的固定支出一般是汽车贷款的分期还款，最大的变动支出基本上是汽油费。

另一项大的支出是**折旧**（depreciation），即在车辆拥有期间折损的价值。实际上，折旧是以前买车的价格与现在卖出的价格的差。如果你花 20 000 美元买一辆车，三年后，这辆车只能卖 14 000 美元，这意味着这辆车的折旧是 6 000 美元。虽然折旧费不用从口袋中掏钱，但作为一项使用成本，不应忽视。

汽油车、柴油车还是混合动力车？

有一个因素在买车时越来越重要，那就是车的燃料种类。如果你是个环保主义者，担心使用汽油或柴油对环境带来影响，你可能只对混合动力车感兴趣，在这种情况下，不同种类车的价格差异就不那么重要了。购车时你可能考虑燃油经济性，汽油车、柴油车的燃油经济性都差不多。一般来看，柴油车噪音会大些，加速能力较差但动力较大，其发动机寿命一般比汽油车要长。

近几年，由于高企的汽油价格、科技进步和人们环保意识的增强，混合动力车（使用汽油和电池的汽车）销量大幅增加。虽然混合动力车更经济，不像汽油车、柴油车有污染，但它也存在很多缺点：更换电池的成本很高、加速较慢、维修花费较大以及售价昂贵。考虑不同燃料种类车的成本和表现是购车前非常重要的事情，在买一辆新车或二手车之前，一定要把这点想清楚。

新车、二手车还是九成新车？

买车时，你需要在新车、二手车和九成新车中做选择。如果新车太贵，你无力支付，那么就需要进行选择。一些人买得起新车，但为了买到更好的车型，如宝马、雷克萨斯或者奔驰这样一些豪车，他们会选择二手车，而不是买便宜一点的车，如福特。由于二手车的需求量急剧增加，汽车销售商都在尽力消除买二手车的负面印象。

知道自己的需求后，可以在下面这些地方购买：

- 特许经销商：它们提供最新车型及二手车，提供融资，还可以议价。
- 汽车超市：AutoNation、CarMax 和其他类似的商家可以提供多种车型，但不能议价。此外，它们为出售的车给予质量保证并且提供短期、有条件的保修。
- 独立二手车销售点：常提供旧车（4～6 年），价格比特许经销商低。由于二手车销售点没有行业标准，在这里买车前一定要在美国商业改进局核查。
- 个人卖车：由于没有经销商提成，成本一般较低，可能会有保养记录，一定要确保车在售车人名下。

大小、车型和特点

买车时首先要考虑车的大小。可能有好多种车适合你。例如，一个五口之家可以买中型或者大型轿车、旅行车、迷你卡车、紧凑型或者大型 SUV。在选择车的大小、车型和特点时，要考虑到你的个人需求、偏好以及车的成本。一般来说，车的大小与成本直接相关，车型越大，车的价格和运行成本越高。当然，也要考虑车的性能、可操纵性、外观、燃油经济性、可靠性、维修问题和二手车价格。不要因为自己特别想买某一款车而改变你的需求，如果你有商务需求或有几个孩子，那么双人运动款汽车就不适合你。

买车前，把你想要的配置列一个清单，这样就可以避免买到其实你并不喜欢的类型。理论上来说，有好几百种配置可供选择，小到几美元大到 2 000 美元或更多，包括自动、大马力、空调、高性能刹车、iPod 或 MP3、时钟、电动车窗、电动座椅、电子门锁、真皮座椅、导航系统、后车窗雨刷器、特殊的悬挂系统。还有一些外观的选择，双色漆或金属漆、电动天窗、特殊轮胎、运动车轮，以及一些内部装饰。买新车时，每种车窗贴膜都会对应不同的价格，而买旧车时，就由自己来挑选。

其他要点

还有其他一些因素会影响你的购车成本。

- 以旧换新，还是卖掉旧车：虽然以旧换新很方便，但是一般来说，卖掉旧车往往能给你带来更多的经济利益。如果你有时间，可以把车卖掉，卖出的价格比在车行以旧换新的价格要高。
- 燃油经济性：环境保护部（Environmental Protection Agency，EPA）所提供的新车行驶里程评级非常有用，一般在车窗上会贴出该车在城市和高速路驾驶情况下每加仑汽油所能行驶的里程数。
- 安全配置：政府法规保证新车具有几乎相同的安全配置，但是老车的安全配置可能不同，如有些没有侧面安全气囊。另外，不要忘了考虑汽车的保险成本。

5-1c 购买交易

一旦确定了你的支付能力和想要的车型，你就可以开始买车了。如果你想买一辆新车，去所有符合你要求的经销商那里看看。看一看车，问些问题，在你找到两三辆符合你要求和预算的车型前，不要向经销商作出任何承诺。如果你想要的车型和配置比较灵活，那比起只看中特定某一车型更容易砍价。一定要货比三家，因为销售同一款车的其他经销商可能给的价格更低。还要注意经销商虚报低价的行为，在这种情况下，销售人员以低价引诱你产生购买意向，但在签正式合同之前找理由抬高价钱。图表 5—2 列出了其他一些买车时的考虑因素。

图表 5—2　　找到最适合你的车

从检查汽车的关键方面着手，不要忽视以下几点：

- 人和物品进出车辆容易吗？
  车门容易打开吗？
  行李箱够大吗？
  有没有直通式或可折叠座椅来放置大件行李？
- 舒适度及可视性：
  座椅舒服吗？
  能调整驾驶座椅和方向盘吗？
  对于你的身高来说，这辆车的盲点在哪里？
  你能清晰地看到所有仪表吗？
  驾驶时，你能轻易操控收音机、iPod/MP3、加热器、空调和其他设备吗？
  这辆车有你想要的配置吗？

然后进行试驾。

- 至少开 20 分钟，在高速路和城里的道路上试试。
- 为了测试加速性能，尝试开进快车道并超车。
- 如果可能的话，把车开回家试试能不能停到车库里去，当你想买中型 SUV 和卡车时这一点更为重要。

- 对于二手车，要测试加热器和空调，再把风扇关上听听发动机有没有噪声。
- 测试一下其他功能，如平行停车、U形转弯、急刹车等。感觉一下换挡是否流畅，如果测试的是手动挡汽车，还要看看离合器分离点是否太高或太低，这可能意味着磨损严重或有其他问题。
- 回到汽车销售点后，马上做个笔记，记下该车的操作性和舒适性。如果你试驾几辆车，这一点就更重要了。

行为金融问题　小心"锚定心理"：旧车卖家利用的策略

虽然我们在买东西时想尽力做到理智与客观，但心理学家发现，人们估计一件物品的合理价格时常常以最原始的估价为基础。由于经常被初始价值所"锚定"，我们倾向于做出有偏的判断，并且在议价时很难从**"锚"**（anchor）中脱身。

可以看一看旧车卖家常用的策略。为什么你会发现旧车卖家先报一个高价，然后再降价？卖家在试图把你"锚定"在高价的印象上，当价格下降时，顾客就会认为那个较低的价格很值当，然而事实并非如此。再加上我们对自己的砍价过度自信的倾向和心理偏差，都会带来潜在问题。

那么，怎么才能在"锚定"行为偏差中做得更好呢？意识到这个倾向，在买车或其他东西之前应多做做功课，查一查合理价格，看穿卖家的这个策略。

议价

在不同的制造商、车型和配置中选择会很困难。不管是二手车还是新车，不同车的价格变化幅度可能很大。若你的选择范围缩小，从经销商那里获得报价就越容易，也更容易一个个地单独进行比较。

新车的标价是生产厂家对特定车型特定配置车辆的建议售价。这个价格的意义不大。获得理想价格的关键是了解经销商的成本，最简单快速的方法是登录 Edmunds（http://www.edmunds.com）或者 Kelly Blue Book（http://www.kbb.com）查询经销商的购车价格。你给的报价可以是经销商购车价格加最小可接受加成（车价低于20 000美元时，加成为3%～4%；高于20 000美元时，多为6%～7%），然后压低经销商的报价，明确表示你已经做过比较。

如果你想完全避免议价，你可以选择代购服务，通过电话或者网络你可以联系到一些独立的公司，比如 AutoVantage（http://www.autovantage.com）、Autobytel（http://www.autobytel.com）和 AutoWeb（http://www.autoweb.com），或者通过信用合作社、汽车俱乐部和打折零售商（比如 Costco）来买车。代购可以多种方式提供服务，他们可以提供一个网上销售商及其报价的集合，为你找到你想要的车型并与当地经销商洽谈，提供当地经销商有竞争力的报价，替你向厂家订购定制化汽车。这些服务的价格从55美元（Costco会员）到600美元不等，并且服务内容有很大差异。通过代购服务，你能得到一个很好的价格，但不要期望这一定是最低价格。

在谈定价格之前，最好不要提你的融资计划，或以旧换新时旧车的折价，这些问题应该单独讨论。经销商都想知道你每个月能支付多少钱，然后提供与这个还款接近的贷款计划。以旧换新时，经销商可能会先给你的旧车估个高价，但它也会提高新车的价格来弥补这部分损失。经销商提供的贷款条款或许很有吸引力，但要和银行提供的贷款成本对比一下。有时，经销商会抬高汽车价格以弥补利率损失，或者优惠的贷款条件仅适用于特定车型。如果你想在汽车经销商那里融资，一定要确保经销商的融资经理提供的月供仅是汽车的贷款，不包含其他内容，有时，融资费用会包含一些没用的东西，比如人寿保险、意外险、延长质量保证或一个服务包。

生产厂商和经销商经常给顾客一些特殊的回馈，比如返款或低利率融资，尤其在汽车销售不佳时，有时会让你从返款和低成本融资二者中选一个。为做出最佳选择，你需要计算市场利率下的月供和低利率月供之差，用贷款的还款期与这个差额相乘，得到的值与经销商的返款比较一下，再做决策。举例来说，假设经销商提供 1 000 美元的返款，或利率为 4%、4 年期、本金为 10 000 美元的贷款。在经销商提供低利率贷款下，你的月供是 226 美元，以当前银行贷款利率 6%计算，每月还款 234 美元，贷款期内可以节省 384 美元（8 美元每月×48 个月），明显低于 1 000 美元的返款。在这种情况下，你应该选择返款。

完成交易

无论是买新车还是买旧车，为了形成有法律约束力的意向，你需要签一个有明确购车价格和所有其他条款的**销售合同**（sales contract）。这份销售合同还应该注明是否包括以旧换新。如果包括，那么购买价格应该由实际支付的款项和以旧换新的折价组成。由于这份合同赋予你以约定价格购车的义务，在你签署合同之前一定要确保自己愿意并且能够支付车款。你还可能被要求缴纳 200 美元或更多的定金来显示你购买的诚意。

一旦汽车经销商接受了你的交易条件，就可以完成交易并把车开走了。如果你不想全款买车，你可以通过汽车经销商、银行、信用合作社或消费金融公司来融资。如果你的信用良好，分期付款交易就会很容易，这些内容将在第 7 章讨论。

5-2　租赁汽车

不用再为发动机和变速箱的性能不稳定而发愁，你只要签订租赁协议就可以隔几年开一辆新车，只需支付少量首付就可以轻松还款。租赁很普遍，全部新车的 15%～20%是通过租赁交付的。当你**租赁**（lease）时，你（承租人）会得到汽车的使用权，作为代价你需要在一定期限内每月支付一定租金，期限通常在 2～4 年之间。汽车租赁吸引了相当广泛的购车群体，虽然大多数情况下租赁的总支出要大于贷款买车的总支出，并且租赁期结束后，汽车和你租车的钱什么也不会剩下。为什么还有那么多车主选择租车呢？原因包括以下因素：不断走高的新车价格、无法减少的消费贷款利息、低廉的月租金、每月花同样的钱却能开更好的车、最小化首付以储存现金。

由于所有的租车广告都集中于推荐其低廉的月租金，消费者很容易仅仅关注每月还款额。与贷款买车不同，租车时，你付出的款项并不能买到整辆车，只能换到一段时间内的汽车使用权。租赁汽车比贷款买车更复杂。你需要了解租赁运行过程并将租赁条款与银行贷款条款进行比较，之后才能确定哪种方式对你来说最合适。

5-2a 租赁过程

租车的第一步与买车是相同的：调查车的类型和品牌、比较不同经销商以及找到最适合你的车的价格。在与经销商商定最终价格之前，不要询问任何关于租赁或融资优惠的情况。然后，把经销商提供的租赁条款与至少一家独立汽车租赁公司的条款进行比较。就像买车一样，尽量获得更低的付款，每月少付20美元，4年租期就能节省1 000美元。不要透露你每月能够支付的限额，这个举动会把你引向不利的租赁条款。

大多数租车人都选择**封闭式租赁**（closed-end lease），又称为“放下就走”租赁，因为承租期满后，你只要归还汽车就可以直接离开，当然前提是你没有超过预定行驶里程，也没有滥用汽车。另一种不怎么普遍的租赁方式是**开放式（或融资）租赁**（open-end (finance) lease），如果租赁期结束后车的价格小于预计的**残值**（residual value）（车在租赁期结束时的剩余价值），你就需要支付这个差额。这些租赁方式主要用于商业性的公司租赁。

汽车租赁中一个广泛提及的好处是不需要首付。然而，现在大多数出租人要求承租人支付“资本成本减少费”（capital cost reduction），这其实是首付的另一种表现形式，是为了弥补汽车的隐性折旧，当然，你每月的租金会少一些。

加上这笔预先一次支付的资本成本减少费，你每月支付的租金由以下四个因素决定：

1. 车的**资本化成本**（capitalized cost）（车的价格）
2. 租赁期结束后的预计残值
3. **货币因子**（money factor）或者说租赁的融资利率（原理同贷款利率）
4. 租赁期

提前终止租赁一般很困难且成本高昂，所以要合理确定租赁期限，尽量租满。租赁合同要列示所有的成本和附加费用，并要包含提前终止租赁的费用。提前终止租赁的条款通常适用于车辆被盗或由于事故意外损坏的情况。一些租赁合同要求为以上两种情况上保险。

大多数租赁中你要负责车的保险和保养。此外，在租赁期结束时，你有义务为一切“不合理的磨损和陈旧”付钱。好的租车合同应明确界定什么情况属于“不合理”。大多数租车人在归还车辆时会被要求交150～250美元的处置费。

每年的里程补贴是另一个应该考虑的重要因素，通常情况下，每年有10 000～15 000英里的里程限制。一般来说，汽车承租人要为限制之外的行驶里程支付每英里10～25美分的费用。举例来说，如果租赁合同允许你一年行驶15 000英里，在三年的租赁期内，你一共开了50 000英里（3×15 000=45 000<50 000），如果每英里补贴20美分，你就需要支付0.20×5 000=1 000美元。很明显，如果你想减少补贴，比较明智的是在签订租赁合同之前，为超出的里程数商定一个更优惠的补贴率。

大多数汽车租赁合同都有**购买选择权**（purchase option）（如以固定价格、租赁期末的市场价格还是残值购买），其中约定了承租人在租赁期末购买车辆的价格。低残值可能意味着低廉的期末购买价格，但却会增加每月的租金。

5-2b　租赁与购买的比较

要确定租车是否比买车便宜一些，就需要做租赁—购买分析，以比较同一期间内租赁与购买的总成本。在此分析中，我们假设购买车辆采取分期付款的方式，并且贷款期限与租赁期相同。

举例来说，假设斯特拉·拉瑟正在考虑租赁或购买一辆全新的丰田普锐斯，成本 29 900 美元。若选择 4 年期租赁，她需要支付 2 900 美元的首付（资本成本减少费），500 美元保证金，每月租金 440 美元（含税）。如果选择购买车辆，她需要支付 4 500 美元的首付，余额采用 4 年、4%的贷款融资，即每月支付 576 美元。另外，她还需要在购买时支付 1 500 美元的销售税，她估计 4 年后汽车的残值是 16 500 美元。通过填写工作表 5—1，斯特拉·拉瑟得出结论，购车更划算，因为从总价看，购买要花 17 665.42 美元，比租赁（24 428 美元）节省 6 762.58 美元，当然若仅比较月还款额，租赁比购买每月少 136 美元。很明显，在其他条件相同时，总成本较小的选择更好。

工作表 5—1　　**比较斯特拉·拉瑟的租赁和购买成本**

下表是对斯特拉·拉瑟租赁或购买一辆全新的价格 29 900 美元的丰田普锐斯的分析。4 年期租赁需要一开始支付 3 400 美元（2 900 美元的首付+500 美元保证金），以后期间每月支付 440 美元。购买要支付 4 500 美元的首付，5%的销售税（1 499.5 美元），以后 48 个月每月支付 575.54 美元。预计 4 年后新车的购买价格为 16 500 美元，因为租赁的总成本 24 428 美元大于购买的总成本 17 665.42 美元，所以斯特拉应该选择购买而非租赁。

租赁与购买分析

姓名　斯特拉·拉瑟　　　　日期　2015 年 9 月 11 日

项目描述		金额
租赁		
1 初始付款：		
a. 首付（资本成本减少费）：	$ 2 900	
b. 保证金	500	$ 3 400
2 租赁期（年）		4
3 租赁期（月）（第 2 项×12）		48
4 月还款额		$ 440
5 总租赁款（第 3 项×第 4 项）		$ 21 120
6 储蓄存款利率		0.03
7 初始付款的机会成本（第 1 项×第 2 项×第 6 项）		$ 408
8 租赁到期时的付款/返款（封闭式租赁为 0）或预计期末费用		$ 0
9 租赁总成本（第 1a 项+第 5 项+第 7 项+第 8 项）		$ 24 428

购买	
10 买价	$ 29 990
11 首付	$ 4 500
12 销售税率	0.5
13 销售税（第10项×第12项）	$ 1 499.5
14 月还款额（25 490美元，48个月，4%）	$ 575.54
15 贷款期总付款（第3项×第14项）	$ 27 625.92
16 首付的机会成本（第2项×第6项×第11项）	$ 540
17 贷款期结束时车的预计价值	$ 16 500
18 购买总成本（第11项＋第13项＋第15项＋第16项－第17项）	$ 17 665.42
结论	
若第9行的金额小于第18行的金额，租赁更有利；若相反，则购买更有利。	

理财规划小贴士　什么时候可以考虑租赁汽车？

需要问你自己一个重要的问题：为什么你每年都需要一辆新车。大约有20%的消费者已经习惯了租车而不是买车，2008—2009年的金融危机使这一比例减少到15%。产生这种现象部分是因为当前利率很低，租赁的还款并不比购车贷款便宜。当利率上升时，租赁可能又会受欢迎。

当出现以下情况时，可以考虑租赁：

- 购买条款具有弹性。租赁允许你在用车过程中推迟你的购买决策，这就像让你在几年内试驾，而不是试驾几分钟一样。
- 不需要考虑汽车大修。
- 你是自雇群体，可以把你的租赁费作为一项经营费用。
- 你想短期内开一辆豪华汽车，但又不想花那么多钱。

关键的问题是要弄清楚为什么你想租一辆车，同时要清楚租赁安排的成本与收益。

资料来源：Adapted from "To Buy or to Lease?" http://www.cars.com/go/advice/Story.jsp? section=lease&subject=buy_lease&story=buyLease, accessed March 2012.

5-2c 结束租赁

当租赁结束时，你将面临一个重要的选择。是还车离开，还是把车买下来？如果你选择还车，就可能需要支付“超额磨损费”、“超里程费”和处置费。如果你的车具有较高的维修成本和大额超里程补贴，可能就需要考虑买下这部车。购买选择权是否成立取决于车的残值。有时，对于一些大众化汽车，租赁合同的残值小于车的购买价格，这时买车就比较划算。就算你想要一辆别的车，你也可以执行购买选择权，然后在市场上把车卖掉，可能会得到1 000美元甚至更多的差价。如果是相反的情况，合同残值高于市场上同样情况的二手车，结束租赁就可以了。

5-3　应对住房需求：买还是租？

5-3a　房价和最近的金融危机

在考虑买房或租房的方式与时机之前，可以先看一下 2008—2009 年金融危机之后房屋价格的大概走势。我们首先分析购房决策的内容，然后考虑何时买入第一套房子。在做这么大的一项经济决策前需要考虑很多因素。在本章后面的内容中，我们将讨论其中一些因素以及如何处理购房和租房过程中的一些问题。

行为金融问题　房地产泡沫是否源于行为偏差？

人们的行为有“羊群效应”，耶鲁大学著名行为经济学家罗伯特·希勒（Robert Shiller）认为，在 2001—2006 年房地产飞速发展之后，有一股“社会风气”鼓励大家相信房地产是一种不可错过的投资机会。可是这其中存在行为偏差，又叫保守主义偏差，这种偏差使我们过于相信过去的经验，根据新信息对未来作出调整时太慢。这种心理上的偏差促使房价的增长脱离了当前的真实投资基础，形成房地产泡沫。

其他人认为很多投资人无法区分利率与租金的真实变动（通货膨胀调整）和名义变动（非通货膨胀调整）。因此，当期望的通胀率下降时，消费者以低廉的名义融资成本买房，却没有意识到未来的房价和租金会同比例下降。21 世纪初，下降的通货膨胀率和相关的“通胀幻觉”引发房地产价格快速上涨，并由此产生房地产泡沫。

房地产的价格泡沫有很大的负面作用，它鼓励建筑业大规模增长，并通过房屋净值贷款和再融资增加了居民的货币，其中有大约 2/3 为消费增长做出了贡献。房屋净值与房价一起增长，但这种状况在经济危机时产生了负面影响。2007—2009 年间，危机使平均家庭净资产降低了大约 23%，消费下降，宏观经济增长放缓。房屋**丧失抵押品赎回权**（foreclosures）——借款人还款违约，债权人将抵押的房产出售以抵销借款人所欠贷款余额的行为——由 2006 年的 1.2%增长到 2010 年的 4.6%。然而，2012 年年初，银行所拥有的房屋及丧失抵押品赎回权均大幅下降，房屋平均净值、消费和房价继续萧条。

从 2001 年初到 2006 年，美国房价飞速上涨，存量独户住房的名义售价的中位数从 147 800 美元增长到 221 900 美元。从 2006 年第三季度开始，存量房屋的价格开始下降，到 2011 年年末，其中位数下降到 166 200 美元。价格下降是因为房价泡沫破裂和 2008—2009 年的金融危机抑制了房地产销售。这段经济衰退时期的标志是高失业率、低消费信心和从紧的信贷。事实上，大约有 1/7 的美国房主的房屋净值为负值，这意味着他们的抵押贷款额比房价还要高。

5-3b　什么类型的住房适合你？

何时购买第一套住房并非总是清楚明了。在做这么大的财务决策之前，有许多需要考虑的因素。在本章后面的部分，我们将讨论其中一些因素以及如何处理购房和租房过程中的一些问题。

每个人都有自己的偏好，找房子的第一步是列出你喜爱的房子，并根据它们是属于基础需求、期望需求还是附加需求进行分类。这个过程很重要，原因有三个：第一，它能帮助你排除不符合你最低要求的房子；第二，它能帮助你进行权衡，因为找到一个符合你全部要求的房子的概率很小；第三，它能帮助你重点关注你愿意并且能够支付的住房。

在美国，拥有房屋被看作是高期望的财务目标，这部分解释了为什么美国的购房率非常高。但2011年美国的购房率大约只有66%，是自1998年以来的最低值，比2004年的69.2%也要低很多。作为一个潜在房屋购买人，你要做的第一个决策就是确定你想要并适合自己的房屋类型。下面列出的一些类型或许有适合你的：

- 独户住房。这是最普遍的选择，可能是独栋（有自己的院落）或联排（有公共的围墙）。这种房子比较隐私，给房主以尊贵感和满足感，并有充分的资产控制权。
- 共管公寓。**共管公寓**（condominium（condo））被界定为一种形式的所有权而不是建筑类型。共管公寓可以是一个公寓房间、联排房屋或是住宅群。共管公寓的买家会获得一个单独住宅的所有权和一些公共区域及设施的共同所有权，比如大厅、游泳池、观景湖和网球场等。购买人自己安排其按揭贷款并缴纳税金。他们还要为共有设施每月缴纳使用费。许多人购买这些公寓的目的是不想为太大的房产做修护和保养。
- 公司公寓。在**公司公寓**（cooperative apartment（co-op））中，非营利公司拥有公寓的产权，每个承租人拥有公司的一部分股权。住户租赁公寓的单元房，并以股权和房间面积为标准每月向房产所有者交费，这些费用包括服务费、维修保养费、税金和整栋楼的按揭贷款。费用的高低取决于整栋大楼的实际成本和董事会的决策，董事会决定公司的主要政策。
- 租赁单元。一些个人和家庭选择租赁其居住地而不是购买住房。他们可能工作刚刚起步，没有太多资金用于住房，或者他们不确定自己会不会在这里长住，或者他们只是喜欢租房。租赁单元从二联排、四联排、独户住宅到有几百个单元房的大型高层公寓。然而，租赁可能会有一些限制，比如不允许养宠物或改变公寓的装修。

评估租房相对于买房的吸引力

通过使用**租售比**（rent ratio），可以得到关于租房相对于买房成本的一般认识，租售比是用所考虑地区的平均房价除以年租金。由于房地产泡沫的破裂，2012年年末扣除通胀因素的租售比下降到20世纪90年代末的水平。因此，租房吸引力在近几年开始下降。图表5—3展示了美国主要城市的名义租售比，在租房相对于买房的吸引力上有很大的不同。租售比在31～35之间表示租比买更有吸引力。在另一个极端上，租售比在6～10之间表示买比租更有优势。而在中间的租售比（16～20）表示租房比较贵，还是买房比较好。图表5—3显示，2012年年初，纽约的租售比最大，为39，表示租房比买房便宜很多。而在另一端，拉斯韦加斯的租售比仅为6，凤凰城的租售比仅为7。因此在这些地方，买房要比租房更合适。在考虑移居到哪里时，你可能需要考虑这个比率，或者在你决定搬到哪里去的时候，可以有一个基本的预期。

图表 5—3　　租房相对于买房的吸引力

Trulia 租赁 vs 购买指数描述了美国 50 个人口最多城市的房屋（包括两房公寓、共管公寓和联排住房）的挂牌价格与年平均租金的比率（见 Trulia.com）。

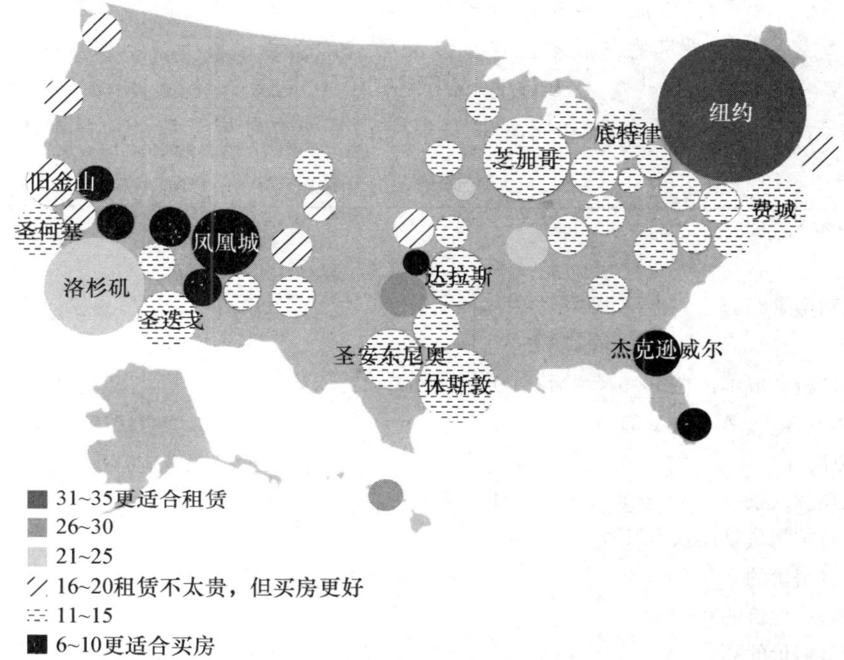

资料来源："Trulia Rent vs. Buy Q2 2011," http://explore.trulia.com/datavis/rentvsbuy/Q2-2011/, accessed March 2012.

进行"租—买"决策

一些人选择租房而非买房，例如对于年轻人来说，租房的原因有以下几个：(1) 他们没有资金交首付和手续费；(2) 他们的工作和家庭状况还没有稳定；(3) 他们不想要与房产相关的额外负担；(4) 他们相信现在租房，以后才有能力买更好的房子，因为现在的房价和贷款条件没有吸引力。租房或者买房的经济性取决于以下几个因素：(1) 房价和按揭贷款利率；(2) 房主的税收抵扣；(3) 一定时期内预计的房屋增值或贬值。

如工作表 5—2 中"租—买"决策所示，为了选择成本最低的决策，需要比较租房和买房的总成本。注意因为利息扣除一般都会超过标准扣除（2012 年单身申报 5 900 美元，已婚联合申报 11 900 美元），本表假设纳税人采用逐项扣除。假设你需要在以每月 850 美元的价格租房和以 150 000 美元的价格买房之间作选择。如果买房，你要支付 30 000 美元首付款；同时申请本金 120 000 美元、利率 6%、期限 30 年的贷款，每月还款 719 美元，手续费 4 500 美元，已考虑税金、保险和维护费。如果租房，你的唯一成本是每月 850 美元的租金和每年 600 美元的保险。假设你处于所得税税率为 25% 的税级，并且采用逐项扣除，在工作表 5—2 中填写正确的数值并且通过适当的计算得出两种选择的总成本。

工作表 5—2 **租赁和购买总成本比较**

在做“租—买”决策的过程中，如果租房的总成本低于买房的总成本，你应该租房；如果租房的总成本高于买房的总成本，你应该买房。在下面的例子中，租房要求每月支付 850 美元。购房选择是一个共管公寓，价格是 150 000 美元，首付 30 000 美元，申请本金 120 000 美元、利率 6%、期限 30 年的按揭贷款，另外有房屋买卖手续费 4 500 美元。

“租—买”决策

A. 租房成本			
1. 年租金			
（12×月租金＄850）		＄10 200	
2. 保险费		600	
3. 保证金的机会成本：＄1 000×税后存款利率 0.04		40	
租房总成本（A. 1＋A. 2＋A. 3）			＄10 840
B. 买房成本			
1. 年贷款还款（条件：＄120 000，360 个月，6%）	＄8 634		
（12×每月按揭贷款还款＄719）			
2. 房产税（房价的 2.0%）	3 000		
3. 房屋保险（房价的 0.5%）	750		
4. 维护费（房价的 0.8%）	1 200		
5. 首付和手续费的税后利息成本			
（＄34 500×4.0%的税后回报率）	1 380		
6. 总成本（B. 1 加至 B. 5）		＄14 964	
减去：			
7. 贷款的本金偿还（见以下注释）	＄1 434		
8. 利息扣除*的节税金额			
（贷款利息＄7 200×税率 25%）	1 800		
9. 房产税扣除的节税金额（B. 2×税率 25%）	750		
10. 总扣除（B. 7 加至 B. 9）		＄3 984	
11. 年税后总成本（B. 6－B. 10）		10 980	
12. 预计房屋年增值			
（房价的 2%）		3 000	
买房总成本（B. 11－B. 12）			＄7 980

注：可以使用计算器或图表 5—5 计算每月按揭还款额。一种简单的计算每年还款中利息部分（第 8 行）的方法是用贷款额乘以利率（本例中为 120 000×0.06＝7 200）；其次，可以计算贷款账户的本金归还额（第 7 行），用总的按揭还款减去利息即可得到（8 634－7 200＝1 434）。

工作表 5—2 上半部分中的租房成本就是年租金加上年保险费 600 美元，再加上保证金的机会成本 40 美元，合计 10 840 美元。下半部分中购买的成本包括贷款还款、房产税、房屋保险、维护费和贷款手续费，小计 14 964 美元（第 6 行）。然后，扣除还款中用于偿还贷款本金的部分，因为这一部分不是利息成本。然后减去利息和房产税扣除的节税金额，得到房屋的税后总成本（第 11 行）为 10 980 美元。但作为一个房屋所有者，你还可以享受房屋增值所带来的收益。假设房屋价款年增长 2%，这将使年成本降至 7 980 美元。可以看到，租房年成本比买房多 2 860 美元（10 840－7 980），买房比租房更有利。

不要仅仅依赖数字进行“租—买”决策，你的个人需求和房地产市场的一般状况也是很重要的考虑因素。如果你想在几年内搬到另一个城市去，或者你担心工作的稳定性，租房会更适合你，即使从数字上看买房更划算。请把这一点看做灵活性本身所具有的无形价值。进一步来讲，对有些人来说，另一些因素比如对隐私的需求、住房的个性化需求和房屋所有权带来的满足感比经济因素更为重要。在有些房地产市场中，相对过剩的可供租赁房产使租房成本低于买房成本。你应该用长远眼光考虑你的“租—买”决策，同时使用不同的假设，比如租金升高、贷款利率变化、地区的房屋增值率和首付的机会成本变化。

5-4 你能负担多少房款?

购房需要周密计划并仔细分析。你不仅要考虑房子的类型（地理位置、卧室的数量和其他特征），还要考虑房子的成本，要获取什么样的按揭贷款，能承担多少月供，购买哪些保险，等等。

在购买房屋和其他大项资产时，一定要进行合理的财务规划。在房屋和汽车上支出太多，可能会影响你的预算安排和生活方式，还可能会影响你的储蓄与投资计划，甚至影响你的退休计划。知道自己对住房的负担能力从长远来看能帮助你实现你的理财目标。

5-4a 拥有房产的好处

自有房产会给人们带来安全感和内心的平静，让人感觉到长久与稳定。这些心理回报很重要，但不是人们买房的唯一原因。拥有房产还能带来一些可观的经济利益：

● 税盾。就像在第 3 章中提到的，在计算联邦所得税（包括大部分的州所得税）时，你可以从收入中扣除按揭贷款利息和房产税，这能减少你的应纳税收入和应交税金。唯一的要求是你申报时需要选择逐项扣除。这项税收优惠的吸引力很大，以至于很多人在买第一套房子之前从来没有选择逐项扣除。

● 抵消通货膨胀。买房不仅为购买者提供了居住地，还意味着你有了一项可以抵消通货膨胀的投资，因为房屋增值的速度经常等于或大于通货膨胀率。举例来说，从 2001 年到 2006 年，房子成为当时最好的投资，其回报率远远超过股票、债券和基金。实际上，很多人就是为了投资而买房。在 2009 年金融危机之后，人们大都预期未来房价会与通货膨胀率保持一致。

5-4b 拥有房产的成本

即使有强大的心理和经济原因支持买房，你能否负担得起仍是一个问题。在评估负担能力时需要考虑两个重要方面：(1) 能够负担房屋的首付和手续费；(2) 能够负担每月现金还款及房屋的维护费用。一般来说，买房需要考虑五种成本：首付、扣点费与手续费、按揭还款、房产税和保险、维护与运行费用。

首付

购房的第一个障碍是**首付**（down payment）。很多买房人需要为其大部分的购房款进行融资，但出借人会要求买房人自己投资一部分，这部分钱称为自有资金。首付的实际金额会因出借人、按揭贷款方式和房产而不同。要决定某一特定项目的首付金额，出借人会使用**贷款比率**（loan-to-value ratio），它是银行计划贷给买房人的房屋价值的最大百分比。例如，如果贷款比率是80%，买房的首付就是剩下的20%。

一般来说，第一次购房的买家要花几年时间来积攒足够的钱来支付首付和相关成本。如果能提前规划，就容易攒足这部分资金，可以使用终值方法确定为了在未来某一时刻积攒特定金额的资金，每月或每年需要存下的金额。第11章有这一过程的详细范例（见工作表11—1）。一个有规律的储蓄计划是取得首付和其他相关支出资金的最好方法。

如果没有足够的存款来支付首付和其他成本，你可以考虑其他来源。联邦全国按揭贷款协会（简称房利美）有专门的项目帮助现金有限、无力支付首付和手续费的购房者。"房利美3/2"项目允许有资格的买家向出借人交付限定比例的首付。"房利美97"旨在帮助能支付月供但付不起首付的买家，使用这一项目，购房人只需交3%的首付，购房人支付完手续费后只要留存一个月还款的存款额即可以按揭买房。还有一些项目旨在帮助从房利美贷款但在2009年金融危机中破产的家庭。按揭贷款融资通道计划对地区性和全国性的金融机构都适用，满足特定收入标准的借款人可以得到贷款比率为97%的贷款，剩余的首付款可以通过非营利组织、州或地方政府、雇主以馈赠、捐助或贷款的形式得到。装修贷款融资通道计划是另一个相似的项目，它仅用于作为基本居所的房屋的简单装修。

一般来说，当首付小于20%时，出借人会要求购房人购买**个人按揭贷款保险**（private mortgage insurance，PMI），来保护出借人在借款人违约时免受损失。一般来看，PMI会覆盖房价80%以上的风险。因此，若首付为10%，贷款就是90%，贷款保险就会覆盖10%的房价。PMI的保险费会与你的月供一起支付，平均每月成本为40～70美元。根据联邦法律，1999年7月29日及以后发生的PMI在借款人偿还本金达到房价的78%时自动终止。

扣点费和手续费

购房的第二个障碍是扣点费和手续费。**扣点费**（mortgage point）是出借人在提供贷款时收取的费用。扣点费就像利息一样，是借款的费用。它和出借人可出借的资金及按揭贷款需求有关，需求超出供给越多，就可能需要支付更多的扣点费。1个点是借款的 1%，因此，如果你借了 100 000 美元，费用为 3 个点，你需要支付的扣点费就是 100 000×0.03=3 000 美元。

出借人经常使用扣点费作为其贷款利息的替代物，出借人可以根据扣点费高低调整贷款利率。例如，如果你愿意支付扣点费，一个出借人能够为你提供 5%而非 6%的贷款利率，这时你可能面临在 6%的贷款利率加 1 个点的扣点费和 5%的贷款利率加 3 个点的扣点费之间作选择。如果你选择了 5%的贷款利率，在获得贷款的这一刻你可能要付更多的钱（当然贷款期内交的月供会变少）。

扣点费增加了贷款的实际利率。你支付的扣点费和贷款的期限决定了实际利率的增加量。举例来说，利率 8%、期限 30 年的固定利率的贷款，如果实际 30 年还清贷款，则每 1 个点的扣点费增加大约 0.11 的实际利率，若实际 15 年还清，则每 1 个点的扣点费增加约 0.17 的实际利率。无论你持有贷款多长时间，你所支付的扣点费是不变的。所以持有贷款的时间越长，分摊扣点费的期间就越长，扣点费对你的贷款实际利率的影响就越小。

根据美国国税局的规定，在初次进行房屋按揭贷款融资时所支付的扣点费可以立即从收入中扣除。然而，如果是房屋的再融资，这时所支付的扣点费不能立即扣除，而需要在贷款期内逐步摊销。

手续费（closing costs）是贷款完成，借款人使用资金购买房产时支付的所有费用。手续费和首付一样，是买房时要提前准备的钱。手续费包括贷款申请费、贷款发放费、贷款扣点费、证书查验费、保险费、律师费、评估费和其他各种费用等。图表 5—4 列示了这些费用，可以看出，这些费用之和通常等于甚至大于首付的 50%。例如，从表上可以看出，200 000 美元的房子，若首付为 10%，则手续费是首付的 5.6%，为 11 130 美元。

图表 5—4　　手续费：买房的隐性成本　　单位：美元

房屋按揭贷款的手续费可以很高，占到房价的 5%～7%。除了房产佣金（常由卖家支付），买家需要支付绝大部分的手续费，和首付一样，手续费是贷款完成所有权转移时需要支付的费用。

项目	首付比例	
	20%	10%
贷款申请费	300	300
贷款发放费	1 600	1 800
扣点费	4 160	5 400
按揭与保险费	—	675
证书查验与保险费	665	665
律师费	400	400
鉴定费	425	425
房屋检查费	350	350
按揭税	665	725
填表费	80	80
信用报告费	35	35
其他费用	200	200
总成本	9 530	11 130

注：典型的 200 000 万美元房屋的成本：20%首付为 2.6 个点，10%首付为 3 个点。实际金额因出借人和地域不同而有所变化。

按揭还款

每月的按揭还款额可以用一个标准而详细的公式计算。每一期按揭还款都包含一部分本金和一部分借款利息。如图表5—5所示，借款期内每月一大部分按揭还款都付了利息。表内所示按揭贷款是本金100 000美元、期限30年、利率5%的贷款，每月还款536.82美元，每年共还款6 441.84美元。需要注意的是在30年中的第16年，还款额中本金的数额才超过利息。

图表5—5　　按揭贷款中典型的本金和利息的支付模式

在贷款期一半以上的时间内，还款的大部分用来支付利息，少部分偿还贷款本金。如下所示的期限30年、利率5%、本金100 000美元的按揭贷款，借款人总共需要支付93 255美元的利息。

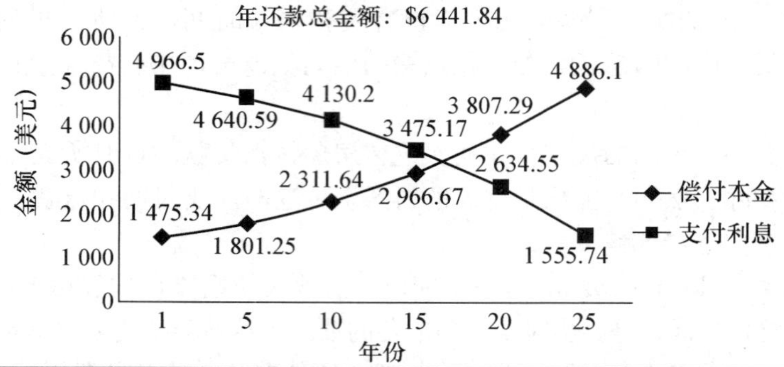

注：图中还款金额表示给定年度还款6 441.84美元中的本金归还和利息支付部分。

现实中，大多数贷款出借人和房地产经纪人可以用计算器计算每月的还款，还有一些人仍然使用综合按揭贷款还款表计算，这张表提供了在特定贷款额下，不同利率和期限的每月还款额。图表5—6列示了综合按揭贷款还款表的一部分（金额四舍五入到分）。它列示了本金为10 000美元、期限10～30年、固定利率为5%～10%的贷款的每月还款额。使用这个表可以计算所有金额贷款的每月还款额。例如，假设你想计算本金180 000美元、利率6%、期限30年贷款的每月还款额。首先你要用这个本金除以1 000得到倍数为18，在图表5—6中可以找到利率6%、期限30年对应的值为59.96美元，即

180 000/10 000=18，18×59.96=1 079.28（美元）

因此，每月还款1 079.28美元。

可负担率。贷款还款的关键因素是可负担能力，即在预算范围内，你每月最多可以承担多少还款。这个金额决定了你可以为买房借多少钱。

为了得到借款，潜在借款人一定要符合要求，证明其有足够的收入和良好的信用记录，能够每月按时还款。为了降低风险，联邦、私人按揭贷款公司和机构按揭投资人对借款者有明确的标准，借款人符合这些标准便可以减少其违约风险。

最重要的可负担能力标准是将借款人的月按揭贷款还款额和每月分期付款还款总额（包括按揭贷款、汽车贷款、家具贷款和其他消费贷款）与借款人每月总收入进行比较。对于一般的按揭贷款，正常的情况是每月按揭贷款还款额不能超过借款人每月总收入（税前）的25%～30%，借款人每月分期付款还款总额不超过每月总收入（税前）的

图表 5—6 月按揭贷款还款表（本金为 10 000 美元） 单位：美元

按揭贷款的每月还款额不仅与本金有关，还与利率和贷款期限有关。

利率（%）	借款期限				
	10 年	15 年	20 年	25 年	30 年
5.0	106.07	79.08	66.00	58.46	53.68
5.5	108.53	81.71	68.79	61.41	56.79
6.0	111.02	84.39	71.64	64.43	59.96
6.5	113.55	97.11	74.56	67.52	63.21
7.0	116.11	89.88	77.53	70.68	66.53
7.5	118.71	92.71	80.56	73.90	69.93
8.0	121.33	95.57	83.65	77.19	73.38
8.5	123.99	98.48	86.79	80.53	76.90
9.0	126.68	101.43	89.98	83.92	80.47
9.5	129.40	104.43	93.22	87.37	84.09
10.0	132.16	107.47	96.51	90.88	87.76

说明：（1）用所查金额除以 10 000 美元；（2）找到表中特定利率和期限对应的还款额；（3）用（1）的数字与（2）的数字相乘。

举例，计算本金 98 000 美元、利率 5.5%、期限 30 年贷款的月还款额：（1）98 000/10 000=9.8；（2）查表利率 5.5%、30 年对应的值为 56.79 美元；（3）本金 98 000 美元、利率 5.5%、期限 30 年贷款的月还款额=9.8×56.79=556.54 美元。

33%～38%。由于这两个条件都规定了范围，出借人在为特定贷款人设置最合适的比率时就有了一些回旋余地。

下面我们来看看如何使用可负担率。假设你的月收入是 4 500 美元，采用两个条件的最低标准，即 25%和 33%，每月可以偿还按揭贷款 1 125 美元（4 500×0.25），总的分期付款还款额不超过 1 485 美元（4 500×0.33）。如果每月的非按揭贷款还款额超过 360 美元，你就需要相应降低月按揭贷款还款额，否则其他分期付款还款额就需要减少或无法支付。

房产税与保险

标准的按揭贷款还款通常包括房产税与房屋保险。因此，按揭贷款还款由本金、利息、房产税和房屋保险（简称 **PITI**）组成。事实上，房产税和保险是向第三方支付的，由出借人在缴纳房产税和房屋保险费时代为支付。

由于房产税的征税目的是为当地的学校、法律执行和其他地区服务提供资金，**房产税**（property taxes）在不同地区的征税标准有所不同。另外，在一个给定的社区中，个人房产税会因房产的估价而不同，房子越贵，房产税越高，反之亦然。一般来说，年房产税在房屋市场价格的 0.5%（或更低一些）～2%（或更高一些）之间变动。因此，一栋价值 100 000 美元的房子每年的房产税可能从 500 美元到 2 000 美元不等，取决于房屋所在地域和地理位置。

每月按揭贷款还款的另一部分是**房屋保险**（homeowner's insurance），其成本因房屋的建成时间、地域、建筑材料、地理位置不同而有差异。房屋保险是按揭贷款的出借人所要求的，保险仅覆盖房子及其内部装修的重置成本，不包含土地。年保险费通常是房屋市场价格的 0.25%～0.5%，也就是说，200 000 美元的房屋，其年保险费在 500 美元到 1 000 美元之间。

理财指示牌　什么时候应该购买第一套房子?

购买第一套房子的时机取决于你当前和未来预期的收入和费用、个人规划和你喜欢的生活方式。如果你符合以下情况，那么现在就是最佳时机：

- 稳定的收入和良好的信用历史，并且可以提供书面文件来证明
- 能支付最少 5%的首付，可以支付手续费
- 想要积累财富，并且有资格享受房主的税收扣除
- 有能力为房屋维护和更新融资
- 有充足的存款和现金储备以应付未来几个月中可能的失业和其他财务危机
- 有至少四年的居住计划

资料来源：Adapted from http://www.freddiemac.com/homeownership/rent_or_buy/right_for_you.html, accessed March 2012.

维护及运行费用

除了每月的按揭贷款还款，购房人还要支付定期的维护及运行费用，房子都需要维护，即使是新房子。比如，房子的涂漆、设施和管道维修及草坪保养都是不可避免的，对于大房子和老房子来说，这些成本会更高。因此，虽然大的二手房屋价格较实惠，但新的小房子由于其维护与运行费用低，可能更划算。此外，还要考虑房屋的运行成本，包括电力、天然气、自来水和污水的成本。这些成本在最近 20 年内增长很快，在房屋所有成本中占很大一部分，所以买房时一定要估计水电气等费用。

5-4c　进行房屋的可负担力分析

工作表 5—3 帮助你分析你的工资所能承担的房价并计算缴纳手续费后的首付。在本例中，贝茨和拉尔夫的年工资一共是 75 200 美元，存款 30 000 美元用来支付房子的首付和手续费。他们估计月房产税和房屋保险为 375 美元，出借人预计使用 28%的可负担率，贷款利率为 6%，期限为 30 年，首付最少为房价的 10%。他们分析认为可以承担的房屋价格大约是 201 000 美元。

工作表 5—3　贝茨和拉尔夫的住房可负担力分析

使用下面的住房可负担性表格，贝茨和拉尔夫夫妇估计可以承受的最高住房金额为 201 000 美元：他们的年收入一共是 75 200 美元；他们有 30 000 美元可用来支付首付和手续费；预计每月的房产税和保险费是 375 美元；出借人要求 28%的可负担率；贷款的平均利率为 6%，期限为 30 年；最低首付为房价的 10%。

住房可负担性分析

姓名 贝茨·康普顿和拉尔夫·康普顿　　日期 2015 年 8 月 14 日

项目编号	描述	金额
1	年收入	$75 200.00
2	每月收入（项目 1÷12）	$6 267.00
3	出借人要求的可负担率（小数形式）	0.28
4	最大月按揭贷款还款额（项目 2×项目 3）	$1 755.00
5	预计月房产税和保险费	$375.00
6	最大月贷款还款（项目 4－项目 5）	$1 380.00
7	平均贷款利率	6%
8	预计贷款期限（年）	30
9	每 10 000 美元的月按揭贷款还款额（使用项目 7、项目 8 和图表 5—11 计算）	$59.96
10	基于月收入的最大贷款金额（10 000×项目 6÷项目 9）	$230 000.00
11	支付首付和手续费的可用资金	$30 000.00
12	支付首付的可用资金（项目 11×0.67）	$20 100.00
13	根据月收入计算的最高购买价格（项目 10＋项目 12）	$250 100.00
14	最低可接受的首付比例（小数形式）	0.10
15	根据首付计算的最高购买价格（项目 12÷项目 14）	$201 000.00
16	房屋最高购买价格（项目 13 和项目 15 的较低者）	$201 000.00

注：以上分析假定可用资金中 1/3 用于支付手续费，2/3 用于支付首付。这表示购买手续费为首付的一半。

工作表 5—3 可以让我们对康普顿一家进行分析并得出结论。房屋的最高购买价格由两个方面决定：按照月收入计算的最高购买价格和根据首付计算的最高购买价格，这二者中的较低者即为最高购买价款。按照他们的月收入和 28%的可负担率，最大月按揭还款额应当是 1 755 美元，扣除税款和保险费后，最大月按揭还款额为 1 380 美元。使用计算器可以计算出最大可贷款额为 230 172.43 美元，这个数比图表 5—6 中的数字精确一些。使用图表 5—6，可以查得本金 10 000 美元、期限 30 年、利率 6%的贷款的每月还款额为 59.96 美元，若每月还款 1 380 美元，则可负担的贷款金额为：

$$10\,000\times\frac{1\,380}{59.96}=230\,153.44\text{（美元）}$$

从首付 30 000 美元、月收入 6 267 美元的角度看，康普顿夫妇可以购买的房屋的最高价格为 250 100 美元（项目 13)。然后，他们根据首付 20 100 美元（项目 16）和最高首付比例 0.1 计算的最高购买价格为 201 000 美元，取以上两种方法中的较低者为房屋的最高购买价格。

5-5 买房过程

买房要耗费时间、精力和金钱。你可能需要自己动手通过系统的研究和精心的分析得到关于可选择房产及其当前价格等方面的知识。同时，你需要理解房产中介的作用、按揭贷款申请的过程和交易中需要的相关文件。

5-5a 首先了解市场

很多人通过房产中介获得信息、接触房产或寻求建议。现在，即使在家里，也可以通过浏览不同的房地产网站获得房产信息。通过网络，你可以根据自己的偏好，比如地理位置、价格、大小等，搜索符合你要求的房产，并获得这些房产的具体描述和彩色照片。

就像之前提到的，你可以先明确自己喜爱的生活方式，如空间大小、类型和其他特点，从这一角度搜索房产。房屋的地理位置、邻居、学区经常是考虑的重点。一种很有用的做法是把一些重要的特点分类列示出来，比如卧室和洗手间的数量，个人选择（或期望）的特点，如壁炉、旋涡式浴缸等。当然，可负担性分析是房屋搜索中的关键环节。

要保持一个开放的心态，你可能会发现你喜欢的房子与你最初的预期相差甚远。比如，开始时你想找一个单层、带游泳池的现代式平房，但却可能喜欢上一栋两层、古典式的、具有美丽乡村景观的房子，没有泳池和其他一些你想要的设施。你要灵活一些，多考察一些在你支付能力范围内的房子，这对于进一步明确界定你的愿望和需求很有意义。

理财规划小贴士 **房屋更新项目**

美国房产经纪人协会发现金融危机期间房屋更新装修项目的价值下降到房屋价值的一半，在出售房产时，最好不要指望把所有更新装修的钱收回来，请记住最好自己享受这些更新和装修直到全部收回投资为止。下面是房屋更新项目在房屋出售时能够收回的最高比例。

项目	比例（%）
大门（铁质）	73.0
阁楼房间装修	72.5
厨房小修	72.1
车库门更新	71.9
加装地板（木质）	70.1
墙面更新（聚乙烯）	69.5
门窗更新（聚乙烯）	68.0
门窗更新（木质）	67.5
地下室更新	66.8
厨房大修	65.7
加装地板（复合材料）	62.8
第二层更新	62.4

资料来源："Remodeling Cost vs. Value Report：2011－12，" *Remodeling Magazine*，http://www.remodeling.hw.net/2011/costvsvalue/article/entrydoorreplacementsteel.aspx，accessed March 2012.

房地产短售

2008—2009 年金融危机时房地产泡沫的破灭增加了房地产短售的使用。**房地产短售**（real estate short sale）是以低于抵押房屋的未还按揭贷款余额的价格销售房地产的过程。这个过程是在按揭贷款出借人和将要违约或处于违约之中的房屋所有人的努力下进行的，可以使用房产经纪人提供的价格或评估价格，得到房地产短售的意向价格。短售的目的是防止房屋出现丧失抵押品赎回权的情况，试图以最经济的方式使这栋房子的借款得以偿还，使出借人尽可能多地收回房屋的按揭贷款。相比之下，若房屋丧失抵押品赎回权，则借款人不用再继续偿还按揭贷款，出借人拥有房屋的所有权并尽可能用房子偿还贷款。按揭贷款持有人只有在认为短售带来的损失相对丧失抵押品赎回权的损失很小时，才会同意进行短售。房地产短售因此被看作减少按揭贷款出借人损失的协商的结果。

短售不仅可以减少按揭贷款出借人的损失，也可以为房主带来收益。房地产短售可以避免房主的信用记录上出现丧失抵押品赎回权的记录。短售还可以帮助房主在第一时间管理那些可能给他们带来麻烦的成本。最后，对于房主来说，短售相对丧失抵押品赎回权更快速，成本更低廉。然而，和房屋丧失抵押品赎回权一样，短售也会对房主的信用记录产生不良影响。

5-5b 使用中介

房地产中介是每天与房地产市场打交道的专业人员。你把你的需求告诉代理人之后，他就可以开始为你找合适的房子了。你的代理人还可以帮你与卖家议价、争取好的融资，给你一些法律方面的建议，帮你签订购房合同。大多数房地产经纪公司会加入当地的**多重登记服务**（Multiple Listing Service，MLS），这是一个综合房产展示平台，每天更新社区或城市中在售房屋的信息，包括每一项房产的简短描述及其报价，这些房产中有一些还附带照片。

买家要知道的一点是，这些代理人一般是被卖家雇用的。你可以付钱给销售代理让他作为你的买方中介，若非如此，代理人的主要职责就是以最高价格卖出列表上的房子。中介只有在卖出房子之后才会得到报酬，所以一些中介会催促你“快点签合同免得错失一生的良机”。但是，大多数中介会倾听你的需求，为你找到合适的房产，拟定让你与卖方都受益的合同。好的中介知道，只有交易中的双方都满意，他们的利益才会得到保证。

购买新房的手续费通常在 5%～6%之间，二手房或再售房的手续费通常在 6%～7%之间。你可以与你的代理人协商一个较低的手续费率，或者寻找有折扣的中介，或者付一笔固定手续费。手续费应仅由卖家支付，但是由于房屋的价格会因手续费的增加而提高，买方通常会承担部分或全部手续费。

5-5c 预资格获取和按揭贷款申请

在开始找房子之前，你可能需要见一个或多个按揭贷款出借人，以预先安排按揭贷款。**预资格获取**（prequalifying）可以有几个方面的好处。你可以提前知道你能借贷的金额，这样就可以把你搜寻的房子限定在一定范围中。预资格获取还可以让你估计不同按揭贷款的首付和手续费。它能帮你提前确认一些可能出现的问题，比如信用记录错误，这样你会有时间进行更正。最后，它能增加你在卖家面前的议价能力，使对方知道你不会因为支付不起或找不到合适的融资而放弃买房。此外，因为你已经走完了申请贷款程序，房屋的交易时间会大大缩短。

5-5d 房产销售合同

选择了要买的房子之后，你必须签订购房合同。各州法律一般规定，为了具有法律强制执行力，不动产买卖合同必须手写，并且包含以下特定内容：（1）买方和卖方的姓名；（2）能够对房产进行识别的描述；（3）价格和其他条款；（4）买卖双方的签名。房地产交易通常要花几周甚至几个月的时间才能完成。合同能直接界定事实，避免因误解、表述不清、舞弊所带来的麻烦。

虽然这些内容能够满足最低程度的法律执行要求，但在现实中，购房合同中经常包含其他一些关于保证金、或有事项、个人资产和手续费的条款。**保证金**（earnest money deposit）是签订合同时为了显示自己报价的诚信而缴纳的钱。如果签订合同后，你在没有正当理由的情况下撤销交易，这些保证金可能会被罚没。违约的正当理由会在合同中以或有事项的形式明确写出。有了**或有事项条款**（contingency clause），你可以根据融资的可得性、房子白蚁检查结果是否满意或房产的其他检查结果，或者律师或房地产专家的建议来设立合同执行的条件。

5-5e 完成交易

在你的贷款被批准并获得融资之后，完成交易的过程就开始了。**房地产处理程序法**（Real Estate Settlement Procedures Act，RESPA）规定了自住房、共管公寓、四个或以下单元的公寓的完成交易过程。这部法律通过禁止中介、出借人和保险公司收取回扣降低了手续费，并要求提前清晰地披露所有手续费。图表5—7列出了购房过程中需要注意的内容。

图表5—7　　购房的一般误区

记住以下建议能帮助你成为一个快乐而成功的房主：

- 不要把你的存款花完。在考虑最高首付金额时，保留应急资金、留足手续费以及房子的修理和维护资金同样重要。
- 挑选合适的邻居。房地产估价的三个最重要的因素是位置、位置和位置。我没开玩笑。购买前在附近开车转转，问问警察部门当地的犯罪率，与邻居们聊聊天。如果他们拒绝谈话，这本身就是一种信息。
- 不要买一个地区内最贵的房子。虽然在一个地区拥有最大、最贵的房子很显眼，但这对于再出售并不是一件好事。如果你需要三个卧室，那就不要考虑有五间卧室的房子，不要买看起来很好但不符合你需求的房子。
- 面试你的中介，问点困难的问题。确保他很有经验，可以考虑签订一个买方中介协议，这会使你和你的中介更有责任感及合理的期待。

- 听从专业的建议。要注意你的代理人和经纪人告诉你的事。在网上查些信息，多看点房地产方面的书，听听多方的建议。律师和会计师都是很好的信息来源。
- 使用传统的融资方式。最近的金融危机告诉我们，房地产价格不是一直上涨的，你不知道的按揭贷款的一些情形会伤害到你。在你理解所有贷款细节之前不要在按揭贷款合同上签字。诸如指数、利润率、资本化和其他摊销的条款都应该让你提高警惕。
- 在交易完成前不要改变你的财务现状。等待贷款审批时不要买车以与新家相配套，良好的信用记录并不能给你想买什么就买什么的自由，在这个时候借太多钱会对按揭贷款产生不利影响。
- 确保房子被彻底检查。检查房屋不是时间和金钱的浪费。有资格的房屋检查员能发现大多数人发现不了的问题。
- 小心在交易完成后增加额外债务。在你成为一名房主后，你可能会有很多贷款机会。这些机会会诱惑你以房屋净值来融资并用新资金购买一些物品，但你应坚持自己合理的财务计划。留下一些存款以应对未来可能发生的失业或突发事件是很重要的。

资料来源：Based on Elizabeth Weintraub，"Top 10 Ways to Lose Your Home，" http://homebuying. about. com/od/buyingahome/tp/072007LoseHome. htm，accessed March 2011.

5-6　为交易融资

在本章的前面部分，我们看到按揭贷款的条款可以极大地影响你买房的可负担力。买房交易成功与否经常取决于能否在按揭贷款中获得有利的条款。**按揭贷款**（mortgage loan）以房产为抵押物进行贷款，如果借款人违约，出借人将有权出售房产以偿还借款人的欠款。在你获取贷款前，有必要了解按揭贷款的来源和类型及其内在经济性。

5-6a　按揭贷款的来源

房屋按揭贷款的主要来源有商业银行、储蓄机构、按揭贷款银行和按揭贷款经纪商。商业银行是房屋建造临时性借款的主要来源，为建造或改造房屋的个人提供短期融资。房屋建造或改造完成后，产权人会以标准按揭贷款的方式获得长期融资，产权人使用其得到的按揭贷款偿还临时性建造贷款。

另一个获得抵押贷款的途径是通过按揭贷款银行或按揭贷款经纪商。这两者都会寻找贷款客户、发放贷款并提供人寿保险和养老金业务。然而，**按揭贷款银行**（mortgage banker）经常使用自有资金发放贷款，并在后期销售这些贷款资产。**按揭贷款经纪商**（mortgage broker）接受申请，寻找期望条件下的按揭贷款出借人，大多数按揭贷款经纪商会与不同的贷款出借人保持持续的业务关系，因此，即使你不符合商业银行或储蓄机构的贷款申请资格，经纪商也会帮你增加成功的机会。按揭贷款经纪商能省去官僚性的审批流程、让你获得更有利的贷款条件并减少完成交易所需的时间，从而简化融资过程。按揭贷款经纪商通过出借人支付的贷款手续费和发放费，以及向借款人收取的贷款扣点费等形式取得收入。

由于网络的出现，寻找有利的贷款利率和条款变得容易起来。在很多网站上你可以查找你所在地区有最佳固定利率和浮动利率的按揭贷款来源。HSH 是一个按揭贷款代理公司，其网址是 www. hsh. com，上面提供了全美国的银行、按揭贷款公司、按揭贷款经纪公司，并有各机构提供贷款的利率、条款、扣点费等信息。BankRate 公司的网址为 www. bankrate. com，也是一个提供按揭贷款信息的网站。

5-6b 抵押贷款的种类

我们按以下两个标准对抵押贷款进行分类：(1) 还款条款；(2) 是不是传统式、保证型或担保型贷款。

理论上讲，有几十种不同类型的房屋按揭贷款可供选择，最常见的是固定利率和浮动利率的房屋按揭贷款。

固定利率按揭贷款

房屋贷款中的大部分是**固定利率按揭贷款**（fixed-rate mortgage）。在贷款期内，利率和贷款还款额都是固定的。最常见的是 30 年期固定利率贷款，当然，随着贷款人意识到在短期内还清贷款的好处，10 年期和 15 年期的贷款越来越多。由于出借人假定 30 年期的贷款风险较高，因此，这种贷款一般利率最高。

15 年期的固定利率贷款最近格外受欢迎，它的吸引力在于，其偿还速度比 30 年期快了一倍，但每月还款额并没有增加那么多。为了在更短的时间内还清贷款，房主需要每月偿还更多的钱，但是，当偿还期减半时，每月的还款额并没有加倍，15 年期每月的还款额仅仅比 30 年期每月的还款额多了 20%。下面的表格说明了 15 年期和 30 年期贷款的每月还款额和总利息的差异。两种方式下贷款人取得的都是本金 160 000 美元、利率 5%的固定利率贷款。

贷款期限	月还款额（美元）	贷款期限内的总利息（美元）
30 年	858.91	149 209.25
15 年	1 265.27	67 748.56

看了这个表，最令人吃惊的可能是贷款期内利息支出的重大差异。需要注意的是，在上面的例子中，仅仅将 30 年期贷款改成 15 年期，你就节约了 81 000 美元的利息。条件是月还款仅仅增加了 406 美元。

浮动利率按揭贷款

另一种普遍的房屋贷款方式是**浮动利率按揭贷款**（adjustable-rate mortgage, ARM）。在这种贷款方式下，利率和月还款额都着市场利率的变化而变化。浮动贷款利率会与一个特定利率指数挂钩，并且定期调整（通常是每年 1～2 次）。当指数上升时，贷款利率也跟着上升，相应地，月还款额也会增加。新的利率和还款额直到下一次调整才会改变。

浮动利率按揭贷款的期限可以是 15 年或 30 年。由于月还款额会随着利率的调整而变动，没有人能预测你未来会还多少钱。然而，因为借款人会考虑按揭贷款利率的风险，所以初始贷款利率通常会比标准的 30 年期固定利率贷款的利率低 2～3 个百分点。

浮动利率按揭贷款的特点。对于买房人来说，了解浮动利率贷款的一些基本特征很重要，这些特征包括：

- **调整期**（adjustment period）：调整利率的时间大多是 6 个月到 1 年，也有调整期从 3 个月到 3 年甚至更长。

- **指数利率**（index rate）：能反映基准利率的变动，通常与 6 个月的美国国债利率、6 个月定期存款利率或储蓄机构的平均资金成本挂钩。
- **加成**（margin）：是出借人加在指数利率之上的百分比，以得到最终的贷款利率，这个加成在贷款期内通常固定不变。
- **利率上限**（interest rate cap）：利率在一个期间内可以上升的最高值，调整期内的上限规定了每一次利率调整时利率增加的最高值，通常是每年 1%～2%，而贷款期内的利率上限通常是 5%～8%。很多浮动利率贷款既有调整期内上限，又有总上限。
- **还款上限**（payment cap）：每月由利率调整带来的还款增加的限制，每月还款调整的上限通常是上期还款额的一定百分比。如果你的浮动利率贷款月还款额上限是 5%，无论利率如何变动，你下年的月还款额的增加不会超过上一年月还款额的 5%。

由于大多数浮动利率按揭贷款的期限是 30 年（360 次还款），你可以使用与其他 30 年期按揭贷款相同的方法计算初始的每月还款额。举例来说，本金 100 000 美元、利率 6.5%的贷款（4.5%指数利率+2%加成），我们可以使用计算器或图表 5—6 计算出第一年的每月还款额为 632.07 美元。假设调整期为 1 年，如果指数利率升高到 5.5%，第二年的利率就是 7.5%。未来 12 个月的月还款额就会增加到 697.83 美元。这个过程一直持续到贷款到期。

理解反向摊销。一些浮动利率贷款会产生**反向摊销**（negative amortization），这是由于月还款额小于每月利息而带来本金增长。换句话说，当下一个调整期到来时，你的贷款余额反而变大了。这种情况发生在还款额被故意压低至利息以下，或者浮动利率贷款的利率每月调整但月还款额每年调整时。在后一种情况下，当贷款利率上升时，月还款额就可能比利息小，而差额就被加到本金之中，于是增加了贷款余额。当考虑使用浮动利率贷款时，一定要看是否会发生反向摊销。一般来说，可以接受没有潜在反向摊销的贷款，即使贷款有稍高的初始利率和利率调整上限。

还有一些出借人可能会提供的浮动利率按揭贷款类型：

- **可转换浮动利率按揭贷款**（convertible ARM）允许借款人在特定期间内将浮动利率转换为固定利率，这个转换期间常在第 13～60 个月之间。这些贷款很少提供较低的初始利率，它们允许借款人在利率下降时将浮动利率转换为固定利率。转换费一般是 500 美元，转换后的固定利率一般比现行的固定利率高 0.25%～0.5%。
- **两步浮动利率按揭贷款**（two-step ARM）有两个利率，第一个是前面 5～7 年使用的利率，另一个高一点的利率是剩余贷款期限内使用的利率。

固定利率还是浮动利率?

想在所购买的住宅中居住至少 5～7 年并希望知道未来还款多少的人更愿意选择固定利率贷款。当然，当前的利率水平和你对未来利率水平的预期会影响你的选择。当 30 年期的按揭贷款利率处于高位时，人们通常会选择浮动利率贷款，以防被锁定在高利率上。相反，当利率很低时，借款人就会选择固定利率贷款来锁定这个较低的利率，在这种情况下，很多持有浮动利率贷款的购房人经常会以固定利率贷款进行再融资，以享受固定利率的好处。

其他抵押贷款还款选择

除了标准的固定利率和浮动利率抵押贷款，为了帮助首次贷款的买房人，贷款出借人会提供多种不同的贷款方案：

- **仅付利息贷款**（interest-only mortgages）是一种在一定期限内只要求借款人支付利息的贷款。不像普通贷款在贷款期内平摊还款额，这种按揭贷款在5～10年内，借款人只需要支付利息，之后的还款才包括本金。这种贷款使贷款人的前期还款较少，并且可以全额抵税。大多数的仅付利息贷款为浮动利率贷款。
- **还款额递增贷款**（graduated-payment mortgages）的前几年还款很少，在3～5年间逐渐增加，直到保持不变。前期较低的还款额对于刚开始工作并期望收入逐渐增加的人群具有吸引力。但是若其收入不增长，这种贷款会使贷款人陷入高负债的境地。
- **本金加速归还贷款**（growing-equity mortgage）是在特定期间内还款额逐月递增的固定利率贷款，增加的资金会归还本金，因此，30年期的贷款可能在20年内还完。
- **两周还款贷款**（biweekly mortgage）是每隔两周而非一个月归还一次的贷款方式，由于贷款人每年还款26（52/2）次，相当于每年归还13个月的贷款，实际还款期会缩短，利息也会相应减少。
- **卖方贷款**（buydown）是一种针对新房的卖方融资。例如，一个开发商可能会与一家金融公司合作，为购房人提供利率低于市场利率的按揭贷款。比如当市场利率为6%～6.5%时，它们提供的贷款利率可能是5%。但需要注意的是，开发商所提供的低利率优惠可能只维持一段较短的时间，或者购房人以高价买房来享受利息节约的好处。

传统式、保证型或担保型贷款

传统式抵押贷款（conventional mortgage）是出借人在假定有损失风险的情况下所发放的贷款。为了保护自身的利益，出借人一般要求借款人支付按揭房产价值20%的首付。对于低于此首付比例的贷款，出借人会要求购房人购买个人按揭贷款保险（PMI，此概念前面已介绍）。高比例的自有资金会降低借款人违约的可能性，也减少了出借人的潜在风险。然而，高首付使一些家庭和个人买房变得很困难。

联邦住房管理局保证贷款（FHA mortgage insurance）项目帮助仅有少量资金用于支付首付和手续费的人买房，这种贷款又叫做保证贷款。截至2012年，15年期和30年期的贷款的先付性保证费率是贷款额的2.25%，这部分费用在贷款发放时支付或加到本金中，同时再加上0.5%～1.15%的年更新费用，这部分费用每月支付，其金额大小取决于贷款期和首付金额。买房者借入15年期、首付10%的贷款只需支付先付性保证费。若借款人违约，联邦住房管理局会偿还借款人具有特定限额的损失。联邦住房管理局要求最少支付3%的首付，其贷款利率通常比传统固定利率贷款低0.5%～1%，用来考察申请者资格的可负担率通常比传统贷款宽松。

担保贷款与保证贷款相似，但如果你有相应资格，它是更好的选择。**退伍军人担保贷款**（VA loan guarantee）由美国退伍军人管理局为符合特定要求的人提供，其对象是退伍军人和牺牲军人未再结婚的配偶。这个项目不要求出借人或退伍军人支付担保费。

但在大多数情况下，退伍军人要交贷款手续费，实际上，采用本项目可以不交首付而用贷款买房（但每个符合要求的人只能使用一次）。这种按揭贷款的最高限额通常是 417 000 美元（在有些高成本的地区可能更高），并可以无首付贷款，也就是说，贷款额可以高达房价的 100%。但是要注意退伍军人担保贷款的要求有一些地区差异。针对军人群体的无首付贷款需要支付 2%的资金费（如果支付了 10%或以上的首付，这个费用还可以降低）。退伍军人担保贷款的最高利率（与 FHA 贷款类似）通常比传统固定利率按揭贷款低 0.5%。为了获得资格，退伍军人一定要符合相关要求。

5-6c 再融资

在你买房并完成交易后，同种贷款的利率可能下降。如果利率下降了 1%～2%甚至更多，那么你就应该考虑再融资，当然，要仔细比较新旧贷款的条件、你计划居住的年限、旧贷款提前还款的罚金和新贷款的手续费。

工作表 5—4 可以帮我们分析再融资的影响。德鲁卡一家的贷款数据如下表所示，他们原有贷款本金 80 000 美元，期限 10 年，利率 8%，当前余额为 70 180 美元，在剩余的 20 年中每月需还款 587 美元。如果他们再融资 70 180 美元，利率 5%，在未来 20 年中月还款额为 463 美元。德鲁卡一家计划至少在未来 5 年不会搬家，现有贷款提前还款没有罚金，手续费和其他成本税后总计 2 400 美元。把这些数值代入工作表 5—4，可以得出德鲁卡一家要花 26 个月才能达到盈亏平衡。由于 26 个月小于最低可接受期限（5 年，60 个月），在给定的条件下再融资对他们来说比较经济。许多家庭为了降低月还款额而选择再融资，就如同增加了还款额。在这种情况下，分析很简单：计算一下节约的钱需要多长时间能够抵补全部手续费，如工作表 5—4 所示。

工作表 5—4　　德鲁卡一家的按揭贷款再融资分析

使用下表，德鲁卡一家发现目前通过其借入 10 年的初始本金 80 000 美元、期限 30 年、利率 8%的贷款（月还款额 587 美元，无提前还款的罚金）可以再融资 70 180 美元，贷款利率 5%，期限 20 年（月还款额 463 美元，税后手续费 2 400 美元），盈亏平衡点为 26 个月。由于德鲁卡一家计划至少再居住 60 个月，因此这个计划很合适。

再融资分析

姓名 詹姆斯·德鲁卡和安吉拉·德鲁卡　　日期 2015 年 10 月 8 日

项目	描述		金额
1	当前月还款额（条件：80 000 美元，8%，30 年）		$587.00
2	新的月还款额（条件：70 180 美元，5%，20 年）		463.00
3	税前每月节约（项目 1－项目 2）		$124.00
4	每月节约税款（项目 3×税率 25%）		31.00
5	税后每月节约（项目 3－项目 4）		$93.00
6	再融资成本：		
	a. 提前还款的罚金	$0.00	

	b. 税后总手续费	2 400.00	
	c. 总再融资成本（项目6a+项目6b）		$2 400.00
7	盈亏平衡的时间（项目6÷项目5）		26.00

一生中的规划：购车与购房决策

以下是人生的每个阶段购车与购房决策的主要考虑事项。

独立生活阶段 20多岁	家庭与职业发展阶段 30～45岁	成熟阶段 45～65岁	退休 65岁以上
√开始为房子攒首付	√比较市场利率与你的按揭贷款利率，考虑再融资	√定期评估再融资的时机	√再评估房子的选择与位置，考虑转手但要关注交易成本
√比较租房与买房	√预算中增加按揭还款金额，以增加未来的财务弹性	√预计在退休前还清贷款	√还清贷款
√熟悉各种类型的按揭贷款	√为汽车置换攒钱	√考虑是否有适合你的不同类型的汽车	√考虑退休后是不是需要第二辆家庭汽车

练习题

1. 德比·辛奈德刚刚大学毕业，需要买车上班。她估计每月付得起450美元的租金或贷款，并且有2 000美元存款用于首付。请为她设计一份首次购车计划，计划中要包括查找车型、决定买新车还是二手车、商议价格和条款、融资。

2. 使用工作表5—1。达米恩·斯马特正在考虑是租还是买一辆价值18 000美元的新车。若选择租赁，他首先要付600美元定金，在36个月中每月还款450美元。若选择买车，则要付2 400美元首付，并申请36个月、月还款515美元的贷款；销售税为售价的6%（1 080美元），三年后车的残值为6 500美元。请使用工作表5—1分析计算租车和买车的总成本，并为达米恩·斯马特推荐更合适的策略。

3. 克里夫·亚瑟同时收到了迈阿密和洛杉矶的工作邀请函，这两个城市的租售比分别是8和20，克里夫·亚瑟在搬家后更希望买房而不是租房。请解释租售比，并向克里夫·亚瑟说明如果买房，为什么去迈阿密比去洛杉矶更好。

4. 泰勒一家的税前总月收入是3 500美元，使用传统按揭贷款的最高利率，他们每月最高可以支付多少还款？若现在他们计划每月增加750美元的两辆汽车贷款的分期还款，会有什么不同？

5. 使用计算器或图表5—6计算下列贷款的月还款额：

a. 本金90 000美元，6.5%，30年

b. 本金125 000美元，5.5%，20年

c. 本金97 500美元，5%，15年

6. 使用工作表5—2。奥雷利亚·蒙特尼格罗现在的公寓每月房租为725美元，每年支付275美元的保险。最近，她看中了一栋185 000美元的房子，可以负担10 000美元的首付和4 000美元的手续费。奥雷利亚·蒙特尼格罗以房价的比例为基础估计了其他费用：房产税2.5%；保险费0.5%；维护费0.7%。她

的所得税税率为25%。使用工作表5—2帮奥雷利亚·蒙特尼格罗分析是继续租房还是买房。

7. 使用工作表5—4。苗田在4年前买了一套200 000美元的公寓，贷款162 000美元，利率8%，期限25年，每月还款额1 250美元，目前贷款余额为152 401美元。苗田正在考虑用6%的利率对其按揭贷款进行再融资。她计划未来至少还要在公寓中居住4年，她已经找到一个出借人，能提供融资贷款152 401美元，利率6%，期限21年，每月还款1 065美元。没有提前支付的罚金，但需要为新贷款支付手续费1 500美元。苗田的个人所得税税率为15%。使用工作表5—4计算说明苗田在此贷款条件下是否应该再融资。

名 词

折旧（depreciation） 汽车等资产在使用过程中价值的损失，通过资产的初始价格和之后销售价格的差来计算。

锚（anchor） 个体倾向于受到初始值（价格或成本）的支配，即使有新的信息也很难改变的行为偏差。

销售合同（sales contract） 一个写明了意向价格和所有条件的购车合约，合同签订后，双方都有按法律履行的义务。

租赁（lease） 在特定期间内通过每月支付租金得到汽车（或其他资产）的使用权的一项安排。

封闭式租赁（closed-end lease） 最普遍的一种汽车租赁方式，又称为"放下就走"租赁，因为承租期满后，承租人只要归还汽车就可以直接离开，当然前提是承租人没有超过预定行驶里程，也没有滥用汽车。

开放式（或融资）租赁（open-end（finance）lease） 如果租赁期结束后车的价格低于预计的残值，承租人就需要支付这个差额。

残值（residual value） 汽车在租赁期结束时的剩余价值。

资本化成本（capitalized cost） 所租赁车辆的价格。

货币因子（money factor） 租赁的融资利率，与贷款的利率类似。

购买选择权（purchase option） 约定承租人在租赁期末购买车辆的价格。

丧失抵押品赎回权（foreclosures） 借款人还款违约，债权人将抵押的房产出售以抵销借款人所欠贷款余额的行为。

共管公寓（condominium（condo）） 买家获得一个单独住宅的所有权和一些公共区域及设施的共同所有权，比如大厅、游泳池、观景湖和网球场等。

公司公寓（cooperative apartment（co-op）） 非营利公司拥有公寓的产权，每个承租人拥有公司的一部分股权。

租售比（rent ratio） 用平均房价除以平均年租金得到的比率，可以让人们了解在某给定地区购买住房相对于租赁住房的吸引力。

首付（down payment） 在购买房屋或其他大件商品时，购买人所需支付的商品价款的百分比，又称为自有资金。

贷款比率（loan-to-value ratio） 它是银行计划贷给买房人的房屋价值的最大百分比。

个人按揭贷款保险（private mortgage insurance，PMI） 用来保护出借人在借款人违约时免受损失的保险，一般在贷款人的首付低于50%时会要求购买此保险。

扣点费（mortgage point） 出借人在提供贷款时收取的费用（1个点是贷款金额的1%），它和出借人可出借的资金及按揭贷款需求有关。

手续费（closing costs） 贷款完成，借款人可以使用资金购买房产时所支付的所有费用（包括扣点费）。

PITI 按揭贷款还款中本金、利息、房产税和房屋保险这四部分内容的英文首字母。

房产税（property taxes） 由地方政府根据房屋的评估价值征收的税金，其目的是为当地的学校、法律执行和其他地区服务提供资金。

房屋保险（homeowner's insurance） 按揭贷款的出借人所要求的，覆盖房子及其内部装修的重置成本。

房地产短售（real estate short sale） 以低于抵押房屋的未还按揭贷款余额的价格销售房地产的过程。

多重登记服务（Multiple Listing Service，MLS） 一个综合房产展示平台，每天更新社区或城市中在售房屋的信息，包括每一项房产的简短描述及其报价，这些房产中有一些还附带照片，仅MLS的会员才能进入这个系统。

预资格获取（prequalifying） 与按揭贷款出借人在购买之前安排贷款的过程，买房人可以提前了解按揭融资额度以便评估其支付能力。

保证金（earnest money deposit） 签订合同时为了显示自己报价的诚信而缴纳的钱。

或有事项条款（contingency clause） 房地产销售中用诸如融资的可得性、房产的检查结果或专家建议来设立合同的执行条件。

房地产处理程序法（Real Estate Settlement Procedures Act，RESPA） 一项联邦法案，要求按揭贷款出借人向借款人提供关于完成交易程序以及手续费的信息。

按揭贷款（mortgage loan） 以房产为抵押物的贷款，如果借款人违约，出借人将有权出售房产以偿还借款人的欠款。

按揭贷款银行（mortgage banker） 向借款人发放政府保证或担保的贷款，经常使用自有资金发放贷款，并在后期销售这些贷款资产。

按揭贷款经纪商（mortgage broker） 寻找贷款客户、发放传统贷款的机构，它们接受申请，寻找期望条件下的按揭贷款出借人。

固定利率按揭贷款（fixed-rate mortgage） 按揭贷款的传统类型，在贷款期内，利率和贷款还款额都是固定的。

浮动利率按揭贷款（adjustable-rate mortgage，ARM） 利率和月还款额都随着市场利率的变化而变化的按揭贷款。

调整期（adjustment period） 对于浮动利率贷款而言，利率或还款额调整的时间间隔。

指数利率（index rate） 对于浮动利率贷款而言，能反映基准利率的变动。

加成（margin） 出借人加在指数利率之上的百分比，以得到最终的贷款利率。

利率上限（interest rate cap） 对于浮动利率贷款而言，利率在一个期间内和整个贷款期内可以上升的最高值。

还款上限（payment cap） 对于浮动利率贷款而言，由于利率调整，每月还款增加的限额。

反向摊销（negative amortization） 由于月还款额小于每月利息而带来的本金增长，一些浮动利率贷款会产生这种情况。

可转换浮动利率按揭贷款（convertible ARM） 允许借款人在特定期间内将浮动利率转换为固定利率，这个转换期间常在第13～60个月之间。

两步浮动利率按揭贷款（two-step ARM） 有两个利率，第一个是前面5～7年使用的利率，另一个高一点的利率是剩余贷款期限内使用的利率。

仅付利息贷款（interest-only mortgages） 一种在一定期限内只要求借款人支付利息的贷款，一般在高额房产的购买融资中使用。

还款额递增贷款（graduated-payment mortgages） 贷款的前几年还款很少，在3～5年间逐渐增加，直到保持不变。

本金加速归还贷款（growing-equity mortgage） 在特定期间内还款额逐月递增的固定利率贷款，增加的资金会归还本金，因此，本金还清时间较短。

两周还款贷款（biweekly mortgage） 每隔两周而非一个月归还一次的贷款方式。

卖方贷款（buydown） 一种针对新房的卖方融资，利率低于市场利率，但优惠时间较短。

传统式抵押贷款（conventional mortgage） 出借人在假定有损失风险的情况下所发放的贷款，出借人一般要求借款人支付按揭房产价值 20%的首付。

联邦住房管理局保证贷款（FHA mortgage insurance） 由美国联邦住房管理局提供，为具有高贷款比率的住房融资提供保证，其目的是鼓励仅有少量资金用于支付首付和手续费的人买房。

退伍军人担保贷款（VA loan guarantee） 由美国退伍军人管理局为符合特定要求的人提供贷款担保，其对象是退伍军人和牺牲军人未再结婚的配偶。

第3篇

信贷管理

第 6 章

使用信用卡

学习目标

1. 阐述使用消费贷款的原因，分析其好处和存在的问题。
2. 制定计划来建立良好的信用记录。
3. 区分开放信贷账户的不同形式。
4. 申请、获取和管理开放式信贷。
5. 选择合适的信用卡并了解各自的优缺点。
6. 避免信用问题，保护自己免受信用卡诈骗，理解个人破产程序。

信用卡将如何影响我？

能借钱买东西和享受服务既方便又吸引人。重要的是理解如何通过信用卡、借记卡、信用额度和其他方式获得并维护信用。本章将介绍消费贷款的常见来源，并提供选择不同来源的一些原则。本章将讨论建立良好信用记录、获得和维护良好的信用评分、防止身份被盗和信用卡诈骗等问题。本章将帮助你理解并有意识地使用信用，这与你总体的理财目标是一致的。

6-1 信用的基本概念

很简单，在读卡器上刷一下信用卡，你能为汽车加油、在史泰博（Staples）买一台小笔记本或者为公寓购置家具。在美国，一天刷信用卡的次数有好几亿。信贷实际上已经变成我们日常生活中不可或缺的一部分，我们作为消费者，可以用不同形式的信贷来购买想要的商品和服务。不可否认，由于信贷触手可及且广泛使用，我们的经济也经常称为“信用经济”，理由很充分，至 2012 年年初，美国人用了 2.5 万亿美元的消费贷款，还不包括住房按揭贷款。

消费贷款在个人理财规划过程中很重要，表现在：(1) 影响理财目标的实现；(2) 影响现金预算。一方面，各种形式的消费贷款能帮助你实现理财目标，同时能让你有计划地购买一些贵重商品而不会打乱自己的整个预算。另一方面，你必须偿还。要理智地使用信贷，否则“现在买、以后付”的态度可能将有序的预算变成一个噩梦，产生一些严重的问题，甚至导致破产。

6-1a 我们为什么使用信贷

一般来说，人们使用信贷支付目前买不起的商品和服务。对于 25～44 岁的人来说更是如此，他们积累流动资产的时间不长，没有能力立即用现金支付大件商品和费用。当人们到 45 岁左右时，其积蓄和投资开始增加，所负担的债务一般会下降。所以，45～54 岁的人的家庭净资产比 35～44 岁的人高得多。

无论处于什么年龄段，人们往往会出于以下几个原因借钱：

• 避免用现金支付大额花费。人们一般不用现金购买大件商品，如房子和汽车，大部分人会借一部分钱，并按计划偿还贷款。分期付款使人们买得起大件商品，消费者能立即享用一件昂贵的商品。

• 应对财务紧急状况。例如，人们在失业时需要借钱来支付生活费，或者要买飞机票去看望一个生病的亲戚。

• 为了方便。经销商和银行提供各种各样的赊账卡和信用卡，允许消费者以赊账方式来消费所有商品，从汽油、服装、音响到医生和牙医费用，甚至大学学费。在许多地方，例如餐厅，用信用卡比写支票更方便。

• 为了投资。我们将在第 11 章看到，投资者借用资金满足融资需求相对容易。实际上，美国的保证金贷款到 2012 年年底总额达到 2 894 亿美元。

6-1b 不正确地使用信贷

许多人使用消费贷款时超出了他们的收入水平。对一些人来说，过度消费成了一种生活方式。最大的危险就在借贷之中，因为借钱很容易。经过 2007—2009 年的信贷危机，大家看得更清楚。的确，当信贷变得触手可及、取之即来的时候，越来越多的消费者正在过度使用它。消费者是否能用信用卡不是一个问题，问题是信用卡就放在眼前等着人去拿，这给美国带来了从来没有见过的信贷崩溃。

事实上，一旦你迷恋上这个“塑料”卡片，人们就会使用信用卡进行日常购买，大部分人意识不到他们正在过度使用，等意识到为时已晚。人们的想法是，有了信用卡，我买得起想要的东西，每月偿还信用卡的最低还款额。遗憾的是，这种消费方式会使你的欠款越积越多。如果使用最低还款额，长期来看，借款人会背上巨债。图表 6—1 展示了若仅偿还欠款余额的 3%，还清信用卡欠款所用的时间和支付的利息。例如，你有 3 000 美元的信用卡余额没有偿还（这个数字大约是美国个人平均欠款额的 1/4），信用卡的年利率为 15%，如果你用 14 年偿还债务，你需支付的利息费用总额是 2 000 美元，这是初始欠款的 66%。

图表 6—1 **最低还款额意味着最长还款年限**

使用每月最低还款额会让你偿还信用卡欠款的时间更长，利息更多，如下表所示。以下是根据 3%的最低还款额和 15%的年利率计算的结果。

初始欠款（美元）	偿还年限	支付的利息	总利息占初始欠款的百分比（%）
5 000	16.4	3 434	68.7
4 000	15.4	2 720	68.0
3 000	14.0	2 005	66.8
2 000	12.1	1 291	64.5
1 000	8.8	577	57.7

一些信用卡甚至提供更低的最低还款额——欠款余额的 2%。看起来，支付这么点是个好交易，但实际上对你并不利，这只会增加你偿还的时间和利息费用。的确，只支付 2%的最低还款额，若利率是 15%，偿还 5 000 美元的信用卡欠款所需要的时间会超过 32 年。如果最低月还款额是 3%的话，5 000 美元的欠款能在 16.4 年内还完。看一看就明白，每月多偿还 1%将节省你 16 年的利息。这就是为什么联邦银行监管者要发布

指南，要求信用卡的最低月还款额为未偿还余额和其他费用的1%。

避免未来偿还压力的最好方法是不要在以下情况下使用信用卡：

1. 满足基本的生活支出。
2. 冲动消费，尤其是很昂贵的商品或服务。
3. 购买非耐用（短期）商品或服务。

除了这些情况，偶尔为了方便可以使用信用卡，或者把信用卡消费引起的支出列入每月的预算中。需要记住一条原则，用信用卡所买的商品使用时间要比偿还信用卡欠款的时间长。

遗憾的是，那些用信用卡过度消费的人最终要么因偿还不起而违法，要么牺牲其必需的消费，如食物和衣服。如果不偿还，会损害个人信用记录，导致诉讼甚至个人破产。

6-1c 对信贷出借人的影响

美国大部分家庭的债务是按揭贷款（高达80%）。直到2006年年底，美国的房价持续走高，房子看起来是不错的投资品，许多家庭靠按揭贷款买房。然而，由于在2007—2009年金融危机和后金融危机期间经济乏力且失业增加，家庭的沉重负债使人们陷入按揭还款的困境。为了应对危机，人们大幅削减了在房子和耐用消费品上的开支，许多人卖掉房子以减少债务。根据国民生产总值（GDP）的指标，这削弱了整个经济的活力，进一步恶化了处于下滑中的房价。在消费者逐渐适应金融危机后，总债务相对于可支配收入的比例在2008—2011年间下降很多。大约2/3的减少是由于房屋和消费贷款违约所致，抵押品被银行收走使债务进一步减少。虽然利率降到历史上的最低点，但房价的下降使家庭难以再融资。

金融危机让消费者对现金和安全的政府证券的需求增加，而银行不愿冒风险发放贷款，它们希望持有更安全的资产，如政府所有的资产。有趣的是，用于刺激经济的政府公共借款就是由于存款人对安全资产需求的不断增加而向它们融资的，这也是为什么政府的债务在增长而债券收益却在下降。

这种“去杠杆效应”产生的部分原因是消费者减少使用分期付款和出借人减少信贷供应。例如，在金融危机期间和危机后，出借人减少了28%的信用额度，以此来减少其信用风险暴露。因此，去杠杆效应是紧缩的信贷环境和自愿的家庭决策带来的。当债务持续下降时，减少的资金来源会限制人们的消费，进而减缓GDP的增长。

最近的金融危机改变了消费者的借款和消费行为，其债务已经自愿或被迫减少了，人们日益要求在金融合同尤其是按揭贷款合同中披露更多的信息，以增加透明度。人们越来越专注于有价值的购买。打折店和网上销售增长了，人们开始寻找更多的廉价品。

6-1d 建立信用

出借方增加信用额度的意愿取决于对信用状况的评估，这种信用状况是你立即偿还债务的能力。出借方在作决策时会考虑各种因素，如你目前的收入和资产净值。同样重要的是，它们会查看你目前的债务情况和信用记录。因此，你应花时间去做些事情来建立良好的信用等级。

建立信用的第一步

第一，开立支票和储蓄账户。它们对出借方来说是一种稳定的信用，表明你能用商业方式处理财务事项。第二，使用信用。开立一两个可透支账户，定期使用它们，不管你是不是更喜欢用现金付款。有些账户可能要付些利息或年费，但在这一过程中，你将建立可靠的信用记录。第三，取得一些小额贷款，即使你不需要这个贷款。如果你确实不需要这笔钱，就把钱放在流动性投资账户里，如货币市场账户或定期存单。你挣得的利息应该能抵销一部分贷款利息，不能抵销的差额可以看作建立信用的成本。你应该按时偿还贷款，甚至可提前还款，以减少贷款利息和存款利息的差额。一定要牢记，获得长期贷款取决于你过去的贷款记录。

建立良好的信用记录

从财务观点来看，获得良好的信用记录非常重要，如同一个人有良好的工作记录一样。不要草率地对待这件事，不要认为得到贷款或信用卡很难。恰恰是第一步，也就是每月及时和有规律地维护贷款和信用卡（每月消费，每月还款）正是消费信用建立过程中最难的部分。从许多方面来说，这是消费者信用最重要的因素，因为它决定着你的信誉。通过理智地使用信用卡并且及时偿还，你建立了你的信用记录，并告诉出借人你是个可以依赖、可以信任和负责任的借款人。当你有信贷时，你就有义务履行贷款中的条款，包括如何还款及何时还款。

如果预计月度还款困难，就告诉出借人。通常它们会做出安排帮你渡过困境，尤其是按月分期偿还的贷款。一定不要跳过一次不还，因为这将使你的账户成为逾期状态，直到补交这次的月度还款。你要尽量让借款人给你延期。你应该这样做：向出借方工作人员说明情况，要求延期1个月（或2个月）。在大多数情况下，只要还没有逾期，你申请后就会自动延期，所延期1个月（或2个月）的利息会加到本金之中，或者更普通的情况是，在延期的同时支付（比如相当于每月付款一部分的延期费）。其次，一两个月内，你把以前落下的还上，并重新开始每月还款。这是最理想的渡过经济难关的方法，不会损害你的信用，只是不要经常这样做就好。

理财指示牌 **如何有效使用信用的5C**

出借人经常用“信用的5C”去评估贷款人偿还贷款的意愿和能力：

- 品质（character）。这是界定还款人是否遵守贷款条款的主要因素。
- 能力（capacity）。借款人及时还款的能力。
- 抵押（collateral）。保证贷款偿还的有价品，在违约时出借人可以主张权利。
- 资本（capital）。借款人所持有的非限制性资产的数量，是另一个评定借款还款能力的指标。
- 条件（condition）。经济环境变化影响借款人还款能力的程度。

你能承受多少债务?

好的理财规划要求你好好想想自己能轻松偿还多少债务。避免在偿还过程中出现问题，确保借款不会给你的每月预算造成压力的最简单方法是为需要偿还的债务设一个限额。一个实用的原则是你的月还款额不超过你月到手收入的20%。大部分专家认为20%是一个最高限，他们强烈建议**债务安全率**（debt safety ratio）在10%～15%之间。当然，如果你未来还想申请一笔新的按揭贷款的话，债务安全率可以更低些。注意你的月还款额包括信用卡消费的欠款，但不包括按揭贷款的月供。

举例来说，假设某人一个月到手收入是2 500美元，根据20%的债务安全率，她的信用卡消费额不能超过500美元，即2 500×0.20＝500美元，这是她每月用来偿还个人贷款和其他消费贷款的最高额度。当然，这不是她可以借入的消费贷款的最高限额，实际上，她总的消费贷款可能更大一些。关键看她的收入水平，这种类型的债务每月还款不应超过500美元。图表6—2列举了不同收入水平在低（10%）、中（15%）和高（20%）这三种债务安全率下的月还款限额。很明显，债务安全率越低，说明你的财务状况越高，资信越好，越容易偿还消费贷款。

可以使用以下公式计算债务安全率：

$$\text{债务安全率}=\frac{\text{消费者月信用支出总额}}{\text{每月税后实得工资}}$$

这个指标是工作表6—1关注的焦点，这张表可以用来计算债务安全率。债务安全率能反映出每笔新贷款或信用卡消费对你信誉的影响。例如，在工作表6—1中辛普森夫妇有5笔未偿还的消费贷款和3笔信用卡消费欠款。这8项债务要求他们每月偿还740美元，占其工资收入的1/5。他们的债务安全率是18%。注意表格下部的信息，如果辛普森夫妇想要降低这个比率到15%，他们或者减少每月还款额至615美元，或者增加每月到手收入至4 927美元。

图表6—2　能力范围内的举债指南

根据债务安全性比率指标，你可以使用的负债金额取决于你每月可以偿还的金额。

每月到手收入	每月消费者债务支付		
	低债务安全比率（10%）	中债务安全比率（15%）	高债务安全比率（20%）
1 000	100	150	200
1 250	125	188	250
1 500	150	225	300
2 000	200	300	400
2 500	250	375	500
3 000	300	450	600
3 500	350	525	700
4 000	400	600	800
5 000	500	750	1 000

工作表6—1 贷款评估

家庭每月的信用卡和消费贷款还款以及债务安全率是评估资信的重要指标。本表的核心思想是把债务安全率限定在尽量（合理）低的水平上，为了使每月的贷款还款与到手收入相平衡，需要采取一些行动。

月度消费贷款还款与债务安全率

姓名 阿兰·辛普森和克莱瑞萨·辛普森 日期 2015年6月21日

■ 贷款类型*	出借人	当前月还款额（或最低还款额）
汽车与个人贷款	1. 福特汽车	$360.00
	2. 美国银行	115.00
	3.	
教育贷款	1. 美国教育部	75.00
	2.	
透支保护限额	1. 美国银行	30.00
个人信贷限额		
信用卡	1. 美国银行 Visa 卡	28.00
	2. Fidelity MC 公司	31.00
	3. JC Penney 商店	28.00
	4.	
房屋净值贷款限额	1. 美国银行	72.00
	合计月还款额	$739.00

* 仅列示需要每月定期还款的贷款。

■ 每月到手收入	1. 阿兰	$1 855.00
	2. 克莱瑞萨	2 250.00
	合计月到手收入	$4 105.00

■ 债务安全率：

$$\frac{\text{月还款总额}}{\text{月到手总收入}}\times100=\frac{\$739.00}{\$4\,105.00}\times100=\underline{18.0\%}$$

● 为了达到新的债务安全率目标，需要的改变为：

1. 新（目标）债务安全率：15.0%
2. 当前月到手收入：$4 105.00

月还款总额必须达到：

月到手总收入×目标债务安全率**

$\underline{\$4\,105.00}\times\underline{0.150}=\underline{\$615.75}$

新的月还款额

或者

3. 当前月还款额：$739

月到手总收入必须达到：

$$\frac{\text{月还款总额}}{\text{新（目标）债务安全率}}\times100=\frac{\$739.00}{\$0.150}=\underline{\$4\,926.67}$$

新的到手收入

** 债务安全率采用小数形式（比如15%=0.15）。

6-2 信用卡和其他类型的开放信贷账户

开放信贷账户（open account credit）是授予消费者在交易之前一定限额的信贷形式。典型的是，一个零售商或者银行允许消费者用开放信贷账户购买商品或透支一定数额的资金。只要消费者没有超过规定的**信用限额**（credit limit），并在规定的期限内偿还，这种额度就可以一直使用。由零售商比如百货大楼或石油公司所授予的开放信贷账户，只能在该公司或其分支机构使用。与此相对应，银行所授予的开放信贷账户，如MasterCard账户和Visa账户，能在各种企业中购物使用。有了开放信贷账户就如同有了个人信用额度，你需要时就可以使用。

开放信贷账户通常有两个主要来源：

1. 金融机构
2. 零售商/经销商

金融机构发行一般目的的信用卡，同时提供担保或非担保的循环信用额度和透支保护额度。零售商或经销商提供其他类型的开放信贷账户。提供这项服务是为了促销，主要以签账（或信用）卡形式提供信用。让我们看看这两种形式的信用，同时看看借记卡和循环信用额度。

6-2a 银行信用卡

最常见的开放信贷账户是商业银行和其他金融机构发行的**银行信用卡**（bank credit card），其中Visa卡和MasterCard卡是两个主要类型。这些信用卡持有者可以在世界范围内无数商店、餐厅、小店、加油站刷卡消费，也可以在州与市政府、大学、医疗机构及邮政部门刷卡消费，当然也可以在网上消费，信用卡已经成了网上支付的首选方式。信用卡可以用来支付几乎所有事项，如日用百货、医疗费、大学学费、飞机票、租车费。信用卡也可以用来透支现金。实际上，到2003年，美国信用卡和借记卡的交易额已经超过现金或支票的交易额。

最近的金融危机使信用卡的申请门槛提高了，信用卡的额度大幅降低。在经济危机中，申请信用卡的标准越来越高，有可能几年后申请标准才能回到经济危机前的标准。结果是，消费者发现现在很难申请到新的信用卡，现有信用卡的额度也被大幅缩减。许多经济学家预测，现在信用卡的申请标准比经济危机前还严格，而且会持续下去。尽管如此，信用卡对消费者来说还是很方便，也很有价值。要想充分利用信用卡，个人应该熟悉信用卡的一些基本特征。

信用额度

信用额度（line of credit）是发行人为信用卡持有人提供的，授予持卡人在一定期限内透支的最大数额。信用额度由发卡机构根据申请人的要求以及申请人的信用和财务状况来确定。信用额度可以达到50 000美元或更高，但大部分情况下，信用卡的最高额度一般为500～2 500美元。虽然发卡机构希望透支保持在一定限额内，但在你的欠款余额超过此限额一定的比例之前，发卡机构一般不会采取限制行动。例如，你有信用额度1 000美元，你的未偿还欠款在超过1 200美元之前（即1 000美元信用额度的20%），刷卡时不会有超额警示音。另一方面，也不要侥幸，发卡机构会向你收取超出信用额度的费用（后面会讲到）。

现金借款

除了购买商品和服务，持卡人还能从发卡行获得**现金借款**（cash advance）。现金借款是一种一借款就开始计息的贷款。这种提款交易和购买商品的方式类似，只不过要在银行或其他金融机构进行操作，持有人收到的是现金（或支票）而不是商品和服务。现金借款的另一种方式是从发卡行获得“便捷支票”以支付所购商品。你甚至可以在银行的ATM机上提取现金，不论白天还是晚上，不受时间限制。在ATM机上提取现金的数额不会很大，会受到限制，一般为500美元或更少。而在银行柜台，取现金的数额只受信用卡未使用额度的限制。

利息费用

一般来说，信用卡的利率比其他消费借款的利率要高，2012年年初，用信用卡购物的平均年利率是16.87%，用信用卡进行现金借款的利率更高。例如，购物利率可能是12%，而现金借款的利率是19%或20%。申请信用卡时，一定要留意初始阶段的低利率，这称为“优惠利率”，期限为6～12个月，一旦优惠期结束，低利率也就取消了。

大部分信用卡的利率是浮动的，它们与随市场而变化的某种指数捆绑在一起。最常用的指数是**基本利率**（base rate），这是贷款给个人或中小型企业的利率。这些信用卡会按月或按季调整利率，通常使用最低和最高利率。举例来说，信用卡条款中有：利率为基础利率加7.5%，最低利率是10%，最高利率是15.25%。如果基础利率是3.25%，那么这张卡的利率是3.25%+7.5%=10.75%。

在发卡机构发卡前，必须向消费者披露利息成本和相关信息。在用信用卡购买商品或服务时，在**宽限期**（grace period）之前不会收取透支的利息。通常在20～30天的宽限期内，你只要全额偿还信用卡的欠款，就能避免透支产生的利息。然而，如果你在宽限期内没有全额偿还，利息就会自动加到你以前的欠款中，新购买商品的交易也要收取利息。现金借款的利息是从你取出现金那天开始计算的。

其他费用

除了信用卡的利息，你还需要知道信用卡的其他费用。许多（虽然不是全部）信用卡都有年费，作为使用信用卡的代价。在大多数情况下，年费大约是25～40美元，金卡可能收费更高。一般来说，越是较大的银行或储蓄和贷款联盟，越有可能收取年费。其次，许多发卡机构会对每笔信用卡现金借款收取交易费，金额为5美元，或是贷款额的3%，取二者中的较高者。

从过去来看，发卡机构会想出各种办法从你身上榨取其他的收入，费用名目繁多，包括延迟偿还费、超限额使用费、外币交易费、余额转出费等。例如，如果你偿还信用卡迟了一点儿，那么有些银行就会收取延迟偿还费，这是额外的收费，因为你得支付未偿还余额的利息。类似的情况是，如果你不小心超过了信用额度，也会被银行收费（额外的利息）。一些人批评这种收费，因为持卡人不知道什么时候到了信用限额。如果不用信用卡，一些发卡机构也会收费。例如，持卡人在六个月内不使用信用卡，有些银行会向客户收取15美元的费用。

这些复杂的信用卡条款和额外的收费促使政府通过了《2009年信用卡法案》(Credit Card Act of 2009)。

行为金融问题 **行为偏差和信用卡使用**

要警惕信用卡每月账单里出现的最低还款额。有证据表明人们会不恰当地关注或固守偿还最低还款额的想法。你本来可以全部偿还，结果只偿还了最低数额。影响很明显，就是要负担更多的利息。

另一种倾向是陷入“心理账户”的陷阱，指不恰当地把相互联系的决策看做彼此独立的决策。例如，一些人持有短期、低收益的投资，同时有高成本的信用卡负债。卖出投资并用所得的钱偿还信用卡欠款更为明智，这样会减少利息费用。但是很多人不这样做，因为他们把这些交易看成是彼此独立的、不相关的。

因此，应该考虑财务决策之间是如何关联的，考虑一下类似“锚定”的行为偏差和心理账户，特别是当这些问题与信用卡管理相联系时。

6-2b 信用卡的特殊形式

信用卡已经发生了变化，现在除了标准的“纯”银行信用卡，你还可以获得能提供打折和激励的信用卡、非营利组织发行的信用卡，甚至专门针对大学生的信用卡。

回报卡

增长最快的信用卡是**回报（联名）信用卡**（reward（co-branded）credit card)，它具备传统信用卡的特点，同时有用卡回报：奖励现金、商品返点、飞机票甚至投资。大约有一半的信用卡是返点信用卡，而新类型的信用卡每天都会出现。下面是各种回报项目：

- 飞行常旅客项目。在这个项目里，持卡人每刷卡消费一美元可以赢得特定免费的飞行公里数。这些飞行公里数的积分可以用在与航空相关的项目上，如购买免费机票、免费升舱及其他与旅行相关的优惠活动。
- 汽车返点项目。一些信用卡允许持卡人使用最高5%的年消费额，用于汽车购买、汽车租赁或汽车维修等，但有最高限额要求。实际上，大部分汽车公司提供回报信用卡，可以用于买车及相关商品。
- 其他的商品返点。越来越多的公司加入到银行卡回报计划中，如挪威邮轮公司、哈拉斯酒店赌场、纳斯卡赛车、星巴克、万豪酒店。一些地方的电话公司还提供打电话方面的返点（搜索返点卡信息的较好的网站是 http:// www. cardtrak. com)。

返点卡划算吗？也划算也不划算。要看这些卡对你是否有用，可以通过分析你的使用模式并计算返点前后的年成本来对这些卡进行评估。不要被这些卡所使的一些花样所迷惑从而忽略其总成本。许多带有激励的卡比普通银行卡的利率要高，这些返点卡对于能够使用这些返点、费用较多且每月余额不高的人比较合适。

慈善信用卡

“具有一项事业的信用卡”可以用来描述**慈善信用卡**（affinity card）。这些卡和标准的 Visa 卡或 MasterCard 卡差不多，是由银行和一些发起机构联合发行的，这些发起机构大多是慈善组织、政治组织或职业团体。之所以命名为慈善信用卡是因为发行机构与其成员之间联系紧密。慈善信用卡可以由一些非营利组织发行，如反对酒驾母亲联盟（MADD）、美国野生动物基金、美国退休人员协会（AARP）和特奥会。除此之外，一些大学的校友会、劳动组织、宗教组织、友爱会和职业社团也发行此类卡片。那么为什么要办理这种卡？不像传统的银行卡，慈善信用卡可以为这些组织提供资金，因为主办组织可以分得信用卡的一部分利润。但为了支付给主办组织这些钱，发卡银行通常会对慈善信用卡收取较高的利率。即便如此，一些人仍把这些卡看做对一项有价值的事业的贡献。然而，其他人认为使用传统信用卡直接给慈善机构开支票捐钱更好。

担保信用卡

你可能在电视上看过广告，无论你的资信多差，你都有资格拥有一张信用卡。听起来太好而让人难以置信，但这却是真的，因为这是一种吸引顾客的方式。顾名思义，这种信用要被担保，为了得到信用卡，你必须提供担保物，所以称为**担保或抵押信用卡**（secured（collateralized） credit card）。信用的额度由你能提供的担保物的价值决定。担保信用卡的目标是没有信用或有不良信用记录的人群。除了有担保外，担保信用卡和一些传统的信用卡如 Visa 卡、MasterCard 卡是一样的。要想获得担保信用卡，客户必须用一定数额（大约 500 美元或更多）、时间为 12～18 个月的定期存单作抵押，持卡人能得到与此存款额相等的信用卡最高额度。如果客户违约，银行有权用这张定期存单来偿还银行的损失。通过及时偿还信用卡，持有人可以建立（或重新建立）良好的信用记录，以后可以申请非担保信用卡。担保信用卡的年费和其他费用与一般信用卡相同，有的可能高一些。

学生信用卡

一些大银行通过 Visa 和 MasterCard 项目发行专门针对大学生的信用卡。这些**学生信用卡**（student credit card）往往会有一些促销活动以吸引这部分目标市场客户，如免费的音乐会门票、电影票及类似的活动。除此之外，这些信用卡和一般信用卡是一样的。学生信用卡的申请人必须是在校注册的两年制大专生或四年制大学生，还要有些收入，收入可以是任何类型。更为特别的是，这些信用卡不需要父母或监护人的担保，也不需要有全职（或兼职）工作。从大学生角度来看，申请这种信用卡不仅方便生活，而且对于建立个人良好的信用记录大有裨益。但要记住，应认真负责地使用信用卡，这样才能从信用卡中获得最大收益，这也是我们想要的结果。

6-2c 零售商信用卡

零售商信用卡（retail charge card）是由商场、石油公司、汽车租赁机构等发行的卡片。这种卡颇受经销商的欢迎，因为可以建立客户忠诚度并促进销售；顾客也喜欢这种卡，因为方便购物。这些卡有一个预先设定的信用额度，这个额度会因持卡人的资信而不同。这种形式的信用卡在商场、服装市场和其他大的奥特莱斯店很常见，在这里顾客一个月能消费多次。大部分石油公司也提供这种信用卡，顾客可以用这种卡加油和购买相关石油产品，并被期望在收到每月账单后全额还款。零售商信用卡的月利率通常是1.5%～1.85%，年利率是18%～22%。

6-2d 借记卡

借记卡看起来像信用卡，与信用卡一样使用，上面甚至会有我们熟悉的MasterCard和Visa标识，但它不是信用卡，而是借记卡。很简单，**借记卡**（debit card）能够让你使用支票账户中的钱，就如同使用支票一样。也就是说，你用借记卡进行购物时，交易的金额直接从你的支票账户中扣除。借记卡和信用卡不同，使用时看起来没花钱，但实际上和用现金支付一样。也因为如此，使用借记卡不会产生借款费用。

借记卡变得越来越普遍，对想得到信用卡的便利但又不想负担高成本的人们更有吸引力。实际上，2006年，借记卡的使用量第一次超过了信用卡。考虑到在美国每年有580亿信用卡/借记卡交易量，这算是不小的业绩了。大部分商家接受带有Visa和MasterCard标识的借记卡，其功能和签发支票是一样的。如果你在商场或餐厅用借记卡消费，交易就会在你下个月的支票账户的账单上显示出来。借记卡会直接记录你的交易，直接记入你的支票登记簿，如同取现或签发支票一样，从你的支票账户直接扣减余额。借记卡可以24小时在ATM机上使用。

理财规划小贴士　使用借记卡的风险场所

是的，借记卡使用方便，通常可以在大部分商家使用。但是不像信用卡，借记卡更容易引发资金被盗风险。你若发现信用卡账单有错误，你可以拒绝支付或提出异议。然而，当发现借记卡有错误时，借记卡中的钱（不是银行的钱）已经被划走了。这就需要由你而不是银行将这笔钱追回来。处理信用卡错误交易只要几天就能完成，但因借记卡中发生的错误或诈骗可能需要几个月才能把钱追回来。

在以下情况下，你的借记卡很容易遭遇不测：

- 使用室外的ATM机时要小心。可以通过在ATM机的插卡口安装一个读卡器来盗取借记卡上的信息。小心那些破旧的ATM机，有可能不法分子偷偷安装了读卡器。室外ATM机是使用借记卡最危险的地方，这些公共场所有机会让不法分子在ATM机上安装读卡器和照相机，有的甚至使用望远镜偷窥交易。在商店内或人流量大、灯光明亮的地方，ATM机使用起来更安全些。

● 在加油站要保护好你的个人识别号。加油站是另一个使用借记卡时信息容易被盗的地方。因为没有太多的监控，不法分子很容易在加油机上安装读卡器或照相机。信用卡使用起来比借记卡安全些。

● 网站也是使用借记卡的危险之地。你的借记卡信息在许多地方很容易被窃取：你的电脑可能被植入恶意木马软件；你的数据在上传给供应商的过程中可能通过信号接收器被截取；零售商的数据库会被攻击。网站说这很安全，但情况怎样？你不知道多少人有你的借记卡信息，也不知道他们是谁。

● 一些餐馆会把借记卡信息存下来。一些餐馆可能把你的借记卡拿出去进行交易，在此过程中一些人就有机会获得你的借记卡信息。不管有没有道德，几乎没有小企业会采取足够的措施来保护个人信息。

资料来源：Adapted from Claes Bell，"4 Risky Places to Swipe Your Debit Card，" http://www.bankrate.com/finance/checking/risky-places-swipe-debit-card-1.aspx，accessed April 2012.

借记卡的最大缺点是它不能提供信用额度，除此之外，如果你没有正确记录支票账户或者粗心大意以为在使用信用卡，可能会引起透支。同时，一些借记卡会收取交易费或固定的年费；一些商家甚至在你用借记卡消费时就收费。从好的方面来说，借记卡可以避免信用卡可能产生的信用问题及其高成本。如果你只是想得到和信用卡一样的便利，就可以使用借记卡消费，尤其是一些加油站等经销商，若采用现金消费，它们会提供一些折扣，借记卡消费可以看做现金消费。

6-2e　循环信用额度

循环信用额度（revolving line of credit）是由银行、金融中介和其他金融机构提供的。这些信用额度通常与信用卡的使用无关，而是以在常规支票账户或特定信用额度账户中签发支票的形式使用。它是另一种形式的开放信贷账户，但比信用卡更好，不仅比信用卡的信用额度高，而且成本较低。使用这种信用额度甚至还有税收优惠。循环信用额度的基本功能是在信贷限额内为客户提供借款。三种主要的开放信贷形式是透支保护、非担保个人信用额度和房屋净值信用额度。

透支保护

透支保护额度（overdraft protection line）是支票账户信用限额，能让存款人在预先设定的额度内在支票账户中透支。信用额度一般是500～1 000美元，也能达到10 000美元或更多。消费者可以通过签发支票使用这种信用额度，一旦支票金额超出账户资金，透支保护额度会自动垫付资金到你的账户，以补齐透支的金额。有些情况下，透支保护是把信用卡与支票账户相连，这很像一般的透支保护额度，不同的是，在你的账户透支时，银行会自动提取你信用卡上的金额并转到你的支票账户。从你的信用卡里透支现金，就如同从你的信用卡中进行现金借款一样，但会考虑到透支保护额度的作用；它会自动垫付资金到透支的支票上。

如果你不小心签发了很多透支的支票，可能会把你的这些额度都用完。不管什么类型的信用额度，都有透支的限额。要小心使用这个信用额度，不要把它看作可以经常透支的通行证，如果经常这么做，只能说明你不善于管理现金且时常超出预算。最好把透支保护额度看作一个信贷应急资源，透支的现金应该尽快还上。

非担保个人信用额度

另一种形式的循环信用额度是**非担保个人信用额度**（unsecured personal credit line），它会授予一个信用额度，个人可以根据自己的需求使用，不需要烦琐的手续就能从银行贷出钱来。基本上来说，它是一种贷款方式，你可以从银行、储蓄和贷款联盟、信用合作社、储蓄银行及其他金融中介机构随时贷款，不需要办理繁杂的贷款手续。

下面我们看看这种贷款是如何运行的。如果你申请并获批了个人信用额度，则可以在这个限额内签发支票。如果你要提现，只需签发一张支票（在你的信用额度内）并把此支票存入你的支票账户即可。或者，你需要购买大件物品（如音响），可以用这个限额去支付，在资金清算时，钱从你的非担保个人信用额度中扣除，就像提现一样。个人信用额度最低 2 000～5 000 美元，经常会达到 25 000 美元或更多。和透支保护额度一样，只要你从账户中进行现金贷款，就可以每月分期付款的方式偿还。偿还期根据你的欠款金额而不同，一般期限为 2～5 年。为了减少每月的还款压力，数额越大的借款所给予的还款期越长。

虽然这些信用额度的条款很有吸引力，但也有问题，最大的问题是非常容易获得现金。这些额度通常较大，使用起来和信用卡一样容易。所以，如果过度使用或依赖这个额度，会对家庭的预算造成严重的后果。因此，要尽力保证使用这个额度时不要使家庭财务状况出现困难。

房屋净值信用额度

可以设想，一对夫妇买了一套房子，花费 285 000 美元。十年后，房子价值 365 000 美元。这对夫妇的资产价值 365 000 美元，房屋还有未偿还的按揭贷款，假定为 220 000 美元。很明显，这对夫妇积累的实际房屋净值为 145 000 美元（365 000－220 000）。在不出售房子的情况下，他们如何获得这些权益呢？答案是使用**房屋净值信用额度**（home equity credit line）。这个额度除了用房屋二次抵押进行担保之外，与非担保个人信用额度一样。开张支票你就可以贷出房屋净值 100％的金额。虽然有些银行和金融机构允许客户取得房屋净值 100％的贷款，有些情况下甚至更多，但大部分出借人设定的最高额度为房屋市场价值的 75％～80％，这使借款人可借入的金额减少了。

下面我们看看这种贷款是如何运行的。在上面的例子中，这对夫妇的房屋净值为 145 000 美元，这是他们取得房屋净值信用额度的基础。假设信用记录良好，可使用 75％的按揭比率，银行最多可以借给他们 273 750 美元（0.75×365 000）。用这个数字减去他们未偿还的按揭贷款 220 000 美元，这对夫妇所能取得的房屋净值信用额度为 53 750 美元。当然，这个例子中，如果银行愿意借给他们房屋净值 100％的贷款的话，其可得到的房屋净值信用额度就是 145 000 美元，这是房子的价值减去所欠贷款后的金额。但是，大部分银行不愿意这么做，因为一旦客户违约，出借人没有缓冲余地，很难避免损失。

房屋净值信用额度也有税收方面的优惠。按照最新的税法，若采用逐项扣除，使用房屋净值信用额度所产生的利息在纳税申报时可以全额抵扣。这是唯一有资格享受税收优惠的消费贷款，根据最新的税法，可以从应纳税收入中全额扣除房屋净值贷款的利息，最高扣除限额为100 000美元，不考虑房屋的初始成本与使用过程中所取得的收益。实际上，唯一的限制是借款额不能超过房屋的市场公允价值，当然，这种情况不太可能出现，因为房主一般借款不会超过房屋市场价值的75%～80%。在前面的例子中，这对夫妇最多可以从其信用额度中贷出53 750美元，他们所付的每一分利息都可以抵税。如果他们需要支付3 225美元的利息，并处于28%的税级，那么他们减少的个人所得税负债为903美元（3 225×0.28），他们应采用逐项扣除方式申报纳税。

房屋净值信用额度不仅能提供税盾，它几乎是所有消费贷款中成本最低的。例如，2012年年初标准信用卡的平均利率是16.87%，房屋净值信用额度的利率是5.22%。为了解清楚这对借款人的价值，假定你有10 000美元未偿还的消费贷款。如果你以16.87%的利率借入标准的消费贷款，你每年需要支付1 687美元的利息，而且不能抵税。如果用房屋净值信用额度借同样的钱，利率是5.22%，你只需要支付522美元的利息费用。同时，由于这些利息可以抵税，如果你处于28%的税级，那么税后成本是522×(1－0.28)＝375.84美元。

不同类型的金融机构都提供房屋净值信用额度，有各种信用条件和信用贷款可以使用。贷款偿还期限是10～15年或更长。最令人刮目相看的是，房屋净值信用额度很高，100 000美元很常见。正因为能获得大量贷款，所以使用这种贷款时一定要小心谨慎。你在房屋上有财产净值并不说明你有足够的现金来偿还贷款。记住，你的房子是借款额度的抵押品，如果你不能偿还贷款，房子可能就没有了。

6-3 获取并管理开放式信贷

消费者喜欢使用信用卡。2011年，通过Visa和MasterCard，交易额达到6.8万亿美元。

为了方便，人们经常保有不同种类的开放式信贷。例如，几乎每个家庭都在使用30天账期的后付费形式来支付水电费、电话费等。除此之外，大部分家庭有一张或多张零售商信用卡和两三张银行信用卡，实际上有些人的卡多达15～20张。当然这还不是全部，家里还可能有透支保护额度或房屋净值信用额度形式的循环信用额度。把所有的卡和信用额度加在一起，一个家庭可能有数万美元贷款额度。很容易看到为什么消费贷款在日常消费中如此普遍。

6-3a 申请贷款

零售商信用卡、银行信用卡、循环信用额度有什么共同之处？答案是，都要求你通过正式的信用申请。现在让我们看看你如何申请获得贷款，包括正常信用申请、调查和决策等流程。我们按照信用卡申请流程来讨论，其他的循环信用额度与此相似。

信用申请

美国的消费者手里握着6亿张信用卡，你可能认为什么人都可以申请到信用卡，实际上差不多，但你必须申请才行。一般可以向银行或商场申请，也可以向接受信用卡消费的商户申请。典型信用卡的申请信息包括申请者的个人或家庭信息、住房情况、工作和收入情况以及现有贷款情况。这些信息可以让出借人了解申请人的信誉。出借人需要考虑申请人是否有及时偿还债务的品质和能力。

信用调查

一旦完成申请并提交给发卡机构（现在更常见的是在网上提交），就开始进入**信用调查**（credit investigation），其目的是评价申请人的信用风险种类。所以一定要认真填写表格，不管你信不信，他们都会仔细看每一项。出借人重点审查的内容是你挣多少钱、有多少未偿还债务、能否很好地处理这些债务、你是否稳定（如你的年龄、以往的工作经历、是租房还是买房，等等）。很明显，收入越高、信用记录越好，你的信用申请被批准的机会就越大。在调查期间，出借人会逐一核实你所提供的信息，若有虚假或误导信息，一定会把你拒之门外。

信用调查局

信用调查局（credit bureau）是用来收集和出售关于个人借款人信息的代理机构。经常有这种情况，出借人并不了解你，所以它必须依靠一种低成本的方法来证明你的工作和信用记录。这时，信用调查局很有用，因为它那里有当前和潜在借款人的信用档案。

与大家的认识不同，你的信用档案并没有囊括你的所有信息，比如你的生活方式、朋友圈、生活习惯、宗教信仰或政治面貌，其中大多是一些枯燥的信息和资料，包括姓名、社会保障号、年龄、抚养人数、就业记录和工资收入证明、破产记录以及最近要求资料的机构和个人姓名。

虽然一个人偶尔晚一两天还信用卡在信用档案里与无不良记录的档案没有太大差别，但明确的不良行为（比如延迟30天或60天偿还）或破产情况会对个人信用记录产生很大的影响。不良的信用会伴随你很长时间，不良行为会保留7年，破产记录会保留10年。在图表6—3中提供了一份信用调查局的真实信用报告。

图表6—3　信用调查局提供的个人信用报告示例

目前信用调查局的报告经过改进很好理解。注意，除了一些基本信息，报告直接提供了贷款信息，包括偿还记录、历史状况和贷款类型。

至2015年4月9日的个人信用报告

此信用报告的有效期为30天，如果想要最新的信用报告，
可以向MyEquifax索取。

身份证编号：××××××××××××××

- **个人信息**

约翰·Q·帕布利克
亚利桑那州凤凰城第85大街2351号，邮编：85037

社会保障号：022-22-2222
出生日期：1965年1月11日

● **以往的地址**
亚利桑那州凤凰城第3大街133号，邮编：85037

● **工作记录**	地址：	工作时间：	验证时间：
Cendant Hospitality FR	亚利桑那州凤凰城	1994年2月11日	2006年1月3日
之前的工作：	地址：	工作时间：	验证时间：
SOFTWARE Support Hospitality Franch	佐治亚州亚特兰大	2006年1月3日	2006年1月3日

● **公开记录**
无破产记录
无财产被扣押记录
无抵押品被处置记录
● **收款账户**
无收款账户记录
● **贷款信息**

公司名称	账号	开户日期	最新账户变动	账户类型与状态	最高贷款	报告日余额	过期欠款	报告日期
美国信贷金融服务公司	40404××××联合账户	2005年3月	2015年3月	分期还款恢复	$16 933	$430 $9 077	$128	2015年2月

之前还款历史
延迟30天还款7次；60天5次；90天3次
非自愿的自动恢复

公司名称	账号	开户日期	最新账户变动	账户类型与状态	最高贷款	报告日余额	过期欠款	报告日期
第一资本公司	412174147128××××个人账户	2003年10月	2015年1月	循环信用额度授权支付	$777	$15 $514		2015年1月

之前还款历史
延迟30天还款2次；60天1次；90天0次
信用卡

公司名称	账号	开户日期	最新账户变动	账户类型与状态	最高贷款	报告日余额	过期欠款	报告日期
Desert Schools FCU	423325003406××××个人账户	2002年7月	2012年6月	循环信用额度授权支付	$500	$0		2012年7月

之前还款历史
延迟30天还款2次；60天0次；90天0次
账户已还清，销户

● **信用报告请求人**
请求你信用文件的公司
2014年4月9日 EFX Credit Profile Online
2014年6月30日 Automotive
2013年1月18日 Desert Schools Federal C. U.
2012年7月2日 Time Life，Inc.

地方信用调查局由企业和银行建立并共同拥有，它们收集和存储住在社区里的人们的信息，并有偿提供给需要的人。地方信用调查局通过“三大”国家信用调查局之一互相联系，这三大国家信用调查局分别是 TransUnion、Equifax 信用信息服务局和 Experian，每个信用调查局都有一套可以获得美国任何一个地方信息的机制。从传统上来看，这些信用调查局不做收集与提供信用信息之外的业务，它们既不分析信息也不做最后的信用决策。然而，2006年，三大国家信用调查局宣布它们开发了一个新的信用评分系统，称为 VantageScore，这个系统将三家信用调查局的信用进行了整合。这样，三大机构首次实现针对个人的信用档案签发统一的信用评级。当然这三大信用调查局有义务报告其他的信用分数，例如广泛使用的 FICO 分数。

过去，信用调查局受到人们的广泛批评，因为其信用报告中有很多错误，在纠正这些错误时效率低且不及时。还好，情况在最近几年有很大的变化，三大信用局采取了以顾客为中心的导向与方法。即便这样，你也要核实你的信用报告是否真实地反映了你的信用记录。最好的方法是取得自己信用报告的复本，根据法律，你有权每年免费得到一份自己的报告（可以登录联邦贸易委员会的网站 http://www.annualcreditreport.com 索取），仔细看一看，如果发现有什么错误，尽快通知信用调查局，可以采取任何方式让其更改。而后再索取一份，看是否已经更正错误。许多消费顾问建议每年看一次自己的信用报告。

下面是三家国家信用调查局的网址：

- Equifax 信用信息服务局：http://www.equifax.com
- TransUnion 消费者披露中心（有限公司）：http://www.tuc.com
- Experian 国家消费者协助中心：http://www.experian.com

6-3b 信用评分

通过信用申请人提供的数据，加上从信用调查局获得的信息，商家或银行需要决定是否授予申请人信用。这些机构很有可能使用某种类型的**信用评分**（credit scoring）来辅助决策。总的信用分数由你的年收入、租房还是自有住房、你持有的信用卡种类和数量、现有负债水平、是否有储蓄存款以及一般信用报告等因素决定。总的评价指标可能有 15～20 个，根据预先确定的标准为每个指标打分。例如，如果你 26 岁、单身、年收入 32 500 美元（在本单位仅工作了两年）、租房，你可能会得到如下分数：

1. 年龄（25～30 岁）	5 分
2. 婚姻状况（单身）	−2 分
3. 年收入（3 万～3.5 万美元）	12 分
4. 工作年限（2 年或以下）	4 分
5. 租房或自有住房	0 分
	19 分

其他 10～15 项指标会以同样的方式打分，其他条件相同，你的个人特征或品质越好，你得到的分数越高。统计研究结果显示，个人的品质和财务特征可以用来评价其信誉。实际上，整个信用评分系统建立在由统计研究证明的能代表个人信用特征的指标基础之上。

最大的信用评分提供商是 Fair Isaac 公司，该公司创设了广泛使用的 FICO 分数。与其他的信用评分提供商不同，Fair Isaac 公司只采用个人资信信息计算评分，不涉及年龄、婚姻状况、薪水、职业、就业历史、居住地等信息。FICO 分数由以下五方面加权得到，每个方面赋予相应的权重。它们是：还款记录（35%）、现有负债（30%）、有信用记录的时间长度（15%）、新贷款（10%）、已使用的贷款类型（10%）。三大信用调查局都可以出具 FICO 评分，最低 300 分，最高 850 分。分数高低代表借款人的信用风险，分数越高，风险越小。当然，机构很少仅依据 FICO 评分来发放贷款，但是很明显，分数越高，贷款利率可能就越低，还款额也就越低。

理财指示牌 **提高你的 FICO 分数**

提高 FICO 分数就像减肥一样，需要花费时间，没有捷径。这里有些建议可以让你得到一个较高的分数：

- 及时还款。
- 如果错过了以前的还款，那么现在就还。
- 如果还款有困难，联系贷款银行，重新制定还款计划。
- 使信用卡透支余额保持低水平。
- 偿还债务而不是拖到以后再还。
- 不要为了提高你的信用而申请新的信用卡。
- 如果过去你的信用有问题，那么重新建立你的信用。

资料来源：Adapted from "How Can I Increase My FICO Score?" http://www.myfico.com/crediteducation/questions/increase-score.aspx, accessed May 2012. Copyright Notice: © 2002—2006 Fair Isaac Corporation. Copyright © Fair Isaac Corporation. Used with permission. Fair Isaac, myFICO, the Fair Isaac logos, and the Fair Isaac product and service names are trademarks or registered trademarks of Fair Isaac Corporation.

6-3c 计算财务费用

信用卡发行人事先并不知道你需要交多少费用，因而不能确切地披露你需要支付的利息，但它们可以而且必须（根据《诚信借款法案》(Truth in Lending Act)）披露它们收取的利率和融资费用的计算方法，这个利率是**年度百分比利率**（annual percentage rate，APR)，且为真实和实际利率，需根据法律要求计算，其中包含所有的费用和成本。记住，作为消费者你有权知道，当然出借人也有义务告知你借款的费用和年度百分比利率。

你支付的开放式信贷的利息部分取决于出借人计算欠款余额的方法。大部分银行和信用卡发行机构会使用**平均日余额**（average daily balance method，ADB）两种方法中的一种，用账单期间平均日余额与相应的利率计算利息。最常见的是包括新增欠款的 ADB 方法（估计约占 95%），另一种是不包括新增欠款的 ADB 方法。

- 包括新增欠款的 ADB 方法。在账单周期内，将每天包含新增欠款并扣除已还款的未偿还余额相加，除以账单周期天数，得到 ADB。
- 不包括新增欠款的 ADB 方法。和第一种方法相同，但不包括新增欠款。

不同的计算方法会对信用卡的余额产生影响，进而影响融资费用。同时要知道，即使用相同的年度百分比利率，但由于余额的计算方法不同，所产生的费用也会有很大差异。知道发卡机构所使用的计算方法很重要，一般规则是，对于刷卡频繁的信用卡持卡人来说，包括新增欠款的 ADB 方法会为发行机构带来更多的利息收入，反过来，对持卡人来说意味着高成本。

计算数字

让我们用最普遍的方法（包括新增欠款的ADB方法）计算余额和融资费用。假设你有一张First Bank的Visa卡，月利率是1.5%。

你的账单日期是2015年10月10日到2015年11月10日，总共31天。账单显示初始未偿还的余额是1 582美元，10月15日用信用卡购买商品消费750美元，10月22日用卡购买商品消费400美元，11月6日偿还了275美元。因此，你前5天（10月11日到10月15日）的未偿还余额是1 582美元，接下来7天（10月16日到10月22日）的未偿还余额是2 332美元（1 582+750），下面的15天（10月23日到11月6日）是2 732美元（2 332+400），最后4天的未偿还余额是2 457美元（2 732−275）（见图表6—4）。

图表6—4　计算平均日余额及融资费用

包括新增欠款的ADB方法是信用卡发行机构广泛使用的计算每月利息费用的方法。

	天数 (1)	余额 (2)	计算 (1)×(2) (3)
	5	1 582美元	7 910美元
	7	2 332美元	16 324美元
	15	2 732美元	40 980美元
	4	2 457美元	9 828美元
合计	31		75 042美元

$$ADB=\frac{75\,042}{31}=2\,420.71\text{（美元）}$$

融资费用：2 420.71×0.015=36.31（美元）

我们可以用图表6—4中所示的程序来计算平均日余额，注意用未偿还余额乘以各自的权重（天数），求得合计数，再用此合计数除以账单总天数，得到ADB为2 420.71美元，再乘以1.5%的利率，可以得出信用卡当月收取的融资费用是36.31美元。

6-3d　信用卡管理

恭喜，至此，你已经申请并获批了一张银行信用卡，同时也得到了自己喜爱的商场的零售商信用卡。你应该认真读一遍信用卡协议中的具体条款，至少对每个账户的收费情况有个基本的了解。现在，你要好好管理你的账户，学会使用每月账单来按时还款，这个账单还可以记录你购买商品的情况。

账单

如果你使用一张信用卡，你会收到类似于图表6—5的每月账单，上面会列示账单周期、还款日期、利率、最低还款额以及在此期间的账户变动情况（零售商信用卡的账单与此相似，但没有现金借款的功能）。账单会概括信用卡账户变动情况，包括：上期余额（即信用卡期初未偿还余额，而不是过期的金额）；新产生的交易欠款（本例中为4项）；未偿还余额的融资费用（利息）；上期已偿还金额；其他贷项（如还款）；最新余额（上期余额加上新交易欠款及融资费用减去上期已偿还金额和其他贷项）。你每月要看一看自己的账单，在还款前核对每一笔交易和返款是否正确。如果发现账单有错误或怀疑卡有被盗用的情况，先拨打发卡行的免费电话报告上述情况，然后在账单收到日后 60 日内以书面形式提交你的问题。

虽然购买商品和透支现金的项目是分开列示的，每笔都按照 1.5%的利率来计算（年利率是 18%）融资费用。但这是为了方便展示，实际上，现金透支的利息要高于信用卡消费的利息。

还款

信用卡使用人可以偿还每月最新余额以避免将来产生更大的融资费用。例如，图表 6—5 中最新余额为 534.08 美元，最后还款日期是 2015 年 9 月 21 日，在此日期之前还款不会产生额外的费用（但到期时持卡人仍然需要支付本期 4.4 美元的利息）。如果持卡人不能偿还本期的全部余额，可以按照账单上所示的**最低还款额**（minimum monthly payment）（比它高也可以）还款。注意，在本例中，最低还款额为最新余额的 5%，金额四舍五入取整数。如图表 6—5 中底部所示，最低还款额为 27 美元（534.08×0.05＝26.70≈27）。这 27 美元包括本金 22.60 美元和利息费用 4.4 美元。实际上最低还款额为最新余额的 4.25%。如果最新余额少于 200 美元，需要最少偿还 10 美元（最小绝对金额），若余额小于 10 美元，则全额偿还。如果持卡人不能偿还最低还款额，就会被认为违约，发卡银行可能会采取必要措施。

图表 6—5　　银行信用卡每月账单　　单位：美元

每个月，银行信用卡持卡人都会收到一份账单，账户会提供借款和收费明细，以及之前活动与融资费用的概要。

银行卡账单

请保留此账单记录。

账号	户名	2015 年 8 月 24 日	2015 年 9 月 21 日
123-XYZ-45678	斯科特·拉塔斯特先生 埃米莉·拉塔斯特女士	账单日	最后还款日期

账户变动			融资费用的计算				
上期余额	203.64	信用状态	与利息费用有关的金额		本月费用		
还款−	119.89	你的信用额度：	A. * 平均日余额	293.25	合计		
其他贷项−	0.00		B. * 现金借款	0.00	4.40	1.50%	18.00%
小计	83.75		C. * 透支贷款	0.00	0.00	月利率	名义年利率
新交易＋	445.93	2 000.00			0.00		
融资费用＋	4.40	可用额度			4.40	18.00%	
延迟费用＋	0.00						
最新余额	534.08	1 465.92	* 融资费用的解释见背面		融资费用	年度百分比利率	

账单邮寄地址：加利福尼亚 Van Niles 市 7890 邮箱，邮编：85258，或拨打 800/000-0000
需要过去的账单或想提升信用额度，可拨打 800/000-0000

记账日	交易摘要或商户名称	地点	购买日	银行账号	消费/借款金额	还款金额
8月8日	美国西部航空	洛杉矶	7月25日	850000008823395192	42.00	
8月13日	Hacienda Motors	科斯塔梅萨	8月5日	015400018537022316	166.86	
8月15日	Ricos饭店	棕榈泉	8月10日	114500018856161722	132.47	
8月12日	还款		8月11日	4501000182MD02139		119.89
8月24日	Renees饭店	纽波特	8月13日	114500068201632483	104.60	
	注：见背面重要信息					
最低还款额：27.00	最新余额：534.08				借方合计 445.93	贷方合计 119.89

6-4 用好信用卡

如前所述，信用卡和循环信用额度能更好地为生活融资，然而，若使用不善，你可能会陷入麻烦之中。这就要求你精心挑选适合你的信用卡，理解信用卡的好处与弊端，学会解决信用卡的问题，并知道如何避免因信用卡滥用而带来的最终成本——破产。

6-4a 选择最好的信用卡

购物时需要货比三家，对信用卡同样需要如此。因为有费用和较高的利息，所以我们得好好考虑和斟酌一下。那么从何处着手呢？专家建议先向后看，即考虑自身的实际情况，你属于哪种类型的消费者？你是如何支付账单的？事实是，没有一种信用卡适合所有人。如果你能按月偿还欠款，那么你就与那种只想偿还最低还款额的人不同。无论你属于哪种类型的消费者，有四个基本因素需要考虑：

- 年费
- 账户余额的利率
- 宽限期的长短
- 计算信用卡余额的方法

如果你能每月全额偿还信用卡欠款，那么可以申请一张没有年费且宽限期长的信用卡。信用卡的利率高低对你来说无关紧要，因为你每个月都不会拖欠不还。相反，如果你不能每月全额偿还欠款，那么可选择针对未偿还余额收取的利率较低的信用卡，这时宽限期长短就不那么重要了，当然，很明显，在其他条件相同的情况下，最好选择低年费或者免年费的信用卡。

然而，有时候其他条件并不相同，你必须在利率和年费中做出选择。如果你用信用卡消费不多，则避免有年费的卡，再从中找到低利率的信用卡（这种卡可能更适合大部分大学生）。另一方面，如果你经常有大额欠款需要偿还，最好选择一张有年费的信用卡（甚至年费较高的一种），这种信用卡会使你的利率保持尽可能低的水平。

最起码要做到不要一有机会就办张信用卡，应当找最适合自己的信用卡。对于申请或有意向申请的信用卡要多多了解。想了解关于信用卡的信息，可以登录以下网址：www.bankrate.com，www.creditcards.com 或者 www.cardtrak.com，这仅是其中的几个网站。这些网站会提供不同类型的信用卡以及这些信用卡的年费、利率、信用条件等信息。另一个获得信息的途径是阅读杂志，如《金钱》、《吉普林个人理财》。这些杂志一般会提供在国内银行或金融机构办理低成本信用卡的一些信息（见图表 6—6）。

图表 6—6　不同信用卡类型的平均利率

在一些金融媒体上可以找到低成本信用卡的信息。注意，最低利率信用卡对每月有较大欠款余额的人来说比较合适，而免年费的信用卡对每月按时偿还欠款的人较适合。

信用卡类型	平均年度百分比利率（APR）
余额转账卡	16.51%
返现卡	16.41%
低利率卡	10.62%
回报卡	15.41%

这些是 2012 年 4 月 4 日的利率并经过调整。银行有时提供更低利率且没有年费的卡，这些卡因申请人的信用评分不同而提供不同的条件。大部分信用卡采用浮动利率。详情请登录网址 www.bankrate.com。

6-4b 避免信用卡过度消费问题

遗憾的是，随着信用卡消费的数量增加，信用卡负债水平也在提高。常见的情况是，人们用信用卡来解决现金不足的问题，甚至最小心翼翼的消费者偶尔也发现他们有不断攀升的信用卡债务，尤其在每年购物季之后。如果这种情况不是暂时的，信用卡债务持续增加，那么真正的问题就出现了。如果不遏制过度消费，未偿还的欠款会让你的预算更加紧张。实际上，那些让信用卡债务不断攀升的人是在抵押他们的未来。使用信用卡实际是用未来的收入偿还现在的债务。用于偿还信用卡（以及其他消费贷款）的金额越大，用于其他方面的金钱就会越少。

避免信用卡过度消费问题的最佳方式是自我约束，尽量减少所带信用卡的数量，不要一冲动就办理信用卡。一个装满信用卡的钱包可能从两方面影响你：一方面，这么多信用额度会诱使你过度消费，产生很多债务；另一方面，当你申请贷款时，出借人会查看你全部可用额度，还会审查你未偿还的欠款。如果你有许多余额未偿还，就很难再申请新的贷款，出借人会认为你的负债太多。所以，办理新的信用卡时要三思，一个人真的不需要三四张信用卡，两张就足够了。若你想办一张新卡（可能条件非常优惠），那么注销一张旧卡，把旧卡剪了，并通知银行销户。

6-4c 信用卡诈骗

尽管有官方的执法努力，还是有许多人想尽办法进行诈骗。这张卡片成了诈骗目标。毫无疑问，信用卡犯罪已经成为一个大问题，在美国，每年由于信用卡诈骗所带来的损失估计达几十亿美元。我们自己要提高警惕，同时你要知道，你手里的这张卡片是一张强有力的塑料卡片。为了减少信用卡诈骗，你可以参考以下建议：

- 永远不要把自己的信用卡账号告诉给你打电话的任何人或组织，无论这个组织听起来多么合法。
- 向大的商家、航空公司或酒店付款或预订时，可以通过电话（由你拨打对方电话）告诉对方你的信用卡账号。
- 在网上用信用卡购物时要小心，除非大的零售商有最先进的保护措施，否则不要用信用卡购物。
- 用支票支付时，不要把你的社会保障号或者信用卡号写在支票上，也不要让售货员这么做。
- 即使商家要求，也不要把你的电话或住址（当然还有你的社会保障号）写在信用卡的刷卡单上，商家也无权这么做。
- 用信用卡购物时，一定要留心，如果售货员多打了一张你的刷卡单，赶紧把第一张要过来，当场撕掉。
- 在信用卡刷卡单的空白处画一条线。
- 销毁以前的信用卡消费单，收到每月账单时，一定要迅速浏览确保无误，如果你发现有错误，立刻打电话或写信给发卡机构，说明错误情况。
- 如果信用卡丢失或者被盗，立即报告发卡机构，这时你需要为此信用卡负担的最大费用是50美元。如果在丢失或被盗的信用卡被他人使用之前，你告知发卡机构这些情况，那么你不用对那些未经授权的费用负责。
- 销毁不再使用的旧卡。

理财规划小贴士 **信息防盗**

以下是窃贼窃取信用卡信息的惯用手法：

- 垃圾搜索。不要把你的信用卡账单或有其他个人信息的东西扔到垃圾桶里。
- 加装。小心信用卡、借记卡读卡器上不寻常的附加物，它们会盗走你的号码。
- 网络钓鱼。窃贼会假冒某金融机构或公司，利用弹出的窗口或者向你发送邮件套取你的信用卡信息。
- 更改账单地址。窃贼通过填写地址变动表使你的账单寄到他手里。
- 传统盗窃。窃贼偷走你的钱包以及邮件、支票、交税的信息。同样，他们也会通过贿赂信用卡工作人员窃取你的个人信息。
- 借口。窃贼靠编造的借口从金融机构、电信公司和其他途径获取你的个人信息。

那么你应该怎么办？美国联邦贸易委员会的建议如下：

- 防止个人信息被盗，对信用被盗的各种方式提高警惕。
- 检查账单中的可疑交易与项目。
- 应对。一旦你发现可疑的问题，马上采取措施。在个人的信用报告上设置被诈骗警示，并联系本章前面提到的三家信用调查机构之一（Experian，TransUnion 或者 Equifax)。当非授权交易产生时，联系所涉及公司的安全部门。

资料来源：Adapted from http://www.ftc.gov/bcp/edu/microsites/idtheft/consumers/about-identity-theft.html，accessed April 2012.

6-4d 破产：信用卡滥用付出的代价

可以毫不夸张地说，20 世纪八九十年代欠下的债务现在该还了。实际上，自 1980 年以来，债务的爆炸式增长几乎让人难以理解。20 世纪 80 年代，全国的负债总额不到 1 万亿美元，到 2012 年年初达到 15.6 万亿美元。企业深陷债务之中。当然，消费者也不甘落后，狂刷信用卡，好像没有明天一样。所以当你将这两类沉重的债务与 2009 年经济衰退联系在一起时，并不会感到意外，所有的债务人都是导致 2009 年金融危机的一分子。事实也是如此，个人破产人数在飞速增长，仅 2011 年，就有 135 万人申请了**个人破产**（personal bankruptcy）。

当太多的人背负沉重的负债时，经济衰退（及其他经济危机）就会到来，并将人们推到悬崖边上。但是我们要正视它，经济衰退不是罪魁祸首，真正的罪魁祸首是过量的债务。一些人滥用信用卡导致债务超出他们承受的范围。所以，迟早这些债务人会还不起信用卡，他们的信用评级开始恶化。除非采取行动，否则，最终的结果是房子被收回，甚至破产。有两种广泛使用的破产程序（超过 95%的个人申请破产会使用这两种方法）：（1）工资偿还计划；（2）直接破产。

工资偿还计划

工资偿还计划（Wage Earner Plan）（美国破产法案第 13 章所定义的概念）是一个涉及债务重组的程序，通过建立与个人收入相适应的债务偿还时间表的方式进行。如果债务人有稳定的收入，所欠的债务中担保债务不超过 1 081 400 美元，未担保债务不超过 360 475 美元，那么人们可以选择这种方式偿还债务，欠款人可以在 3～5 年内偿还债务。大部分债权人必须接受这个计划，在偿还期内免除利息。债权人通常会同意这个计划，因为如果债务人选择直接破产，债权人的损失更大。

直接破产

根据破产法案第 7 章，允许**直接破产**（straight bankruptcy），这是一个合法的程序，其结果是"一笔勾销，重新开始"。大约 70%申请个人破产的债务人会选择走这条路。然而，直接破产并不是免除债务人所有的偿还义务，同时债务人不会失去他所有的财产。例如，债务人必须纳税，还须承担离婚后给对方的赡养费，以及孩子的抚养费。所以，允许债务人保留来自社保、退休金、退伍军人福利和残疾人福利方面的收入。债务人也可以保留房屋财产、家庭轿车和其他一些个人财产。虽然各个州的法律对债务人保留财产比较宽松，但联邦法律规定了债务人保留财产的最低价值。

一生中的规划：使用贷款

以下是人生的每个阶段使用贷款的主要考虑事项。

独立生活阶段 20 多岁	家庭与职业发展阶段 30～45 岁	成熟阶段 45～65 岁	退休 65 岁以上
√取得信用卡，建立个人信用记录，首先考虑担保信用卡	√谨慎使用消费贷款，防止过度消费	√根据调整后的收支重新评估消费贷款情况	√有计划地在退休后减少对消费贷款的依赖

续前表

独立生活阶段 20多岁	家庭与职业发展阶段 30～45岁	成熟阶段 45～65岁	退休 65岁以上
√制定支付所有消费贷款的计划	√定期评估银行信用卡与零售商信用卡的成本，看其是否最低	√定期检查自己的信用评分	√保持信用评分以便贷款
√认真审查所有的收费和财务事项，防止非授权交易出现	√继续检查账户中的非授权交易及可能的欺诈	√继续检查非授权交易及可能的欺诈	√小心不要泄露个人财务信息

练习题

1. 大学毕业后，杰西卡·史蒂文斯在当地一家银行担任消费贷款分析师。通过审阅贷款申请，她意识到应建立自己的信用记录。简述杰西卡·史蒂文斯建立个人良好的信用记录的步骤。她在大学的贷款对她的信用记录有利还是有弊？

2. 罗伯特·邓比每月的到手收入是1 685美元，他每月需要偿还的消费贷款（包括房屋按揭贷款）为410美元。你如何评价罗伯特·邓比的债务负担？如果他每月的到手收入是850美元，而每月贷款还款为150美元，情况又如何？

3. 瑞贝卡·科林斯正在使用工作表6—1评估她的债务安全率。她每月到手收入是3 320美元，每月需要付380美元的汽车贷款，120美元的个人信用额度贷款，60美元的商场信用卡和85美元的银行信用卡还款。使用工作表6—1，列示瑞贝卡·科林斯的未偿还债务，并计算其债务安全率。假定瑞贝卡·科林斯每月到手收入不变，若想使债务安全率达到12.5%，每月最大还款额为多少？假定当前的债务负担不变，若想使债务安全率达到12.5%，每月到手收入应达到多少？

4. 戴维和琼有一幢房屋，评估价值为180 000美元，其按揭贷款余额为90 000美元。假定一个储蓄和贷款联盟计划用75%的按揭比率给这对夫妇贷款，他们最多可以得到多少房屋净值信用额度？如果其房屋的初始成本为200 000美元，最多可以从应纳税收入中抵扣多少贷款利息？

5. 伊萨克·普里马克刚从大学毕业，正在评估两张信用卡。A卡年费75美元，利率9%；B卡免年费，利率16%。假定伊萨克·普里马克按月全额偿还欠款，哪张卡最适合他？如果他计划每月留下较大余额以后偿还，哪张卡最适合他？请解释说明。

6. 贾妮·怀特有几张信用卡，总的当前余额为14 500美元。她在考虑是否把这些欠款余额转到当地银行发行的一张新卡上。银行的广告称，转移这些欠款需要支付其余额2%的手续费，但转移后前9个月利率为0%。计算贾妮需要支付的转移手续费，并阐述余额转移的优点与缺点。

7. 孙雷在浏览她的信用卡账单并注意到有几笔支出自己没有印象。孙雷不能确定是向机构“反映情况”还是按账单还款并忽略这些不熟悉的交易。如果这几笔支出不是她的，她有义务归还吗？她是否有义务偿还欠款的所有部分，即使被欺诈？

名　词

债务安全率（debt safety ratio）　每月消费贷款还款与每月到手收入的比率。

开放信贷账户（open account credit）　授予消费者在交易之前一定限额的信贷形式。

信用限额（credit limit）　授权客户购物消费的特定限额。

银行信用卡（bank credit card） 商业银行和其他金融机构发行的允许持卡人在认可的地方消费的信用卡。

信用额度（line of credit） 发行人为信用卡持有人提供的，允许持卡人在一定期限内透支的最大数额。

现金借款（cash advance） 信用卡持卡人在银行或金融机构以信用卡取得借款。

基本利率（base rate） 贷款给个人或中小型企业的利率。

宽限期（grace period） 通常为20～30天，在此期间只要全额偿还信用卡的欠款就能避免透支产生的利息。

回报（联名）信用卡（reward（co-branded）credit card） 它具备传统信用卡的特点，同时给予用卡回报如商品返点或机票里程积累。

慈善信用卡（affinity card） 这些卡和标准的Visa或MasterCard卡差不多，是由银行和一些发起机构联合发行的，这些发起机构大多是慈善、政治或其他非营利组织。

担保或抵押信用卡（secured（collateralized）credit card） 由某种形式的抵押物，如银行定期存单所担保的信用卡。

学生信用卡（student credit card） 专门针对大学生发行的信用卡。

零售商信用卡（retail charge card） 由零售商发行的允许顾客利用预先授予的额度去购买商品的信用卡。

借记卡（debit card） 用现金而非借款进行交易的银行卡，通过直接支取支票账户中的钱代替现金或支票。

循环信用额度（revolving line of credit） 由银行、其他金融机构提供的账户额度，以在常规支票账户或特定信用额度账户中签发支票的形式使用。

透支保护额度（overdraft protection line） 支票账户的信用限额，能让存款人在预先设定的额度内在支票账户中透支。

非担保个人信用额度（unsecured personal credit line） 授予个人的信用额度，个人可根据自己的需求使用。

房屋净值信用额度（home equity credit line） 针对房屋净值的信用额度。

信用调查（credit investigation） 核查所提供的信息或向信用调查局了解以核实贷款申请人所提供信息的过程。

信用调查局（credit bureau） 用来收集和出售关于借款人信息的代理机构。

信用评分（credit scoring） 通过收入、当前负债和信用报告等因素以赋值方式评价申请者信用的方法。

年度百分比利率（annual percentage rate，APR） 借款期间的真实和实际利率，包括所有的费用和成本。

平均日余额（average daily balance method，ADB） 用账单期间平均日余额计算融资费用的方法。

最低还款额（minimum monthly payment） 在开放信贷账户中，根据最新余额的一定比例计算的需要偿还的特定金额，偿还此金额才能保持当前的信用额度。

个人破产（personal bankruptcy）面向破产债务人的一种法律途径，债务人要求法庭保护出借人，有序偿还债务与分配资产。

工资偿还计划（Wage Earner Plan）一种在若干年内按计划偿还债务的安排，以替代直接破产，此计划在债务人有稳定收入来源并很可能在3～5年内清偿债务时使用。

直接破产（straight bankruptcy）产生“一笔勾销，重新开始”效果的法律程序，通过按序处理债务人的财务事项而免除债务人大部分的债务。

第 7 章

使用消费贷款

学习目标

1. 了解什么时候使用消费贷款并区分其主要类型。
2. 确定消费贷款的不同来源。
3. 通过比较融资费用、贷款期限、抵押品和其他贷款条款来选择最优贷款方式。
4. 阐述一次性偿还贷款的特征并计算其融资费用。
5. 评价分期偿还贷款的好处。
6. 确定分期偿还贷款的成本并分析是直接支付现金好还是贷款好。

消费贷款将如何影响我?

消费贷款来源广泛且条款明显不同，主要类型包括一次性偿还贷款和分期偿还贷款。知道什么时候使用哪一种贷款资源，学会计算和比较它们的成本，根据环境确定是使用贷款还是付现，这些都很重要。本章讨论的实际例子包括获得车贷和支付大学教育的贷款。本章将讲解从不同种类的消费贷款中进行选择和获取消费贷款的思路。

7-1 消费贷款的基本特征

在之前的章节中我们讨论了个人和家庭可以设立的理财目标的不同类型。这些目标经常涉及较大的金额，可能包括诸如大学教育和购买汽车这样的事项。达成目标的方式之一是定期存钱，另一种就是使用贷款，即为交易的部分款项进行融资。消费贷款对于个人的理财规划过程很重要，因为它能够帮助你实现某些理财目标。当然，关键的一点是使债务的金额与还款的负担处于预算之内。

7-1a 使用消费贷款

就像我们在第 6 章介绍的，使用开放或循环信用额度对那些在个人财务预算之内制定计划和生活的人有帮助。但是，一次性偿还和分期偿还贷款对于达成个人的长期理财目标更为重要。人们广泛使用这些长期负债筹措资金并购买那些相对于当期收入来说极其昂贵的物品，支付大学学费，购买某些非耐用品，进行花费较高的度假。

消费贷款在几个方面与开放式信贷不同，包括借款安排的程序。也就是说，开放式信贷通过非标准化流程取得，而**消费贷款**（consumer loan）是一个可协商的格式合同，详细列示了借款的条款和偿还时间进度。另一个不同是：开放式信贷的信用额度能够重复使用，而消费贷款是为了特定目的而一次性使用的借款。由于消费贷款没有信用额度，这个特定的贷款一旦支付就没有额外的额度了。此外，在这种贷款形式下不需要信用卡，也不需要签发支票。因此，开放式信贷主要用于多次购买相对低成本的商品和服务，而消费贷款主要用于购买高价物品。

7-1b 贷款的不同种类

尽管消费贷款可以用于任何目的，但大多数消费贷款包括以下几种类型：

• 汽车贷款。购买新的轿车、卡车、SUV、小型货车是使用消费贷款最常见的原因。实际上，汽车贷款大约占所有未偿还消费贷款的 35%。一般而言，一辆新车的成本（二手车低一些）大约 80%～90%可以通过贷款支付。购买者必须通过首付形式提供其余的价款。贷款以车作担保，也就是说，车辆是贷款的**抵押物**（collateral），若贷款人无力还款，出借人可以把车辆收回。这些贷款的期限一般为 36～60 个月。

• 其他耐用品贷款。消费贷款也能为其他昂贵的耐用品提供融资，如家具、家庭用具、电视机、家用电脑、休闲车辆，甚至小型飞机或房车。这些借款以所购买的东西作为担保，一般都要求首付。购买资产的种类不同，贷款时间也不同，相对不太昂贵的物品，如电视机和音响，贷款期限是 9～12 月，而房车这样的物品可能要 10～15 年。

• 教育贷款。获得消费贷款去完成大学教育是另一个重要的使用方式。这些贷款可以为大学生或研究生提供资金，特别是一些政府补助贷款能够为学生和家长使用。在后面的部分，我们将会更详细地讨论学生贷款。

• 个人贷款。这些贷款一般用于非耐用消费品支出，如花费较高的一次欧洲度假、弥补暂时性的现金短缺。很多个人贷款是无抵押的，意思是只要贷款人有信用，就不需要任何抵押品。

• 合并贷款。这种贷款常用来使不良贷款摆脱困境，在消费者超额使用信用卡、超过信用额度或不能偿还消费贷款时使用。这种贷款实际上是借入一种形式的贷款去支付另一种形式的贷款，若欠款 400 美元，贷款人可以分 5～6 次偿还，每次还款 250 美元。合并贷款通常成本高昂，人们在完全还清贷款前不要使用信用卡和其他形式的贷款。否则，最后可能又需要借入合并贷款。

学生贷款

目前，美国大学每年的学费从公立学校的 13 000 美元到私立学校超过 40 000 美元不等。许多家庭即使在他们的孩子还很小的时候就开始为孩子上大学存钱，也还是常常无力支付。还好有很多种类的财务帮助项目可以利用，包括一些联邦项目，以及州项目、私人资助项目和大学本身的资助项目。

实际上，支付大学学费是申请贷款最正当的理由。尽管你能够通过正常渠道为大学教育借钱，也就是说从银行获得一项常规的消费贷款，并使用此款项支付学费，但有一种更好的途径。实际上，2010 年国会对美国大学的资助体系进行了改进，新的法律不允许作为学生和联邦教育资助资金中介的私人金融机构通过贷款来获利，从而结束了以银行为基础的学生贷款体系。所有的联邦学生贷款现在必须采用直接借款项目的形式，所以一些私人借款机构，如学生贷款市场协会（Sallie Mae）现在已经不能经办这项业务了。联邦政府（或是州政府）有一些给予补贴的不同种类的教育贷款项目。这些由联邦资助的项目是：

• 史塔福贷款（直接联邦家庭教育贷款，FFEL）

- 帕金斯贷款
- 家长贷款（PLUS）

史塔福贷款和帕金斯贷款有最优惠的条款，是政府主导的学生贷款项目的主体。与此相对，家长贷款（PLUS）（即家长为大学生申请的贷款）是面向大学生的补充贷款，为那些有需要但没有资格申请史塔福贷款和帕金斯贷款，或者所申请的金额不足还需更多贷款的学生提供融资。在这个项目下，父母能够获得贷款以支付孩子的大学学费，弥补教育缺口。史塔福贷款和帕金斯贷款是直接为学生设计的，家长贷款是为大学生的父母或法定监护人设计的。可以到网上搜索关于这些项目或其他相关项目的信息。例如，可登录 FASTWEB 网，该网站是免费的，不仅提供各种学生贷款项目的详细信息，还为个人提供与奖学金和贷款相匹配的服务，甚至提供各种申请信的模板（网址为 http://www.fastweb.com）。

让我们通过史塔福贷款项目来看看学生贷款是怎么运作的。史塔福贷款有两种形式：补贴贷款项目和非补贴贷款项目。补贴贷款项目由美国教育部支付学生在校期间和延期毕业期间的贷款利息；在非补贴贷款项目中，无论是在校生还是毕业生，贷款人都需要支付全部贷款利息。史塔福贷款由政府补贴利息，贷款利率很低，贷款流程也很简单，从访问学校贷款资助办公室开始，办公室有一个贷款资助顾问会帮助你看看是否具有资格。为了符合要求，你必须说明你的融资需求，融资需求的金额等于在校成本减去本人或家庭可以支付的数额。因此，在这些项目中，不管学生的收入如何，都应对教育支出做点贡献。使用贷款，你的学习成绩必须良好，而且，你申请的所有学生贷款都不能违约。每一学年，你还需要填写一张联邦学生资助免费申请（FAFSA）表，确保你仍然具有贷款资格（你可以在以下网址填写并提交表格：http://www.fafsa.ed.gov）。

获得学生贷款。为获得史塔福贷款，你要填写一张简单的申请表。这个过程最近有一些创新，包括采用电子表传送给相关部门，这样减少了纸质工作，加速了整体进程（可查看网站 http://www.staffordloan.com）。

每个贷款项目都有特定的贷款限制。例如，有补贴的史塔福贷款是给未独立生活的学生提供的，大一学生一学年可以贷款 3 500 美元，大二的贷款金额是 4 500 美元，此后每学年可贷到 5 500 美元，大学在读生有补贴的贷款的最高额度为 23 000 美元。如果你能够证明自己独立生活，你可以获得更高额度的贷款；换句话说，若你是一个自己支付大学学费的大学生，则可以申请超过 23 000 美元的贷款。独立的研究生每学年申请的贷款可以达到 8 500 美元。大学生和研究生有补贴贷款总和的最高额度为 65 000 美元（医疗保健专业为 224 000 美元）。你可以拥有的贷款种类没有限制，只是你每年从每个贷款项目中获得的最大金额有限制。图表 7—1 对三个联邦资助学生贷款项目进行了比较，包括史塔福贷款、帕金斯贷款和家长贷款。

每年，学生通过就读的院校能够从一个或多个政府项目中获得贷款。随着时间的推移，贷款金额会加大，因此积累较高的负债，但所有贷款都是要偿还的。这些贷款有另一个特征，即学生毕业后，贷款才开始偿还（指的是史塔福贷款和帕金斯贷款，家长贷款一般在贷款支出 60 天内开始偿还）。除此之外，除了家长贷款，其他贷款都是毕业后才开始计算利息。一旦开始还款，就同时开始支付贷款利息。根据你的收入情况，这个利息可以在税前扣除。

图表 7—1 联邦政府学生贷款项目一览表

越来越多的大学生依靠联邦政府补贴的贷款来支付部分或全部教育费用。有三种联邦补贴贷款项目，基本的贷款条件列示如下。这些贷款的利率较低，提供各种延期选择和延期偿还期限（这里标示的贷款利率和期限指的是 2012—2013 学年）。

联邦贷款项目的种类

贷款条件	史塔福贷款	帕金斯贷款	家长贷款
借款人	学生	学生	家长
利率	3.4%	5%	8.5%
贷款限制	非独立学生：23 000 美元（大学生）；65 000 美元（普通研究生/专业研究生）。独立学生：57 500 美元（大学生）；65 000 美元（普通研究生/专业研究生）	27 500 美元（大学生）；60 000 美元（普通研究生/专业研究生）	没有总体金额限制：在校成本减去获得的所有其他财务资助
贷款费用	贷款初始费用的 1%（2012 年 7 月前有 0.5%的折扣）	无	贷款金额的 4%
贷款期限	10～25 年	10 年	10 年

注：上表中史塔福贷款数据是有补贴的史塔福贷款，利率是 2012 年中期的。有补贴和没有补贴的史塔福贷款的贷款期限不同。国会通过了 2012—2013 年保持低利率的议案，低于之前决定的 6.8%。有补贴的史塔福贷款有贷款限制，从非独立的大一学生 3 500 美元到独立的普通研究生或专业研究生每年 8 500 美元。同样，帕金斯贷款的限制是，大学生每年 5 500 美元，研究生每年 8 000 美元。

资料来源：http://www.fastweb.com 和 http://www.staffordloan.com，2012 年 7 月。

学生贷款通常在 5～10 年里按月分期偿还（本金和利息）。如果你有未偿还的贷款，你可以合并这些贷款为混合利率贷款，这样可以延展还款期限到 20 年。你也可以要求：(1) 延展偿还期限至 30 年；(2) 采用递进方式偿还，前期偿还的少，后期偿还的多；(3) 采用收入分步偿还方式，偿还额根据每年的收入和贷款情况而变化。但是无论你怎么做，都要认真偿还贷款，因为违约将会被记入“黑名单”，成为你信用记录的一部分。此外，根据最近的法律，你不能通过申请破产而不偿还学生贷款，在申请破产后，学生贷款不在非偿还负债之列。

学生贷款“大到不能倒”吗？ 在金融危机中，一些银行被认为“大到不能倒”，原因是银行在整个经济运作体系中有重要作用。它们的规模最终成为给其提供巨大公共援助的理由。教育对于经济很重要，就像我们在本章前面所讨论的，因此联邦政府为大学生和研究生提供贷款融资。金融危机明显给申请教育贷款的家庭增加了压力。学生贷款有多少？现在总计超过 1 万亿美元！仅仅 2011 年学生就获得 1 170 亿美元的学生贷款。所以联邦政府承担巨额负债以支持对整体经济非常重要的高等教育。最近消费者金融保护局（CFPB）提出了一个观点，学生贷款项目可能也变得“大到不能倒”了。

我们这里讨论的是公共贷款，私人学生贷款是没有限制的。纽约联邦储备银行估计 2012 年年初平均学生贷款为 12 800 美元。但是，贷款额前 1%学生的贷款超过 150 000 美元，大约 27%的学生贷款人有遗留的贷款，考虑到近期大学毕业生平均起薪为 41 700 美元，这个数字还是很可观的。

青春无敌（Young Invincibles）是一个研究影响 18～34 岁的人的问题的非营利组织，它近期的一项调查发现大概 2/3 有私人贷款的学生不知道公立与私立学生贷款的差别。当贷款人面临财务困境时，在提供财务救济方面，公立出借人经常要比私立出借人更灵活，这一点很重要。例如，联邦项目提供公共服务贷款减免项目、以收入为基础的还款项目和贷款偿还帮助项目。当金融危机使联邦学生更加依赖贷款时，美国国会决定在 2012 年中期史塔福贷款利率不加倍，所以，2012—2013 年间，其利率仍保持在 3.4%的水平。

减少学生贷款成本的策略。用尽可能低的成本贷款很重要。这一目标能够根据学生预期的未来收入进行量化。根据预期的未来收入，可以确定学生每月能够偿还的金额，然后可以使用计算器计算在预期贷款利率下的最大贷款金额。考虑使用以下在线学生贷款计算器：http://www.bankrate.com/calculators/college-planning/loan-calculator.aspx。这种策略还包括寻找最低利率。在贷款之前，弄清楚所有可供申请的助学金和奖学金，再去申请联邦学生资助。在毕业时，申请公众服务贷款减免项目和贷款偿还帮助项目。也可以选择变为联邦学生组合贷款，参加以收入为基础的还款项目。

一次性偿还贷款或分期偿还贷款

根据偿还形式，可以把消费贷款分成一次性偿还贷款和分期偿还贷款。**一次性偿还贷款**（single-payment loan）在贷款到期时归还所有本金和利息。贷款时间一般是 30 天到 1 年，或更长一些。有时候一次性偿还贷款用来为购物和其他支出提供资金，且用于偿还的现金在未来确定可以到位，在这种情况下，它们是一种**临时性融资**（interim financing）。在其他情况下，一次性偿还贷款被那些不愿意为按月分期付款所套住的消费者使用。

相对来说，**分期偿还贷款**（installment loan）是定期定额还款，而不是一次性付清。还款大多数按月进行，每期付款额中都包括一部分本金和一部分利息。例如，每月还款 75 美元，其中 50 美元可能是本金偿还，剩下的是利息。这些贷款一般在购买商品和服务而当前资金不足时使用，还款时间从 6 个月到 6 年，或者更长。分期偿还贷款成为很多消费者生活中的一部分，深受欢迎。它提供了一个方便的消费模式，即“现在购买，未来支付”。

固定或浮动利率贷款

大多数消费贷款采用固定利率，也就是说，利率和每月偿还额在整个借款期内保持不变。但是浮动利率贷款也呈增长态势，特别是长期分期偿还贷款的使用更为普遍。正如可调整利率的住房按揭贷款一样，这些浮动利率贷款的利率随着市场条件定期调整。市场利率上升，贷款利率跟着上升，相应地，每月还款额也会增加。这些贷款调整日期一般是固定的（比如按月、按季或者按半年），在这个时间点上，贷款利率和每月还款额都可能调整。一旦调整，到下个调整日期前都使用新的利率（有时候支付金额保持不变但支付次数改变）。许多浮动利率贷款在每个调整期和整个贷款期限内有增加的上限。一般来说，在整个贷款期限内如果利率预期下降，浮动利率贷款就会受欢迎；相反，如果利率预期上涨，则固定利率贷款更受欢迎。

7-1c 消费贷款从哪里获得？

有很多途径可以获取消费贷款，例如商业银行、消费金融公司、信用合作社、储蓄和贷款联盟、销售金融公司、寿险公司，甚至可以从券商、典当行或亲戚朋友那里取得。商业银行在消费贷款中占绝对优势，提供近半的消费贷款，其次是消费金融公司，然后是信用合作社。大约75%的消费贷款来源于上述三种金融机构。

商业银行

商业银行以有吸引力的利率来提供各种形式的贷款，它成为消费贷款的普遍来源。商业银行的优点之一是普遍比其他出借人的利率更低，大体因为它们只贷款给信用好的客户，且能够从其存款人处获得相对低成本的资金。它们的贷款门槛普遍较高，并且能够在申请消费贷款的客户中进行筛选。商业银行通常仅借款给那些有较高信用等级的客户，这些客户证明他们具有根据特定条款偿还贷款的能力。商业银行也给那些在银行开户的贷款申请者以优先贷款权。尽管银行更倾向于按揭贷款，但它们也会向资信好的客户发放无按揭贷款。

消费金融公司

消费金融公司（consumer finance company）有时候也称作小型贷款公司，向符合条件的个体发放有抵押或无抵押贷款。这些公司不吸收存款，它们的资金来自股东或者在公开市场借入。由于消费金融公司不像银行或者其他储蓄类金融机构那样拥有低成本的资金来源优势，它们的利率普遍较高。消费金融公司所能收取的实际利率受到国家设置的利率上限的限制。最高利率因贷款规模而不同，监管机构也限制了借款的期限。消费金融公司的贷款一般为5 000美元或者更少，并且要求用抵押物来做担保。这些出借人专门将小额贷款提供给高风险的贷款者，也正因为如此，这些贷款的成本很高，可能仅供那些资信等级很低的人使用。

信用合作社

信用合作社是一个合作的金融机构，由使用其服务的人（会员）持股。只有会员才能从信用合作社获得分期偿还和其他类型的贷款，但是信用合作社的会员面向任何人，而不仅仅是特定的群体。由于它们是非营利组织且运营成本很低，信用合作社对贷款收取相对较低的利率。根据借款规模和种类不同，它们可能发放无抵押贷款，也可能发放有抵押贷款。一般对于会员来说，信用合作社会提供有吸引力的贷款机会，其贷款利率和条件通常比其他来源的贷款更加优惠。

储蓄和贷款联盟

储蓄和贷款联盟以及其他储蓄银行主要发放抵押贷款。它们不是消费贷款的主力，但是可以针对一些耐用品消费，如汽车、电视机、冰箱或者其他家用电器，发放贷款。储蓄和贷款联盟也能够针对某种房屋维修或房车发放贷款，或者针对个人和教育发放贷款。储蓄和贷款联盟的消费贷款利率与商业银行非常接近，前者的利率可能稍高一些。和同业者一样，储蓄和贷款联盟最终收取的利率是根据贷款类型、目的和贷款者的整体信用等因素确定的。

销售金融公司

销售相对昂贵商品（如汽车、家具和家用电器）的企业经常为消费者提供分期付款的选择。由于经销商无法为分期付款合同提供资金，经销商会把合同卖给**销售金融公司**（sales finance company）。这个过程通常称作“销售票据”，因为实际上，企业把它们的贷款销售给第三方。当销售金融公司购买这些票据时，消费者通常被告知直接向销售金融公司付款。

最大的销售金融组织是**专属金融公司**（captive finance company），由大的制造商控股。福特汽车贷款公司（FMCC）和通用电气借款公司（GECC）就是两个专属金融公司，公司向经销商购买分期付款合同。大多数商业银行与销售金融公司一样，也可以从汽车经销商和其他经销商那里购买票据。销售金融公司的融资成本普遍比银行及储蓄和贷款联盟要高，特别是当你让经销商全权安排融资事宜时（经销商通常会从融资收入中分成，所以它们为了其利益会尽可能提高借款利率）。

寿险公司

寿险投保人有可能从他们的投保公司处获得贷款。这是因为某些种类的保险不仅提供死亡抚恤金，而且有储蓄的功能，所以它们能够作为抵押物用以获取借款。根据法律的要求，寿险公司按特定寿险的**现金价值**（cash value，即积累的储蓄金额）发放贷款。贷款的利率在保险单中会事前明示，并且通常是浮动利率，即利率会随市场利率升高或降低。虽然只要有未偿还贷款你就需支付利息，但是这些贷款没有偿还期限，换句话说，你不需要偿还。当从你的寿险保险单中借款时，实际上是自己向自己借款。因此未偿还贷款的金额和累计利息的合计数需要从你的保额中扣除，这会降低你的保险总额。寿险贷款的主要风险是没有一个固定的到期日，所以贷款者可能缺乏偿还的动力。

行为金融问题　**融资选择悖论**

更多选择要比更少选择好，这种说法对吗？这听起来像是常识。但是行为金融学家发现当给出太多金融选择时，人们就会淹没其中，仅仅选择他们熟悉或默认的最简单的选项。这个就叫做选择悖论。这个复杂性会使很多消费者晕头转向，我们的大脑没有这么多能力去分析众多的选择。最好的方法就是多看财务文献，还要多练习，确定决策框架，必要时寻求帮助。

可以考察一下如何在各种复杂的按揭贷款的种类和条款中进行选择。你要在15～30年中选择一个贷款时间，在固定利率贷款和浮动利率贷款中选择，决定首付的金额、首付的比例（尽量降低按揭贷款利率），决定什么时候支付利息，你必须对按揭贷款相关费用做出妥善的安排。你也可以选择传统式贷款、联邦住房协会（FHA）贷款、退伍军人协会（VA）贷款以及“免文件”贷款。当面对如此多选择时，一些消费者匆忙间可能选择了最坏的一个，结果便是贷款太多，利率也非最优。研究发现，较少财务知识和较低分析能力直接与较高的按揭贷款违约率相关。

这本书，尤其是信贷管理这一部分可以帮助你作出复杂的财务决策。

7-2 管理你的信用

一般而言，使用消费贷款购买大件商品或服务是管理自己财务事项的非常好的途径。考虑使用消费贷款时，你应该从理财规划角度问自己两个问题：(1) 这个交易是否符合你的理财规划？(2) 还款额是否符合你每个月的现金预算？实际上，不仅要充分考虑自己的资产或事项的需求，还要考虑之后的还款，信用管理才会有令人满意的结果。相反，如果支出严重危害你的理财规划目标或者还款有可能破坏现金预算，毫无疑问你应该重新考虑是否需要购买。可以推迟一段时间再买，也可以出售其他一些资产，这样你可以多交一些首付。无论你选择什么方式，关键是在获得贷款并支出之前，一定要保证贷款与你的理财规划和现金预算相匹配。

7-2a 购物贷款

如果你决定使用贷款，在购物时四处看看并比较各种成本和条款同样重要。你可能认为你要做的决策就是看看哪个来源的贷款成本较低，但事实并非如此。接下来你会看到，财务成本仅仅是在购物使用贷款时所需要考虑的因素之一。

理财规划小贴士　借钱给家人朋友

在把钱借给家人和朋友之前，考虑以下几个问题非常有用：

- 你的朋友和家人是否寻找过其他的资金来源？可以从银行和信用合作社开始，如果不行，可找一些类似的非金融机构，如 Prosper（http://prosper.com）或者 Lending Cub（http://lendingcub.com）。在你考虑借钱给朋友和家人之前应先尽量使用其他资金来源。
- 你可以不用钱来帮助他们吗？例如，若你的朋友或亲戚失业了，你可以通过引荐或者安排一个面试来帮助他们。
- 借出的钱能收回吗？这已经是陈词滥调，如果你无法承受收不回这些钱的打击，你就不要借。如果你认为不可能收回来，可以考虑把这些钱作为礼物而不是需要偿还的负债。
- 如果借款不还，会影响你们的关系吗？让你的亲戚和朋友还钱会有多难？你们的关系会怎样？你能够忘记这些钱而不心存芥蒂吗？你会冒着失去朋友的风险去获得贷款的利息吗？
- 如果借款没有按你的想法使用，该怎么办？不要管那些钱怎么用，钱借出后你就很难控制。如果你担心钱怎么使用，就不要借给别人。
- 利率是否公平？有时候向朋友索要利息欠妥，当然如果这么做，就设定一个规则，可以高收益的储蓄账户的利息作为标准。如果你不借钱给他人，可以把钱存在一个储蓄账户。如果你要利息，则设定一个公平合理的利率。
- 这是不是正规合法的交易？虽然是你的朋友或亲戚，但最好能签订正式的借款合同，签订合同表示你对此项借款安排是认真的，也希望未来得到偿还。花不到20美元，你就可以在网上获得借款合同的样本（http://www.nolo.com/products/promissory-note-for-personal-loan-installment-payments-with-interest-pr032.html）。如果以后你不想与朋友或亲戚打官司，那就把钱送给他而不要采取借款形式。

资料来源：Adapted from Flexo, "Lending Money to Friends and Family," Consumerism Commentary, http://www.consumerismcommentary.com/lending-money-to-friends-and-family/, accessed April 2012.

融资费用

成本是多少？这是很多人获得贷款时想知道的第一件事。这很正常，因为借款人应当知道他们需要支付多少成本来获得这些钱。法律要求出借者清晰陈述所有融资费用和其他相关费用。计算你需要支付的实际利率（或真实利率），也要弄明白贷款是固定利率还是浮动利率。出于这个考虑，直接询问出借人每年的贷款利率是多少，因为在出借人所提供的不同贷款中比较利率比比较支付的利息更容易、更直白。贷款利率为年度百分比利率（APR），不仅包括贷款的基本成本，还包括贷款可能要求的其他附加费用（APR将会在后面详细讨论）。如果是浮动利率贷款，要清楚利率以什么为基础进行浮动，上浮比率是多少，利率变动频率怎样，利率是否有上限。出借人以何种方式对利率进行调整同样重要：是改变每月还款额还是改变总的还款次数。

贷款期限

尽量使还款的金额和次数与你的支出和储蓄计划相适应。一般情况下，贷款成本会随着还款期限的延长而增加。因此，为了降低成本，可以考虑缩短贷款期限，但不能使你的现金流量特别紧张。尽管一个更短的期限能减少贷款成本，但会增加每月的还款额。实际上，寻找一个适合你的每月还款额是良好信贷管理的表现。

选择贷款期限只是计算每月还款额的因素之一，幸运的是，互联网上有一些工具，利用它们你可以很快在各种可选择的贷款种类中找出最适合你预算的每月还款额（大部分主要的财务服务网站中的"工具"栏部分有计算器，可以便捷地计算出各种贷款的利率和月还款额。一般来说，你需要做的就是填写一些关键信息，如利率和期限，然后按"计算"，剩下就是电脑的事了。例如，可进入网站http://www.finaid.org，然后点击"贷款计算器"即可）。

交易总成本

当计划以信贷方式购物时，一定要关注所购物品的价款和贷款费用。零售商经常会操纵标价和利率，所以你只有计算出交易总成本才能真正知道这个交易如何。比较每月还款额是一个不错的方法。比较总成本很简单，把购买成本与还款总额相加，在其他条件相同的情况下，总成本最低的那个就是你应该选择的。

抵押品

在贷款之前要知道你用什么作抵押，如果你违约了，是否能忍受失去这个抵押物。事实上，如果抵押对你不造成什么影响，使用抵押物通常是很有意义的，因为你可以获得更低的贷款成本，可能是正常的一半左右。

其他贷款考虑

除了前面提到的一些建议，还有一些你应该考虑的问题：是否可以选择一个与你的支付方式相协调的还款日？你能够快速且方便地获得贷款吗？延迟还款收什么费？是否合理？如果你提前还款，能否减少部分贷款费用，或者是否需要缴纳提前还款的罚金？花点时间找找最好的贷款，不仅要减少贷款成本，还要保证你所负担的还款额与你的现金预算和理财规划相一致。从长期来看，最终还是由你来获取收益（或承担损失）。因此，你应该看看贷款是否对你的财务状况有影响。由于是你来还款，所以要做得更好。

7-2b 跟踪消费贷款的足迹

为了让贷款与你的财务状况匹配，定期清查未偿还消费贷款是个不错的想法。理论上，你应该每三四个月或至少每年做一次清查。简单罗列你所有的未偿还消费贷款就可以制作一份欠款清单。除了住房按揭贷款，这个清单要包括分期偿还贷款、学生贷款、一次性偿还贷款、信用卡贷款、循环信用额度、透支额度、房屋净值信用额度等所有项目。

理财规划小贴士　年利率为零的贷款真的好吗？

很多贷款会给你年利率为零以及现金返还的选择。你可以选其中一个，但不能两个都要。接受现金返还意味着使用标准利率来融资。接受现金返还会使你的贷款本金减少，尽管利率较高。

可以看一个例子，假定你购买一辆车，以6.7%的年利率贷款15 000美元，分48个月偿还，每月还款357.11美元。贷款期内你总共还款17 141美元，其中利息是17 141－15 000＝2 141美元。另一个选择是，购买相同的汽车，在价格相同的情况下，使用年利率为0的贷款，每月仅支付312.50美元，整个贷款期内节省2141美元。假设两种方式的贷款都是48个月且首付相同。

现在假设汽车经销商提供2 000美元现金返还作为年利率为0的贷款交易的替代方式。这会减少贷款金额至13 000美元，若采用6.7%的年利率，每月需要还款309.49美元。可以看出，现金返还相对年利率为0的贷款来说，每月还款额更低（312.5＞309.49）。

从上面的例子中我们可以得出什么结论？如果可以选择，现金返还比年利率为0的贷款要好。在你没有太多首付的情况下，现金返还可以充当首付的角色。

资料来源：Adapted from "0% APR Loan Deals—Good Deal or Not?" http://best-cardeals.buyerreports.org/0-apr-loan-deals，accessed April 2012.

工作表7—1对于你编制贷款清单会有所帮助。使用时，简单列示近期每月还款额和每种未偿还消费贷款的最新余额，然后把各列相加，得出每月支付多少，总的负债是多少。当你统计完所有的数字，希望不会很惊讶地发现自己居然欠这么多钱。

工作表 7—1　记录你的消费贷款

可使用下表记录你未偿还的贷款以及每月的还款要求。这些信息是完善信贷管理的重要组成部分，也是进行有效信贷管理的重要组成部分。

消费贷款目录

姓名　德鲁·西蒙斯和奥德雷·西蒙斯　　　　日期　2015 年 6 月 14 日

消费贷款的种类	债权人	每月还款*	最新余额
车贷	1. 福特	$342.27	$13 796.00
	2.		
	3.		
教育贷款	1. 美国教育部	117.00	7 986.00
	2.		
个人分期贷款	1. 大通银行	183.00	5 727.00
	2. 美洲银行	92.85	2 474.00
房屋维修贷款			
其他分期贷款	1.		
	2.		
一次性偿还贷款	1.		
	2.		
信用卡（零售商信用卡、银行信用卡、旅行和娱乐信用卡等）	1. MBNA Visa	42.00	826.00
	2. Amex Blue	35.00	600.00
	3. 西尔斯	40.00	1 600.00
	4.		
	5.		
	6.		
	7.		
透支额	Hilands Schools 信用合作社	15.00	310.00
个人信贷额度			
房屋净值信用额度	富国银行	97.00	9 700.00
人寿保险贷款			
券商保证金贷款			
其他贷款	1. 父母		2 500.00
	2.		
	3.		
	总计	$964.12	$45 519.00

$$\text{债务安全率}=\frac{\text{月还款总额}}{\text{月到手收入}}\times 100=\frac{\$964.12}{\$5\,200.00}\times 100=\underline{\underline{18.5\%}}$$

* 如果没有金额，则表格空白，表示没有贷款偿还要求（例如，一次性偿还贷款）。

评价贷款状况的一个简单方式是计算贷款安全比率（在第 6 章中已经讨论论过），即用月到手收入除以月还款总额（见上表）。如果你每月到手收入的 20%或者以上用于还款，说明你太依赖于贷款；如果你的贷款安全比率在 10%或者以下，说明你的贷款状况很好。记录你的贷款并将未偿还贷款金额保持在一个合理的水平上是维持良好信誉的保障。

7-3 一次性偿还贷款

和大多数消费贷款不一样，一次性偿还贷款是在约定的日期一次性全部还清贷款，所还款项通常包括本金和所有利息。然而，有时候需要在中期支付利息（如每个季度），在这种情况下，在到期日所支付的金额是本金和未付利息。相对来说，分期偿还贷款方式在市场上更为普遍，但是一次性偿还贷款也占有一席之地。

一次性偿还贷款可以是担保贷款，也可以是无担保贷款，所贷款项可以用于任何目的。如果用于某项特定的采购或者交易的资金没有到位但预期很快会到位，一次性偿还贷款最有用。这种贷款可以弥补临时性的现金短缺，在有长期安排之前，一次性偿还贷款可以起到临时融资的作用。

7-3a 贷款的重要特征

无论是申请分期偿还贷款还是一次性偿还贷款，你都需要提交一份**借款申请**（loan application），图表 7—2 给出了示例。一般来看，贷款申请要列示贷款申请人的信息，包括贷款的目的、有无担保以及财务状况。信贷员会根据这些文件以及其他信息（如来自当地信用管理部门的信用报告以及贷款申请人的收入证明）来决定是否给申请人发放贷款，某些类型的信用评分（如第 6 章所讨论过的）会在这个决策中起作用。申请贷款时，你需要考虑贷款的三个特征，即贷款抵押、贷款期限、贷款偿还。

图表 7—2　消费贷款申请

以下是一份典型的贷款申请，包括贷款申请人的一些信息，如收入来源、当前债务及简短的工作记录。

消费贷款申请

<table>
<tr><td colspan="4">贷款信息</td><td colspan="4">抵押品信息</td></tr>
<tr><td>申请金额
$</td><td>目的</td><td colspan="2">申请类型
□个人 □联合</td><td colspan="4">□汽车：年份____生产商____型号____行驶里程____
□个人财产　□其他（详细说明）</td></tr>
<tr><td colspan="4">申请者信息</td><td colspan="4">联合申请人</td></tr>
<tr><td colspan="2">姓名</td><td colspan="2">电子邮箱</td><td colspan="2">姓名</td><td colspan="2">电子邮箱</td></tr>
<tr><td>社会保障号</td><td>出生日期
/ /</td><td>□结婚
□未婚
□离异</td><td>抚养人数</td><td>社会保障号</td><td>出生日期
/ /</td><td>□结婚
□未婚
□离异</td><td>抚养人数</td></tr>
<tr><td colspan="4">申请人居住信息</td><td colspan="4">联合申请人居住信息</td></tr>
<tr><td colspan="2">住址</td><td colspan="2">电话</td><td colspan="2">住址</td><td colspan="2">电话</td></tr>
<tr><td colspan="2">州、市，邮政编码</td><td colspan="2">开始居住时间（年/月）
/</td><td colspan="2">州、市，邮政编码</td><td colspan="2">开始居住时间（年/月）
/</td></tr>
<tr><td colspan="2">之前居住地址</td><td colspan="2">开始居住时间（年/月）
/</td><td colspan="2">之前居住地址</td><td colspan="2">开始居住时间（年/月）
/</td></tr>
</table>

□租房 □与父母同住 □自有住房 □其他	房东或抵押物持有人 姓名： 电话：	每月还款额 $	□租房 □与父母同住 □自有住房 □其他	房东或抵押物持有人 姓名： 电话：	每月还款额 $

申请者就业信息		联合申请人就业信息	
单位	单位电话	单位	单位电话
单位地址	职位	单位地址	职位
总收入：　□每周 □双周 □每月 $	开始工作时间（年/月） /	总收入：　□每周 □双周 □每月 $	开始工作时间（年/月） /
其他收入： $　　来源		其他收入　（如果不打算用赡养费、子女抚养费、离异生活费收入来还债，则不必计算在内。） $　　来源	
之前的单位和地址	之前的单位电话	之前的单位和地址	之前的单位电话
职位	开始工作时间（年/月） /	职位	开始工作时间（年/月） /

申请人已有贷款			联合申请人已有贷款		
债权人	还款额	余额	债权人	还款额	余额
□支票账户　银行名称________账号________ □储蓄账户　银行名称________账号________			□支票账户　银行名称________账号________ □储蓄账户　银行名称________账号________		

授权和签字	
通过在申请书上签字，说明你保证你所提供的信息都是真实完整的。你也要保证你已经披露了任何未决诉讼或未决仲裁。你的目的是让出借人及其受托人依据你所提供的信息来发放贷款。你要授权出借人及其受托人提供你的贷款信息。你应知道出借人即使不同意你的贷款申请也会保留此申请书。我知道如果这个申请是用来申请担保贷款的，那么还需要一些额外的信息。	
申请者签字　　日期	联合申请人签字　　日期

贷款抵押

大多数一次性偿还贷款使用某些特定资产作为担保。贷款人更喜欢那些在市场上能够随时变现，且变现价格高于贷款本金的抵押品，比如汽车、珠宝首饰、股票和债券。如果贷款用于购买个人资产，那么该资产可以也有可能作为该贷款的抵押物。大多数情况下，贷款人并不实际占有抵押品，而是具有**留置权**（lien），这个权利是指法律规定当借款人违约时，贷款人可以出售抵押品用以偿还贷款。如果借款人占有或使用抵押品，如汽车、电视和珠宝，那么违约发生时，赋予贷款人对抵押品的权利的工具称为**动产抵押**（chattel mortgage）。若贷款人拥有对抵押品的占有或者处分权（通常为股票或债券），协议规定当违约时贷款人有权出售这些抵押品称为**质押**（collateral note）。

贷款期限

正如之前所述，一次性偿还贷款的期限一般不超过一年，极少数情况下会延长至两年。当你申请一次性偿还贷款时，请确保你的贷款时间足够长以获得资金偿还贷款，但不要超过必需的时间太久，因为贷款利息会随着时间的延长而增加。由于贷款是一次性偿还，借款人必须确信你能及时还款，即便将来有某些不测事件发生。因此，你的贷款期限必须符合你的预算和还款能力。

贷款偿还

一次性偿还贷款在某个到期日偿还。有些情况下，用于还款的资金会在到期日之前到位，这时，根据出借人的条件不同，借款人可能提前还款以减少利息。许多信用合作社允许借款人提前还款，这样会减少融资费用。然而，许多商业银行和其他出借人可能不允许提前还款，如果提前还款需要借款人支付**提前还款罚金**（prepayment penalty）。这个罚金通常情况下设定为未到期贷款利息的一定比例，罚金可能足以补偿提前还款而少支付的贷款利息。《诚信借款法案》要求借款人在贷款合同中明确是否支付提前还款罚金，如支付，罚金是多少。

偶尔也会出现这样一种情况，借款人借入一次性偿还贷款后发现在还款日没有足够的资金。如果你出现这种情况，一定不要在规定的期限后还款，应当提前通知出借人，这样的话，可以与出借人签订一份附加的延期还款协议。在这种情况下，出借人一般会同意**贷款展期**（loan rollover），这样可以以新贷款偿还初始贷款。出借人通常会要求借款人在展期日支付贷款的所有利息和部分本金。所以，假定你最初借了5 000美元，期限为12个月，那么银行可能希望借给你更少的金额，如3 500美元，期限6～9个月。在这种情况下，你需要支付1 500美元的初始贷款本金和全部到期利息。然而，可展期贷款的利率可能会上升一点，这实际上是你第一次贷款未还所付出的代价。你不要指望展期会再增加一次，银行的耐心是有限的。

理财规划小贴士

出借人如何审查你的贷款申请？

当你正打算申请贷款（大额或小额）用于消费时，以下事项有助于你理解出借人是如何评估你的贷款申请的。下面是出借人审查的项目以及你该如何应对：

- 信用报告。出借人会浏览两三家信用报告公司（Experian，Equifax，TransUnion）提供的信用报告，以确保它们拥有的信息是真实的。一定要至少看一份信用报告，从中你会知道出借人所审查的项目，从而可以纠正任何可能延迟或者阻碍你贷款申请通过的错误。
- 债务历史。出借人会仔细评估你现有的债务，还有多少未使用的信用额度，是否及时付款，最近是否申请了更多的贷款。请准备这些问题的答案。
- 工作经历。出借人将查看你的工作经历以评估你的财务稳定性及偿还贷款的能力。
- 存款。出借人想知道你是否有足够的资金用于首付，有没有应对紧急需求的资金（包括存款账户、支票账户、共同基金等）。
- 预批准。你是否希望通过融资来买房或者买车，当你获得一个特殊贷款的预批准时，你在购物时将处于很好的谈判地位。

资料来源：Adapted，in part，from https://www.bellco.org/majorpurchases.asp，accessed April 2012.

7-3b 融资费用和年利率

第 6 章已经讲过，出借人需要同时披露融资费用和融资的年利率。在图表 7—3 中提供了一份**贷款披露声明**（loan disclosure statement），此声明既可以用于单一贷款，也可以用于分期贷款。请注意在声明中不仅披露利息成本，还披露与贷款有关的其他费用和支出。虽然这个声明能使我们对各种贷款进行比较，但你仍需要理解计算各种融资费用的方法，因为标示相同利率的同类贷款可能有不同的融资费用和年利率，单利法和折扣法是两种最基本的计算单一贷款融资费用的方法。

图表 7—3 **贷款披露声明**

贷款披露声明列示了向借款人收取的与贷款有关的各种费用（融资费用或其他费用）和年利率，同时详细说明了还款条件和分期付款金额。

联邦诚信贷款披露声明

出借人：YOUR FAVORITE MORTGAGE CORPORATION
借款人：

账号：1111111

年度百分比利率 你的贷款年利率为	融资费用 贷款成本	融资本金 提供给你的贷款	支付总额 按进度表支付的所有款项的金额
7.337%	$ 205 017.52	$ 138 796.50	$ 343 814.02

你的还款进度表为：

还款次数	还款金额	还款到期日
359	$ 955.05	自 2015 年 1 月 9 日开始每月还款
1	951.07	2046 年 1 月 8 日最后一次还款

浮动利率：如果选择本项，则你的贷款为浮动利率贷款，关于浮动利率的特征已经在之前披露。
即期履行特征：如果选择本项，负债具有即期履行特征。
保险：你将从任何你想投保的机构那里获得财产保险，出借人予以接受。

如果选择本项，你可以通过 Your Favorite Mortgage Corporation 进行投保。你将为 12 个月的损害保险责任支付________美元，你将为 12 个月的洪水保险责任支付________美元。

抵押品：你将对你所购财产进行抵押，财产坐落于

华盛顿 西北区 118 号大街 1234 号，邮编：20009
券商账户与抵押品 个人财产：股票和租赁权
人身保险 其他：

延期罚款：如果延期还款，你需要支付还款额的 5.000%。
提前还款：如果提前还款，你不必支付罚金。你将丧失部分融资费用的返还权。
假定事项：购买你房子的人，根据条件，不能为抵押贷款的剩余款项担保。

请阅读合同上的所有相关附加信息，包括：未还款、延迟还款、要求的其他还款、提前还款返还和罚金以及假定事项。

承诺

在下面签字，表明你在法律文件执行之前收到了联邦诚信贷款披露声明的全部副本。

________________ ________________
借款人/日期 借款人/日期

资料来源：Adapted from http://www.entitledirect.com/static/entitle/sampledocs/fed_truth_in_lending.pdf, accessed October 2012.

单利法

只针对实际贷款余额收取利息费用的方法为**单利法**（simple interest method）。通常商业银行、储蓄和贷款联盟及信用合作社用这种方法计算循环信用额度和分期付款贷款的利息。为了考察如何使用单利法，你可以假设自己以8%的利率从银行获得期限为两年的1 000美元一次性偿还贷款，两年内此贷款的实际未偿还余额为1 000美元，期间没有偿还本金。用单利法计息，假设 F_s 为融资费用，F_s 等于贷款本金乘以名义利率，再乘以贷款期限，即

$$F_s = P \times r \times t$$

式中：

F_s——用单利法计算的融资费用；

P——贷款的本金；

r——名义利率；

t——贷款期限，以年为单位（例如，6个月，$t=0.5$；15个月，$t=1.25$；2年，$t=2$）。

因此，将式中的 P，r 和 t 分别代入1 000，0.08和2，可以看到两年期1 000美元贷款的融资费用是160美元（1 000×0.08×2）。根据这种贷款的偿还安排，还款金额由融资费用和本金组成，所以需要偿还1 160美元（1 000+160）以结清负债。为了计算年利率，需要用年平均融资费用除以平均贷款余额，即

$$APR = \frac{\text{年平均融资费用}}{\text{平均贷款余额}}$$

在本例中，年平均融资费用由总融资费用和贷款时间（年）决定。这里的年平均融资费用是80美元（160/2）。因为本金没有改变，所以贷款余额是固定的1 000美元。用年平均融资费用80美元除以平均贷款余额1 000美元，得到 APR 为8%。注意：APR 和名义利率相等，均为8%。只要用单利法来计算融资费用，不管是用一次性偿还贷款方式还是用分期偿还贷款方式，APR 总是等于名义利率。

折现法

折现法（discount method）以总的贷款本金来计算总的融资费用，再从贷款本金中扣除这部分融资费用。贷款金额与融资费用的差额支付给借款人。换言之，融资费用提前支付，表示对本金的折现。用折现法计算一次性偿还贷款的融资费用表示为 F_d，计算公式与单利法一样：

$$F_d = F_s = P \times r \times t$$

对于本金1 000美元、利率8%的贷款，F_d 与之前一样为160美元。但是与单利法相比，用折现法偿还的贷款是基于原始的贷款本金 P，而借款人收到的是折现后的金额840美元（1 000－160），两年之后需要还1 000美元。

为了计算这笔贷款的 APR，可以将相应的值带到公式中。但是在本例中，尽管年平均融资费用是80美元（160/2），但是借款人只收到840美元，即贷款的平均值为

840 美元。把这些数据代入公式中，我们发现 8%的折现贷款的实际利率大约为 9.52%（80/840）。很明显，在一次性偿还贷款中，用折现法得到的 *APR* 比单利法得到的要高。

7-4 分期偿还贷款

分期偿还贷款和一次性偿还贷款不同，需要在贷款期限内分次偿还（一般按月偿还）。在消费贷款中，分期偿还贷款一直是最流行的方式，不亚于信用卡，主要是因为其偿还方式的便捷性。显而易见，对于大多数人来说，偿还一系列小额款项比一次性偿还大额款项要容易得多。

7-4a 消费贷款的实际状况

作为一个财务工具，分期偿还贷款几乎能为我们所想到的任何大件物品融资。汽车贷款是分期偿还贷款最主要的应用领域，这种贷款形式同时也用于家居、家电与休闲设备、房车和其他休闲设施，甚至可以是一次昂贵的度假。另外，越来越多的大学生开始使用这种贷款用于教育支出。分期偿还贷款不仅用途广泛，同时取得便捷，其店面无处不在。在银行和其他金融机构，以及大型商场、卖场及经销商处，都可以申请。去家庭用品商店购买高价音响，你就有机会使用分期偿还贷款。这种贷款小到几百美元，大到上万美元，25 000 美元或者更多的分期偿还贷款很常见。分期偿还贷款的期限短到 6 个月，长到 7～10 年，甚至 15 年。

大多数的分期偿还贷款需要使用抵押品进行担保，例如，用分期偿还贷款购买的汽车或者家庭娱乐设施就可以用于抵押。即使是用于昂贵的度假的个人贷款也可以被担保，在这种情况下，抵押品可以是证券、定期存单或其他类型的金融资产。这个市场中快速增长的部分是由再抵押所担保的贷款，称为房屋净值贷款，与第 6 章中讨论过的房屋净值信用额度类似，不同点是前者是一定金额、一定期限（通常是 15 年）的贷款，而后者是循环信用额度，在这个额度内你可以借入、归还和再借入。例如，如果借款人需要 25 000 美元去购买一艘很贵的新船，他可以申请此固定金额，并以其房屋净值二次抵押作为贷款担保。这种贷款与其他分期偿还贷款一样，在设定的贷款期限内按月分期偿还。除了低利率优势，房屋净值贷款另一个很大的优势是其支付的利息通常可以在税前抵扣。因此，借款人可以得到低利率和税前抵扣双重好处。

7-4b 融资费用、还款额和年度百分比利率

前面我们讨论了在一次性偿还贷款中计算融资费用的两种方法。这里我们看看计算分期偿还贷款融资费用和每月还款额的两种方法：简单利息法和累计利息法。为了说明其过程，我们用分 12 个月支付、利率 8%、本金 1 000 美元的分期偿还贷款作为例子。简单起见，我们假设利息是融资费用中的唯一费用，没有其他费用。

简单利息法

使用简单利息法，利息仅针对贷款未偿还余额收取。因此，贷款本金随着每月还款而逐渐减少，所收取的利息也逐渐减少。由于融资费用每月都在变化，计算利息费用的流程在数学上比较复杂。幸运的是，有了电脑和计算器，在实务中就不是大问题了。图表 7—4 是预先计算出的还款额，这个表展示了在给定简单利率和期限下每月需要偿还的金额。由于这些表（有时称为摊销表）中的金额包含利息，每月付款中既包括本金也包括利息。

图表 7—4 中计算贷款还款时包含了利息的变化（6%～18%）以及贷款期限的变化（6～60 个月）。表中的值代表借入 1 000 美元本金每月需要偿还的款项。这里假设你借了 1 000 美元，可以使用这个表计算任意金额的贷款。例如，如果是 5 000 美元的贷款，只需将表中的每月还款额乘以 5；如果是 500 美元的贷款，则乘以 0.5。在很多方面，这个表就像第 5 章中的按揭贷款支付表，只不过这里的贷款期限比按揭贷款要短。

图表 7—4　　分期偿还贷款的每月还款额（本金 1 000 美元，简单利息法）

你可以使用像这样的表格来查找分期偿还贷款的每月还款额。尽管这个表以 1 000 为基数计算还款额，但稍微变一变，就可以计算任何金额的贷款（本金可以大于或小于 1 000 美元）。

贷款期限　　单位：美元

利率（%）	6 个月	12 个月	18 个月	24 个月	36 个月	48 个月	60 个月
6.0	169.60	86.07	58.23	44.32	30.42	23.49	19.33
6.5	169.84	86.30	58.46	44.55	30.65	23.71	19.57
7.0	170.09	86.53	58.68	44.77	30.88	23.95	19.80
7.5	170.33	86.76	58.92	45.00	31.11	24.18	20.05
8.0	170.58	86.99	59.15	45.23	31.34	24.42	20.28
8.5	170.82	87.22	59.37	45.46	31.57	24.65	20.52
9.0	171.07	87.46	59.60	45.69	31.80	24.89	20.76
9.5	171.32	87.69	59.83	45.92	32.04	25.13	21.01
10.0	171.56	87.92	60.06	46.15	32.27	25.37	21.25
11.0	172.05	88.50	60.64	46.73	32.86	25.97	21.87
12.0	172.50	88.85	60.99	47.08	33.22	26.34	22.25
13.0	173.04	89.32	61.45	47.55	33.70	26.83	22.76
14.0	173.54	89.79	61.92	48.02	34.18	27.33	23.27
15.0	174.03	90.26	62.39	48.49	34.67	27.84	23.79
16.0	174.53	90.74	62.86	48.97	35.16	28.35	24.32
17.0	175.03	91.21	63.34	49.45	35.66	28.86	24.86
18.0	175.53	91.68	63.81	49.93	36.16	29.38	25.40

接下来我们看一看如何使用图表 7—4。假设你想要查找本金 1 000 美元、利率 8%、期限 12 个月贷款的每月还款额，12 个月这一列与 8%利率这一行的交叉点为 86.99 美元，这个值就是每月还款额。我们用每月还款额（86.99 美元）乘以还款月数（12），可以得到还款总额 86.99×12＝1 043.88 美元。还款总额与本金的差额为贷款的融资费用，本例中为 43.88 美元（1 043.88－1 000）。

每月还款额（86.99 美元）中，一部分是利息，剩余部分是本金的偿还。由于本金余额会随着每月的还款而减少，每月还款额中利息金额也会减少，而还款额中本金还款部分增加。

累计利息法

一些分期偿还贷款，特别是从零售商、金融公司或类似机构取得的贷款，通常使用**累计利息法**（add-on method）。累计利息贷款的成本很高。实际上，它们通常被认为是消费贷款中成本最高的，因为其年利率一般高于信用卡的利率。通常用借款的初始金额来计算累计利息贷款的融资费用，将这个金额（总的融资费用）加上初始贷款金额来计算总共需要偿还的金额。累计利息贷款的融资费用可以用以下简单熟悉的公式来计算：

$$F_s = P \times r \times t$$

仍然使用前面的例子，假定本金为 1 000 美元，利率为 8%，1 年期的累计利息贷款的融资费用为：

$$F_s = 1\,000 \times 0.08 \times 1 = 80 \text{（美元）}$$

在相同的贷款下，相比于简单利息法所计算的融资费用（43.88 美元），累计利息贷款的成本要高许多。从表面来看，这两种贷款报价为“8%”，因此，你可能认为得到了一个 8%的贷款，但实际上被欺骗了，尤其是涉及累计利息的时候！

为了得到累计利息贷款的每月还款额，你需要把融资费用（80 美元）和初始贷款本金（1 000 美元）相加，然后用此合计数除以总还款月数。在上例中，1 000 美元、期限 1 年的贷款，每月需要还款 90 美元，即（1 000+80)/12=90 美元。不出所料，这种方法的月还款额要高于简单利息法的还款额（86.99 美元）。所以，当你使用分期偿还贷款时，一定要弄清楚计算融资费用采用的是简单利息法还是累计利息法，如果是累计利息法，最好考虑寻找其他的贷款。

因为累计利息贷款的实际利率要远高于名义利率，我们需要确定贷款的年度百分比利率（APR）。8%的累计利息贷款的 APR 为 14.45%。显而易见，从 APR 的角度看，累计利息贷款是一种成本高昂的融资手段。原因是，当使用累计利息法分期偿还贷款时，每期支付的利息费用以初始贷款成本计算，虽然随着分期支付的进行，贷款的本金在减少。简单利息法和累计利息法下融资费用与 APR 的比较情况见图表 7—5。

图表 7—5　融资费用和 APR 的比较（假定本金 1 000 美元、利率 8%，分 12 个月偿还）

与简单利息法相比，累计利息法下分期偿还贷款的 APR 要比名义利率高很多。

	简单利息法	累计利息法
名义利率	8%	8%
融资费用（美元）	43.88	80.00
每月还款额（美元）	86.99	90.00
还款总额（美元）	1 043.88	1 080.00
APR	8%	14.45%

联邦银行监管法规要求向借款人披露精确的 APR（精确到大约 0.25%）。需要注意的不仅是贷款利息，还有其他一些为了获得贷款而支付的费用，这些都是融资费用的组

成部分，在计算 APR 时都需要考虑。

提前还款罚金

另一种在分期偿还贷款合同中经常出现的融资费用是提前还款罚金。如果你想在贷款到期前还款，可能就要承担这个附加费用。提前还款时，你可能会发现你的欠款比你想象的多一些，尤其是当出借人采用**78 规则法（还款次数总和法）**（rule of 78s（sum-of-the-digits method））来计算应付利息和到目前为止的本金余额时。你可能认为，本金1 000 美元、利率8%、1 年期的贷款在第 6 个月末时你已经偿还了一半的本金，还欠出借人大约 500 美元。然而，这是未采用 78 规则法的结果。在理论上，这种方法前期需要付更多的贷款利息，因为前期借款人使用了更多的钱，所以要支付更多的融资费用，之后会越来越少。当然这没有错，所有的贷款都是这样操作的。但是，78 规则法下前期支付较多的利息意味着什么呢？在这种情况下，会产生更高的超出你预想的本金余额（记住：贷款还款额中利息越多，则用来偿还本金的部分越少）。

7-4c 分期付款还是现付

购买大件物品时，你经常别无选择只能去贷款，因为要购买的东西太贵而无法用现金支付。如果用现金购买，最终会严重影响你的资金流动性。即使你有钱，也最好使用分期贷款或其他贷款。不要只是自动地去贷款，其实，可以花点时间去看看这是不是一个最佳决策，可以借助工作表 7—2 来进行决策，这个表对借款成本与现金在某些短期投资上的税收收益进行了比较。这里假定消费者有充足的流动性，资金存在某种类型的储蓄账户中（显然，如果不是这样，就没必要做这个决策，因为你只能借钱）。这些内容可以总结为：如果借钱的成本太高，以至于高于存款所得利息，那么就从储蓄账户中取钱以支付购物款；否则，借款支付。

工作表 7—2 **借还是不借**

使用一个像这样的表格，你就能通过比较贷款的税后利息成本和购买商品所支出现金的税后利息收入，来决定是选择分期付款还是支付现金。

分期付款或者支付现金

姓名 凯莱布·S·麦科马斯　　日期 2015 年 2 月 28 日

■ 借款成本		
1. 贷款条件 a. 贷款金额 b. 贷款时间（年） c. 每月还款	 $ 12 000.00 3.00 $ 376.04	
2. 贷款还款总额 （每月贷款还款额×贷款月数） 每月 $ 376.04　月数 36		$ 13 537.44

3. 减：贷款的本金		$ 12 000.00
4. 整个贷款期间的利息合计 （第 2 行－第 3 行）		$ 1 537.44
5. 税收考虑： a. 是不是房屋净值贷款（利息支出能从税金中扣除）？ b. 你是否采用逐项扣除？ c. 如果以上两个问题的回答都是"是"，请转到第 6 行；如果你的答案中有 1～2 个"否"，请转到第 8 行并且用第 4 行的数值作为贷款的税后利息成本。	□是　☑否 ☑是　□否	
6. 你适用哪个联邦税级？ （10%，15%，25%，28%，33%或者 35%）	28 %	
7. 由于利息扣除产生的税收节省 （第 4 行×税率（第 6 行）：$______×______%）		$ 0.00
8. 贷款的税后利息成本合计（第 4 行－第 7 行）		$ 1 537.44
■ 现金支付成本		
9. 存款每年获得的利息 （年存款利率×贷款金额：4 % × 12 000.00）		$ 480.00
10. 每年税后利息收入 （第 9 行×(1－税率)，例如，1－28%＝72%：$ 480×72%）		$ 346.00
11. 整个贷款期间的税后利息收入总额 （第 10 行×第 1b 行：$ 346×3 年）		$ 1 038.00
■ 借款净成本		
12. 借款成本与现金支付成本的差异 （第 8 行－第 11 行）		$ 499.44
决策规则：如果第 12 行为正数，则采用现金支付；如果第 12 行为负数，则采用借款支付。		

注：为简单起见，没有采用复合利率。

考虑以下情况：你打算买一辆二手车（新的，没怎么开过），支付正常首付款后，你还需要 12 000 美元。你可以采取下列两种方式之一支付：（1）借入期限为 36 个月、利率为 8%的分期付款（每月支付 376.04 美元）；（2）从货币基金账户中取钱来支付（现在和将来支付 4%的利息）。通过工作表 7—2，我们可以计算一下是分期付款购买还是直接支付现金购买。这里我们假定借款是一种标准的分期偿还贷款（利息不能扣税），你适用 28%的税级。表中显示你借钱最终要支付约 1 537 美元的利息（第 4 行），没有税收抵免。相反，把它存进货币基金账户只能得到税后利息收入 1 038 美元。综合来看，借款的净成本近 500 美元，也就是说，你支付 1 537 美元，取得 1 038 美元，这显然不划算！很明显，从存款中取钱并现付能够大大节约成本，你会节省近 500 美元。

500 美元的差额使我们明确应避免使用贷款，而有时借款利息收入和存款利息支出之间的差额很小，可能少于 100 美元。通过减少贷款利息能使二者之间的缺口变得较小，但有时会出现这种情况，如果贷款金额较小，二者的缺口也很小。比如，想要花 1 500 美元或 2 000 美元去犹他州滑雪，在这种情况下，由于差额很小，为了保持资产更高的流动性，你可能仍决定去贷款。当二者差额很小时，这个决定还是很不错的，但当缺口变大时，保持流动性的意义就越来越小。

一生中的规划：使用消费贷款

以下是人生的每个阶段使用消费贷款的主要考虑事项。

独立生活阶段 20 多岁	家庭与职业发展阶段 30～45 岁	成熟阶段 45～65 岁	退休 65 岁以上
√保证留有应对突发情况的充足的资金	√开始有选择地依靠储蓄而不是贷款来购买大件物品	√如果必须延迟还款，则通知出借人	√考虑进行再抵押或取得房屋净值信用额度以降低成本
√如果你结婚了，要保持你的个人信用记录，可以夫妻名义借款	√通过预算保持贷款账户余额，使每月能轻松地支付	√检查你的信用卡和银行对账单，看看有没有非授权交易	√通过预算减少对消费贷款的依赖
√至少每年检查一次你的信用报告	√至少每年检查一次你的信用报告	√至少每年检查一次你的信用报告	√至少每年检查一次你的信用报告

练习题

1. 布里奇特·莫罗是一所州立学院的大二学生，没有钱。他想继续学业，因此正在考虑一笔学生贷款。说明他的选择。怎样才能使他的借款成本最小化并使灵活性最大化？

2. 假设你正在购买一辆新车并且打算通过分期付款筹措部分资金。车的标价为 18 000 美元。Boss 汽车销售公司已经同意降价 3 000 美元，余额可以贷款，期限 48 个月，每月还款 333.67 美元。Specialists 汽车公司同意降价 3 500 美元卖给你同样型号的汽车，余额使用期限 60 个月、每月还款 265.02 美元的贷款。这两个打包融资方案哪个更好？

3. 使用工作表 7—1。布拉德·斯坦格尔每 6 个月编制一个未偿还的消费贷款清单。最后的记录显示：他欠一家家居装饰公司 4 000 美元（每月支付 125 美元）；一笔余额为 750 美元的个人贷款，月付 85 美元；一笔明年到期的、有担保的、一次性偿还的个人贷款 2 000 美元；一笔每月偿还 750 美元的本金 70 000 美元的住房按揭贷款；8 600 美元的新车贷款（每月支付 375 美元）；一张 MasterCard 欠款 960 美元（最低还款额为 40 美元）；一张埃克森的信用卡欠款 70 美元（30 天内到期）。用工作表 7—1 编制布拉德的消费贷款清单。计算他的债务安全率，假定他每个月实际到手收入是 2 500 美元。这个比率好不好？请解释原因。

4. 用简单利息法计算本金 3 000 美元、年利率 6%、期限 24 个月分期偿还贷款的月还款额。

5. 用简单利息法计算利率 6.5%、期限 18 个月的一次性偿还贷款的融资费用。用折现法计算同样贷款的融资费用。确定每种情况下的 APR。

6. 假设利息是唯一的融资费用，期限 36 个月、每月支付 166.1 美元、本金 5 000 美元的分期偿还贷款总共支付多少利息？这笔贷款的 APR 是多少？

7. 托德·科瓦尔斯基借入 5 年期、年利率 7%的贷款 10 000 美元。使用累计利息法计算每月的还款金额。

a. 如果托德实际持有这笔借款满 5 年，那么他一共应支付多少利息？

b. 托德每月支付多少金额？

c. 在累计利息法下，每月支付额比简单利息法下高多少？

8. 使用工作表 7—2。康斯坦茨·博廷想买一套家庭娱乐设备，包括一台大屏幕电视机、一个 DVD 机和一套音响设备，共花费 4 500 美元。康斯坦茨现在有超过 15 000 美元的货币资金，所以他可以用现金支付所购设备（货币资金存款的利率为 5%，并且康斯坦茨预计这个利率在未来保持不变）。为了鼓励销售，销售商对该套设备提供融资——期限 36 个月、利率 4%的分期偿还贷款，单利计息。康斯坦茨想要知道：这套家庭娱乐设备应该用现金购买还是用分期偿还贷款购买？（提示：康斯坦茨的税级是 28%，其纳税申报表采用逐项扣除法。）略作解释。

名　词

消费贷款（consumer loan）　为了特定目的，使用可协商的格式合同，并列示借款的条件和偿还等事项的贷款。

抵押物（collateral）　用以保证贷款本金偿还的有价物品。

一次性偿还贷款（single-payment loan）　在贷款到期时归还所有本金和利息的贷款。

临时性融资（interim financing）　通过一次性偿还贷款为购物和其他支出提供资金，且用于偿还的现金在未来确定可以到位。

分期偿还贷款（installment loan）　定期定额还款，而不是一次性付清。

消费金融公司（consumer finance company）　向符合条件的个体发放有抵押或无抵押贷款的企业，也称作小型贷款公司。

销售金融公司（sales finance company）　通过购买销售商的应收票据而为其提供融资的公司，这种票据主要是由于销售商品（主要针对大额商品）而产生的。

专属金融公司（captive finance company）　由大的制造商控股的销售金融公司，如福特汽车贷款公司（FMCC）。

现金价值（cash value）　某份保险合约中所积累的储蓄金额，这个金额可以作为贷款的抵押物。

借款申请（loan application）　向出借人列示贷款申请人信息，包括贷款的目的、有无担保以及财务状况的文件。

留置权（lien）　法律规定当借款人违约时，贷款人可以出售担保品以偿还贷款的权利。

动产抵押（chattel mortgage）　以个人财产作为还款义务的保证。

质押（collateral note）　给予贷款人当借款人违约时出售这些抵押品的权利。

提前还款罚金（prepayment penalty）　到期日前偿还贷款所需要支付的额外费用。

贷款展期（loan rollover）　借入新的贷款以偿还初始贷款的流程。

贷款披露声明（loan disclosure statement）　出借人向借款人提供融资费用和年利率信息的文件。

单利法（simple interest method）　通过对实际贷款余额收取利息费用来计算融资费用的方法。

折现法（discount method）　以总的贷款本金来计算总的融资费用，再从贷款本金中扣除这部分融资费用，剩余部分支付给借款人。

累计利息法（add-on method）　通常用借款的初始金额来计算贷款的融资费用，这个金额（总的融资费用）加到初始贷款本金中。

78 规则法（还款次数总和法）（rule of 78s（sum-of-the-digits method））　在借款人提前还款的情况下计算额外高利息费用的方法。

第 4 篇

保险管理

第 8 章

人寿保险

学习目标

1. 阐述风险的概念和保险承保的基础。
2. 讨论购买人寿保险的基本原因，识别需要人寿保险的群体。
3. 计算你需要多少人寿保险保额。
4. 分辨不同类型的人寿保险产品，描述它们的优点和缺点。
5. 以最低的价格购买最适合你的人寿保险产品。
6. 熟悉人寿保险产品的主要特点。

人寿保险将如何影响我?

保险只用于防止潜在的巨大损失，而不用于防范小的风险。保险应该覆盖可能破坏你家庭未来的损失。保险以较小的经常性保费支出来弥补发生概率低、风险高的大额支出。本章主要涉及如何购买人寿保险的问题。家庭成员的早逝对家庭来说是一场灾难，甚至会影响到一个家庭的未来。本章将首先讨论如何选择适合你的人寿保险保额，并介绍如何在主要的保险产品中进行选择，包括定期人寿保险、终身人寿保险、综合人寿保险、变额人寿保险和团体人寿保险。本章也将介绍人寿保险合同的主要特征，以及选择人寿保险代理人和保险公司的思路。本章会帮助你在掌握相关知识的基础上做出购买人寿保险的决策。

8-1 保险的基本概念

众所周知，人生充满可能带来深远影响的非预期事项：你的汽车在高速路上撞上侧栏，损坏到难以修复；家人生病，可能无法继续工作；一场大火或其他灾难损毁了房屋；你的爱人突然死亡。虽然大多数人不愿去想这些事情发生的概率，但需要在未知事件发生前保护好你和你的家人，这也是良好理财规划的一部分。保险在提供这种保护上扮演核心角色。如果发生非预期死亡，人寿保险可以提供替代性收入，也会提供资金使你所爱的人留住房子、保持正常的生活水准、支付教育费用并满足其他特定支出需求。医疗保险在你生病或伤残时能够负担医疗成本，财产保险在汽车或房屋毁损或破坏时可以提供补偿。

所有这些保险类型都是为了在事故、疾病或死亡发生时，保护你和你的家人免受资产或收入丧失的财务后果。通过预计资产和收入的潜在风险，并在理财规划中融合保险保护，你未来的财务状况会保持一定程度的确定性。本章将介绍保险的一些重要概念，重点讨论人寿保险决策。

8-1a 风险的概念

在保险术语中，风险是经济损失的概率。不论何时，只要你和你的家人对某些事项有财务利益——生命、健康、房屋、汽车或企业——就会有财务损失的风险。为防止这些损失，你需要采用一些策略，如风险规避、损失预防和控制、风险承担和保险。

风险规避

应对风险的最好办法就是规避产生风险的行动。比如，害怕汽车事故导致自己一无所有的人可能选择不开车。同样，狂热的跳伞或蹦极爱好者可以选择其他的娱乐活动。但是**规避风险**（risk avoidance）是有成本的。不开车会给生活带来许多不便，不参加跳伞的爱好者可能会产生其他身体和心理不适。当规避的成本小于其他处理方式的成本时，规避风险才具有吸引力。

损失预防和控制

损失预防（loss prevention）是减少损失发生概率的行动（例如，为减少车祸发生的概率，在限速范围内开车）。**损失控制**（loss control）是减少损失发生时的严重性的行动（例如，开车系安全带或者购买有安全气囊的汽车）。损失预防和控制应该是所有风险管理活动中最重要的部分。

风险承担

风险承担（risk assumption）是指承担损失的风险。风险承担在保费太贵而应对小额风险暴露时，是一个非常有效的方法。例如，你的《个人理财》教材有被偷的风险，但却不值得为此购买保险。风险承担也是应对大额、不可承保风险的合理的方法，例如发生核毁灭。遗憾的是，人们经常在没有意识到他们的风险暴露时承担风险，或者以为保单提供了足够的保护，但实际上却不足。

保险

保险合约（insurance policy）是在你（投保人）和保险公司（承包人）之间建立的合同，保险公司根据约定条款同意在你发生损失时进行赔偿。从你的角度来说，你已经把损失风险转移给保险公司。你支付较少的定量的钱（保费），换得保险公司的承诺，即如果你发生保单所涵盖的风险损失，保险公司将会给予补偿。

为什么保险公司愿意承担风险？答案很简单，它们收集了大部分人的风险损失经验，利用统计信息（称为保险精算数据）去估计风险，包括特定人群发生风险的频率和程度。如果保险公司的支出少于人们交付的保费及其收益，那么保险公司会盈利。

8-1b　承保基础

保险公司会在**承保**（underwriting）基础上下大工夫，决定承保的对象范围以及向他们收取的合理保费。承保人会设计费率分类表，以使人们支付反映其潜在损失概率的保费。通过承保分类，保险公司试图规避逆向选择问题，即只有高危人群申请保险和获得保险覆盖。承保人会经常改进其承保能力以设立给予投保人充足保护的保费费率，并且这个费率合理而准确。承保标准和实际保费随保险公司不同而不同，你可以货比三家，寻找最符合你个人特征和需求的保险产品。

8-2 为什么购买人寿保险？

人寿保险规划是每一项成功的理财规划的重要组成部分。人寿保险的主要目的是当你突然死亡时，保护你的家人以免失去财务保障。即使在死亡之后，人寿保险也能够保护你一生所积攒的资产并提供资金帮助你家人实现重要的财务目标。人寿保险的核心理念是承担由于养家糊口的人死亡而带来的潜在灾难性的财务损失，从而保护你的家庭。

8-2a 人寿保险的好处

人们不愿意谈及死亡或与死亡相关的事情，所以他们经常不愿承认对人寿保险的需求。实际上，人寿保险是一项无形资产，在你死亡后才会显现其好处。人寿保险的好处包括以下几方面：

- 为家人提供经济保障。如果你的家人和爱人依赖你的收入生活，在你去世之后，你的家人、爱人还会保持他们现在的生活水准吗？他们仍旧可以住在现在这样的房子里吗？能支付得起大学学费吗？人寿保险最重要的好处是在你去世之后为你的家人提供经济保障。
- 防止债主追索。人寿保险被设计为投保人死亡后的受益金直接给指定的受益人，这意味着债权人不能从你的人寿保险中索取现金受益。
- 纳税收益。向继承人支付的受益一般不需要缴纳联邦或州所得税，在某些情况下，这些受益可以直接转给受益人，而不用缴纳遗产税。
- 储蓄工具。某些种类的人寿保险合约可以作为储蓄工具，对于那些寻求本金安全的人更为适用。

就像个人理财规划的其他方面一样，通过遵循一步接一步的方法，很容易作出人寿保险决策。你需要回答如下问题：

- 你需要人寿保险吗？
- 如果需要，你需要多少保额的人寿保险？
- 哪种人寿保险最符合你未来的财务目标？
- 决定最终购买时应该考虑哪些因素？

8-2b 你需要人寿保险吗

总体来说，如果你的家人依赖你的财务支持，你就需要考虑购买人寿保险。如果你是一个单身没有子女或其他亲属需要抚养的成年人，或者你还是一个未成年人，一般就不需要人寿保险。已婚夫妇的人寿保险需求取决于他们的收入状况和想要保护的资产（如住房）状况。随着孩子的出生，人寿保险的需求进一步增加，因为如果父母一方提前死亡，孩子将会面临巨大的财务窘境。即使没有工资收入的父母也需要人寿保险，以此确保孩子在他们去世后得到足够的照顾。随着家庭资产的积累，人们的人寿保险需求不断变化。生活状况的变化，例如离婚，也会影响到人寿保险的需求。

8-3　你需要多大的保额？

确定了你的人寿保险需求后，你需要进一步决定购买多大保额的人寿保险。你可以使用两种方法预估自己所需人寿保险的保额：收益倍数法和需求分析法。

收益倍数法（multiple-of-earnings method）通过将年度总收入乘以一些选定（经常由自己确定）的数字来估计所需要的充足的保额。根据许多保险代理人的经验，这个倍数大致等于当前收入的 5～10 倍。例如，如果你现在的收入是一年 70 000 美元，那么根据收益倍数法，你需要 350 000～700 000 美元的人寿保险。收益倍数法没有考虑到你的财务负担能力和可用资源，它只是对人寿保险需求的粗略估计。

第二种更加详细的估计方法是**需求分析法**（needs analysis method）。这种方法考虑了投保人的财务负担和可用资源。在图表 8—1 中展示了这种方法的三个步骤并进行了相应的介绍。

图表 8—1　　你需要多少人寿保险

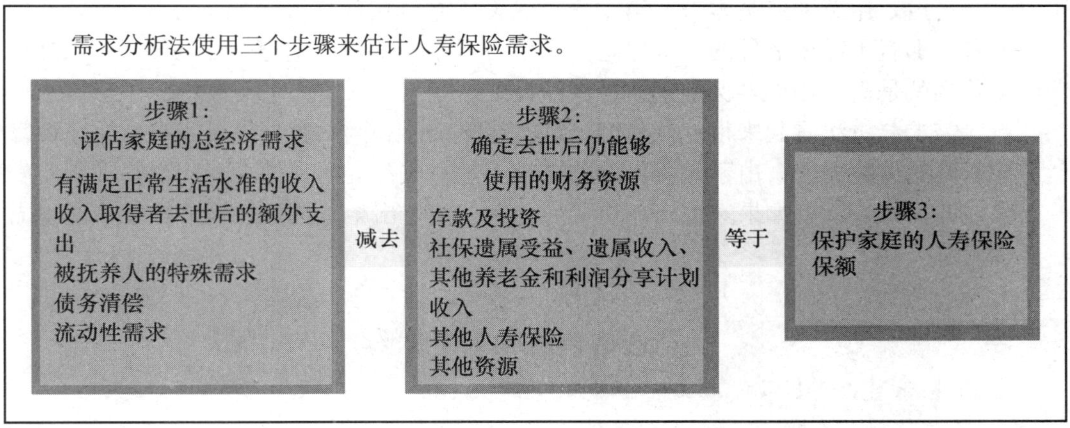

8-3a　第 1 步：评估家庭的总经济需求

需求分析的第一步是问一问如果我明天就去世的话，家庭中的其他成员需要哪些财务资源？下面的五个项目有助于你回答上述问题：

1. 有满足正常生活水准的收入。如果你去世，你的家人每月需要多少钱才可以保持正常的生活水准？检查一下家庭的现有预算支出，包括住房、日用品、食品、衣物和药品、看牙，估计人寿保险的保额需求。同时，要考虑其他一些支出，如财产税、保险费、娱乐、旅游和储蓄。人寿保险的保额需求可能随时间而变化。

2. 收入取得者去世后的额外支出。这些费用包括丧葬成本和其他支出，如照顾子女和家务支出。当家庭收入取得者去世时，投保人或者未亡配偶所提供的这些服务需要有人提供，因为即使原来由配偶提供，她（或他）也需要找工作。

3. 被抚养人的特殊需求。除了日常经济需求，你可能还希望满足被抚养人的一些特殊需求，例如伤残和慢性病子女的长期医疗护理、应对非预期财务支出的应急资金或子女的大学教育资金。

4. 债务清偿。为了保证被投保人家庭没有债务负担，需要考虑未偿还的负债和其他义务，如住房按揭贷款的还款。

5. 流动性需求。如果你的财产中非流动资产占比很高，从寿险中得到的现金受益可以用于清偿欠款并维持资产，直到这些资产可以市场公允价值出售。

8-3b 第2步：确定去世后仍能够使用的财务资源

第2步是列出可以满足经济需要的所有资源。这些资源主要包括存款、投资、社保遗属受益、单位发起的团体人寿保险受益、养老金计划的死亡受益、出售住房和其他不动产所得、首饰、股票、债券和其他可以出售的资产。另一项非常重要的资源是未亡配偶和子女可以挣得的收入。单独评估这些资源，估计其价值和合计数。

8-3c 第3步：用需求减去资源可以计算需要多大保额

最后，用总的经济需求（第1步）减去所有可用的资源（第2步），如果后者大于前者，那就不需要额外的人寿保险。如果后者小于前者（有子女的家庭大多如此），那么差额就是需要用人寿保险来填补的缺口。

需求分析法看起来很复杂，但是许多保险公司和网站有软件可以帮你快速计算个人和家庭的保险需求。由于人寿保险的需求不是一成不变的，你至少应当每5年检查并调整你的保险，或者如果家庭出现重要变化，如孩子出生、购买住房或换工作，也需要进行调整。

理财规划小贴士

选购合适的人寿保险

以下提示可以帮助你选择合适的人寿保险：

- 不要让保险代理人为你计算需要多少保额。运用本章介绍的方法来确定你需要多少保额。代理人经过专门训练，经常有卖大单的动机，对他们来说，单子越大越好。
- 咨询独立的保险经纪人。独立的保险经纪人会比单一保险公司接触到更多的保险产品。
- 不要听从一次会上的建议。经纪人在第一次会上可能说得太快，不一定考虑了最适合你的选择。
- 知道你的代理人怎样赚钱。你的代理人是仅仅靠佣金赚钱，还是收费加佣金，或是只靠收费赚钱？如果不知道你的代理人怎样赚钱，你就不能认识到你们存在利益冲突的地方。
- 使你的保险和投资决策相对独立。定期人寿保险仅提供对过早死亡的保护，没有储蓄功能。终身人寿保险和综合寿险既能提供保险保护，也具有储蓄功能，当然，这两种保险的保费更高。如果把保险和投资捆绑，要清楚这样做的理由以及相应的成本。很多人把保险和投资项目分开购买。
- 货比三家。在市场中有很多选择，对于同一款产品，其价格的差异可能很大。

● 避免更换旧的终身人寿保险产品。拥有终身人寿保险几年后，如果更换它，你可能会失去已经支付的保费。如果条件允许，可以多买一份保险。

● 避免购买高成本的增值产品。保险代理人会向你销售增值产品，增值产品会提供其他特殊的覆盖范围。如果购买，请确保你确实需要这些增值产品。

● 购买保险时要考虑你的预算。在购买保险之前，请确保你知道并负担得起保险费用。

资料来源：Adapted from J. D. Roth, "14 Tips for Purchasing Life Insurance," http://www.getrichslowly.org/blog/2009/04/28/14-tips-for-purchasing-life-insurance/, accessed June 2012.

需求分析案例：米斯一家

我们可以用一个家庭的案例来展示一下需求分析的运用。本·米斯 37 岁，是家中的经济支柱，他的年收入为 85 000 美元。本和他妻子阿德勒使用工作表 8—1 来估计其人寿保险的保额需求，目的是在本去世以后满足阿德勒和两个子女的生活需求，这两个孩子一个 6 岁，一个 9 岁。

去世后的财务资源需求（第 1 步）

米斯一家评价了他们的预算，得出当子女在家时，阿德勒和两个子女每月生活支出为 3 500 美元，或每年 42 000 美元。阿德勒今年 35 岁，两个孩子离开家后，她每月需要 3 000 美元的收入，或每年 35 000 美元，直到 65 岁退休。在她退休时，预计阿德勒每月的生活费会降为 2 750 美元（或每年 33 000 美元）。阿德勒的预期寿命为 87 岁，所以他们预计阿德勒将过 22 年的退休生活。因此，如同表中第 1 步所展示的一样，未来 52 年米斯一家的总收入要达到 1 878 000 美元。

虽然阿德勒以前是股票经纪人，但是他们假设阿德勒学的东西在未来可能会过时，所以需要包括 25 000 美元继续学习的支出。本和阿德勒也希望为他们子女的大学教育留下资金，于是决定设立 75 000 美元基金。他们估计最后的支出（如丧葬费和遗产税）为 15 000 美元。

他们在贷款使用上很保守，总共有 155 000 美元的未清偿债务（当前按揭贷款的余额是 150 000 美元，汽车贷款 4 000 美元，杂项费 1 000 美元）。

所有这些预计费用列示在工作表 8—1 的上半部分。如果本不幸去世，满足家庭财务目标的总财务资源需求为 2 148 000 美元。

工作表 8—1　　人寿保险需求分析法

投保人姓名：本·米斯和阿德勒·米斯　　日期：2015 年 4 月 12 日

第 1 步：去世后的财务资源需求

1. 每年生活费和其他支出					
		期间 1	期间 2	期间 3	
a.	月生活费	$3 500	$3 000	$2 750	

b.	每年净收入需求（a×12）	$ 42 000	$ 36 000	$ 33 000	
c.	各期的年数	12	18	22	
d.	各期的生活费用需求（b×c）	$ 504 000	$ 648 000	$ 726 000	
总生活费（d行各期费用相加）					$ 1 878 000
2. 特殊需求					
a.	配偶教育基金				$ 25 000
b.	子女大学教育基金				$ 75 000
c.	其他需求				0
3. 死亡费用（丧葬费、遗产税等）					$ 15 000
4. 债务清偿					
a.	房屋按揭贷款	$ 150 000			
b.	其他贷款	5 000			
c.	总债务（4a+4b）				$ 155 000
5. 其他财务需求					0
总财务资源需求（加总右列）					$ 2 148 000

第2步：去世后可用的财务资源

1. 收入					
		期间1	期间2	期间3	
a.	每年社保遗属受益	$ 38 400	0	0	
b.	未亡配偶的年收入	0	$ 35 000	0	
c.	其他养老金和社会保险受益	0	0	$ 27 000	
d.	年收入	$ 38 400	$ 35 000	$ 27 000	
e.	各期的年数	12	18	22	
f.	各期收入（d×e）	$ 460 800	$ 630 000	$ 594 000	
g. 总收入					$ 1 684 800
2. 存款和投资					$ 65 000
3. 其他人寿保险					$ 100 000
4. 其他资源					0
总的可用财务资源（1g ＋ 2 ＋ 3 ＋ 4）					$ 1 849 800

第3步：额外的人寿保险需求

第1步：总财务资源需求	$ 2 148 000
第2步：总可用财务资源	$ 1 849 800
额外的人寿保险需求	$ 298 200

去世后可用的财务资源（第2步）

如果本去世，阿德勒有权得到属于她和孩子的**社保遗属受益**（social security survivor's benefits）。遗属受益将在第14章详细讨论，它旨在为失去收入支柱的家庭提供最低基本生活保障。阿德勒和本访问了社会保障总署的网站，估计阿德勒每月将得到大约 3 200 美元（或每年 38 400 美元）的社保遗属受益，一直到子女 12 年后高中毕业。

从子女离开家庭到阿德勒退休的 18 年，米斯夫妇预期阿德勒从事全职工作，税后收入为 35 000 美元。在阿德勒 65 岁时，她每月会从本的社保遗属受益、她自己的社保受益和退休金中得到大约 2 250 美元（或每年 27 000 美元）。如果本去世，阿德勒还有其他一些收入来源，这对夫妇在共同基金中存了 65 000 美元，本的雇主还会提供 100 000 美元的人寿保险。把这些加到阿德勒的预期收入中，她会有 1 849 800 美元的总可用财务资源。

额外的人寿保险需求（第 3 步）

为了计算米斯一家需要为本购买的人寿保险的保额，他们以总财务资源需求（2 148 000 美元）减去总可用财务资源（1 849 800 美元），得到 298 200 美元。因此，本应该额外购买 300 000 美元的人寿保险来为他们的家庭提供保障。现在米斯一家可以开始考虑选购哪种类型的人寿保险。

8-3d 人寿保险承销的考虑

保险公司使用承销的方式，决定对谁承保并收取多少保险费用。第一步是让潜在投保人填写一份申请表，这份申请表可以收集信息以估计投保人在保险生效期间的死亡概率。承销人会使用寿命预期表去查找不同年龄组的预期寿命，并且考虑和申请者相关的健康、习惯和经验等因素。这些信息用于确定你是否可以投保以及向你收取多少保费。例如，非常健康的人被作为“优先”承保对象，保费很低。显然，如果你在寿险承销过程中面临以下风险，例如肥胖、心脏病或高危的爱好或工作，那么认真选购并对比不同公司不同保险的成本是非常必要的。例如，超重且有心脏病史的悬挂式滑翔爱好者生活在死亡的边缘，需要缴纳更多的保费。

8-4 什么样的产品适合你？

在决定购买多少保额之后，下一步是选择一项合适的保险。大约 90%～95%的人寿保险属于以下三类：定期寿险、终身寿险和综合寿险。

8-4a 定期人寿保险

定期人寿保险（term life insurance）是在一定期间内为投保人提供特定金额保障的寿险，这是人寿保险中最简单的类型。如果你在保险期内死亡，受益人将收到全部保险受益金。所购买的定期寿险可以有不同的时间段，如 5 年、10 年甚至 30 年。保费一般可以年付、半年付或季付。

定期寿险的种类

常见的定期寿险分为**直线受益保险**（straight term policy）和**递减受益保险**（decreasing term policy）两种类型。

直线受益保险。直线受益保险设定投保年限，在此期间内受益金额不变。在直线受益保险中，每年缴纳的保费可以根据年度可变更条款逐年增加，或根据保费不变条款在保险期间保持不变。图表8—2和图表8—3分别列举了年度可变更保险的保费和不变保费保险的保费。（注：图表中的保费是针对非吸烟群体而言的，很明显，同样条件下，吸烟群体的风险更大、预期寿命更短，因此费率更高。）有年度可变更条款的保险并不普遍，因为现在人的寿命在延长，不变保费保险目前的费率比年度可变更保险更低，因此更有价值。

图表8—2　典型的年度可变更保险的保费：100 000美元保额，针对非吸烟群体

当你购买定期寿险时，你其实购买的是一种能提供保险保障的产品。这张表格展示了几个年龄组和某些保险年限的典型的保费，实际保费每年都在增加。如下表所示，女性的保费更少，同时保费随着年龄的增加上升很快。

单位：美元

	年龄25岁		年龄40岁		年龄60岁	
保险年限	男性	女性	男性	女性	男性	女性
1	95	49	145	117	429	366
5	97	63	177	151	732	570
10	107	88	237	194	1 278	864
15	145	117	299	236	2 307	1 620
20	177	151	429	366	3 988	2 902

图表8—3　典型的不变保费保险的保费：100 000美元保额，针对非吸烟群体

此表格展示了保额为100 000美元的典型的不变保费保险的保费。虽然其保费相对同样期限的年度可变更保险的保费要低，但你需要在每期期末重新进行资格认定以保持最低的保费。

单位：美元

	10年	15年	20年	30年
年龄	男性/女性	男性/女性	男性/女性	男性/女性
25	106/102	116/110	128/116	161/143
35	108/102	117/112	134/125	175/152
40	122/115	135/129	157/145	222/185
50	203/171	250/199	298/233	475/341
60	403/300	539/373	669/502	不适用

递减受益保险。由于死亡概率随着年龄的增加而递增，在年度可变更保险下，保险期间每年的保费会上升。而一些定期保险会把保费保持在一定的水平上，但保额会在保险期间逐渐减少，这样的保险合同称为递减受益保险，这种保险的保额在其存续期间会逐渐减少。递减受益保险在需要保险赔付额随着时间递减的情况下使用。例如，一个业主可以将保险覆盖与住房按揭贷款的余额进行匹配，有子女的家庭可以将保险覆盖与递

减的家庭收入相匹配，因为子女随着年龄增长独立性逐渐增加。

你所选择的定期保险的种类和时间会影响你需要支付的保费。特定的最初保额（如 250 000 美元）的年保费可能在直线受益保险下最低，在递减受益保险下较高，而在年度可变更保险下最高。之所以递减受益保险的保费比直线受益保险要高，是因为主要的保险公司并不提供递减受益保险，因此这类保单的竞争者更少，于是它们会收取更高的保费。

定期寿险的优点与缺点

定期寿险的一个最大优点是初始保费相对其他类型的保险要低，尤其是对于年轻人来说。定期寿险对一个需要短期保护而这种需求很快会消失的人来说，是一个经济实惠的选择。

然而，定期保险最主要的缺点是它只能提供临时性的覆盖。当保单失效并需要更新时，正好有一些因素使你难以具有保险资格，就可能是一个问题。定期保险能够提供**可更新性**（renewability）条款，保险到期时可以续保，即使此时你因为一场事故或其他疾病而不符合保险资格。当然，考虑到老年人的死亡概率较大，保费会上升。具有可更新性条款的保险在每个保期结束时可以续保，直到投保人达到 65 或 70 岁。

克服定期保险不足的另一个选择是**可转化性**（convertibility）条款，这个条款允许你在确定的期限内将你的定期保险转变为终身人寿保险。终身人寿保险（下文讨论）会提供终身保护，取消续保的要求。在大部分标准的定期保险中都有可转化性条款，如果你现在需要一份相对低成本、短期的保护，而未来你期望会有更高的收入使你购买终身保险，这个条款就非常有用了。

定期寿险的另一个缺点是在每期期末可能要支付逐渐增长的保费，通过购买长期保险可以克服这个缺点。保险公司已经开始提供 30 年期直线受益保险，而保费固定不变。例如，一位 35 岁的男士可以优惠费率购买一份保额为 250 000 美元的死亡受益保险，一年仅需要付 360 美元。然而，对于所有要买的保单，在签字前要确保其费率在整个保险期内固定不变。

谁应该购买定期保险？

因为大部分年轻家庭的预算有限，他们对死亡保障的要求较高，所以应该关注有保障的可更新和可转化的定期寿险。这有利于节约财务资源以实现当前和未来的消费和储蓄目标。有足够的财力资源并且健康的老年人可以使用定期保险来满足特定的保险需求。

8-4b　终身人寿保险

不像定期保险，**终身人寿保险**（whole life insurance）为人的一生提供永久的保险覆盖。除了具有死亡保障，终身人寿保险还有储蓄的特点，称为**现金价值**（cash value），这个价值从所付保费的收益中产生。这样，终身人寿保险不仅能提供保险覆盖，而且使你的投资有一个适度的回报。在终身寿险保单上的储蓄利率通常固定并且保证高于确定的利率（一般4%～6%）。图表8—4展示了终身人寿保险的现金价值是如何逐步积累的。很明显，投保人持有保单的时间越长，其现金价值越大。终身人寿保险能够通过几个不同的付费计划购买，所有这类保险都会积累现金价值。

图表8—4　　终身寿险中现金价值与死亡保障的比较图示

下图为一家大型的保险公司发行的针对30岁男性预期现金价值为200 000美元的保险产品。在图中，每一年200 000美元的死亡受益和预期现金价值的差额是保险人可以提供的死亡保障。

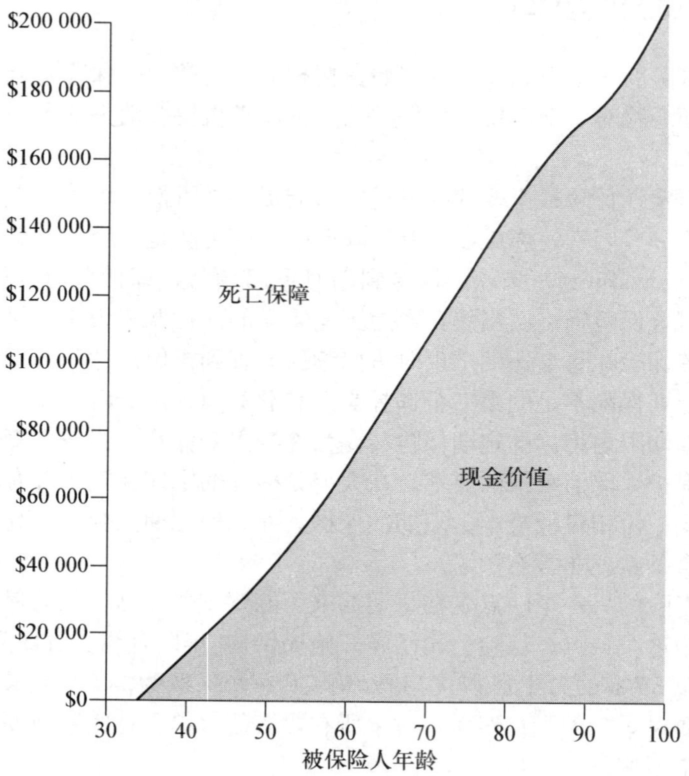

如果一位保单持有者在其死亡之前取消保单，所支付部分资产的现金价值还可以使用，此现金价值是保单持有者的**非丧失性选择权**（noforfeiture right）。但是终止保险合同后，保单持有人会丧失其死亡受益。

终身寿险的种类

终身寿险有三种主要类型：连续缴费终身寿险、限期缴费寿险和一次性缴费寿险。为了对这些保险合同的成本有一些基本概念，请看图表8—5中所列示的代表性费率。

连续缴费终身寿险。连续缴费终身寿险通常称为直线保费保险，个人每年支付一定金额的保费直至他们死亡或者行使其非丧失权利。保险购买得越早，每年的保费就越低。但购买终身寿险并不仅仅是因为现在购买的保费比以后购买时更低。在各类终身寿险之中，连续缴费终身寿险对每一美元保费提供最大数额的永久死亡保障和最小数额的存款。

图表 8—5　　代表性的终身人寿保险年保费：100 000 美元，针对非吸烟者

与很多人寿保险产品相似，终身人寿保险年保费随着年龄的增长而增加。同时，终身人寿保险比很多项目更贵，因为你在变相地获得投资/储蓄账户，如“总现金价值”列所示，同时还有人寿保险覆盖。

单位：美元

	年保费		20 年的保费		第 20 年的总现金价值*	第 20 年积累的受益额	
年龄	男性	女性	男性	女性	男性/女性	男性	女性
25	603	525	12 060	10 580	10 670	55 700	56 200
30	727	683	14 540	12 760	13 518	57 500	58 600
35	891	775	17 820	15 500	16 908	58 900	60 600
40	1 078	931	21 560	18 620	20 518	60 000	62 300
50	1 590	1 367	31 800	27 340	29 796	62 300	65 300
60	2 418	2 050	48 360	41 000	41 796	66 260	68 800

* 此例中终身人寿保险未支付股利，所以现金价值和有保证的累计受益额是固定的（有保证的）。

限期缴费寿险。限期缴费寿险覆盖投保人的整个生存期间，但保费在特定的期限内支付。例如，在 20 年或 30 年间支付一定数额的保费。对于限定缴纳年龄的保险合同，可以缴费到所规定的年龄，如 55 岁或 65 岁。在所有情况下，当约定的保费支付完成时，保险将以其面值在投保人的生存期中继续生效。

如果死亡保障是投保的主要目的，那么被保险人应当购买连续缴费终身寿险而不是限期缴费寿险。相对限期缴费寿险，用同样的钱可以买到更多的持续缴费终身寿险，因此需要终身寿险的人最好购买连续缴费终身寿险，从而得到保险中的大部分价值。之后，如果需要降低保额，可以把此保险转换成保额更小的一次付清的人寿保险。另一方面，如果有保险已经有效并充分保护收入损失，可以将限期缴费寿险作为储蓄或退休计划的一部分。

一次性缴费寿险。一次性缴费寿险在合约开始时一次性缴纳现金保费，以此为你的后半生提供保险覆盖。因为具有投资的属性，一次性缴费保险（英文缩写为 SPLI）对于大部分家庭来说作用有限，主要是吸引那些寻求避税投资工具的人。像其他终身寿险一样，由保单产生的利息或投资收益具有递延纳税的特征。然而，在 59.5 岁之前提现或从其 SPLI 现金价值中贷款要缴纳资本利得税以及提前支取额 10%的罚金。

终身寿险的优点和缺点

终身寿险最显著的优点是，只要缴纳保费就会形成遗产，而不管被保险人活多大年岁。当保险覆盖的需求期满时，被保险人可以通过保单借钱或者提取现金。终身寿险的另一个好处是（SPLI 除外）：想要投保的个人可以安排在相当长的时间里进行缴费，从而避免续保问题。而且，建立在税盾基础上的收益意味着保单的现金价值增长更快。其他好处包括由于未付保费而导致保单失效后仍然具有持续覆盖的能力，以及已失效保单以原来的、更优惠的价格重新生效的能力。

终身寿险的另一个好处在图表8—5“第20年积累的受益额”中呈现。这表明如果在此时点不再缴纳保费，各承保年龄段的人在第20年会得到多少受益，以及与此保险覆盖等同的现金价值。比如，在图表8—5中可以看到，一个40岁的男性购买保险，每年需要交保费1 078美元。20年后，保单的现金价值将是20 518美元。如果他决定从那时起停止缴纳保费，他将会损失20 518美元现金价值，作为回报，在到达保单规定的最高年龄时（通常是65岁）会得到60 000美元的覆盖。终身寿险的这个弹性被一些投保人视为优势。

终身寿险的一个缺点是它的成本，相对于定期寿险，终身寿险每一美元保费提供更少的死亡保障。比较图表8—2、8—3和8—5各终身人寿保险和定期人寿保险的保费，很明显，你会发现终身保险比短期保险要贵许多。终身保险另一个被经常提及的缺点是：相对于其他投资工具来说，它的投资部分提供的收益率更低。终身寿险不应当作为获利最高的投资工具。但是，如果既想得到死亡保障，又期望得到适度的避税回报，那么终身寿险或许是个明智的选择。

另一个降低终身寿险成本的方法是购买低费用的终身寿险，这种保险由保险公司直接卖给顾客，有时候通过免费热线或者网络进行销售，因此免去了交易中的销售代理人和大量的佣金。所以，低费用保险的现金价值比传统上通过代理人卖的保险的现金价值增长更快。

哪些人适合购买终身寿险？

一些财务顾问建议你用现金价值保险去满足你永久的保险需求，这个需求是你的被抚养人所需要的金额，不论你什么时候去世。这样的需求可能还会包括死亡费用以及以下二者之中的较小者：生者的退休需求（工作表8—1的期间3）或者额外的保险覆盖。这个金额对于每个人来说各不相同。利用以上参考，可以得出我们之前所举的例子中的米斯一家将需要大概147 000美元终身寿险（工作表8—1：15 000美元的死亡费用（第1步第3行）加上期间3的生活费用132 000美元（第1步第1d行一第2步第1f行））和大约151 000美元定期寿险（工作表8—1：约298 000美元（第3步）减去上面计算出的147 000美元终身寿险）。只有当基本目标是储蓄或者取得可递延纳税的投资，并且不用保障死亡带来的损失时，可以购买限期缴费寿险和一次性缴费寿险。

行为金融问题　终身寿险与定期寿险的对比以及行为偏差

定期寿险是“纯粹”的保险，如果你在保险期间没有死亡，保单不会给你任何赔付。相比之下，终身寿险一般来说会对死亡提供赔付，保险公司知道它们最终要赔付，只不过不知道具体什么时候赔付。终身寿险可以积累现金价值，其金额为向终身寿险和定期寿险支付的保费差额。终身寿险可以被看成具有内部投资特点的人身保险。因此，终身寿险比定期寿险成本更高。我们可以看一看终身寿险是如何在销售中利用人的行为偏差的。

终身寿险可以利用心理账户的行为偏差。许多人会考虑通过“心理账户”将人寿保险和储蓄分开设立以为退休做准备，这两个工具都有优点。但是，当保险代理人将终身寿险定位成一个托管储蓄计划时，人们很容易混淆投资和人寿保险的区别。所以，这种保险在销售时会定位于既可以在家庭成员提前去世时提供保护，也可以帮助你完成退休储蓄目标。一些代理人甚至会说终身寿险所积累的现金价值增长到超过已缴纳的保费时，会变成“免费”的午餐。许多人不能抵挡住这种诱惑，因为它既能在你的家人意外去世时保护家庭，还能帮助你实现储蓄目标，同时在将来还可能是“免费”的。

一个理性的决策者知道没有所谓的“免费”保险，所以他会将储蓄计划的需求与充分的人寿保护覆盖需求分开。那么，是什么导致人们混淆这些决策？提前死亡、保护家庭和退休规划的概念都属于情感范畴。一个情绪化的人会在储蓄计划、购买定期保险、投资不同的终身和定期寿险上犯错误。当然这不是说终身寿险不适合所有人，然而，人寿保险和为退休进行的投资应分开考虑。

资料来源：Adapted from Justin Reckers and Robert Simon，“Behavioral Finance and Life Insurance，” MorningstarAdvisor. com，February 17，2011，accessed May 2012.

8-4c 综合人寿保险

综合人寿保险（universal life insurance）是一种结合了定期保险的具有永久现金价值的保险，它既能提供死亡受益，同时附带有税盾的储蓄/投资账户，收益率通常是较高的货币市场利率。死亡保障（或者纯保险）部分和储蓄部分的保费明确分开，也就是所谓的分离式保险。图表8—6展示了100 000美元的综合寿险的年保费、总保费和现金价值。

图表8—6　综合寿险的年保费、总保费和现金价值：100 000美元保额，针对非吸烟者

综合寿险的保费在整个承保期内比终身寿险低。从你的年度缴费中扣除死亡受益和其他管理费用后，剩余部分存入一个积累账户，账户中存款的利率是浮动的，在本例中，利率是3.5%。然而，有保证的利率只有3%，所以你的实际现金价值可能比较少。

单位：美元

	年保费		20年的总保费		第20年的现金价值*	
年龄	男性	女性	男性	女性	男性	女性
25	701	628	14 027	12 574	16 206	14 495
30	830	742	16 590	14 833	19 480	17 302
35	995	885	19 896	17 702	23 169	20 481
40	1 205	1 067	24 108	21 340	27 366	24 234
50	1 806	1 579	36 127	31 573	38 468	34 368
60	2 808	2 402	56 155	48 034	56 365	47 912

*基于3.5%的假设年利率。

在综合寿险中，你所支付的保费中一部分是管理费，剩余部分为保险的现金价值（储蓄），可以获得一定的回报率。所获得的回报率随市场利率的变化而变化，但保证高于特定的最低利率（如4%）。然后，每个月从现金价值中提款以支付保费，从而获得死亡保障。只要储蓄部分足以购买死亡保障，保单将持续生效。当现金价值增加到较大金额时，保额也需要提升以满足税收要求（税法要求在综合寿险中死亡受益必须一直超过现金价值）。

综合寿险与其他的终身寿险一样享受税收优惠：死亡受益免税，在被保险人去世前，保险所积累的现金价值具有递延纳税的特征。保险公司每年会给被保险人寄送简要的利息免税与费用扣除额报表。

综合寿险的优点和缺点

与其他保险一样，综合寿险也有其优点与缺点。它有两个主要优点：

- 灵活性。你每年所付的保费可以多一些，也可以少一些，因为死亡保障的成本既可以从保费中支出，也可以从积累账户（现金价值）中支出。如果积累账户资金充足，你可能使用它支付每年的保费。死亡受益可能提高或降低，你可以把保险的受益类型变为现金价值加上特定金额的保险。
- 储蓄性。一份综合保险按“当前”利率增加现金价值，而且此利率很可能比最低保证利率要高。

综合寿险在保费支付上具有灵活性，尽管这很诱人，但它有两个缺点：

- 变化的保费和保障。一个在早些年节省保费的投保人可能会发现在随后的保险年度中，为了维持保险的效力，支付的保费比最初计划的多。实际上，一些投保人希望在其保单的现金价值积累到一定水平时免交保费，但保费一般不会消失，或者在利率降低时重新出现。
- 费用。综合寿险与其他类型保险相比有着沉重的费用负担。很多州要求保险公司每年公开发布一份报表，清晰地列示已付保费、所有的费用和死亡成本、赚得的利息，以及期初期末的现金价值。

谁应该购买综合寿险？

如果你正在寻找一个提供比终身寿险更高潜在回报的储蓄工具，综合寿险是一个适宜的选择。它本身具有的灵活性使其对自身状况预期有变化的人群尤其有用，比如有了小孩会带来对死亡保障的需求。

8-4d 变额人寿保险

除了定期、终身和综合人寿保险外，你还可以购买一些其他类型的保险产品，包括变额人寿保险、团体人寿保险以及其他特殊目的的寿险，如贷款寿险、按揭寿险和雇工寿险等。这些保险产品是为了满足各种不同的需求。

变额人寿保险

变额人寿保险（variable life insurance）相对终身和综合人寿保险在将死亡受益和储蓄结合方面更进了一步。投保人可以决定如何将钱投资到储蓄（现金价值）部分。投资账户类似于共同基金，而且大多数提供变额人寿保险的公司允许你选择所有类型的基金。变额人寿保险合约不保证最低回报。而且，顾名思义，它所提供的保险覆盖范围会随投资账户产生的利润（和损失）的大小而变化。图表8—7展示了对于一个45岁非吸烟男性投保人来说，两种不同的收益情形对变额人寿保险的现金价值和死亡受益产生的影响。

图表 8—7 典型的变额寿险的价值：100 000 美元保额，针对非吸烟者，男性，45 岁

变额寿险为死亡受益支付的保费与其投资收益相联系。在保险期间产生的现金价值也与投资回报相关。下表展示了 20 年中 6%和 12%的回报率的结果。低回报率伴随低现金价值和低死亡受益，高回报率会带来高现金价值和高死亡受益。

单位：美元

		6%的回报率		12%的回报率	
保险年限	总保费	现金价值	死亡受益	现金价值	死亡受益
1	1 575	995	100 995	1 064	101 064
5	8 705	5 244	105 244	5 705	105 705
10	19 810	10 592	110 592	15 365	115 365
15	33 986	15 093	115 093	27 688	127 688
20	52 079	17 080	117 080	43 912	143 912

变额人寿保险与其说是人寿保险不如说是一种投资工具。如果你想要得到更高的投资回报，那你可能要承担缩小保险覆盖的风险。因此，购买变额人寿保险时应当慎重。

团体人寿保险

团体人寿保险（group life insurance）签发主保单，每个有资格的团体成员都会收到一张保险证书。团体人寿保险几乎都是定期保险，而且保费是基于团体的整体状况而不是其中任何个体的状况。单位通常把团体人寿保险作为给雇员的附加福利。几乎所有的团体（比如工会、专业协会或任何校友组织）都能投保团体人寿保险，只要这个团队存在，保险就会生效。

团体人寿保险占美国全部保险的 1/3，是保险中增长最快的领域之一。这个保险一般允许投保人在离开组织时把保险转为个人终身寿险，使保险能持续覆盖。在特定期间内，这种转换一般不需要证明可保性。当然，在转换后，个人需要支付保费。在设立个人寿险时，应当考虑通过雇员受益计划取得保险覆盖的可能性。鉴于团体寿险的临时性及低保额（一般仅相当于一年的薪水）特征，很少有家庭仅仅依靠团体寿险来满足基本的收入保障需求。

其他特殊目的的寿险

购买以下类型的人寿保险要注意一些事项：

- 贷款人寿保险。银行、金融公司和其他出借人经常销售与分期偿还贷款联结的**贷款人寿保险**（credit life insurance）。贷款人寿保险通常是期限短于 5 年的定期保险，而且有与未偿还贷款相等的保额。在家庭收入支柱去世后要清偿债务，可以以定期或终身人寿保险来支付，因为贷款人寿保险成本较高。
- 按揭人寿保险。**按揭人寿保险**（mortgage life insurance）是一种在借款人去世时为其支付抵押住宅资产而设计的定期保险。与贷款人寿保险类似，其实这种需求可以通过以更低价格在市场上购买合适的递减定期寿险来满足。
- **雇工人寿保险**（industrial life insurance）。有时也称作家庭服务人寿保险（home service life insurance），这种终身人寿保险通常具有较小的保额，一般是 1 000 美元甚至

更少。代理人每周或每月向保单持有者收取保费。相对终身人寿保险来看，每份雇工人寿保险的成本要高 1 000 美元，主要是因为它的营销成本比较高。即便如此，保险部门仍认为雇工人寿保险是为低收入家庭提供保险覆盖的唯一可行方法。

8-5 购买人寿保险

评估了个人财务需求并熟悉了一些基本人寿保险知识后，你就可以准备购买人寿保险。图表 8—8 总结了本章所讨论的常见人寿保险的优点和缺点。购买人寿保险的关键行动包括：(1) 比较不同保险的成本和特点；(2) 选择财务状况良好的保险公司；(3) 选择好的代理人。

图表 8—8　　最流行的几种人寿保险的主要优点和缺点

最常见的几种人寿保险的主要优点和缺点总结如下，在购买时可以参考。

种类	优点	缺点
定期人寿保险	较低的初始保费 简单，容易购买	只能为特定时间段提供临时保障 续保时，可能需要支付更高的保费
终身人寿保险	终身覆盖 储蓄工具：随时支付保费，现金价值会逐渐积累 积累的收益有税收优惠	成本：相对定期人寿保险，每一美元提供更少的死亡受益 比起其他投资方式，提供更低的回报 销售佣金和市场营销费用可能较高
综合人寿保险	终身覆盖 灵活性：被保险人可以选择保护的程度和保险成本 储蓄工具：现金价值以当前利率积累 储蓄和死亡受益相分离	难以评估购买时的真实成本；保险公司可能收取较高的管理费
变额人寿保险	投资工具：被保险人可以决定将多少现金价值用于投资	高风险

8-5a 比较成本和特点

相似的人寿保险的成本在公司之间差异很大。购买人寿保险若货比三家的话，可以节省几千美元。例如，一个针对 25 岁群体、10 年期、保额 250 000 美元的定期人寿保险，有优惠费率的保险成本在 1 170～2 000 美元之间浮动。如果你有特殊的健康问题或其他情况，那就花点时间寻找真正可以承保的保险公司。

当然，只关注费率还不够，你还需要询问这个费率能保持多长时间，同时了解保证费率，也就是当你要续保时可能被收取的保费最大值。有保证费率的保险每年可能需要多花 20 美元，但你以后不会面临出乎意料的大幅费率增长。确定你需要的保险覆盖期间，再寻找此期间的最佳费率，具有较低保费的 5 年期保险在你增加额外的保险覆盖时其保费可能跳跃式升高。同时，要确保得到了你需要的保险特性，比如可转成定期保险。

最后，确保你对比的保险有近似的条款和总额。换句话说，不要把一个保险公司价值 100 000 美元的定期人寿保险和另一个公司价值 150 000 美元的综合人寿保险进行比较。先决定你想要多少额度和哪种类型的保险，然后比较成本。对于具有相近现金价值的保险，对比经利率调整的成本指数（通常列在保险说明中）非常有用。

收集能让你进行成本和特点比较的数据也比较容易。通过电话或网络获得的定期人寿保险报价服务，能够根据你的具体情况免费为你提供成本最低的几个保险产品的名称，从而简化选择过程。近年来，在人寿保险报价和其他信息来源中，网络增长最快。在网上，你不仅可以获得快捷、实时的报价，还能购买电子保险。在网络上购买能够让你避免与保险推销人员打交道，而且成本较低（通常只能购买定期保险）。例如，一家大的保险公司对网上购买定期保险提供最多 20%的折扣。当然，你仍需要体检，通常保险公司会派一个有资质的医生或护士到你家或办公室给你抽血并进行其他检测。http://www.efinancial.com，http://www.selectquote.cosm，http://www.insure.com 和 http://www.matrixdirect.com 这些网站上有许多保险公司的人寿保险成本数据库，如果你愿意，这些网站可以作为你的代理人帮你买保险。insure.com 和 matrixdirect.com 网站有定期保险和终身保险的报价。同时，不要忽略了直接面向公众销售的低费用的保险公司，比如 Ameritas 人寿保险公司、Lincoln 人寿保险公司和 USAA 保险公司（针对军人及其家属）。

8-5b　选择保险公司

选择人寿保险公司是购买人寿保险的重要一环，你可能希望这个公司就在你附近而且有足够的资产支付。在做出购买决定之前，需要考虑的因素有公司的声誉、财务状况、佣金和其他费用以及保险合同的条款。如果你想选择保险公司，有现金价值的人寿保险合同、公司的投资业绩、红利派发历史也是重要的考虑因素。除非有充分的理由做出其他选择，否则，你应该把选择范围限定在有 25 年甚至更长历史、每年保费过 1 亿美元的保险公司。这些标准排除了大部分小型保险公司，但还有很多公司可供选择。你可能会发现一个公司更适合购买定期保险，另一个更适合购买终身保险。

贝氏评级（A. M. Best）、惠誉国际（Fitch）、穆迪（Moody's）、标准普尔（Standard & Poor's）和魏斯（Weiss）这些私人评级机构帮你完成了很多评级工作。这些代理机构使用可获得的公开财务数据来评估保险公司在未来偿付的能力。这些评级机构根据对保险公司财务数据的分析会给每家保险公司一个"等级"。很多专家认为所选择的人寿保险公司应至少被两家主要评级机构评过级，而且评级机构的评级保持一致，级别处于前 2～3 个等级（比如，被穆迪公司评级为 Aaa，Aa1 或 Aa2）。很多公共图书馆和保险代理人有这些等级资料，前面提到的这些评级机构都有网站，在网上可以找到一些保险公司的评价等级。

理财规划小贴士　**人寿保险体检的注意事项**

如果你记住以下几点提示，就可以轻松通过人寿保险体检：

● 知道要检查什么。检查者会测量和记录你的身高、体重、血压和心率，并且收集血样和尿样。检查者要完成保险申请表上的所有项目。检验结果会送至保险公司和你的承保人，它会评估你的风险并决定你将支付的保费水平。

- 在检查前喝水。这样抽血比较容易。
- 检查前不要进食。在检查前4～8小时吃东西可能会增高你的血糖。
- 体检前12小时之内不要做剧烈运动。轻松点，不要快走或在有氧器械上做剧烈运动。在体检之前进行锻炼可能会提高尿液的蛋白质含量，从而引起关注。
- 体检前12小时之内不要喝酒。喝太多酒会使你脱水，而且很可能影响肝功能的检查结果，这样体检结果很有可能把你归为风险群体。
- 至少两三个小时之内远离咖啡因和尼古丁。咖啡因和尼古丁有可能提高血压，如果你确实需要喝咖啡，一定要喝无奶无糖的黑咖啡。
- 带一份用药清单。检查人员会在检查时进行病史判断，这要求你提供现在的处方和非处方用药清单。
- 在检查前一天晚上早点睡觉。虽然这不直接影响你的体检结果，但会使你在体检时更轻松，如果你有“白衣恐惧症”，这会帮你缓解紧张。

资料来源：Adapted from Jeffrey Steele，“How to Ace Your Life Insurance Medical Exam，” http://www.insurance.com/life-insurance/life-insurance-basics/how-to-ace-your-life-insurance-medical-exam.aspx，accessed June 2012.

8-5c 选择代理人

在人寿保险业务领域有一句谚语，人寿保险是卖的而不是买的。代理人在大多数人的人寿保险购买决策中扮演重要的角色。除非你计划通过网络购买，否则选择一个好的代理人非常重要，因为你要靠他做出一些重要的财务决策。

在寻找一个好的代理人时，应尽量向跟代理人打交道的专业人士征求意见。信托部门银行家、专注于资产规划的律师和会计师等都是很好的信息来源。相反，仅因为代理人非常热情地招呼你就选择他时要非常小心。

不要认为代理人只要有执照就有足够的能力，并能为你争取最大利益。要考虑一个代理人正式和专业教育水平，有商学或保险专业的大学文凭吗？该代理人有“特许人寿保险人”（CLU）、“特许财务顾问”（ChFC）或者“注册理财规划师”（CFP）这样的职业资格吗？这些称谓只会授予那些满足特定经验要求，而且通过了人寿和医疗保险、遗产和养老金规划、投资以及联邦所得税法方面综合考试的人。

观察一个代理人怎样回答你的问题。他是用花哨的术语或者标准答案来回应你，还是用心听你的问题，经过深思熟虑，有逻辑地回答你的问题？应当考虑他对问题的回应和其他个人特点。在大多数情况下，在选定代理人之前，你应该多跟几个代理人谈谈，并且和你的爱人或其他好友讨论每个代理人的优点和缺点。决定之后再给代理人打电话，完成这项工作。

8-6 人寿保险的主要特性

人寿保险合同是一份载明了投保人和保险人的权利义务以及保险特征的合约。没有所谓的标准人寿保险合同，每个州的保险也可能不一样。即便如此，某些内容在大部分人寿保险合同中是一样的。

8-6a 人寿保险合同的特征

大部分人寿保险合同都具有的主要特征有：受益人条款、理赔选择、保险贷款、保费支付、宽限期、非丧失选择权、保险恢复、保险更改。

理财规划小贴士 **与保险代理人的潜在利益冲突**

大部分保险代理人是有职业道德的、专业的。但是，为了能够让你识别和远离那些不道德和不专业的代理人，一些你和代理人之间潜在的冲突需要铭记于心。大部分冲突与销售佣金有关，这些佣金会妨碍他们给出最优建议。

- 代理人很少披露他们的佣金并且只在你问的时候才会说。向代理人询问他们在出售竞争性保险产品时收取的佣金。如果他们不回答，那么是时候更换另一个代理人了。
- 为了卖出产品，代理人一般不会说与所售保险相关的负面消息。同样有一些代理人会过度简化条款内容。你要问一些较难的问题。
- 当有一些保险应该可以续保，而另一些应该替换时，代理人只在能够得到佣金的情况下才会给你建议。所以代理人对现有保险的建议是不可靠的。从另一家公司的代理人那里得到不同的建议往往是个不错的主意。
- 在代理人说明和预测未来保险的业绩时要特别注意。仅仅拿一个保险的表现与另一个保险进行比较很难让人做出较好的决定。不要不加鉴别地相信那些预测和假设。
- 要知道一些律师、会计师和理财规划师不会问代理人很难的问题，因为他们要靠保险公司给他们介绍客户。所以，不容易找到人寿保险建议的客观来源。可以考虑使用独立的保险顾问。

尽管存在这些潜在的利益冲突，但你可以通过自己做功课、依靠那些真正把客户利益放在第一位的顾问完成很多事情。

资料来源：Life Insurance Advisors, Inc.,"Conflicts and Limitations of Life Insurance Agents," http://www.lifeinsuranceadvisorsinc.com/conflicts.html, accessed June 2012.

受益人条款

受益人（beneficiary）是在投保人死亡后获得死亡受益的人。所有人寿保险都必须有一个或以上的受益人。被保险人既要指定一个主受益人，也要指定不同的或有受益人。若被保险人死亡时主受益人在世，他将获得所有的死亡受益金。若投保人死亡时主受益人也已经死亡，受益金将分配给或有受益人。如果被保险人死亡时主受益人和或有受益人都已经死亡，那么死亡受益金将计入遗产，由法院按照被保险人的遗嘱分配，若没有遗嘱，则按照州法律分配。

指定受益人必须明确，比如，如果一个男子将受益人定为“我的妻子”，他离婚后再婚，那么就会因为“妻子”的称谓引起争议。很显然，这种情况下，当外界状况（如婚姻状况）改变时，你会改变指定受益人。只要你在签署保险合同时没有明示不可撤销的受益人，你可以在任何时候通过告知保险公司改变你的指定受益人。

理赔选择

保险公司通常采用几种不同的方式来支付人寿保险的死亡受益金，既可以通过投保人生前永久设立的方式分配，也可以在保险受益支付之后留给受益人。

- 一次付款。这是最常见的赔付选择，95%的保险客户都会选择这种方法。所有的死亡受益金一次支付，可以让受益人在被保险人死亡后立刻获得受益金。
- 只付利息。保险公司保留保险受益一段时间，受益人获得利息，利率通常是有保证的市场最低利率。当受益人最近不需要钱时通常会选择此种方式，比如想存钱留给子女上大学、有其他家庭收入。
- 固定期间。保单保额加上赚取的利息，在一个固定期间内支付给受益人。比如，一个55岁的受益人可能在得到社保受益前需要额外的收入。
- 固定金额。受益人将收到固定金额的受益，直到所有的保险受益用完。
- 终身收入。承保人承诺给受益人确定数量的金钱来帮助他度过余生，这笔钱的金额根据受益人的性别、年龄、受益开始时间、预计寿命、保单面值、保单利率来决定。之所以有此选择是因为有些受益人不想在有生之年花完所有保险受益然后靠别人的接济为生。其中一个比较受欢迎的选择是“终身收入＋固定期间”方式，这种方式保证如果固定的期间未完时初始受益人死亡，则剩下的部分自动转移给第二受益人。

保险贷款

保险公司根据终身寿险向投保人提前付款，称为**保险贷款**（policy loan）。这些贷款由寿险保单的现金价值担保。当然，这些贷款不会重复支付，贷款与利息的金额会在被保险人死亡后，从其受益中扣除。一般来看，公司既能提供固定利率贷款，也能提供随高等级债券的市场利率而变化的贷款。只有在被保险人的资产足够多，即使贷款不归还也够支付的情况下，才能使用保险贷款。提示：要小心这些贷款！除非碰到特定的情况，否则美国国税局将把这些贷款视为提款，这意味着它将向你收取税收罚款。

保费支付

所有的寿险合同都列明了什么时候缴纳保费，保费通常提前支付。大部分承保人允许投保人按年、按半年、按季或按月付款。通常来说，除了按年付款，它们都会收取一部分费用。

宽限期

宽限期条款允许投保人即使在很短的时间内（通常31天）忘记缴款，也拥有享受全额死亡受益的权利。换句话说，你不会因为仅仅晚了一些时间交钱就失去保险保护。

非丧失选择权

像我们之前所提到的那样，在非丧失选择权下，即使投保人在保险到期前终止保险，承保人也会支付保险的现金价值。州法律要求所有的终身寿险、综合寿险、变额寿险都必须包含非丧失选择权。投保人除了收到现金价值，还可以从保险公司提供的以下两种方案中进行选择：

- 一次性缴费保险。投保人用现金价值购买一份新的、保额更低、一次性支付保费的保险。比如，投保人在 10 年以后取消的保单，每 1 000 美元保额中含有 90.84 美元的现金价值，可以买到价值 236 美元的一次性缴费保险。一次性缴费保险非常有用，因为现金价值会随着未来利息收入而增加，即使投保人在未来不再支付保费。这个保险通常适用于投保人由于收入和死亡保障需求下降仍需要一些保险覆盖的情况。
- 展期保险。投保人使用积累的现金价值购买一份与失效的寿险保额相同的定期寿险，其保险覆盖期间由投保人在当前年龄购买一次性付款保险产品的金额所决定。在投保人停止支付保费，并且对承保人没有任何说明的情况下，这个保险通常自动生效。

保险恢复

只要投保人的终身寿险降为一次性缴费保险或展期保险，都可以恢复原来的保单，但一般在原保单失效后 3～5 年内恢复，条件是补付未交保费及相应的利息，并能向承保人提供身体合格证明以及满足其他要求。保险恢复中恢复的是原保险合同中保险公司和投保人之间的关系。在保险恢复之前，投保人应该算一下买一份新的保险是不是更便宜。

保单更改

许多寿险合同包含保单更改条款，允许投保人改变保单的种类。例如，一个投保人觉得在 65 岁之前付费的保险比其现在持有的终身寿险更好。保单更改条款可以使你不用支付罚金就改变保单。当投保人从高保费保险向低保费保险转换时，必须提供可保性的证据。

8-6b　保险的其他政策

除了前面所述的保险合同的特征之外，还要注意其他一些特征：

- 多倍赔偿条款。**多倍赔偿条款**（multiple indemnity clauses）增加了投保人意外去世的保额，通常增加 1～2 倍。这项受益通常只需投保人花费很小的额外成本。在计算保险需求时，这个覆盖不能作为资金来源，因为如果投保人生病去世，将没有保险保障。
- 伤残条款。**伤残条款**（disability clause）可能只包括免缴保费或者与伤残收入结合在一起。如果投保人在 60 岁之前（有时 65 岁之前）就完全残疾或者终身残疾，可以免除寿险的费用。根据伤残收入规定，投保人不但可以免缴保费，还可以每月按 1 000 美元保额得到 5～10 美元的收入。一些承保人会一直向被保险人支付受益金直到其死亡，另一些在被保险人 65 岁时终止。相对而言，免缴保费和伤残收入保障的附加条款的成本很便宜而且可以加到所有的终身寿险中，但定期保险中不能附加。
- 保证购买选择权。拥有**保证购买选择权**（guaranteed purchase option）的投保人在规定的期间内可以购买额外的保险覆盖，并且不需要提交可保性的证据。这类保险通常只提供给 40 岁以下购买了终身保险的人。通常可以每 3 年、4 年或 5 年购买增加的保险覆盖，金额相当于原保单的金额或1万美元中的较低者。这个选择适用于那些对人寿保险的需求和支付能力在5～15年之间增加的人。

● 自杀条款。为了防止投保人在特定的期间内（通常在保单生效后两年内）自杀，几乎所有的保险产品都含有自杀条款。在这种情况下，保险公司仅仅退还已经缴纳的保费。但是，如果投保人在规定时间以后自杀，保险公司需要支付保险受益。

● 非赔付条款。所有的个人保险产品都会排除对一些损失的赔付，而人寿保险提供的保险范围更广。不同于自杀条款，常见的非赔付事项是航空、战争、危险性职业和业余爱好。如果被保险人从事这些事项，如在保单生效后从事F1赛车或滑翔，保险公司几乎不会修改投保人的保费或保额。

● 分红。在**分红保单**（participating policy）中，投保人有权收到保单分红，这个分红数字反映针对此保单所收取的保费与公司根据实际死亡率经验而收取的一般保费之间的差异。当分红保单的基本缴费计划表确定后，保险公司根据对死亡率的估计和投资经验，给这些保险增加一个安全值。保单的保费就基于此保守估计的结果。

● 生存受益。也称为加速受益，这种保险允许投保人在死亡前获得终身寿险或综合寿险中死亡受益一定百分比的金额。如果投保人得了不治之症，预计在一段时间内（如6个月或1年）死亡，或者需要昂贵的治疗费用（如器官移植），承保人可以免费向被保险人提供这个选择。这项受益也可以作为生存受益附加而加到原保单中，并且提前支付一部分死亡受益，通常每月支付总受益额的2%，以应对类似家庭护理等方面的长期医疗护理费用。生存受益附加需要额外缴纳原普通寿险5%～15%的保费，受益总额会限制在死亡受益总额的一个固定比例上。

● 保单贴现。与生存受益类似，保单贴现选择可以让患不治之症的投保人获得死亡受益一定比例的金额，从而提前使用此资金。不同于生存受益选择的是，保单贴现不通过保险公司，而是通过第三方投资人来实现。承保人把保险受益权出售给投资人，使得投资人成为保险的受益人，然后从投资人处收到现金，此现金通常是保单价值的60%。在投保人死亡后，投资人获得保险的余款。使用保单贴现一定要慎之又慎，因为这可能意味着你失去对寿险的所有要求权，在某些情况下还会影响到病人的福利性医疗保险。同时要知道，有些保单贴现公司（安排被保险人和投资人之间的交易）会受到政府机构针对道德行为的审查。

8-6c 理解保单说明

保单说明是关于保单业绩的假设性声明，它反映了向潜在客户提供保险时的重要假设。保单说明一般都很复杂，常常包含20页以上的数据和免责声明。保单说明会展示由于收到保费及利息收入而产生的现金流入，保费及利息收入都将增加保单的现金价值。保单说明也会阐释死亡率的变化和相关费用，这些都会降低现金价值。一份保单说明通常包含两个主要部分：

● 保证说明。保险公司必须依法披露最坏情形，即说明承保人获得最低收益并根据死亡率表收取最高保费所产生的影响。最好假定保险受益、退保解约金、保单积累价值不会低于这个预期值。

● 当前说明。这是保险公司基于当前的收益率和死亡率所作的保险业绩展示。

当你看保单说明时，首先关注的是公司计算以上数字的基本假设，包括你的年龄、性别和健康状况。如上所述，说明将会列示保费、解约金和死亡受益额，要仔细查看这些信息。可以要求保险代理人提供一个试算表，说明保险公司在下一保险年度的收益和收费的变化情况，这些变化会影响保费或受益。如果你不索取，大部分代理人不会主动提供。同时，要仔细查看有没有增加非期望保费。

核实以下所有部分是否在说明书的概要中提到，并且没有页码丢失：

- 保单描述、条款和特征。此部分总括了保单的主要内容，对保费和保险受益再次进行检查。
- 承销讨论。此部分提供了详细的保单受益、保费和税收信息的说明。
- 术语和关键用语解释。此部分会对保单说明中使用的术语进行解释，确保你能理解所有的术语和词汇。
- 免责。这部分告诉潜在客户预测的未来价值可能会和实际价值不一样。
- 签名页。这部分会提供未来 5～10 年的保单数字。保险代理人签名代表他向你解释了可能会变化的未承诺的部分，你的签名表示你已经完全了解以上内容。

一生中的规划：人寿保险

以下是人生的每个阶段使用人寿保险的主要考虑事项。

独立生活阶段 20 多岁	家庭与职业发展阶段 30～45 岁	成熟阶段 45～65 岁	退休 65 岁以上
√只有在你财务独立时才会有定期人寿保险需求	√如果已婚，增加配偶和其他被抚养人的人寿保险覆盖	√如果你换工作或加薪，则重新评估你的保险覆盖	√确保你的配偶有充足的财务保护
	√多生一个孩子时，要考虑增加保险覆盖	√当子女离开家庭或者大学毕业，考虑减少你的保险覆盖。如果你要照顾年迈父母的话，建议增加保险覆盖。考虑使用寿险进行遗产规划（见第 15 章）	√考虑使用寿险进行遗产规划（见第 15 章）
		√评估你所积累的资产规模与被抚养人需求的匹配情况。可能不再需要保险或保额可以大幅降低	√长大成人的被抚养人可能不再需要保险覆盖。可能需要保留一些寿险以满足被抚养人的特定需求

练习题

1. 使用工作表 8—1。亚当·莫迪尼 41 岁，刚离婚，抚养 5 岁和 8 岁两个孩子。他是一家公用事业公司的业务经理，年薪 95 000 美元。离婚协议上要求他每月向孩子支付 1 500 美元的抚养费，向前妻支付 400 美元的赡养费。她的前妻是一名教师，年收入 35 000 美元。亚当租了一套公寓。根据离婚协议，他有 100 000 美元的储蓄和退休收益。单位为他提供 75 000 美元的寿险。亚当的前妻目前是该寿险的受益人。

你会给亚当什么建议？在他当前的状况下，如果要买额外的人寿保险，需要考虑哪些因素？如果需要额外的寿险产品，他需要哪些种类的保险？使用工作表8—1来回答上述问题。

2. 使用工作表8—1。拉切尔·厄里奇72岁，近期被诊断罹患阿尔茨海默病。她自己的资产有限，两年间与女儿斯蒂芬妮一起生活，拉切尔唯一的收入来源是每月850美元的社保遗属受益。斯蒂芬妮希望自己去世后，母亲可以很好地生活下去。斯蒂芬妮40岁，单身，在一家小型制造企业任人力资源经理，年薪55 000美元。她有一套市场价为100 000美元的共管公寓，并有70 000美元的按揭贷款以及一些其他债务，包括5 000美元的汽车贷款和500美元的各种信用卡欠款。她的401(k)计划账户余额为24 500美元，其货币市场账户中有7 500美元的应急资金。与母亲的医生谈过之后，斯蒂芬妮相信母亲还能独自生活2～3年，她估计母亲在此期间每月需要2 000美元的日常生活费用和医疗支出。之后，斯蒂芬妮的母亲可能需要家庭医疗护理，花费大约为每月5 000美元。医生认为不好估计其母亲还能活多久，但是一般来说，如果照看的好，病人在确诊阿尔茨海默病后还能活10年以上。同时，斯蒂芬妮估计她每月的个人花销为5 000美元左右。她希望如果自己不幸去世的话，能为她的好友提供25 000美元作为照顾她母亲的或有资金。使用工作表8—1计算斯蒂芬妮的人寿保险总需求，并为她应该购买的保险类型提供建议。

3. 使用图表8—2、图表8—3和图表8—5所提供的保险费率表，计算一个25岁的男性若想购买保额为100 000美元、连续缴费、每年可更新的终身寿险，每年需要缴纳多少保费（假设5年的保险覆盖期）？同样的保险一个25岁的女性每年需要缴纳多少保费？如果一个40岁的男人（或女人）投保，比较其10年期、连续缴费、每年可更新的定期寿险与终身寿险的年保险成本。结合成本高低，简述每一种保险的优点与缺点。

4. 简述保单说明的主要内容，解释潜在客户在评估保单说明时应着重关注哪几点。

名　词

规避风险（risk avoidance）　规避产生风险的行动。

损失预防（loss prevention）　任何减少损失发生概率的行动。

损失控制（loss control）　任何减少损失发生时的严重性的行动。

风险承担（risk assumption）　承担损失的风险。

保险合约（insurance policy）　在投保人和保险公司之间建立的合同，保险公司根据约定条款同意在投保人发生损失时进行赔偿。

承保（underwriting）　保险公司决定承保的对象范围以及合理保费的过程。

收益倍数法（multiple-of-earnings method）　通过将年度总收入乘以一些选定（经常由自己确定）的数字来估计保额的方法。

需求分析法（needs analysis method）　决定人寿保险保额的方法，考虑了投保人的财务负担和可用资源。

社保遗属受益（social security survivor's benefits）　旨在为失去收入支柱的家庭提供最低基本生活保障。

定期人寿保险（term life insurance）　在一定期间内仅为投保人提供特定金额的寿险，此保险不会积累现金价值。

直线受益保险（straight term policy）　设定投保年限，在此期间内受益金额不变。

递减受益保险（decreasing term policy）　一种定期保险合同，保费在保险期内保持在一定的水平上，但保额会在保险期间逐渐减少。

可更新性（renewability）　一种允许投保人在保险合同到期时无须证明自己的可保性即可续保的定期寿险条款。

可转化性（convertibility）　一种允许投保人将定期保险转换为终身寿险的定期寿险条款。

终身人寿保险（whole life insurance）　为投保人整个生命周期提供持续保险覆盖的寿险。

现金价值（cash value）　保险合同中积累的可退还价值，产生于支付的保费所获得的投资收益。

非丧失性选择权（nonforfeiture right）　针对人寿保单持有者的一项权利，在寿险到期前取消保单的，将部分资产留下来在未来进行死亡赔付。

综合人寿保险（universal life insurance）　一种结合了定期保险的具有永久现金价值的保险，它既能提供死亡受益，同时附带有税盾的储蓄/投资账户，收益率通常是较高的货币市场利率。

变额人寿保险（variable life insurance）　根据投保人所选择投资类型而产生不同回报的人寿保险。

团体人寿保险（group life insurance）　签发主保单，每个有资格的团体成员会收到一张保险证书。

贷款人寿保险（credit life insurance）　与分期偿还贷款联结的人寿保险。

按揭人寿保险（mortgage life insurance）　一种在借款人去世时为其支付抵押住宅资产而设计的定期保险。

雇工人寿保险（industrial life insurance（home service life insurance））　这种终身人寿保险通常具有较小的保额，一般是 1 000 美元甚至更少。

受益人（beneficiary）　在投保人死亡后获得死亡受益的人。

保险贷款（policy loan）　保险公司以投保人的终生寿险的现金价值为担保向投保人提前付款。

多倍赔偿条款（multiple indemnity clauses）　增加了被保险人意外去世的保额，通常增加 1～2 倍。

伤残条款（disability clause）　可能只包括免缴保费或者与伤残收入结合在一起的条款。

保证购买选择权（guaranteed purchase option）　投保人在规定的期间内可以购买额外的保险覆盖，并且不需要提交可保性的证据的寿险选择权。

分红保单（participating policy）　投保人有权收到保单分红，这个分红数字反映针对此保单所收取的保费与公司根据实际死亡率经验而收取的一般保费之间的差异。

第 9 章

医疗保险

9-1　医疗保险覆盖范围的重要性
9-2　医疗保险计划
9-3　医疗保险决策
9-4　医疗费用支出范围和政策条款
9-5　长期护理保险
9-6　伤残收入保险

学习目标

1. 讨论为什么有充足的医疗保险很重要，理解引起医疗保险成本增长的因素。
2. 区分医疗保险计划的主要类型，掌握私人和公共医疗保险的主要提供者以及它们所提供的项目。
3. 分析自己的医疗保险需求，解释如何购买合适的保险。
4. 解释医疗保险的条款所覆盖的医疗费用的基本类型。
5. 评估长期护理保险的必要性和特点。
6. 讨论伤残收入保险的特点以及如何确定个人是否需要伤残收入保险。

医疗保险将如何影响我？

拥有充足的医疗保险对理财规划至关重要。近年来医疗保险费用急剧增长，如果你没有医疗保险，一次重病或一场意外事故就可能使你倾家荡产。然而，各类医疗保险无论价格还是其他条款都很复杂。本章将解释医疗保险的重要性和决定其费用的关键因素。同时，本章将介绍各种类型的公共和私人医疗保险，制定保险决策的策略，包括如何分析医疗保险需求、如何理解保险的一般特点，并提供一些购买保险的提示。在决策过程中要考虑美国《平价医疗法案》的实施对保险决策的影响。本章还将讨论如何确定你是否需要长期护理保险或者伤残收入保险。学完本章后，你应该知道如何最有效和经济地获得医疗保险。

9-1 医疗保险覆盖范围的重要性

仅次于拥有健康身体的另一件好事是拥有一份好的医疗保险计划。近年来，医疗费用急剧增长。因一场重病而花在医院、医疗护理上的费用和在此期间的收入损失可以很轻易达到数十万（甚至上百万）美元。医疗保险可以帮你支付日常医疗及大病治疗费用。事实上，2012 年有 62%的美国人因为医疗费用而破产。

尽管医疗保险在个人理财方面非常重要，但是 65 岁以下成年人中仍然有接近 16%的人（大约 5 000 万）没有医疗保险，同时有 9.8%的儿童（730 万）没有医疗保险。

图表 9—1 解释了为什么很多人没有医疗保险。1999—2012 年，家庭每年平均保费增长了 260%！2011 年，个人每年平均保费为 5 429 美元，家庭为 15 073 美元。同年，员工支付的医疗保健费用平均占家庭计划支出的 28%。

医疗技术发展的高昂成本、美国人口老龄化以及医疗保健设施与服务供需不平衡推动医疗成本快速上涨。此外，行政成本、过多的文书工作、监管的增加和保险欺诈也是导致医疗成本上涨的原因。

没有足够的医疗保险很危险。出于对医疗成本及没有医保的人员的关注，医疗改革成为美国国会和政府优先关注的领域。在政策方面，解决方案倾向于政府和私人医疗保险计划适当组合，但这引起了争论，甚至在美国《患者保护与平价医疗法案》及 2010 年

图表 9—1　　1999—2011 年个人和家庭年平均保费

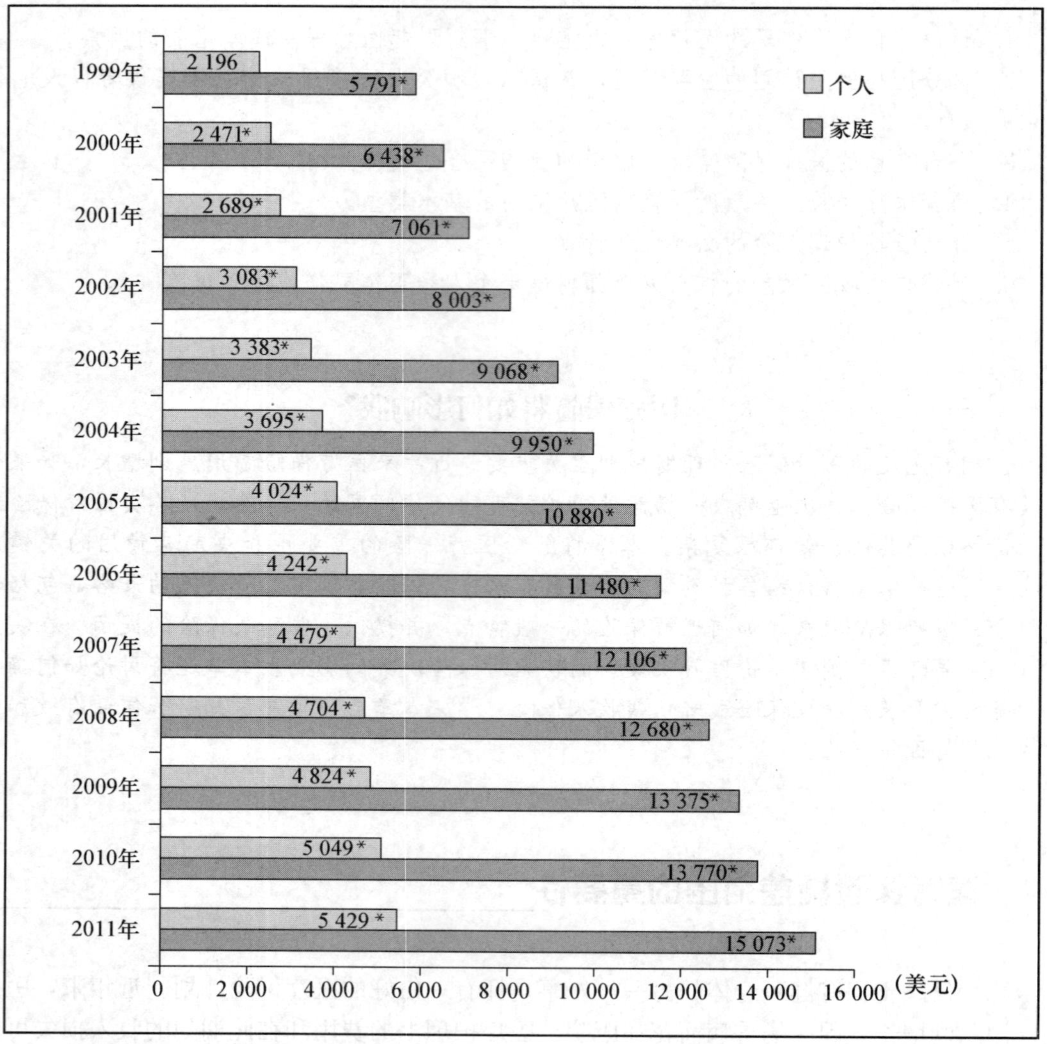

* 与上年相比，具有统计上的显著差异（$p<0.05$）。

资料来源：Kaiser/HRET Survey of Employer-Sponsored Health Benefits，1999—2011.

修正案发布后这种争论还在继续。关于该法案将在后面详细讨论。显然，熟悉当前的医疗保险种类和相关问题能帮助你做出更好的决策，并使你对当前医疗改革的争论形成自己的观点。

9-2 医疗保险计划

可以从私人来源和政府资助项目获得医疗保险。近年来，美国 28%的医疗费用是由家庭支付的，21%由私营企业支付，16%由州和地方政府支付，27%由联邦政府支付。

9-2a　私人医疗保险计划

私人公司出售各种团体和个人医疗保险。**团体医疗保险**（group health insurance）是在一个团体（如雇员单位、联合会、信用合作社或其他组织）和医疗保健提供者（如私人保险公司、蓝十字/蓝盾计划或管理式健康组织）之间的合约。通常情况下，团体计划包括全面的医疗保险费用，也可能包括处方药、牙医和视力保健服务。

如果你所在单位员工较多，你可能会获得某种类型的团体医疗保险计划。由于现在的医疗保健费用较高，大多数单位要求员工支付一部分费用。一些团体进行自我保险，即这些团体负责全部或部分医疗费用。医疗保险也可以由个人直接从保险提供者那里购买。为了控制成本，许多单位像保险公司一样承诺支付员工医疗费用。此外，许多单位把很大比例的医疗费用转移给员工。所以在决定购买哪种保险之前最好比较一下团体和个人保险。

大多数私人医疗保险计划分为两大类：传统的赔偿（医疗费）计划和管理式医疗计划。管理式医疗计划包括健康维护组织的计划、优先提供者组织的计划和其他类似计划。这两大类计划都涵盖由于疾病或意外事故造成的医疗费用，但有一些不同。图表 9—2 比较了三种常见的医疗计划的主要差异。

图表 9—2　常见的医疗计划的比较

这张表强调了三种常见的医疗计划的主要差异。

类型	选择服务提供者	保费成本	付现成本	年免赔额
传统的赔偿计划	是	高免赔额的较低，低免赔额的较高	通常为医药费的 20%加上免赔额	有
HMO 计划	否	低	低付费	无
PPO 计划	部分	高于 HMO 计划	使用系统内的承保人较低，使用系统外的承保人较高	无

传统的赔偿（医疗费）计划

在**传统的赔偿（医疗费）计划**（indemnity（fee-for-service）plan）中，医疗服务提供者和保险公司是分开的。当你提交医疗申请时，你的承保人直接支付给医疗机构或者给你报销医疗费。一般来看，赔偿计划会报销 80%符合条件的医疗费，被保险人自己支付 20%。此外，保险公司在你支付免赔额后才支付由它承担的部分，免赔额从 100 美元到超过 2 000 美元不等。你的保险的免赔额越少，保费越高。

保险公司支付的费用一般基于通常的、习惯的和合理的（UCR）原则，保险公司考虑的是你所在地区的一般费用，而不是你看医生或住院实际发生的费用。如果你的医疗支出高于一般费用，那么你需要承担超出部分的全部金额。保险公司所付的 UCR 费用差距很大，所以你要比较一下可能发生的医疗费和保险计划可以支出的医疗费。在很多赔偿计划中，医生一般同意接受由保险公司设定的 UCR 费用。需要注意的是，在美国，目前传统的赔偿计划已经很少。

管理式医疗计划

雇员单位逐渐转向**管理式医疗计划**（managed care plan），根据这个计划，签约人或使用人直接与医疗保健服务机构签订协议，并按月付款。大多数大型医疗保险公司同时提供赔偿计划和管理式医疗计划。参与管理式医疗计划的成员从指定的医生团队、医院和其他医疗服务机构那里接受综合的医疗保健服务。

在管理式医疗计划下，被保险人没有免赔额，就诊和治疗只有少量自付或共付费用。签约的医疗服务机构可以提供大部分的医疗保健服务，包括可能不包含在传统的赔偿计划中的预防和日常护理服务。管理式医疗计划包括健康维护组织计划、优先提供者组织计划、专有提供者组织计划和点服务计划。

理财规划小贴士　新时期的学生医疗保险

学生群体很活跃，也很容易受伤，病毒在大学校园和宿舍中传播速度更快。即使你年轻且自认为很健康，拥有一份保险也是十分必要的。没有人知道什么时候会生病。出于这些原因，高校往往要求学生买一份医疗保险。根据新的美国《平价医疗法案》，很多家长的医疗保险会涵盖自己未满26岁（不管是否在上学）的子女，这样大部分学生能够满足这一要求。下面是一些学生医疗保险中需要考虑的关键问题：

- 费用的增长。美国《平价医疗法案》所要求的学生保额超过了大部分高校之前所要求的保额。因此，保费由一年几百美元上涨到现在的2 000美元左右。事实上，因为学生的医疗保险计划费用太高，一些高校正在想办法降低。那些没有被纳入父母的医疗保险计划的学生应该考虑购买一份个人医疗保险。你可以在类似 http://www.eHealthInsurance.com 和 http://www.StudentHealthPlan.com 的网站上比较其价格和保险覆盖范围。
- 覆盖范围。如果你是一个依赖于父母的医疗保险的学生，那么当你在另一个州上学时应该注意。要确保保险中可选择的医生和医院涵盖你所在的州。如果不在可选择的范围内，那么可能不适用保险的最高保额。
- 父母的保险选择。父母应该选择一个家庭保险计划来涵盖子女所有的急诊和相关护理费用。大多数计划包括在其他州的子女。然而，如果父母的保险对其他州的医疗有限制，那么就应该像上面提到的那样考虑给子女购买一个高免陪额的学生医疗保险计划，这对于学生回家后的所有日常护理和药费都是适用的。
- 新法案的积极影响。美国《平价医疗法案》使一些学生的医疗计划更有吸引力。它禁止任何计划设立"生存期保险覆盖范围限制"——在学生得大病或发生意外事故时有最高赔付限额。新法律也禁止承保人设立将19岁以下学生排除在承保范围外的条款。

资料来源：Adapted from Quentin Fottrell, "How to Save on College Health Care," http://blogs.smartmoney.com/advice/2012/06/04/how-to-save-on-college-health-care, accessed August 2012.

健康维护组织。健康维护组织（health maintenance organization，HMO）是一个由医院、医生和其他医疗保健提供者组成的组织，这个组织向它的会员提供综合的医疗保健服务。会员根据其家庭人数的不同向健康维护组织支付月费，每次健康维护组织提供服务或者给患者开处方时需共同支付5～30美元的费用。健康维护组织向会员提供的服务包括：医生坐诊、成像和检测服务、预防性保健、健康检查、住院病人护理和手术、孕妇保健、精神卫生保健和开处方。成为健康维护组织会员的优势包括没有免赔额、很少或者没有排除性条款，以及不必提交保险索赔文件。过去，作为健康维护组织会员的劣势主要是不能自主选择组织中的医生，对组织覆盖区域之外的医疗有一定的限制。然而，近年来，很多健康维护组织已经不需要会员指定主治医生了，有的不需要医生的转诊介绍，而且几乎所有这些组织都可以涵盖组织之外的医疗机构，这带来了更多的灵活性。

健康维护组织主要有两类：团体健康维护组织和个人医师协会。**团体健康维护组织**（group HMO）召集医生团队在组织的医疗中心为会员提供服务，通常情况下，团体健康维护组织所属医院设施就是该组织医疗中心的设施。团队健康组织一般存在于大城市中。

个人医师协会（individual practice association，IPA）是健康维护组织中最受欢迎的类型。会员在加入这个协会后在个人医师的私人诊所或社区医院接受医疗服务。作为协会的成员，你可以选择找哪个医生和哪家医院就诊。

优先提供者组织。**优先提供者组织**（preferred provider organization，PPO）是一个管理式医疗计划，它兼具个人医师协会和传统的赔偿计划的特点。保险公司或提供者团体与组织内医生和医院签订合同，医生或医院同意以协商价格为该组织的会员提供医疗服务。然而，不像健康维护组织，优先供给者组织同时提供非本组织内的医疗服务，因此你可以选择非系统内的医生或医院就诊。当然，你需要向组织内医生和医院支付更高的医疗费。

其他管理式医疗计划。你可能遇到另外两种形式的医疗管理计划。**专有提供者组织**（exclusive provider organization，EPO）为了以更低成本为会员提供服务，会与医疗服务提供者签订合同，但它只在使用计划内的医疗提供者时才能报销费用，使用非计划内供应者的医疗服务的会员需要承担全部费用。**点服务计划**（point-of-service plan，POS）是健康维护组织的一种混合形式，它允许会员去健康维护组织系统范围外接受医疗服务，对非系统内医生的服务费用以类似传统的赔偿计划的形式支付：当你的医药费达到年度免赔额时，这个计划会支付医药费特定的百分比。

蓝十字/蓝盾计划

从专业角度来说，**蓝十字/蓝盾计划**（Blue Cross/Blue Shield Plan）其实并不是保险计划，而是预付医院和医疗费用计划。目前，大约有38个独立的地方蓝十字/蓝盾组织，这些组织以营利为目的，覆盖了大约1亿人口。

蓝十字组织与医院签订合同，医院同意向签约团体提供特定的医疗服务并收费。蓝十字组织也会签订手术与医疗服务合同。蓝十字是这些需要接受服务的团队与同意提供服务的签约医生之间的中介。现在，许多蓝十字和蓝盾计划融合在一起，合并形成一个提供者，与其他私人保险公司争夺业务。蓝十字/蓝盾计划对医疗保健的付款很少给签约团体，而是直接给参与的医院或医生。

9-2b 政府医疗保险计划

除了私人来源提供的医疗保险，联邦和州政府机构也有资格为个人提供医疗保险。大约31%的美国人口享有某种形式的政府医疗保险，例如，在美国《平价医疗法案》实施之前，政府提供既存状况保险计划（PCIP），该计划为美国公民或其他合法居住在美国但由于一些既存状况没有取得医疗保险的人提供医疗保险，只要这个人超过6个月没有缴纳保费，这个项目就会生效。该项目由各州政府和联邦政府共同执行。此外，一些州还为收入极低且不符合福利性医疗保险（下面讨论）要求的家庭的子女提供医疗保险。

福利性医疗保险

福利性医疗保险（medicare）是一种由美国社会保障总署推行的医疗保险计划。它旨在给65岁及以上的人报销其医疗费用，其适用对象也包含65岁以下每月享受社保伤残补助金的群体。福利性医疗保险的资金来自员工及其单位所缴纳的社会保障税。福利性医疗保险提供基本住院保险、补充医疗保险和和处方药品保险。

● 基本住院保险。这项保险（通常称为A部分）报销住院费用，包括病房、膳食和其他住院前90天的一般住院费用，前60天的费用中有一些自付免赔额。住院的第61～90天适用共同支付条款，这会进一步降低被保险人的受益。福利性医疗保险包括全部或部分100天以内出院后延续性护理设施费用，如养老院护理。然而，它不包括养老院护理中的看护费用。福利性医疗保险中基本住院保险包括一些出院后的医疗服务，如间歇护理、治疗、康复和家庭护理。福利性医疗保险每年会修改自付免赔额和共付金额以适应医疗成本的变化。

● 补充医疗保险。**补充医疗保险**（supplementary medical insurance，SMI）（通常称为B部分）涵盖了内科医生和外科医生服务以及影像、实验室检测、康复设备、医疗设施租赁和救护车运输等设施和服务，还包括一些家庭护理服务（如注册护士上门服务）和有限制的精神治疗。与福利性医疗保险的基本医疗保险不同，补充医疗保险是自愿的，参与者缴纳保费，政府会有配套基金。所有65岁及以上群体都可以参加补充医疗保险项目。

● 医疗保险优势计划。**医疗保险优势计划**（Medicare Advantage plan）（通常称为C部分）是为符合要求的群体提供的一种福利性医疗保险，它与其他福利性医疗保险计划的不同之处在于，它是由个人而非政府提供的补充计划。其中常见的补充福利包括视力、听力、牙齿、一般性检查及卫生保健计划。这些补充福利是人们对此计划感兴趣的主要原因。福利性医疗保险计划替每个成员按月向此私人计划项目支付固定的金额，成员在B部分计划之外需要每月支付保费。当然，很多私人计划提供者并不向成员收取B计划之外的费用，成员只需直接支付福利性医疗保费即可。此计划的成员每次看医生一般会支付固定的共付金额（例如，30美元），而不像原来的福利性医疗保险计划一样，需要支付自付免赔额，并在达到免赔额之后有一个共同支付比例（通常个人为20%）。私人保险计划可能使用它们从政府那里获得的额外付款来提供补充福利，大部分还包括福利性医疗保险的处方药品保险计划（下面讨论）。由于联邦政府在福利性医疗保险优势计划上花费的成本超过标准的福利性医疗保险的成本，根据《平价医疗法案》，联邦政府开始降低对这些计划的补助金，这可能会带来更高的保费或更少的福利。当然，如果私人保险计划提供者可以正常收到由标准福利性医疗保险所支付的保险费用，这些福利并不会减少。

● 处方药品保险计划。**处方药品保险计划**（prescription drug coverage）（通常称为D部分）是涵盖参与药店的新药和通用处方药的保险，旨在保护有高额药品支出的群体。所有福利性医疗保险的受益人，不论其收入状况、健康状况或药品支出大小，都有资格获得这个保险，并有几种获得这个保险的途径。该计划为自愿项目，参与者按月付费，并有年度自付免赔额，此费用在2012年为320美元。他们还需要支付一部分共付性质的处方药费用。这个计划为1/3的收入较低的福利性医疗保险计划受益人提供额外的帮助，该计划能支付几乎所有处方药的费用。

虽然福利性医疗保险为大量的伤残及65岁以上的群体支付医疗费用，但其保险覆盖仍有缺口。很多福利性医疗保险计划的参与人通过购买私人保险来填补这些缺口。

医疗补助

医疗补助（Medicaid）是一个由各州推行的公共援助项目，旨在给那些没有能力支付医疗费的人提供医疗保险。每个州都有自己的医疗补助法规、资格要求和保险范围。虽然医疗补助主要由各州出资，但是联邦政府也会提供一部分资金。医疗补助项目的覆盖人群超过5 800万。基于各州对处理医疗补助计划时的灵活程度的反应，2014年，数百万人有资格获得医疗补助。

工伤补偿保险

工伤补偿保险（workers' compensation insurance）旨在补偿在工作中受伤或由于职业原因生病的工人。联邦政府有强制执行要求，但各州负责本州的工伤补偿保险立法和监管。各州的规定在细节上会有不同，但一般的工伤补偿包括医疗和康复费用、伤残收入和为死亡及遭受某些工伤（如截肢）的工人发放的补偿金。在大多数州，雇员单位几乎承担了工伤补偿保险的全部费用，保费标准根据雇员单位的工伤历史来确定，单位索赔率越高，则保费越高。自雇群体必须为自己和员工购买工伤保险。

《平价医疗法案》(2010)

《患者保护与平价医疗法案》及2010年修正案（通常称为《平价医疗法案》）的规定范围广泛但却有争议。它的合法性就存在争议。2012年6月，美国最高法院承认其合法性。在医疗保险决策中，了解新法案的大致思路十分重要。

最高法院保留了美国《平价医疗法案》的大部分条款。下面将介绍法案的一些关键要素：

● 个人强制保险。从2014年开始，所有美国人都必须拥有或者购买医疗保险，否则将被处以罚款，罚款金额为每个家庭285美元或者家庭收入的1%，2016年，罚款增加至每个家庭2 085美元或家庭收入的2.5%。

● 子女的覆盖范围。法案规定保险公司应把投保人未满 26 岁的子女纳入保险范围，依据这项规定，估计大约有 250 万 19～25 岁的子女被他们父母的保险所覆盖。

● 既存健康状况。保险公司不能给存在健康问题的人设置条件或提高保费。同样，19 岁以下的子女不能因为之前存在的健康问题而不能享受父母的保险受益或享受的受益有限。

● 医疗保险交易所。医疗保险交易所由每个州设立并操作，各州将提供一个市场，供个人和小企业比较不同保险的特点和保费并购买医疗保险，在某些情况下，政府会给交易所补贴。交易所不是由保险公司组成的，但交易所可以决定哪些保险公司可以在市场中提供保险。医疗保险交易所设立的目的是提高医疗保险的透明度和保险公司的责任，帮助扩大被保险人数量、分配补贴和促进分散风险，并使保费更加合理。

● 小企业员工保险。法案要求，具有 50 名以上全职雇员的小企业要为员工提供医疗保险，否则要支付高额罚款。

美国最高法院裁定，与医疗补助计划相关的部分条款必须改变。法案扩大了拥有医疗补助计划资格的群体范围，这部分人的开支由联邦政府和州政府共同承担。其中一个条款规定，如果不扩大拥有医疗补助计划资格的群体范围，联邦政府就不再对各州政府补助资金，但是最高法院要求取消这一规定。因此，如上所述，美国在医疗补助计划上有一些灵活的处理方式。

《平价医疗法案》的支出有几个收入来源，包括提高福利性医疗保险税、向保险公司收费和向“凯迪拉克”保险征税。法院希望通过改变福利性医疗保险计划提供一些弥补成本的方法。然而，《平价医疗法案》对联邦预算赤字长期的净影响使之仍然处于激烈的争论之中。法案中的上述主要条款会影响投保人的保险覆盖和成本，因此，了解当前医疗保险政策的框架十分重要，这有利于评估法案给目前状况带来的一些变化的影响。

9-3 医疗保险决策

如何系统地规划购买医疗保险？与其他类型的保险决策一样，在进行医疗保险决策时你需要考虑潜在的损失领域、保险覆盖的范围和你及你的家人可用的资源，以及保护的缺口，然后选择一个最适合你的医疗保险计划。

9-3a 评估医疗费用

大多数人需要避免疾病或事故所带来的费用：（1）医疗和康复费用；（2）收入减少或家庭服务成本。医疗成本很难估计，但是如果发生长期的、严重的疾病，医疗和相关费用很容易达到几十万美元。对大多数人来说，拥有至少 30 万美元才足以应对这些支出，如果是久治不愈的疾病或伤残，则需要高达 100 万美元的资金。相对来说，收入的减少可以用你（或你的配偶）当前月收入的比例来衡量，通常达到月收入的 60%～75%。

一项好的医疗保险要能涵盖医疗费用、收入损失和请人提供家庭服务的成本。在此过程中，需要结合其他方法来降低风险，如风险规避、损失预防和控制以及风险假设等。

- 风险规避。在医疗健康问题发生前想办法减少这种风险。例如，不吃违禁药品就不用担心药物过量导致伤残；不骑摩托车可以避免较高的受伤风险；不在床上吸烟就不容易困倦以至于在家里引起火灾。
- 损失预防和控制。对自己的健康负责，养成健康的生活方式，可以预防疾病，降低医疗费用。吸烟、酗酒、药物依赖、不当的饮食、睡眠不足以及缺乏有规律的锻炼所引起的疾病占门诊疾病的 60%以上。减少上述活动可以减少患病的概率。同样，遵守道路安全法规、不醉酒驾驶、系好安全带有助于避免交通事故的发生。
- 风险假设。考虑你自己愿意承担的医疗风险。一些风险造成的潜在损失较小，你可以自己承担而不需要为它投保。例如，选择有自付免赔额和等待期的医疗保险也是一种风险，有时，用自己的钱付医疗费比交高昂的保费更划算。

9-3b 确定可利用的保险覆盖和资源

一些单位提供医疗保险作为员工福利，为员工支付全部或部分保费。如果你的单位提供这种方式的医疗保险，你应该评估这个保险计划的收益与成本，并确定是否有必要为自己或被抚养人再买一些补充保险。还有一些单位在每年的投保期间为员工提供几种保险类型以供选择。

一些单位为员工提供弹性福利计划（自助计划），允许员工选择附加受益计划。一般来说，受益计划的目录中包括一种以上的医疗保险选项，还会有人寿保险、伤残收入保险和其他受益计划。单位确定其将提供的金额，员工可以选择一个合并的受益计划。如果员工希望或想要额外的保险受益计划，大多数单位会从员工的薪水中扣除这部分额外的成本。

一些单位提供消费者主导的医疗计划，采用一站式服务而不是弹性受益计划。这些计划把自付免赔额的医疗保险与免税的**医疗报销账户**（health reimbursement account，HRA）结合在一起，由单位为每个参与计划的员工提供资金。员工产生医疗费时，对于医疗保险中的自付免赔部分，先由医疗报销账户支出，当报销账户的钱用完时，员工支付剩余的自付免赔额。医疗报销账户当年没有用完的资金可以结转到下年。

另一个类似的账户是**医疗储蓄账户**（health savings account，HSA），这也是一个免税账户，它的资金由员工或单位（或两者共同）提供，用于支付日常的医药费。医疗储蓄账户同样可以与具有高自付免赔额的保险计划相结合，在发生重大事故或疾病时可以用于支付高昂的医疗支出。而且，医疗储蓄账户中当年未用的钱可以结转到下年。如果你换了工作，账户中的钱还是你的。除了医疗储蓄账户和医疗报销账户，还有很多消费者主导的医疗计划。

如果你结了婚而且配偶也有工作，那么你在进行保险决策之前应先评估一下对方的受益计划。例如，你可能已经被你爱人的团体医疗保险所覆盖，或者可以通过你的单位以一个优惠的价格为自己和家人购买保险。

团体保险覆盖另一个重要的领域是退休人员受益计划。一些公司为退休人员提供保险，但是大多数公司没有这项福利，一旦你退休，不要指望雇主还会为你支付受益计划。要清楚你的选择以确保你和你的家人在你退休后仍被保险所覆盖。福利性医疗保险会负担基本的医疗费，但你可能需要用12项标准的医疗缺口弥补计划之一来补充这个保险覆盖范围，这12项标准计划的编号从“A”到“L”。

还有几种其他来源的医疗保险。房主和汽车保险通常包含有一定限额的医疗费。例如，如果你发生了一次汽车事故，不管事故发生时你在车上、在步行还是在骑自行车，你的汽车保险都可能会覆盖你的医疗费。除了社会保障总署的福利性医疗保险项目，还有其他一些政府项目会帮助支付医疗费。比如，为服役和退伍军人提供的医疗护理项目，用于治疗传染病的公共医疗项目，为伤残儿童和精神病患者提供的项目。

如果你个人需要或想要购买额外的医疗保险，你可以从私人保险公司购买，如安泰（Aetna）、信诺（CIGNA）和美国联合健康保险（United Healthcare）等公司。应从一个能倾听你的需求并为你的问题提供深思熟虑的解决方案的保险代理人处购买保险，同时应该研究并选择一个至少受到两个主要评级机构高度认可的保险公司。国家医疗保险认证委员会（NCQA）是一个非营利的、客观的组织，每年都会发布各种医疗计划服务质量的“成绩单”。

9-3c 选择医疗保险计划

在你熟悉了不同的医疗保险计划、了解了保险提供商并分析了你的需求之后，你需要选择一个或多个保险计划来涵盖你的需求。如果你是雇员，则先要了解你的公司所提供的各种医疗保险。如果你不能从单位获得保险，你可以从不同的保险提供商那里获得保险计划说明和每种保险的保费，包括职业团体的保险或行业组织的传统的赔偿计划或管理式医疗计划。要仔细阅读保险的相关材料，准确理解保险的覆盖范围及其成本。接下来，计算一下你过去的医疗支出，估计未来可能发生的医疗费用，使用这些数据来看一看各种保险计划是否能覆盖这个成本。

你必须问自己一些深入的问题来决定你是想要传统的赔偿计划还是管理式医疗计划。

- 与拥有选择的自由相比成本有多重要？如果你的医生不在你管理式医疗计划的医生名单中，继续在你选择的医生这里看病就要多花钱。同样，你必须确定你能否习惯管理式医疗计划所采用的看病方式。

近年来，一些州尝试推行**以社区评级方法来决定保费的价格**（community rating approach to health insurance premium pricing），禁止保险公司基于投保人的健康状况和索赔历史来定价。社区被定义为向之提供保险的区域。这是一种“单一”的方法，所有投保人支付相同的金额，而不考虑他们个人的健康状况、年龄、性别或其他因素。调整后的社区评级方法下，承保人只能根据你的家庭规模、家庭住址调整保费，而不管你是否抽烟或者你的年龄大小。从2014年开始，美国《平价医疗法案》要求保险公司对于个人和小型企业采用调整后的社区评级方法进行定价。

● 如果你选择管理式医疗计划并且想去系统外就医，你的费用可以报销吗？对于大多数人来说，管理式医疗保险方式更便宜一些，即使你一年只看一次医生，原因是传统的赔偿计划有“个人负担合理费用”的条款。

● 你需要哪些保险覆盖范围？每个人有不同的需求，一个人可能需要覆盖产科和儿科护理的计划，而另一个人可能想要精神保健门诊计划。确保你所考虑的投保计划是你想要的。

● 在管理式医疗系统内资源有多好？到参与管理式医疗计划的医生和医院那里去看看，观察其医疗服务提供情况。要查看医疗服务者的相关证书，如果有国家医疗保险认证委员会的认证证书，说明这个提供者不错。提供者所在的位置对你来说是否方便？它提供哪些预防性的医疗计划？会员资格会升级吗？跟朋友和同事谈谈，看看他们对此计划的经验。

● 你多大了？你的健康状况如何？如果你年轻又健康，很多理财顾问会推荐你购买成本最低的计划，这可能是一个有高自付免赔额的传统的赔偿计划。

在考虑所有保险覆盖范围和可用资源后，看一看你自身的保险缺口并决定如何填补这些缺口。这需要你理解不同的保险提供者和保险政策具有的特点、保险条款和保险覆盖范围。我们将在下一部分详细讨论这些问题。

理财指示牌　**选择医疗保险**

在选择医疗保险时可以问一问以下问题：

- 我可以选择任何医生、医院、诊所或药房吗？
- 保险的覆盖范围有哪些？是否提供类似于眼科和牙科这样的专科医生？
- 保险是否包含类似精神护理、孕期护理和理疗这样的特殊护理？
- 保险是否包含家庭护理或护理院护理？
- 处方药的保险范围有什么限制？
- 自付免赔额和共付金额是多少？
- 我在一个自然年度和一生中需要支付的医疗费用的最高额是多少？
- 在此保险下如何收费？服务纠纷如何解决？

资料来源：Adapted from “Choosing a Health Insurance Plan,” http://www.usa.gov/topics/health/health-insurance/choosing.shtml, accessed September 2012.

9-4 医疗费用支出范围和政策条款

为了评估不同的保险计划，你需要比较它们的覆盖范围以及各个计划的保险条款会给你和你的家人带来什么影响。通过比较，你可以评价哪些医疗保险计划提供的保护最好、成本最低。工作表 9—1 提供了一张检查表，你可以用它很方便地比较不同医疗保险计划的成本和收益。

工作表 9—1 医疗保险检查清单

你可以用这张表很方便地比较不同医疗保险产品的成本和收益。对你来说最重要的是检查第一列所列示的服务，然后分析在每一个保险产品中这些服务是如何处理的，接下来列出共付率和每个保险产品的服务限制。其中，最重要的服务是住院治疗。

服务	保险产品 1	保险产品 2	保险产品 3
住院治疗			
外科手术（住院病人和门诊病人）			
诊室就医			
孕产妇保健			
婴儿例行检查			
免疫接种			
身体检查（X射线）			
精神病防治			
口腔保健、牙齿矫正和口腔护理			
视力保护、眼睛和视力检查			
处方药			
家庭护理			
护理院护理			
你需要但没有包括在内的服务			
医生的选择			
医生和医院的位置			
预约便利性			
文件处理量			
保险覆盖范围生效的等待期			

资料来源：Information provided by ShapeFit. com.

9-4a 医疗费用保险覆盖的种类

不同的医疗计划涵盖不同的医疗服务，你可以购买只涵盖你认为最重要的医疗服务的医疗保险，或者如果你负担得起，也可以购买涵盖大部分或者全部医疗保健的保险计划。在这里，我们列示了医疗保险通常涵盖的医疗支出种类。

住院治疗

通过住院保险条款你可以报销住院期间的费用，在此条款下，通常支付以下费用的部分金额：(1) 医院日常病房费用，其中包括膳食、护理和其他常规服务；(2) 辅助服务费用，如实验室检测、影像和住院期间药费。很多住院保险包括一些门诊和出院后的服务，例如家庭康复治疗、诊断治疗和住院前检查。一些住院保险仅支付被保险人住院的平均日常支出而不考虑实际支出。大多数的住院保险会限制被保险人的住院天数并规定辅助服务费用的最高支付金额。

手术费用

手术费用保险涵盖医院内和医院外的手术支出。通常，手术费用保险作为住院保险的一部分或者是住院保险的附属条款。大多数保险计划会给你报销合理、惯常的手术费用，这些费用是基于对以前年度手术费用的调查而得到的。手术费用保险包括麻醉、非急诊的影像和报销金额有限制的医疗检测。一些保险计划还根据指定受益安排为特定的外科手术报销一个最高的固定费用。例如，保单上可能有对于一个阑尾切除手术你可以获得不超过 1 500 美元的保险支付的条款，或是对于一个关节手术你可以报销不超过 1 200 美元的条款。考虑一般的手术费用，指定受益的金额往往不足。大多数整容手术，如隆鼻或紧腹手术，通常被排除在保险报销范围之外，除非是病情需要。

医生费用

医生费用保险，也称作定期医疗费用保险，包括去医生办公室问诊或是去医生所在医院看病的费用，还包括专家咨询费，以及医院外进行的影像和实验室检测。这个保险计划提供合理、惯常的受益。有时，保险之初因个人原因看医生的费用要排除在外。与其他类型的保险一样，医生费用保险也有自付免赔额和等待期。通常情况下，这些保险计划会详细说明每次去看医生可报销的最大金额，以及每次受伤或患病可看医生的最多次数。

大病医疗保险

大病医疗保险（major medical plan）提供广泛的覆盖范围，它包括所有由疾病或事故导致的医疗费用。过去，最大限额一般为 500 000～1 000 000 美元，然而，《平价医疗法案》取消了被保险人一生中保险公司需要支付的医疗费的最大限额。因为住院治疗、外科和内科医生费用只能覆盖较少的医疗支出，所以可以投大病医疗保险以负担更多重病的医疗支出。很多人购买高自付免赔额的大病医疗保险来应对严重的疾病。

综合大病医疗保险

综合大病医疗保险（comprehensive major medical insurance）综合基本的住院治疗、手术和医生费用保险以及大病医疗保险，形成单一的、有低自付免赔额的保险计划。尽管已经采取措施使综合大病医疗保险能够面向个人，但这种类型的保险通常是团体保险。

牙医服务

牙医保险包含必要的牙齿保健和一些事故导致的牙齿损伤（意外事故导致的自身牙齿损伤的医疗费用通常包括在标准的手术费用保险和大病医疗保险之中）。所涵盖的服务可能包括检查、X 射线、洗牙、补牙和口腔外科。大多数牙科保险所能报销的最高金额非常少，每名被保险人只有1 000～2 500美元，所以此保险计划不能完全涵盖高昂的牙齿医疗护理成本。

以上所讨论的医疗保险计划种类可以满足大多数个人和家庭的需要，当然保险公司还会提供一些针对特定情形的有限保护：

- 事故保险，向在特定种类事故中受伤的投保人支付特定金额。
- 疾病保险，有时也称作恐惧疾病保险，保险公司给指定的某种疾病支付特定的金额，如癌症。
- 医院收入保险，只要被保险人住院，就保证每天、每周或每月一个特定的报销金额。

需要知道的是，医疗保险规划师一般不建议购买这样的保险。购买这些保险的成本一般与它们所提供的保险覆盖范围不匹配。例如，事故保险或疾病保险通常只包含一种类型事故或疾病，而医院收入保险在购买时一般会排除可能导致延长住院治疗和目前健康状况的疾病。

购买保险时经常存在的问题是所买保险仅仅涵盖某种类型的事故、疾病，或者弥补一部分资金需求缺口。如被保险人从楼梯上跌倒或是患了癌症、肺病、心脏病，其资金支出是非常大的。大多数指定风险的保险计划应该仅用于补充综合保险项目。

9-4b 医疗费用计划的保单条款

比较一下不同的保险公司所提供的医疗保险计划，评估它们包含的是无限制还是有限制的保险条款。通常来讲，保单中的条款可以分为两组：支付条件和覆盖范围。

支付条件

医疗保险计划能报销的金额是由以下四个条款决定的：（1）自付免赔额；（2）参与条款（共付条款）；（3）内部限制；（4）受益协调。

自付免赔额。因为大病医疗保险是用来补充基本的住院治疗、外科和医生费用保险计划的，在赔偿（服务费）时，经常会有相对大额的自付免赔额，通常为500美元或者1 000美元。**自付免赔额**（deductible）表示未包括在保险覆盖范围内需要由被保险人支付的金额。综合大病医疗保险计划的自付免赔额趋于变低，有时是100美元或者更少。大多数保险计划会规定一个自然年度内的自付免赔额并允许被保险人累加不同的医疗费用。一些计划包括延期条款，允许一年中的最后三个月（10月、11月和12月）所发生的自付免赔额作为当前年度的额度，也可以作为下一年度的额度。在另一些保险计划中，自付免赔额是基于每次生病或每次事故计算的。例如，如果所购买保险的自付免赔额为1 000美元，你在一年中发生三次独立的事故，你每次都要自己支付医疗费1 000美元，这样你从大病医疗保险中就得不到什么好处。

参与条款（共付条款）。**参与（共付）条款**（participation（co-insurance）clause）规定保险公司仅支付医疗费中扣除自付免赔额后一定比例（如80%或90%）的费用，而非全部。共付条款能够降低投保人假装生病的可能性并且不鼓励过度医疗。许多大病医疗保险计划有止损条款，即给投保人规定自己承担费用的上限。如果没有止损条款，若医疗费为100万美元，可能会给承保人带来20万美元自付金额。这个条款会为投保人设置一个自付上限，通常不高于10 000美元，有时甚至仅为2 000美元。

内部限制。大多数大病医疗保单上都会注明**内部限制**（internal limit），用来限制对其中特定费用的支付额度，即使总体索赔没有超过限额。有内部限制的费用一般是医院床位和膳食费用、外科手术费、精神和神经治疗费以及护理费用。如果一个被保险人选择了收费高昂的医生或医疗设备，则需要支付超过合理和惯常水平的费用或者是超出限定最高金额的费用。下面的例子会说明自付免赔额、共付条款和内部限制如何限定保险公司在大病医疗保险中的赔偿金额。

大病医疗保险：举例。假设罗杰·凯恩是一个研究生，有一份大病医疗保险，条款规定其一生的总费用限额为50万美元，自付免赔额1 000美元，共付比例80%，内部限制每天的医院床位和膳食费用350美元，外科手术费最高限额为6 000美元。罗杰住院三天，做了一个肿瘤切除手术，发生以下费用：

住院：3天，500美元/天	$1 500
手术费用	5 800
其他医疗费用	3 800
总计	$11 100

根据共付条款，保险公司需要支付超过自付免赔额的医疗费用的80%。如果没有内部限制，保险公司需要支付8 080美元（0.80×(11 100－1 000)）。内部限制进一步减少了支付额。尽管每天500美元的住院费用的80%是400美元，但保险公司每天最多支付350美元。因此被保险人罗杰每天需要自己承担50美元，三天共计150美元。外科手术费在6 000美元内部限制以下，可以使用80%的共付比例，保险公司应支付4 640美元（0.80×5 800）。保险公司总的支付义务减到7 930美元（8 080－150），罗杰共需支付3 170美元（自付免赔额1 000美元＋共付额0.20×(11 100美元－1 000美元)＋超额的医院床位和膳食费150美元）。这个例子表明，大病医疗保险可以报销医疗费用的很大一部分，而投保人也需要承担不少费用。

受益协调。被保险人对于同一个疾病或事故可能有多个支付来源，有了**受益协调条款**（coordination of benefits provision），可以解决这一问题。受益协调条款可以防止被保险人获得超过100%的医疗费用或是通过多个保险受益。举例来说，很多私人医疗保险公司会有协调员工医疗受益赔偿金的条款。另一些则宣传它们的保险将支付索赔而不考虑投保人的其他保险范围，当然，通常导致收取更高的保费。采用具有受益协调条款的保险可以帮助你避免保险覆盖范围的重复，在理想情况下会减少你的成本。

考虑到医疗费用合同的复杂性、各种各样的付款限制和其他保险受益协调，也许有人会认为，保险公司通常只支付部分索赔额，有时甚至完全拒绝赔偿。当然，如果你提出索赔但没有得到满意的付款，不要放弃。

覆盖范围

一些保险合同的条款会影响医疗保险计划的价值。主要条款包括：(1) 受益人和地点；(2) 保险撤销；(3) 既存状况；(4) 怀孕和堕胎；(5) 精神疾病；(6) 康复治疗；(7) 团体续保。

受益人和地点。一些医疗保险只覆盖指定的保险人，一些则为其所有家庭成员提供保障。之前，那些能够覆盖全体家庭成员的医疗保险中，一些保险禁止家庭子女年满18岁后继续享有医疗受益，另一些保险只要子女在上学或是单身就允许一直享受此受益直到24岁。医疗改革法案允许年轻子女在26岁之前一直处于父母的保险覆盖之中。一些保险产品规定只有当你在美国或加拿大时保险才有效，另一些在全球范围内都可以使用，但会排除某些指定国家。

保险撤销。很多医疗保险会在合同中注明允许保险公司随时撤销保险，也有一些保险没有这些条款。为了规避自己的保险在到期前被撤销的风险，建议购买那些只要你付保费保险公司就不能撤销的保险。

既存状况。以前，大多数出售给个人（相对于团队/单位保险）的医疗保险包含**既存状况条款**（preexisting condition clause）。此条款规定购买保险时已存在的身体或精神疾病不纳入承保范围。在一些保险中，这种排除是永久性的，有一些保单中这种条款的效力只保持一两年。一些团体医疗保险计划也有既存状况的条款，但它们的限制一般比个人保险要少。《平价医疗法案》改变了这一点，新法案禁止保险公司由于既存状况而拒绝保险覆盖。

最近离职或退休的员工适用**《医疗保险便利与责任法案》**（Health Insurance Portability and Accountability Act，HIPAA）。这项于1996年实施的联邦法案旨在保护人们在离职或退休后继续享受医疗保险提供的服务，即使患有严重的疾病。在《医疗保险便利与责任法案》下，如果你有超过63天未间断的医疗保险，那么你可以申请新的保险，保险公司不能拒绝，也不能提高你的保费率或是因为你的健康状况而规定一个排他期。《医疗保险便利与责任法案》不能保证你的团体保险覆盖范围，但能保障你购买个人医疗保险的能力。《医疗保险便利与责任法案》在《平价医疗法案》实施前给员工提供保护，根据《平价医疗法案》，保险公司不能由于既存状况而限定保险覆盖范围。

怀孕和堕胎。很多个人和团体医疗保险计划包含因怀孕或堕胎而发生医疗费用的特殊条款。一些相对宽松的保险会支付所有相关费用，包括怀孕最后几个月的病假工资。相对苛刻的保险仅支付由于怀孕或堕胎而产生的并发症的费用，而不支付常规就医的费用。在最苛刻的情况下，保险不覆盖怀孕或堕胎所产生的任何医疗费用。

精神疾病。很多医疗保险计划不涵盖治疗精神疾病的费用或提供很少的受益额。例如，一项保险可能规定只要你住院就可以报销住院费用，但不包括因精神疾病住院的费用。保险对于精神疾病有支付限额，一般是总支付额的一半，期限不超过30天。遗憾的是，精神疾病是需要长期住院治疗的头号疾病。由于精神疾病保险是一个重要的保障，所以检查你的保险单，看看它们在这方面的限定是宽松还是苛刻。

康复治疗。医疗保险计划首先考虑的是合理且必要的医疗费用，很多保险会提供有关康复方面的费用，包括咨询、职业病治疗，甚至包括针对一些因疾病或事故导致部分或完全伤残的被保险人的教育或职业培训计划。在寻找大病与伤残保险时这是一个不错的条款。

团体续保。1986年国会通过了《统一综合预算协调法案》（COBRA），在此法案下，一个自愿或非自愿（严重不良行为除外）离开参加团体保险单位的员工可以通过向其前单位支付保费（最高为单位投保成本的102%），延续最长18个月的保险覆盖，这个员工可以保留除伤残收入外所有之前可以享受的受益。

类似的保险覆盖的延续还适用于退休人员和他们的家人，期限是 18 个月或是到他们有资格享受福利性医疗保险的时点，以先到者为准。在退休雇员离婚或死亡等特殊情况下，根据法案规定，员工家属的保险覆盖可以延续到 36 个月。到期后，大多数州会将退休人员的团体保险转为个人保险而不管被保险人目前的健康状况如何，不需要可保性的证明。

9-4c　医疗费用的成本控制条款

为了应对持续增长的医疗费用，保险公司和医疗费用计划的发起单位会有一些控制成本的措施和条款。几乎所有的医疗费用计划中都有成本控制条款，包括以下几点：

- 提前住院认可。在准备住院并有计划天数的情况下，需要提前获得保险公司的认可，当然，如果是急诊住院，一般不需要这种认可。
- 超期住院。为了能正常报销费用，被保险人需要获得保险人对于超出原认可范围的批准。
- 对手术的第二意见。在非急诊手术的情况下，大多数保险计划要求提供对手术的第二意见。当然，大多数手术费用保险计划现在全部报销因取得第二意见而发生的费用。
- 放弃共付。因为门诊非住院手术可以为保险公司节省食宿等费用，为了鼓励非住院手术，很多保险公司会放弃共付条款，而 100%支付非住院手术的费用。类似的放弃共付有时会针对使用普通药品。例如，病人可以选择 80%报销价格为 35 美元的昂贵药品，也可以选择 100%报销价格为 15 美元的一般药物。
- 保险公司的责任限制。很多保险计划会限制保险人的财务责任，只报销合理和惯常的费用，这一条款有时候会被保险人用于限定报销医疗护理的类型和地点。

9-5　长期护理保险

长期护理（long-term care）涉及提供医疗和个人护理服务，除了住院治疗，还包括在护理院、社区帮助中心或家里为慢性病患者提供的护理服务。长期护理费用很高，根据 Genworth 金融公司 2012 年的调查，住在私人护理院一年平均需要花费 81 000 美元。65 岁以上群体中大约有 2/3 的人预计未来需要长期护理，平均住院时间为 2.5 年。

消费者大约需要直接支付 25%的长期护理费用，像福利性医疗保险和医疗补助计划这样的政府项目会为符合苛刻条件的人支付不到总护理成本一半的费用。大病医疗保险计划也不报销大部分与长期护理有关的成本。可喜的是，长期护理保险可以为在护理院或家里享受特定的护理服务每日报销一个固定金额。购买长期护理保险是医疗保险和退休理财规划的重要组成部分。

《平价医疗法案》有关于长期护理方面的条款。其中之一是社区生活援助服务和支持计划（CLASS），这是一个自愿的、消费者自己出资购买的保险计划，旨在覆盖长期护理费用。这个计划与目前私人市场上的长期护理保险类似，不同之处在于它由政府管理。不管参加前是否有既存状况，任何18岁及以上的成年人都可以参加。这一项目对于需要长期护理的人很有帮助。然而，《平价医疗法案》中长期护理部分的未来发展状况目前还看不清楚。美国卫生和公众服务部质疑《平价医疗法案》中有关长期护理项目实施的财务可行性。

大多数个人长期护理保险产品可以通过美国退休人员协会（AARP）这类组织购买，也可以从100多家提供这种产品的保险公司直接购买。由雇员单位发起的长期护理保险越来越受欢迎。然而，员工通常需要支付100%的保费，当然，雇员单位发起的保险计划的购买成本往往低于个人直接购买的成本。不论你是个人购买还是通过单位购买，评估长期护理保险的条款和成本是非常重要的一个方面。

9-5a 你是否需要长期护理保险

65岁之前，你需要超过一年期护理院服务的可能性为1/33，长期护理可能会使你陷入财务困境。回答下面的问题来看看你是否需要长期护理保险：

- 你有很多资产来保护你的家人吗？医疗补助计划在支付被保险人的护理院费用前，要求你先花完自己的大部分资产。一些理财顾问建议65岁以上净资产超过100 000美元并且年收入超过50 000美元的老年人购买长期护理保险，前提是他们负担得起保费。更富有的人可能会倾向于自保。
- 你负担得起保费吗？许多好的保险产品的费用是年收入的5%～7%甚至更多。如此高的保费可能比你去护理院的花费更多。你可以将计划购买保险的支出用于更好的投资，这些投资将来可以满足你需要的支出，包括长期医疗护理。
- 你是否有致伤残的家族病史？这个因素增加了你需要长期护理的概率。如果有老年痴呆症、神经障碍症或其他潜在类似的病史，就更加需要长期护理保险。
- 你的性别是什么？女性往往活得更长，更有可能需要长期护理。她们也是其他家庭成员的护理人，这可能意味着当她们需要护理时却无所依靠。
- 有能够照顾你的家人吗？亲属或家庭护理服务可以减少长期护理成本。

行为金融问题　医疗保险决策中的行为偏差

行为经济学研究表明，人们在面对不确定性、权衡当前和未来的收益和成本，或者是面临具有复杂性和挑战性的事项时往往很难做出决定。经济理论表明，个体先分析每种医疗保险的期望满意度，并与不买保险的满意度进行比较，然后作出最满意的选择。然而这种分析需要估计未来患病（如癌症或心脏病）的可能性、财务成本、幸福程度等，人们发现很难做到这一点。

研究表明，人们在估计可能性时容易犯系统性错误。例如，他们倾向于高估小概率事件发生的可能性，比如死于飞机失事。对大多数人来说，估计与各种健康状况相关的财务成本几乎是不可能的。因为，对大部分人来说，没有地方可以查到医疗服务价格。同样，你也很难预测自己在不同健康程度下的幸福感。如果生病了，人们通常高估自己的幸福感下降程度。

获得医疗保险需要为了未来的受益而在当前花费成本。这就如同为了尽可能减少高危人群罹患癌症的可能性而需要更多预防性费用一样。然而研究表明，人们通常在这种活动中投资太少，因为他们过于关注当前的成本而忽视了未来的受益。

医疗保险的决策可能非常复杂。一项保险包括许多方面，如自付免赔额条款、共付条款、保险公司的覆盖范围等。很多人似乎不知道医疗保险也需要权衡。例如，雇员可能完全不明白为什么他们要放弃或牺牲一部分当前工资，给单位支付保费。

上述偏差的含义是什么？

- 意识到作出医疗保险购买决策时常见的行为偏差很重要。例如，需要知道大多数人没有支付足够的预防性费用。
- 如果医疗保险计划由一些主体来寻找、筛选并把成本降至可接受的程度，那么大部分人会受益。研究表明，雇员单位在扮演这个角色上比政府或私人保险代理要好，这是对《平价医疗法案》的一个挑战。
- 共付金额的大小应该取决于成本效益分析。

资料来源："Lessons for Health Care from Behavioral Economics," http://www.nber.org/bah/2008no4/w14330.html (see referenced study by Jeffrey Liebman and Richard Zeckhauser, "Simple Humans, Complex Insurance, Subtle Subsidies," Working Paper 14330, http://www.nber.org/papers/w14330, 2008), accessed September 2012.

9-5b 长期护理保险的条款与成本

购买长期护理保险时，重要的是评价和比较不同保险的条款，这些条款是决定保费高低的重要因素。图表9—3总结了由主流保险公司提供的典型的保险条款。在购买长期护理保险时，要仔细阅读这些最重要的保险条款。

图表9—3　　长期护理保险中的典型条款

提供长期护理保险的公司在保单中会包含多种多样的条款，一般保险的条款包括以下方面：

服务覆盖范围	熟练工、中级工和一般监护；家庭健康护理；成人每日护理（经常）
受益资格	医生认可和/或有医疗必要
每天受益额	护理院100～450美元/天；家庭护理50～150美元/天
受益期	3～4年
最长受益期	5年；没有限制
等待期	0～100天
可续保条款	保证
既存状况	保险生效前6～12月的身体状况
通货膨胀保护	是，额外收费
免赔期	0，20，30，90，100天
是否覆盖老年痴呆症	是
购买的年龄限制	40～84岁

- 护理类型。一些长期护理保险仅针对护理院护理，其他一些仅针对家庭护理，例如熟练工或非熟练工的护理、理疗、家庭自我护理和家庭护理协助。由于很难预测一个

人是否需要护理院护理，大多数理财规划人员建议在保险中把这两种护理都包括进去。保险产品中有许多关注护理院护理，而家庭护理所发生的费用作为基本的保险覆盖范围。许多保险会包括生活辅助、成人日常护理和其他社区护理项目，以及可选择性护理和临时看护。

- 资格要求。一些重要的限定条款会决定被保险人能否凭借保单索赔。大多数灵活的条款规定只要是主治医师要求的护理，被保险人都享有资格。一种普遍但是限制性很强的条款只针对由于疾病或受伤而在医学上必须接受的长期护理。一个通常的限定条款是：被保险人在无法做特定数量的日常活动时才能索赔，例如洗澡、穿衣和吃饭。有些保险还为有认知障碍的病人或者医生认为有治疗需要的病人提供护理费用。对于患有老年痴呆症的身体健康的病人，具有对日常活动的认知能力是极为重要的索赔条件。

- 服务覆盖范围。现在，大多数保险覆盖由在州内注册的养老院提供的不同层次的服务，包括：熟练工护理、中级工护理和一般监护服务。当病人需要持续的医疗专业服务时，可以请熟练工护理，如医生或护士。当病人需要医疗照顾或监护，但不需要持续的医疗专业服务时，可以使用中级工护理服务。当病人需要日常生活辅助服务，但不需要医疗照顾或监护时，可以采用一般监护服务，当然，医生或护士会随叫随到。大多数长期护理保险还包括家庭护理服务，如熟练工护理或一般护理、理疗、家庭自我护理和由在各州注册或经福利性医疗保险认可的机构所提供的家庭保健服务。

- 每天受益额。长期护理保险有报销医疗费用的每日最大限额。对于护理院护理保险，每日最高额从100美元到500美元不等，金额取决于被保险人支付的保费大小。对于护理院和家庭护理组合保险，家庭护理每日最高受益额通常是护理院护理最高受益额的一半。

- 受益期。保险的最长受益期从1年到被保险人的一生不等。当然，终身保险很昂贵。大多数理财规划师会推荐购买受益期为3～6年的保险产品，这个时间比实际平均护理的时间稍长一些。

- 等待期。即使符合保单上所要求的条件，被保险人也需要在**等待期**（waiting or elimination period）内支付自己的长期护理费用。等待期一般是90～100天。虽然长等待期保险的保费要低很多，但是被保险人需要在此期间有足够的资金来支付其护理费用。等待期过后，若被保险人仍需继续护理，只要其符合保险的条件，就可以在保险受益期内报销护理费用。

- 可续保条款。现在大多数长期护理保险产品包括**可续保**（guaranteed renewability）条款，只要你继续支付保费，保险就会持续覆盖。当然，随着时间的推移，这个条款并不能保证保费持续不变。如果投保人相对同龄群体来说索赔更多的话，几乎所有保险产品有允许保险公司提高保费的条款。要注意保单中是否有**选择性可续保**（optional renewability）条款，因为这一条款规定是否可续保由保险公司说了算。

- 既存状况。一些保险会包括既存状况条款，与前文所述类似。如果一个人被诊断患有帕金森症或老年痴呆症、正在服用治疗健忘症的药物、走路时需要辅助、中风或者患有骨质疏松症，保险公司可能就不愿意卖给他长期护理保险产品。

- 通货膨胀保护。很多保险产品提供通货膨胀保护，这会使你的受益额每年增加，一般每年增加5%，当然为此要支付额外的保费。还有一些保险公司提供的受益额与居民消费价格指数（CPI）挂钩。大部分保险计划会在 10 年或 20 年后停止通货膨胀调整。通货膨胀调整会使长期护理保险的保费在基本保费的基础上增长 25%～40%。

- 保费层次。长期护理保险相对比较昂贵，且保费在不同的保险公司之间变动较大。例如，平均 65 岁的健康男性，购买一个有 90 天等待期、受益额为家庭护理每天 150 美元、有 5%通货膨胀保护的保险产品，每年大约需要支付 2 800 美元。同样的保险覆盖范围对于一个 55 岁的男性来说为每年 1 800 美元，对于 80 岁的男性来说每年大约为 7 100 美元。考虑到保费会随着年龄增长而显著提升，一些理财规划师建议年轻时就购买长期护理保险。但要记住的是，年轻时购买虽然每年的保费很低，但是离你真正需要这个服务的时间更长，你需要支付更长时间的保费。

9-5c 如何购买长期护理保险

在购买长期护理保险前，要确保保险公司的财务状况良好（基于大型评级机构的评级），并在保险市场上有着持续的从业记录。这里有帮助你选择保险产品的一些思路：

- 在你健康的时候购买保险。一旦你得了病，如老年痴呆症、多发性硬化症或者中风，你就变成不予承保的人。所以购买保险的最好时机是你 55 岁左右或 60 多岁时。
- 购买合理的保障覆盖范围，但是不要范围太大而超出你的需求。你的保险范围可以覆盖熟练工、中级工和一般监护服务，也可以包括成人日常护理服务中心的服务以及辅助生活设施服务。如果你有家庭成员照顾自己或者有家庭护理服务，只需要选择覆盖护理院服务的保险产品即可；如果没有，保险还要涵盖一般家庭护理服务。为了降低成本，可以延长受益开始前的等待期，支付费用的时间越长，保费越低。你也可以选择一个较短的受益期，选 3 年的人比较多，因为在护理院进行护理的平均时间为 2.5 年。对于 65 岁的被保险人来说，选择终身保险的保费会提高 40%以上。
- 了解保险覆盖的范围多大和何时支付受益额。每个保险公司支付的总报销金额、受益期和覆盖范围是不同的。一个原则是购买保险的受益额是你所在区域当前护理院成本的 80%～100%。一些保险产品只报销经认证的护理机构的费用，另一些则包括家庭护理。同时，也要知道你所购买的保险产品是如何定义受益资格的。

9-6 伤残收入保险

一个家庭成员长期生病，会使其家庭不堪重负。35～65 岁的群体中，大约有 1/3 的人在此期间有 90 天或更长一段时间因伤残而失去劳动能力，大约 1/7 的人因伤残而有 5 年时间不能上班。在工作期间，某种原因致残的可能性比死亡的可能性要大。对于一个 35 岁的男性，这个概率接近 1/2；对于 35 岁的女性，这个概率接近 1/3。尽管大多数美国人有人寿保险，但当发生重大疾病或事故时，他们将有一段时间不能工作，而很少有人为此采取措施以保护其家庭。

防范因伤残可能带来的严重财务影响的最好方法是购买**伤残收入保险**（disability income insurance）。当被保险人因保险覆盖范围内的疾病或受伤无法工作时，伤残收入保险会按周或按月付给被保险人替代性收入。一些保险公司为已婚的家庭主妇提供伤残收入保险，保险范围是通常由家庭主妇提供的家庭服务。

几乎所有的雇员单位都提供优惠费率的伤残收入保险，并且通常是自愿的，但是你需要自己支付全部保费。团体保险通常十分合算，年平均保费200～400美元，相对自己投保能节省1/3以上。当然，如果你换了工作，那么你可能会失去保险受益资格。团体保险计划的另一个好处是你支付的保费是免税的。

社会保险也提供伤残收入补助，但你只有在完全不能工作时才能获得这份补助。只有当你预计伤残时间将持续一年以上（或致命）时，社会保险才支付补助金，且保险公司直到伤残超过5个月时才会支付。实际支付的金额是你以前月收入的一个百分比加上一些统计调整，这个百分比对于低收入的人而言会高一些。举个例子，一个35岁、年收入20 000美元且有被抚养人的被保险人每月收到的补助是1 300美元，大约是月收入的78%；如果其年收入为50 000美元，那么每月大约会收到2 250美元，仅为月收入的54%。

伤残收入保险还是很有必要的，尽管大多数员工能从单位那里得到伤残保险受益，但在大多数情况下，团体计划的保障不足，仅在限定的时间内支付工资的60%左右。考虑购买伤残收入保险的第一步是确定当你失去工作能力时你家庭需要的总金额（通常按月计算），然后再购买所需要的保险覆盖范围或在必要时买一些补充保险产品。

9-6a 评估你的伤残保险需求

伤残收入保险的主要目的是全部或部分提供当你伤残或由于身体原因不能工作时失去的收入。从本质上讲，它应当使你维持当前或接近当前的生活水准。为了帮助你评估需要多少伤残收入，可以用工作表9—2估计你每月的伤残受益需求。你需要完成以下四个步骤。

工作表9—2　评估伤残收入保险的需求

使用类似下面的表格可以比较容易地评估伤残收入保险的受益需求。

伤残受益需求

姓名______________　日期______________

1. 计算当前每月到手所得		$_____
2. 计算当前每月的受益		
a. 社会保障受益	$_____	
b. 其他政府项目的受益	_____	
c. 公司伤残受益	_____	
d. 团体伤残保险受益	_____	
3. 当前每月总的伤残受益（2a+2b+2c+2d）		$_____
4. 计算每月伤残受益需求（1−3）		$_____

1. 计算到手所得

伤残受益通常是（但不总是）免税的，所以你只需替代你的实得（税后）工资即可，而雇员单位支付的保险受益需要全部或部分纳税。从你的总收入（仅限工资）中减去所得税和社会保障税，再除以 12 得到每月到手所得。

2. 估计每月从政府和雇员单位那里得到的伤残受益金总额。

a. 社会保障伤残受益。通过使用社会保障总署（http://www.ssa.gov/planners/benefitcalculators.htm）提供的在线计算器计算你估计获得的受益金，对于有被抚养人的工薪族来说，平均社会保障伤残受益每月大约为 1 700 美元。

b. 其他政府伤残受益。其他政府伤残受益向有资格的群体（现役军人、退伍军人、公务员等）提供，还有一些特殊的项目专门面向铁路工人、码头工人和黑肺病患者。

c. 询问公司的福利主管，让他帮助你计算公司提供的福利，包括病假工资、工资延续计划（这些基本上是短期伤残收入保险）和正式的伤残保险计划。对于单位提供的每一项受益，了解其纳税情况。

d. 团体伤残保险受益。一般由私人保险公司提供受益计划，由你支付保费，这个保费通常从工资中扣除。

3. 计算当前每月总的伤残受益。

4. 从你当前每月的到手收入中扣除每月总的伤残受益。其结果表示为维持目前的税后收入你需要的每月伤残受益金额。需要注意的是，不需要考虑投资收益和配偶的收入（如果配偶在业），这里假定此收入可以持续，并可用于维持当前的生活水平。如果你的配偶目前无业但在你伤残后将要进入劳动力市场，那么用第 4 项金额减去其每月收入（到手所得）可以得到你每月净伤残受益金的需求。

9-6b　伤残收入保险的条款和成本

伤残收入保险覆盖的范围和成本取决于合同条款。伤残收入保险很复杂，其中某些概念很重要，包括：（1）伤残的定义；（2）受益金额和受益期；（3）延缓期；（4）等待期；（5）可续保条款；（6）其他条款。

伤残的定义

不同的伤残保险对于获得受益需要满足的标准是不同的。一些保险公司在你不能履行惯常从事的职业职责时支付受益金（自我职业定义）；另一些保险只有在你不能从事任何有偿工作时才支付受益金（全部职业定义）。在自我职业定义下，一个因患病而不能说话的大学教授会全额收到受益金，虽然他还可以写文章或作研究来挣钱，但因为他不能履行基本教学工作职责，所以可以获得全额受益。如果大学教授选择剩余受益，因为他还能做一些兼职或薪水较低的工作，那么他将收到一部分受益金。全部职业定义下的保险成本较低，因为它给予承保人更多的空间来决定是否给予被保险人受益金。

受益金额和受益期

大多数个人伤残收入保险每月支付统一的受益金，并写入保单，而团体保险计划仅支付总收入固定百分比的受益金。在这两种情况下，保险公司通常不会支付超过被保险人总收入的 60%～70%的受益金。若保险公司向被保险人支付其全部总收入，可能会刺激一些人伪装伤残（如背痛），来得到比他们的税后工资还高的保险受益。

按月支付受益会持续几个月或一生。如果你有较高的养老金、社会保险或其他退休后福利，那么伤残收入保险覆盖到65岁就足够了。然而，很多人需要退休后继续工作很多年，那么就应该考虑一份终身保险。很多保险计划提供2年或5年的短期保险，虽然有这些保险比没有要好，但是它们并不能保障补偿被保险人在长期伤残情况下面临的高额经济损失。

理财规划小贴士 **购买伤残收入保险**

在购买伤残收入保险时可考虑以下提示；

- 了解政府能为你做些什么。社会伤残保险只向那些至少一年不能工作或者处于暮年的人支付受益金，而且，平均受益额只有伤残前收入的40%。有资格的申请人需要等待3～5周来获得社会伤残保险的受益。只有少数州提供附加受益计划，值得试一试。如果你购买了私人伤残收入保险，你需要知道大部分保险条款会要求你先申请社会伤残保险受益，你所申请到的社会伤残保险受益会从私人保险公司的受益额中扣除。
- 在工作的时候购买保险通常成本最低。许多雇员单位提供伤残收入保险并支付一部分保费。如果你通过这个渠道买保险，要确保你同时具有短期和长期的保险覆盖。短期覆盖通常仅有几个月，长期覆盖通常从伤残后90～180天开始支付受益金。确保长短期的缺口不要太大。如果通过单位购买保险，你可以用工资外的收入缴纳保费。这意味着你的受益需要纳税。
- 考虑通过单位购买保险是否更方便。了解一下如果你离职是否还有保险受益资格，这对你来说很有好处。
- 了解伤残保险支付受益的条件。最好设定当你不能做当前的工作时支付条件生效。然而，一些保险产品规定只有在你不能做任何类似的工作时才支付，还有许多其他复杂的限制。
- 阅读保单上的细则。包括：伤残收入保险支付的受益金占伤残前收入的比例；依据的收入是仅包括基本工资，还是包括一些其他报酬，如佣金和奖金；对于一些特殊的情况（如心理疾病）赔偿是否有限制。你需要了解你考虑购买的保险的相关细节。

资料来源：Anna Wilde Matthews,"Just in Case: The Skinny on Buying Disability Insurance," http://professional.wsj.com/article/SB10001424052748704561004575013073100310794.html? mg=reno-wsj, accessed September 2012.

延缓期

团体和个人伤残收入保险可能包括延缓期，通常为7～30天，这是一段从保单签发开始到受益可用的缓冲时间。任何在延缓期因疾病、损伤而产生的伤残都不能获得赔偿，即使这个伤残一直持续并超出此延缓期。这个条款会使保费下降。

等待期

伤残收入保险中的等待期条款类似于前面所讨论的长期护理保险。等待期一般从30天到1年。如果在伤残后的最初几个月里，你有足够的应急资金满足家庭所需，那么你可以选择一个有较长等待期的保险产品，这能够大幅降低保费，如图表 9—4 所示。

图表 9—4　典型的伤残收入保险成本

伤残收入保险成本因支付条款和等待期的不同而不同。女性的保费明显比男性要高。下面这个表列示了一个 35 岁投保人每月可以得到 2 000 美元受益并且在 65 岁之前可续保的基本伤残收入保险需要缴纳的保费。该保险产品包括 3%的通货膨胀保护。

单位：美元

受益期	2 年		5 年		10 年		至 65 岁	
等待期	男性	女性	男性	女性	男性	女性	男性	女性
60 天	378	486	546	740	731	1 122	974	1 575
90 天	294	357	412	532	552	828	747	1 189
6 个月	269	317	393	487	519	758	713	1 136
一年	N/A	N/A	361	441	488	720	689	1 084

对于大部分保险公司来说，可以通过延长等待期（如从 60 天延长到 90 天）来使被保险人的受益期变长（如增加到 5 年、10 年或到 65 岁之前）。事实上，正如图表 9—4 显示的那样，保险公司对一个 35 岁男性投保 60 天等待期、2 年受益期产品收取的保费（378 美元）和投保 6 个月等待期、5 年受益期产品收取的保费（393 美元）差不多。这种变换通常很有意义，因为保险的主要目的是通过适当的预算和储蓄在面临灾难性损失时保护被保险人，而不是产生一点点损失就给予保护。

可续保条款

大多数个人伤残收入保险是可续保或者不可撤销的。正如长期护理保险那样，可续保条款可以保证保险一直有效，直至你达到条款中规定的年龄，一般为 65 岁。根据相同类型（年龄、性别与职业都相同）的索赔经验，保费会随着时间推移而上升。不可撤销的保险不但提供可续保条款，同时保证未来的保费维持不变。由于保证保费不变，不可撤销的保险通常比那些只提供可续保条款的保险保费要高。

其他条款

从长期伤残保险产品得到的收入的购买力受通货膨胀的影响较大，假设保险受益为 2 000 美元/月，3%的通胀率会在 10 年内使 2 000 美元受益的实际购买力降到 1 500 美元以下。为了避免这种缩水，很多保险公司提供生活成本调整（COLA）条款。根据生活成本调整条款，每年的月受益额都会根据居民消费价格指数向上调整，当然年度的调整比例有上限（一般为 8%）。虽然一些理财顾问会推荐生活成本调整附加条款，但有些人认为将 10%～25%的额外保费用于得到这种保护太贵了。

尽管生活成本调整条款仅适用于被保险人伤残后的情况，但是可保性选择（GIO）条款允许你在健康时购买与通货膨胀挂钩的伤残收入保险。在可保性选择条款下，额外保险的价格在合同初期是固定的，不需要什么证明。

在伤残收入保险中，保费豁免是一项标准条款。如果伤残时间达到最低期限（通常为 60 或 90 天），只要你处于伤残状态，保险人就会豁免你的保费。实际上，豁免保费相当于给了你一笔额外的金额与需要缴纳的正常保费相当的伤残收入。

需要记住的是，伤残收入保险只是你个人理财规划的一部分。你需要在成本和保险覆盖范围之间找到平衡。

一生中的规划：医疗保险

以下是人生的每个阶段有关医疗保险的主要考虑事项。

独立生活阶段 20多岁	家庭与职业发展阶段 30～45岁	成熟阶段 45～65岁	退休 65岁以上
√评估自己的健康状况并采取措施保持健康：多锻炼、营养均衡、不要吸烟、避免过量饮酒	√考虑使用健康维护组织或优先提供者组织的保险产品以降低自付免赔额，提高选择的灵活性	√评估对长期护理保险的需求	√考虑如何通过美国福利性医疗保险制度获得处方受益
√在校或失业时，利用父母的保险直到你26岁	√对伤残收入保险的需求进行再评估	√对长期护理保险的需求进行再评估	√对长期护理保险的需求进行再评估
√开始工作时从单位获得医疗保险		√熟悉美国福利性医疗保险计划	
√评估伤残收入保险是否适合你			
√考虑用类似弹性支出账户这样的税前账户来存钱			

练习题

1. 使用工作表9—1。埃米莉·沃尔什是一个刚刚毕业的大学生，她决定接受一家非营利组织给出的工作邀请。这份工作每年的收入是34 000美元，但没有医疗保险。埃米莉·沃尔什估计她每月的生活费大概是2 000美元，包括房租、饮食、交通和服装费用。她目前身体健康，同时预期在未来几年还会保持良好的状态。利用网络和其他渠道，埃米莉收集了三个医疗保险产品，并且可以自己购买。这三个产品中至少包括一个健康维护组织提供的产品。使用工作表9—1对比各个保险计划的特点，你认为埃米莉应该购买医疗保险吗？为什么？假设她决定购买医疗保险，你建议她购买哪一个？为什么？

2. 使用工作表9—2。布鲁斯·卡普兰是一个35岁的计算机程序员，年收入72 000美元，每月到手所得3 750美元。他的妻子芭芭拉在他们孩子就读的小学做兼职但是没有收入。根据州法律，布鲁斯的单位为他上了工伤补偿保险，如果布鲁斯因伤残而不能工作，这个保险每月支付2 250美元，持续6个月。

a. 假定布鲁斯没有资格享受福利性医疗保险计划，请利用工作表9—2计算他对伤残收入保险的需求。

b. 基于（a）部分你的答案，你会建议布鲁斯购买什么样的附加伤残收入保险？讨论一下他应该考虑的保险产品的覆盖类型和金额，以及他可能想要的其他条款。如果他决定购买保险，还有什么因素需要考虑？

3. 讨论长期护理保险的利弊。目前，长期护理保险是否对你家庭中的每个成员都有意义？为什么？未来哪些因素会改变当前的评估结果？

4. 使用工作表9—2。你是否需要伤残收入保险？利用工作表9—2来计算一下你的需求。讨论一下你如何购买这项保险。

5. 评估一下你的医疗保险现状。你现在有医疗保险吗？你所有保险的覆盖范围有多大？哪些被排除在外？你认为自己是否还有保险缺口需要填补？根据你目前的生活方式或者生存状况，是否存在一定的风险让你觉得增加额外的保险覆盖是必要的？如果你在不久的将来打算购买一份医疗保险，你会选择哪种类型的保险计划？为什么？有什么措施可以让你的医疗支出趋于下降？

名 词

团体医疗保险（group health insurance） 在一个团体（如雇员单位、联合会、信用合作社或其他组织）和医疗保健提供者之间的合约。

传统的赔偿（医疗费）计划（indemnity（fee-for-service）plan） 医疗服务提供者和保险公司是分开的，在投保人支付了免赔额后，承保人直接支付给医疗机构或者给你报销一定比例的医疗费。

管理式医疗计划（managed care plan） 根据这个计划，签约人或使用人直接与医疗保健服务机构签订协议，并按月付款。参与管理式医疗计划的成员从指定的医生团队、医院和其他医疗服务机构那里接受综合的医疗保健服务。

健康维护组织（health maintenance organization，HMO） 一个由医院、医生和其他医疗保健提供者组成的组织，这个组织向它的会员提供综合的医疗保健服务，会员需要缴纳月费。

团体健康维护组织（group HMO） 召集医生团队在组织的医疗中心为会员提供服务，一般存在于大城市中。

个人医师协会（individual practice association，IPA） 会员在加入这个协会后在个人医师的私人诊所或社区医院接受医疗服务。

优先提供者组织（preferred provider organization，PPO） 一个管理式医疗计划，它兼具个人医师协会和传统的赔偿计划的特点，该组织同时提供非本组织内的医疗服务。

专有提供者组织（exclusive provider organization，EPO） 与PPO类似的医疗管理计划，但它只在使用计划内的医疗提供者时才能报销费用。

点服务计划（point-of-service plan，POS） 健康维护组织的一种混合形式，它允许会员去健康维护组织系统范围外接受医疗服务并报销特定比例的医疗费。

蓝十字/蓝盾计划（Blue Cross/Blue Shield Plan） 预付医院和医疗费用的计划，蓝十字组织与医院签订合同，医院同意向签约团体提供特定的医疗服务并收费。

福利性医疗保险（medicare） 一种由美国社会保障总署推行的医疗保险计划，它旨在给65岁及以上以及65岁以下每月享受社保伤残补助金的群体报销医疗费用。

补充医疗保险（supplementary medical insurance，SMI） 一个自愿性计划，涵盖基本医院保险没有覆盖的服务（通常称为B部分）。

医疗保险优势计划（Medicare Advantage plan） （通常称为C部分）为符合要求的群体提供的一种福利性医疗保险，它与其他福利性医疗保险计划的不同之处在于，它是由个人而非政府提供的补充计划。其中常见的补充福利包括视力、听力、牙齿、一般性检查及卫生保健计划。

处方药品保险计划（prescription drug coverage） （通常称为D部分）涵盖参与药店的新药和通用处方药的保险，参与者按月付费，并有年度自付免赔额，他们还需要支付一部分共付性质的处方药费用。

医疗补助（Medicaid） 一个由各州推行的公共援助项目，旨在给那些没有能力支付医疗保险费的人提供医疗保险。

工伤补偿保险（workers' compensation insurance） 各州负责本州的工伤补偿保险立法和监管，旨在补偿在工作中受伤或由于职业原因生病的工人。

医疗报销账户（health reimbursement account，HRA） 由单位为每个参与计划的员工提供资金，其资金可以报销医疗费用。经常与具有高自付免赔额的医疗保险计划相结合。

医疗储蓄账户（health savings account，HSA） 这是一个免税账户，它的资金由员工或单位（或两者共同）提供，用于支付日常发生的高昂的医药费，可以与具有高自付免赔额的保险计划相结合。

以社区评级方法来决定保费的价格（community rating approach to health insurance premium pricing）

这是一种“单一”的方法，所有投保人支付相同的金额，而不考虑他们的健康状况、年龄、性别或其他因素。

大病医疗保险（major medical plan） 弥补基本保险中住院费用、手术费用和医生费用保险的不足，为大额医疗支出提供资金。

综合大病医疗保险（comprehensive major medical insurance） 综合基本的住院治疗、手术和医生费用以及大病医疗保险，形成单一的、有低自付免赔额的保险计划。

自付免赔额（deductible） 表示未包括在保险覆盖范围内需要由被保险人支付的金额，通常以自然年度为基础累加，也可能基于每次生病或事故计算。

参与（共付）条款（participation（co-insurance）clause） 规定保险公司仅支付医疗费中扣除自付免赔额后一定比例（如80%或90%）的费用。

内部限制（internal limit） 在医疗保险中很常见，用来限制对于其中特定费用的支付额度，即使总体索赔没有超过限额。

受益协调条款（coordination of benefits provision） 防止被保险人获得超过100%的医疗费用或是通过多个保险受益，它要求当被保险人的索赔有多个支付来源时进行协调。

既存状况条款（preexisting condition clause） 此条款规定购买保险时已存在的身体或精神疾病不纳入承保范围。2010年《平价医疗法案》取消了这一条款。

《医疗保险便利与责任法案》（Health Insurance Portability and Accountability Act，HIPAA） 一部联邦法案，旨在保护人们在离职或退休后继续享受医疗保险提供的服务，即使患有严重的疾病。

长期护理（long-term care） 涉及提供医疗和个人护理服务，除了住院治疗，还包括在护理院、社区帮助中心或家里为慢性病患者提供的护理服务。

等待期（waiting or elimination period） 被保险人在等待期内需要自己支付长期护理费用，等待期过后，就可以在保险受益期内报销护理费用。

可续保（guaranteed renewability） 只要你继续支付保费，保险就会持续覆盖的条款。

选择性可续保（optional renewability） 这一条款规定是否可续保由保险公司说了算。

伤残收入保险（disability income insurance） 当被保险人因保险覆盖范围内的疾病或受伤无法工作时，伤残收入保险会按周或按月付给被保险人替代性收入。

第 10 章

财产保险

学习目标

1. 讨论财产保险的重要性和基本原则，包括风险的种类、赔偿和共同保险。
2. 确定由房屋保险所提供的保险覆盖范围的种类。
3. 选择合适的房屋保险产品。
4. 分析个人汽车保险的覆盖范围，并选择最经济的保险产品。
5. 阐述其他类型的财产和责任保险。
6. 选择财产和责任保险的代理人及其公司，并处理理赔事宜。

财产保险将如何影响我？

本章将介绍财产保险赔偿、代位追偿和共同保险等财产保险中的几个主要概念，财产和责任风险常见的来源以及应对上述风险的保险覆盖范围。本章还将介绍房屋和汽车保险的主要特点，以及如何选择最适合自己的保险产品。同时，本章也会讲述针对洪水、地震和个人责任保护的补充保险种类。本章还特别提供了一些实践性的提示，讨论如何选择保险代理人以及如何进行财产及责任保险索赔。学完这一章，你应当掌握如何用最经济有效的方法规避你的财产和相关责任所面临的风险。

10-1 财产保险的基本原则

如果一场猛烈的暴风雨把你家的房子冲倒了，你有钱重建吗？可能大多数人承受不了这个损失。为了保护你避免类似的财产损失，需要财产保险。此外，你每天都会面对一些过失风险。例如，你开车时可能因为个人问题心烦意乱而闯了红灯并把一个行人撞成重伤，你负担得起医药费及其他费用吗？为防止上述后果和其他一些潜在的过失行为引起的经济损失，拥有适当的责任保险是必不可少的。

财产与责任保险在个人理财规划中与人寿、医疗保险一样重要。财产与责任保险为你现有的财产提供保障，并且是实现理财目标的支持性条件。**财产保险**（property insurance）保障房屋及个人财产由于火灾、偷盗、人为损坏、暴风雨和其他灾害而遭受的严重损失。**责任保险**（liability insurance）保障由于被保险人的责任而对他人财产或者人身造成伤害而产生的经济损失。

无效或者不充分的保险覆盖与个人理财规划的目标背道而驰。因此，熟悉财产和责任保险的基本原则很重要。下面，我们首先讨论财产和责任保险的一些基本原则。

10-1a 风险的种类

大多数人面对两种基本风险：财产损失风险和责任风险。

财产损失风险

大多数财产保险合同会规定投保财产的范围以及**风险**（peril）（损失的原因），以此为对象根据保险合同对被保险人进行赔偿。一般来说，大多数财产保险合同要求被保险人履行两个义务：(1) 建立完整的投保财产目录；(2) 识别期望得到保护的风险。一些财产合同的覆盖范围不包括特定的财产和风险，有些会提供较全面的保护。

财产清单。对财产进行清查是理财规划过程中的组成部分，在全部损失情况下，这尤其重要，比如房屋由于火灾而毁损。所有财产保险公司在你提出索赔时都要求提供损失的证据，带有相应价值的个人财产清单就能提供这个信息。全面的财产清单能够帮助你在发生损失时索赔，可以让你根据个人需求选择最合适的保险覆盖范围。

大多数家庭都有房屋、家具、服装、个人用品、修草设备和车辆，这些都需要保险。幸运的是，大多数房屋和汽车保险产品都覆盖这些财产。当然，还有很多家庭拥有摩托艇和拖车，各种类型的越野车，商业地产和商品存货，珠宝、邮票或收藏币，枪支、乐器、古董、绘画、债券、证券，以及其他有特殊价值的物品，如照相机、高尔夫球具、电子设备和个人电脑，这些财产（还有那些你旅行时带在身边的东西）通常需要特殊类型的保险产品。

许多保险公司都有易于完成的个人财产清单表格，以便帮助投保人编制这份清单。图表 10—1 列示了财产清单表格的部分内容。财产清单可以附一些家庭财产的照片或视

图表 10—1　　个人财产清单表格

使用下表能够帮助记录你的财产，包括购买日期、原始购买价格和重置成本。

起居室

音响	
商标	
型号	
编号 #	购买日期
购买价格 $	重置成本 $
大屏幕电视	
商标	
型号	
编号 #	购买日期
购买价格 $	重置成本 $
CD 播放器/MP3 播放器	
商标	
型号	
编号 #	购买日期
购买价格 $	重置成本 $
家庭影院系统	
商标	
型号	
编号 #	购买日期
购买价格 $	重置成本 $
DVD 播放器	
商标	
型号	
编号 #	购买日期
购买价格 $	重置成本 $

起居室

物品	数量	购买日期	购买价格	重置成本
空调				
遮光帘				
书柜				
书				
橱柜				
地毯				
椅子				
箱子				
钟表				
沙发				
窗帘				
壁炉				
灯				
镜子				
画				
光盘				
花盆				
音响设备				
桌子				
电视机				
其他				
其他				

频。应当把这些文件放在安全的地方，如银行保险箱，使它们不被损坏。你也可以考虑把一个副本放在父母或者信任的亲戚那里。请记住，你可能需要财产清单和照片来证明发生的财产损失。

识别风险。许多人在购买保险后感觉进了保险箱，他们以为保险可以应对所有意外事故。然而事实是，某些种类的风险不能投保。举例来说，大多数的房屋或汽车保险产品限制或排除洪水（如 2005 年新奥尔良的卡特里娜飓风）、地震、下水道和排水沟的倒流、泥石流、神秘失踪、战争、核辐射以及普通磨损造成的损害或损失。此外，财产保险合约通常基于财产的地点、损失发生的时间、涉及的人员和其他风险暴露等原因而限制保险覆盖范围。

责任风险

每天我们都会遇到各种各样的责任风险。开车、在家招待客人、参加志愿者活动或在工作中粗心大意，都会伴随一定的责任风险。损失风险源于**过失**（negligence），即未能采取合理的方式或必要的措施保护他人不受伤害。即使你没有过失，总是小心谨慎，也会有人指责你与损失有关，使你陷入高成本的诉讼中。若诉讼输了，可能要赔偿几十万甚至几百万美元，足以让你破产或陷入财务困境。

幸运的是，责任保险可以保护你免受这些风险所导致的损失，包括高昂的法律诉讼成本和赔偿损失。通过购买房屋和汽车保险获得足够的责任保险或单独购买某一责任险非常重要。

10-1b 赔偿原则

赔偿原则（principle of indemnity）指的是被保险人获得的保险公司的赔偿可能不会超过其经济损失。大部分财产和责任保险合同基于此原则，然而这个原则并不适用于人寿和医疗保险。下面是几个与赔偿原则相关的重要概念。

实际现金价值与重置成本

赔偿原则限制被保险人得到索赔的金额不高于**实际现金价值**（actual cash value），其金额是重置成本减去本身的折旧。也有一些保险公司按重置成本赔付而不扣除折旧。例如，如果为房屋购买了恰当类型和金额的保险，那么许多保险产品会覆盖所有的重置成本。如果投保财产受损，没有重置成本条款，那么保险公司的赔付义务是财产的当前最新价值（重置成本）扣除由于磨损和陈旧而产生的折旧。

举例来说，假定火灾损毁了两个房间已使用 6 年的家具，家具估计的使用寿命是 10 年，重置成本为 5 000 美元。因此，在损失时点，家具被设定的折旧为 60%（6 年/10 年），在这种情况下，折旧额为 3 000 美元。因为估计的实际现金价值为 2 000 美元（5 000 美元的重置成本减去 3 000 美元折旧），保险公司的最大赔付金额是 2 000 美元。需要注意的是，财产的原始成本与赔偿无关。

代位追偿

保险公司支付索赔后，即取得**代位追偿权**（right of subrogation），即保险公司向损害人或者损害人的保险公司要求偿还。举个例子，假定在一场交通事故中有人撞坏了你的车，你既可以从自己的保险公司也可以从过错方的保险公司取得赔偿，但是不能同时从两个地方取得赔偿。显然，同时从两个地方取得全额损失赔偿会违反赔偿损失后让你的状况比以前更好的赔偿原则。所以，如果另一方有过错，而你的保险公司向你支付了赔偿，它可以向责任方索赔以弥补其损失。

其他保险条款

几乎所有财产和责任保险合同都有其他保险条款，也就是说，如果一个人为一项财产购买了多份保险，每个公司只根据其保险覆盖的财产总额的比例承担部分损失金额。如果没有这一条款，保险人就可能为财产重复投保并向多个保险公司索赔，导致索赔所得大于实际损失。

10-1c　共同保险

共同保险（co-insurance）是一份财产保险合约中的常见条款，这个条款要求投保人购买保险的金额等于财产重置成本的一定百分比。该条款规定，如果一项财产的价值没有全部被保险覆盖，该项财产的所有者将成为共同承保人，需要承担一部分损失。如果投保人有约定的覆盖率（通常为 80%），那么保险公司会赔偿覆盖范围内的损失，损失一美元赔偿一美元，直至达到保单的上限。举例来说，假设迈克尔和瓦勒里为他们价值 300 000 美元的房屋购买了一个有 80%共同保险条款的火灾保险产品，由于缺钱，他们决定购买 180 000 美元的保险覆盖，而不是共同保险条款要求的 240 000 美元（300 000 美元的 80%）。如果发生损失，那么保险公司仅有义务支付损失的 75%（180 000 美元/240 000 美元），直至达到保单的上限。这样的话，如果损失了 40 000 美元，保险公司只赔付 30 000 美元（40 000 美元的 75%）。显然，满足财产保单上的共同保险条款的要求是很重要的。

10-2　房屋保险

房屋所有人可以从五种不同形式的房屋保险产品（HO-1，HO-2，HO-3，HO-5 和 HO-8）中进行选择。还有两种形式（HO-4 和 HO-6）主要针对出租人和共管公寓的所有人（见图表 10—2）。针对承租人的 HO-4 保单和针对房屋所有人的 HO-2 保单其覆盖范围大致相同，但是 HO-4 保险产品的覆盖范围不包括租住的房屋，因为房客一般不具有房屋所有权。

图表 10—2 房屋保险产品指南

房屋保险的覆盖范围取决于房屋保险（HO）的类型。如果你是承租人或者共管公寓的所有人，你也可以获得保险覆盖范围。

类别	覆盖范围*	覆盖的风险类别
基本类（HO-1）	A—最低 1 500 美元； B—A 的 10%；C—A 的 50%； D—A 的 10%；E—100 000 美元； F—每人 1 000 美元	火灾，烟雾，闪电，飓风，冰雹，火山喷发，爆炸，玻璃破碎，飞机，汽车，暴乱或骚乱，盗窃，故意破坏或恶意损坏
拓展类（HO-2）	最小值有变化； 其他覆盖（除了 D）—A 的 20%	涵盖了所有基本形式的风险，附加冰，雪，雨夹雪；冰冻；水或蒸汽泄漏；坠物；加热/制冷/灭火系统或设备的开裂或燃烧；电流带来的损坏
特殊类（HO-3）	最小值有变化； 其他覆盖（除了 D）—A 的 20%	除特定损失外，住宅和其他建筑物的实体损失风险；个人财产的风险覆盖范围与 HO-2 相同，附加作为建筑物、外窗或外门一部分的玻璃或相关材料的损坏
租房类（HO-4）	覆盖 A 和 B—不适用； C—不同保险公司的最小值不同； D—C 的 20%； E—100 000 美元； F—每人 1 000 美元	个人财产的风险覆盖范围与 HO-2 相同
综合类（HO-5）	覆盖 A 和 B—不适用； C—不同保险公司的最小值不同； D—C 的 20%； E—100 000 美元； F—每人 1 000 美元	和 HO-4 覆盖的风险种类相同，但覆盖对象是住宅、其他建筑物和个人财产的实体损失风险，不包括指定排除在外的损失
共管类（HO-6）	覆盖 A—最小 1 000 美元； B—不适用； C—不同保险公司的最小值不同； D—C 的 40%； E—100 000 美元； F—每人 1 000 美元	个人财产的风险覆盖范围与 HO-2 相同
调整覆盖类（HO-8）	和 HO-1 相同，除了基于使用普通建筑材料和方法修理或重建房屋的成本损失	风险覆盖范围与 HO-1 相同，除了盗窃险最高 1 000 美元；有其他覆盖范围的限制

*覆盖范围：

A. 住宅　　D. 使用损失

B. 其他建筑物　　E. 个人责任

C. 个人财产　　F. 给他人的医疗支出

所有的 HO 保险都有两个部分：第一部分是居住地，包括住宅和个人投保的财产；第二部分覆盖范围很广泛，包括个人责任和给他人的医疗支出等。第一部分的保险覆盖范围中，HO-1 保险最少，HO-5 保险最多。HO-8 是针对老房子而调整的保险产品，用于为市场价值远低于其重建成本的房屋提供保险。第二部分中，所有的保险产品的保险范围都相同。

下面我们将解释 HO-3 和 HO-5 这两种最常见的房屋保险的一些重要特性（如图表 10—2 所示，HO-1 是一个基本的但不常用的保险产品，其保险范围相对狭窄）。HO-3

和 HO-5 的保险覆盖范围的主要差异在于，个人财产可以索赔的风险数量不同。

10-2a 覆盖的风险种类

一些财产和责任保险合约称为**综合保险**（comprehensive policy），覆盖了除明确排除在外的所有风险类别，而**指定风险保险**（named peril policy）会指定特定的、个别的风险。

第一部分风险

房屋及房屋中其他财产的投保风险类别列示在图表 10—2 中。HO-3 和 HO-5 对房屋的风险覆盖范围是相同的，但是对于房屋自身和其他建筑物（比如独立的车库），HO-3 和 HO-5 提供广泛的覆盖范围，而 HO-2 指定覆盖范围。HO-5 为个人财产提供广泛的覆盖范围，而 HO-3 仅提供指定的风险覆盖。房屋所有者是购买 HO-5 还是 HO-3 保险主要取决于他们愿意花多少钱来获得额外的保障。HO-5 和 HO-3 保险的保费在不同保险公司和不同州之间差别很大。不推荐购买 HO-1 或 HO-2 保险，因为它们的保险覆盖范围有限。

可以看一下图表 10—2，在第一部分风险种类几乎包括所有情况，从火灾和爆炸到闪电和飓风的损害，再到盗窃和破坏行为。一些风险会在大多数房屋保险合同中排除，例如许多保险产品（甚至 HO-5 和 HO-3）排除地震和洪水风险，即使你生活在地震或洪水风险相对较高的地域，某些自然灾害带来的严重的经济损失也不被承保。当然，你可以在单独的保险产品或保险合同中另加合约以获得地震和洪水保险覆盖。

第二部分风险

房屋保险合同中第二部分的风险覆盖范围称为综合个人责任保险，因为它是对由于个人过失而带来的个人责任的保护（排除范围在后面会讲到）。它不对由于个人故意行为而导致的责任进行保险，比如诽谤、造谣中伤、诋毁以及合同履行中的故意不当行为。举例来说，保险范围适用于由于你不小心把人撞下楼梯。然而，如果你故意击打或伤害某人，或者以口头或书面形式伤害某人的声誉，那么房屋所有者的责任保险无法给你提供保护。

合同的第二部分还提供了一个有金额限制的医疗覆盖范围，无论是过失还是过错，对于房屋所有者家庭成员以外的人，由于小的事故导致的损伤也包括在覆盖范围之内，这个保险范围可以帮助房屋所有者履行其道义上的义务，防止可能的诉讼。

10-2b 影响家庭保险支出的因素

以下几个因素会对家庭和财产保险的保费产生影响：

- 建筑类型。所使用的建筑材料以及家居的风格和建成年限会影响保费大小。举个例子，砖房的保费低于木制房屋。然而，与之相反，在进行地震保险时，砖房的保费更高。

● 房屋地点。房屋所在地的犯罪率、天气和附近是否有消防栓都会影响房屋保费高低。如果你所在区域经常发生索赔申请，那么当地房屋所有人的保费都会较高。

● 信用评分。调查显示，拥有较低信用评分的人倾向提出更多的保险索赔。信用评分比任何其他因素对保费的影响都大。如果你的信用评分很低，你可能需要支付相当于有良好信用评分的人两三倍的保费。

● 其他因素。如果家里有游泳池、蹦床、大型犬或者其他潜在风险因素，房屋保费将会更高。自付免赔额和保险金额也会影响保费。

10-2c 财产覆盖的范围

房屋保险合同第一部分会为房屋主体、附属建筑物和家庭个人财产提供保护。损失的覆盖范围也适用于草坪、树木、种植物和灌木。然而，保险覆盖范围不包括用于商业目的的建筑物（偶然使用的除外）、动物（宠物或其他），不是用于房屋维护的车辆和设备（如汽车、摩托车、高尔夫车或摩托雪橇）。商品存货（例如，一个已投保的旅游用品推销员所持有的货物，或其他用于出售的物品）也不在覆盖范围之内。尽管保单不包括商品存货，但它涵盖办公财产（如书籍、电脑、复印机、办公家具和物资），如果列入保险范围，一般保额的上限为2 500美元。

10-2d 个人财产增值保险

鉴于房屋保险可能无法充分保护你的贵重财产，你还可以购买**个人财产增值保险**（personal property floater，PPF），既可以附加在你的房屋保险之中，也可以单独作为一个保险产品购买。PPF为没有被房屋保险充分覆盖的项目提供一揽子或指定覆盖范围的保险。无论是采用一揽子还是指定覆盖范围的方式，PPF可以为被保险人的财物提供最高程度的保护。指定覆盖范围的PPF在房屋保险合同下单独列示项目，提供补充覆盖。这一覆盖范围对于贵重财产来说非常有用，例如珠宝、字画、枪支和收藏品等这些超过C覆盖的财产（稍后讨论），其风险种类包括丢失、损坏和被窃。例如，你应该详细指明你的某一钻石戒指的价值是7 500美元，因为它的价值超过了C覆盖下珠宝被盗默认的1 000美元标准。

行为金融问题　购买财产保险时的行为偏差

什么样的财产保险最适合你？这取决于你的财产的风险暴露的大小、你对风险的态度和比较不同保险产品所花费的成本。这里有一些众所周知的行为偏差可能会导致你购买了不适合你的保险。购买保险时，请你记住如下观点：

● 不要选购自动续保的财产保险。追求稳定是一种行为偏差，在这种情况下，人们更愿意依赖过去的价格或者不考虑新信息。你的财产保险费用在过去成本较低并不代表该保险产品自动续保后仍旧优于其他产品。一定要货比三家——不要自动续保你现有的保险产品。

● 购买保险之前不要被偶然情况所迷惑。代表性偏差的存在使我们在作财务决策时太过依赖最新经验。例如，某地发生地震后会变成什么样？很多人会抢着购买地震险，其价格无疑就上涨了，但其实在任何地方发生地震的概率都是很小的。所以在负面事件发生后立即购买保险时要小心一些。仔细评估这一事件，评估你真正的风险承受能力，据此理性地购买保险。

10-2e 承租人保险：没有保险别入住

如果你住在一个出租公寓（或者其他类型的出租房屋）里，你要知道，尽管你住的房子投保了，但你的家具和其他财物是没有保险的。作为一名承租人（或者共管公寓单元的所有人），你需要一种特殊的 HO 保险产品以使你的个人财产获得保险覆盖。

例如，可以看一看琼·斯奈德所面临的困境。她从来没有想过要给她在巴尔的摩市租住的公寓中的财物投保。一个寒冷的晚上，水管漏水了，毁了她的家具、地毯和其他一些财物。而房东拒绝赔偿损失，琼把房东告到法院，却输了。为什么败诉？原因很简单，因为琼不能证明房东有过失或者房东没有尽到保护租户财产的责任。这个故事的道理显而易见：要确保你的财物（从衣服到家具、音响设备、电视和 DVD）被保险充分覆盖，即使你只是租了一个地方住！否则，你可能一夜之间就一无所有。

承租人保险（适用 HO-4）是房屋保险的简化版，保险费率也比较合理。它的保险范围包括房子、公寓和共管单元之内的财物，但不包括建筑物本身，覆盖的风险与 HO-2 相同。共管公寓的所有者适用 HO-6，它与 HO-4 相似，但是包含建筑物最低 1 000 美元的改建、扩建和装修费用。HO-4 和 HO-6 保险产品都包括责任保险，为你在家或外出提供保护。例如，如果某人受了伤起诉你，这个保险产品将会为此伤害支付有最高限额的费用，一般为 100 000 美元，当然有的保险公司支付的金额能达到 500 000 美元。

标准的承租人保险应该覆盖家具、地毯、电器、服装和大部分其他个人物品在灭失时的现金价值。根据你居住地的不同，预计每年大约需要支付 200～250 美元就可以得到 15 000 美元的保险覆盖。为了提高保险价值，你可以多支付 10%的保费购买重置成本保险，它可以用来支付与之类似的替代品的实际价值。标准的承租人保险对珠宝、毛皮、银器这种贵重物品提供有限制的保额，一些保险公司会对手表、宝石、毛皮支付最高 1 000 美元的赔偿，对银器损失的赔偿最高为 2 500 美元。

10-2f 保险覆盖：类型、对象和地区？

房屋所有人保险规定了保险覆盖的损失类型、覆盖对象和覆盖地域。

覆盖的损失类型

当事故发生时，有三种与财产相关的损失类型：

1. 财产的直接损失。
2. 由于财产损坏造成的间接损失。
3. 由于直接和间接损失产生的额外费用。

房屋保险合约会对所有类型的损失进行赔偿。

第一部分覆盖。当一栋房屋因保险范围内的风险而被毁坏时，保险公司将向被保险人支付合理的生活费，例如在被保险人的房屋维修或重建期间支付另租房屋的租金。其他一些风险种类虽然不在承保范围之内，但只要保单中的指定风险是造成损失的潜在原因，保险公司就会赔偿。例如，如果家人不在家时雷电（覆盖风险）导致房屋停电，造成冰箱和冰柜里价值400美元的食品损坏，即使温度变化（直接原因）不在保单的覆盖范围之内，保险公司也会支付损失。

第二部分覆盖。除了向被保险人支付要求的责任赔偿，房屋保险还会覆盖：(1) 被保险人的防护成本；(2) 被保险人帮助保险公司进行防护所发生的合理费用；(3) 诉讼成本，即使责任诉讼没有任何根据，这个成本仍然包括在覆盖范围内。

10-2g 覆盖对象

房屋保险的覆盖对象为指定的被保险人和其家庭成员，例如，一名大学生如果是某一家庭成员，在他暂时离开居住地时也是该家庭的成员。父母的房屋保险可能会覆盖上大学的子女的财产，包括诸如音响设备、电视、个人电脑和微波炉等设备，可能会有限制和例外。标准的房屋保险也会扩大覆盖对象的范围至家里的客人。

覆盖地域

在被保险人临时外出的情况下，大多数房屋保险会提供全球覆盖。例如，当被保险人把个人财产借给隔壁邻居或把物品带到中国的一个酒店时，保险覆盖范围依然有效。唯一的例外是置于第二居住地的财产，除非被保险人居住在第二居住地时发生了损失，否则财产保险的覆盖范围会缩小。

房屋所有人及其家庭成员有责任保险，以保护其发生在任何地点的过失行为，但发生在特定类型的车辆（例如大型船只和飞机）内以及被雇佣过程或职业行为中的过失行为被排除在外。

10-2h 支付限额

影响保险公司赔偿金额的其他因素包括重置成本条款、保险限额和免赔额。

重置成本

以当前的价格维修、修复或重建资产的必要支出是**重置成本**（replacement cost）。当重置成本覆盖范围有效时，房屋所有人对受损房屋或相关建筑物的索赔金额基于维修或重建这些建筑物的成本，不需要扣除折旧。图表10—3展示了一个有两个车库的2 400平方英尺房屋的重置成本的计算过程。

图表 10—3 **计算重置成本**

下面是一家保险公司计算重置成本的典型例子，结果显示房屋当前的重置成本为 374 400 美元。

建筑物成本：2 400 平方英尺，每平方英尺 125 美元	$ 300 000
其他装饰：内置电器，红木柜，3 台吊扇	15 000
走廊和院子：有屏风和栅栏的院子	3 700
两个车库：900 平方英尺，每平方英尺 55 美元	49 500
其他改进：车道，仓储间，园林绿化	6 200
总的重置成本	$ 374 400

然而，如果房屋所有人想按重置成本获取赔偿，他们必须投保房屋当前成本 80%的金额，其中不包括土地的价值。由于通货膨胀会导致覆盖范围低于 80%的金额，房屋所有人可以在保险合同中加入一项通胀保护条款，这样保险合约会根据当时的通货膨胀率自动调整覆盖金额。没有这样的附加条款，最高赔付额将会基于损失的特定百分比来计算。

即使房屋有不错的维护和修理，房屋功能的缺失也可能会降低其市场价值。例如，当一个房屋的电线容量不够同时运行洗碗机、微波炉、电吹风时，其价值会受影响。用 HO-8 保险（针对老房子）可以解决此问题。在一个老旧社区中，一栋 2 200 平方英尺的房屋的市价可能是 195 000 美元，然而，其重置成本可能达到 260 000 美元。HO-8 保险产品解决了这个问题，它规定房屋保险覆盖的金额取房屋实际损失或房屋市场价格的较低者。

理财规划小贴士 **如何降低房屋保费**

有合适的房屋保险金额很重要，但没有必要过多，这里有一些方法可以减少保费：

- 增加免赔额。保险的首要目标是避免家庭财务资源的重大损失，但并不是说在任何情况下一点也不损失。要把保险看做风险的分担，而不是消除风险。把你的免赔额增加 500～1 000 美元可以减少预计 25%的保费！如果提出索赔，下次投保时保险公司会大幅增加你的保费，往往导致索赔额还没有保费增加的多。
- 把房屋和汽车保险捆绑在一起。从同一承保人处购买房屋和汽车保险可以获得 5%～15%的折扣。先从不同的承保公司获得不同保险产品的报价，然后比较分别投保和捆绑投保，再进行决策。
- 看看哪些方面的改变可以带来保险折扣。一些较小的改进可以帮你获得保险折扣。例如，安装烟雾探测器、防盗锁、安全和消防报警器以及灭火器。通常，老年人可以获得额外 10%的折扣。
- 向你的保险代理人询问，从承保人的角度来看，可以做些什么以降低房屋的风险。例如，更新供热设备或更换旧电线可以减少你的保费。
- 避免保险公司不愿意承保的风险。养狗会在保险覆盖范围中被限制或排除，因为养狗（烈犬）的人更容易惹官司。同样，家里有游泳池或者蹦床的被保险人，投保时保费也会提高。你可以通过购买额外的保险来保护自己不受这些风险的影响。
- 管理好你的信用评分。信用分数太低会增加你的保费。
- 精心选购房屋保险。花点时间四处询价是值得的。同时，如果你和你的保险公司已经合作几年，你可能会得到长期折扣。如果你已经在一个保险公司投保了3～5年，很容易得到5%的折扣，如果投保6年以上，折扣可以达到10%以上。

资料来源：Adapted from Deborah Fowles, "Ten Ways to Cut the Cost of Your Homeowner's Insurance," http://financialplan.about.com/od/homeownersinsurance/a/Homeowners.htm, accessed September 2012.

保险限额

在房屋保险合同的第一部分，住宅覆盖（A覆盖）的金额是附属建筑（B覆盖）、未明确列示的个人财产（C覆盖）和临时生活费用（D覆盖）的基础。一般来说，B，C和D的覆盖范围的上限分别为A覆盖金额的10%，50%，以及10%～20%。

例如，一栋房子的投保价值为150 000美元，则B，C和D的上限分别是15 000美元、75 000美元和30 000美元。如果这些不足以涵盖损失的价值，限额可以增加。同时，一些公司允许房屋所有者将未明确列示的个人财产的保险总额降至住宅保险额的40%，当然保费也会小幅下降。

要知道，房屋保险通常对包含在C覆盖范围内的个人财产的特定种类设定限额。这些限额之和不会超出C覆盖的总限额。例如，货币、银行票据、储藏黄金及相关项目的赔偿限额是200美元；证券、账目、契约、债权凭证、手稿、护照、机票和邮票的赔偿限额是1 000美元；银器、金器和锡器被盗的赔付限额是2 500美元。也有一些保险产品为家用电脑设备提供5 000美元的保险覆盖。你可以通过提高C覆盖的金额来增加这些项目的限额。

在第二部分，通常个人责任覆盖（E覆盖）的起点是100 000美元，医疗支出部分（F覆盖）一般限额为每人1 000美元。第二部分的附加覆盖范围包括一些相关费用，如诉讼费和律师费，急救和医疗费用（救护车的费用），对他人财产的破坏（每次最高500美元）。

以上是最常见的限额条款，大多数房屋所有人需要一些额外的保护，特别是个人责任部分。现在，法官判决的损失很高，100 000美元的责任保险覆盖可能不够。对于大多数保险公司来说，提高责任保险的上限所要求的保费很少。例如，100 000美元的个人责任限额和300 000美元限额之间的保费差别可能只有20～30美元。你也可以通过购买个人责任防护保险产品来增加个人责任覆盖金额。

免赔额

前述保险限额限制了保险公司对每一项索赔支付的最大金额。免赔额则是为了限制保险公司对一些小额损失的赔付，这有助于减少频繁处理索赔事务的管理费，从而降低保费。在保险覆盖范围的第一部分，美国大多数州对于实体损失的免赔额为250美元。当然，选择500美元或1 000美元这样较高的免赔额会导致保费大幅降低，在某些州会降低10%～20%。免赔额不适用于责任和医疗费用保险，因为承保人希望了解所有的索赔项目以开展适当的调查并在面对法律诉讼时准备足够的辩护材料。

10-2i 房屋保险费用

你可能已经想到，不同的承保人（保险公司）和房屋的不同位置（小区/城镇/州）

对保费的影响很大。一定要多比较！在选购保险时，一定要讲清楚你想要的保险类型，并比较不同的保险代理人和保险公司的价格（扣除折扣后的价格）。需要记住的是，每一种类型的财产损失覆盖会有 250 美元或更多的免赔额。

大多数人需要修改保险公司所提供的保险覆盖的基本组合，通常会增加通货膨胀条款并把房屋的保险额度提高到重置成本的 100%。同时，可以把一些项目的保险金额从实际现金价值换成重置成本，把一些昂贵的个人财产单独列示出来。保险专业人士还可能建议房屋所有人增加他们的责任和医疗支出的限额。当然，上述每一项改变都会导致额外的保费。

为了减少保费总成本，你可以增加免赔额。因为把小的损失纳入自己的支出预算比起为这些潜在损失投保更划算，采用较大免赔额是一个普遍的策略。同时，你会因为安装门锁、监控系统和诸如烟雾报警器、喷水灭火器等安全设施获得折扣。

10-3　汽车保险

汽车也隐含风险，因为车辆损坏或者开车过程中的疏忽可能带来较大损失。幸运的是，保险可以替我们承担大部分的损失。汽车保险包括几种打包在一起的覆盖范围。在这里，我们首先介绍个人汽车保险产品的一些特点，然后简要介绍无过错汽车保险，最后讨论汽车保费及财务责任法。

10-3a　汽车保险覆盖的类别

个人汽车保险产品（personal automobile policy，PAP）是一种综合保险，针对典型保险购买者，简单且易于理解。该保险产品由六部分组成，前四个部分列示所提供的覆盖范围。

- A 部分：责任覆盖
- B 部分：医疗费用覆盖
- C 部分：未投保乘客覆盖
- D 部分：车辆损失覆盖

另外，E 部分涉及交通事故时你的责任与义务，F 部分明确界定了保险中的一些基本条款，包括保险期限和终止权利。

你基本上会购买责任、医疗、未投保乘客保险，但是如果你的汽车很旧而且价值较低，可能就不会购买车辆损失保险。另一方面，如果你的汽车是租用的或者汽车有未还清贷款，那么你很可能被要求购买特定数额的车辆损失保险，即 D 部分。

图表 10—4 展示了个人汽车保险的四个基本部分在典型的汽车保险产品中的列示情况，其中所显示的保费为 6 个月。下面我们详细看一下从 A 部分到 D 部分的保险覆盖范围。

A 部分：责任覆盖

大多数州要求你至少购买某一最低数额的责任保险。在典型的个人汽车保险产品下，保险公司承诺：

1. 赔偿在交通事故中由于你的责任所带来的人身伤害或财产损失。

2. 应对由于上述损害而产生的索赔或诉讼支出。

法律应对条款非常重要，可能会为你节省数千美元的支出，即便你在事故中没有过错，也同样如此。但该条款不包括被保险人由于刑事责任造成事故而发生的支出（如醉驾情况）。A 部分也为被保险人提供某些补充支付（不受保单赔付限额的限制），包括应对索赔的费用、保险人上诉的费用、解禁被扣押财产的费用和事故所需保释金。

保单限额。在 A 部分条款下，保险公司同时提供人身伤害和财产损失的责任保险，它会为所有事故造成的损失设置一个金额限制。一般的限额是 50 000 美元、100 000 美元、300 000 美元和 500 000 美元。在目前的法律责任环境下，建议选择不少于 300 000 美元的保险限额。损失支出趋于增长，承保人在你的限额用尽时不再担负责任。50 000 美元或 100 000 美元很容易用完，超过保单限额的部分需要由你自己承担。所以一定要确保自己购买了适当的保险覆盖金额，此时不需要考虑你所在州的最低限额。否则，你的个人资产就会暴露在风险之中。从图表 10—4 中可以看到，约翰逊一家的保险限额较高。

图表 10—4　　个人汽车保险的四个主要部分

这份 6 个月的汽车保单显示了个人汽车保险的四个主要部分。注意碰撞综合损失的保险金额由于车龄和车型（一辆 2010 本田 CRV）的原因相对较低，由于被保险人在此保险公司还买了其他的保险，安装了汽车报警系统并且有良好的行车记录，驾驶人在 6 个月中享有超过 130 美元的保费优惠。

ANYSTATE 保险公司　　**自动更新**

ANYSTATE 汽车保险公司
××街 1665 号
××市，康涅狄格州，邮编：80209　　2010 本田 CRV

保单号码	有效期	到期日	需付金额
ABC-123-XYZ-456	2015 年 5 月 26 日至 2015 年 11 月 26 日	2015 年 5 月 26 日	505 美元

编号：1H-1582 A
约翰逊和安妮家
××路 1643 号
××市，康涅狄格州，邮编：80209

你的保费是基于以下……
若不正确请联系代理人。
2010 本田 CRV
序列号：4ABCD12M3NP456789
你家的司机……
没有 25 岁以下男性或未婚女性司机。
如果另一辆车由我们承保，可包括年轻一点的司机。
车辆日常使用……
上下班（学）使用，每周超过 100 英里。
每年行驶超过 7 500 英里（国家年平均值是 10 000 英里）。

覆盖范围和限额			保费（美元）
A 部分	A	责任	
		人身伤害 250 000/500 000 财产损失 100 000	219
B 部分	M	医疗 5 000	19
C 部分	U	未投保机动车	
		人身伤害 100 000/300 000	71
D 部分	G	碰撞免赔 500	140
	D-WG	综合免赔 500	50
	H	紧急道路救援服务	6
到期金额			505
你的保险已经过以下调整：			
保费优惠			
多产品保险			22
防盗装置			40
司机记录良好			70

资料来源：Adapted from a major automobile insurance company quote.

一些保险公司设置所谓的责任分割保险条款，一部分限制每个人的综合保险限额，另一部分限制每次事故的保险限额。一些保险产品设置**人身伤害责任损失**（bodily injury liability losses）分别为 25 000 美元/50 000 美元、50 000 美元/100 000 美元、100 000 美元/300 000 美元、250 000 美元/500 000 美元和 500 000 美元/1 000 000 美元的组合来保护个人免受损失。从例中看，因为约翰逊一家购买了 250 000 美元/500 000 美元的保险限额，任一人在车祸中由于疏忽而受到伤害最多可以从保险公司得到 250 000 美元的赔偿。进一步来说，在一次事故中，保险公司支付给所有受害者的总额不会超过 500 000 美元。如果法院判决赔偿某一索赔人 80 000 美元，而被告的保险限额为 50 000 美元/100 000 美元，则被告会被要求用自己的钱包支付 30 000 美元（80 000 美元赔偿减去保险公司支付的 50 000 美元）。对于被告来说，这可能意味着要损失房屋、车辆、银行存款或其他资产。在很多州，如果上述资产的价值太小不能满足索赔要求，那么可能要扣被告的工资（工资被法院扣除，用来清偿所欠的债务）。

财产责任损失（property damage liability losses）的保险限额通常是 10 000 美元、25 000 美元、50 000 美元和 100 000 美元。与人身伤害责任限额相比，财产损失限额会规定每次事故的金额，但不指定某一项目或每个人的赔偿限额。

被保险人。个人汽车保险中的两个基本概念界定了 A 部分所涵盖的对象：被保险人和投保的汽车。一般来看，被保险人包括你（指定被保险人）、所有家庭成员、使用投保汽车的人，以及任何可能因你的行为而追究你的责任的人或组织。指定被保险人是在保单声明页上指定的人。如果居住在一起，被保险人的配偶也被看做被保险人。家庭成员是指有血缘关系、婚姻关系或收养关系而居住在一起的人。例如，一个未婚并离家居住的大学生通常被认为是家庭成员。投保汽车是在你的个人汽车保单声明页中列示的车辆，在保险期间获得的车辆、拖车，以及在你的汽车或拖车维修或保养时，临时替代的车辆。你长时间租赁的车辆也包括在投保车辆内。

被保险人和家庭成员具有 A 部分的责任保险覆盖，而不管他们开不开那辆车。然而，除了被保险人和家庭成员，其他人为了获得责任保险覆盖，必须驾驶投保车辆。

B 部分：医疗费用覆盖

医疗费用覆盖包括个人在车辆事故发生三年之内、不超过保单上规定限额的合理的必要支出。即使有其他医疗险和意外事故险等，这个保险也会提供赔偿。另外，在大多数州，即使证明另一方有过失并且被保险人从事故另一方的责任险中获得了赔偿，这个保险也会支付医疗费用。

意外事故险的受益不限于被保险人在行车过程中发生事故。被保险人在行走或骑自行车时发生的交通事故也包括在内（通常不包括骑摩托车发生的事故）。B 部分的保险通常会超额赔付。例如，如果你坐朋友的车发生了一场事故，花了 8 000 美元的医疗费用，你可以在你朋友的保单限额内获得医疗费用赔偿。此外，你还可以从你的承保人那里获得（不超过你的保单限额）超出你朋友保单限额的医疗费用赔偿。

保单限额。医疗费用保险对每个人的赔偿限额是 1 000 美元、2 000 美元、3 000 美元、5 000 美元或 10 000 美元。因此，承保人可能为一场涉及指定被保险人和其他五名乘客的事故赔付 60 000 美元或更多的医疗费用。建议大多数家庭购买 5 000 美元或 10 000 美元的限额，因为即使自己有其他医疗险，他们也不能确保其乘客有保险。

被保险人。汽车医疗费用保险适用于指定被保险人和乘坐汽车的家庭成员（无论是否在指定被保险人的车里），或者他们被汽车或拖车撞伤。B部分还适用于所有投保车辆的乘客。

C部分：未投保乘客覆盖

未投保乘客覆盖（uninsured motorists coverage）是为了满足事故中"无辜"受害者的保险需求。他们在事故中被没有投保的、保额不足的或肇事逃逸的驾驶人所伤害。几乎所有州都要求将未投保乘客保险写入每个责任保险产品中，但是这个覆盖在大多数州可能被拒绝。当然拒绝非投保乘客覆盖不是一个明智的决策。在未投保乘客覆盖中，一个被保险人在法律上有权得到和过失驾驶人责任险同样的赔付金额，其最大金额等于保单所指定的未投保乘客限额。

获得未投保乘客赔付必须证明三点：（1）驾驶人存在过失；（2）乘客没有可用的保险或没有投保；（3）损失已经发生。有了未投保乘客覆盖，你通常可以获得由于身体受伤所造成损失的赔偿。

保单限额。因为未投保乘客保险的保费很低（通常每年仅为50～75美元），司机应该至少购买最低限额。约翰逊一家买了100 000美元/300 000美元的保险覆盖，每年仅71美元。

被保险人。未投保乘客保险的被保险人包括指定被保险人、家庭成员和任何驾驶投保车辆的人。

不足额司机覆盖。除了未投保乘客覆盖，在一些州，只需付一点保费，你就可以获得**不足额司机覆盖**（underinsured motorists coverage），这个保险可以保护在一场事故中投保人因负有责任的、保额不足的司机所遭受的损失。不足额司机覆盖越来越受欢迎，既可以为身体伤害也可以为财产损失购买。如果一个有过失的司机给你造成的损失超过他的责任赔付限额，你的保险公司会弥补这个差额（达到你的保险限额），然后向有过失的司机追偿。显然，如果你所在州有这个覆盖，你可以考虑购买。

D部分：车辆损失覆盖

个人汽车保险的D部分为你的车辆损失提供覆盖。两个基本的覆盖类型是碰撞险和综合汽车保险（不同于碰撞险）。

碰撞险。**碰撞险**（collision insurance）是车辆险，对投保车辆的碰撞损失进行赔偿，不考虑哪一方有过错。保险赔偿的金额是超出免赔额的车辆的实际现金价值。实际现金价值定义为重置成本减折旧。所以，如果一辆车毁坏，赔偿的金额等于这辆车的重置成本减去免赔额。免赔额一般在50美元到1 000美元之间，如果像约翰逊一家一样选择一个相对较高的免赔额，会减少保费。

汽车贷款人和出租人通常要求给他们的车辆上碰撞险。在一些情况下，尤其在汽车的经销商提供融资时，他们会尽量让你购买这项保险。要尽量避免从汽车经销商或金融公司那里购买汽车保险，最好到你经常去的保险代理人那里购买，把碰撞险作为总的汽车保险的一部分。一个全职的保险代理人可以很好地评估并且满足你的保险需求。当你驾驶或乘坐租赁的汽车时，保险中的碰撞条款会提供充分的保护，所以在租车时，一定要看看有没有购买补充碰撞险。

综合汽车保险。**综合汽车保险**（comprehensive automobile insurance）覆盖投保车

辆由于碰撞之外的任何风险（除了个别例外）所遭受的损失。该保险的最高赔偿额是车辆的实际现金价值。保险的覆盖范围包括但不限于由于火灾、偷盗、玻璃破碎、坠物、恶作剧、故意破坏、暴动和地震等所带来的损失。汽车保险的覆盖范围通常不包括投保车辆内个人财产被盗的损失，相反，如果车辆上锁而发生偷窃，可以由房屋保险的房屋外覆盖部分所覆盖。

10-3b 无过错汽车保险

无过错汽车保险（no-fault automobile insurance）是指不论当事人哪一方引起损失，每一方当事人都由各自公司赔偿的保险体系。对当事人的医治和赔付在法律上有所限制。在纯粹的无过错汽车保险的概念下，司机、乘客和行人由于身体受伤而遭受的经济损失由保险人赔偿。保险人不必再向其他相关的被保险人索赔。

遗憾的是，无过错汽车保险的倡议者忘记了责任险本质上是为了保护投保人的资产，而不是赔偿损失。州法律对无过错汽车保险的管理标准差别很大，但大多数州提供 2 000～10 000 美元的人身伤害保护，并限定由于受伤和病痛而产生的合法的康复费用，在这些案例中，经济损失或医疗支出要超过某一起点，例如 500 或 1 000 美元。在所有州，由于过失而发生的康复费用是允许的，条件是经济损失超过无过错保险的赔偿金额。

10-3c 汽车保费

汽车保险的成本和许多因素有关，包括驾驶人的年龄、住址、车型、行车记录以及覆盖范围。因此，即使覆盖范围相同，汽车保费也各不相同。

影响保费的因素

影响汽车保险费率的因素包括：（1）地区；（2）车辆的使用；（3）司机的个人特征；（4）车辆类型；（5）驾驶记录。

● 地区。事故高发地区、索赔数量较多地区和平均赔付额较高地区的保险费率比较高。保险费率反映该地区的汽车修理成本、医院和医疗成本、判决赔付金额和盗窃破坏情况。有人即使有良好的记录，如果其所在地区的汽车修理成本较高，其保险费率也会上升。无论你在哪里，图表 10—5 给了一些保护车辆的小提示。某些司法判例禁止将地

图表 10—5　　防止汽车被盗

采取以下措施有助于防止你的车辆被盗：
- 关上窗户，锁上车门。
- 不要把你的车辆登记证、行驶证和保险证明留在车上，也不要在车上留下你的身份证明。
- 将车停在光线好的停车场和繁华地区。
- 把车上能够看到的随身物品带走。
- 购买并安装防盗装置，如防盗报警器、方向盘锁。
- 一定不要在发动机运转的情况下离开你的汽车。
- 停车时，四个车轮全部朝向或背离路边并拉好手刹。
- 不要把备用钥匙放在车里，小偷知道怎么找到。
- 把车辆的识别号（VIN）刻在汽车窗户上或其他主要零部件上，使车子或者主要零部件很难再次出售。

资料来源：Adapted from "Prevent Your Car from Being Stolen," http://www.insurance.com/auto-insurance/claims/prevent-your-car-from-being-stolen.aspx, accessed September 2012; "Protect Yourself from Auto Theft," accessed September 2012.

区、年龄和性别作为保险费率评定因素，因为法官认为这些因素对城市地区、年轻人和男性有歧视。

● 车辆的使用。如果投保的汽车不经常用于上班或单次出车里程低于3英里，保费是比较低的。如果你开车上下班多于3英里但不超过15英里，保费会略有上升，当超过15英里时，保费会大幅增加。

● 司机的个人特征。被保险人的年龄、性别和婚姻状况也会影响汽车保费。保险公司会以不同年龄组群体的事故率为基础确定保费率。例如，年龄在25岁及以下的司机只占全部司机人数的15%，但是，他们与近30%的汽车事故和26%的致命事故相关。男性司机在致命事故中占有较大比例，因此，30岁以下未婚男性（或25岁以下已婚男性）比年岁更大的群体支付更高的保费。24岁以上女性，以及已婚任何年龄段的女性支付的保费较低。

● 车辆类型。保险公司对中级车、高级车、跑车和发动机后置汽车收取较高的保费，一些州甚至对两门汽车和四门汽车设置不同的保费。如果你考虑购买雪佛兰或保时捷，要做好缴纳较高保费的准备。

● 驾驶记录。被保险人及共同生活人的交通违法和事故记录会影响保险费率。更为严重的交通违法行为，如酒驾或毒驾、肇事逃逸、驾车故意杀人或伤害、无证驾驶，都会提升保险费率。违反交通法规会被州交通局扣分，并导致较高的保费。在大多数州，当被保险人负事故的主要责任时，会被扣分并提高保费。

降低汽车保费

减少汽车保费的最好方法是充分利用保险公司的折扣，它会使你每年的保费降低5%～50%。有些保险公司会给予综合安全驾驶（无事故）折扣，如果年轻的驾驶员经过驾驶培训，大部分保险公司会给予较低的保险费率。一直保持B等级的成绩或获得优秀学生称号的高中生和大学生可能会得到不错的学生折扣。

近年来，几乎所有保险公司为拥有两辆或者更多车辆并且在同一保险公司投保的家庭提供折扣（多车折扣）。大多数保险公司会为安装防盗装置的车主提供折扣。同时，一些保险公司会为不吸烟、不喝酒的人提供折扣。一些保险公司只接受有文化的人或高管投保，还有一些保险公司只接受政府雇员投保。通过这些筛选，这些保险公司能够降低损失和营业成本，从而使其保费较低。

很显然，你应当充分利用自己的优势去寻找和享受折扣。可以再看一看图表10—4的汽车保单，你会看到被保险人利用三项条件（列示为“保费优惠”）降低了25%的折扣，另一个降低汽车保险成本的有效途径是提高你的免赔额（本章前面已述）。例如，把免赔额从100美元提升到500美元，对于碰撞险可以降低25%的保费，对于综合险能降低30%的保费，而1 000美元的免赔额对于碰撞险和综合险而言可以节省50%的保费。

10-3d 财务责任法

大多数州都有**财务责任法**（financial responsibility law），该法规定汽车所有者必须购买特定数额的汽车责任保险或提供其他财务责任的证明。大多数州所要求的限额较低，大部分人能承受。财务责任法可以分为两类：第一类是交强险法律，该法律要求汽车所有者在领取汽车牌照之前出示其保险证明，如果没有购买交强险，会被罚款或吊销驾照。第二类要求汽车所有者仅在事故发生后出示其保险证明。如果没有遵循这个法律，汽车登记证和驾照将被吊销。

10-4 其他财产和责任保险

房屋和汽车保险能够满足大部分家庭的财产保护需求，另有一些人需要其他特定类型的保险，其他常见的保险类型包括补充财产保险（地震、洪水和其他形式的交通）和个人责任防护保险。

10-4a 补充财产保险覆盖

由于房屋保险会排除特定类型的损害，你可以考虑购买以下补充保险覆盖类型：

● 地震保险。除了加利福尼亚州之外其他州也可能有地震损失。只有极少数业主购买了这项保险，因为这些保险产品一般都有因地震而破坏的房屋重置成本的15%的免赔额。

● 洪水保险。1968 年，联邦政府联合一些私人保险公司设立了洪水保险补贴项目。这些私人保险公司现在向居住在项目规划地区的业主和租户出售低成本的保险覆盖。洪水保险项目同时鼓励社区启动土地管制计划以减少未来的洪水损失。

● 其他形式的交通保险。除了汽车保险，你还可以购买其他类型车辆的保险，如针对房车、休闲娱乐用车或者游艇的保险。

10-4b 个人责任防护保险

具有中等水平或者高水平收入及净资产的人可能想要购买**个人责任防护保险**（personal liability umbrella policy），这个保险为房屋保险和汽车保险提供了额外的责任覆盖，防护保险经常具有 100 万美元或更多的赔偿限额。有一些产品为家庭主要医疗保险提供附加覆盖。保费相当优惠，每年缴纳 150～300 美元会获得 100 万美元的覆盖。为了购买个人责任防护保险，被保险人必须在其房屋和汽车保险覆盖上具有较高的责任限额（100 000～300 000 美元）。

10-5 购买保险与理赔

购买财产和责任保险的第一步是建立一个从高到低的潜在风险目录。需要投保的是那些不经常发生但是潜在损失较大的风险。例如，家庭及其财产损失、疏忽所引起的责任。一些不太重要但仍然需要投保的是可能会破坏家庭理财规划的损失，即使这些损失不会导致家庭破产，如汽车、游艇和其他价值较高的个人财产的实体破坏。最低优先级的风险损失可以用储蓄或当前收入弥补。

10-5a 财产和责任保险代理人

好的财产保险代理人可以使购买过程更简单。绝大多数保险代理人可以分为专属代理人或独立代理人。**专属代理人**（captive agent）只代表一家保险公司或者就是那家保险公司的员工。Allstate，Nationwide，State Farm 是主要通过专属代理人销售其产品的保险公司。相比之下，**独立代理人**（independent agent）通常代表 2～10 家不同的保险公司。这些代理人可能让其代理的任何一家保险公司来承接你的保险。一些知名的保险公司通过独立代理人开展业务。如 Hartford，Unitrin Kemper，Chubb 和 Travelers。这两种类型的代理人都能很好地满足你的需求并会花时间做以下事情：

- 评估你的总财产和责任保险的风险暴露情况
- 制作财产清单并确认风险暴露
- 确定恰当的风险覆盖范围、赔付限额、免赔额和浮动政策

因为保费和服务有很大不同，多比较比较是值得的。财产保险代理人需要满足多项经验和教育方面的要求，包括通过一系列的笔试，获得特许财产和意外保险人（CPCU）或注册保险顾问（CIC）的资格。另一种可以考虑的方式是通过公司的 800 电话或网上直销。一般来看，电话或网上直销的保费较低，开展的公司有 Amica，Erie，GEICO 和 USAA。

10-5b 财产与责任保险公司

选择代理人时，你需要问问关于公司的一些情况，包括财务状况、理赔实践及业务区域范围（如果你在离家 1 000 英里的地方发生事故，这一点就很重要）。对于任何种类的保险，你都应该查看该公司的信用评级（见第 8 章），坚持到那些顶级的保险公司投保。朋友和熟人经常能对保险公司的理赔政策提出见解。许多保险公司的主页上提供完整的信息，包括供应商及其保险产品的基本信息、当地的代理商目录，以及保费计算器和保单样本。

10-5c 财产与责任保险索赔

保险公司一般在处理人寿与医疗保险理赔时及时而公正，但在面对财产和责任索赔时，经常会与索赔人产生分歧。在这里，我们将介绍理赔的过程，首先考虑事故发生后你应该做什么。

事故发生后第一步

事故发生后，需要记录下所有目击者、司机、乘客、伤者的姓名、地址和电话号码，还要记下涉事汽车的牌照号。即使对方说没事也不要离开事故现场，立即通知交通执法人员和你的保险代理人。除了警察和你的保险公司，不要在事故现场与其他人讨论事故的责任。警察的职责是评估各方违法的可能性并在现场维持秩序，而不是判断事故责任。

理赔的步骤

如果你卷入一场事故，第一件事是决定是否索赔。大多数专家认为，除非是很小的或微不足道的事故，否则最好的行动就是索赔。当然，你要知道，如果你多次提出索赔要求，你的保险公司会在解决当前的事故之后受理你的申请。索赔过程通常包括以下步骤：

1. 通知你的保险公司。你必须通知保险公司已经发生的损失（或潜在损失），及时通知是非常重要的。

2. 调查。保险公司的工作人员可能会与证人或交通执法人员讨论并搜集证据，以确定你索赔的损失是否在你的保单覆盖范围内，他们也会审查以确保发生损失的日期是在保险期间内。如果你延迟提交索赔申请，则会妨碍保险人判断事实的能力。所有的保险都要说明申请索赔的时间限制。没有及时通知可能会导致你失去索赔权。

3. 证明损失。这项证明需要提供材料。你可能要出具医疗费用账单，提交损失清单，并证明失去财产的价值（例如，手写的损失清单、照片和购物发票）。你需要让你的雇主提供工资损失证明，如果可能，提供实物证据（例如背部受伤的 X 光照片、家庭被盗时破损的门窗）。在审查你的损失证明时，保险公司可能：（1）支付全部索赔金额；（2）支付较低的金额；（3）根据保单拒绝承担法律责任。

如果对金额有争议，大多数保单会约定某种形式的索赔仲裁。你雇用一个第三方，保险公司雇用一个第三方，这两方共同选定一个以上人员形成仲裁团。当 2/3 的仲裁员一致通过时，仲裁团的决定会约束你和保险公司去解决问题。当一个保险公司拒绝承担责任，而你又没有仲裁权时，该公司如果认为损失不属于保单的覆盖范围，你要么不去索赔，要么请律师，或者找公共调解人（下文讨论）。

理财规划小贴士 **如何处理索赔被拒**

如果你的房屋或汽车投保的保险公司拒绝支付全部或部分索赔金额，会非常令人苦恼甚至愤怒。如果你决定反击，以下是一些可以采取的重要步骤：

- 理解索赔和保险人拒绝的理由。看一下是不是保单上的条款和保险公司的规定之间的差异导致保险公司拒绝赔付。一定要充分了解你的保单，如果你不能向保险公司指出这些差异，你就不能有效追回索赔金额。
- 记录每一步。获得警察或消防部门的书面报告和现场评估的副本并拍照。
- 要求对拒绝索赔进行审查。向你的保险公司进行申诉，要求对你的案子进行审查。尽快做这项工作，因为一些保险公司要求你在保险公司做出决定之日起一年内提出申请。
- 如果保险公司不履行你的要求或需要几个星期来回应，去你所在州的保险管理部门。在大多数州，保险公司有大约六个星期的时间解决纠纷。
- 提起诉讼前仔细评估成本和收益。如果你房屋的索赔金额是 25 000 美元或 50 000 美元，那么法律和诉讼费用可能是值得的。出于对高昂的法律费用的考虑，如果是几千美元的索赔，可能就不值得这么做。

资料来源：Adapted from "What To Do If Your Homeowners Insurance Claim is Denied," http://www.2mrealty.com/blog/homeowners-insurance-claim-is-denied.html, accessed September 2012; and Kalen Smith, "What to Do If Your Homeowners Insurance Claim Is Denied," http://www.moneycrashers.com/homeowners-insurance-claim-denied/, accessed September 2012.

理赔

当你需要索赔时，第一通电话通常打给你的保险代理人。如果你的损失较小，代理人的处理过程就会很快，事实上，也可以现场赔付。如果你的损失比较复杂，保险公司可能会给你指定一个索赔调解人。**索赔调解人**（claims adjustor）是一个保险专家，作为一个独立的调解人或官员为保险公司工作。调解人会调查索赔，考虑保险公司的利益，并尽量让客户满意。然而，很多索赔人会尽其所能向他们认为是"深口袋"的保险公司索要赔偿。因此，调解人要小心谨慎：他们必须努力把问题调查清楚，同时，提供优质服务以减少延误和财务问题。为了索赔顺利，要配合你的调解人并诚实回答其提出的问题。但要注意由保险公司给调解人支付报酬。

一生中的规划：保护你的财产

以下是人生的每个阶段有关如何保护你的财产和防范责任风险的主要考虑事项。

独立生活阶段 20多岁	家庭与职业发展阶段 30～45岁	成熟阶段 45～65岁	退休 65岁以上
√评价出租人的保险以保护你的个人财产并控制责任风险	√购买适当的房屋保险和责任保险	√评价房屋的保险覆盖范围，请记住贵重物品可能需要附加覆盖，否则对于个人物品而言可能覆盖不够	√根据退休情况修改房屋和责任保险的覆盖范围
√确保获得足够的汽车保险，不要为了节省而买较少的责任保险	√用照片和发票来记录你的个人支出项目	√可以考虑在同一家保险公司打包购买房屋和汽车保险，以获得折扣	√根据退休情况修改汽车保险
	√对汽车保险的覆盖范围进行再评估	√考虑为家庭和汽车安装防盗系统，以获得折扣	

练习题

1. 假设玛丽·伯乐的公寓有份房屋保险，保险金额为150 000美元。在此保单下，90%的共同保险条款是否比80%的共同保险条款更好？请说明原因。

2. 去年，保罗·斯蒂尔曼和乔安娜·斯蒂尔曼夫妇购买了一栋重置价值为250 000美元的住宅，并为住宅购买了210 000美元的保险（HO-5）。此保险产品按实际现金价值赔付，并有500美元免赔额，为C覆盖，未指明具体的财产类别。近日，窃贼破门而入，偷走一台使用了两年的电视机，电视机当前的重置价值为600美元，估计其使用寿命为8年。窃贼还偷走价值1 850美元的珠宝和价值3 000美元的银餐具。

a. 如果斯蒂尔曼夫妇的保险产品有80%的共同保险条款，他们的保险是否足够？

b. 假设C覆盖的赔偿限额为50%，如果他们对被盗物品申请索赔，计算斯蒂尔曼夫妇会获得多少赔偿。

c. 你会给斯蒂尔曼夫妇推荐什么样的房屋保险覆盖？

3. 弗雷德和萨莎都是研究生，他们搬进了大学附近的公寓。萨莎想买租户保险，但弗雷德认为他们不需要这个保险，因为家具值不了多少钱。萨莎指出，相对其他物品，他们的电脑和音响设备比较贵重。为了帮助他们摆脱困境，你建议他们购买多少保险？为他们搜寻保险产品提供一些建议。

4. 莎拉·卡文纳的豪宅位于华盛顿，但在最近一场大火中被烧毁。卧室和餐厅被完全摧毁，并损失了重置价值为 27 000 美元的个人财产。损坏的个人财产的平均使用年限为 5 年，平均使用寿命约为 15 年。假设以财产的实际现金价值为基础进行赔付，保险公司支付给莎拉的最高金额是多少？

5. 戴维·索尔特购买了个人汽车保险，人身伤害责任保险金额为 25 000 美元/ 50 000 美元，财产损失责任保险金额为 25 000 美元，医疗保险金额为 5 000 美元，同时有 500 美元的碰撞险免赔额。在下面每种情况下他的保险金额是多少？会有其他自付费用吗？

a. 戴维开车时由于在冰上打滑，车辆失去了控制，撞到一辆停在路边的汽车，造成 3 785 美元的损失，同时戴维自己的车的损失为 2 350 美元。

b. 戴维撞到一个停车标牌，造成严重的车祸，两个人受伤严重，两位受伤的当事人起诉戴维并获胜，每人获得了 30 000 美元的赔款。

c. 戴维 18 岁的儿子借用他的车，撞到电话杆上，造成 450 美元的汽车损失。

名　词

财产保险（property insurance）　保障房屋及个人财产由于火灾、偷盗、人为损坏、暴风雨和其他灾害而遭受的严重损失的保险。

责任保险（liability insurance）　保障由于被保险人的责任而对他人财产或者人身造成伤害而产生的经济损失的保险。

风险（peril）　即损失原因。

过失（negligence）　未能采取合理的方式或措施保护他人不受伤害。

赔偿原则（principle of indemnity）　被保险人获得的保险公司的赔偿可能不会超过其经济损失。

实际现金价值（actual cash value）　被保险财产的价值，其金额是重置成本减去自身的折旧。

代位追偿权（right of subrogation）　保险公司支付索赔后向损害人或损害人的保险公司要求偿还的权利。

共同保险（co-insurance）　财产保险合约中的一项条款，这个条款要求投保人购买保险的金额等于财产重置成本的一定百分比。

综合保险（comprehensive policy）　覆盖了除明确排除在外的所有风险类别的财产和责任保险。

指定风险保险（named peril policy）　指定的、个别的财产和责任保险。

个人财产增值保险（personal property floater，PPF）　既可以附加在你的房屋保险之中，也可以单独作为一个产品购买的保险。

重置成本（replacement cost）　维修或重建资产的现时成本。

个人汽车保险产品（personal automobile policy，PAP）　一种综合保险，针对典型保险购买者，简单且易于理解。

人身伤害责任损失（bodily injury liability losses）　保护个体免受人身伤害责任损失的个人汽车保险。

财产责任损失（property damage liability losses）　保护个体免受财产损失的个人汽车保险。

未投保乘客覆盖（uninsured motorists coverage）　为了满足事故中“无辜”受害者的保险需求，他们在事故中被没有投保的、保额不足的或肇事逃逸的驾驶人所伤害。

不足额司机覆盖（underinsured motorists coverage）　在一些州可以选择并获得，目的是保护在一场事故中投保人因负有责任的、保额不足的司机所遭受的损失。

碰撞险（collision insurance）　一种车辆险，对投保车辆的碰撞损失进行赔偿，不考虑哪一方有过错。

综合汽车保险（comprehensive automobile insurance）　覆盖投保车辆由于碰撞之外的任何风险（除了个别例外）所遭受的损失。

无过错汽车保险（no-fault automobile insurance）　不论当事哪一方引起损失，每一方当事人都由各自公司赔偿的汽车保险。

财务责任法（financial responsibility law） 该法规定汽车所有者必须购买特定数额的汽车责任保险或提供其他财务责任的证明。

个人责任防护保险（personal liability umbrella policy） 这个保险为房屋保险和汽车保险提供了额外的责任覆盖，并为没有被其他保险覆盖的风险提供附加的覆盖。

专属代理人（captive agent） 只代表一家保险公司或者就是那家保险公司的员工。

独立代理人（independent agent） 只要被保险人符合条件，这些代理人可能让其代理的任何一家保险公司来承接被保险人的保险。

索赔调解人（claims adjustor） 一个保险专家，作为一个独立的调解人或官员为保险公司工作，并开展索赔调查。

第 5 篇

投资管理

第 11 章　投资规划

第 12 章　股票与债券投资

第 13 章　共同基金、交易所交易基金和房地产投资

第 11 章

投资规划

学习目标

1. 了解投资在个人理财规划中的作用，确认不同的投资目标。
2. 区分一级市场与二级市场，以及经纪人市场和交易商市场。
3. 了解买入和卖出证券的流程，确认不同类型的指令。
4. 学会评估使用不同类型的投资信息以改善投资技巧、提高投资回报。
5. 对计算机和互联网在投资领域日益增长的影响力有一个基本认识。
6. 阐述投资组合，知道如何进行证券投资组合的设立、监控与管理。

投资规划将如何影响我？

投资是人们一生中许多重要理财目标实现的手段。本章将讨论：如何决定投资的数量以实现基本的理财目标；如何为退休投资；如何管理大项支出；如何取得需要的收入；如何建立税盾。市场作为投资的场所，本章将对其构成进行介绍，同时讲解如何买入与卖出投资品。本章还将介绍对投资进行评估的思路框架，包括如何理解、监控和管理投资组合。本章还会介绍信息的来源渠道以及一些有用的在线投资工具。读完本章后，你可以规划投资以更好地实现你的理财目标。

11-1 投资的目标和回报

人们会为了各种各样的目的投资。有人为了给新房子交首付，有人把它作为补充收入的一种形式，还有人为退休准备养老金。实际上，“投资”这个词对不同的人意味着不同的事，当几百万人投资于一般证券如股票、债券、基金时，另一批人却在商品和期权上投机。**投资**（investing）被认为具有长期性并被视为一个买入证券的过程，此证券的未来价值和期望回报具有一定的可预见性。与之相反，**投机**（speculating）被认为是一种与买卖证券有关的短期活动，其未来价值和期望回报都具有极大的不确定性。可以把一个投资者想象成既系腰带又穿吊带，而一个投机者可以想象成什么也没穿。

如果你与大多数投资者一样，那么你可能首先把资金存到一些储蓄工具中（见第4章）。一旦你有了充足的存款——应急或其他目的，你就可以开始建立投资资金池。这意味着你要作出一些牺牲并尽量按照自己的预算生活。不得不承认，花钱比攒钱要容易得多，然而，如果你真的想进行投资，你就得积累资金。除了储蓄和资金积累计划，还有一件重要的事是：要有足够的保险覆盖以应对天灾人祸。这里为了实现投资目的，假定你有了足够的保险并且保费已列入家庭每月的预算。有足够的保险和能够应对生活急需的流动性（现金和存款）是进行投资的两个前提条件，它们对于成功投资绝对重要。一旦这些条件具备，你就可以开始投资了。

11-1a 我应该从哪里着手

与你想象的相反，投资的话题没有什么神奇之处。有时一些术语看起来比较晦涩，一些程序和技术可能看起来比较复杂，但是不要让这些误导你，让你以为它容不下小的个人投资者。这并非事实！正如本章和以后两章所讲，个人投资者也可以从一系列证券和投资工具中选择进行投资。

那么，应从哪里着手呢？首先你要有些钱，不用太多，500～1 000 美元就可以，4 000～5 000 美元更好（这就是我们所讲的投资资本——钱）。除了钱，你还需要有相关知识，知道怎么做。永远不要投资于你不熟悉的领域，那只会让你烧钱。相反，你需要尽可能多地学习市场相关知识，了解不同类型的证券以及交易技巧。还要尽量与时俱进，关注市场的发展状况，从关注股票市场、利率与债券市场的发展开始吧。

强烈建议你在学习一些关于股票和债券的知识后，设立一个股票和债券的投资组合，并进行买入和卖出的模拟交易，尝试 6 个月到 1 年，在市场上找一找赚钱（赔钱）的感觉。刚开始时模拟一个数额，如 5 万美元（如果你想做更大的白日梦，可以设定更多）。然后跟踪你持有的这些股票、债券或基金，记下买入和卖出的数量、收到的股利等。在进行这个练习时，一定要使用真实交易价格（可以从《华尔街日报》、CNN 网站和当地新闻中获取），并像真的一样进行操作。你可以使用由一些网站（如 www.quicken.com 或 moneycentral.msn.com）提供的投资组合追踪项目。最终，你会对市场熟悉起来，并适应市场中发生的一些事。这些事完成后，你要准备深入下去。

作为资金有限的初级投资者，最好把投资限定在基本范围之内。不要奇思怪想，也不要梦想一夜暴富，那只会给你带来挫折、失望和重大损失。要有耐心！不要期望股票的价格一夜翻番，也不要在短期内因事情与期望背离而惊慌失措（毕竟，证券的价格有时会下跌）。相反，要有持续性并了解复利的概念。当投资证券依赖于高度个人化的决策时，你可以考虑把基金作为第一项投资（见第 13 章）。基金由专业团队管理，它分散了个人投资者（尤其是资金有限的投资者）的投资，这是个人投资者难以做到的。

11-1b 投资在个人理财规划中的作用

买辆汽车、买套房子、享受舒适的娱乐，在未来的某一天我们都会实现，在许多情况下，它们是好的理财规划的核心内容。作为一个规则，类似建房子这样的理财目标不是我们支付现金存款的方向。相反，我们必须在一定时期内积累资金，这是投资规划和投资活动服务于个人理财规划过程的前提。

做任何事情都要先有目标——你希望在一定时期内达到的特定财务目标。以麦克斯韦尔斯夫妇为例，在第一个孩子刚出生时，他们就决定为孩子积攒上大学的资金。经过粗略计算，得出的结果是需要在未来 18 年中积攒 160 000 美元才够女儿的教育费用。通过设定这个简单的目标，麦克斯韦尔斯夫妇设立了明确的理财目标，其目的是满足孩子的教育需求，在 18 年中攒够 160 000 美元。

设法拿出资本

至此，麦克斯韦尔斯夫妇知道了他们需要积攒的金额（160 000 美元）以及攒钱的时间长短（18 年），剩下的事情是确定回报率，即他们认为其资金可以得到多少回报。麦克斯韦尔斯夫妇知道他们向投资项目投钱的数量在很大程度上依赖于投资可以获得多少回报，回报率越高，需要攒的钱越少。假设他们认为6%的回报率比较合适，当然这个数字相对保守，不要期望他们把所有或大部分的钱都投向高风险项目，平均来看，在长期内他们可以取得这个水平的回报。在确定项目投资回报率时要用心一些，不要让不切实际的高利率把你拴住，因为这会减少你实现财务目标的机会。

现在有两种方法可以达到既定目标：(1) 你可以一次投入资本，并使资本数量随时间增加；(2) 你可以制定固定储蓄计划，每年拿出一部分钱。工作表11—1可以帮助你计算达到既定理财目标所需要的资本。这里使用了第2章所讨论的复利的概念，基于给定的理财目标（160 000美元）和期望的平均回报率（6%，见第2行）进行计算。你可以用这个表计算所需要的一次性投资额（工作表中的A部分），也可以计算在储蓄计划中每年所需要的金额（B部分）。在这里，我们假设麦克斯韦尔斯夫妇有7 500美元的初始投资（大部分是从女儿的爷爷奶奶处收到的礼金）。麦克斯韦尔斯夫妇知道需要比这多得多的资金来实现目标，他们决定使用B部分表格计算每年需要存多少钱。

工作表11—1 　　**确定投资资本的数量**

你可以使用下表计算既定理财目标下所需要的货币数量，此工作表基于第2章所介绍的终值的概念。

确定投资资本的数量

理财目标：在18年中积累160 000美元女儿上大学的费用。	
1. 设定的理财目标（见注1）	$160 000
2. 投资期望的平均回报率	6%
A. 进行一次性投资： 3. 终值系数（见附录A） ● 目标期限为______年，投资期望的平均回报率为____%	0.000
4. 需要的初始投资 ● 第1行÷第3行	$0
B. 在一定时期内进行一系列投资： 5. 初始投资的数量（如果有）（见注2）	$7 500
6. 终值系数（见附录A） ● 目标期限为 18 年，投资期望的平均回报率为 6%	2.854
7. 初始投资的终值 ● 第5行×第6行	$21 408
8. 储蓄计划与实际所得的差额 ● 第1行－第7行	$138 592
9. 年金终值系数（见附录B） ● 目标期限为 18 年，投资期望的平均回报率为 6%	30.906
10. 投资期间每年的投资额 ● 第8行÷第9行	$4 484.00

注1："设定的理财目标"是未来设定期限内你想要积累的货币金额。

注2：如果你是白手起家，也就是没有第一期投资，则在第5行填0，第6行与第7行不填，而后使用总的理财目标（第1行）作为储蓄计划的资金需求，在这种情况下，请继续完成表格的剩余部分。

第一件事是计算 7 500 美元初始投资的终值，问题是，这个初始投资在 18 年后会变成多少钱？使用复利的计算方法以及相应的终值系数（附录 A），我们看到这笔钱会增加到 21 408 美元（第 7 行），但这仅仅是目标金额（160 000 美元）的 13%。实际上，通过从目标值（第 1 行）中减去这个初始投资的终值（第 7 行），我们发现这个差额需要从其他形式的年金储蓄计划中产生（第 8 行）。再一次，使用年金终值系数（附录 B），我们发现麦克斯韦尔斯夫妇每年需要投资大约 4 484 美元以实现其 160 000 美元的目标。也就是说，4 484 美元的年金终值为 138 592 美元，加上 21 408 美元（7 500 美元初始投资的终值）等于麦克斯韦尔斯夫妇的理财目标值 160 000 美元。你可能会有疑问，但表中最后几步也可以用计算器计算。是的，只要知道所需要的终值（第 8 行），就可以用财务计算器来计算每年需要攒多少钱。

投资计划提供方向指导

现在麦克斯韦尔斯夫妇知道他们每年需要存多少钱，下一步是决定如何存。最好使用系统性储蓄计划，在家庭预算中每月或每季固定留出一部分资金并坚持下来。当然不管用什么程序，记住我们所做的是积攒所需要的投资资本。这些钱需要投资于某种项目以使其运转，这就需要一个投资计划。**投资计划**（investment plan）是一张简单的、书面形式的报表，用于阐释所积累的资本如何进行投资以达到既定目标。在麦克斯韦尔斯夫妇的例子中，其资本积累计划需要获得他们设定的 6%的回报率。现在，他们需要找到获得 6%回报率的途径，这意味着他们需要仔细寻找他们想使用的投资工具。

11-1c 你的投资目标是什么？

一些人通过购买证券来避税，一些人把钱留出来以备不测风云或建立不错的退休储备。你的目标给你的投资项目定了调，这个目标在你采取多大程度的稳健（或激进）政策时起决定作用。这些目标明确了你的投资目标，最常见的投资目标为：(1) 巩固当前收入；(2) 为大额支出进行储蓄；(3) 积累退休金；(4) 寻求税盾。

当前收入

有关当前收入的想法是把钱用于投资以获得补充性收入。换句话说，这适合靠这些收入生活的人。从股利或利息中得到一份有保障的收入，是这个群体的基本考虑。例如，退休群体经常选择投资来获得低风险的当前收入。

大额支出

人们经常攒钱，有些人需要好多年用以积攒大额支出的资金。下面是一些常见的支出类型：

- 房屋首付
- 孩子上大学的费用
- 开办企业的资本
- 昂贵（也许一生就一次）的度假
- 特殊与贵重品的购买

- 退休金（下一部分讨论）

不论你的目标是什么，一个理念就是盯住某些东西，朝着心中的那些目标前进，增加你的投资资本。一定要使投资变成一件快乐的事。只要你知道达到其中一个目标需要多少钱（使用工作表11—1的流程），你就可以细化投资工具类型。例如，你可以采用低风险投资方法，一次性投资于一只高等级的债券，使其与你期望达到的资金数相匹配，或者采取风险型投资，把钱投资于一些货币性项目，比如成长型基金。当然，对于一些目标，如房屋首付或孩子的教育费用，你可能接受风险的程度比其他项目要低，因为这些目标不能因你所选择的投资工具类型而被破坏。

退休

为退休攒钱是投资最重要的目标。当然，很多时候，筹划退休可能只占我们一点时间，我们太依赖单位及社保来满足我们的退休需求。很多人到老了才知道这是非常错误的。最好的方法是认真看一看你能从社保和单位的养老金计划中得到多少真正的收入，再根据你的理财目标决定这些收入是否能满足你的退休需求。你可能会发现你需要通过个人投资取得一些额外收入才能满足你的退休需求（退休规划将在第14章讨论）。

税盾

正如第3章所解释的，联邦所得税对不同收入的处理不一样。例如，如果你有房地产，你可以提取折旧来抵减其他来源的收入，因此会减少你的应纳税收入。这种税收抵减特征使房地产成为一种非常有吸引力的投资方式，虽然其税前回报率看起来不是很高。为收入寻求税盾是合法的，一些投资者经常会设定为大额支出或退休攒钱这样的目标。很明显，如果你能通过一项投资避税，你就可以在此期间有更多资本用于再投资。

11-1d 不同的投资路径

设定投资目标后，你可以使用多种投资工具实现这些目标。本部分我们将简要介绍几种适合个人投资者并且常用的投资工具。

普通股

普通股是所有者权益的一种形式，每一股代表一个所有权份额。一股股票使持有者平等地享有公司的收益与股利，具有相同的投票权和对管理的话语权。从投资者角度来看，其回报由股利和股票增值构成。普通股没有到期日，因此可以无限期在外发行（普通股将在第12章讨论）。

债券

相比股票来看，债券是负债——它们是发行者的欠款。政府和公司发行债券，支付票面利率，称为利息。个人投资于债券可以得到明确约定的利息收入，一般每6个月支付一次，在债券到期时得到债券的本金（票面）价值。例如，你投资了1 000美元的债券，票面利率10%，每半年付息一次，可以预期每6个月收到50美元（即10%×0.5年×1 000美元），在到期日得到1 000美元的债券面值。当然，债券可以在到期日前买卖，其价格可能与面值不同，这是因为债券的价格与普通股一样，会在市场中上下波动（见第 12 章）。

优先股与可转换债券

这两种工具是混合证券，兼具股票与债券的特征。优先股是作为股票发行的，因此代表公司的一份权益。但与普通股不同，优先股的股利是固定支付的，并且先于普通股持有者的股利支付。与债券类似，优先股一般是为了获得其支付的当前收入（股利）而买入的。相对来说，可转换债券是一种特殊类型的固定收益契约（通常是债券），附带转换权，允许投资者把债券转换成指定数量的普通股。因此，可转换债券既能提供债券的固定收益（利息），也能提供普通股潜在的升值收益。

共同基金、交易所交易基金和交易所交易票据

专业化管理分散证券投资组合的投资机构称为共同基金，共同基金向投资者出售基金份额，这些投资者成为基金证券组合的部分所有者。大多数共同基金发行并回购其基金份额，其价格反映交易时组合的内在价值。共同基金受到个人投资者的青睐，因为它不仅提供更多种类的投资机会，而且还会提供一系列服务，这对投资者特别有吸引力。交易所交易基金（ETF）与共同基金类似，也是证券组合。它们通常是为了追踪一篮子投资产品或者证券指数（如标准普尔 500）或者某一行业（如通信或公用事业股票）而设立的。这些基金也可能包括其他投资产品，如股票和不动产。共同基金只能在每个交易日结束时买卖，而 ETF 可以在整个交易日内买卖，就像个人投资股票一样。另一个不同是，ETF 可以提供更多的税收优惠。

交易所交易票据（ETN）与 ETF 更为相似，它们是由承兑银行发行的高等级、无担保的债券类资产。因此，ETN 是负债证券，有到期日，并依靠发行者的信用背书担保。与 ETF 类似，大多数 ETN 的目标是在扣除管理费后取得市场基准回报。因此，银行承诺在到期前支付基于指数价值（扣除管理费）的金额。了解 ETN 与 ETF 承担的风险不同很重要。如果承兑银行破产，ETN 与高等级债券一样会大幅贬值。因此，ETF 仅仅面临市场波动风险，而 ETN 面临市场波动风险和发行银行的违约风险。遗憾的是，投资者很难评估这种信用风险。与 ETF 类似，ETN 在交易所交易，可以短期出售，同样，ETN 具有税收优惠。

房地产

房地产投资有许多形式，从一块生地到商业地产的有限合伙股份，甚至会有共同基金专门投资于不动产。房地产投资的回报有租金、资本增值及一些税收利益（更多房地产投资类型将在第 13 章讨论）。

11-2 证券市场

证券市场（securities market）一般指股票、债券和其他金融工具的交易场所。这些市场可以是有形场所，也可以是电子网络平台，供买方与卖方集合交易。证券市场可以分为两类：资本市场和货币市场。资本市场是股票、债券等长期证券的交易场所。货币市场是到期日在一年或一年以内短期、低风险信用工具的交易场所，包括美国国库券、商业票据等。每一种市场都提供了把证券买卖双方集合在一起的机制。一些常见的货币市场证券在第4章已经讨论，我们这里将集中讨论资本市场。

11-2a 一级市场和二级市场

在一级市场上，新证券面向公众发行，交易的一方一定是发行者。与此相对应，老（已发行）证券在二级市场上进行买卖，证券在投资者之间进行交易。证券在一级市场上仅销售一次，由一家公司或一个政府实体（如州政府或市政府）发行。随后的交易——一个投资者向另一个投资者出售证券——在二级市场上进行。

一级市场

一家公司在发行新证券时，会有几个金融机构参与其中。开始时，公司可能会使用一家投资银行，投资银行是专业的新证券发行机构。投资银行会为公司提供发行价格及其他相关方面的建议，并承销新证券或安排承销团进行证券销售。承销团一般由几家经纪商组成，每家负责销售一定比例的证券。对于一些大额的发行，主投资银行会邀请其他承销商组成承销团，以分散承销与销售新证券的风险。在新证券发行中，需要给潜在投资者提供招股说明书，**招股说明书**（prospectus）是关于企业与发行的描述性文件。某些联邦部门有责任保证招股说明书中所有的信息都是真实、准确的。

二级市场

二级市场允许投资者之间进行交易，在市场上投资者可以方便地出售其持有的证券。不像一级市场，二级市场不会给发行公司（发行者）带来现金。二级市场中包括多种证券交易所，在交易所证券买卖双方为了交易目的而集合在一起。在纳斯达克（NASDAQ）上市和交易的证券形成另一个主要市场，使用全电子的交易平台进行交易。最后要说的是，投资者场外交易（OTC）市场上进行一些小额、非上市证券的交易。

11-2b 经纪人市场和交易商市场

在二级市场中，绝大多数交易是由小的个人投资者进行的，因此，我们将在本章后面的内容中重点讨论。以证券如何交易为基础进行划分，二级市场可以分为两类：经纪人市场和交易商市场。图表11—1展示了根据经纪人和交易商市场划分的二级市场结构。可以看到，经纪人市场由全国和地区证券交易所组成，而交易商市场由纳斯达克市场和场外交易市场组成。

在一个典型的交易日，二级市场是一个交易活动的密集区，在这里每天都有数十亿股票易手。这个市场由两种类型组成：经纪人市场和交易商市场。如下图所示，每一种类型的市场都有不同的交易场所。

图表 11—1　　经纪人市场和交易商市场

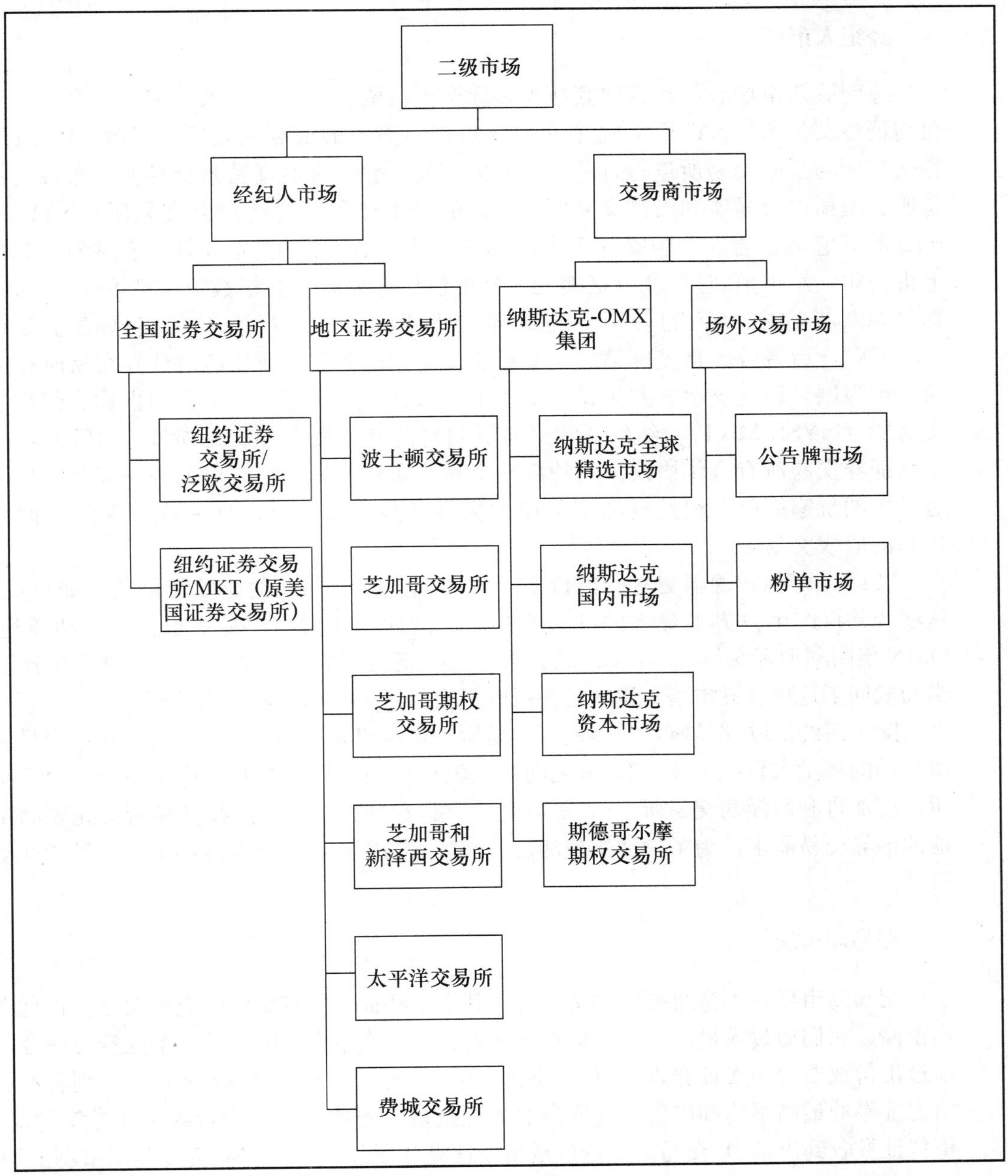

也许这两种市场最大的不同在于技术细节，即交易是如何进行的。也就是说，若交易发生在经纪人市场（证券交易所）上，交易的双方（买方与卖方）被集合在一起，在交易发生的一个时点上，A 方直接把证券卖给 B 方。在某种意义上，在经纪人的帮助下，证券直接在交易所内完成易手。与此相对照，若交易发生在交易商市场上，买方和卖方从来不会被集合在一起，他们的买卖指令由证券交易者执行，这些证券交易者以作市商的身份出现。实质上，这里进行了两个独立的交易：A 方把证券（比如 XYZ 公司）卖给一个交易者，B 方从同一个交易者或另一个交易者手中购买证券（同样是 XYZ 公司）。因此，交易中的一方总会有一个交易者（作市商）。

经纪人市场

想到股票市场时，是否像其他大多数个人投资者一样，进入你脑海的第一个词是纽约证券交易所（NYSE），这个交易所是美国最大的证券交易所。2007 年，纽约证券交易所与泛欧交易所进行合并，合并的交易所包括阿姆斯特丹交易所、布鲁塞尔交易所、里斯本交易所和巴黎交易所。合并后的主体称为纽约泛欧交易所（NYSE Euronext），它运营着 6 个国家的 7 个证券交易所。截至 2012 年 6 月，它共有 8 000 家上市公司，总市值超过 13 万亿美元，其中包括道琼斯工业指数中 90%的公司和标准普尔 500 指数中 80%的公司。2008 年，纽约泛欧交易所合并了美国证券交易所（AMEX），后者曾经是美国第二大交易所。美国证券交易所比纽约证券交易所有更少的上市限制，因此这次合并拓宽了其旗下上市公司的类型。这个机构也称为纽约证券交易所（NYSE MKT）。纽约泛欧交易所同时持有印度证券交易所 5%的股份，并与东京证券交易所有合作协议。纽约泛欧交易所实际上是经纪人市场的一部分，只不过是最大的玩家而已。纽约泛欧交易所的交易在其中央交易大厅完成，它负责世界上 40%的股权交易。

2011 年年初，德国交易所出价 100 亿美元想要合并纽约泛欧交易所，如果成功，这项合并将产生世界上最大的证券交易所。然而，在德国交易所出价后，纳斯达克-OMX 集团和洲际交易所（ICE）联合报价 113 亿美元收购纽约泛欧交易所。美国监管当局驳回了这项合并申请。这些行为反映了交易所寻找新的增长点的潮流。

除了纽约泛欧交易所，很多地区交易所也是经纪人市场的组成部分。这些交易所上市公司的数量大致在 100～500 家之间，比较有名的交易所有波士顿交易所、地区交易所（芝加哥和新泽西交易所）、太平洋交易所和费城交易所。这些交易所首先要满足当地的证券交易需求。为了增加交易活动，地区交易所也会交易在纽约证券交易所交易的股票。

交易商市场

交易商市场，不像纽约证券交易所，其主要特征是没有集中的交易大厅。它有许多作市商，它们通过大量的通信网络相互联系。每个作市商实际上是一个证券交易者，它通过出价或要价买卖证券来作市。（**出价**（bid price）和**要价**（ask price）分别表示购买给定证券的最高报价和出售给定证券的最低报价，若成交，投资者购买证券支付要价，销售证券收到出价。）交易商市场包括纳斯达克和场外交易，它们负责美国市场上 40%的股票交易，而纳斯达克承担了其中的绝大多数交易。

最大的交易市场由在全国证券业协会行情自动传报系统（简称纳斯达克）上市和交易的一系列股票构成。纳斯达克成立于 1971 年，初始成立时为场外交易市场，但是今天它被认为是一个完全独立的主体，而不再是场外交易市场的一部分。实际上，在 2006 年，美国证券交易委员会（SEC）把纳斯达克作为一个正式的交易所，给予其与纽约证券交易所几乎一样的地位和声望。要想在纳斯达克交易，所有股票必须有至少两个作市商，当然，大规模和交易活跃的股票（如苹果公司）会有更多的作市商。这些交易商以电子化形式发送其出价或要价，因此，当投资者发出指令时，交易商会很快填写最优价格。2008 年，纳斯达克与斯德哥尔摩期权交易所进行了业务合并，后者拥有并运营北欧大部分的证券市场，同时它合并了费城和波士顿证券交易所。横跨这些市场，至 2012 年中期，纳斯达克有超过 2 700 家全球范围的上市公司。

纳斯达克设立了很多上市条件，大约有 2 000 只股票在纳斯达克国内市场（NNM）上交易，大致有 1 000 只股票在纳斯达克全球精选市场（创建于 2006 年，主要以大型蓝筹股为对象）上交易。这两个市场上的股票交易都很活跃，一般来说，交易者遍及全国。这些证券报价广泛，交易都以电子化方式进行，与在纽约证券交易所交易大厅交易一样有效。实际上，如同纽约证券交易所有不少大客户（如埃克森美孚、沃尔玛、辉瑞制药、IBM、可口可乐、家得宝、UPS），纳斯达克也有类似的知名企业（如苹果、微软、英特尔、思科、戴尔、eBay 和谷歌）。（纳斯达克资本市场是另一个纳斯达克市场，它有 600～700 只股票，由于某种原因，这些股票不适合在纳斯达克国内市场上交易。）

交易商市场的另一个类别由在场外交易市场进行交易的证券组成。这个市场与纳斯达克相独立，其中大部分为小公司，它们不能或不愿遵循纳斯达克的上市要求。它们在公告牌市场或粉单市场进行交易。公告牌市场是一个电子化的报价系统，与交易小公司股票的作市商相连接。公告牌市场受到 SEC 的管制，要求（其中之一）所有在此市场交易的公司提供经审计的财务报表，并遵循联邦证券法律。与此形成鲜明对比的是，粉单市场代表市场中不受管制的那部分，这些公司甚至不用向 SEC 提交文件。

理财规划小贴士　**“黑池”：交易所的权衡**

在公开的股票市场上，如纽约证券交易所和纳斯达克，交易商购买和出售证券的价格及交易主体的身份是公开的。但一些大的机构投资者，如养老金和对冲基金更喜欢与其他机构投资者私下交易，而不公开其交易身份和交易价格。现在大约有 40%的交易发生在交易所之外。“黑池”是机构进行交易而不公开其身份和交易细节的地方。有一些独立的“黑池”（如 Pipeline 和 Liquidnet）和经纪人运营的“黑池”（如高盛的 Sigma X）。

“黑池”交易的好处是可以进行大额交易而不必让整个市场都知道，机构喜欢在交易所以外进行交易是因为它们害怕大额交易会带来股价的较大波动。另一方面，一些市场参与者不喜欢这些“黑池”交易，因为交易前不容易知道具体情况。因此，交易价格不透明。一些人认为，这不利于价格的披露，即发现证券真实价格的能力。不用说，交易所不喜欢“黑池”交易，因为这剥夺了它们的商机。

资料来源：Adapted from Christopher Matthews, “Do ‘Dark Pools’ Threaten the Health of America’s Financial Markets?” http://business.time.com/2012/06/22do-dark-pools-threaten-the-health-of-americas-financial-markets/, accessed August 2012; and John Grgurich, “‘Dark Pools’: Are Hidden Trades Undermining the Stock Market?” http://www.dailyfinance.com/2012/07/09/dark-pools-hidden-trades-undermining-stock-market/, accessed August 2012.

11-2c　国外证券市场

除美国外，在世界范围内有超过 100 个国家开设证券交易所，实际上，活跃的交易市场不仅存在于诸如日本、英国、德国和加拿大这些主要的工业化国家，在新兴经济体也很普遍。就资本化价值来说（所有交易股票的市场价值），纽约泛欧交易所是世界上最大的股票市场，其次是东京证券交易所和纳斯达克。其他主要的交易所位于悉尼、苏黎世、中国香港、新加坡、罗马和阿姆斯特丹等地。除这些市场外，你会发现发展中的市场遍布全球——从阿根廷、亚美尼亚到埃及和斐济，从冰岛、以色列和马来西亚到新西兰、俄罗斯和津巴布韦。

11-2d 证券市场监管

已经有几部生效的法律对证券市场中的不同参与主体进行监管，以提供充足、准确的披露信息，保护现有和潜在投资者的利益。州立法律监管州内部的证券销售，一般规范在州内部销售证券的程序。最重要和影响最广泛的是联邦政府制定的法律。

- 1933 年《证券法》。这部法律由美国国会通过，以保证新发行证券公司有充足的信息披露，防止出现类似 1929—1932 年市场崩溃的现象。该法律要求新证券发行者填写相关证券发行的登记表，表格的信息由美国**证券交易委员会**（Securities and Exchange Commission，SEC）规定。SEC 是美国政府设立的执行联邦证券法的机构。
- 1934 年《证券交易法》。这部法律拓展了联邦政府监管的范围，并正式将 SEC 作为联邦证券法的政府管理机构。该法律通过将披露要求延伸到已发行证券来授予 SEC 监管权——监管有组织的证券交易和 OTC 市场。
- 1940 年《投资公司法》。该法案保护购买投资公司（共同基金）的股东。法案为投资公司设立了规则，正式授权 SEC 监管这些公司的业务和操作程序。同时，法案禁止投资公司向其管理人支付超额费用，或者向公司股票购买人收取过高的代理费。
- 2002 年《萨班斯-奥克斯利法案》。该法案（简称 SOX 法案）的目的是消除会计实务和向投资者披露信息方面的舞弊行为。其中之一是要求公司每年对其内部控制以及财务报告的程序进行评估，同时，法案要求公司高管以及审计师确认财务报表和信息披露的准确性。
- 2010 年《多德-弗兰克华尔街改革和消费者保护法案》。2007—2009 年的金融危机促使该法案出台，其基本目标是提升美国金融机构的社会责任与透明度，中止“大到不能倒”的监管方法，并保护因政府援助而受损的纳税人，保护处于剥削性金融服务体系下的消费者。该法案是自大萧条后金融监管方面最大的变化，法案包含了所谓的“沃克尔规则”，禁止储蓄银行进行股票交易。但是这些银行仍然进行最高达到其资本 3%的私人股权和对冲基金投资，并为了套期目的进行交易。最终，因该法案而创设了几个新的联邦机构，包括金融稳定监管委员会、金融研究办公室和消费者金融保护局。
- 其他重要的联邦法案。1938 年《货币法》提出建立交易协会以进行证券行业的自我监管，因该法案而设立了**全国证券业协会**（National Association of Securities Dealers，NASD），该协会由所有经纪人和参与场外交易市场的交易商组成。全国证券业协会是一个自律组织，其规则适用于经纪人和交易商，确保其行为符合协会的要求。根据 1970 年《证券投资者保护法》设立了证券投资者保护公司（SIPC），这个公司是为了保护投资者免受因券商财务失败而产生的损失，该公司与联邦储蓄保险公司（FDIC）类似（在本章后面我们会介绍 SIPC）。

11-2e 牛市还是熊市

市场的一般状况用牛市和熊市来表示，它们取决于一定时间内证券价格的上升和下降情况。市场状况的变化源自投资者的态度、经济活动的变化和政府刺激或者缓和经济增长的行为。在**牛市**（bull market）中股票价格上涨，这种市场受人欢迎，通常伴随投资者的乐观情绪、经济复苏和经济增长。相反，**熊市**（bear market）中股票价格下跌，通常与投资者的悲观情绪及经济萧条有关。这两个说法既可以用于表示股票市场状况，也可以用于表示债券及其他证券市场的状况。一般来看，投资者在牛市能得到可观的回报，而在熊市回报率很低。图表 11—2 展示了自 1928 年以来美国股票市场的收益状况。

仔细看图你会发现，在过去大约 50 年间，股票市场呈现出牛市的特征，反映了经济的增长与繁荣（在过去 50 年中，有 3/4 的年份在增长）。第二次世界大战以来，最长的牛市持续了 125 个月，从 1990 年 11 月一直到 2000 年 3 月。这次牛市因为其高回报而为世人所知。创纪录的牛市在 2000 年春节结束，熊市接踵而来。在 2002 年有所复苏后，市场保持上升势头，直到 2007 年 10 月，当时金融危机的影响开始显现。2008 年开始持续下跌，标普 500 指数下跌了大约 37%，但在 2009 年 3—5 月又上升了大约 40%。标普 500 在 2009 年、2010 年和 2011 年分别产生了 25.94%，14.82%和 2.07%的回报。

11-3 证券市场上的交易

在许多方面，在证券市场上交易就像在另一个世界交易一样，这个世界充满了各种各样不常见的指令和奇特的交易声音。实际上，只要你知道一些基础知识，交易其实很简单，可能你会发现比开支票账户还要简单。

11-3a 股票经纪人

股票经纪人（stockbroker）（或**操盘手**（account executives））为其客户买卖股票。虽然叫股票经纪人，但他们不仅买卖股票，还买卖债券、可转债、共同基金、期权和其他证券。股票经纪人需要取得交易所的执照，并严格遵守交易所和 SEC 的道德指南。他们受雇于券商，并在券商处执行指令。如前所述，经纪人市场与交易商市场的交易程序有所不同，但作为投资者，你不需要知道它们的差别，因为你下指令的方式是相同的。

选择经纪人

如果你准备开始投资，并需要能提供全部服务的经纪人，那么你需要选择能理解你的投资目标并能有效帮助你达到此目标的人。如果经纪人的投资意见与你的相似，你应该避免与之发生冲突并建立起固定的工作关系。开始寻找经纪人时，可以先问问朋友、亲戚或同事，让他们给你推荐一个。不一定非要了解经纪人的社会背景，因为大部分甚至全部交易或指令都是通过电话或网络完成的。但经纪人远不是一个销售员，好的经纪人对

图表 11—2　　美国股票市场的历史回报（以纽约证券交易所为对象）

下图展示了自1825年以来美国股票市场的回报，近年来获得高回报的情况越来越少，近期的低回报也比较少。

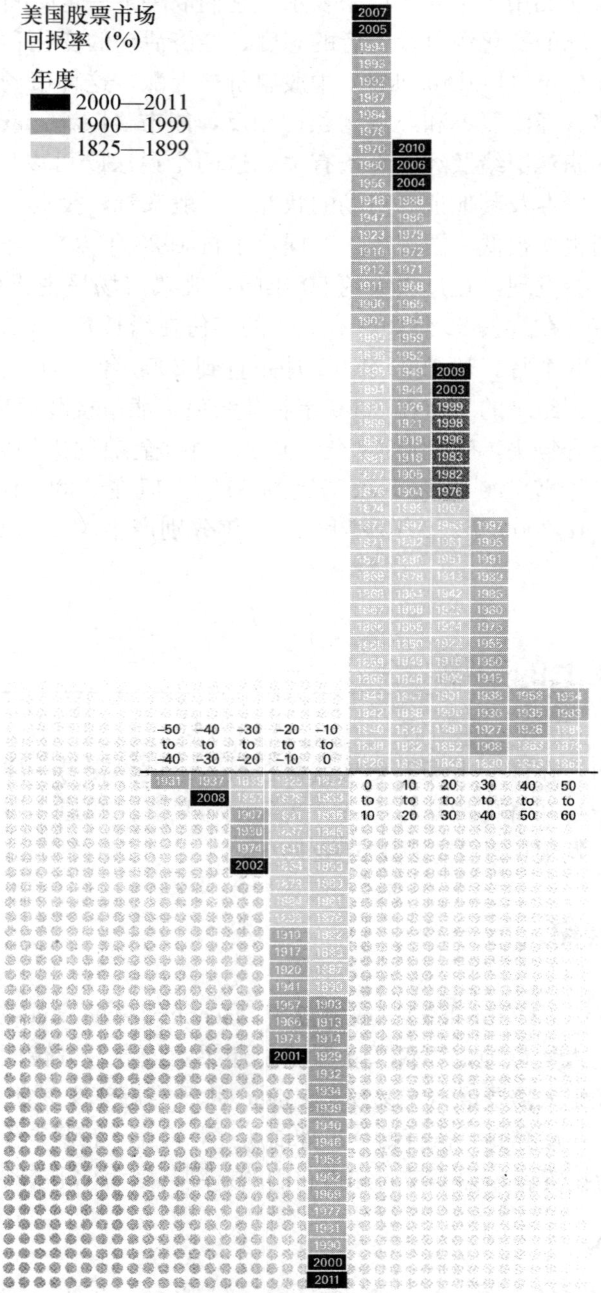

资料来源：Adapted from “U. S. Stockmarket Returns：Booms and Busts，” http://www.economist.com/daily/chartgallery/displaystory.cfm? story_id-12811306，January 6，2012. Based in Part on data from Value Square Asset Management，“A New Historical Database of the NYSE 1815 to 1925：Performance and Predictability，” Yale School of Management Working Paper，July 2000；data updated by authors.

你的投资比对他的佣金更感兴趣。如果你发现你的经纪人不断让你交易股票或者不断向你推荐新的投资，那么赶快想办法辞掉这个人，再找一个。

全服务经纪人、折扣经纪人和在线经纪人

几年以前出现了三种不同的经纪人类型，即全服务经纪人、折扣经纪人和在线经纪人，他们分别占有不同的市场。现在，这三种类型经纪人的界限越来越模糊。如今，大多数的券商，即使是最传统的券商，也提供在线服务，以与日益兴起的在线券商相竞争。很多折扣经纪人也向客户提供研究报告，而这之前只有全服务经纪人才会提供。

传统的**全服务经纪人**（full-service broker）向投资者提供广泛的经纪服务，包括投资建议和信息、执行交易、代管证券、在线经纪服务或保证金贷款。这些服务对于需要这些帮助的投资人很适合，投资者也愿意为之付费。相反，若投资者只想通过经纪人进行交易而不想要其他服务，他可以考虑使用折扣经纪人或在线经纪人。**折扣经纪人**（discount broker）收费低廉，相对全服务经纪人提供的服务项目很少，可以通过免费电话进行交易，也可以访问经纪人的网站，在网上下单。经纪人公司以最有利的价格为客户执行交易，并通过电话、电子邮件或信件向客户确定交易。根据不同的交易规模，折扣经纪人相对全服务经纪人可以节省 30%～80%的交易手续费。

随着技术的普及，投资者可以很方便地在网上交易证券，这时你只需要一个**在线经纪人**（online broker）即可完成交易。投资者需要进入在线经纪人的主页并开户，看一下收费清单，或看一看相关的服务或程序演示。进行电子交易只需要几秒钟就可以完成。目前在线交易越来越受欢迎，对于上网的年轻人来说极具吸引力，这也促使许多全服务经纪人（包括许多折扣经纪人）向客户提供在线交易服务。下表列示了一些主要的全服务经纪人、折扣经纪人和在线经纪人。

经纪人类型		
全服务经纪人	折扣经纪人	在线经纪人
Raymond James	美国银行	AccuTrade
Edward Jones	Charles Schwab	TD Ameritrade
摩根斯坦利	J. D. Seibert	E* Trade
美林	Muriel Siebert	Fidelity Brokerage Services
美联银行/富国银行	Vanguard Brokerage Services	Scottrade
瑞银集团	York Securities	TD Waterhouse

手续费

券商因为客户进行证券买卖而收取佣金，佣金可以讲价，也就是说，金额不是固定的。现实中，对于小额交易，券商一般使用固定的收费表进行收费。收费大小因券商而异，所以值得比较一下。如果你交易活跃，每年产生几千美元的佣金，那么应想办法与你的经纪人协商一个较低的收费价格。券商可能会给你降些费用，它们更喜欢活跃的交易者，因为这些交易者可以带来更多的手续费。一般来看，券商对于交易一两手股票收取交易额 1%～2%的手续费。

现在折扣经纪人很多，其收费和服务的差别很大。计算手续费的方法也不同，一些基于交易价值，一些基于股票数量，还有一些使用以上两种方法。图表 11—3 使用包括

手续费在内的标准对最好的券商进行评级。高收费的券商一般提供更多服务，同样，许多折扣经纪人为其研究服务进行额外收费。

图表 11—3　　SmartMoney 2012 年的券商评级（最高为 5 星）

该评级机构认为值得比较一下，并建议利用以下评级选择券商，同样的交易可以看到手续费的差异。

排序[1]	券商	说明	股票每笔交易的手续费[2]	得分：手续费和其他收费[3]	得分：共同基金和投资产品	得分：银行服务	得分：交易工具[4]	得分：研究[5]	得分：客户服务
4	E-Trade Etrade. com	7天24小时网上服务，但收费相对竞争对手偏高	9.99	**	****	****	*****	*****	****
1	Fidelity Fidelity. com	3年位居榜首，提供最多的基金和最综合的网页	7.95	***	*****	*****	*****	*****	***
5	Charles Schwab Schwab. com	提供广泛的投资种类和银行服务，收费并不便宜	8.95	***	****	*****	****	*****	***
6	TradeKing Tradeking. com	有很好的客户服务，但客户不能获得国外交易所的股票	4.95	***	***	*	***	**	*****
3	TD Ameritrade TDameritrade. com	想交易？它的网页和移动APP非常棒，但电子邮件和电话回复很慢	9.99	**	****	*****	*****	*****	***
2	Scottrade Scottrade. com	手续费并不是最低的，但几乎没有其他额外费用	7.00	*****	*****	*****	***	****	****
8	Merrill Edge MerrillEdge. com	既可以是银行也可以是券商，但高收费和慢交易使其评级不高	6.95	**	****	*****	***	***	*
10	富国银行 WellsFargo. com	网上交易很慢，网页、交易工具和研究的得分都很差	8.95	*	***	****	*	*	*
9	ShareBuilder Sharebuilder. com	收费很低，但客户不能买入私人公司或政府的债券	9.95	*****	*	***	***	**	*
7	Zecco Zecco. com	没有风险评估和自动的资产分配工具，缺少很多银行服务	4.95	***	***	*	***	***	****

注：1. 评价标准的权重并不相等。
2. 假定交易 200 股，每股手续费 20 美元。
3. 假定客户在券商处的投资总额为 50 000 美元，每月进行 5 次交易。
4. 包含从 Gomez 取得的数据。
5. 包括从 Corporate Insight 取得的数据。

资料来源：J. Alex Tarquinio, "Best and Worst Brokers of 2012," in *SmartMoney*, http://www.smartmoney.com/invest/markets/smartmoneys-annual-broker-survey-23119/, May 16, 2012, accessed July 2012. SmartMoney Content © 2012 SmartMoney. Licensed for use by Cengage Learning. SmartMoney is a registered trademark of SmartMoney, a Joint Venture of Dow Jones & Company, Inc. & Hearst SM Partnership.

证券交易可以以零手或整手方式进行。每次**零手**（odd lot）的股票少于 100 股，而**整手**（round lot）的股票以 100 股为一个交易单位或是其整数倍。销售 400 股股票被认为是整手交易，而购买 75 股则为零手交易，交易 250 股包括 2 个整手交易和 1 个零手交易。由于购买或销售零手股票需要额外的工作流程，在正常的手续费之外要加上一定的费用（称为零手交易费），这会提升小额交易的成本。由于零手交易成本较高，只要有可能，应尽量进行整手交易。

投资者保护

作为客户，你的经纪人持有你的现金或股票而产生的损失可以由**证券投资者保护公司**（Securities Investor Protection Corporation，SIPC）进行保护，这家公司是由 1970 年《证券投资者保护法》授权成立的非营利公司，在券商财务失败的情况下保护客户的账户安全。虽然受 SEC 和国会的监管，但该公司并非美国政府的机构。

证券投资者保护公司为每个账户提供 500 000 美元的保障（其中由券商持有的现金为 250 000 美元）。然而，需要注意的是，证券投资者保护公司并不保证投资者的投资金额得到返还，它只保证所持有的证券返还。那么，如果券商给了你错误的建议使你投资产生很大损失会怎么样？这时证券投资者保护公司不会帮助你，因为公司的目标不是避免错误的投资建议、股票市场风险或券商舞弊。如果你与券商有争议，首先与执行交易的分支机构的经理讨论这种情况。如果不能解决，写信给经纪人公司的监察官或与之交谈，并联系你家庭所在州的证券官员。如果还不满意，可以提请**仲裁**（arbitration），仲裁是把你和券商的争议提交给仲裁组，由仲裁组解决争议。如果是强制性仲裁（通常是这种类型），你别无选择只能接受仲裁结果，不可以再向法庭提起上诉。

11-3b　执行交易

对于大多数个人投资者来说，证券交易需要提交买入或卖出指令（通常通过电话或网络），而后收到指令已经执行的确认信息。然而投资者不知道指令是如何处理的。实际上，提交指令后，交易会很快完成。在典型的交易日，纽约证券交易所要处理几百万笔交易，在纳斯达克和其他市场上交易的数量更多。在大多数情况下，如果投资者提交的是市场指令（后面解释），那么在 2 秒钟之内，市场会设置、执行并确定一项交易。

以上交易过程以给券商的一个电话开始，而后通过复杂的通信系统把此指令传递给交易所大厅、纳斯达克市场或公告牌市场，在那里，交易很快得到执行。交易完成的确认信息先传给券商，再传给客户。一旦交易完成，投资者有 3 个工作日的时间与券商进行结算，即为购买的证券付款。投资者也可以使用个人电脑进行网上交易。在网上交易中，指令先从你的电脑传到券商的电脑，券商检查指令的类型并确认符合规定，然后把此指令传递给交易所大厅或纳斯达克市场（场外交易市场）上的交易商进行交易。整个交易过程，包括确认信息返回到你的计算机，通常不超过 1 分钟。

11-3c　指令的类型

买卖证券时，投资者可以使用不同的指令类型，所选择的类型通常取决于投资者对给定交易的目标和期望。有三种基本的指令类型，分别是市场指令、限价指令和止损指令。

市场指令

在现时条件下以最优价格买入或卖出证券的指令称为**市场指令**（market order）。这通常是完成交易最快的方法，因为市场指令在到达交易大厅时会尽快处理。实际上，对于不超过几千股的小额交易，市场指令在10秒以内就到达交易大厅。这些指令使投资者尽量以当前最低价格买入，而以当前最高价格卖出，让交易的双方都满意。

限价指令

以特定价格（或更低）买入或以特定价格（或更高）卖出股票的指令称为**限价指令**（limit order）。券商把此指令传送到交易所给定证券的特定交易上，当市场价格达到此价格并且之前的交易指令已经全部执行的情况下，该指令被执行。假如，假定你设置了限价指令，以20美元购买100股股票，当前的股票价格为20.5美元。当股票价格达到20美元时，交易员先让在你之前设置报价的指令成交，而后再执行你的指令。虽然限价指令非常有效，但有时会使你遭受损失。例如，你想以20美元或更低的价格买入股票，而在你等待时股票的价格却从20.5美元一直涨到32美元，限制指令会使你丧失取得11.5美元利润的机会。如果你设置的是市场指令，这个利润就是你的。

止损指令

在市场价格下降到某一特定水平就出售证券的指令称为**止损指令**（stop-loss order）。为了保护投资者免受股价快速下跌的损失，止损指令被标记在交易员的本子上，在达到止损价格时执行指令。在这一点上，止损指令以市场指令的形式卖出证券。这表示，股票以当前市场价格出售，其价格可能比设置的初始价格要低一些。例如，假定你有100股DEF股票，当前售价为25美元，由于股价高度不确定，你决定设置一个21美元的止损价格。如果市场价格降到21美元，交易员会以当前最优价格出售股票，可能是每股18美元或19美元。当然，如果市场价格上升，或一直在25美元以上，设置止损指令也不会有什么损失。

理财指示牌　限价指令的种类

使用限价指令，不但可以设置你想要的价格，而且可以设置你想让指令生效的时间段，下面是一些限价指令的类型：

- 执行—取消指令。指令会立即执行（以特定价格或更好价格），否则会取消。
- 一日指令。指令在一天内有效，即使当天未执行。
- GTC指令。指令会一直有效，直到其取消或执行。
- 完成—取消指令。购买或出售特定数量股票（以给定价格或更优价格）的指令，除非执行或取消，否则一直有效。

11-4 做一个信息灵通的投资者

要面对这个问题：一些人比其他人知道更多有关投资的知识。结果是，这些知识丰富的投资者使用的投资工具或投资策略别人并不知道。投资者要知道如何定义游戏领域，它能帮助你决定如何更好地完成投资目标。做一个信息灵通的投资者不能保证你常胜，但能帮助你避免不必要的损失，这种情况经常发生在投资者把钱投到他们没有完全理解的投资工具上时。因此，在作出较大投资决策前，要仔细调查证券及其特性。要形成对证券未来业绩的基本期望，并了解风险和回报的来源。通过阅读常见的财务出版物或关于投资信息的网上资源，可以做到这一点。

11-4a 年度报告

每一家公开上市的公司都需要向股东和其他利益相关方提供**年度报告**（annual stockholder's report）。这个文件包含公司大量的信息，包括资产负债表、利润表和其他财务报告。这份报告通常会介绍公司的业务活动、最近发展状况、未来计划与展望，同时会有阐释过去业绩的财务比率以及一些相关的统计指标。实际上，年度报告提供大量有关公司过去、现在与未来经营状况的信息。你可以从公司、券商或大型图书馆得到这份报告。随着当前技术的发展，大部分公司会把其年度报告放到网上，因此可以在线阅读或下载。

下面是一些帮助你在阅读年报时得到大部分信息的建议：

- 以突出强调或精选的财务数据开始。这一部分提供了公司业绩概况，简要描述了主要信息，如过去两年的收入、净利润、资产、每股收益和股利。
- 阅读首席执行官的公开信。但是要多留心，重点留意一些用语如“增长变缓”——表示业绩的下降。
- 继续阅读管理层讨论与分析中对经营情况的讨论。这个部分会提供公司销售、收益、负债、未决诉讼等方面的信息。
- 分析财务报表，包括附注。这一部分会告诉你关于公司财务状况和业绩方面的信息。
- 阅读审计报告。注意诸如“除”、“由于”等用词，如果出现这些词，就意味着一件事——报表有问题，需要注意。

11-4b 财务出版物

最普遍的财务信息来源是当地报纸。在一些大城市的报纸中，通常有几个版面是关于商业新闻和信息的。当然，一些大的报纸，如《纽约时报》，会提供更多的信息。其他一些专门的财务新闻来源包括《华尔街日报》、《巴伦周刊》、《投资者商业日报》和《今日美国》的“财经”部分。这些都是全国性出版物，包括关于经济、市场、产业和个别公司等方面的信息。《华尔街日报》从周一到周六会提供最综合和及时的财务信息。还有一些提供投资信息的杂志，如《金钱》、《福布斯》、《财富》、《商业周刊》和《吉普林个人理财》。网络也成为投资者可得信息的主要来源。

市场数据

市场数据通常以平均数或指数的形式呈现，表示市场的一般趋势。这些平均数或指数以选定的某一组股票在一定期间内的价格变化为基础，试图捕捉市场的整体表现。你可以使用一个或多个这样的指数来了解市场在一段时间内的运行情况，或许还能了解市场未来的趋势。指数在给定时点上的绝对值相对某一期间的运行情况不那么重要。最常使用的市场指数由道琼斯、标准普尔、纽约证券交易所和纳斯达克计算发布。这些指数都试图追踪股票市场的行为，特别是在纽约证券交易所上市的股票（道琼斯、标准普尔和纽约证券交易所平均指数都以主板上市公司为对象）。

道琼斯工业平均指数。指数的鼻祖以及最常用的评估股票市场运行的指数是**道琼斯工业平均指数**（Dow Jones Industrial Average，DJIA）。道琼斯工业平均指数始于1896年，包括四个部分：(1) 工业平均指数，包括30种股票；(2) 交通平均指数，包括20种股票；(3) 公用事业平均指数，包括15种股票；(4) 综合指数，包括以上65种工业、交通和公用事业股票。这些股票大部分取自纽约证券交易所，少量取自纳斯达克，如英特尔和微软。虽然这些股票试图代表所有股票，但还是有较大偏差，因为其主要以蓝筹股作为选取标准。

标准普尔指数。**标准普尔指数**（Standard & Poor's (S&P) indexes）与道琼斯工业平均指数类似，用于捕捉市场总体运行状况。然而，存在一些重要的不同之处。首先，标准普尔指数选取了更多的股票，常用的标准普尔综合指数基于500种不同的股票，而道琼斯工业平均指数仅有30种。其次，标准普尔指数不但选取了纽约证券交易所中所有大的股票，而且包括美国证券交易所和纳斯达克的主要股票，因此不但股票数量多，而且具有广泛的代表性。最后，在计算方法上不同，道琼斯是一个平均数，而标准普尔是指数。虽然有以上差异，但上述两个指数的变动高度相关。标准普尔指数比道琼斯工业平均指数要低，例如，2012年7月，道琼斯工业平均指数为13 000点，而标准普尔500指数仅为1 385点。当然，这并不表示标准普尔指数中的股票价值低，主要是由于计算方法不同。除了标准普尔500，还有两个经常使用的标准普尔指数，分别是中盘400指数（由400只中等市值的股票组成，市值从10亿美元到44亿美元）和小盘600指数（由600只市值为3亿～14亿美元的股票组成）。

纽约证券交易所指数、纳斯达克指数和其他市场指数。最常用的以交易所为基础的其他指数还有纽约证券交易所指数和纳斯达克指数。**纽约证券交易所指数**（NYSE index）包含所有在主板上市的股票，反映此市场的整体运行状况。纳斯达克市场的运行情况由几个指数测度，最综合的是纳斯达克综合指数，使用所有在纳斯达克交易的股票计算。此外还有纳斯达克100指数，追踪纳斯达克中100家最大公司（非金融公司）的价格变动，如苹果、微软、英特尔、甲骨文、思科、史泰博和戴尔（见图表11—4）。纳斯达克综合指数常作为高科技股票价格变动情况的标杆。

图表 11—4　　**苹果的报价信息**

下面提供了苹果公司一天中在纳斯达克的交易情况与报价信息。需要注意的是，除了最终交易价格，还有一系列其他信息。

苹果公司（纳斯达克：AAPL）

590.91　　⇩ −5.63/−0.94%　　+45.89%

实时报价　　本日变化　　年初至今变化

前日收盘：596.54

5日变化：−3.87

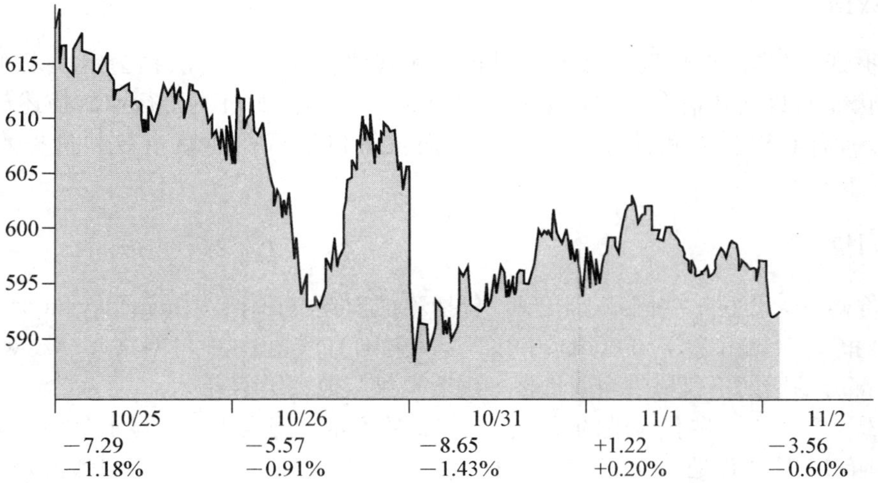

今日交易

昨日收盘	591.54
今日开盘	591.89
今日波动幅度	591.30—596.95
交易量	1 547 711
平均交易量（3个月）	16 931 607
总市值	$561.2B
股利收益率	1.79%

2012−11−02 9:49数据

增长与估值

收益增长（去年）	+82.71%
收益增长（今年）	—
收益增长（过去5年）	+21.45%
收入增长（去年）	+66.90%
市盈率	13.9
市销率	3.44
市价/账面比率	7.24

财务数据

下次报告日期	—
预测EPS（本季）	—
年度收入（去年）	$108.6B
年度利润（去年）	$25.9B
销售净利率	23.87%

股价预测

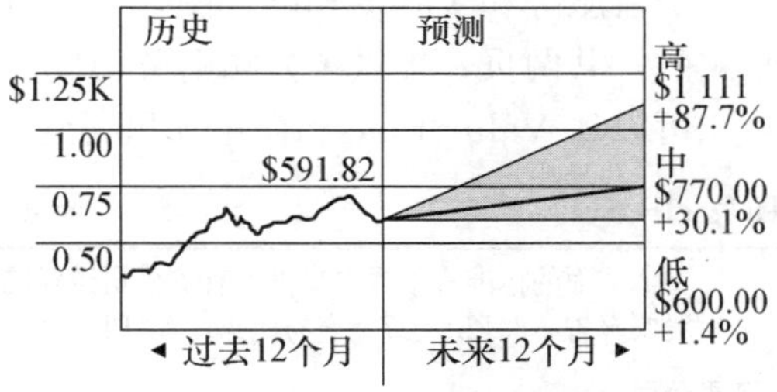

注：B为十亿，K为千。

资料来源：From *The Wall Street Journal*，July 27，2012；quotes for July 27，2012，http://finance.yahoo.com/q/ks?s=AAPL.

除了上述指数，还有一两个常用指数，其中之一是**道琼斯威尔希尔 5000 指数**（Dow Jones Wilshire 5000 index），这个指数反映所有公开在美上市股票中 98%～99%股票的市值。实际上，这个指数反映的是美国市场的整体波动情况——在市场上升和下降时市场价值的变动情况。另一个常用的指数是罗素 2000，追踪 2 000 家小公司的价格变动情况，通常被认为能够比较准确地预测市场中小盘股的变化趋势。

行业数据

地方报纸、《华尔街日报》、《巴伦周刊》和其他各种金融出版物会定期发布关于不同行业状况的数据和信息。如标准普尔产业调查会提供所有主要行业的描述信息和统计数据。《商业周刊》和其他杂志也会定期发布包括行业业绩指数和价格水平的数据。

股票报价

股票价格每天会在一些网站上出现，包括雅虎财经（http://finance.yahoo.com）、《华尔街日报》（http://wsj.com）和 CNN（美国有线电视新闻网络）（www.cnn.com）。大部分的网站不仅提供当前价格，还会提供其他大量信息。

可以看一看网上一些代表性的关于公司信息的列示。图表 11—4 显示苹果公司的股价在 2012 年 11 月 2 日是 590.91 美元，比上一日下跌 5.63 美元。从年初到当天，苹果公司的股票已产生 45.89%的回报。这只股票在纳斯达克上市，我们可以看到苹果公司的交易代码为 AAPL，其年度现金股利收益率为 1.79%——用年度股利除以市场价格。公司的市盈率（P/E）为 13.9 倍。分析师预测公司股价在一年后的中位数为 770 美元。图表中显示苹果的总市值（股票价格×发行数量）为 5 612 亿美元。从市值来看，苹果是世界上最大的公司。

11-4c 推荐服务

订阅的推荐服务会提供不同行业和特定股票的信息及建议。这项服务每年的收费通常为 50 美元到几百美元，当然这些信息也可以从你的券商处获得（免费），还可以从大学或公共图书馆得到，也可以在线阅读。最有名的投资推荐服务商是标准普尔、穆迪投资者服务和 Value Line。图表 11—5 列示了这些报告的一个例子，是由标准普尔提供的，共两页，提供了公司财务历史、当前财务状况和未来前景的简要描述。同样的报告可以从 Value Line 和晨星那里得到。

图表 11—5　标准普尔的股票报告

类似下面的标准普尔报告提供了有关公司经营成果和财务状况的大量信息，对于投资者来说价值非常大。

股票报告 | 2012.7.27 | 交易代码：AAPL | AAPL 在标准普尔 500 指数之中

苹果公司　　　　**标准普尔报告**

标准普尔推荐	价格	12 个月的目标价格	投资类型
买入☆☆☆☆☆	586.16 美元（2012-7-27）	800 美元	大盘增长

行业：信息技术
子行业：计算机软件

摘要：公司是一个卓越的软件和硬件供应商，产品包括 Mac 计算机、iPod 数字播放器、iPhone 手机和 iPad 平板。

股票主要统计数据

52 周变动：$644.00～353.02	2012 年 EPS（预期）：43.80	市值（十亿）：$548.533	贝塔系数：1.23
过去 12 个月 EPS：$42.55	2013 年 EPS（预期）：52.25	股利收益率：1.81%	未来 3 年 EPS 增长率：31%
过去 12 个月 P/E：13.8	2012 年 P/E（预期）：13.4	每股股利：$10.6	标准普尔评级：无
5 年前 1 万美元投资现在的价值：$40 678	发行在外的普通股（百万）：937.4	机构持股：67%	

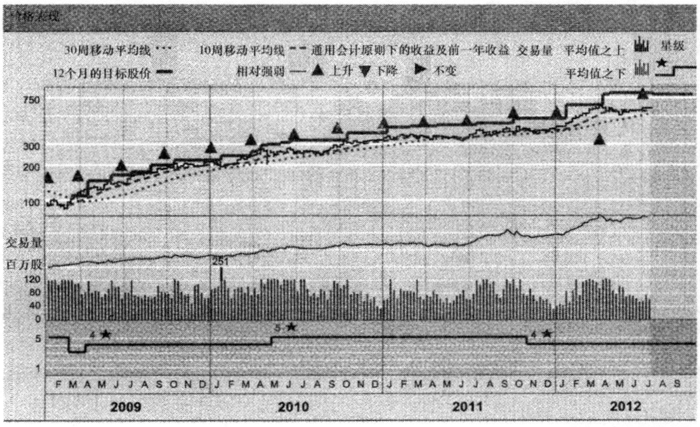

Options: ASE, CBOE, P, Ph

定性风险评估

低	中	高

我们风险评估的结果反映了我们对消费者导向的技术产品市场变革、与公司不断增长的规模和产品相关的挑战以及根据最新管理变革而进行产品更新的观点。

定量评估

标准普尔质量等级　B

D	C	B−	B	B+	A−	A	A+

相对优势等级　中等

53

最低＝1　最高＝99

收益/收入数据

收入（百万美元）

	1 季度	2 季度	3 季度	4 季度	全年
2012	46 333	39 186	35 023	—	—
2011	26 741	24 667	28 571	28 270	108 249
2010	15 683	13 499	15 700	20 343	65 225
2009	11 880	9 084	9 734	12 207	42 905
2008	9 608	7 512	7 464	7 895	32 479
2007	7 115	5 264	5 410	6 217	24 006

每股收益（美元）

	1 季度	2 季度	3 季度	4 季度	全年
2012	13.87	12.30	9.32	E8.33	E43.80
2011	6.46	6.40	1.79	7.05	27.68
2010	3.67	3.33	3.51	4.46	15.15
2009	2.50	1.79	2.01	2.77	9.08
2008	1.76	1.16	1.19	1.26	5.36
2007	1.14	0.87	0.92	1.01	3.93

财年截止日为 9 月 30 日；下一次盈余报告：无。EPS（每股收益）预测基于标普营业盈余；之前已报告盈余基于美国通用会计原则。

股利数据

金额（美元）	宣告日	除息日	登记日	发放日
2.65	7-24	8-9	8-13	8-16

股利自 2012 年以来予以支付。

资料来源：公司年报。

强调事项

➢未来 12 个月股票目标价格由 800 美元调整到 825 美元，股票报告的强调事项部分已经相应更新。

投资说明和风险

➢投资说明与风险部分稍后将更新，苹果在 MarketScope 上的最新消息如下。

➢2012-7-27 10:03am

移动和网络安全公司 AuthenTec（AUTH8，NR）宣布了即将被苹果收购的消息，收购现金价值 3.55 亿美元。AuthenTec 的技术使用户更容易通过指纹识别进入移动设备和计算机。随着移动安全对用户和公司越来越重要并成为优先考虑事项，我们认为这项并购非常有意义。有趣的是，2 周前 AUTH 刚宣布它将给三星公司的手机和平板提供网络安全服务，而三星是苹果的主要竞争对手。

请阅读本报告最后一页的“所需的披露和分析师认证”。

定量评估

标准普尔公允价值评级：5	1 | 2 | 3 | 4 | 5（最低 … 最高）	基于标准普尔独有的定量模型，股票评级从最高估（1）到最低估（5）。
公允价值计算：＄799.30		基于标准普尔独有的定量模型的股票当前价值分析，苹果公司价值被低估214.14美元，或36.6%。
可投资性百分位数	96（最低＝1 最高＝100）	根据标普报告，苹果公司的得分比96%的公司高。
波动性	低 | 平均 | 高	
技术评估：看涨		自2012年7月以来，苹果公司的技术指标显示上涨。
内部交易	非活跃 | 中性 | 活跃	

扩展比例分析

	2011年	2010年	2009年	2008年
价格/销售额	3.50	4.57	4.45	2.37
价格/EBITDA	10.65	15.37	15.32	11.41
价格/税前利润	11.09	16.09	15.84	11.17
市盈率（P/E）	14.63	21.29	23.21	15.93
平均已发行股票（百万）	936.6	924.7	907.0	902.1

数据为自然年度末的价格。

关键增长率及平均值

过去增长率（%）	1年	3年	5年	9年
销售收入	65.96	49.64	40.47	38.62
净利润	84.99	74.54	65.04	97.86
比率分析（年平均）				
净利润率（%）	23.95	21.54	18.81	13.15
权益回报率（%）	41.67	36.41	32.98	24.07

截至9月30日的财务年度

每股数据（美元）	2011年	2010年	2009年	2008年	2007年	2006年	2005年	2004年	2003年	2002年
无形资产账面价值	77.68	50.99	34.66	23.04	16.27	11.47	8.83	6.36	5.61	5.54
现金流量	29.61	16.26	9.89	5.88	4.29	2.52	1.77	0.55	0.50	0.25
盈余	27.68	15.15	9.08	5.36	3.93	2.27	1.56	0.36	0.10	0.09
标普核心收益	27.60	15.15	9.08	5.36	3.93	2.27	1.47	0.22	−0.17	−0.19
股利	NA	0	0	0	0	0	0	0	0	0
股利支付率	0	0	0	0	0	0	0	0	0	0
股价（最高）	426.70	326.66	213.95	200.26	202.96	93.16	75.46	34.79	12.51	13.09
股价（最低）	310.50	190.25	78.20	79.14	81.90	50.16	31.30	10.59	6.36	6.68
市盈率（P/E）（最高）	15	22	24	37	52	41	48	98	NM	NM
市盈率（P/E）（最低）	11	13	9	15	21	22	20	30	NM	NM
利润表分析（百万美元）										
收入	108 249	65 225	42 905	32 479	24 006	19 315	13 931	8 279	6 207	5 742
营业利润	35 604	19 412	12 474	6 748	4 726	2 645	1 829	499	138	164
折旧	1 814	1 027	734	473	317	225	179	150	113	118
利息费用	NA	NA	0	0	0	0	0	3.00	8.00	11.0
税前利润	34 205	18 540	12 066	6 895	5 008	2 818	1 815	383	92.0	87.0
有效税率	24.2%	24.4%	31.8%	29.9%	30.2%	29.4%	26.4%	27.9%	26.1%	25.3%
净利润	25 922	14 013	8 235	4 834	3 496	1 989	1 335	276	68.0	65.0
标普核心收益	25 851	14 013	8 235	4 834	3 496	1 989	1 259	164	−119	−137

资产负债表及其他财务数据（百万美元）										
现金	25 952	25 620	23 464	24 490	9 352	6 392	3 491	2 969	3 396	2 252
流动资产	44 988	41 678	31 555	34 690	21 956	14 509	10 300	7 055	5 887	5 388
流动负债	116 371	75 183	47 501	39 572	25 347	17 205	11 551	8 050	6 815	6 298
总资产	27 970	20 722	11 506	14 092	9 299	6 471	3 484	2 680	2 357	1 658
长期负债	NA	NA	0	0	0	0	0	0	0	316
普通股	76 615	47 791	31 640	21 030	14 532	9 984	7 466	5 076	4 223	4 095
总资本	76 615	47 791	31 640	21 705	15 151	10 365	7 466	5 076	4 223	4 640
资本支出	4 260	2 005	1 144	1 091	735	657	260	176	164	174
现金流量	27 736	15 040	8 969	5 307	3 813	2 214	1 514	426	181	183
流动比率	1.6	2.0	2.7	2.5	2.4	2.2	3.0	2.6	2.5	3.2
长期负债占总资本比例（%）	0	0	0	0	0	0	0	0	0	6.8
销售净利率（%）	24.0	21.5	19.2	14.9	14.6	10.3	9.6	3.3	1.1	1.1
资产收益率（%）	27.1	21.7	19.7	14.9	16.4	13.9	13.6	3.7	1.0	1.1
权益报酬率（%）	41.7	37.1	30.5	27.2	28.5	22.8	21.3	5.9	1.6	1.6

以上数据为原始数据。每股数据经过股票股利调整；EPS 为稀释后的数据。2009 年的数据根据 SEC 的 10-K/A 表进行调整以反映新会计准则的要求。E：预期；NA：没有数据：NM：无意义；NR：无评级：UR：评论之中。

资料来源：Reprinted by permission of Standard & Poor's Financial Services LLC，a division of the McGraw-Hill Companies © 2012.

11-5　在线投资

在当前的投资环境中，网络已经成为一股重要的力量。网络打开了个人投资者的世界，降低了投资的门槛，提供了以前只有专业投资者才能得到的投资工具和投资信息。你不但可以在网上交易所有类型的证券，还可以发掘许多有价值的信息，从真实的股票报价到证券分析报告。同时，不必翻阅大量的纸质文件，投资者可以在海量信息中很快寻找到合适的投资、监测当前的投资状况并进行证券交易，这一切都可以在计算机上完成。当然，在线投资也可能带来风险。网上交易要求投资者在搜索信息和下单时要给予相同（甚至更多）的关注。不管在线与否，明智的投资所适用的原则是相同的：知道你在买什么、向谁买、风险如何。

11-5a　在线投资服务

网上可以提供所有的投资者服务，从实时的股票报价、研究报告到图表和投资组合追踪。在投资时，你可以自己定制并在网上找到相应的服务。遗憾的是，虽然有大量的网站提供高质量的信息，但还是有很多垃圾信息，所以在寻找网络服务时要小心一些。下面我们阐释一些可以在网上获得的服务，首先是投资者教育网站。

投资者教育

网上提供了一系列面向初始投资者的网上指导、在线课堂和教育文章，即使是有经验的投资者也会发现一些对他们有用的信息。有许多好的投资者导向的网站包括许多教育资源，下面是提供投资基础性信息的优秀网站：

- Motley投资傻瓜网（www. fool. com）傻瓜学校提供关于投资、共同基金投资、选择经纪人、投资策略和方式的基础知识，以及实时论坛和其他内容。
- 晨星（www. morningstar. com）提供关于股票、共同基金、ETF和其他投资工具的综合信息。
- Zacks投资研究（www. zacks. com）是投资者学习如何使用网络的地方。
- 纳斯达克（www. nasdaq. com）有投资和个人理财部分，提供理财规划和选择经纪人等方面的信息。

投资工具

熟悉了投资的基本知识后，你就可以使用网络制定理财规划，设定投资目标，分析潜在投资并设定投资组合。许多以前只为专业投资经理所用的投资工具，现在在网上任何投资者都可以使用。

理财规划小贴士　开始在线投资

- 准备资金并选择经纪人。不需要太多，刚开始存50美元就够了。可选择一个没有最低存款要求的在线经纪人，可参考图表11—3中SmartMoney中各经纪人的评级结果。
- 学习一些主要的投资行话。可以从以下两个网站获取一些有用的资源：www. investopedia. com和www. investorwords. com。
- 实际投资之前，在纸上模拟一下。可以在投资模拟中心（www. investingonline. org/isc/index. html）试试，然后使用不同的投资策略操作一下，可用网站如www. icarra. com或www. trademonster. com。
- 逐渐增加投资资金。定期增加投资资金并与你的投资目标相协调。
- 监测投资组合的回报。可以从雅虎财经（finance. yahoo. com）或谷歌财经（www. google. com/finance）得到这些信息。
- 经常阅读财经新闻。此外，要尽量阅读有关如何投资的信息。

资料来源：Adapted from Matt Krantz, "How to Get Started Investing Online," http://www. dummies. com/how-to/content/investing-online-for-dummies-cheat-sheet. html, accessed August 2012.

投资规划。网上计算器和工作表可以帮你找到理财规划和投资问题的答案。使用这些工具，你可以计算出为了达到特定目标每月需要存多少钱，如积攒房屋首付、子女大学学费或退休储备。例如，Fidelity（www. fidelity. com）有关于投资增长、大学规划、退休规划方面的很多工具可供选择。提供财务计算器的最好网站是www. kiplinger. com，进入其个人理财页面，点击"TOOLS"，你会发现处理所有投资事项的计算器，从股票、债券、共同基金到退休规划、房屋购买和税金。

投资研究和投资筛选。网上最好的投资服务之一是提供关于股票、债券、共同基金和其他投资工具的高质量和有深度的研究报告。如www. kiplinger. com网站，点击"Investing"，你会发现关于某只股票或债券的大量财务或市场信息，许多页面可以直接链接到公司主页，所以只要点几下鼠标，就可以得到公司的年报、详细的财务报表、财务与市场比率等一系列摘要信息。而且，你会发现很多投资筛选工具，可以用来选择具有吸引力和潜在回报的投资。这些工具可以在 Quicken 网、晨星网、MSN 货币中心找到，它们可以使你在大量的股票数据库中根据特定指标进行排序，如市盈率、市值、股息率、收入增长率、负债—权益比等。通过筛选，你可以回答你所寻找的特定类型的股票或基金关于期望回报、成本大小等方面的问题。筛选工具可以提供符合你所设定标准的股票。

投资组合跟踪。几乎所有投资网站都提供投资组合跟踪工具。只要输入持股数量、购买价格和你想跟踪的股票或基金代码，跟踪工具就可以实时自动更新你的组合的价值。可以通过每一只股票或基金的链接，方便地得到组合中每只股票或基金的详细信息。Quicken. com，moneycentral. msn. com/investor 和 www. etrade. com 都提供这样的跟踪工具。例如，当分析师改变了你所持有组合中某只股票或基金的评级时，Quicken 跟踪工具会给你以警示，同时告诉你如何在主要的资产类别或行业中分散投资。

11-6 管理你持有的投资

购买或销售证券并不难，难的是找到符合你的要求的证券。与大多数投资者一样，你也可以在一定时间内买卖证券。最终，你持有的投资会达到要求进行整个投资组合管理的标准。实际上，**投资组合**（portfolio）是为了达到一般投资目标的投资工具的集合，但它远不是简单地把投资集合到一起。在你的投资项目中，它是有生命的，它会把你的个人偏好和财务特点融合到你的投资目标之中，使你的投资具有某种结构。老练的投资者经常会花精力建立分散化的证券投资组合。

在投资组合中选择股票或债券时，不仅要考虑回报，还要考虑其风险特征。**分散化**（diversification）是把风险—回报特征不同的股票集合到一起，可以降低组合的风险，同时得到期望的回报。最近几年的投资研究表明，投资分散化可以显著地降低风险。对于仅有中等数量资金的小投资者来说，这表示投资几种证券比仅投资一种要好。分散化的好处是在降低风险的同时，不会对回报产生显著的影响。

11-6a 建立证券投资组合

在设立投资组合时，假定分散化是一个期望的投资特征，能够提高收益并降低风险。再一次强调的是，持有不同的投资比把所有投资都集中于一种证券或一个行业要好得多。刚开始投资时，你还不能过度分散化，因为投资资本有限。然而，随着投资资金的增加，进行分散化投资的需求会大大增加。当然，当你的投资资金达到 10 000～15 000 美元时，就应该开始分散化投资。为了对投资分散化过程中所持有的投资种类有一个认识，可看一下下表的数字，该表显示了个人投资者平均持有的投资类型。

投资产品种类	比例（2012 年 7 月）
股票和股票型基金	59%
债券和债券型基金	21%
短期投资（定期存单、货币市场储蓄账户等）	19%
合计	100%

上表是美国个人投资者协会进行调查的结果，反映了月度资产分配的情况，你的投资组合是否与此类似取决于很多因素，包括个人需求和目标（注意上表合计数由于四舍五入的原因不等于100%）。

投资者特征

为了制定有效的投资组合策略，需要评估你的财务条件和家庭财务状况。要特别注意以下方面：

- 收入的水平和稳定性
- 家庭因素
- 投资范围
- 净资产
- 投资经验和年龄
- 投资的风险倾向

以上指标为你的投资设定了基调，它们决定了你应该考虑的投资种类以及投资的时间。为了使投资组合更有效，还需要根据你的理财目标进行定制。例如，投资者收入的多少和可预测性对投资组合策略有重要影响，有稳定工作的投资者相对于职位不稳定的投资者，其投资策略更激进。所得税也会影响投资决策，投资者的收入越高，投资项目中税金的分流作用越大。

此外，个人的投资经验也会影响投资策略的类型，在进行投资时最好先“湿湿脚”，而不是一头扎进水里。投资者一开始就投资高风险的项目，经常会损失惨重，并破坏整个投资项目的长期运行。谨慎的投资相比冲动的、高风险的投资很可能提供更好的长期回报。最后，投资者对待风险时要小心一些，高风险的投资不仅潜在回报高，而且损失风险大。需要记住的一个原则是：投资者所承担的风险不要超过其风险承担能力。

投资者目标

制定了个人理财目标框架后，投资者需要问的另一个问题是：“我希望从投资组合中得到什么?”这个问题看似很好回答。理想情况是，我们都希望通过低风险投资使我们的投资额翻番，然而，现实中竞争激烈的投资环境使这个希望基本无法实现，所以问问题时要现实一点。通常在从投资中取得较高的当前收入和得到可观的资本回报之间有一个权衡，投资者需要选择一个，鱼和熊掌很难兼得。当然，有可能在投资组合中实现收入和增长（资本利得）的均衡，但很多时候，组合会倾向于一方（如收入）或另一方（如增长）。

投资者需求决定了选择什么样的收入。例如，一个退休的投资者，若其收入部分依赖于投资组合，则很可能选择低风险、以当前收入为导向的投资策略。相反，有高收入和财务保障的投资者更愿意选择有风险的投资以提高其净资产。同样，一个有稳定工作的年轻投资者更少关注当前收入，愿意多承担一些风险。这种类型的投资者可能是利得导向的，会选择投机性投资。

11-6b 资产分配与投资组合管理

投资组合围绕投资者的需求建立，而投资者的需求又取决于收入、家庭负债、财务资源、年龄、退休计划和承担风险的能力，这些需求会约束一个人的理财目标。为了建立与此目标相协调的投资组合，你需要制定**资产分配**（asset allocation）策略。资产分配关注如何在投资组合中配置不同类型的证券。例如，投资组合中应有多少短期证券、多少长期债券或债券型基金、多少普通股和权益型基金。其思想是根据以下方式配置资产：当市场处于不利发展态势时，仍然能够得到潜在的好的发展结果。长期来看，有很多证据显示，投资组合总的回报受资产分配的影响比受特定证券选择的影响更大。资产分配是选择更宏观的投资种类，它不会告诉你买入或卖出哪种特定的证券。资产分配可能更像下表所示的情况：

投资种类	资产分配
短期证券	5%
长期债券（7～10 年到期）	20%
权益型基金	75%
合计	100%

可以看到，你所要做的是如何拼凑这个投资蛋糕。当然，你仍需要决定投资于哪种特定的证券。只要你已经决定投资于中期（7～10 年）债券的比例，下一步是选择特定的债券。

制定资产分配策略后，你要定期检查投资组合，确保此组合与你期望的资产构成一致，看一看这个构成是否与你的投资目标一致。以下是一些重新评估资产分配的原因：

● 个人条件的重大变化，结婚、孩子出生、失业或生病，这些会改变你的投资目标；

● 资产比例有了显著的上升或下降（如 5%），这会改变你的资产分配目标；

● 你已经达到特定的目标（如子女大学教育的储蓄）。

你可能发现有必要定期对你的组合进行再平衡，也就是说，重新分配投资组合中的资产。例如，假如你的资产分配计划是保持 75%的权益性投资，而由于股票市场下跌，在投资组合中股票的价值仅占 65%。如果你认为股票市场还是牛市（长期），并且现在是购买股票的好时机，那就通过购买股票使你的投资组合中权益性投资比例重新回到 75%。但是不要每次都着急进行再平衡，要允许有一定的波动性，市场的变化使投资组合保持精确的目标比率是不可能的。同时，不要忘了考虑税收以及交易费用和佣金的成本。

投资组合管理涉及购买、销售和持有不同种类的证券以满足预定的投资需求和投资目标。为了让你对投资组合管理操作有一些概念，图表 11—6 提供了四个投资组合的例子，每一种组合都根据特定的财务状况设定。请注意在每一种情况下，资产分配策略和投资组合结构根据不同的财务目标而变化。第一是新婚夫妇，他们近 30 岁，年收入 58 000 美元，几乎花光所有的收入。第二是双职工夫妇，40 多岁，年收入 115 000 美元，目前专注于为其17岁和12岁的孩子攒学费。第三是单身母亲，34岁，抚养7岁和4岁两个孩子，每年得到40 000美元的薪金和孩子抚养费。最后是一对老夫妇，50多岁，正在为其10年后的退休作规划，丈夫目前年收入95 000美元。

图表11—6　　四种投资组合模式

你所设置的投资组合类型取决于你的财务状况和家庭条件，以及你的投资目标。很显然，适合一个家庭的类型可能完全不适合另一个家庭。

家庭状况	投资组合
新婚夫妇	80%～90%的普通股，其中3/4投资于股票型共同基金以最大化资本利得，剩余部分投资于收入增长或权益收入基金。 10%～20%投资于货币市场基金或其他短期货币市场证券。
双职工夫妇	60%～70%的普通股，其中3/4投资于蓝筹股或增长型共同基金，剩余部分投资于激进型股票或基金以获得资本利得。 25%～30%投资于折价国库券，国库券的到期日与大学学费缴费日期保持一致。 5%～10%投资于货币市场基金或其他短期货币市场证券。
单身母亲	50%～60%投资于增长与收入型共同基金。 40%～50%投资于货币市场基金或其他短期货币市场证券。
老年夫妇	60%～70%的普通股，其中3/4投资于蓝筹股、增长型共同基金或价值型基金。 25%～30%投资于市政债券、短期或中期折价债券，以满足夫妇的生活需求。 5%～10%投资于定期存单和货币市场基金。

11-6c　持续跟踪你的投资

你的投资目标为你的投资组合提供方向，所以，你需要根据投资目标监测投资组合，检查投资构成情况以及在一定期间内的业绩。有时，投资没有按照你的设想产生收益，它们的回报远低于你的期望，甚至产生亏损。在这种情况下，是时候将投资出售，把资金转到其他地方了。监测系统应当使你能够识别出投资组合中这样的证券，它使你的投资组合保持在满意的回报率水平上。知道什么时候出售、什么时候持有会影响取得投资回报的金额。

你可以使用类似工作表11—2的工具制作一个持有投资的清单，所有类型的投资都可以包括在此表中，从股票、债券、共同基金到房地产和储蓄账户。为了看一看怎么用这张表，考察一下尼尔·卡特和玛丽·卡特夫妇自2000年以来建立的投资组合，他们都有收入，40多岁。工作表11—2显示，2012年7月，尼尔和玛丽持有三家公司的普通股、两只共同基金、一些房地产和一个储蓄账户。使用此表并结合在线组合跟踪工具可以提供投资组合多方面的业绩信息，此表能提供自资产购买日以来的长期业绩信息，在线跟踪工具能够提供实时或年度回报的信息。可以看到，卡特夫妇取得了28 000美元的股利和利息，当然这得感谢他们持有的股票和股票型基金，这些投资的价值从大约170 200美元增长到超过267 500美元。积累的收益表明卡特夫妇从其投资中取得了不错的收入，最新的市场价值表明其投资升值不少。这样的报告应至少每年编制一次，编制完成时，你会看到持有投资的全貌，并了解你的投资水平。

工作表 11—2 持续记录你的投资

下表可以使你跟踪你持有的投资并识别出业绩不符合预期的投资。

持有投资的清单

姓名：尼尔·卡特和玛丽·卡特　　日期：2012 年 7 月 30 日　　单位：美元

投资种类	投资工具简述	购买日期	投资总额（报价—总价）	自股利、利息等积累的总收益	最新市场价值（报价—总价）
普通股	250 股麦当劳	2005-12-7	35.26—8 815.00	3 091.25	89.30—22 325.00
普通股	300 股迪士尼	2007-10-19	33.81—10 143.00	615.00	49.80—14 940.00
普通股	150 股英特尔	2010-8-11	19.43—2 914.50	204.00	25.76—3 864.00
公司债券	5 000 美元的沃尔玛债券，票面利率 6.5%	2007-8-24	100—5 000	1 462.50	124.39—6 219.50
共同基金	200 股 Vanguard Health Care	2004-6-16	125.71—25 142.00	11 954.40	141.29—28 258.00
共同基金	725 股 Fidelity Contrafund	2004-6-16	51.24—37 149.00	10 638.65	75.78—54 940.50
房地产	西市场大街 1700 号	2000-9-16	280 000—56 000	无	（估计）400 000—112 000
储蓄	第一国家银行利率为 1.05%的储蓄账户	2011-7-30	无—25 000	262.50	无—25 000
	合计		170 163.50	28 228.30	267 547.00

一生中的规划：投资

以下是人生的每个阶段对投资计划的主要考虑事项。

独立生活阶段 20 多岁	家庭与职业发展阶段 30～45 岁	成熟阶段 45～65 岁	退休 65 岁以上
√阐释特定、具体的投资目标，关注退休、大额支出、增加当前收入和税盾	√修改投资计划，若可能，更多关注退休和子女学费	√根据最新的发展状况修改投资计划	√修改投资计划，持有更多的稳健性资产
√根据投资目标定期从收入中留下一部分	√根据投资的长期策略，考虑对投资进行再平衡	√监测投资组合的业绩，考虑对持有的资产进行再平衡	√监测投资组合的业绩，与当前收入和支出情况相协调
√建立相当于 6 个月收入的应急资金	√逐渐增加投资和储蓄的金额	√持续增加投资和储蓄的金额	√使投资策略与遗产规划相衔接
√优先偿还大学贷款，这个贷款经常利率较高并会限制你的财务灵活性			

练习题

1. 使用工作表11—1。琳达·斯盖尔斯目前在一家知名的商业期刊做编辑，虽然她对目前的工作满意，与同事关系融洽，但她真正的喜好是自己开一家书店。她想在8年内开设，大约需要50 000美元的资本。假设可以取得10%的回报，使用工作表11—1回答以下问题：

a. 若进行一次性投资，现在琳达需要投资多少钱在8年后可以积累到50 000美元？

b. 假定白手起家，8年中琳达每年需要存多少钱才能攒够这些资金？

c. 如果现在已有10 000美元，8年中琳达每年需要存多少钱才能攒够这些资金？

d. 如果琳达已经知道她需要存多少钱，简要解释她如何制定投资计划来完成目标。

2. 为什么说一些知名公司，如苹果和Facebook更希望它们的股票在纳斯达克交易，而不是在主要交易所交易（如纽约证券交易所，它们可以很轻易地达到上市要求）？纳斯达克能为这些公司提供什么？若转到纽约证券交易所上市，它们会有哪些收获？

3. 假定伦纳德·克劳斯设置了购买100股谷歌股票的指令。请解释若为市场指令，此指令如何被处理。若为限价指令，处理过程有什么区别？

4. 使用类似《华尔街日报》或《巴伦周刊》（纸质或在线都行）这样的来源，找到下列市场平均数或指数的最新值，看一下过去6个月的表现。

a. 道琼斯工业平均指数

b. 标准普尔500指数

c. 纳斯达克综合指数

d. 标普中盘400指数

e. 道琼斯威尔希尔5000指数

f. 罗素2000指数

5. 使用雅虎财经（http://finance.yahoo.com）找到谷歌普通股（代码：GOOG）在52周内的高点和低点。这只股票的最新股利率为多少？最新收盘价为多少？最新市盈率为多少？

6. 使用图表11—5中的标准普尔报告，找到苹果公司的下列信息：

a. 2011年销售收入。

b. 最新的每股股利和股利率。

c. 2012年预计每股收益（EPS）。

d. 普通股数量。

e. 2011年每股账面价值和每股收益（EPS）。

f. 2011年公司长期负债金额。

名　词

投资（investing）　投资于股票或债券等产品的过程，期望在未来获得收益。

投机（speculating）　一种投资形式，其未来价值具有较高的不确定性。

投资计划（investment plan）　一张书面形式的报表，阐述如何投资以达到既定目标。

证券市场（securities market）　股票、债券和其他金融工具的交易场所。

招股说明书（prospectus）　给潜在投资者的关于企业与发行的描述性文件。

出价（bid price）　表示出售证券的价格。

要价（ask price）　表示购买证券的价格。

证券交易委员会（Securities and Exchange Commission，SEC）　由场外交易证券的经纪人和交易商组成的机构，用以监管场外交易市场的运营。

全国证券业协会（National Association of Securities Dealers，NASD）　该协会由所有经纪人和参与场外交易市场的交易商组成。

牛市（bull market）　股票价格上涨，这种市场受人欢迎，通常伴随投资者的乐观情绪、经济复苏和经济增长。

熊市（bear market）　股票价格下跌，通常与投资者的悲观情绪及经济萧条有关。

股票经纪人（操盘手）（stockbroker（account executives））　为其客户买卖股票并给予建议和信息的人。

全服务经纪人（full-service broker）　执行客户的交易并向投资者提供广泛的经纪服务。

折扣经纪人（discount broker）　收费低廉，但相对来说提供的服务项目很少。

在线经纪人（online broker）　典型的折扣经纪人，投资者通过电话或网络可以进行电子或在线交易，也称为网络或电子经纪人。

零手（odd lot）　数量少于 100 股的股票。

整手（round lot）　以 100 股为一个交易单位或是其整数倍的股票。

证券投资者保护公司（Securities Investor Protection Corporation，SIPC）　由 1970 年《证券投资者保护法》授权成立的非营利公司，受 SEC 和国会的监管，在券商财务失败的情况下保护客户的账户安全。

仲裁（arbitration）　把你和券商的争议提交给仲裁组，由仲裁组解决争议并做出最终裁决，通常是强制性裁决。

市场指令（market order）　在现时条件下以最优价格买入或卖出证券的指令。

限价指令（limit order）　以特定价格（或更低）买入或以特定价格（或更高）卖出股票的指令。

止损指令（stop-loss order）　在市场价格下降到某一特定水平就出售证券的指令。

年度报告（annual stockholder's report）　上市公司向股东和其他利益相关方提供的报告，包含大量有关公司过去运营情况的财务和描述性信息。

道琼斯工业平均指数（Dow Jones Industrial Average，DJIA）　最常用的度量股票市场运行的指标，包括在纽约证券交易所交易的 30 只蓝筹股。

标准普尔指数（Standard & Poor's（S&P）indexes）　与道琼斯工业平均指数类似，但运用了不同的指数计算方法，包含更多股票。

纽约证券交易所指数（NYSE index）　反映所有在纽约证券交易所上市股票的运行状况。

道琼斯威尔希尔 5000 指数（Dow Jones Wilshire 5000 index）　反映大约 6 000～7 000 家在美国交易活跃公司的总市值。

投资组合（portfolio）　为了达到一般投资目标的投资工具的集合。

分散化（diversification）　把风险—回报特征不同的股票集合到一起，目的是降低组合的风险，同时得到期望的回报。

资产分配（asset allocation）　在投资组合中配置不同类型的证券的计划，目的是在市场不利时保护组合的投资资本。

第 12 章

股票和债券投资

学习目标

1. 了解投资者所需承担的不同的风险类型以及收益的来源。
2. 知道如何根据风险、总收入和净收益寻找可以接受的投资。
3. 讨论普通股投资的特征并能区分不同的股票类型。
4. 熟悉不同的业绩指标，知道如何用它们评价股票的价值。
5. 阐述债券发行的基本要素，以及如何把这些证券作为投资工具使用。
6. 区分不同类型的债券，理解证券价格的特性，知道如何计算不同的收益指标。

股票和债券投资将如何影响我？

一旦计算出为了完成重要的财务目标所需的投资金额，接下来就该决定买哪个投资品种。本章将阐述股票和债券的基本特征，解释它们的潜在回报与风险，并提供为了实现理财目标而进行股票和债券选择的思路。应当用心学习股票和证券价格是如何变动的，如何评估其一定时期的业绩。读完本章后你应当能够根据你的目标和约束条件为你的投资组合选择最合适的股票和债券。

12-1　投资的风险和回报

许多理智的投资者会根据期望回报来买卖证券，当回报不错时买入，回报不好时卖出，但是一只证券的回报仅仅是故事的一个方面，你不能只看到投资的回报而忽视它的风险，风险是投资的实际回报与期望回报产生差异（当然如果实际回报超过期望回报，你可能不会太在意）的可能性。一般来说，高风险投资会带来高水平回报，如果不是这样，对投资者来说进行风险投资就没有动力。对投资者来说有两个最重要的概念（风险和回报），所以在讨论股票和债券投资之前让我们仔细看一看投资的风险和回报的不同构成内容，同时，看一看如何把这两个因素结合起来去发现潜在的有吸引力的投资工具。

12-1a　投资的风险

任何类型的投资都与一定的风险相联系，只不过有些多有些少。投资风险的基本类型有经营风险、财务风险、市场风险、购买力风险、利率风险、流动性风险和事件风险。与其他事情一样，你需要尽力减少这些风险。

经营风险

当投资一家公司时，你或许已经接受企业不能保持目前收入、利润乃至在这个行业待不下去的可能性，这种失败既可能是由于经济或者行业原因引起的，但更多是错误的管理决策带来的。**经营风险**（business risk）本质上代表了企业现金流的不确定性程度和在一定时期内应对营业支出的能力。

财务风险

财务风险（financial risk）与企业运用债务融资有关，是企业没有足够的现金按时偿还债务的可能性。看一看公司的资产负债表以得到关于企业财务风险的一个认识。一般来说，公司有很少或者没有长期债务表示其财务风险较低，当公司具有良好的收益状况时更是如此。债务融资导致本金和利息支付义务，不论你的利润是多少都必须支付。

市场风险

市场风险（market risk）是由投资者在证券市场中的投资行为引起的，市场会带来证券价格的波动，价格变化可能是由潜在的固有因素引起的，也可能是由政治、经济条件或者投资者的品位和偏好变化引起的。从本质上来看，市场风险反映在证券价格的变动性上，证券价格的波动越剧烈，其市场风险越大。

购买力风险

一国经济中一般价格水平的变化会带来**购买力风险**（purchasing power risk）。在价格上升时期（通货膨胀），货币的购买力下降，这表示一点点商品和服务可能需要花很多钱。一般来说，价值随一般价格水平波动的投资（如股票和房地产）在价格上升时期盈利能力最强；而固定收益的投资（如债券）在价格下降时期应当优先考虑。

利率风险

固定收益证券（fixed-income securities）（包括票据、债券和优先股）为投资者提供了固定的周期性回报，这些证券主要受到**利率风险**（interest rate risk）的影响。当利率变化时，这些证券的价格也会发生变化，利率上升价格下降，利率下降价格上升。例如，当利率上升时，固定收益证券的价格下降，这样相对于提供更高利率的新债券，原债券由于其价格较低，因此会提供相对有竞争力的回报。利率的变化一般是由货币需求和供给的波动引起的。

流动性风险

不能很方便地以合理的价格出售投资的风险称为**流动性风险**（liquidity risk）。一般来说，如果投资工具在非活跃市场上交易，其供给和需求量都很小，这样流动性就比在活跃市场上要小。然而高流动性表示投资不仅很容易出售，还必须以一个合理的价格出售。像共同基金、普通股和美国国债等投资工具一般具有高流动性，而像土地等投资工具的流动性就小。

事件风险

当一些重要事件发生并且对公司的财务状况有突然影响时，会产生**事件风险**（event risk）。这个风险与大量的未预期事件有关，并对投资的潜在价值具有重大且迅速的影响。一个很好的例子是，几年以前美国食品和药品监督管理局（FDA）禁止使用硅胶来隆胸，道康宁公司（该种填充物的制造商）的股票价格很快受到这一事件的影响。另一个类似的例子是 Vioxx 药品的诉讼，这种药物由默克公司生产，该药最终被召回，带来的民事和刑事诉讼成本高达 58 亿美元。幸运的是，事件风险一般来说仅限于对个别公司、个别证券或某一市场板块产生影响。

12-1b 投资的回报

任何投资工具，不管它是一股股票、一份债券、一处房产还是一份共同基金，都有两个基本的回报来源：当前收益和资本利得。一些投资品仅仅提供一种回报（例如仅提供资本利得的无股利股票），而大部分其他投资品既提供收益又提供资本利得，这些加起来就是从投资中获得的总回报。当然，这两种回报对于不同的投资者其重要性不同。例如对债券来说当前收益更为重要，而在普通股的总回报中，资本利得占很大比例。

当前收益

当前收益一般会在一年之中定期取得，它的形式可能是股票股利、债券利息或者房产租金。人们要得到这种收益，需要寻找能够提供经常性和可预测性收益的投资工具。优先股和债券一般在特定时间支付股利或利息（例如每季或每半年），它们被认为是一种良好的收益性投资产品。

资本利得

资本利得是另一种从投资中获得的资本增值（增长），它反映了投资工具市场价值的上升。当你以高于购买成本的价格销售证券或者你持有证券的价值上升时，会产生资本利得。通过资本增值提供更大增长潜力的投资，一般具有较低的当前收益，因为企业是通过再投资而不是向所有者支付股利来实现增长的。许多普通股，人们购买它们是为了获得潜在的资本利得。

收益的利滚利：另一个回报来源

什么时候一项预期回报率为 4%的投资实际上只能获得 3%的回报？这种情况也许比你想象的多得多！很显然，当投资的业绩不能满足期望时，这种情况会发生。但是当什么都符合预期时也会发生，也就是说，只要从产生周期性当期收益（如股利或者利息）的投资中取得部分回报，这些收益就需要以给定的利率进行再投资以达到你原先投资时所期望的收益水平。例如，一个投资者购买了利率为 4%、期限为 20 年的美国国债并持有至到期，每年债券持有者可以得到 40 美元的利息，在到期日回收 1 000 美元的本金。假定没有本金损失，没有违约，利息和本金也按期支付，然而这项投资仅仅获得了 3%的回报，为什么？因为投资者没有把每年获得的利息以 4%的初始利率进行再投资。由于没有取得投资的全部收益，债券持有者没有获得任何利滚利。

可以看一看图表 12—1，图表中是一项利率为 4%、期限 20 年的债券，其回报由三个部分组成：（1）收到的本金；（2）每期的利息收益；（3）从年度利息的再投资中获得的利滚利。需要注意的是，由于你以面值（1 000 美元）购买，开始时你的投资收益是 4%。最终你的投资收益在很大程度上取决于如何处理这项利息收益。如果你没有将取得的利息以 4%的利率进行再投资，则你的投资收益为 3%或者更低。

图表 12—1　　利率为4%、期限20年的债券回报的三个组成部分

可以看到，一项投资（本例为债券）的长期回报由三个部分组成：本金回收、利息和利滚利，在这三个部分中，利滚利尤其重要，特别对长期投资来说。

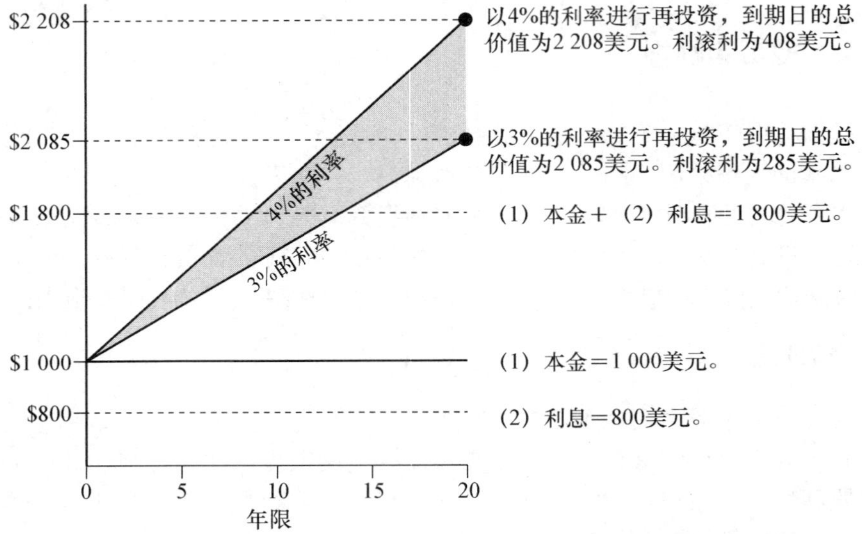

理财规划小贴士　成功进行股票和债券投资的重要理念

下面是一些重要理念，它们可以帮助你更好地管理投资组合。

● 资产分配。这是决定如何将资金分配到不同的资产种类中，包括股票、债券和现金。最优组合取决于你的风险承受力和年龄。长期投资者，如20多岁的人为了退休而攒钱，经常会投资一些类似于股票的风险资产。与之相比，短期投资者，如为房子首付或孩子教育攒钱的人，往往更愿意投资低风险资产，这意味着这些人更少投资股票，而更多投资债券。许多投资者随着年龄变化会改变投资分配，例如，临近退休时就需要改变。因此，大部分投资者在年龄增长过程中会逐渐减少股票投资而增加债券投资或现金。

● 分散化投资。这是一种投资策略，把资金分散到不同种类的投资中，这样一些投资的损失至少可以在一定程度上被投资组合中其他投资的收益所弥补。你的投资组合应分散于不同的资产类别，也就是说，你的资产应分配给股票、债券、现金，而且在每一个资产类别上分配不同的投资额。例如，对于权益类资产，分析股票在不同市场条件下的业绩非常重要。所以，股票需要投资于不同行业。

● 再平衡。随着时间的推移，投资品市场价值的变化可能使投资组合与你的财务目标相背离。例如，你决定投资组合中包含70%的股票，但市场的下跌使你持有股票的价值仅占投资组合的60%，该怎么办呢？为了再平衡，你可能需要买入更多的权益性投资或者卖出一些股票，抑或用现金购入更多股票。但是，在再平衡之前，你需要仔细考虑交易成本以及可能的税收后果。许多财务顾问建议每6～12个月对你的投资组合进行再平衡，或者当资产分配比例超出某个界限（如5%或10%）时进行再平衡。

资料来源："Beginners' Guide to Asset Allocation, Diversification, and Rebalancing," http://ww. sec. gov/investor/pubs/assetallocation. htm, accessed August 2012.

你只能通过利滚利来达到 4%的收益线。由于你以 4%的利率进行初始投资，当对你的收益进行再投资时，这个 4%也就是你需要达到的回报水平。需要记住，这里我们用债券做了示例，对于任何类型的长期投资工具而言，都具有同样的结果，只要这种投资工具产生经常性回报。自一种债券回报中取得的利滚利金额在很大程度上依赖于投资时间长短，也就是说，长期投资（如 20 年的债券）比短期投资（如 6 个月的国债或者持有 2～3 年支付股利的股票）会取得更多的利滚利。

12-1c　风险—回报均衡

与给定投资工具有关的风险大小直接与期望回报相关，这个一般投资规则意味着如果你想得到高水平的回报，就需要接受更高的风险。高风险通常与高水平的回报相联系，但它们的变动关系不一定完全是线性的。也就是说，你不能指望投资于一个高风险的证券而自动获得高回报率。现实中，高风险高回报这个规则常常不起作用，因为根据定义，风险是不可预测的。

图表 12—2 展示了常见的投资工具的风险—回报关系。需要注意的是，有可能在零风险情况下获得正的回报，例如在 A 点上，这一点称为**无风险回报率**（risk-free rate of return），这个回报率经常用短期政府证券来测度，如 90 天国库券。

图表 12—2　　**风险—回报关系**

对于投资来说，在风险和回报之间存在直接的关系：承担的风险越大，期望从投资中得到的回报越大。

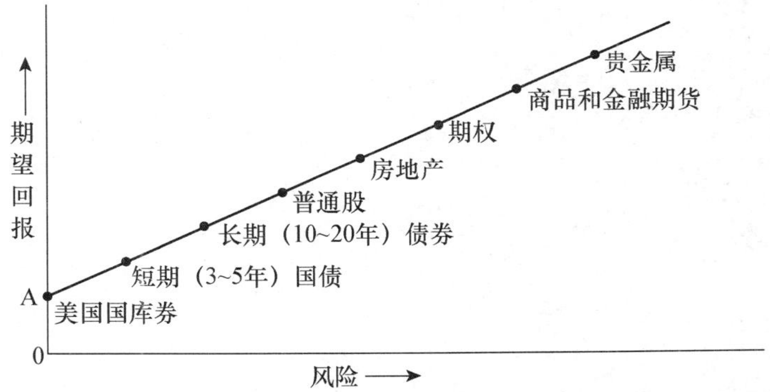

12-1d　什么才是好的投资?

我们继续之前的风险—回报讨论，任何投资品的价值都依赖于期望获得的回报金额，这个回报与期望的风险有关。这一原则可以用于所有类型的投资工具，包括股票、债券、房地产和商品。从这个意义上说，它们的风险—回报特征是相同的。

未来回报

投资之中，证券的未来回报非常重要。除了能够为未来回报提供一个参照，过去的回报对于投资者而言没有什么价值，毕竟不是去年债券的收益而是下一年度的期望收益更为重要。为了得到一项投资未来收益的数额，我们必须测度其未来的经常性收益和资本利得。举例来说，假定你想在2015年年初购买RSC公司的一些股票，看了过去几个年度的财务报告后，你估计未来的股利和RSC公司的股价如下：

期望的每年平均股利	
2015—2017年	2.15美元/股
期望的股价	
2017年	95.00美元/段

由于当前股票的销售价格是60美元/股，当前价格与期望的未来市场价格（95－60）之差代表了未来3年你期望得到的资本利得的数量，在本例中是35美元/股。结合期望的未来价格与期望的每年平均股利，能够估计股票未来的收益状况。下面我们看一看计算期望回报的方法。

近似收益率

计算投资回报的精确利率需要使用复杂的数学方法，一般人没有财务计算器很难做到。这里有一种非常简便的方法能够得到期望回报的近似值，即计算一项投资的近似收益率。虽然这种方法的结果是一个近似值，但在处理预测数字（这在某种程度上具有一定的不确定性）时非常有用。这个指标不但考虑了经常性收益和资本利得，同时也考虑了利滚利。因此近似收益率是测度一项投资所取得的全部回报率的指标。计算一项投资的近似收益率的公式展示在下面，如果你简单看一下这个公式，你会发现实际上它并不像我们刚见到时那样令人生畏。与这个公式相关的所有指标为：（1）平均经常性收益；（2）平均资本利得；（3）平均投资金额。

$$近似收益率=\frac{年度平均经常性收益+\dfrac{投资的未来价格-投资的当前价格}{投资的年数}}{\dfrac{投资的当前价格+投资的未来价格}{2}}$$

$$=\frac{CI+\dfrac{FP-CP}{N}}{\dfrac{CP+FP}{2}}$$

式中，

CI——年度平均经常性收益（你期望每年从股利、利息或租金中得到的金额）；

FP——期望的未来价格；

CP——投资的当前市场价格；

N——投资时间（以年度表示的时间长度，也就是你预期持有的时间）。

计算数字

为了展示上述过程，我们仍以RSC公司为例。已知从每年股利支付中得到的平均经常性收益（CI）为2.15美元，当前股票价格（CP）为60美元，未来股票价格（FP）为95美元，投资时间（N）为3年（你期望自2015年年初持有股票到2017年年末），你可以使用上述工具计算得到RSC公司期望的近似收益率。

$$\text{近似收益率}=\frac{2.15+\frac{95-60}{3}}{\frac{60+95}{2}}=\frac{2.15+\frac{35}{3}}{\frac{155}{2}}=\frac{2.15+11.67}{77.5}=\frac{13.82}{77.5}=17.83\%$$

在本例中，如果按照预测的年度股利和持有的资本利得计算，投资 RSC 公司每年能够获得大约 17.83%的回报。

RSC 是不是一项切实可行的投资，取决于期望回报是否与你设定的风险水平相符合。假定你认为该股票具有中等风险，为了确定此投资的期望回报是否满意，你可以与一些标杆进行比较。其中最好的标杆之一是无风险证券取得的回报率，例如美国短期国库券。其思想是风险证券的回报应该比无风险证券要高。例如，如果美国短期国库券的收益率是 4%或者 5%，那么你可能期望得到更高的收益率，也许是 10%～12%，以与你的中等风险证券投资（如 RSC 公司）相一致。实际上 10%～12%是你的**期望回报率**(desired rate of return)，这个回报率是你认为你应当获得的用于补偿你所设定的风险水平的最低回报率。一项投资在期望回报率达到（或超过）你想要的回报率时才是可接受的。在 RSC 公司的例子中，该股票被认为是一个可行的投资选择，因为它提供了比最小或者期望回报率更高的回报率。

12-2 普通股投资

由于多种原因，普通股对投资者具有吸引力。对一些人来说，投资于股票在股票价格暴涨时是一个暴富的途径，对另一些人来说，股票投资能够提供投资者想要的经常性收益。投资于普通股最基本的吸引力是它能够使投资者参与到企业的利润分配之中。每个股东都是企业的一个所有者，因此都能分享企业利润的蛋糕。但是这种对收益的要求权具有一定的限制，普通股股东是公司的**剩余所有者**（residual owners），即他们有权分享公司股利或公司收益，但是这要在企业履行其他支付义务之后。

12-2a 作为一种投资形式的普通股

就普通股的性质来说，当市场向好时，投资者一般期望从稳定的价格增值中得到收益。一个很好的例子是 1995 年的市场表现，当时的市场以道琼斯工业平均指数(DJIA) 衡量上升了 33%。遗憾的是，当市场阴晴不定时，投资者也会跟着市场走。可以看一看从 2000 年年初到 2000 年年末发生了什么，当时市场（同样以 DJIA 衡量）下降了 38%。除股利之外，100 000 美元的投资下降到 60 000 美元多一点。2008 年道琼斯指数又一次下降，这次几乎下降了 34%，而标普 500 综合指数（S&P 500）下降了大约 38%。

即使没有什么错误，市场也有不好的时候，有时会持续几个月，当然这种情况不会经常出现，但这种不好的状况确实是例外而不是规律。1929—2011 年 83 年的时间可以证实这一点，期间道琼斯指数下降了21次（从年度来说），这仅仅是总时间的25%，其他75%的年度市场是上升的，从每年上升2%到接近40%。实际上这表示风险和股票价格的高波动性（即使是市场向好的时候），但是你不得不为这种波动买单，以得到价格上升的潜在好处。例如，可以看一看从1982年到2000年初期的市场走势，市场起步于1982年8月，当时道琼斯指数站在777点，到2000年1月道琼斯指数上升11 000点达到11 723点。遗憾的是，在2000年初期，这个指数就不再上升了，当时三大市场指标都达到了顶峰。在其后的32个月中，到2002年9月市场指标集体下降。虽然道琼斯指数从2003年到2007年又得到恢复，但在2008年它又跌了一半以上。实际上它从2007年7月的14 000点跌到2009年3月的6 500点，其中大部分是在2008年下跌的，当年道琼斯指数下跌了将近34%。

可以看一看图表12—3，这张图展示了道琼斯指数和纳斯达克综合指数从2002年到2012年7月的变动情况，很快你就会对市场的剧烈波动有一个直观的认识。如图所示，不考虑市场的迂回反复，道琼斯指数和纳斯达克综合指数（分别追踪两个市场的总体状况）最终取得了中等程度的回报（分别为2.5%和3.95%），这主要是由于市场经受了2000—2002年和2008年的下跌和2010年的低增长。具体来说，将10 000美元于2002年1月投资道琼斯指数，到2012年7月会增长到大约12 981美元，而如果将这10 000美元投资纳斯达克混合指数，则会增长到15 071美元。

图表12—3　　道琼斯工业平均指数和纳斯达克综合指数从2002年到2012年中期的走势

历史上最大的牛市始于1982年8月12日，当时道琼斯指数为777点，从整个80年代到90年代一直持续，但到2000年年初结束。2000年，市场从一头初出茅庐的小牛变为一只羽翼丰满的大熊，这种状况持续到2002年。经过复苏，市场进入有史以来几乎最糟的2007年和2008年，当时市场经受了全球金融危机的打击。这张图展示了投资10 000美元，其价值从2002年到2012年中期的变化情况。

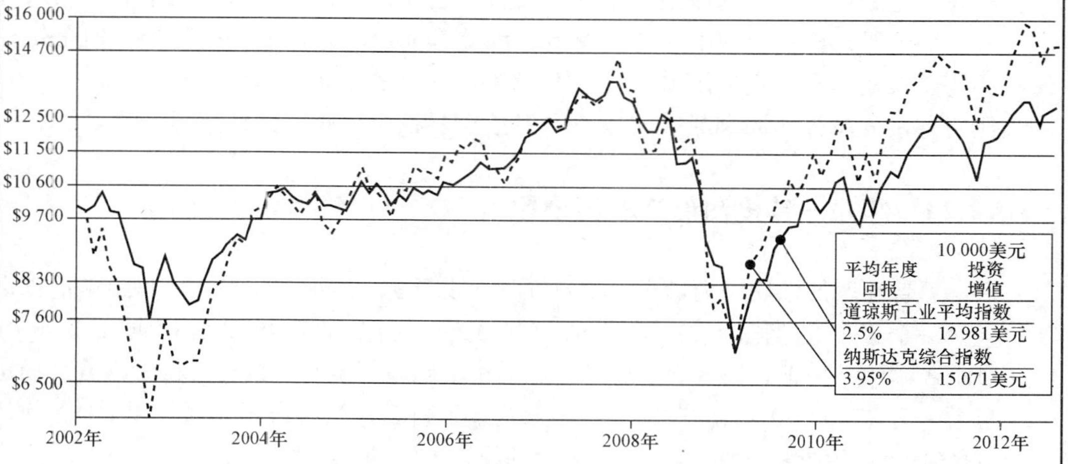

资料来源：Morningstar Direct, August 2012. © 2012 Morningstar, Inc. All rights reserved. The Morningstar data contained herein (1) is proprietary to Morningstar, (2) may not be copied or distributed without written permission, and (3) is not warranted to be accurate, complete or timely. Morningstar is not responsible for any damages or losses arising from any use of this information and has not granted its consent to be considered or deemed an "expert" under the Securities Act of 1933.

普通股的发行

普通股可以由经营任何业务的任何公司发行，所有公司都有股东，但并非所有公司都有公开交易的股票。在本书中，我们关注的股票称为“公开交易股票”，所有普通公众都可以买卖这些股票，并在公开市场中进行交易。除了公司成立时普通股的原始发行外，通过一定的程序增发股票，这称为公开发行。在公开发行中，公司与其承销商一起，以一定的价格提供一定数量的股票供公众投资。

投票权

普通股的持有者一般都具有投票权，这就是说，每持有一股就会获得一份投票权。在某些情况下，普通股在发行时被设定为没有投票权，但这是例外情况。虽然存在不同的投资规则，但小投资者不需要太关注它们，因为即使这些规则不存在，小投资者对公司控制权的影响也微乎其微。

公司会召开年度股东大会，在大会上选举新的董事，并投票决定股票特别发行事项。由于许多小股东不能参会，他们可以使用授权书让其他人代理其投票。**授权书**（proxy）是把投票权授予其他主体的书面文件。

基本的税收考虑

普通股会以股利或资本利得形式提供收益，一般每季支付一次，资本利得在一定时期内股票价格上升时会产生。从税率考虑，无论投资收益来源于股利还是长期资本利得，其实没有差别，2012年年末，它们的税率都是15%或更少（在10%和15%的税级上没有扣除）。这里有一点点差别，只要股票不实际出售，资本利得就不用交税（账面收益，即你持有股票的价格增加是免税的）。总结如下：当年收到的股利和实际出售股票的资本利得才需要纳税。

下面看一看计算，假设你以50美元/股的价格出售了100股普通股股票，同时假定股票于两年前购买，初始购买成本为20美元/股，在过去的两年中，你每年收到1.25美元/股的现金股利。从纳税角度看，你当年和后一年收到的现金股利为125美元（1.25美元/股×100股），加上你收到的需要在本年纳税的资本利得3 000美元（50美元/股×100股－20美元/股×100股）。假定你的纳税级次在33%上，即使你是高级次纳税者，从股利和资本利得中取得的收益的税率也执行低档次——15%的级别。所以，对于股利，你需要纳税125美元×0.15＝18.75美元（过去两年每年的税额），对于资本利得，你需纳税3 000美元×0.15＝450美元（仅为本年的税额）。所以，上一年你的税金为18.75美元，而本年为468.75美元（包括股利和资本利得）。总结如下：过去两年你的投资所得为3 250美元，税后为2 762.50美元。

理财规划小贴士　不要被常见的传言所欺骗

这里有一些传言，在投资时需要小心应对：

- 在波动市场上卖出股票是理智的，在平静的市场上则需要等待。这听起来有道理，但实际上，在市场中保持不动的投资者的收益要高于在市场中频繁进出的投资者。当买入和卖出时，你需要支出更多的手续费，更重要的是，你可能会错过市场的转折点和获得收益的机会。

- 黄金是任何组合中最好的附加品。黄金确实是投资组合中很好的资产，因为其走势与股票相反。然而，很多情况下很少有投资顾问会建议你在投资组合中配置超过5%～10%的黄金。因为，长期以来，黄金的回报很低。例如，从1948年到1992年，黄金的平均回报率仅有4.8%，这个数字相当于短期国债的回报率，但风险却大得多。
- 标普500是长期股票投资的最好场所。标普500中的大公司并不一定带来高回报，从长期来看，一些小公司和价值型股票的收益会超过标普500。

资料来源：Adapted from Daniel Solin, "5 Investment Myths That Can Cost You," http://money.usnews.com/money/blogs/on-retirement/2011/03/17/5-investment-myths-that-can-cost-you, accessed August 2012.

12-2b 股利

公司以现金或增发股票的形式向其普通股股东支付股利。现金股利最为普遍，一般每季度支付一次，数额由公司董事会决定。例如，如果公司董事会宣告了每季度50美分/股的股利，而你有200股股票，那么你会收到100美元的现金。

比较常用的评估股利多少的方法是股利收益率。**股利收益率**（dividend yield）是测度普通股股利的相对指标（百分比形式），即收到的股利金额与股票的市场价格之比。股利收益率能够表示投资回报的收益率。计算公式如下：

$$股利收益率=\frac{每股每年收到的股利}{每股股票的市场价格}$$

例如，一家公司每年支付2美元/股的股利，其股票在50美元/股左右进行交易，其股利收益率为4%（2/50=0.04）。股利收益率被收益导向型投资者广泛采用，用于寻找长期来看支付的股利高于平均水平且支付比较稳定的股票。

有时候，董事会可能宣告股票股利，以作为现金股利的补充或替代。**股票股利**（stock dividends）以新发行股票的形式支付。也就是说，股东收到的不是现金，而是公司额外的股票，例如每持一股获得1/10的新股（即10%的股利）。虽然能够满足一些投资者的需求，但股票股利实际上并没有新增价值，因为它们不过表示收到你已有的东西。例如，如果你持有一家公司100股，该公司宣告10%的股票股利，那么你会得到10股新股。遗憾的是，得到股利后你的股票总价值没有变得更高，这是因为在股利支付前后公司股票的总价值不会有太大的变化。

12-2c 一些关键的业绩指标

有经验的投资者在进行普通股投资决策时会使用很多财务比率和指标，他们会看一些指标，如股利收益率（如前所述）、账面价值、权益报酬率和每股收益，以了解特定股票的投资特征。幸运的是，大部分广泛采用的比率可以在公开发布的报告中找到，如由Value Line和标准普尔发布的报告（见第11章图表11—5中的例子），所以你不需要亲自计算它们。即使这样，如果你正考虑买入股票或已经持有股票，有一些业绩指标还是需要自己计算，如账面价值（或者每股账面价值）、净利润率等。

账面价值

公司股东权益的金额由**账面价值**（book value）来测度，这个指标可以通过从公司总资产价值中减去负债与优先股价值得到。账面价值表示股东为企业提供融资的金额大小。例如，可以使用前面 RSC 公司的例子，其资产 800 万美元，负债 200 万美元，优先股 100 万美元，企业普通股的账面价值为 500 万美元（800 万－200 万－100 万）。用此账面价值除以已发行的股票数量，可以得到每股账面价值。所以，如果 RSC 公司有 100 000 股普通股，其每股账面价值为 50 美元（500 万美元/10 万股）。由于这个指标会影响企业的成长，你更乐意看到每股账面价值在一定时期内稳定增长。同时，要寻找市场价格远高于每股账面价值的股票。

净利润率

作为收益率的一个标准，**净利润率**（net profit margin）是最常用的衡量公司业绩的指标。这个指标用净利润除以销售额，表明公司成本结构控制的好坏。净利润率越高，公司赚得越多。所以，需要寻找相对稳定、最好净利润率增长的股票。

权益报酬率

另一个重要且广泛使用的指标是**权益报酬率**（return on equity，ROE），它从股东角度反映了企业的总体盈利能力。它可以反映出企业在管理资产、运营和资本结构上的成功程度。这个指标之所以重要，是因为它与公司的利润、增长和股利都有联系。只要企业没有借入太多的负债，ROE 越高，公司的财务状况和竞争力越好。可以找一找具有稳定或增长的 ROE 的股票，尽量不考虑 ROE 下降的股票，防止它给你带来麻烦。

每股收益

对于发行股票的企业来说，年度收益一般用**每股收益**（earnings per share，EPS）计量与报告。这个指标把公司的总利润转化为以每股为基础的利润，提供了对股东来说非常方便的计算收益的标准。EPS 可以通过下面这个简单的公式进行计算：

$$EPS=\frac{\text{税后净利润}-\text{支付的优先股股利}}{\text{发行在外的普通股数量}}$$

例如，RSC 公司报告的净利润为 600 000 美元，向优先股股东支付了 100 000 美元的股利，有 100 000 股发行在外的普通股，EPS 为 5.00 美元［(600 000－100 000)/100 000］。注意，优先股股利要从净利润中扣除，因为普通股股东在分配股利前必须先支付优先股股利。股东紧盯 EPS 的原因是，这个指标代表了企业每一股发行在外的普通股所赚得的金额。同样要寻找 EPS 稳定增长的股票。

市盈率

用普通股的当前市场价格除以年度每股收益，其结果即为**市盈率**（price/earnings

(P/E) ratio)，这个指标反映了投资者的信心与期望。市盈率越高，投资者被假定对该证券的信心越大。在RSC公司的例子中，股票当前出售价格为60美元，市盈率为12（每股60美元/每股5美元）。换句话说，RSC的股票价格是收益的12倍。市盈率对投资者也非常重要，因为这个指标显示了该股票在市场中定价的激进程度。要小心非常高的市盈率，也就是说，市盈率超过市场的一般水平，这表示股票价格被高估了（因此未来股票价格可能会大幅下跌）。市盈率一般会随着市场的变动而变动，因此，当市场处于弱势时，股票的市盈率比较低；当市场上涨时，股票的市盈率会上升。

贝塔系数

股票的**贝塔系数**（beta）代表其价格的波动性，它表示股票是如何响应整个股票市场变化的。近年来，利用贝塔系数来测度股票的市场风险已经被人们广为接受。因此，公开发布的贝塔系数可以从大部分的股票经纪公司和投资服务企业得到。一只股票的贝塔系数使用股票的历史回报，通过一定的统计方法计算得到。整个市场（一般以标普500这样的指数表示）的业绩被作为标杆，其贝塔系数一般是1。从这出发，可以结合其他情况，低贝塔系数的股票（贝塔系数小于1）具有较小的波动性，而高贝塔系数的股票（贝塔系数大于1）被认为波动性较大。简言之，股票的贝塔系数越高，风险越大。因此，贝塔系数是一个相对价格变动的指数。若RSC公司的贝塔系数为0.8，则股价上升（下跌）的幅度是市场的80%。相反，如果股票的贝塔系数为1.8，则该股票价格上升（下跌）的速度是一般市场的1.8倍。推而广之，如果你寻找稳健的投资，那么应当坚持进行低贝塔系数股票的投资，另一方面，如果你想寻找具有潜在高资本利得和价格波动的股票，可以选择高贝塔系数的证券。

12-2d 普通股的种类

普通股经常以其股利或EPS的增长率为基础进行分类。普通股常见的类别有蓝筹股、增长股、科技股、收益股、投机股、周期股、防御股、大盘股、中盘股、小盘股。

蓝筹股

蓝筹股（blue-chip stock）是普通股中的精华，具有优良品质和长期稳定的盈利和股利分配。这些股票由大型、稳定的企业发行，它们在财务上没有污点，如苹果、沃尔玛、IBM、微软和埃克森美孚等。这些公司即使不是行业领头羊也在行业中具有重要地位，它们经常会确定一些行业规则并被其他企业视为标准。蓝筹股对寻找高质量、能提供较好回报且有可观增长潜力的股票的投资者具有特别的吸引力。

增长股

在经营与收益上具有或预期具有高增长率的股票称为**增长股**（growth stock）。一只好的增长股其收益在一定时期内的可持续增长率为15%～20%，而股票的平均增长率仅为6%～8%。2012年中期，预期具有高增长率的大盘股的最好例子包括亚力兄制药、露露柠檬公司、联合太平洋铁路、F5网络公司，这些股票股利很少或不支付股利，它们把全部或大部分的收益用于再投资。由于这些股票具有强大的增值能力，它们会大大吸引寻找资本增值而不是股利收益的投资者。

科技股

科技股（tech stock）代表市场中的科技板块，包括提供科技产品或服务（如计算机、半导体、计算机软件和硬件）的公司。差不多有几千家公司属于科技股类别，从提供互联网服务的小公司到大的跨国公司。科技股具有潜在的吸引力，虽然表面上具有高回报，但也有相当大的风险，可能最适合能承担高风险的投资者。科技股中有一些著名的企业，如微软、思科、谷歌和戴尔，也有一些不太有名的企业，如奇虎 360、OYO Geospace、Neonode 和 Glu Mobile。

收益股与投机股

吸引力主要基于其股利分配的股票称为**收益股**（income stock），它们具有相当稳定的收益，其收益的大部分用于支付股利。收益股具有较高的股利收益率，从理论上来说适合追求相对安全和较高水平收益的投资者。这些股票的一些附加特征（也经常被忽视）是，不像债券和优先股，收益股的持有人期望在一定时期内股利的数额会增长。收益股的例子包括强生、百事、宝洁。

投机股（speculative stock）的购买者在进行投资决策时，不是基于股票的历史收益记录，而是在影响企业增长和提升股票价格的新信息、新发现和新技术上下赌注。在获得关于企业未来发展的额外信息时，投机股的价格和市盈率会有很大的波动。投机者应做好损失和收益的双重准备，因为其投资的是高风险证券。2011 年年初，这些股票包括 Billabong 国际、Integra 矿业、Sirtex 医药、Cedar Fair 娱乐、Synergy 制药和 Vaalco 能源。

理财指示牌　**市场中的大盘股之最**

一家公司的总市值，即股票价格乘以发行在外的股份数，是投资者对公司价值的认定。2012 年 10 月，苹果公司的市值以 5 735.2 亿美元在美国上市公司中拔得头筹，其后分别是埃克森美孚（4 217.0 亿美元）、沃尔玛（2 429.5 亿美元）、中国石油（2 523.6 亿美元）、微软（2 351.3 亿美元）、通用电气（2 246.9 亿美元）、谷歌（2 224.9 亿美元）、中国汽车（2 196.7 亿美元）、IBM（2 185.6 亿美元）、皇家壳牌（2 176.8 亿美元）。令人感兴趣的是，有两家中国企业进入最大企业名单之中，这反映了这个国家经济增长的重要性。这些并不是资产最大、利润最高的公司。这些公司的特殊之处，也是投资者所关心的，是它们对未来成长的承诺！

周期股和防御股

价格波动与商业周期相联系的股票称为**周期股**（cyclical stock），这表示，在经济的扩张阶段，周期股的价格会上升，而在经济的收缩阶段，其价格会下降。大多数周期股可以在一些传统行业中找到，如汽车、钢铁、木材，这些股票一般对经济活动的变动非常敏感。美铝、时代华纳、科尔士百货、固特异轮胎、陶氏化学、福特汽车等都是周期股的例子。

防御股（defensive stock）的价格和回报与周期股不同，它们期望在商业活动的收缩期保持稳定。由于这个原因，它们经常称为反周期股票。消费品公司、一些公用事业公司和金矿公司是防御股具有代表性的例子。由于它们基本上是收益类股票，它们稳定的收益和股利会在经济下降时期使其价格保持上升。可口可乐、麦当劳、宝洁和默克都是防御股的例子。

大盘股、中盘股和小盘股

在股票市场上，股票的规模以其市场化价值为基础，市场化价值更经常称为资本化价值。一只股票的资本化价值用其市价乘以发行的股票数量计算得到。市场一般可以分为三个主要板块，主要基于资本化价值大小：

大盘股：资本化价值大于100亿美元；

中盘股：资本化价值介于20亿到100亿美元之间；

小盘股：资本化价值小于20亿美元。

在这三个种类中，**大盘股**（large-cap stock）实际上是世界上最大的公司，如苹果、沃尔玛、通用电气和微软。虽然这些公司很大，但并不意味着它们一定很好。实际上，小盘股和中盘股都能比得上，甚至会超过大盘股的业绩。

中盘股（mid-cap stock）提供了有吸引力的投资机会，因为它们的业绩比小股票要好，且没有太大的价格波动。同时，由于其规模适中，并且许多运营时间较长，它们能够提供股票的安全性。中盘股系列中有Allegiant旅游公司、Dillards百货、Verisign公司、Primerica公司和H&R Block公司。这些证券相对于大盘股来说提供了另一个很好的选择，同时没有小盘股的不确定性和缺点，当然这些证券适合能够承受一些风险与价格波动性的投资者。

有些投资者认为小公司适合自己投资，他们相信会获得特别的回报机会，而在许多情况下，这被证明是事实。发行**小盘股**（small-cap stock）的公司其年度收入一般不超过2.5亿美元，因为规模以及成长的突发性，其收益和股价受到很大的影响。Wendy's快餐、赫克拉矿业、Caribou咖啡、达美乐比萨和RTI生物就是一些有吸引力的小盘股。虽然小盘股公司一般比较固定，具有稳定的财务状况，但并非全部是这样。由于这些公司太小，它们没有发行多少股票，其股票交易也不活跃。这些股票可以持有以期获得高回报，但投资者也需要意识到股票所包含的高风险。

12-2e 市场全球化与外国股票

除了投资于已经提到的不同类型股票外，美国投资者正在转向国外市场以寻找获得高额回报的途径。世界变得越来越小，投资的范围出现跨越式增长。例如，1970年，美国股票市场占全世界股票市场的2/3，也就是说，美国的股票市场规模是世界其他股票市场合计数的两倍，但这种状况持续时间不长，现在美国占世界权益市场的32%。在投资外国股票的不同途径中，有两种比较突出：共同基金和美国存托证券（ADR）。毫无疑问，向外国市场投资的最优途径是国际共同基金（我们将在第13章讨论）。另一种途径是购买ADR，ADR以美元计价并直接在美国市场交易（如纽约证券交易所）。它们如同普通股一样，不同的是，ADR代表特定外国公司的特定股票数量。有大约50

个国家的超过 1 000 家公司的股票以 ADR 形式进行交易，包括本田汽车、雀巢、诺基亚、爱立信、塔塔汽车和沃达丰电信等。ADR 是投资外国股票的不错选择，因为其价格以美元计价，而不是英镑、瑞士法郎或欧元。此外，所有的股利都以美元支付。

12-2f 普通股投资

投资于普通股有三个基本原因：(1) 将股票作为一种价值保值形式；(2) 积累资本；(3) 提供收入。对于所有投资者来说，保值非常重要，因为谁都不想扔钱。然而，一些投资者更关心这件事，他们在股票选择过程中把本金安全放在第一位。这些投资者更具有质量意识，倾向于选择蓝筹股和低风险证券。积累资本对于有长期投资眼光的投资者来说是一项重要目标，这些投资者使用股票提供的资本利得和股利来增加财富，有些人选择增长型股票来达到此目标，还有人用收益股来实现。最后，有些人把股票作为收入的来源之一，对于他们来说，独立的股利流入更为重要。高收益、品质优良的股票是他们优先选择的投资工具。

股票投资的优点和缺点

持有普通股既有优点也有不足。优点存在于三个方面：首先，具有潜在回报，无论是股利收入还是价格上涨，都比较可观；其次，许多股票交易活跃，因此具有高流动性；最后，关于几千只普通股的市场与公司信息广泛发布并且可以随时使用。

持有普通股的缺点包括风险、购买和出售的时机以及股利的不确定性。虽然普通股的潜在回报较高，但与实际收到的回报相联系的风险和不确定性也很大。即使精心选择股票可以减少投资者所承担的风险，仍然存在显著的风险—回报平衡问题。对于普通股来说，股利没有绝对保障。如果情况变得糟糕，公司可以永远不支付股利而不用承担什么法律后果。最后，还存在购买和销售的时机问题，人毕竟是人，不可能所有决策都正确无误。持有一只具有不确定性的股票，加之我们缺乏对未来的准确预计，就很有可能在投资中出错。

行为金融问题　投资者的过度反应与投资回报

研究发现，投资者的回报低于平均水平。例如，1990—2010 年，标普 500 指数平均每年获得了 9.14%的回报，而普通股票投资者仅仅获得了 3.83%的回报。一个可能的解释是普通股票投资者太情绪化并且易于对金融市场的发展产生过度反应。

可以看看投资者如何过度反应。众所周知，当股票市场上涨时，许多投资者为了追求回报，把钱投向股票型基金。同样，当股票市场下跌时，他们会把钱抽出来。这经常会导致高买低卖，带来股票收益率之灾。对好消息和坏消息的过度反应是投资者的一种自然行为倾向。

那么你如何做才能考虑到对投资信息过度反应的倾向呢？可以考虑下面的指导原则和投资真理：

● 有计划地做出不作为的决策。长期的事实证明，买入并持有策略是投资中一个有效而成熟的方法。要认识到过度反应的问题并有计划地在大多数情况下面对消息时保持无动于衷。无动于衷也是一种行为。

● 钱就像肥皂。芝加哥大学著名经济学家法玛认为：钱就像肥皂，你对它操作越多，它留下的就越少。频繁操作会带来高昂的交易成本，更容易造成对财务信息的过度反应。

● 抑制在市场下跌时卖出股票的冲动。耐心地重新评估你的资产分配并等待下跌过去，要类比在房价下跌时你卖出房子的行为。大部分人不会在房价一下跌就卖出房子，他们很可能会等这个下跌过去。为什么对待股票就不一样呢？

● 有规则的工作。已有证据证明采用持续、非情绪化和有规则的方法进行投资的价值，简单点，如果你不对金融信息作出过度反应，你的经风险调整的回报在较长时期内很可能会比较高。

资料来源：Adapted from Dana Anspach，"Why Average Investors Earn Below-Average Market Returns，" http://moneyover55. about. com/od/howtoinvest/a/averageinvestor. htm，accessed August 2012.

12-2g 做出投资决策

进行投资的第一步是知道把钱放在哪里，第二步是知道什么时候该动。第一个问题的答案涉及将你可选择的投资工具的风险与回报目标相匹配。一只股票（或其他投资工具）只有当很可能产生足够的有吸引力的回报率时，才被纳入投资选择的范围，特别是，这个回报要足以弥补你承担的所有风险。实际上，如果不能从证券中得到能够弥补风险的收益，你最好别投资这个证券。

计算股票的价值

不管你是什么类型的投资者，也不管你的投资目标是什么，你迟早需要面对投资领域几乎最困难的问题：你想出多少钱买一只股票。为了回答这个问题，你必须计算股票的价值。前面已经提到，股票的价值依赖于其未来收益的数额，一旦你有了一系列未来收益的数字，你就可以用这些数字计算投资的期望回报率。如果投资的期望回报率超过你想要的或最低回报率，你就可以进行投资。如果期望回报率低于你想要的回报率，那么先别买，因为这只股票被高估了，若买入将得不到你想要的回报。

如何寻找一只适合你的股票？答案是做些功课并计算一些数字。下面是你可以做的：首先，找一家你感兴趣的公司，看一看过去3～5年它的业绩，计算实际增长率（销售）是多少？是否有高的ROE？是否有持续或增长的净利润率？以股利形式支付给股东的回报是多少？这些信息可以在Value Line、标普股票报告或网页上找到。其思想是找到财务状况良好、历史业绩优良、在行业或市场中地位突出的股票。但是看股票过去的表现仅是开始，真正重要的是股票的未来价值。

因此，我们把注意力转向股票的未来业绩，特别关注未来股利和价格走势。作为规则，不要花过多精力考虑2～3年（最长5年）以后的情况，因为大部分预测的精确度在此之后会急剧下降。因此，可以预测未来3年每年的每股股利和第3年年末股票的价格。你可以尝试自己预测这些数，也可以从Value Line等出版物取得（Value Line有对未来 3～5 年股利和股票价格的预测)。预测了股利和股票价格后，你可以使用近似收益率公式或计算器计算投资的期望回报。

计算数字

考虑苹果公司的普通股，这家公司提供硬件和软件，包括 Mac 计算机、iPod 数字播放器、iPhone 手机和 iPad 平板电脑。通过几份财务报告，发现公司财务状况良好，过去 5 年销售额每年增长 40%多一点，最近的净利润率为 24%，ROE 大约为 42%。因此，从历史来看，这家公司的表现相当卓越，并被认为是所在领域的引领性企业。实际上，目前它是世界上最大的公司。2012 年 7 月末，公司股票的交易价格约为 585 美元/股，在 2012 年支付年度股利，股利大约为 2.65 美元/股。Value Line 预测 2013 年股利会增长到 10.60 美元/股，在 2015—2017 年间每股平均 16 美元左右。同时估计在此期间其股票价格会上涨到 1 280 美元左右。为了简化，我们把这些预测运用到 3 年持有期上，并对数据进行相应的平均。

由于下面的近似收益率公式使用"年度平均经常性收益"作为一个变量，我们用所计算的预计股利平均数（9.75 美元/股）作为年度平均股利的代理变量，由于股票当前交易价格为 585 美元/股，预计未来价格为 1 280 美元/股，我们可以计算期望回报率（3 年投资期）如下：

$$\text{近似收益率(期望回报率)}=\frac{9.75+\dfrac{1\,280-585}{3}}{\dfrac{1\,280+585}{2}}=\frac{9.75+231.67}{952.5}=25.89\%$$

因此，如果苹果公司的业绩符合预期，它会给我们带来大约 26%～31%的回报。

在今天的市场上，这是一个非常有吸引力的回报，并且已经超出我们想要的回报(在一般市场条件下大概为 12%～14%)。如果这个结果可靠，这只股票应当作为可能的投资选择。

确定你的投资时机

一旦你发现一只能够提供期望回报的股票，你就得考虑投资的时机。只要市场前景向好，就是你投资的好时机。然而，有时投资毫无意义，特别是在下列条件下不要投资股票：

- 你确信市场在短期内会掉头向下。如果你肯定市场会有一个大的下跌（若已经开始下跌，并持续下跌），那就等它跌下来股票便宜时再买。
- 你对市场的总方向感到迷茫，或者价格波动太大。这时也等市场稳定下来再买股票。

一定对你的收益进行再投资

除非你依赖股票的收益生活，否则股票的投资目标与证券一样——获取有吸引力的复利回报率。这需要经常对你的收入进行再投资。没有比使用**股利再投资计划**

(dividend reinvestment plan，DRP）更好的路径了，股东可以与公司签约将其现金股利自动再投资到公司普通股的额外股份上，实际上，就像你以更多普通股形式取得现金股利一样。这种方式对于一定时间的投资状况有极大的影响（见图表12—4）。

图表12—4 **现金还是再投资**

参与股利再投资计划是一个简单且有效提高资本积累的路径。从长期来看，它是取得投资的复合回报的好途径。

条件：以25美元/股买入100股股票（总投资为2 500美元），股票每年支付1美元/股。股票价格每年上涨8%，股利以每年5%的速度增长。

投资期	持有股份	持有股票的市场价值（美元）	收到的总现金股利（美元）
取得现金股利			
5年	100	3 672	552
10年	100	5 397	1 258
15年	100	7 930	2 158
20年	100	11 652	3 307
参与DRP计划			
5年	115.59	4 245	0
10年	135.66	7 322	0
15年	155.92	12 364	0
20年	176.00	20 508	0

现在，大约有1 000家公司推出了DRP计划，每一家都给予投资者方便而廉价的渠道去积累资本。有DRP计划的股票一般都会免去经纪费用，大部分计划允许部分参与，也就是说，不是把全部现金股利都投资于此计划，参与者可以把股利的一部分进行再投资，收回剩余的部分。一些DRP计划甚至以3%～5%的折扣出售股票。大部分计划会向投资者出售零星股票。这是一种吸引策略，然而，即使这样，这些以额外股票形式取得的股利需要在获得股票的当年纳税，如同收到现金一样。

12-3 债券投资

与股票相比，债券为负债，它们是公开交易的借据，实际上是债券持有人通过此借据借钱给发行人。债券经常是指固定收益证券，因为发行者的还债义务是固定的，也就是说，发行机构同意周期性地支付固定利息，并在债券到期时或到期前返还固定金额的本金。债券的面值一般为1 000美元或5 000美元，发行期限为10～30年或更长。

12-3a 为什么投资债券？

债券能为投资者提供两种类型的收入：（1）提供一般性的经常性收益；（2）经常用于获取高额资本利得。当然，经常性收益来源于发行期限内定期支付的利息。实际上，正是这些经常性的、高度可预测的收益才是吸引投资者进行债券投资的关键因素。债券同时也可以产生资本利得，这在市场利率下降时会发生。债券市场上一个基本的交易规律是利率与债券价格呈相反方向变动：当利率上升时，债券价格下降；相反，利率下降，债券价格上升。因此，可以某一价格买入债券，如果利率条件不错，在一定时期后在较高的价格上卖出它们。二者加起来，从债券中赚得的经常性收益和资本利得能够带来较高的投资回报。此外，由于许多债券一般具有较高级次，它们被作为保留资本或积累长期投资的工具。实际上，由于这一优点，一些人会把全部资金或大部分资金投到债券上。

12-3b　债券与股票的比较

虽然股票确实有优点——低风险和较高的经常性收益，且具有投资者想要的分散化特征，但它们也有明显的缺点：相对回报较低。事实上，与股票相比，债券在回报上有一个较大的缺点，相对风险来看所支付的价格可能偏高。当然，虽然在长期回报上存在不足，但并不意味着债券一定是一个收益上的“差等生”。例如，可以看一看过去 20 年发生的情况，从 20 世纪 80 年代开始，固定收益证券就昂首向上并持续到 90 年代中期，只在近 10 年下跌了一些，但是却渡过了股票市场的两个困难时期（2000—2002 年和 2007—2008 年）。图表 12—5 追踪了从 1992 年到 2012 年 7 月股票（以标普 500 表示）和债券（使用美国银行 15 年期债券的总回报指数）的收益状况。

图表 12—5　　股票和债券的业绩比较：1992 年到 2012 年中期

以下展示了从 1992 年 1 月到 2012 年中期大约 20 年间，投资 10 000 美元于债券以及投资相同的金额于股票的对比状况。很明显，虽然股票从 2000 年年初开始一直领先，并在 2003—2006 年再度领先，但 2000—2002 年和 2008 年的熊市几乎把这些优势全部消磨掉了。结果，债券在此期间得到了更高的到期价值。所以，债券实际上比股票的表现要好。

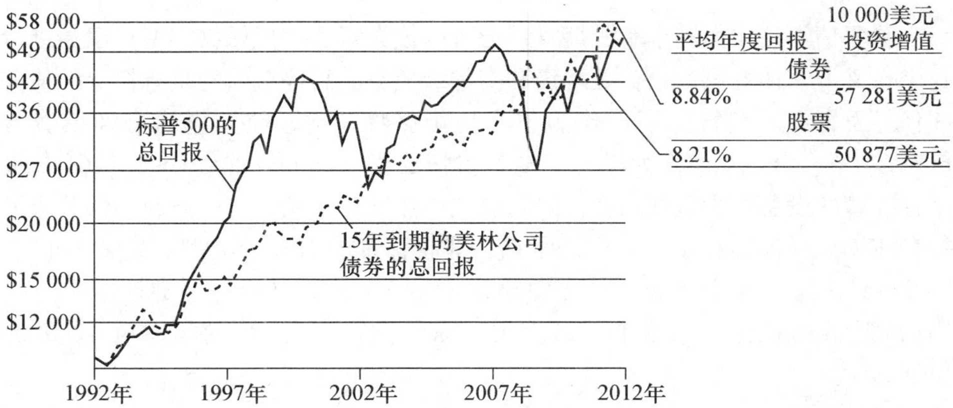

资料来源：© Morningstar 2012. All rights reserved. Use of this content requires expert knowledge. It is to be used by specialist institutions only. The information contained herein: (1) is proprietary to Morningstar and/or its content providers; (2) may not be copied, adapted or distributed; and (3) is not warranted to be accurate, complete or timely. Neither Morningstar nor its content providers are responsible for any damages or losses arising from any use of this information, except where such damages or losses cannot be limited or excluded by low in your jurisdictions. Past financial performance is no guarantee of future results.

从图表中可以看到，2000—2002 年和 2007—2008 年的熊市对股票的影响是毁灭性的。在大约 20 年中（从 1992 年到 2012 年中期），标普 500 的业绩比长期债券低 0.63

个百分点（分别为8.21%和8.84%）。最终结果是，1992年投资10 000美元到2012年中期，股票会得到50 877美元的终值，而债券为57 281美元。虽然股票的长期业绩一般要好于债券，但会有例外的时候。由于金融危机的影响，其差异非常小。最近的市场历史戏剧性地展现了这种情况。

12-3c 基本发行特征

债券是一种可兑换的长期债券工具，会给发行一方带来某种义务。不同于普通股持有者，债券持有人在发行企业或组织没有所有者或权益者的地位，这是因为债券是一种债务，因此债券持有者以一种迂回的路径借钱给发行者。

作为一种惯例，债券每6个月支付一次利息。支付的利息数量取决于**票面利率**（coupon），这个利率界定了发行者向债券持有者每年支付的利息。例如，1 000美元、8%票面利率的债券每年支付利息80美元，一般每半年支付40美元。债券的本金，也称为面值，指定了到期时需要偿还的资本金额，1 000美元债券的本金为1 000美元。

当然，债务类证券在市场上的交易价格一般与其面值不同，在债券的发行价格与当前的市场利率不同时这种情况会发生，实际上，只要债券的收益率与当前的市场收益率不同，债券的发行价格就会发生变化。这些事实可以解释为什么以7%利率发行的债券在市场利率为9%时，其市场价格仅为825美元。市场价格的下跌会使债券的实际收益率由7%上升到9%。以低于面值的市场价格发行的债券称为折价债券，其票面利率比新发行债券要低。相反，以高于面值的市场价格发行的债券称为溢价债券，其票面利率比新发行债券要高。

债券类型

除了债券的票面利率和到期日，还可以债券背后的担保物类型对债券进行区分。在这个意义上，债券可以分为低等级和高等级债券。高等级债券是有担保的债务，因为这些债券发行者以其特定财产作为债券的担保物。这些债券包括**抵押债券**（mortgage bonds）——由不动产作为抵押，**设备信托证券**（equipment trust certificates）——由某种类型的设备作为抵押，在公路与航空企业比较常见。另一方面，低等级债券仅有发行者按期支付债券利息与本金的承诺。非担保证券有几种类型，最常见的称为**信用债**（debenture），它们是票据（债券期限为2～10年）或债券（债券期限10年以上），信用债完全没有担保，从这个意义上说，除了发行者有一个好名声，没有抵押品给予保证。

偿债基金

对投资者来说另一个重要的条款是**偿债基金**（sinking fund），它表明一只债券什么时候还清。并非所有债券都有此条款，偿债基金明确了每年偿还的时间表并会列示每年偿还多少本金。一般要求在债券发行后1～5年开始使用偿债基金，并在其后每年固定支付偿债基金直至全部或大部分的债券偿付完毕。在到期日前没有偿付的部分在到期日一次性支付。

赎回条款

每一只债券都有**赎回条款**（call feature），这个条款约定了债券在正常到期日前是否可以赎回，如果可以，有什么条件。基本上看，赎回条款有三种类型：

- 自由赎回，这表示发行者可以在任何时刻提前赎回债券。
- 不能赎回，这表示发行者在债券到期前不能赎回债券。
- 递延赎回，这表示发行者在发行日后一个特定的时期内不能赎回债券。实际上，这种债券在递延期内是非赎回债券，之后是自由赎回债券。

赎回条款一般用于提前终止一只债券并发行更低票面利率的债券来代替它，以这种方式，发行者可以通过减少每年的利息支付而获益。为了补偿投资者提前兑付债券的损失，在赎回时会产生赎回溢价（一般等于 6 个月到 1 年的利息），与债券的面值加在一起支付给投资者。例如，如果一家公司想在到期日前赎回 15 年期、7%利率的债券，它可能需要向发行在外每 1 000 美元面值的债券支付 1 052.50 美元（在这种情况下，赎回溢价等于 9 个月利息，70 美元×0.75＝52.50 美元，并加到债券面值 1 000 美元上）。虽然这看起来不错，但实际上对投资者不利。在债券被赎回时，债券持有人可能是得到了一点，但同时也失去了获得高经常性收益的来源。例如，投资者持有的一只 7%的债券被赎回，而当时市场上最好的债券的利率只有 4%或 5%。

12-3d　债券市场

债券市场最突出的是其规模，美国债券市场非常庞大并且每天都在增长。实际上，2011 年，该国已发行债券的市场价值大约为 36 万亿美元。在这么大的市场规模下，也就不用奇怪，目前的债券市场能够满足任何投资者的投资目标并适合任何类型的投资者，无论其保守还是激进。

国债

国债（treasury bonds）（也称为国库券）在债券市场上居支配地位。国债即使不是普遍的，也是最有名的。美国财政部发行债券、票据和其他类型的证券（如第 4 章的短期国库券），以满足美国联邦政府不断增长的需求。美国财政部的债券都是高质量的（由美国政府提供信誉保证），这种特征以及高流动性，使国债对个人和机构投资者、国内和国外投资者都极具吸引力。

美国财政票据的到期日为 2 年、3 年、5 年和 10 年，而国债的到期日为 20 年和 30 年。美国财政部会定期发行证券，通过这个过程，财政部可以设定所发行债券的初始收益率和票面利率。所有财政部票据和债券都以最小 1 000 美元的面值出售。虽然利息收入要缴纳联邦所得税，但可以免州和地方所得税。

美国财政部发行了一种新的债券类型，名为**通胀指数调整的国债**（treasury inflation-indexed bond，TIPS）。这种债券（其到期日为 5 年、10 年或 20 年）能为投资者提供根据通货膨胀调整其回报并消除通货膨胀影响的机会。例如，如果通货膨胀率为每年 3%，那么到年底，你持有债券的面值就应当增长 3%。遗憾的是，这些证券的票面利率设得很低，因为它们给投资者提供的是真实回报（经通货膨胀调整后的回报），所以这些债券的票面利率可能只有1.5%（长期国债支付3.5%～4%的利息）。当然这也有好处，实际支付的票面利息会随着债券面值的增长而增长。

政府机构债券和按揭贷款支持债券

政府机构债券（agency bonds）是美国债券市场重要的组成部分，它们由美国政府的分支机构发行，这些债券不是美国财政部的负债。这些债券的一个重要特征是通常提供比国债更高的收益，因此，能够在风险不变或稍微增加的情况下提升投资者的回报。一些交易活跃并被经常提到的债券机构发行者包括联邦农业信贷银行、联邦全国按揭贷款协会（或者叫房利美）、学生贷款市场协会和联邦住房按揭贷款公司（FHLMC或者叫房地美）。虽然各类机构都发行传统的无抵押票据或债券，但最有名的还是**按揭贷款支持债券**（mortgage-backed securities）。这种债券最大的发行者是房利美和房地美，它们打包并发行债券，以没有政府担保的抵押物作支持。房利美在抵押贷款市场上也很活跃，这家公司由美国政府所有，发行的债券由美国退伍军人管理局（VA）和联邦房屋管理局（FHA）的房屋贷款作担保。

市政债券

市政债券（municipal bonds）由州政府、市政府、镇政府或其他政府分支机构（如学校、供排水机构）发行，与其他债券不同的是，市政债券的利息收入一般不征收联邦所得税（这就是为什么称为免税债券）。然而，需要注意的是，这种免征不适用于证券所取得的资本利得，这些资本利得一般要征收联邦所得税。免税可能是市政债券最重要的特征，也是投资者购买的主要原因。

一般来看，市政债券的收益率比全额纳税债券要低（当然也不是全部），除非税收对市政债券收益率的影响使其等于或超过纳税债券，否则购买这些债券就没有意义。你可以计算全纳税债券需要提供的回报，以与低收益、免税债券的税后回报相比较，全纳税债券的等价收益率计算如下：

$$全纳税债券的等价收益率=\frac{市政债券的收益}{1-所得税税率}$$

例如，如果某市政债券提供了6%的收益率，那么处于35%联邦所得税税级的人需要寻找收益率超过9%的全纳税债券以获得同样的税后回报，即6%/(1－0.35)＝6%/0.65＝9.23%。

市政债券通常以**系列债券**（serial obligation）的形式发行，这表示发行对象被分为一系列小的债券，每一小类都有其到期日和票面利率。因此，不是从现在起仅有一种20年到期的债券，而是在20年时间内有一系列20年到期的债券。虽然还没有见到市政债券的发行者在利息或本金支付上违约，但这种情况确实会发生。投资者在投资**收入债券**（revenue bond）时要特别小心，这些债券通过特定的收入产品项目（如收费公路）获得收入。与**一般责任债券**（general obligation bond）不同（由市政部门提供信誉与信用保证），收入债券仅在能够产生足够收入时才有义务支付本金和利息。相反，责任债券不用考虑其所得税，通常要求收入产生于市政活动，并实时、定期提供回报。

公司债券

最大的非政府债券发行者是公司。**公司债券**（corporate bond）市场一般分为几个部分，包括产业债券市场（这个类别中的最大部分）、公共事业债券市场（在新发行数量上占据优势）、铁路与交通债券市场和金融债券市场（银行、金融公司等）。在公司债券市场上，你能够发现完全不同的债券类型，从第一抵押权债券、可转换债券（下面讨论）到信用债券、收益债券。公司债券的利息每半年支付一次，通常会设立偿债基金。债券的面值通常为 1 000 美元，期限一般为 5～10 年，最长 30 年。许多债券设有赎回条款并禁止在发行后的 5～10 年回售债券。公司债券由于较高的收益而受到个人投资者的欢迎。

可转换债券

另一个常见的债券种类是可转换债券，这种债券仅存在于公司债券市场中。它是一种混合形式的债券，具有普通股和公司债券的双重特征。也就是说，虽然这些债券在初始发行时是信用债券（非担保债券），但附加了可以使它们转换为发行公司特定数量普通股股票的条款。

可转换债券的核心要素是可转换条款（conversion privilege），它列示了转换条件和转换特征。首先，它规定债券何时可以转换，有时会规定一个初始等待期，大约是发行后 6 个月到 2 年。从投资者角度来说，最重要的条款是**转换率**（conversion ratio），也就是债券可以转换为普通股的数量。例如，一种债券的转换率为 20，就表示一张债券可以兑换 20 股股票。

由于当前普通股的价格变动对可转换债券的价值影响较大，对可转换债券来说最重要的指标是转换价值。实际上，**转换价值**（conversion value）表示一张可转换债券所转换的股票交易价格。转换价值很容易计算——债券的转换率乘以对应的普通股的当前市场价格。例如，一张债券的转换率为 20，若企业股票的交易价格为 60 美元/股，则转换价值为 1 200 美元（20×60）。但是可转换债券很少以转换价值进行交易，它们经常在**转换溢价**（conversion premium）水平上进行交易，这表示可转换债券在市场中的定价比其转换价值要高。例如，一张可转换债券以 1 400 美元进行交易，其转换价值为 1 200 美元，其转换溢价为 200 美元（1 400－1 200）。可转换债券对于想得到普通股的增值潜力同时降低公司债券风险的投资者来说具有吸引力。

12-3e 债券评级

债券评级就像等级区分一样，高等级的债券表示其投资质量高。债券评级在市政债券与公司债券市场上广泛应用并构成其重要组成部分。两家最大、最有名的债券评级机构为穆迪和标准普尔。每当一种规模较大的新的公司债券或市政债券在市场上发行时，债券分析师都会评估其违约风险和投资质量。通过仔细考察债券发行机构的财务记录并评估其未来发展前景，会形成对债券的评级，它表示发行机构迅速、及时应对债务的能力。图表 12—6 列示了两大主要评级机构给债券评定的不同级别。需要注意的是最高的四个级别（从 Aaa 到 Baa 或者从 AAA 到 BBB）称为投资债券，这个级别是发行者所觊觎的，因为这表示发行者是一个财务健康、运行良好的公司或政府机构。另两个级别

(Ba/B或者BB/B）为**垃圾债券**（junk bond），这些级别表示，虽然这些发行人可以支付债券的本金和利息，但由于发行人的财务状况不太好，违约风险相对较高。

图表 12—6　　穆迪和标准普尔的债券评级

像穆迪和标准普尔这样的机构会对公司债券和市政债券进行评级，这些级别说明了债券投资质量（会特别考虑发行者的违约风险）。

债券评级*		描述
穆迪	标准普尔	
Aaa	AAA	最高质量的投资债券，这是最高级别，表示支付能力非常强。
Aa A	AA A	高质量的投资债券，这些债券也被认为是非常安全的，当然比Aaa和AAA要差一些，AA级债券比A级债券要安全（低违约风险）。
Baa	BBB	中级投资债券，这是投资债券中级别最低的，它们在不利市场条件下缺乏防护要素。
Ba B	BB B	垃圾债券，对于违约风险几乎没有防护能力，被认为是高投机性债券。
Caa Ca C D	CCC CC C D	低质量债券，它们已经违约或很快将违约，也称为僵尸债券。

*一些级别可能会被修正以体现其与主评级类别的差异，如穆迪使用数字（1，2，3），而标准普尔使用“＋”号或“－”号。

新发行债券被评级后，这个过程还不会停止。一般认为现有的、已经发行的债券被赋予的级别仍然有效。许多债券在到期日前仅有一个级别，但在这段时期中有新的可利用信息时，级别可能会改变。最终，虽然看起来是对公司债券或市政债券评级，但实际上是对单个发行的债券进行评级。结果，一家企业（或市政机构）发行的不同债券可能有不同的评级。大多数投资者都会对评级格外小心，因为它会影响市场回报：在其他条件相同的情况下，评级越高，负债的收益越低。因此，当一只A级债券能够提供5%的回报时，可比的AAA债券可能会取得4.25%或4.50%的回报。

理财指示牌　为什么购买垃圾债券？

垃圾债券是低等级债券，具有相对较高的违约风险。你可能期望在这些债券周围找到一大堆无名的垃圾公司，但这种情况很少出现。这里有一个在2012年中期被评为垃圾债券的公司名单：

- 艾伯森公司（Caa1－）*
- 联合健康服务公司（B3）
- Bon Ton 百货公司（Caa3）
- Claire's 商店（Caa3）
- Clear Channel Communications（Ca）
- Colt Defense（Caa1）
- Harrah's Operations（Caa3）
- Supervalu（Caa1）

这些公司评级较低，与高等级债券相比，其经营收益缺乏质量和持续性。但是为什么还有投资者对它们进行投资？主要是冲着其高收益！例如，2012 年夏天，垃圾债券的平均收益率为 7.4%，当时 10 年期美国国债的平均收益率为 1.839%，30 年期国债为 2.954%。所以垃圾债券的吸引力是明显的，但不会吸引所有人。

* 评级由穆迪公司作出。

12-3f 债券定价

不像股票，债券一般很少在出版物上报出价格，即使是《华尔街日报》。所以，与其看债券是如何报价的，不如看其在证券市场上是如何定价的。无论什么类型，所有债券的价格以面值的百分比表示，如 85 美元指价格为债券面值的 85%。在债券市场上，1 点＝10 美元，即 85 的报价并不表示 85 美元，而是 850 美元，之所以这样是因为市场惯例假定债券的面值为 1 000 美元。另外需要记住的是，所有债券的价格一定与票面利率和到期日相联系，这两个债券特征会与交易价格一起列示，因为它们会影响债券的价格（我们将在本章后面讨论面值与到期日对债券价格的影响）。

在公司债券与市政债券市场上，债券的价格以小数表示，使用小数点后三位。87.562 的报价，作为 1 000 美元面值的百分比来说，转换成价格为 875.62 美元。同样，121.683 的报价转化为价格是 1.216 83×1 000 美元＝1 216.83 美元。与之相比，美国国债和机构债券的报价以 32 分之某一个点的形式表示（同样，这里 1 点＝10 美元）。例如，你可能看到一种国库券的报价为 94:16，它表示此债券的价格为 $94\frac{16}{32}$，或者面值的 94.5%，换句话说，定价为 945.00 美元。对于政府债券来说，报价中冒号右边的数字表示价格中以 32 为分母的分子数。

债券定价与应计利息

在你经常使用的财务网站上，债券的报价可能与你作为一个买家实际支付的价格不同，这是因为这些报价一般不包含在两个利息支付日之间的应计利息。**应计利息**（accrued interest）是自上一个付息日开始由持有者（出售者）所挣得的，但是在下一个既定的付息日由新的所有者（购买者）收到的利息。在两个利息支付日之间出售债券时，购买者向出售者支付应计利息，这个金额是下一次所支付利息的一定比例。

可以通过一个例子看一下在两个付息日之间应计利息是如何影响债券支付价格的。假定你要销售一只面值 1 000 美元、票面利率 4%、每半年支付一次利息的债券，利息每 6 个月为 20 美元。在网上该债券的报价为 1 000 美元，距离上一个付息日 3 个月。由于该债券正好处于两个付息日中间，应计利息为 20 美元×3/6＝10 美元。因此，买家实际支付给卖家的金额是报价 1 000 美元加应计利息 10 美元，共计 1 010 美元。

用市场行话来说，在债券价格中如何处理应计利息是区分**净价**（clean price）和**毛（全）价**（dirty (full) price）的主要依据，可以简单表示如下：

毛(全)价＝报价＋应计利息

净价＝报价－应计利息

那么，对于债券投资者来说，区分毛价和净价有什么意义？理解金融出版物或网站上的报价很重要，它们的报价一般不包含应计利息，称为净债券价格。而相关的销售或发票价格是毛价格，这个价格加上了应计利息。就上述例子来说，这只债券的买家会支付1 010美元的毛价，而非1 000美元的净价。总之，在公开市场上所报净价比实际支付给买家的真实（毛）价要低。

12-3g 债券价格和收益

债券的价格依赖于其面值、到期日和市场利率的变动。当利率下降时，债券价格上升；反之，债券价格下降。债券价格与市场利率的关系可以在图表12—7中观察到。这张图揭示了债券价格与市场利率之间的反向变动关系，需要注意的是，利率降低会带来债券价格的上升。这张图同时显示了溢价债券和折价债券的不同。**溢价债券**（premium bond）指销售价格高于面值的债券，当市场利率低于票面利率时会产生溢价。**折价债券**（discount bond）与之相反，销售价格低于面值，这是由于市场利率高于票面利率引起的。在我们所举的例子中，当市场利率为2%时，4%的债券以溢价进行交易，但当市场利率为6%时，则以折价进行交易。

图表12—7　　票面利率为4%的债券的价格走势

只要当前的市场利率与债券的票面利率保持一致，债券就会以面值出售（例如，当票面利率和市场利率都为4%时）。但是，如果市场利率下跌，则债券价格上升，反之，则下降。而且，当债券向到期日移动时，不管利率如何变动，债券价格一定向其面值靠近。

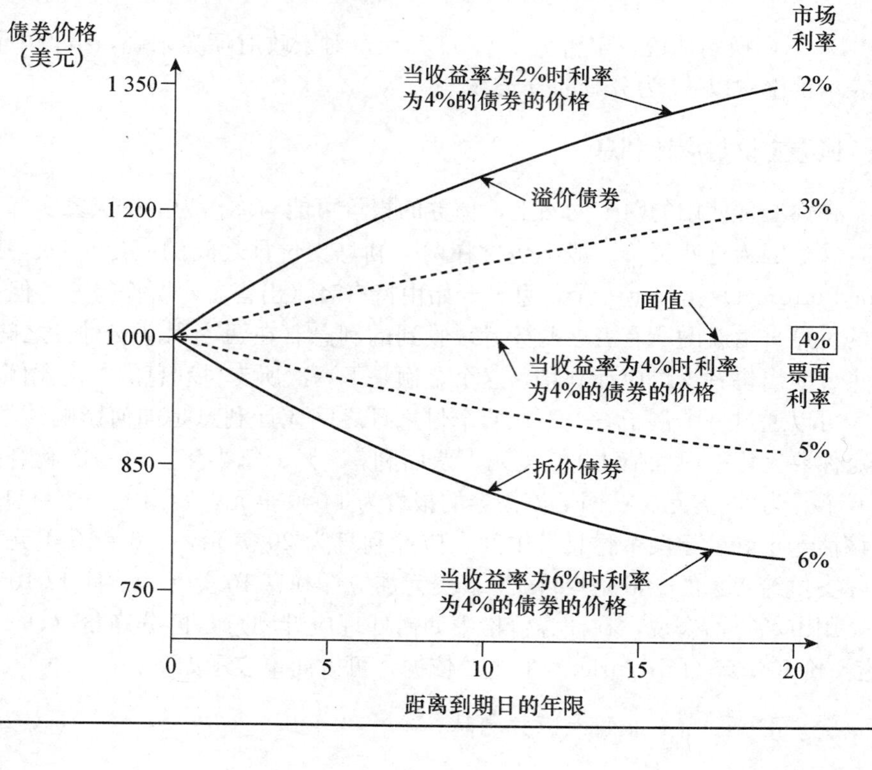

在一定时期内债券价格变动的影响因素是大部分投资者都非常关心的问题。我们知道，债券的价格变化多少，不仅依赖于利率变化的方向，也依赖于利率变化的范围，利率的变化越大，债券价格的波动程度越大。这仅是其一，由于债券的价格会随着票面利率和到期日的变化而变化，也就是说，低票面利率和（或）长到期日的债券对市场利率的变动反应更强烈，有更大的价格波动，因此，如果市场利率有向上移动的趋势，投资者应当寻找高票面利率和短到期日的债券，这样会带来更小的价格波动并在最大程度上保护投资资金。相反，如果市场利率掉头向下，则应购买长期债券：如果你是一个寻找更多资本利得的投机者，就购买长期低票面利率的债券；如果你想锁定高利息收入，就坚持购买长期高票面利率的债券，它们会带来更多的赎回保护。

当前收益率和到期收益率

两个经常使用的债券收益指标是当前收益率和到期收益率。**当前收益率**（current yield）反映了相对于债券的当前市场价格来说，债券能够提供的年利息收入。当前收益率的计算公式如下：

$$当前收益率=\frac{每年利息收入}{债券的市场价格}$$

可以看到，当前收益率与股票的股利收益率基本类似。例如，假定面值 1 000 美元、票面利率 6%的债券其当前市场价格为 910 美元，由于每年的利息收入为 60 美元，债券的当前市场价格为 910 美元，当前收益率为 6.59%（60/910）。这个指标对寻求经常性收益的投资者具有吸引力，在其他条件相同的情况下，当前收益率越高，债券的吸引力越大。

一个债券持有者持有债券到期所得到的年度回报率用**到期收益率**（yield to maturity）表示。这个指标考虑了每年的利息收入和到期时的本金回收，同时考虑了利滚利的影响，因此是一个全复合回报率。如果债券以面值购买，则到期收益率等于票面利率。另一方面，如果债券以溢价或折价购买，则到期收益率会随着当前市场利率水平不同而有所变化。

你可以用近似收益率公式计算溢价或折价债券的到期收益率，这个公式本章前面已经讲过。或者用财务计算器，这样结果更为精确。实际上它与市场中使用的指标非常接近，唯一的不同是市场参与者一般使用半年一次的复利，而我们使用一年一次的复利。

设投资的未来价格（FP）等于债券的面值（1 000 美元），你可以使用以下公式计算一只债券到期的近似收益率。

$$债券到期的近似收益率=\frac{CI+\frac{1\,000-CP}{N}}{\frac{CP+1\,000}{2}}$$

可以回忆一下 CI 等于每年的经常性收益（或者说每年的利息收入），CP 是债券的当前价格，N 是投资时间（至到期日的年数）。

到期收益率指标被投资者用来评估一项债券投资的可接受程度。在其他条件相同的情况下，到期收益率越高，债券的可接受程度越大。如果一只债券提供的到期收益率等于或超过投资者要求的回报率，则这只债券可以列入投资选择的范围，因为这只债券提供的收益能够补偿投资者所承受的相关风险。

计算数字

假定你正在考虑购买一只面值1 000美元、利率6%、期限15年的债券，债券当前交易价格为910美元。已知应计利息(CI)=60美元，当前价格(CP)=910美元，期数(N)=15，债券到期的近似收益率为：

$$\text{债券到期的近似收益率}=\frac{60+\left(\frac{1\,000-910}{15}\right)}{\left(\frac{910+1\,000}{2}\right)}=\frac{60+\left(\frac{90}{15}\right)}{\left(\frac{1\,910}{2}\right)}=6.91\%$$

需要注意的是，由于债券是折价购入，因此计算的到期收益率既大于6%的票面利率，也大于6.59%的当前收益率。

一生中的规划：股票和债券投资

以下是人生的每个阶段有关投资规划的主要考虑事项。

独立生活阶段 20多岁	家庭与职业发展阶段 30～45岁	成熟阶段 45～65岁	退休 65岁以上
√制定主要的投资目标，并确定每月需要投资多少钱以达到目标	√如果可能修订你的投资目标，重点关注退休和孩子的教育	√根据最近的发展修改你的投资计划	√修改投资计划，向债券和现金倾斜，减少股票
√根据你的时间范围和风险态度确定资产在股票、债券和现金上的分配	√重新评估你的资产分配，考虑进行资产再平衡以与目标保持一致	√重新评估你的资产分配，考虑进行资产再平衡以与目标保持一致	√重新评估你的资产分配，考虑进行资产再平衡以与目标保持一致
√确认你参加了一项由员工发起的401(k)退休计划，并与你的资产分配计划相匹配	√逐渐增加用于401(k)退休计划的投资，并重新评估它们如何与你的资产分配计划相一致	√继续增加用于401(k)退休计划的投资，并重新评估它们如何与你的资产分配计划相一致	√在投资资产分配策略中加入遗产规划
√考虑开设传统个人退休账户或罗斯个人退休账户	√考虑增加向传统个人退休账户或罗斯个人退休账户的缴款	√考虑增加向传统个人退休账户或罗斯个人退休账户的缴款	√仔细规划从带有税盾的账户中强制取款及其税收后果

练习题

1. 什么是一项好的投资？使用近似收益率或财务计算器计算下列投资的期望回报并对它们进行排序。
a. 以30美元买入一只股票，持有3年，以60美元售出（股票每年支付2美元/股的股利）。
b. 以40美元买入一种证券，持有2年，以100美元售出（证券的当前收益为0）。
c. 买入一种1年期、利率为5%的票据，票据金额为1 000美元（假定该票据面值1 000美元，并将持有至到期）。

2. 一个投资者在考虑以 75 美元/股买入 Razortronics 公司的一些股票，她预计 3 年后股票的价格会上升到 115 美元，在此期间，预计每年收到 4 美元/股的股利。假定投资者的期望（未来股价和股利）能够实现，她在这项投资上的期望回报率是多少？（提示：使用近似收益率或财务计算器解答此问题。）

3. Garden Designs 公司的当前股价为 85 美元，公司没有支付股利。西恩・伯思期望 4 年后的价格为 125 美元。如果西恩・伯思要求获得 15%的回报率，他是否应该购买？请解释原因。

4. Clarkson 公司最近报告的税后净利润为 1 580 万美元，它有 250 万股已发行普通股，每年支付 100 万美元的优先股股利。公司股票的当前交易价格为 60 美元/股。

a. 计算公司的每股收益（EPS）。

b. 股票的市盈率（P/E）是多少？

c. 如果公司向普通股股东支付 1.75 美元/股的股利，计算股票的股利收益率。

5. 一个处于 28%税级的投资者正在考虑从以下两个债券中进行选择：一种为 5.5%的美国国债，以面值出售；另一种是票面利率为 4.25%的市政债券，也以面值出售。投资者应选择哪一种债券？为什么？

6. 解释债券的当前收益率与到期收益率的不同。为什么这些指标对债券投资者来说很重要？计算一种 20 年期、利率 9%、面值 1 000 美元并以 850 美元进行交易的债券的到期收益率。该债券的当前收益率是多少？

7. 下面这两种债券中哪种提供较高的当前收益率？哪一种提供较高的到期收益率？

a. 利率 6.55%、22 年期债券，报价 52.000 美元。

b. 利率 10.25、27 年期债券，报价 103.625 美元。

名　词

经营风险（business risk）　表示企业现金流的不确定性程度和在一定时期内应对经营支出的能力。

财务风险（financial risk）　与企业运用债务融资有关，是企业没有足够的现金按时偿还债务的可能性。

市场风险（market risk）　与证券价格波动有关的风险。

购买力风险（purchasing power risk）　价格水平的可能变化所带来的风险，它会显著影响投资回报。

固定收益证券（fixed-income securities）　债券、票据和优先股等为投资者提供固定的周期性回报的证券。

利率风险（interest rate risk）　由于市场利率变动而带来的风险，主要影响固定收益证券。

流动性风险（liquidity risk）　不能很方便以合理的价格出售投资的风险。

事件风险（event risk）　当一些重要事件发生并且对公司的财务状况有突发性影响时，会产生事件风险。

无风险回报率（risk-free rate of return）　短期政府证券（如国库券）的回报率，没有违约风险。

期望回报率（desired rate of return）　投资者认为其应当获得的用于补偿所设定的风险水平的最低回报率。

剩余所有者（residual owners）　公司的股东，在企业履行其他支付义务之后，股东有权分享公司股利或公司收益。

授权书（proxy）　把投票权授予其他人（一般是公司的某一董事）的书面文件。

股利收益率（dividend yield）　收到的股利金额与股票的市场价格之比。

股票股利（stock dividends）　以新发行股票的形式支付，作为现金股利的补充或替代。

账面价值（book value）　公司股东权益的金额，可以通过从公司总资产价值中减去负债与优先股价值得到。

净利润率（net profit margin） 反映公司盈利性的关键指标，它把公司的净利润和销售收入相联系，表示公司销售收入的回报率。

权益报酬率（return on equity，ROE） 反映公司整体盈利性的指标，它之所以重要是因为其与公司的利润、增长和股利都有联系。

每股收益（earnings per share，EPS） 每一股普通股股票获得的回报，用支付优先股股利后的盈余除以发行在外的普通股数量得到。

市盈率（price/earnings (P/E) ratio） 这个指标反映了投资者的信心与期望，用普通股的当前市场价格除以年度每股收益得到。

贝塔系数（beta） 代表普通股价格的波动性，它表示一只股票是如何响应整个股票市场变化的。

蓝筹股（blue-chip stock） 由企业发行的具有优良品质及长期稳定的盈利和股利分配的股票。

增长股（growth stock） 收益和市场价格超过平均增长率的股票。

科技股（tech stock） 市场中科技板块的股票。

收益股（income stock） 其吸引力在于高股利，在一定期间内其股利支付预期处于增长状态。

投机股（speculative stock） 购买时每股股票几乎没有希望增长的股票。

周期股（cyclical stock） 股票价格波动与商业周期相联系的股票。

防御股（defensive stock） 股票价格波动通常与商业周期相反的股票。

大盘股（large-cap stock） 资本化价值大于100亿美元的股票。

中盘股（mid-cap stock） 资本化价值介于20亿到100亿美元之间的股票。

小盘股（small-cap stock） 资本化价值小于20亿美元的股票。

股利再投资计划（dividend reinvestment plan，DRP） 股东可以与公司签约将其现金股利自动再投资到公司普通股的额外股份上。

票面利率（coupon） 债券的特征之一，这个利率界定了发行者向债券持有者每年支付的利息。

抵押债券（mortgage bonds） 以不动产（如生产厂房）作为抵押而发行的债券。

设备信托证券（equipment trust certificates） 以某种类型的设备（如汽车与航空器）作为抵押而发行的债券。

信用债（debenture） 以企业的资信作保障而发行的债券。

偿债基金（sinking fund） 明确每年偿还债务的时间表的一个条款。

赎回条款（call feature） 约定债券在正常到期日前可以赎回的条款。

国债（treasury bonds） 以美国政府的信誉作保证而发行的债券。

通胀指数调整的国债（treasury inflation-indexed bond，TIPS） 由美国财政部发行的债券，所支付的本金根据通货膨胀率进行调整，通货膨胀率以CPI进行测度。

政府机构债券（agency bonds） 由美国政府的分支机构或部门发行的债券。

按揭贷款支持债券（mortgage-backed securities） 债券以按揭贷款所产生的现金流量为基础，并以按揭贷款作为抵押物。

市政债券（municipal bonds） 由州政府或地方政府发行，市政债券的利息收入一般不征收联邦所得税。

系列债券（serial obligation） 发行对象被分为一系列小的债券，每一小类都有其到期日和票面利率。

收入债券（revenue bond） 通过特定的收入产品项目获得收入的市政债券。

一般责任债券（general obligation bond） 由市政部门提供信誉与信用保证的债券。

公司债券（corporate bond） 由公司发行的债券。

可转换条款（conversion privilege） 在发行对象的条款中规定有可转换条件，如转换期和转换率。

转换率（conversion ratio） 债券可以转换为普通股的数量。

转换价值（conversion value） 表示一张可转换债券所转换的股票在交易中的销售价格。

转换溢价（conversion premium） 可转换债券在市场中的定价与其转换价值的差额。

垃圾债券（junk bond） 又称为高收益债券，这些债券具有高投机性，穆迪和标准普尔的评级较低。

应计利息（accrued interest） 自上一个付息日开始由持有者（出售者）所挣得的，但是在下一个既定的付息日由新的所有者（购买者）收到的利息。

净价（clean price） 债券报价减应计利息。

毛（全）价（dirty (full) price） 债券报价加应计利息。

溢价债券（premium bond） 销售价格高于面值的债券。

折价债券（discount bond） 销售价格低于面值的债券。

当前收益率（current yield） 相对于债券的当前市场价格，债券能够提供的利息收入。

到期收益率（yield to maturity） 债券持有者持有债券到期所得到的年度回报率。

第 13 章

共同基金、交易所交易基金和房地产投资

学习目标

1. 描述共同基金、交易所交易基金的基本特征与操作特点。

2. 理解开放式基金与封闭式基金的不同，以及它们与交易所交易基金的区别，讨论基金的不同类型。

3. 讨论投资者可以投资基金的类型以及由共同基金和交易所交易基金所提供的投资服务的不同种类。

4. 理解在选择基于投资目的的基金时需要考虑的指标。

5. 确定共同基金投资回报的来源，计算其回报率并评估交易所交易基金的业绩。

6. 理解房地产在分散化投资组合中的作用，并理解房地产投资的基本要素（直接或间接）。

共同基金、交易所交易基金和房地产投资将如何影响我？

有了理财规划并知道分散投资的重要性是投资规划工作的重要开始。下一步是设计如何通过投资不同的金融工具来实施你的计划。对大多数人来说，使用共同基金和交易所交易基金（ETF）是实现投资分散化的最好路径。本章将阐述各个类型基金的主要特征，并对可选择的投资工具进行分析，展示如何计算回报率以及评估业绩。本章还将讲述房地产投资的基本要素及其在分散投资组合中的作用。读完本章后，你应当对投资共同基金、ETF 和房地产有一个很好的认识，更好地实现你的理财目标。

13-1　共同基金和交易所交易基金：基础

好的投资规划要发现与你的理财目标相协调、具有一定风险—回报特征的投资工具。在本章中，我们将在股票和债券之外学习其他一些被个人投资者广泛使用的投资产品：共同基金、交易所交易基金（ETF）和房地产。这些投资工具能够提供从股票和债券中得不到的风险—回报机会。例如，一些投资者想购买投资组合并获取收益，但却没有购买分散化投资组合所需资金，他们发现共同基金更有吸引力。下面让我们认识一下这种投资，先从共同基金开始。需要记住，分析和选择共同基金的方法基本上对 ETF 也适用。

共同基金（mutual fund）是从股东处接受资金并代表股东进行证券分散化组合投资的金融服务机构。**交易所交易基金**（exchange traded fund，ETF）是证券交易所交易的投资公司的股票。与共同基金不同，ETF 可以在一天中买入或卖出。ETF 经常以指数形式组合其投资来匹配特定市场板块的收益。因此，当投资者购买共同基金份额或 ETF 时，他们成为证券高度分散化投资组合的部分拥有者。共同基金和 ETF 可以被认为是由投资公司向公众出售的金融产品。也就是说，投资公司建立和管理证券投资组合并通过被称为共同基金的工具销售组合内的所有者权益（股票）。共同基金结构在图表 13—1 中进行了展示。现在，对于个人投资者来说，共同基金是备选的投资工具之一。

它们广受欢迎，因为不仅提供各种使人感兴趣的投资机会，而且提供对许多投资者有吸引力的广泛的服务。共同基金是一种简单方便的投资途径，特别适合初始投资者。

图表 13—1 共同基金的基本结构

共同基金从许多个人投资者处取得资金并使用此现金池购买股票、债券和其他证券的分散化组合。

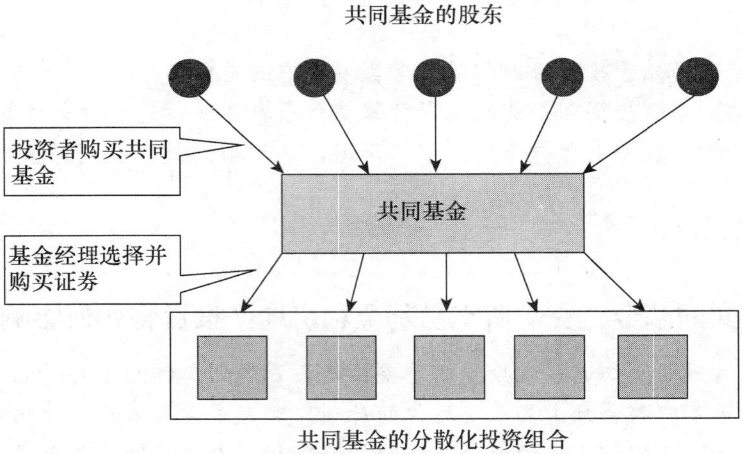

13-1a 共同基金的概念

美国的首只共同基金于1924年在波士顿成立，到1980年，有564只共同基金在运营。但这仅仅是开始，到2011年美国由共同基金所管理的资产增长到11.6万亿美元。2011年，投资者可以从近7700家公开交易的基金中进行选择（其实，算上同一个投资组合中衍生的两个或多个子基金，基金的数量接近27000个，这些衍生基金之所以产生是由于在有些情况下，同一基金会提供2～3个不同的版本，每一个子基金具有不同的收费结构类型）。很显然，共同基金对大量投资者具有吸引力，这些投资者都有一个想法，由于这样或那样的原因，他们认为应该把证券选择和组合管理问题交给专业的基金经理完成。

混合分散化

共同基金集合了具有相同投资目标的许多人的投资资本，并把这些资金投向各个类型的证券。投资者得到共同基金的股票份额，通过这些基金可以享受更多的投资分散化好处。实际上，一只基金通常持有差不多100只不同的股票和债券，有些基金持有的投资品种会有几百个。例如，2012年年初，富达基金持有大约350种证券，而Dreyfus GNMA债券基金持有超过950种债券。很显然，对于除了超级富豪之外的大多数人来说，这些基金的分散化程度比大多数投资者期望的还要高。当然，很多拥有基金份额的投资者实际上是基金的证券多元化组合的部分所有者。不考虑基金规模，当持有证券的价格上升或下降时，共同基金份额的市场价格也会发生相应的变化。当基金收到股利或利息时，它们会把这些红利支付给基金持有人，分配的基础为基金所有权比例。

13-1b 为什么要投资共同基金或 ETF

投资者可以基于不同的方式使用共同基金和 ETF。一个投资者可能主要由于基金能提供资本收益机会而买入，而另一个投资者可能不是因为资本收益，而是因为当前收益而买入完全不同的基金。不管基金提供哪种类型的收益，个人使用这些投资工具一般基于以下一种或多种原因：（1）达到投资分散化的目的；（2）得到基金经理的专业服务；（3）使其投资资金获得一定的回报；（4）基金的便利性。

分散化

正如刚刚讲到的，分散化是进行基金与 ETF 投资的基本动机。这种分散化的功能使投资者通过间接投资不同类型的证券和公司而大幅降低投资风险，这比仅投资于一两家要好。如果你仅有 500 美元或 1 000 美元的投资资金，很显然你自己很难进行多元化投资。但是若投资共同基金或 ETF，你会达到持有较好的证券投资多元化组合的目的。

专业化管理

共同基金的另一个吸引力是其提供的专业化管理服务，尽管获得这些管理服务需要支付一些费用，但聘请全职的专业管理人员还是很值得的。这些专家知道投向哪里、如何避免不确定性风险。在最小的风险水平下，他们的决策会取得更好的长期回报。共同基金的理念植根于**混合分散化**（pooled diversification），像保险一样发挥作用。

财务回报

专业经理往往能够得到比小投资者更多的回报，但相对较高的购买费用，以及相应的管理和运营成本，会减少共同基金投资的实际回报。共同基金行业只提供较低的回报是无法吸引上百万投资者的，恰恰相反，从长期来看，共同基金提供的回报并不低。

便利性

共同基金使投资变得简单，大多数不需要太多初始资本。它们仅需要处理一些文书工作并记记账，基金的报价随时可见，投资者可以买卖零碎的基金份额。开一个共同基金账户和开一个银行账户一样简单，只需要填几个表，拿出少量的钱，你就可以开始操作了。

13-1c 共同基金的组织与运行

大家会想象共同基金很庞大，但实际上并非如此，基金的不同功能，如投资、记账、保管等，被分解到两个或多个公司完成。除了投资者持有的基金本身外，还有其他几个主要参与者：

- 管理层：运营基金的日常业务；

- 投资顾问：买卖股票和债券并监管投资组合；
- 销售商：出售基金份额，直接向公众或通过特定的授权经销商发售；
- 保管人（如银行）：保管证券及基金的其他资产；
- 过户代理人：执行交易，保留交易记录并保持其他记录。

设计这些职责的分离就是为了一件事，保护基金投资者（份额持有人）的利益。很显然，当基金持有的股票或债券价格下跌时你会亏钱。但这实际上是你面临的唯一风险，因为其他任何舞弊或基金公司破产的风险几乎都不存在。

13-1d 开放式基金和封闭式基金

看起来所有的共同基金都以同样的方式组织运行，实际上并非如此。其中之一是基金结构的差异，即基金可以开放式公司（可以出售无限数量的基金份额）的形式设立，也可以封闭式公司（仅发行有限数量的基金份额）的形式设立。

开放式投资公司

共同基金一般表示**开放式投资公司**（open-end investment company），这些机构是投资公司的主要类型，95%的资产都在其控制之下。在一家开放式投资公司，投资者实际上是向共同基金本身买卖股票。当购买基金的份额时，基金发行新股并以新的股票满足这些购买需求。除了投资者的需要，基金公司发行股票的数量没有限制。而且，所有的开放式基金都要为其基金份额作保证，当投资者想卖基金时，基金公司就应当买回来。

开放式基金的交易价格以基金所持有投资组合的当前价值确定，这个价值称为**净资产价值**（net asset value，NAV），通过把基金持有的所有证券的市场价值相加，减去所有负债，再除以已发行的基金份额得到。

封闭式投资公司

共同基金这个词一般仅指开放式基金，在实践中，有时也指封闭式投资公司。一般来看，**封闭式投资公司**（closed-end investment company）发行固定数量的股票且不能发行新股。实际上，它们与一般的公司类似，只是这些公司的主要业务是对市场中的可交易证券进行投资，与开放式基金一样，封闭式基金在过去10年间也有可观的增长。在1980年仅有34只封闭式基金，到2011年年末，已有634只，净资产将近2 390亿美元，当然这只是11.6万亿美元共同基金投资的一小部分。封闭式投资公司的股票在二级市场上交易很活跃，就如同其他类型的公司一样，但与开放式基金不同的是，封闭式基金所有投资者之间的交易都在公开市场上进行。封闭式基金本身不参与这个交易，一旦股票发行完毕，基金就与此交易无关了。

开放式基金与封闭式基金看起来有许多共同之处，但也有一些不同点。首先，封闭式基金不用担心股票被赎回或新的资金进入，因此，它们不用在手头预留现金以备赎回。由于在存续期间没有新的资金进入，它们也不用费心为新进入的资金寻找新的投资，封闭式基金要做的就是集中精力设立并管理好证券投资组合。当然这给管理层施加了压力，因为他们投资的结果完全处于市场的视线之下，也就是说，封闭式基金的股票价格不仅由其净资产价值决定，也取决于市场的一般供给和需求。根据市场观望者与投资者的期望，封闭式基金一般以净资产价值的折价或溢价交易。

13-1e　ETF

结合开放式基金的操作特点和封闭式基金的交易特点，产生一种叫 ETF 的产品。ETF 是股票在证券交易所交易的投资公司。ETF 在 1993 年才出现，但越来越受欢迎，并在共同基金之外提供了另一种投资选择。大多数 ETF 以指数基金的形式存在，为了与市场板块的业绩匹配而设立，实现这一目标的方式是持有目标市场板块中的所有股票（债券）或样本股票（债券）。ETF 能够提供与传统的共同基金一样的专业现金管理和与交易所股票一样的流动性。2011 年，大约有 1 100 只 ETF，管理着超过 1 万亿美元资产。大约有 34 只活跃的 ETF，其管理的资产超过 50 亿美元。

虽然 ETF 有点像封闭式基金（在证券交易所交易），但它们实际上是根据市场需求增加或减少股票数量的封闭式基金。也就是说，ETF 可以像其他股票一样买卖，ETF 的发行人也可以增发新股或赎回旧股。这样做是为了防止 ETF 的交易价格相对于其持有价值有（过多的）折价或溢价，也就避免了封闭式基金的主要缺点。这种基金广泛投资于国内或国际股票指数及一些子市场指数，也可能仅仅购买美国国债、公司债券或市政债券指数。最大、最久远的 ETF（自 1993 年以来）以标普 500 为基础，称为“蜘蛛”（SPDRs）。此外，还有 Qubes（以纳斯达克 100 为基础）、“钻石”（Diamonds）（以道琼斯工业平均指数为基础），以及与许多国际市场上指数挂钩的 ETF（从澳大利亚、加拿大到德国、日本和英国）。美国市场中每个重要的指数都有自己的 ETF，还有许多小的覆盖特定板块或行业指数的 ETF。任一时刻 ETF 的净资产价值被设定为指数值的一定比例，如标普 500 指数为 1 465.76 点时，标普 500 的 ETF 的交易价格为 149.90 美元（大约为指数的 1/10）。同样，道琼斯指数的 ETF 被设定为道琼斯工业平均指数的 1/100（因而，当道琼斯指数为 13 593.37 点时，其 ETF 的交易价格为 135.62 美元）。

ETF 集合了封闭式基金的许多优点，与封闭式基金一样，ETF 可以在一天中任何时点进行买卖，你可以通过你的券商下单（并与其他股票一样支付手续费）。与之相比，你不能全天候地交易传统的开放式基金，因为买卖基金的指令需要使用交易日结束时的收盘价。因为许多 ETF 是被动管理的，它们具有所有指数基金的优势：低成本、低周转率和低税金。当然，ETF 是作为证券交易的，其价格有时与净资产价值不等，这会抵减 ETF 低成本的优势。由于 ETF 通过券商交易并且有手续费，所以只要不交易，就不会有费用。这种基金的税收负担很轻，因为 ETF 很少向股东支付资本利得，你可以持有 ETF 20 年，只要你不出售，就不会有一分钱的税金。

主动管理型 ETF 可能比被动型有更高的成本、周转率和税金，就如名称所示，主动型基金不仅仅是追踪一个指数。杠杆化的 ETF 寻求高收益，通过使用期权、期货和掉期这样的工具来实现。你是不是在想这样风险太高了，你是对的。ETF 市场上的持续创新为投资者提供了更多的选择，所以他们选择承担适中或较高的风险。图表 13—2 列示了一些可以投资的 ETF。

图表 13—2　　可选择的 ETF

ETF 市场中占优势的是追踪各种国内或国际指数的基金，然而，聚焦选择和交易证券组合的主动管理型 ETF 在不断增加。下面是具有代表性的可选择的 ETF。

ETF 类型	交易名称	追踪目标
美国股票指数		
蜘蛛（Spiders）	SPY	标普 500
Cubes	QQQ	纳斯达克 100
钻石（Diamonds）	DIA	道琼斯工业平均指数
iShares Russell 2000	IWM	罗素 2000 指数
VIPERs	VTI	Wilshire 5000 拓展市场指数
美国行业指数		
美国能源蜘蛛指数	XLE	标普 500 能源行业
美国金融蜘蛛系数	XLF	标普 500 金融行业
美国技术蜘蛛系数	XLK	技术行业精选指数
美国债券市场		
iShares Barclays 集合债券 ETF	AGG	美国所有投资级债券市场
Vanguard 短期债券 ETF	BSV	短期平均市场加权的债券指数
iShares 10+ 政府/信用债券基金	GLJ	美国长期、投资级的公司和政府债券市场
国际市场		
MSCI EAFE 指数基金	EFA	MSCI 欧洲、澳大利亚和远东“EAFE”指数
MSCI 新兴市场指数基金	EEM	MSCI 新兴市场指数
主动管理型基金		
PIMCO 短期提升型策略基金	MINT	比货币市场基金有更高的收益和回报
PowerShares Active 美国房地产基金	PSR	在 FTSE NAREIT Equity REIT 指数中选择证券
洼地战术 ETF	DENT	使用专门分析的长期资本增长

资料来源：Adapted from “Popular ETFs,” Yahoo! Finance，http://finance.yahoo.com/etf/education/04，accessed September 2012；“Broad U.S. Bond ETFs,” http://seekingalpha.com/article/30351-broad-u-s-market-etfs，accessed September 2012；Ron Rowland，“Complete List of 27 Actively Managed ETFs,” http://seekingalpha.com/article/194752-complete-list-of-27-actively-managed-etfs，accessed September 2012.

13-1f　在 ETF 和共同基金之间选择

前面讨论了 ETF 和共同基金各自的优点和缺点。这里又提出一个问题，如何在二者之间进行选择，答案取决于你想投资什么，你对税金和成本的敏感性如何。可以参考由晨星公司提出的三个标准：

- 投资面宽还是窄。ETF 是为了适应投资者想投资于比较窄的单一市场领域而产生的，如果你想投资某一市场板块、行业或地区，ETF 更适合你。而且，相对共同基金来说，有更多的 ETF 追踪单一的国外市场。ETF 的缺点是不像许多共同基金那样能够充分进行分散化投资。可以把共同基金看作更宽泛的指数投资，而 ETF 的投资更为狭窄，以此来锁定目标。
- 税金。ETF 比大多数共同基金更能规避资本利得税。大部分的 ETF 是指数基金，它们的交易量比中等活跃程度的共同基金要低，具有较低的应税所得。
- 成本。ETF 的管理费用比大部分的共同基金要低，它们不用管理客户的账户，也不用设立呼叫中心。这意味着 ETF 与共同基金相比有较低的费率。ETF 对于使用券商、投资额较大和投资期较长的投资者来说，是一种低成本的选择。

13-1g　一些需要考虑的重要成本

在买卖封闭式基金公司的股票或者 ETF 的份额时，你需要支付手续费，这与你购买其他类型的上市公司股票或场外交易市场的股票类似，但是开放式基金却不这样。投资于开放式基金的成本根据基金向投资者收取的管理费类型而不同。

有费用基金

大部分开放式基金称为**有费用基金**（load fund），因为在买入时要支付费用（这个费用可以称为前付费用）。这些前付费用比较多，最高大约为买入价格的 8.5%。然而，现在基金很少收取最高费用，许多基金的费用仅为买入价格的 2%～3%，这些基金称为**低费用基金**（low-load fund）。对于这些有费用基金来说，一个好消息是在卖出份额时不需要支付费用或佣金。偶尔的情况是，在出售基金份额时，你可能要交一些清算费。这些基金称为**后付费用基金**（back-end load fund），收取的费用可能是出售金额的 7.25%，这些后付费用随着基金持有时间的推移而下降，在 5～6 年后会降为 0。

无费用基金

一些开放式基金在你买入时不收费用，这些基金称为**无费用基金**（no-load fund）。现在所销售的基金中有不到一半是真正的无费用基金，其他会收这样或那样的费用。有的基金没有前付费用（可能被归类为无费用基金），但有后付费用，这些费用也称为 12(b)-1 费用，只要你持有份额就要缴纳。

12(b)-1　费用

这些 **12(b)-1 费用**（12(b)-1 fee）也称为持有费用，被美国证监会批准并自 1980 年开始采用，可以帮助无费用基金支付其发行和营销费用。这个费用受到基金发起人的欢迎，现在被开放式基金广泛采用。费用按年收取，按所管理资产的 1%收取。无论市场好坏，都按这个比例支付。举例来说，10 000 美元的基金，1%的持有费用每年就是 100 美元，是一笔不小的支出。

管理费

管理费（management fee）是投资者使用专业的货币经理去管理基金投资组合所需要支出的费用。这些费用一般按年收取，占基金所管理资产的 0.5%～3%（或 4%）。所有基金，不论是有费用基金还是无费用基金，不论是开放式基金还是封闭式基金，都要收取此项费用。与 12(b)-1 费用类似，这些收费要接受监管，因为高额的管理费会降低基金业绩。作为一项规则，管理费的多少与基金业绩完全不相关，不管基金当年盈利还是亏损，你都需要支付此项费用。除了这些管理费外，一些基金可能还要收取年度维护费，以分担向小额账户提供服务的成本。

追踪基金的收费情况

基金的费用繁多，引来外界对基金行业的批评。可喜的是，开放式基金在逐渐减少相关费用。有一点需要注意的是，相对过去来讲，现在基金对费用的披露更为充分。很明显，现在你可以在许多网站上查到任何一只基金收费类型与金额方面的信息，包括Quicken. com，Kiplinger. com，Morningstar. com 等。你也可以利用一些主要报纸上的基金报价信息，如《华尔街日报》。可以看一看图表 13—3 所示的网上报价，在每一只基金后面常常会有一个字母，如 r，p 或 t。如果见到后面有 t，表示在出售基金时收取一些费用，或者有后付费用，字母 p 表示收取 12(b)-1 费用。当然，这个报价只能告诉你基金收什么费用，并不能告诉你收多少，也没有告诉你关于前付费用的信息。你可以上网查询某只基金是否有前付费用，以及收取多少。

图表 13—3 **共同基金报价**

开放式基金与其他证券分开报价，它有自己的报价系统，下面所示的是摘自《华尔街日报》的在线报价。可以看到，这些证券的报价有元和分，不仅包括净资产价值，而且包括年化收益率，还包括基金是否有赎回费用或 12(b)-1 费用。

基金	代码	净资产价值	变化	年化收益率 (%)	3 年的变化 (%)
Artio 全球基金					
GlbEqA *t*	BJGQX	36.35	0.42	10.9	3.9
GlbEql	JGEIX	36.73	0.43	11.1	4.2
GblHilncl *r*	JHYIX	9.9	0.04	12.1	10.9
IntlEqll l *r*	JETIX	10.78	0.16	12.9	−0.6
USSmCpA *p*	JSCAX	10.58	0.16	11.6	9.5
Artisan 基金					
EmgMktsAdv	ARTZX	12.91	0.24	11.8	1.6
EmgMktslnst	APHEX	12.9	0.24	12	1.9
IntlVal Inv	ARTKX	29.53	0.21	17.7	10.4
MidCapInv	ARTMX	40.3	0.49	22.4	19.1
MidCapVal Inv	ARTQX	21.91	0.22	11.2	13.2
SmCapVal Inv	ARTVX	16.12	0.16	8	9.3
ValueInv	ARTLX	11.66	0.08	16.7	13.8

Artio精选机会基金，A级股票，基金有12(b)-1费用（p）和赎回费用（r）。

Artio精选机会基金，真正的无费用基金（无前付、后付或12(b)-1费用）。

Artio国际权益基金Ⅱ，有赎回费用（r）。

Artio美国小盘股基金，有12(b)-1费用（p）。

注：p——有 12(b)-1 费用。
r——有赎回费用。
t——包括 p 和 r。

资料来源：*The Wall Street Journal*，http://online.wsj.com/mdc/public/page/2_3048-usmfunds_A-usmfunds.html?mod=mdc_h_mfhl，2012-09-14.

美国证监会要求共同基金充分披露费用信息并以易理解的标准化形式披露，每只基金的说明书要提供一张详细的费用表，表中把基金的收费分为三部分。第一部分详细列示股东交易成本，它会告诉你买入和卖出共同基金需要支付多少成本。第二部分列示基金的年度运营费用，以占管理的净资产的百分比形式呈现，基金公司必须分别列示管理费、12(b)-1 费用和其他费用。第三部分列示买入、卖出和持有基金期间的总成本，包括交易成本和运营费用，并展示持有 1 年、3 年、5 年和 10 年的总成本。

行为金融问题　**共同基金投资上的行为偏差**

从理论上来说，理性投资者应采用简单的投资策略，即投资于高度分散化、低费用的共同基金，并进行最低程度的组合再平衡。经过时间验证的方法是选择低费用和低周转率的指数基金。相反，当前的研究表明，许多个人投资者表现出以下令人不解的行为：

- 投资者倾向于赚了卖得太快而赔了持有时间太长；
- 投资者经常购买高费用的共同基金，对于被动持有的指数基金（如标普500指数）经常支付高额费用；
- 个人投资者经常追逐过去业绩很好的基金。

让我们看一看行为金融学家如何评价上述行为偏差。

- 处置效应。人们都不喜欢损失而更喜爱已实现的回报，因此，他们倾向于持有损失时间过长而持有收益时间过短。在共同基金投资中，这个偏差使投资者过高估计他们的期望持有时间并错误地选择高费用（前付费用）的基金，这种影响缩短了期望持有时间，导致更频繁的交易。
- 短视效应。投资者在买卖共同基金时没有充分考虑组合中成本的影响。同理，投资者认为共同基金比股票安全，他们在评价基金业绩与成本时花的时间更少。
- 代表性偏差。有证据表明，投资者把基金的当前业绩视为未来业绩的代表（尽管在基金说明书中有一些警示）。这可能引导投资者仅仅根据历史记录而购买不适宜的基金。这个偏差可以由晨星公司基于过去回报的评级得到印证。

那么如何应对以上行为偏差？答案很清楚：教育。有证据表明，有经验的投资者很少进入这个怪圈。有经验的投资者知道基本投资原则，理解投资倾向，更有经历，具有高收入。他们会有效使用基金，他们持有基金的时间更长，避免购买高费用基金，所以能够获得较高的回报。根据你目前的知识，你也可以这么做。

资料来源：Adapted from Warren Bailey，Alok Kumar，and David Ng，2011，"Behavioral Biases of Mutual Fund Investors，" *Journal of Financial Economics*，v. 102，pp. 1－27.

13-1h　买入和卖出基金

买入和卖出封闭式基金或ETF基金与买卖普通股没有区别，交易由券商或经纪人完成，他们以正常方式处理交易指令。交易会涉及正常的交易成本，由于被看作与其他上市公司或场外交易市场交易的股票一样，因此基金可以卖空，这已经在第11章讨论过。

不同的是，开放式基金可以从专营或兼营的经纪人处购买，也可以直接向基金公司购买。许多共同基金可以在网上开户，你开户并存入资金后，就可以买卖证券了。卖出基金是一件需自己动手来做的事，只需使用网上账户或拨打800电话即可。当卖出股份时，可以知道你所购买的公司是否具有转换基金的能力，这个能力通常是指在线（或使用电话）把资金由一只基金转向另一只基金，唯一的限制是这些基金必须在相同的"家庭"（基金管理公司）管理之下。大多数公司对这种转换不收费或仅收少量费用，虽然基金提供转换权，但一般会限制每年转换的次数。

理财规划小贴士　如何选择最好的共同基金

选择最好的共同基金达到理财目标就像做作业一样，需要注意几个要点。下面是具体操作步骤和一些注意事项：

- 决定你要在共同基金上投多少钱。这取决于你在未来需要多少钱、什么时候需要钱、其他钱投在什么地方。例如，你是为孩子18岁上大学攒学费，还是为养老而投资？
- 决定你的资产分配。这主要取决于你从投资到需要钱所经历的时间长短以及你的风险承受能力。假如你是为养老而投资，原则是在债券上投钱的比例大约等于你的年龄，剩余部分是股票。如果你25岁，那么债券投资为25%，股票投资为75%。这个比例可以根据你对风险的态度而进行调节。
- 在不同类型的共同基金上分散你的投资。研究建议最好同时投资于小盘股和大盘价值股，以及国内股和国外股。对于许多人来说，如果可能的话，最好的选择是在每一种类中选择低成本的指数基金。
- 把可选择的共同基金列一个清单。用适合的标准比较每一只基金过去的业绩(Morningstar. com上有进行这种比较的便捷资源)，然后比较清单中每只基金的费率，通过这个比率可以看到基金回报降低的程度。很显然，你会更喜欢低费率的基金，经过一段时间，高回报会对你投资的资金产生较大影响。同样，比较共同基金的周转率也很有用，它会告诉你基金所持有的资金在一年中被出售的比例。高周转率会带来高费用和高税金，和高费率一样会降低基金的净回报。
- 避免"狗"基金。许多人就挑过去业绩最好的基金购买，把它们作为明星对待。这样很有意义，谁不想得到明星呢？然而，这种策略往往导向错误。虽然很难证实明星，但过去业绩确实是一个证明真实损失的可靠途径。就业绩而言，最差的基金（狗基金）经常在底部一待就是几年。可以使用一些指标来测度其回报、费率和周转率。因此，这里有最好的方法：不要追星、避免搜狗。

13-2　基金及基金服务的类型

在投资行业，根据基金的投资策略和投资目标对共同基金和ETF进行分类在实际操作中广泛应用，这种分类不仅反映基金管理资金的方式，而且反映其风险—回报特征。每一只基金都有一个特定的声明的投资目标，最常见的是资本增值、收入、免税收入、保留投资资本或者其他综合的目标。一些常见的共同基金类型包括增长基金、激进增长基金、价值基金、权益收入基金、平衡基金、增长与收入基金、债券基金、货币市场共同基金、指数基金、行业基金、社会责任基金、国际基金和资产分配基金。下面来看一看这些基金，了解一下它们是什么以及能为投资者提供什么。之后，我们将介绍这些基金提供的服务类型。

13-2a　基金的类型

增长基金

增长基金的目标很简单：资本增值。因此，这些基金的投资对象基本上是具有高于平均水平的增长潜力的股票。当然，由于其投资收入不确定，增长基金有较大的风险。这些基金一般被看作长期投资工具，最适合一些激进的投资者，他们想积累资金并且对当前收益不敏感。

激进增长基金

激进增长基金是高度投机的投资工具，致力于在资本市场上寻求高收益，在许多方面，它们实际上是高增长基金的概念。许多基金规模很小（所管理的平均资产不足 3 亿美元），其投资组合中包含许多高增长的普通股。这些基金经常会购买小型、尚未稳定的公司的股票，这些股票具有较高的市盈率，股票价格波动很大。这种设计的目的是取得高额回报。然而，激进增长基金可能是所有基金类型中波动最大的品种。

价值基金

价值基金把投资对象限定在被市场低估的股票上，也就是说，基金寻找一些基本面不错但价值尚未被发掘，因此被市场低估的股票。与增长基金相反，价值基金寻找低市盈率、高股利收益率和有适当财务杠杆的股票。这些基金更愿意发掘一些有增长潜力的公司。公司的财务报表和文件有助于基金在其他市场主体还没有注意到时发掘其价值，这是找到低市盈率的关键。价值基金通常被认为比增长基金的风险更小，但提供的长期回报比增长基金或激进增长基金更有竞争力。因此，价值基金被认为是相对保守的投资者的首选，这些人在享受股票高回报的同时要求股票的波动较小、风险较低。

权益收入基金

权益收入基金强调当前收益，所投资的对象基本上是高收益的股票。同时，积累资本也是其目标之一，所以也致力于提升投资者的资本利得，当然这不是主要目标。这些基金主要投资高等级股票，也会投资一些可转换债券和优先股，偶尔会有一些垃圾股。由于这些基金强调股利与当前收益，所以基金投资的股票质量较高，相对于整个市场来说波动较小，这些基金被认为在股票投资上风险较低。

平衡基金

之所以称为平衡基金，是因为这些基金的投资中既包括股票也包括债券，会在当前收益与长期资本利得之间产生比较平衡的回报。在许多方面，它们像权益收入基金，与之不同的是，平衡基金会配置更多的固定收益证券，一般达到投资的 30%～40%。债券用于产生当前收益，股票主要用于取得长期资本利得。平衡基金也倾向于投资高等级的证券，通常被认为是一种相对安全的投资。投资者投资此基金可以得到有竞争力的回报，并且不用承担太大的价格波动风险。

增长与收入基金

与平衡基金类似，增长与收入基金也在当前收益与长期资本利得之间寻找平衡，但它更倾向于资本增长。与平衡基金不同的是，增长与收入基金把钱更多地投向股票。它把投资限定在高等级的股票上，所以在其投资组合中你会看到有许多增长型蓝筹股以及相当数量的高等级收益股。这些基金承担较高的风险，主要原因是更强调股票的资本利得。

债券基金

债券基金，顾名思义，投资于各种固定收益证券，收益是其主要目标，当然也不放弃资本利得。相对于直接购买债券，购买债券基金有三个主要优点：第一，债券基金有更大的流动性。第二，购买债券基金是一种低成本且达到高度分散化投资目的的方式，直接购买债券成本较高（大多数债券的面值在 1 000～5 000 美元，或者更高）。第三，可以对利息和其他收益自动进行再投资，使投资者获得复合回报。债券基金被认为相对安全，但不完全是这样，因为投资组合中债券的价格会随着利率的变化而波动。至 2011 年年末，债券基金所管理的资产达到 2.9 万亿美元，而 ETF 基金仅有 1.842 亿美元。下面是当前市场中不同类型的债券基金：

- 政府债券基金，投资于美国政府及其机构的债券。
- 按揭贷款债券基金，投资于各种按揭贷款的债券。
- 高等级公司债券基金，主要投资于 B 级及以上级别的高等级公司债券。
- 高收益公司债券基金，为高风险投资，购买一些垃圾债券，但其收益高于普通债券。
- 可转换债券基金，投资于能够转换为普通股的债券。
- 市政债券基金，投资于免税债券。
- 中期债券基金，投资于到期日为 7～10 年或更短时间的债券。

货币市场共同基金

货币市场共同基金分散投资于短期货币市场金融工具。这些基金受到投资者的青睐，主要原因是：这些基金可以使投资者以适量金额得到较高收益，如果直接投资货币市场，许多投资品要求最低投资 100 000 美元或更多。在美国市场中，总共有超过 630 只货币市场共同基金，持有的总资产达到 2.7 万亿美元。

有几种不同类型的货币市场基金。**一般目的货币基金**（general-purpose money fund）投资于所有类型的货币市场工具，从国债、公司商业票据到银行定期存单，它们投资于能获得短期回报的品种，货币市场基金大多数属于这种类型。**免税型货币市场基金**（tax-exempt money fund）的投资限定在短期（30～90 天）市政债券上，由于免征联邦所得税，这些基金会吸引有较高所得税税率的投资者。**政府债券货币基金**（government securities money fund）消除了债券违约风险，其投资限定在美国国库券和政府及其机构（如政府国民抵押贷款协会）的短期证券上。货币基金具有较高的流动性，风险较低，实际上它们不怎么产生资本利得。然而，债券所产生的利息会随市场状况而变化，因此投资者的回报会随市场利率变化而上升或下降。

指数基金

“如果不能战胜敌人，就加入他们。”这是指数基金投资背后的理念，这种基金购买并持有的组合中的股票等于市场指数（如标普500指数）的成分股。指数基金会尽量与标普500相匹配，如它们持有与后者相同的股票及比重。指数基金不是为了跑赢市场，其目标很简单，就是匹配市场，即匹配作为基础的指数的收益。这样做成本很低，实际上，在大多数情况下，几乎完全由计算机匹配其持有的股票。除了标普500，还有其他一些市场指数也被作为匹配对象，包括标普中盘400、罗素2000、威尔希尔5000，还有价值股票指数、增长股票指数、国际股票指数，甚至包括债券指数。指数基金是庞大的共同基金市场的一部分，绝大多数ETF包括在指数基金之内。

指数基金的投资策略限定为买入并持有，实际上，仅当目标指数改变其成分证券时，这些基金才会相应改变。这种策略的一个好处是投资品种换手率很低，因此资本利得也很低。除了适量的股利收入，这些基金年复一年地很少产生应税收入，这也使一些高税率的投资者把它看作很好的税盾投资。除此之外，这些基金还会提供其他好处，如名义上为投资者提供高回报。但是，一般来看，这些基金很难得到超出市场平均水平的收益，因此不要指望了。实际结果是，平均来看，指数基金会取得比其他类型的股票基金更高的回报。

行业基金

如其名称所示，行业基金的投资限定在市场中的特定行业。这些基金投资于市场中一个或多个行业，形成目标板块。例如，医疗行业基金会把资金投向下列行业：制药、医院管理、医疗服务和生物制药。优先的投资目标是资本利得，因此，这些基金不是把资金分散在各个行业，而是投向有业绩的板块。比较受欢迎的行业基金包括地产行业（包括地产投资信托）基金、科技行业基金、金融服务行业基金、自然资源行业基金、电力行业基金和通信行业基金。

社会责任基金

对于一些投资者来说，选择基金并不只是看其利润、市盈率和增长率，还包括是不是有积极而明确的道德、伦理和环境考虑。应当像对待利润和其他财务指标一样对待社会问题。**社会责任基金**（socially responsible fund，SRF）在进行投资决策时会考虑道德与伦理问题。这些基金仅投资于有社会责任的公司，如果一家公司没有达到基金设定的道德、伦理或环境标准，无论其收益多好，也不会纳入基金的投资组合中。一般来说，这些基金不会投资烟草、白酒与赌博业，也不会投资兵工产业或者核电企业。这些基金青睐于生产具有社会责任的产品和服务、有环境友好记录且具有社区责任的企业。

国际基金

在寻找高收益和更好的分散化投资的过程中，美国投资者对外国证券的兴趣与日俱增。共同基金业以设立一系列**国际基金**（international fund）作为响应。1985年这种基金仅有约40只，到2012年增长到数千只。理论上说，国际基金仅投资于外国证券，并与被投资对象的特定区域相联系（如墨西哥、澳大利亚、欧洲或太平洋沿岸）。与之相对的是，还有另一种全球基金，这种基金不仅投资于外国证券，而且投资于美国公司（美国国内的跨国公司）。全球基金使投资更为分散化——投资国内与国际两个市场，投资对象遍布各地。

资产分配基金

投资者决策中最重要的问题是如何分配其资产。有一种资产分配基金，它帮助你决定如何在不同的证券中进行投资。由于许多个人投资者没有时间去仔细研究资产分配问题，共同基金业创设了这样一种分担投资者工作的基金。资产分配基金把投资者的钱分散到不同类型的市场，也就是说，大多数其他基金把投资集中到一种或几种投资对象上，如股票、债券或货币市场证券，而资产分配基金把钱投向所有这些市场。一些投资者想让基金经理帮他们打理资产——不但选择个别证券，还在不同市场间进行战略决策。以下就是资产分配基金的运作方式。货币基金经理可以帮助你建立期望的投资组合，可能是这样一种结构：50％的美国股票、10％的外国证券、30％的债券和10％的货币市场证券。基金会按这个比例购买证券，使整个投资组合保持这个期望比例。随着证券市场条件的变化，资产分配的组合也会变化。当然，货币基金经理不会保证完全按要求进行精确的资产配置，但这是其背后的投资思想。

13-2b 共同基金提供的服务

问一问大多数投资者为什么买入特定的共同基金，他们可能会告诉你这个基金能提供你想要的收益或回报。现在，没有人会质疑在投资决策中回报标准的重要性，但还有其他原因，也就是基金所能提供的可观的服务。一些共同基金提供的服务是自动投资与再投资计划、日常收益、转换权和退休计划。

自动投资计划

这个计划能使钱生钱，对于投资者来说，就意味着把积累的资本投入市场。不用担心，许多基金都有使储蓄和资本积累尽量简易化的计划。**自动投资计划**（automatic investment plan）可以让投资者建立支票或银行账户以与共同基金自动连接。这与保险缴款时采用薪金扣除计划一样，保费自动从你的支票账户（或银行账户）中扣走，基金投资一样可以自动扣款。现在几乎每个主要的基金管理集团都会提供自动投资计划。为了获得此计划，你只需要填写一张表格，授权基金定期自动从你的支票账户（或银行账户）中扣除一定量的资金（每期最低为25美元或100美元），时间间隔一般为一个月或一个季度。有了这个计划，你每月或每季就可以根据自己的选择购买基金。当然，如果是有费用基金，你仍需要给你的投资支付正常的销售费用。

自动再投资计划

自动再投资计划是共同基金的另一项服务，一般由开放式共同基金提供。自动投资计划把钱转入基金账户，而自动再投资计划为投资者处理股利或其他分配。与股票的股利再投资计划类似，共同基金的**自动再投资计划**（automatic reinvestment plan）使你的资本能够完全运转起来。通过这项服务，资本利得的收益可以自动购买基金份额，这使投资者得到复合回报率。但要注意，虽然你将股利和资本利得进行再投资，但美国国税局仍把其视为收益，需要在当年纳税。

比较重要的一点是，对收益（股利和分配的资本利得）进行再投资，可以使这些收益运转起来赚更多的钱。实际上，这个计划从长期来看对于资本积累的作用是相当大的。图表 13—4 显示了一个再投资计划（例中的数据是一家地产基金的实际业绩）的长期影响。假定投资者的初始投资为 10 000 美元，除了股利和所分配的资本利得，其间没有新的资本投入。在这种情况下，10 000 美元的初始投资从 1997 年到 2012 年 8 月增长到 31 373 美元（年复合回报率达到 8%）。很显然，只要精心选择基金，自动再投资计划就会通过系统性的资本积累提供可观的收益。

图表 13—4　　收益再投资效果

对股利和资本利得进行再投资对投资状况有极大的影响。以下展示了一个虚拟的投资者的情况，他有 10 000 美元的初始投资，并将所有的股利和资本利得进行再投资。对于收益没有进行税收调整，可以看作是具有递延纳税功能的账户，如个人退休账户和 401(k) 账户。本例涉及的基金公司为 Fidelity Contrafund。

资料来源：*MorningstarDirect*，September 2012. © 2012 Morningstar，Inc. All rights reserved. The Morningstar data contained herein (1) is proprietary to Morningstar; (2) may not be copied or distributed without written permission; and (3) is not warranted to be accurate, complete, or timely. Morningstar is not responsible for any damages or losses arising from any use of this information and has not granted its consent to be considered of deemed an "expert" under the Securities Act of 1933.

日常收益

自动再投资计划对长期投资者而言很不错，但对于寻求稳定收入的投资者怎样呢？共同基金在这方面也会提供服务，这个服务称为**定期提款计划**（systematic withdrawal plan）。大多数开放式基金都有此项服务，如果你加入这样一个计划，你每月或每季都会收到一笔预定的金额。根据基金的业绩，每年基金取得的回报可能比提款计划预定的金额要高，这样，投资者不仅可以定期得到收入，还会自动进行基金份额的积累。当然，如果基金业绩不好，提款最终会侵蚀初始投资。

转换权

有时投资者想把一只基金转换成另一只，例如，他们的投资目标或外部的投资环境发生了变化，**转换权**（conversion（exchange）privilege）可以方便而经济地满足这些需求。基金管理公司经常会向公众提供不同品种的基金，这些基金称为基金家族。基金管理公司可以为投资者提供转换权，使投资者能够很方便地把一只基金转换成另一只基金。投资者可以通过电话或网络完成转换。转换的唯一限制是投资者必须在同一基金家族内部完成。例如，投资者可以把 Fidelity 增长基金转换成 Fidelity 货币基金，或 Fidelity 收入基金，或者其他任何由 Fidelity 公司管理的基金。转换权具有吸引力，能使投资者在投资环境变化时，通过进出某只基金而积极地应对变化。但它有一个很大的缺点，虽然在转换时看不到钱，但基金的转换被认为是卖出一只基金同时买入另一只基金，所以如果在转换过程中有资本利得，投资者需要纳税。

退休计划

政府法律允许自雇群体把其部分收入转入个人主导的退休计划，所有在业美国人，无论是否为自雇群体，都允许建立个人退休账户，既可以是标准的可扣税个人退休账户，也可以是新的退休账户类型，如罗斯个人退休账户（下一章会讲述）。现在，所有基金都会提供这方面的服务，允许个人快速设立递延纳税退休计划，如个人退休账户或基欧账户，也可以通过工作单位参加一项税盾退休计划，如 401(k) 计划。基金通过制定计划并提供细节管理，使投资者享受节税的好处。

13-3 进行共同基金和 ETF 投资

假定你有资金并想投资，或者正在寻找合适的投资地，你肯定想把钱投到既符合你的风险承受能力，又能产生可观回报的项目上。问题是你需要在几千只基金中选择，犹如大海捞针，这就是一个普通投资者在投资时的困惑。当然，如果你的方法正确，问题就不是那么可怕。下面我们会看到，通过将你的投资需求与基金投资目标进行匹配，可以从投资清单中找到目标对象。

13-3a 投资选择过程

对于共同基金和 ETF 来说，每个投资者都需要回答一个问题：我为什么投资共同基金或 ETF，为什么不单独购买股票或债券？对于投资新手或资金有限的投资者来说，答案很简单，共同基金或 ETF 能为投资者提供他们个人无法实现的分散化投资，同时还有专业基金经理的服务和较低的交易成本。

对于成熟老练的投资者来说，答案可能还不止这些。分散化投资和专业的基金服务固然有用，但还有其他原因。共同基金和 ETF 有竞争力的回报是许多投资者选择它们的重要原因，当然还有良好的服务。这类投资者中许多人拿出一部分资金自己买卖证券，把剩余的资金投向共同基金或 ETF，通过基金把钱投向不熟悉或消息不灵通的领域。例如，他们会用共同基金或 ETF 投资外国市场或购买以按揭贷款为基础的证券。

在决定投资共同基金或 ETF 后，投资者需要决定买什么基金。这时，选择过程本身对于投资共同基金或 ETF 的成功程度来说起着重要作用。假定你已经制定了资产分配策略，并且要选择与你的目标组合相一致的基金，选择过程的第一步是评估你的投资需求，为投资项目设定基调。当选择包括在 401(k) 退休计划中的共同基金或 ETF 时，也可以采用这些原则。

投资基金的目标与动机

选择正确的投资就是寻找最适合你的投资需求的基金。投资的起点是你的投资目标，换句话说，为什么想投资一只基金或 ETF？你想从基金中得到什么？很显然，回报是一个目标，但把风险控制在一定范围内也很重要。当在各种类型的共同基金和 ETF 中寻找适合你的风险偏好的投资目标时，你会发现一些特定类型的基金比其他类型的基金更适合你。

另一个重要因素是投资共同基金或 ETF 的动机是什么？你是想把基金作为长期积累资本的途径，还是为得到高回报率而进行投机，抑或是想投资低风险证券以保护资本而非取得回报？最后，看看基金所提供的服务，如果你对某些服务感兴趣，就要确保你所选择的基金能提供这些服务。评估你想从基金得到的东西之后，下一步就可以看看基金能提供什么。

基金能提供什么

理想的基金或 ETF 在证券价格上涨时能实现资本增长最大化，在价格下跌时能对资本进行完全保护，并在投资期间产生高水平的经常性收益。遗憾的是，这样的基金并不存在。相反，就如同每个人有自己的投资目标一样，每个基金也有其设定的目标、操作方式和服务范围。这三个因素可以帮助你评估投资选择。但是，投资者可以从哪里得到信息呢？最直接的方式是基金简介，从中可以得到关于投资目标、投资构成、管理层和过去业绩方面的信息。你还可以在晨星在线（http://morningstar.com）上获得有用的信息。使用一些基于软件的产品也行，如 The Value Line Fund Advisor，The Value Line ETF Survey（其报告同股票类似，但专门用于共同基金和 ETF）。这些资源以简便、易读的方式提供基金运作和业绩方面的统计信息。还有提供基金背景信息和对基金进行评估的服务。当然，所有的业绩统计信息都可以在网上查到。

削减可选项目

此时，选择项目就成了一个在可选基金中根据自己的投资需求剔除基金的过程。由于许多基金不符合你的要求，可以简单地从你的需求清单中去除，一些可能风险太高，另一些可能不适合作为价值增值的工具。因此，相比评估数千只基金，更好的方法是将范围缩小到 2～3 个最适合你投资（或资产分配）需求的基金种类。通过使用一些标准可以大幅缩小你的可选清单。例如，你可以把投资限定为无费用或低费用基金，或者限定为能提供适合你投资目标的特定服务的基金。

现在我们介绍投资选择过程的最后一部分（但不是最不重要的部分）：基金投资业绩。有用的信息包括：（1）过去 5～7 年基金的业绩；（2）在市场好与不好的情况下基金会取得哪些类型的回报；（3）股利与资本利得分配的水平，这不但是每年经常性收益的重要指标，也可以显示纳税有效性（一般规则是，低股利和低资产周转率的基金使投资者负担更低的税金，从而有更高的纳税有效性）；（4）投资在过去一段时间内的稳定性（或者说基金回报的风险水平）。通过估计这些指标，你可以找到较好的基金，这些基金既能够提供你想要的投资目标和服务类型，也会提供很好的回报。

坚持无费用或低费用共同基金

在基金行业对于有费用和无费用基金一直存在争论。问题是，有费用基金能否赚更多的钱以抵销其费用？若不能，为什么要支付这些费用呢？有证据表明有费用基金在风险调整的基础上，没有取得更多的回报。实际上，有异常高费用和12(b)-1费用的基金常常只能取得比无费用基金更低的回报。请不要奇怪，这些基金费用和12(b)-1费用只会减少你的投资资金，也就是减少给你带来回报的资本。对于有费用基金，克服其缺点的唯一办法是取得高回报，但这并不容易。当然，一些有费用基金从长期来看产生了较高回报，但这只能说是特殊情况而不是一般规律。

所以，很显然，在你考虑投资共同基金时，一定要仔细了解基金的费用情况。作为一个经验，为了取得最大回报，最好坚持选择无费用或低费用基金。至少，你应选择一只比低成本基金业绩好得多的高成本基金。

13-3b 控制共同基金业绩

如果你相信基金宣传材料的话，你会觉得投资基金不可能出错。把钱投到一只基金上坐等收钱吧。然而，无情的事实是，在投资后，业绩并不是总有保证。这种情况对基金和其他投资都一样，对于共同基金，驱动基金市场价格的唯一因素是证券组合的业绩。

测度基金业绩

所有共同基金（开放式或封闭式）和ETF有三种收益来源：（1）股利收入；（2）资本利得的分配；（3）基金份额的价格变化。根据基金类型不同，不同基金收益来源的比重也不一样。例如，我们一般期望收入导向型基金比资本利得导向型基金产生更多的股利收入。基金会定期发布投资业绩报告。报告之一是收益与资本变化概况，图表13—5展示了这样一个报告。我们感兴趣的是报告的上面部分（从第1行的期初净资产价值到第10行的期末净资产价值）。这部分内容列示了股利收入和向投资者分配的资本利得，还包括净资产价值的变化。

股利收入（图表13—5第7行）是共同基金从所投资的证券中得到的股利和利息收入。收到股利或利息时，基金把这些收入以股利的形式分配给股东。因为基金本身不纳税，所以个人投资者获得的股利收入需要纳税。没有递延纳税账户（如个人退休账户或401(k)）的基金，股利需要纳税的数额取决于股利的来源。如果来源于基金所投资的普通股的股利，那么需要支付15%优惠税率的所得税。如果来源于基金所投资的债券、房地产投资信托基金或优先股股利，那么不适用优惠税率，视同普通收入纳税（详见第4章）。

图表 13—5　收益与资本变化概况

共同基金的回报由以下两部分组成：(1) 从股利和利息中得到的投资收益；(2) 通过证券交易产生的已实现和未实现资本利得。共同基金向其股东提供下面这样一种标准化的表格，表格会列示收入、费用和资本利得（单位：美元）。

	2015 年	2014 年	2013 年
1. 期初净资产价值	24.47	27.03	24.26
2. 投资收益：			
3. 净投资收益	0.6	0.66	0.5
4. 证券的净利得（已实现和未实现）	6.37	(1.74)	3.79
5. 投资收益合计	6.97	(1.08)	4.29
6. 减：分配			
7. 净投资的股利	(0.55)	(0.64)	(0.50)
8. 已实现资本利得的分配	(1.75)	(0.84)	(1.02)
9. 总分配	(2.30)	(1.48)	(1.52)
10. 期末净资产价值	29.14	24.47	27.03
11. 总回报率	28.48%	(4.00%)	17.68%
12. 比率/补充数据：			
13. 期末净资产（千美元）	307 951	153 378	108 904
14. 平均净资产费用率	1.04%	0.85%	0.94%
15. 平均净资产收益率	1.47%	2.56%	2.39%
16. 周转率*	85%	144%	74%

* 周转率的计算以基金买入和卖出的股票数量除以基金投资组合中总的股票数量，高周转率（如超过 100%）意味着基金的交易量很大。

资本利得的分配（第 8 行）与股利类似，但其来源为基金投资实际取得的资本利得。需要注意的是，这些分配仅适用于已实现的资本利得，也就是说，所持有的证券被出售并产生了资本利得。未实现的资本利得（纸上财富）是共同基金的第三种也是最后一种来源。基金净资产价值的变化形成基金的未实现资本利得，它表示在基金出售所持有的证券时，股东可以获得（或有资格获得）的利润。

计算数字

测度基金业绩的一个简单有效的方法是分别列示基金所公布的三个收益来源的数字：股利支付、资本利得分配和基金价格变化。这些收益可以通过使用标准的近似收益率公式转换为一个方便使用的数字，这个公式在第 12 章讲过，我们可以使用图表 13—5 中 2015 年的数据来计算这个指标。通过这个图表，我们可以看到这只假想的无费用基金每个份额支付了 0.55 美元的股利以及 1.75 美元的资本利得，同时，基金价格（净资产价值）从期初的 24.47 美元上涨到期末的 29.14 美元（分别见第 1 行和第 10 行）。把这些数字代入近似收益率公式，可以看到这只基金提供了大约 26%的年收益率。

$$\text{近似收益率}=\frac{\text{股利和资本利得分配}+\dfrac{\text{期末价格}-\text{期初价格}}{1\text{年}}}{\dfrac{\text{期末价格}+\text{期初价格}}{2}}$$

$$=\frac{(0.55+1.75)+\dfrac{29.14-24.47}{1}}{\dfrac{29.14+24.47}{2}}=\frac{2.3+4.67}{26.80}=\frac{6.97}{26.80}=26.0\%$$

计算 ETF 业绩

ETF 与共同基金类似，其价格取决于投资对象的价值。它们都有净资产价值，依靠股利和资本利得产生收益。因此，我们重点关注 ETF 业绩计算中的特殊方面。如前所述，除了一部分主动管理的 ETF，绝大多数 ETF 是某一指数的复制品。因此，我们分析以指数为基础的 ETF 的相关问题。

投资于以指数为基础的 ETF 的首要原因是复制指数的业绩，因此 ETF 业绩的一个重要方面是看 ETF 与所追踪指数的关联程度。可以使用 R^2 这一统计指数进行测度，它表示 ETF 总回报的变动中有多少可以由其追踪的指数的变动来解释。R^2 在 0～100%之间变动。很明显，R^2 越高，表示 ETF 和目标指数的关联性越强。当然，计算 ETF 的费率并与合理的杠杆进行比较也不失为一个明智之举。

可以看一看 PowerShares QQQ ETF（QQQ）的例子。这个 ETF 是为了复制纳斯达克 100 指数的业绩，纳斯达克 100 中包括在纳斯达克上市的美国国内和国际上最大的 100 家非金融企业。2012 年 9 月，晨星公司报告的 QQQ 的 R^2 为 97.09%，其拟合度非常高，报告中提及费率为 0.20%，而同类型 ETF 的比率为 0.4%。因此，想持续投资大型非金融企业增长型股票（其特征与纳斯达克 100 类似）的投资者可以考虑投资 QQQ，它能复制纳斯达克 100 的业绩，并且费用较低。

未来业绩如何

使用近似收益率评价基金业绩没有问题，它相对简单却非常有效，能够代表共同基金和 ETF 的回报。看过去的业绩是一回事，而未来业绩是另一回事。理论上说，可以计算未来这三个指标的数值，但问题是，对于共同基金和 ETF 来说，很难甚至不可能控制未来股利、资本利得和净资产价值，原因是共同基金或 ETF 未来的投资业绩与其未来证券组合的构成有直接联系，而对这方面很难预测。

那么，从哪里可以看到基金的未来业绩？有一些关键因素可以用于评估共同基金和 ETF 的未来业绩。第一，仔细分析未来市场的整体走势，这很重要，因为高度分散化的共同基金的表现会反映市场的总基调。因此，如果感到市场整体会上升，投资共同基金或 ETF 将得到不错的收益。第二，认真看一看共同基金过去的业绩，从中可以了解基金经理的业绩如何。共同基金或 ETF 良好的业绩体现出基金经理的水平和能力。因此，投资基金时，要持续观察基金在市场向上走和向下走时的业绩，还要尽量放宽观察时间（5 年、7 年或更长）。还有一点很重要，看一看是不是同一个基金经理一直在管理基金。虽然过去的基金业绩不是未来业绩的保证，但一个强大而持续的基金管理团队可以对基金回报产生很大的影响。换句话说，买基金就是买一个公式（投资策略+基金团队），包括过去，也括对未来的期望。

13-4 投资房地产

多年以来，投资房地产都是有利可图的。房地产看起来是极为少见的不会出错的投资工具。当通货膨胀率较高时，房地产的价格很坚挺，美国 20 世纪七八十年代即是如此。然而，90 年代初期，市场开始走软，价格有所停滞，但这个阶段时间并不长，到 90 年代后半期，价格又开始攀升。这种状况的一个例子是美国独立式住房的价格，从 2001 年到 2006 年间，价格上升很快，几乎呈直线，在 2006 年达到顶峰后，又开始直线下滑，到 2010 年年末平均价格下降了近 26%。这个比例比 1928—1933 年经济危机期间下降的比例还要大。至 2012 年中期，房屋价格还没有显现出明显而持续的上升趋势，没有迹象表明市场从 2007—2009 年的房屋崩溃中走出来。

房地产包括住宅、土地以及不同类型的能产生收益的不动产，如库房、商铺、写字楼、公寓楼、共管空间（含车位）。可以采用不同的形式进行房地产投资，可以直接购买土地或房产，也可以投资于不同类型的房地产证券，如房地产共同基金（本章前面已述）、房地产投资信托基金、按揭贷款、从事房地产行业的公司股票或房地产有限合伙企业。在你的投资组合中加入房地产投资的重要原因是它们能够实现更好的分散化，而这仅仅靠持有股票或债券难以达到。房地产变动的方向与股票并不一致。在决定投资房地产之前，你需要评估以下几个问题，如国内经济、利率水平、供需状况及地区特征。

13-4a　一些基本考虑

房地产投资是否有利可图取决于计划持有期间期望的现金流及其风险，期望的现金流又取决于租金、折旧、税金，当然还有最重要的因素：期望的未来销售价格。房地产投资的回报通过比较期望现金流与初始投资来得到，若使用借入资金进行投资，则会降低回报。投资的价值可以使用具有相似风险的投资（如股票、债券与共同基金）的回报来评估。与其他投资工具最大的区别是，财务杠杆（借款）是决定房地产投资回报的重要因素。下面我们简要介绍一下影响房地产价值的基本因素，包括税后现金流、价值增值和杠杆。

现金流和税金

房地产投资的税后现金流取决于此地产产生的收入，扣除营业费用、折旧和税金。房地产投资一般会产生大量的折旧费用，这些费用可以从某些符合资格的投资人的应纳税收入中扣除。折旧是给予产权人的对一定时间内房地产实体状况损耗的补贴。折旧只是在账面上因纳税目的而被记作费用，不会引起实际的现金流动。折旧可以降低税金，所以可以被看作一个税盾。为了税收目的而进行房地产投资被认为是被动投资。因此，总的可抵税费用包括折旧费用，通常限制在本项投资及投资者持有的被动投资所产生的收入范围内。例如，你拥有一栋公寓，每年可以收到 25 000 美元的租金，假定按揭贷款的利息和其他营业费用为每年 2 0000 美元，那么你可以再抵免 5 000 美元的折旧费用（25 000 美元的收入减去 20 000 美元的费用）。然而，如果你的调整后总收入（AGI）每年小于 100 000 美元，那么你可以抵免更多的折旧，特殊情况下，还可以抵免 25 000 美元租赁性房地产的损失，用于抵销由于人们积极参与租赁活动而取得的日常性收益。在本例中，如果你的 AGI 为 90 000 美元，折旧费用为 15 000 美元，那么其中的 5 000 美元可以抵销扣除费用后的净租金收入。另外的 10 000 美元折旧费用可以直接抵销你的日常收入，这样会降低你的应纳税收入和税金。由于折旧影响税金，因此它被认为是房地产投资的重要组成部分。

价值增值

在对一项建议的房地产投资进行评估时，不仅要考虑该房地产投资所引起的现金流，还要考虑预期的资产价值变化。大多数情况下，房地产增值比每年从房地产投资中取得的现金流对回报率的影响还要大。因此，如果预期房地产的市场价格上升 100 000 美元，这个价格增加部分应当作为资本利得，成为投资回报的一部分（当然还要减去支付的资本利得税）。

杠杆

房地产投资的最大吸引力在于它允许使用高水平的财务杠杆。使用杠杆也就是通过借款来增加回报。因为房地产为有形资产，投资者可以借入其成本的 75%～90%。使用杠杆的结果是，如果房地产投资的回报率高于借款成本，使用杠杆投资的回报会比没有使用杠杆的投资回报更大。例如，若你想投资成本为 100 000 美元的房地产，假定可以采用两种方式：全款购买；使用 10 000 美元的自有资金，借入 90 000 美元，利率 10%。如果房地产每年可以取得 13 000 美元的净所得，那么使用杠杆的投资会提供比直接用现金付款的投资高得多的回报率。

13-4b 土地投机

房地产投资可以采取若干种形式，一种投资者比较常用的方式是进行土地投机。在这种形式下，投资风险很高，投资者想得到高回报率，投资后期望价格能大幅上涨。进行这种投机的关键是潜在人口增长与房地产需求的增长有一定对称性的地区（最好其他人还没有注意到），在这些地区投资有较好的发展前景。

13-4c 投资收益性地产

房地产投资中最普遍的形式是购入**收益性地产**（income（income-producing）property），包括商铺和住宅。投资收益性地产能够为投资者带来高回报和税收好处，购入的收益性地产可以出租以获取租金收入。虽然投资收益性地产的基本目的是获得有吸引力的现金流入，但一些基于战略目的而购买的地产也会有可观的升值潜力。在购买收益性地产之前，要清楚买它们干什么。收益性地产的所有者有责任出租并管理这些财产。

计算收益性地产的价值需要估计每年产生的净营业收入（NOI），它等于总租金收入（考虑闲置和坏账）减去营业费用，如房地产税（非所得税）、保险费、维护费等。有了净营业收入数据，就可以采用资本化利率（房地产的期望投资回报率）进行折现而得到地产的估计价值。典型的收益性地产的资本化利率为 9%～10%。例如，你正在考虑购买一个写字间，每年预计产生 50 000 美元的净营业收入，使用 9%

的资本化利率，该房地产的估计价值约为 555 000 美元（即 50 000/0.09=555 556 美元）。

商业地产

商业地产包括从写字楼、工业用房、库房到商铺、酒店等广泛的类别。商业地产的风险和回报与地产的商业条件和位置有关。商业地产的价值，特别是商铺的价值，在交通繁华地区会被推高。由于商业地产需要专业管理并伴随有较高的费用，更适合经验丰富的投资者进行投资。

住宅

首次进行房地产投资的投资者往往选择收益性住宅，如个人居所、公寓和小型多功能住宅。这些住宅有多种规模、价格和类型，从一居室、两居室、三居室到大的公寓楼。除了可观的购买与融资成本，影响住宅投资盈利性的主要因素是出租率（一年中用于出租的比例）和维护管理成本。其他需要考虑的因素还有住宅区内的居民情况、当地对承租人的规定及该类型地产的供求趋势。

13-4d　房地产投资的其他途径

另一个投资房地产的途径是购买特殊证券，如你可以买入房地产共同基金（本章前面已述），或者购买公开上市交易的房地产相关公司的股票，包括住宅建造业、建筑业、按揭贷款融资业和房地产经纪业。我们下面看一下其中两个投资工具：房地产投资信托和房地产有限合伙企业（或称为有限责任公司）。

房地产投资信托

对于大多数个体投资者来说，通过**房地产投资信托**（real estate investment trust，REIT）进行房地产投资可能是最好的途径，它们是封闭式投资公司，主要投资于房地产和进行房地产按揭贷款。REIT 与共同基金类似，它们向社会公众出售股票，并使用募集的本金及其产生的收益进行房地产组合投资。投资者通过 REIT 持有地产投资组合。REIT 对投资者有吸引力，它们可以提供房地产所有者收益而不用面对令人头疼的地产管理问题，另一个受到欢迎的原因是它与其他市场板块，如股票与债券市场的相关性很弱。而且，它们能提供比较可观的股利收益率，要高于普通股。实际上，REIT 在过去 30 年间提供了 11.71%的回报，相比标普 500 的 10.71%要高。REIT 的业绩受到 2007—2009 年金融危机的影响，然而，2011 年中期到 2012 年中期，REIT 权益资本的回报率为 15.85%，而过去 3 年的回报率为 23.64%，这说明 REIT 市场已经复苏。REIT 在高通货膨胀时期更有吸引力，这个高通胀是 2007—2009 年金融危机导致大量赤字支出所带来的结果。

与其他投资基金一样，REIT 也有一些声明的投资目标，我们在投资时应仔细看一看。REIT 有三种基本类型。

- 权益型 REIT。它们投资并运营收益性房地产，如写字楼和宾馆。
- 按揭贷款型 REIT。这些公司向房地产投资者提供建筑和按揭贷款。
- 混合型 REIT。这些公司既投资于收益性房地产，也投资于按揭贷款。

权益型 REIT 既可以产生可观的经常性收益，在地产升值时也能产生高资本利得。相对来说，按揭贷款型 REIT 具有更强的收益导向，强调投资于借款所取得的高经常性收益。权益型 REIT 是主要的投资工具，大约占市场的 90%，其次是按揭贷款型 REIT。REIT 本身所取得的回报是免税的，但其向投资者分配的收益要正常纳税。普通股的股利以优惠税率纳税（15%或少一些），而 REIT 不同，它的股利分配被看作正常收入，与其他收入一同缴税。

房地产有限合伙企业或有限责任公司

特定目的的企业联合并投资房地产是另一种房地产投资的形式，其组织形式为有限合伙（LP）或有限责任公司（LLC）。在有限合伙企业中，经理承担一般合伙人角色，即其责任是无限的，而其他投资者是有限合伙人，他们仅以其初始投资为限承担有限责任。近些年，有限责任公司越来越流行。与一般合伙人和有限合伙人不同，有限责任公司中没有人承担无限责任。投资者可以购买 LP 或 LLC 中的份额，每一份额代表一份股东权利，这与股票类似。房地产有限合伙企业或有限责任公司的投资非常缺乏流动性，其风险比 REIT 大得多。一般来看，这些投资更能吸引资金雄厚的投资者，这些投资者要能支付每一份额 100 000 美元或更多的资金。

理财规划小贴士

如何选择最好的 REIT

REIT 可以让你的投资组合实现分散化，其市场表现与主要权益市场指数有很大的不同。下面是在选择对你来说最合适的 REIT 时需要考虑的一些因素：

- 经营活动获得的经调整的资金（AFFO）。AFFO 为盈余加折旧减去资本支出，它可以测度 REIT 从投资中获得的净现金。AFFO 经常作为投资者分配的来源，它的数量与波动性可以让我们洞察其分配的持续性。在其他因素一定的情况下，波动较小且有增长势头的 REIT 具有吸引力。
- 净资产价值（NAV）。REIT 的 NAV 是房地产投资组合的评估价值减去负债，它可以与行业平均 NAV 进行比较。如果 REIT 数倍于行业平均 NAV，说明其被高估了。同样，如果以 NAV 的较大折价交易，说明其被低估了或有其他问题。如果你能计算出 NAV，你就走在前面了。
- 借款—价值比率。当其他条件相同时，更低的借款—价值比率表示 REIT 更安全。
- 持有地产的类型。如果你对投资 REIT 感兴趣，那么应看一看 REIT 持有什么地产，位置在哪里，甚至可以到实地去看一看。确定这些地产是否运行良好，是谁在租用。大多数投资者不会实地探访地产，但如果这么做，会给你许多直观的感受。

资料来源：Adapted from "How to Invest in REITs," http://www.thickenmywallet.com/blog/wp/2009/13/how-to-invest-in-reits/, accessed September 2012.

一生中的规划：共同基金、ETF 和房地产投资

以下是人生的每个阶段有关投资规划的主要考虑事项。

独立生活阶段 20 多岁	家庭与职业发展阶段 30～45 岁	成熟阶段 45～65 岁	退休 65 岁以上
√决定你主要的投资目标，并决定每月在这些投资目标上投多少钱	√修改在共同基金、ETF 和房地产上的投资计划，关注退休和子女教育	√根据目前的发展状况修改投资计划	√修改你的投资计划，更多投向负债与现金类共同基金和 ETF，减少股票类共同基金和 ETF
√根据不同时间点和对风险的态度，决定在股票、债券、房地产和现金上资产的分配比例。选择共同基金和 ETF	√修改资产分配计划，重新平衡使其更符合你的目标	√若资产分配不适合你的目标，回顾你的资产分配并修改在共同基金、ETF 和房地产上的投资计划	√若资产分配不适合你的目标，回顾你的资产分配并修改投资计划
√使你的资产分配计划与雇主 401(k) 退休计划相匹配	√逐步提升对雇主 401(k) 退休计划的投资，重新评估它与你的资产分配计划的关系	√逐步提升对雇主 401(k) 退休计划的投资，重新评估它与你的资产分配计划的关系	√把投资资产分配策略与遗产规划相结合
√考虑投资个人退休账户、罗斯个人退休账户	√考虑增加对个人退休账户、罗斯个人退休账户的缴款	√考虑用共同基金和 ETF 增加对个人退休账户、罗斯个人退休账户的缴款	√仔细规划从带有税盾的账户中强制取款及其税收后果

练习题

1. 凯特·威特曼正在考虑是不是投一些钱到共同基金或 ETF 上。简述影响其决策的主要因素。

2. 分析下面每一对不同种类的基金，找到风险最低的一个，解释其原因。

a. 增长基金和增长与收入基金

b. 权益收入基金与高等级公司债券基金

c. 中期债券基金与高收益率市政债券基金

d. 国际基金与平衡基金

3. 一年前，奈杰尔·帕尔默买了一些权益合伙基金的股票，每股 24.5 美元，当前价格 26 美元。去年，该基金每股支付了 40 美分的股利，资本利得为 1.83 美元。使用近似收益率公式，计算奈杰尔该投资的回报率。当股票价格上升到 30 美元时，他能得到 20%的回报率吗？

4. 简述什么是 ETF，解释这些基金是如何融合开放式基金与封闭式基金的特征的。在 Vanguard 基金家族中，哪一只最像“蜘蛛”基金（SPDR）？你所选择的这只 Vanguard 基金在哪些方面与 SPDR 相同，在哪些方面不同？如果你只能投资其中一只基金，你会选择哪只？请解释原因。

5. 从网上搜索一下 PowerShares QQQ ETF 基金的相关信息，你认为需要哪些信息来评估这只 ETF 的业绩，用你所收集到的信息对这只基金进行评估。哪些类型的投资者可以投资这只 ETF？

6. 一年前，Alpine 增长基金的报价为：净资产价值 21.5 美元，交易价格 23.35 美元。现在的报价为：净资产价值 23.04 美元，交易价格 25.04 美元。采用近似收益率公式计算该基金的回报率。已知，该基金在一年前购入，一年中其股利分配和资本利得分配合计每股 1.05 美元（提示：作为投资者，你以交易价格买入基金，以净资产价值卖出基金）。

7. 莉莉亚·卡斯蒂罗正在考虑投资一些收益性住宅地产，计划投资200 000美元。莉莉亚可以全款支付，也可以付50 000美元，以8%的利率借入剩余的150 000美元。该地产预期在扣除费用后每年产生30 000美元的收益，该收益未扣除利息和所得税。假定莉莉亚的个人所得税税率为28%。在以下情况下计算每年的利率和回报率：(a) 使用自有资金全款支付200 000美元；(2) 以8%的利率借入150 000美元。讨论使用杠杆对回报率的影响（提示：未扣除利息和所得税收益减去利息等于未扣除所得税收益，未扣除所得税收益减去所得税（28%）等于税后收益）。

名 词

共同基金（mutual fund） 从股东处接受资金并代表股东进行证券分散化组合投资的金融服务机构。

交易所交易基金（exchange traded fund，ETF） 证券交易所交易的投资公司的股票。与共同基金不同，ETS可以在一天中买入或卖出。

混合分散化（pooled diversification） 为了个人投资者的综合利益而买入分散化证券投资组合的过程。

开放式投资公司（open-end investment company） 可以发行没有数量限制的份额，并以基金所持有投资组合的当前价格买入或卖出基金份额的企业，又称为共同基金。

净资产价值（net asset value，NAV） 通过把基金持有的所有证券的市场价值相加，减去所有负债，再除以已发行的基金份额得到。

封闭式投资公司（closed-end investment company） 发行固定数量股票的投资公司，公司与其他股票一样上市交易。

有费用基金（load fund） 在买入时需要支付费用的基金。

低费用基金（low-load fund） 购入费用很低的基金。

后付费用基金（back-end load fund） 在赎回基金份额时支付费用的基金。

无费用基金（no-load fund） 没有交易费用的基金。

12(b)-1 费用（12(b)-1 fee） 用以支付发行和营销费用的年度费用。

管理费（management fee） 基金聘请专业的基金管理人来运营投资组合所花费的成本。

一般目的货币基金（general-purpose money fund） 投资于所有类型的短期货币市场工具的货币基金。

免税型货币基金（tax-exempt money fund） 投资于短期市政债券的基金。

政府债券货币基金（government securities money fund） 投资限定在美国国库券和政府及其机构的短期证券上的基金。

社会责任基金（socially responsible fund，SRF） 仅投资于达到基金设定的道德、伦理或环境标准的公司的基金。

国际基金（international fund） 把全部或大部分资金投资于外国证券的基金。

自动投资计划（automatic investment plan） 让投资者建立支票或银行账户并与共同基金自动连接的自动储蓄计划。

自动再投资计划（automatic reinvestment plan） 给股东以用股利和资本利得自动购买基金份额的选择权。

定期提款计划（systematic withdrawal plan） 由共同基金提供的允许投资者定期获得特定金额的计划。

转换权（conversion (exchange) privilege） 允许投资者在一个基金家族中自由转换基金品种。

收益性地产（income (income-producing) property） 为出租而购入的房地产，据以产生持续月度或年度的现金流入。

房地产投资信托（real estate investment trust，REIT） 向投资者出售股票的投资公司，主要投资于房地产和进行房地产按揭贷款，与共同基金类似，但REIT仅投资于特定类型的房地产或与房地产相关的产品。

第 6 篇

退休与遗产规划

第 14 章

退休规划

学习目标

1. 理解退休规划的重要性，识别退休规划面临的三大障碍。
2. 估计自己的退休支出需求，预计不同来源的退休收入金额。
3. 解释社会保险项目的资格要求和好处。
4. 区分雇主发起的基础与补充养老金计划的类型。
5. 阐述自主退休项目的不同类型。
6. 为你的退休规划选择合适的年金类型。

退休规划将如何影响我？

几乎每个人都认为退休规划很重要，但是只有很少人制定了退休综合规划，也没有多少人留出足够的储蓄为他们的退休规划提供资金。本章将讨论退休规划的重要性，以及退休规划面临的障碍。为了让学习过程更清楚和易行，本章会提供估计退休收入需求及投资取得收入的步骤。同时，本章会详细讲述获得社保受益的资格要求及社保金额，以及雇主发起的补充养老金计划的主要方面和自主退休项目（如传统和罗斯个人退休账户）的潜在好处。另外，本章会评估退休规划中各种养老金产品的可用性。学习完本章以后，你会知道如何通过财务规划来实现长期退休目标。

14-1 退休规划概述

退休很容易，难的是成功地退休，这是退休规划的作用所在。为了享受退休后的舒适生活，你必须现在就开始行动，退休规划中最大的错误就是久拖而不行动。积攒足额退休金是一件让人头疼的事，需要好好规划。就像预算、纳税、投资一样，退休规划对于你的财务状况很重要，并与你的个人理财规划紧密相连。

14-1a 退休规划在个人理财规划中的作用

没有退休规划，个人理财规划的过程是不完整的。当然，没有什么比在退休以后过舒适的生活更重要。在很多方面，退休规划抓住了理财规划的本质。它具有前瞻性，会影响你现在及未来的生活水准，同时，它又是高回报的，会对你的净资产产生较大影响。

退休规划的第一步是设置退休后的目标。花点时间想想退休以后要做的事，比如你想保持的生活水准、想得到的收入水平以及其他一些特殊需要（如在佛罗里达买一栋养老用的房子）。这些目标非常重要，它们会为你的退休规划指引方向。当然，就像其他财务目标一样，它们随着你生活环境和条件的变化而变化。

清楚了退休后想要什么，下一步就是建立能够实现退休目标的养老金规模。在实现退休目标的过程中，你需要制定一个投资计划，以积累需要的养老金。这个投资计划通常包括：(1) 设立某种类型的系统的储蓄计划，每年存入一定的资金；(2) 寻找最适合你退休需求的投资工具。

投资以及投资规划是你建立养老金的工具。它们是养老金管理中一个主动和持续的过程。因此，个人投资组合中的很大一部分用于设立退休资金池并非一个巧合。税收筹划也很重要，因为好的退休规划的一个主要目标是尽可能多地增加收入的税盾，通过这种方式最大限度地积累退休资金。

14-1b 退休规划的三大障碍

人的天性使他们只想付一点点钱来建立自己的养老金。能有四五百万美元的养老金就非常好了，但这超出大部分人的上限。当然，你可能不需要那么多钱就能过上舒适的退休生活。所以，要设置一个更现实的目标。设置这个目标时，请一定记住，这个目标不会自然而然地达成，你必须有所行动。这里恰恰容易出现问题，为什么？因为当人们进行退休规划时，很容易犯三大错误：

1. 开始得太晚
2. 投入太少
3. 投资太保守

许多人在 20 多岁甚至 30 多岁时，感觉很难拿出钱来为退休做准备，可能是因为他们有其他更为急迫的事项——比如买房子、归还学生贷款、支付孩子的抚养费。最终结果是他们把退休规划推迟到人生的后半段，在很多情况下，会推迟到 30 多岁或 40 多岁。遗憾的是，人们开始退休规划的时间越晚，他们在退休后能获得的养老金越少，或者不能在自己想要退休的时间点退休。更加糟糕的是，人们执行退休规划时，投入太少，虽然这可能是由于他们财务状况紧张，但其实更多是性格使然。人们宁愿今天消费，也不愿为明天存钱。

除此以外，许多人选择养老金投资方式时过于保守。事实上，他们把养老金过多投到低收益或固定收益证券上——比如定期存单和国库券。虽然不应对养老金产生投机的想法，但也没有必要完全规避风险。投资一个能获得更高收益且具有合理风险的项目没有任何问题，过度谨慎在长期看来会付出代价。事实上，较低的收益可能会对长期的资本积累产生重大影响，在很多情况下，这可能意味着是仅仅维持生存还是享受晚年生活。

错误的复利代价

当我们引入复利概念时，这三个错误可能会变得更加严重。因为复利会放大这三个错误的影响。举个例子，考虑第一个因素——开始得太晚，如果你在 35 岁时开始退休计划，每年投入 2 000 美元，以平均收益率 6%计算，这笔养老金将在你 65 岁的时候增长为 160 000 美元。这是一个不错的收益，但是，如果你早 10 年投资，在 65 岁的时候你将会获得 309 000 美元，最终收益几乎是第一种情况的两倍！当然，这不是因为你多投入 20 000 美元，而是复利使然。

同样的情况适用于你的养老金账户所获得的回报率。仍以上述情况为例，考虑第二种情况，假定你从 25 岁开始以 6%的回报率进行投资，可以得到 309 000 美元的养老金，如果把这个回报率提高到8%，养老金最终会超过518 000美元！你投入的资金不变，但是因为你的钱增值更多，你会获得一个更可观的养老金数额。当然，在你寻求较高回报的同时，也意味着需要承担更大的风险。但并不是所有人都能够承受高风险，如果你不能承担高风险，那么请远离高风险的投资产品，选择更安全、回报率更低的证券或其他途径去积累养老金。这样你需要每年投入更多，或者延长投资时间。还有另一个选择，当然也是一个非常让人不爽的结果，就是你积攒的养老金达不到你想要的水平，你不得不接受退休后较低的生活水准。

14-1c 估计你的收入需求

如果我们生活在一个静态环境中，退休规划将会变得非常简单。遗憾的是（也许是幸运的），事实不是这样，你需要接受个人预算和整体经济环境都不断变化的现实。这使得精确估计退休需求变得很困难。即使这样，你也应该面对现实，并且通过一两种方法来应对。退休规划的一种策略是通过一系列短期计划来实现总体规划，一个方法是以你现在收入的一个百分比来估计退休后的收入目标，然后，每三到五年修改并更新你的计划。

另外，你可以采取长期投资的方法规划你想在退休以后获得的收入水平，以及为了获得想要的生活水平必须积累的资金额度。与在短期方法中强调一系列短期计划不同，这种方法要持续20～30年——从现在直到你退休——确定现在的投资与储蓄数额，据以实现长期退休目标。当然，如果环境与期望在未来发生很大的变化，则有必要相应改变长期退休规划与战略。

确定未来的退休需求

为了说明如何预计未来的退休需求与收入，我们可以考虑贾瑞德·罗伯特和特里希·罗伯特夫妇的例子。他们30多岁，有两个小孩，年税前收入80 000美元。虽然还有30年才退休，但罗伯特夫妇意识到是时候认真考虑他们的现状，看看能否获得自己喜欢的退休生活方式。工作表14—1提供了确定退休需求的基本步骤。从表中可以看到，罗伯特夫妇是如何估计其退休收入，并确定他们需要投资的资产规模以满足退休目标的。

工作表14—1　　估计未来的退休需求

下表能够帮助你确定退休后的收入需求、退休资金的规模以及为了达到退休目标每年需要储蓄的金额（单位：美元）。

规划退休收入和投资需求

姓名　贾瑞德·罗伯特和特里希·罗伯特　　　　日期　2015年8月31日

Ⅰ. 估计退休后的家庭支出：	
A. 距离退休的年限	30
B. 当前年家庭支出，不包括储蓄	$56 000

C. 估计退休后家庭支出占当前支出的百分比	70%
D. 估计退休后年家庭支出（B×C）	$ 39 200
Ⅱ. 估计退休后的收入：	
E. 社会保障（年收入）	$ 24 000
F. 公司/雇员养老金计划（年收入）	$ 9 000
G. 其他来源（年收入）	$ 0
H. 总的年收入（E+F+G）	$ 33 000
I. 额外收入需求或年度缺口（D−H）	$ 6 200
Ⅲ. 通胀因素：	
J. 现在至退休期间预计年度通胀率	5%
K. 通胀因子（附录 A）	
年限 30 年（A），预计年度通胀率 5%（J）	4.322
L. 经通胀调整的年度缺口（I×K）	$ 26 796
Ⅳ. 为缺口融资：	
M. 退休后持有资产的期望回报率	8%
N. 退休资金需求（L÷M）	$ 334 950
O. 退休前的期望投资回报率	6%
P. 复利因子（附录 B）	
年限 30 年（A），期望投资回报率 6%	79.058
Q. 退休基金需要的年度储蓄额（N÷P）	$ 4 237

注：第Ⅰ和第Ⅱ部分以当前货币价值编制，第Ⅲ和第Ⅳ部分可以用带有时间价值计算功能的计算器计算。

罗伯特夫妇以估计退休后可能的家庭支出作为开始。得到未来家庭支出的一个简单的方法是根据现在的家庭支出加以估计。假设罗伯特一家现在每年的家庭支出（不包括储蓄）为 56 000 美元（这个数字可以从他们最近的收支表中取得）。通过对现在的家庭生活方式进行调整（比如孩子不在家里居住，他们的住房贷款已经还清），罗伯特夫妇估计退休后每年的支出将是现在支出的 70%。因此，根据当前的币值，估计的退休后生活支出为 39 200 美元（56 000×70%，这个过程体现在工作表 14—1 的 A～D 步骤中）。

估计退休后的收入

下一个问题是，罗伯特一家从哪里获得资金来满足他们每年 39 200 美元的家庭支出需求？他们依然根据现在的情况来估计退休后的收入。他们在退休后有两个主要的收入来源：一是社保收入；二是企业养老金计划。他们估计每年将从社保收到 24 000 美元，从企业养老金收到 9 000 美元，总共 33 000 美元。比较收入和支出时，面临 6 200 美元的缺口。如果不填补这个缺口，那么罗伯特一家必须降低生活水准。

这时我们需要引入“通货膨胀因子”的概念，把 6 200 美元的缺口转化为退休后的数字。我们假定收入和支出都将面对大致相同的通货膨胀率，这个缺口会因该通胀率而增大。这个缺口变大的数额取决于通胀率的高低。假设罗伯特一家面对的通货膨胀在 30 年里每年平均 5%，这是一个现在看来比较高的数字，但是罗伯特夫妇认为联邦赤字不断膨胀会导致通货膨胀率上升。使用附录 A 的复利表可以计算得到 30 年利率 5%的通胀因子为 4.322，用此通胀因子乘以 6 200 美元的缺口就会得到退休时的数字，即 6 200×4.322＝26 796 美元（见工作表 14—1 中的 J～L 步骤）。这就是他们每年需要用自己的补充退休项目填补的缺口。

填补缺口

最后两个步骤是：（1）决定合适的养老资金池的规模以弥补每年的资金短缺；（2）确定从现在起到退休前每年需要积累多少钱。为了计算在退休前积累多少钱，他们需要估计退休后投资的回报率。这会告诉他们究竟需要一个多大的养老资金池，以弥补预计的资金缺口 26 796 美元。假定每年估计的收益率是 8%，那么到退休之前罗伯特一家必须存下 334 950 美元。这个数字是用 26 796 除以 0.08 得到的。只要这个本金（334 950 美元）不变，而且只要罗伯特夫妇活着，每年就能不断地产生收益，最终成为他们的一项永久资产。

行为金融问题 **退休规划中的行为偏差**

理论上，理性的人善于预测退休后的需求，他们能够预测未来的收入、投资收益、税率、家庭成员的健康状况，并能预测自己的寿命。然而有文章表明大部分人储蓄过少，做了一些不合理的投资，并且在退休后过快地花掉了他们的储蓄。值得注意的是，有调查表明，人们非常不擅长制定退休规划，也没有为了退休而进行充足的储蓄。大约有 40%的人没有计算过退休后需要多少钱，30%的人没有进行足额的储蓄，只有 20%的人对能够过上舒适的退休生活有信心。

有一些行为偏差可以解释为什么人们对于退休缺乏准备。认识到这些问题非常重要。

- 自我控制。大部分人想要进行储蓄与规划，但是他们实际上却没有这样做。可以使用承诺法，如“我先为自己支付”，或者采用 401(k) 计划的自动扣除方法，这些方法可以修正个人行为，鼓励人们进行储蓄和退休规划。

- 选择过多。面对复杂的退休投资，许多人都放弃选择，或者选择一个默认的方案，甚至决定不参与雇主提供的计划。在做决策时寻求一些帮助可能会使事情发生变化。

- 管理退休投资时的惰性。许多人倾向于“锚定”他们最开始选择的退休账户进行投资，并且不再改变。认识到这个倾向并且与投资顾问定期对投资进行分析评价，可以减少退休账户的损失。

- 代表性和可获性偏差。人们倾向于过度依赖投资产品过去的回报情况，并据之做出决策。举个例子，一个共同基金在去年表现很好，但并不意味着它在明年也会表现很好。类似地，许多人倾向于依赖很容易获得的信息去做投资决策，因为他们认为越容易获得的信息，存在的风险越小。

- 过度自信。许多退休资金投资者在做选择时过度自信，没有对他们的投资进行足够的分散化。

资料来源：Adapted from Olivia S. Mitchell and Stephen P. Utkus, “How Behavior Can Inform Retirement Plan Design,” *Journal of Applied Corporate Finance*, Winter 2006, pp. 82-94.

既然罗伯特一家知道应该积累多大规模的养老金，那么最后的问题就是如何在退休以前存够这笔钱。对于大多数人来说，他们需要制定一个系统的储蓄计划，每年存下一笔钱。为了计算每年应该存多少钱以达成目标，我们可以使用附表 B 中的养老金系数。正确的利率系数取决于期望回报率和投资时间的长度。在罗伯特夫妇的例子中，到退休为止一共有 30 年投资时间，意味着这个投资的周期为 30 年。假设他们认为可以在此 30 年中获得平均 6%的年回报率。通过查附表 B，我们可以看到 6%、30 年的利率系数是 79.058。因为罗伯特一家必须积攒 334 950 美元，所以可以根据利率系数算出他们每年需要储蓄 4 237 美元（334 950/79.058）（见工作表 14—1 中的 O～Q 步骤）。

罗伯特一家现在知道为了获得想要的退休生活必须做的事情：每年存 4 237 美元并在 30 年内把这笔钱投到一个年平均利率达到 6%的项目中。如果可以做到这些，他们将会在 30 年后获得 334 950 美元的养老金。能否获得 6%的收益率取决于他们使用的投资工具以及投资策略。这张表格告诉他们需要多少钱，而不是如何得到这些钱。对于后一点，投资管理会告诉你。

14-1d　退休收入的来源

从图表例 14—1 中可以看出，退休收入的主要来源是社保金、资产收益（如存款、股票、债券）、全职或者兼职工作收入和养老金计划。2010 年，退休收入最大的来源是社保金，占到退休总收入的 37%。最近几年，工资收入对于退休总收入的增长起到很大作用，因为越来越多的人在退休后继续工作以增加收入。需要注意的是，图中的数字是退休收入来源的比例，而非收入的绝对值。退休人员所获得的收入会有很大不同，从仅仅超过贫困线到 6 位数的收入。很显然，个人在退休前准备得越充分，他得到的社保收入和养老金收入就越多，他所持有资产的收益也可能越多。

图表 14—1　　**普通退休人员的收入来源**

对于美国普通退休人员来说，社保收入是退休收入的第一大来源，超过企业养老金、个人投资资产等各个来源。

65 岁以上已婚夫妇和单身群体收入来源的构成比例（1962—2010 年）

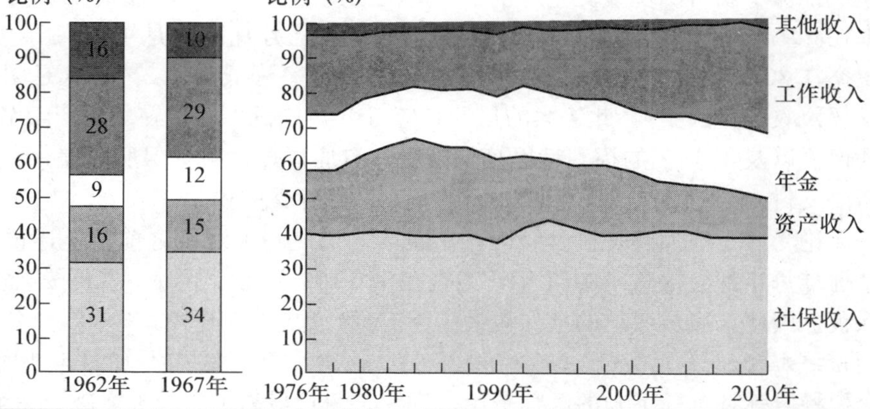

资料来源：Federal Interagency Forum on Aging-Related Statistics，*Older Americans 2012*：*Key Indicators of Well-Being*，Indicator 9 June 2012，p. 14，http://www. aoa. gov/Agingstatsdotnet/Main_Site/Default. aspx，aspx，accessed September 2012.

14-2 社会保障

1935年《社会保障法》是一个有里程碑意义的法案。该法案为美国在业群体设立了一个基本退休项目，并涵盖了所有收入水平的人。该法案还设立了其他一些社会项目，它们都在老年人、遗属、残疾人、医疗保险机构（OASDHI）的管理之下。其他一些社会服务包括补充保障收入（SSI）、福利性医疗保险、失业保险、公共救助、社会福利及黑肺病防护。在本部分中，我们将重点介绍法案中有关老年人和遗属的内容，因为它们更直接影响退休规划。在第9章中我们已经讨论过社会保障中关于残疾人、医疗/福利性医疗保险的问题。

14-2a 覆盖范围

目前社会保障几乎覆盖全部有收入的雇员，只有两个主要的员工群体不用强制参加社保系统：（1）1984年以前参加工作的联邦政府雇员，他们参加的是公务员退休服务系统；（2）服务地方政府和州政府的雇员，他们可以选择不被纳入社保系统（当然大部分人都自愿参加社保系统）。某些边缘化的工作岗位，例如18岁以下的报童、一些在互助会和女子联谊会全职工作的人员，也可以不参加社保系统。

为了获得社保受益，必须向社保管理机构提交申请，然后由管理机构来确定申请人是否有受益资格，依据是申请人参与社保系统是否达到一定时间（3个月）。为了具有完全退休受益的资格，员工必须在一家单位参与社保系统至少40个季度，或者10年。这些社保参与季度不一定连续。已故的参加社保雇员的配偶及其子女也能够每月享受受益，前提是这个雇员在死亡时全额投保。

14-2b 社保的工资税

从社保中获得的现金受益产生于社保覆盖员工及其雇主上缴的工资税（FICA税），税率在2012年针对社保的是4.2%，针对福利性医疗保险的是1.45%，共5.65%。社保税率在2013年上升到6.2%。2012年的社保税率降低为4.2%，这是因为2010年出台了《税收减轻法案》，此法案的目的是应对金融危机。雇主在2012年仍需支付6.2%的社保税以及1.45%的福利性医疗保险税。自雇群体也被社保所覆盖，在2012年，他们需要支付10.4%的社保税和2.9%的福利性医疗保险税。

无论受雇于他人还是自己经营，在雇员达到最高工资线之前，上述税率一直有效，这个标准每年都会提高。2012年，工资在110 100美元以下时，需要按工资额缴纳基本社保税。因此，雇员缴纳的社保税最高为6 221美元（110 100×0.056 5），对于自雇人群而言是14 643美元（110 100×0.133 0）。值得注意的是，从1991年开始，增加了第二个税种以弥补不断上升的医疗费用。现在，一旦最高工资线被突破，一个新的、更高的医疗工资标准线会被引入，雇员需要对超过110 100美元的部分按1.45%的税率纳税，自雇人群对超出部分适用的税率是2.9%。

14-2c　社保退休受益

社保退休受益对于退休群体及其抚养人是很重要的，受益包括：(1) 养老受益；(2) 遗属受益。所有项目都涵盖投保人员及其配偶。

养老受益

被完全覆盖的员工（也就是工作了 40 个季度）在达到退休年龄时可以收到养老受益。对于所有在 1960 年及以后出生的人，社会保障总署定义退休年龄为 67 岁（如果你在 1960 年之前出生，你的完全退休年龄为 65～67 岁，可以在 www. ssa. gov 上计算，为了讨论方便，我们使用 67 岁作为完全退休年龄）。员工如果选择提前退休（如 62 岁），那么他将收到削减的养老金，大概是全额养老金的 60%～70%。如果退休人员的配偶达到或超过 67 岁，配偶有权按退休员工养老金的一半得到养老金。鉴于退休规划的目的，人们通常期望社保养老金大概占原来收入 40%～60%。很显然，如果仅仅依靠社保养老金，远远不能达到使配偶及自己保持退休前生活水准的目的。

在一个双职工家庭，丈夫和妻子都能获得全额社保受益。当他们退休时，可以以下一种或两种方式获得社保受益：(1) 两个人分别按照他们养老金账户中的钱获取全额养老金；(2) 选择丈夫或者妻子中养老金更高的一个人获得养老金，另一方以此养老金的一半获取养老金。如果夫妻每一方都获得全额养老金，就不会获得配偶的受益。

遗属受益

如果一个投保人去世了，那么他的配偶可以获得一份抚恤金，包括几百美元，以及每个月的抚恤金。如果想每月获得抚恤金，那么去世人员的配偶必须年满 60 岁，或者有未婚、需要抚养的子女。如果子女年满 16 岁，而遗孀未满 60 岁，那么这笔抚恤金要等到后者达到 60 周岁才开始支付。

14-2d　每个月的社保有多少？

符合条件的群体每个月的社保受益数额是由法律规定的，计算公式相当复杂。当然，你没有必要自己算这笔钱，社会保障总署有程序化的计算方法。实际上，法律要求政府为所有覆盖群体提供一份社会保障表。你可以登录 www. ssa. gov 下载这份表格。这份表格会列示你每年取得的社保受益，并且指出你在以下三种情形下可以预计受益额：(1) 如果你在 62 岁退休，会得到 70%～80%的受益；(2) 在 65～67 岁之间退休可以获得全额受益；(3) 如果你在 70 岁退休，能获得更高的受益。

这张表会显示如果你去世了，你的配偶和子女将会获得多少受益，如果你残疾了，每个月能得到多少钱。

受益范围

根据社会保障总署所提供的信息，我们制作了图表 14—2，其中展示了 2012 年中期的平均受益水平。这里列示的是退休员工及其配偶和子女的受益。需要知道的是，这些数字根据生活成本的上升每年会相应调整。

图表 14—2　　2012年中期平均每月社保受益

下面所列示的社保受益包括在不同年龄退休的受益群体，随着生活成本的上升，受益群体得到的受益会相应增加。然而，在制定退休规划时，你不能过度依赖这些受益。

受益群体类型	平均每月受益（美元）
退休员工	1 229
退休夫妇	1 994
伤残员工	1 111
有配偶和子女的伤残员工	1 892
丧偶人员	1 184
有两个孩子的丧偶人员	2 543

资料来源："Understanding the Benefits," SSA Publication No. 05-10024, ICN 454930, http://www.socialsecurity.gov/pubs/10024.html#a0=8, accessed September 2012.

需要注意的是，如果雇员未满67岁并且依然有收入，即使是兼职，其社保受益也会降低。例如，假设现在的完全退休年龄是67岁，退休人员在62～66岁要进行一项收入测试，这会限制他们从社保中获得的收益。2012年，这个收入限额为每年14 640美元。规则规定，如果你是一个社保获益者，并且处于62～66岁之间，每年的收入每超过限额2美元，会丧失1美元的社保受益。举例来说，如果你的兼职收入是18 000美元，超过14 640美元的金额为3 360美元，那么你每月社保受益所扣除的金额是1 680美元（3 360/2）。一旦你达到完全退休年龄，收入限额就不再适用，你可以不受限制地去挣钱。与你获得的工作收入不同，非工作收益比如利息、股利、租金、证券交易所得等不会影响你的社保受益。

社保受益的税费

即使社保缴款来自税后收入，你可能还是得为一部分社保受益（再次）纳税。2012年，如果你的年收入超过以下金额，则社保退休受益需要缴纳联邦所得税：单身纳税人25 000美元；已婚共同申报32 000美元；已婚单独申报0。为了计算总收入，纳税人需要将当前税法所界定的调整后总收入（即AGI，见第3章）加上全部免税的利息收入（如市政债券利息），加上规定部分的社保受益。对于一个单身纳税人来说，如果其总收入处于25 000～34 000美元之间，则社保受益的50%要缴纳所得税。如果收入超过34 000美元，则85%的社保受益要缴纳所得税。如果夫妻二人共同纳税，收入处于32 000～44 000美元之间，则50%的社保受益需要纳税，如果夫妻二人的共同收入超过44 000美元，则85%的社保受益需要纳税。

14-3 养老金计划和退休项目

随着社保体系的扩张，企业养老金和退休计划也相应得到发展。1940年，社会保障项目还处于发展初期，不到 25%的员工有企业养老金计划。现在，大约有 65%的员工（包括公共和私人部门）为各种类型的退休和利润分享计划所覆盖。

1948 年，美国劳资关系委员会规定养老金和其他形式的保险项目要根据法律规定进行集体协商。作为回应，许多企业设立了一些新的养老金计划或者放松了一些限制条款，以满足工会的要求。合格养老金计划（后文将讨论）允许企业向雇员退休项目缴付的款项从应纳税所得中扣除。雇员也可以从他们的应纳税收入中扣除这部分缴款，这样他们可以通过递延纳税的方式积攒退休金。

然而，政府的繁文缛节使企业的养老金计划背上了包袱。尤其是 **1974 年《雇员退休收入保障法案》**（Employee Retirement Income Security Act of 1974，有时称为 ERISA 或《养老金改革法案》），其目的是保护参与私人养老金计划的雇员，但是实际上却减少了小企业新的退休计划的数量。实际上，被企业养老金计划所覆盖的全职雇员比例从 70 年代开始大幅下降。据估计，在私人企业，只有 40%的员工被覆盖，更为糟糕的是，仅有约 1/3 或者更少的临时工被覆盖。与之相反的是，退休计划的薪金扣除形式有了明显的增加（后面将讨论）。除了《雇员退休收入保障法案》，基欧计划、罗斯账户、传统个人退休账户和 SEP 个人退休账户及其他一些项目削弱了小企业（以及较大企业）提供养老金计划的积极性。

14-3a　雇主发起项目：基础计划

雇主可以发起两种形式的退休计划：基础计划和补充计划。雇员工作一定时间后可以自动参与基础计划。补充退休计划的大部分为自愿项目，能够增加员工的退休金。

参与条件

大部分养老金计划需要雇员满足某些标准，包括工龄、最小年龄、收入水平和雇员类别。工龄和最小年龄通常包含在退休计划当中，目的是提升新雇员和年轻雇员的流动率。因此，为了降低计划的管理成本，这部分雇员一开始被排除在外。一旦这些（及其他）要求被满足，雇员将会自动加入到这个计划中。

然而，并非所有参与养老金计划的人都有权收到退休金。在雇员得到不可收回权利之前，需要满足养老金计划的一些条件，这个权利称为**归属权**（vested right）。根据当前法律，完全归属权在工作 3～6 年后才能获得。进一步看，目前企业必须在两种计划中选择一种。第一种称为一次归属方法，即员工工作 3～4 年后才能获得，低于这个年限没有受益。一旦获得归属权，你就有权获得所有缴付的资金（你和你单位的缴款），并且能获得未来承诺给你的资金。还有一种替代方法，称为逐期归属方法，即在工作的前 6 年逐渐获得归属权。两年之后，你可以获得至少 20%的受益，并以每年 20%的水平递增，直到你获得百分之百的归属权。

如果你辞职了或者换了工作单位会怎样？如果你没有获得归属权，你通常没有选择，只能取走你自己的钱；但是如果你获得了归属权，你就有两个选择：或者取走你自己的钱，或者把它存到你当前雇主的退休计划里。然而，因为通货膨胀，距离退休年限较长的离职员工获得的受益非常少。所以，雇员一般会取回他的缴款。当然，在达到规定的工作年限之前就离开企业的员工只能获得他自己缴纳的养老金（加上名义投资收益）。但是请记住，无论你何时辞职，不要急着去花养老金账户里的钱！如果这样，随着时间流逝，会对你积累退休资金的能力产生致命的影响。如果你从养老金账户里取了钱，那么把它们存到其他账户里。

你的缴款是什么?

作为一个雇员，是否必须缴纳养老金，取决于所参与的养老金种类。如果你参加的是**非缴款型养老金计划**（noncontributory pension plan），则雇主支付所有养老金，你不需要支付一分钱。若为**缴款型养老金计划**（contributory pension plan），则雇主和你分担养老金计划的支出。目前的趋势是缴款型养老金计划。另外，几乎所有联邦、州和地方政府雇员都要承担一部分养老金。在缴款型养老金计划中，雇员缴纳的养老金一般占年薪的3%～10%，通常从工资中扣除。最常见的缴款方式是雇主缴款与雇员缴款相匹配，雇员缴付一半雇主缴付一半。

固定缴款还是设定受益

两个常用的计算养老金受益的方法是固定缴款计划和设定受益计划。**固定缴款计划**（defined contribution plan）指明了雇主和雇员缴款的金额。在退休以后，雇员根据其缴款所对应的每月受益金额获得养老金。虽然诸如年龄、收入水平和缴款金额等因素会对养老金计划的月受益额产生显著影响，但是影响受益额最大的因素是养老金的投资业绩。固定缴款计划除了基金经理取得的回报外，不对缴款有任何其他承诺。此计划中唯一确定的就是雇主和雇员的缴款数额。退休时的受益完全取决于投资的结果。

在**设定受益计划**（defined benefit plan）中，决定受益的因素不是缴款，而是计划的条款。不管养老金的投资业绩如何，都按规定的金额支付受益。如果投资业绩比较糟糕，雇主必须根据计划的规定弥补这部分差额。这种养老金计划能使雇员在退休之前就算出来每月有多少退休收入。一般来看，工作年限和收入金额是最重要的计算指标。例如，雇员如果以他们最后三年平均年薪的2.5%作为每年支付的基数，雇员最后三年的平均年薪为85 000美元，并为公司工作20年，则该雇员每年的养老金为42 500美元（2.5%×85 000×20）。

许多设定受益计划会周期性地增加退休受益，以应对生活成本的上升。在高通货膨胀期间，这些增加的受益对于维持退休人员的基本生活水准尤为重要。然而，参与设定受益计划的政府部门雇员越来越多，而私人部门的参与人数实际上在下降。相对于传统计划（设定受益计划）来说，现在人们更多以固定缴款计划的形式持有资产。设定收益计划在未来几年很有可能加速向固定缴款计划转变。

无论用何种方法计算受益，雇员最关心的是退休时计划产生的到手收入。如果该计划的收入与社保收入一起使雇员的退休收入达到退休前收入的70%～80%，就认为这是一个好的退休计划。然而，为了达到这个目标，现在的雇员必须承担更多的责任，因为企业有从设定受益计划向固定缴款计划转变的趋势。企业不愿意承担未来退休金负债所带来的不确定性。现在，越来越多的企业为了避免上述问题而把设定受益计划变更为固定缴款计划。结果雇员为了获得期望的退休收入，需要自己承担更多的责任。

这意味着你退休后的收入更多取决于你自己的行动而非雇主。很可能的是，你不仅会控制你向公司缴付的金额，而且会控制这部分金额的投向。

理财指示牌　保护私人部门的设定受益计划：养老金福利担保公司

养老金福利担保公司（PBGC）是一个由 ERISA 设立的联邦机构，旨在保护私人部门的设定受益计划。设定受益计划通常在员工退休后按月发放固定受益额。如果一个设定受益计划没有足够的资金支付退休金，那么 PBGC 的保险项目会按照规定弥补这部分差额，并达到法律规定的上限。这个保障资金来自企业保护计划的保费、机构的投资和 PBGC 作为受托人所持有的养老金计划资产。需要注意的是，这部分受益并不是从税款中支付的。PBGC 并不保障专业服务人员的退休计划，如医生、律师、教会人员，联邦、州、地方政府人员，同时也不对固定缴款计划进行保护，如 401(k) 计划。

2012 年，最高的养老金是每年 55 841 美元，员工从 65 岁开始每月收到款项。若在 65 岁之前就开始领取款项，或者由受益人的养老金所覆盖的配偶领取款项，金额会少一些。根据法律，这些款项不能根据生活成本进行调整。

资料来源：Adapted from http://www.pbgc.gov/about/faq.html，accessed September 2012.

合格养老金计划

《国内税收法》允许向**合格养老金计划**（qualified pension plan）缴款的雇主把所缴纳的款项从应纳税收入中扣除。因此，对于雇员来说，在最终收到养老金之前，其缴付的款项不包含在应纳税收入之中。进一步来说，在缴款养老金计划中，雇员可以利用其缴款制造税盾。换句话说，这些缴款在支付当年不作为应纳税收入，这会减少雇员申报纳税时的应纳税收入，从而降低税金。这些计划的另一个优势是投资收益免税，这会使投资资金积累得更快。

14-3b　雇主发起项目：补充计划

除了基础退休计划，许多雇主提供一些补充计划。这些计划通常是自愿参加的，通过这些计划，雇员不仅可以增加退休金，还能享受到避税的好处。有三种补充计划，分别是利润分享计划、储蓄计划和薪金扣除计划。

利润分享计划

利润分享计划能使雇员参与企业的利润分配。**利润分享计划**（profit-sharing plan）根据美国国税局的规定获得实施资格，并像其他的养老金计划一样享受税收优惠。支持利润分享计划推行的主要观点是：这个计划可以激励员工更好地工作，当单位收益丰厚时，员工的受益额也会增加。在这个计划下，其缴款会投到各类固定收益投资产品、股票和债券上，很多情况下，会投资于单位自己发行的证券。获得单位证券的员工实际上受益了两次。当利润好的时候，一方面，会有更多的资金投到利润分享计划中；另一方面，所持有股票的价格会上升。

许多大公司自愿向利润分享计划投入资金，并大量（几乎全部）购买自己的股票。在公司长期工作的员工经常能够积累价值数十万美元的公司股票。这里我们说的不是高收入的公司高管，而是普通的公司员工，他们只要按照公司的规定把一部分工资拿出来投到公司的利润分享计划中即可。然而，在实践中有一个现实而又重要的问题：如果企业处于困难时期，那么不仅你的工资会降低（甚至失业），你在企业利润分享计划中的价值也会下跌。看看科技行业2000—2002年熊市时发生在企业员工身上的事情就知道了。

储蓄计划

储蓄计划（thrift and savings plan）是一个补充养老金和其他辅助性受益的计划。大部分计划要求雇主和雇员向计划项目缴付相同金额的资金。例如，一个雇主可能会以50%的比例与员工共同缴款，直至达到员工薪金的6%为止。这些缴款会存放在信托人处，信托人把这些钱投到各种类型的证券中，包括雇员所在公司的股票及债券。如果符合国税局的储蓄计划条件，单位的缴款及其投资收益不计入雇员的应纳税收入，当雇员从此计划中提款时才纳税。然而，这种有吸引力的税收条件并不能惠及雇员的缴款，所有投到储蓄计划里的钱依然被视为雇员的应税收入，需要正常纳税。如果有机会参与此计划，一定要认真考虑，通常这种储蓄计划的收益是非常可观的，尤其是当你把雇主的缴款计算在内时。

薪金扣除计划

另一个常见的补充退休计划是**薪金扣除计划**（salary reduction plan），或者称为人们所熟知的401(k)计划。这里我们重点关注401(k)计划，还有其他类似的计划向公立机构和非营利组织的雇员开放，包括公立学校、公立大学、公立医院、州政府及地方政府。403(b)计划和457计划与401(k)计划在税收规定和其他方面有许多相似之处。

越来越多的企业正在削减投入传统养老金计划（设定受益计划）的资金，继而转向401(k)计划，即另一种设定缴款计划。401(k)计划给员工以选择权，员工可以把一部分薪金划到公司的免税账户中，以此方式享受免税的好处。但这个税金最终还是得支付，只不过要等到员工退休并从账户中提取养老金时。2012年，雇员可以向递延纳税的401(k)计划缴存17 000美元（403(b)计划和457计划的缴款限额与此相同）。对于超过50岁的员工来说，有一个提升条款，2012年允许其缴款上限达到22 500美元。

可以举例来看一下递延纳税计划的原理，若某人年龄在50岁以下，2012年的应纳税收入为75 000美元，她倾向于向401(k)计划缴存最高额，金额为17 000美元。这样做可以使其应纳税收入减少到58 000美元，假定她处于25%的税级上，可以递延缴纳的税金为4 250美元（17 000×0.25）。这个税收节约会抵销她向401(k)计划的缴款，她仅需要自己支付12 750美元，其余部分由国税局以减免税的形式支付。

这些计划很有吸引力，不仅能节省可观的税金，同时也是为退休攒钱的好方法。只要你能够付出这笔钱，工作单位能够提供，就一定要参加401(k)/403(b)/457计划。因为单位对养老金有匹配的缴款额，所以更要这样做。大多数提供401(k)计划的单位都有相应的缴款计划，一般员工每缴纳1美元，单位会缴纳50美分（或更多）。这些匹配计划对个人有税收和储蓄方面的激励，会增强401(k)计划的吸引力。

现在，越来越多的企业开始提供另一种401(k)计划。这种新的退休储蓄计划在2006年1月首次出现，称为罗斯401(k)计划。这个计划与传统计划有些类似，但有一个重要差别，所有向罗斯401(k)计划的缴款都是税后收入，这表示员工每年的缴款没有税收优惠。如果你的年应纳税收入为75 000美元并向罗斯401(k)计划缴款15 000美元，你仍然要按照75 000美元纳税。这不是好消息，然而现在却变好了。因为虽然所有的缴款都是税后收入，但在参与人员提款时却是免税的，当然，前提是你提款时年龄大于59.5岁并持有此账户5年或以上。与传统的401(k)计划一样，罗斯401(k)计划也设置了年缴款上限（2012年50岁以下群体）。而且，这个限额针对所有类型的401(k)计划，所以你不能向传统的401(k)计划缴款15 000美元，同时再向罗斯401(k)计划缴款15 000美元。单位可以对罗斯401(k)计划的缴款进行匹配，但从技术上说，这些匹配的资金要单独立户缴存，在提款时与普通收入一样需要纳税。从本质上来说，由于雇员单位的缴款没有纳税，因此雇员在提款时需要纳税（包括账户产生的收益），这与传统的401(k)计划是相同的。

罗斯和传统的401(k)计划通常为参与者提供多种投资选择，包括权益和固定收益共同基金、公司股票和各种带息的投资工具（如银行定期存单）。实际上，典型的401(k)计划有大概10种选择，有的甚至会提供20种选择。现在有一种趋势是：给这些计划的参与者更多的选择，并提供研讨会和其他培训机会，以帮助员工制定养老金计划。

理财规划小贴士　**管理你的401(k)退休账户**

在管理你的401(k)账户时，遵循以下原则可以事半功倍：

- 合理的资产分配比为401(k)账户选择“恰当的”基金类别重要得多。研究显示，投资绩效超过90%由你分配资产在现金、债券、股票基金上的比例决定。因此，投资绩效不到10%由你是否选择了正确的基金类别和紧跟市场（这绝不是一个好办法）决定。记住一个经典的投资法则，将“100－年龄”百分比的资产投资于权益投资工具，剩余部分投资于债券或以现金存放。例如，你现在30岁，可以制定一个投资计划，即投资70%于股票，30%于债券或现金。然后根据你的风险承受力对此比例进行调整。可以使用一些网站提供的资产分配计算器，如Smart Money网站（见http://www.smartmoney.com/calculator/investing/managing-asset-allocation-1304479164310/）。
- 在401(k)账户中投入足够的钱。你投资的钱至少要达到公司投资的水平，当然前提是你有这个支付能力。例如，如果公司给你的401(k)账户缴存的钱是你年收入的6%，那么你至少也应当缴付这么多钱，否则会白白损失一部分钱。一个合理的目标是至少拿出收入的10%投到退休账户中，包括401(k)账户、IRA账户和其他投资工具。
- 不论401(k)账户的投资绩效如何，都要持续进行投资。一些投资者看到自己的401(k)账户产生损失时会惶恐不安，进而会减少投资甚至停止缴款以避免更大的损失。这样做适得其反。如果你的账户缩水，要咬紧牙关，在账户中投入更多的钱，而不是更少！这是因为你要弥补产生的损失，如果你停止或减少缴款，很可能达不到你的退休目标。要牢记，当投资价值下降时，你可以以更低的价格买入股票（有一个“定额定期”原则）。长期来看，这对投资绩效有正面影响。

资料来源：Adapted from Tatiana Morales, “How to Manage Your 401K Wisely,” http://www.cbsnews.com/2100-500200_162-640129.html, accessed September 2012.

14-3c 评估雇主发起的养老金计划

若参加雇主发起的养老金计划，那么在满足单位特定条件时可以享受某些受益。无论你是被限制仅能参加公司的基本养老金计划，还是可以参加一个或几个补充项目，对你而言，花一些时间深入了解这些项目的条款和收益是很重要的。切记，你不仅要熟悉基本养老金项目，还要熟悉你有资格参加的补充养老金项目。

那么，你该如何评估这些项目？大部分专家认为你可以通过审查以下要点来了解基本的计划条款和退休受益：

- 资格要求。明确它们是什么。
- 设定受益还是固定缴款？要明确是什么类型。如果是受益型，有什么公式可以计算受益额？要特别关注公式中是如何处理社保受益的。如果是固定缴款项目，你能控制资金的投资吗？如果可以，你会选择哪些投资？
- 归属方法。企业采用的是一次归属方法还是逐期归属方法？
- 缴款型还是非缴款型？如果这个计划是缴款型，企业和你各出多少？如果是非缴款型，企业的缴款占你工资的比例是多少？
- 退休年龄。正常退休年龄是多少？提前退休的规定是什么？养老金受益可以转移吗？也就是说，如果你更换工作单位，可以把这些受益带走吗？
- 自愿性的补充项目。你工资中有多少可以用来支付一个或几个这样的项目？企业为此项目提供多少缴款？

找到这些问题的答案能使你找到自己的位置，并知道为了完善退休规划你要做哪些事情。作为评估的一部分，尝试去算一算，当然尽最大可能，看看在你退休时能获得多少受益。在计算你的退休受益前，先跟单位负责员工退休计划的人核对一下，他们通常会对你有所帮助。用工作表14—1里提到的程序可以估计出需要多少收入。如果有缺口（而且很可能会存在缺口），可以算出你是否需要参加某种由雇主发起的项目（如401(k)计划），或者为了在退休后达到一定的生活水准，你需要使用多少自己的储蓄和投资。

14-3d 自主退休计划

除了参加公司发起的退休计划，个人可以设置自己的退休计划。有两种自主退休计划：基欧计划和SEP计划，这两个计划适合自雇群体，是个人退休安排，几乎每个人都可以自主设立。

基欧计划和SEP计划

基欧计划（Keogh plan）作为《自雇群体退休法案》（或者简称《基欧法案》）的一部分在1962年引入。基欧计划允许自雇群体为他们自己或者雇员设立递延纳税的退休计划。与缴款型401(k)计划类似，向基欧账户的缴款可以从应纳税收入中扣除，因此这个计划可以减少自雇群体的税金。在2012年此递延纳税计划的缴款限额为50 000美元或者个人独资经营者收入的20%与非公司制企业收入的20%中的较小者。2012

年，如果雇员的年龄为 50 岁或以上，可以额外增加 5 500 美元的缴款。所有自雇群体，无论全职还是兼职，都有资格设立一个基欧账户。这种账户也可以由有全职工作但在业余时间做兼职的个人开设。例如，一个会计师利用业余时间代人进行纳税申报，尽管这个人开设了基欧账户，但他仍有资格凭其全职工作收到全额退休受益，并拥有个人退休安排（SEP 计划与基欧计划类似，不同之处是 SEP 计划面向小微企业主，一般来看他们没有雇员，需要简单而易于管理的计划，除了一些管理上的细节，SEP 计划与标准的基欧计划具有相同的特征与缴款限额）。

基欧账户可以在银行、共同基金和其他金融机构开设。每年必须在提交纳税申报表时或第二年 4 月 15 日缴款（例如你的纳税申报截止日期为 2013 年 4 月 15 日，则在这个日期缴纳 2012 年的款项）。虽然开设账户的金融机构是基欧账户中资金的管理人，但是账户的投资实际上由个人掌管。这些都是自主退休计划，个人可以决定买入和卖出哪些投资产品。

投资收益可以在账户中进行再投资，这些收入也可以递延纳税。所有基欧计划的缴款和投资收益都必须保留在账户中，直到缴款人超过 59.5 岁，除非发生严重的疾病或者伤残，否则不能提取。由于个人原因而提前取款会有 10%的税收罚金。然而，个人并不需要在 59.5 岁时就把钱提出来，资金可以放在账户中（收益一直免税）一直到缴款人达到 70.5 岁。这时个人必须从账户中提款，除非其在 70.5 岁以后还在上班并有收入。当然，一旦个人开始提款（59.5 岁以后），所有提取的钱将会被视为普通收入并且要正常纳税。

个人退休账户

许多人错误地以为个人退休账户是一种特殊的投资，事实上不是。一个**个人退休账户**（individual retirement account，IRA）就像你在银行、券商或共同基金处开设的账户一样，只不过这个账户被明确设定为退休账户。也就是说，你只需要填一张表格开设一个退休账户，并把所开设账户的机构作为你的代理人就可以了。所有在职雇员都可以有一个个人退休账户，虽然账户的具体类型和税收状态有所不同，但所有个人退休账户有一个共同特征，它们鼓励个人进行退休储蓄。目前，有三种类型的个人退休账户可供选择，分别如下：

- 传统的（可税收扣除）个人退休账户。这种账户类型适用于所有没有参与所在单位退休计划的雇员，不考虑其收入水平；或者家庭共同参与（即使他们参与单位的退休计划，也适用），且每年家庭的调整后总收入不高于 92 000 美元（个人纳税人为 58 000 美元）。2012 年，满足条件的个人的缴款额可以达到 5 000 美元。所有账户的收益一直免税直到它们被提取，提款时需正常纳税（在 59.5 岁之前提款会有 10%的罚金）。
- 不可免税（税后）的个人退休账户。这种账户向所有人开放，不考虑其收入水平以及是否参与所在单位退休计划。2012 年，年缴款额超过 5 000 美元就可以开设，但是缴款额须在税后支付。然而其收益免税，在 59.5 岁以后提取的话不用纳税（在 59.5 岁之前提取会有 10%的罚金）。
- 罗斯个人退休账户。罗斯个人退休账户是一个新种类（1998 年以后可用）。夫妇年调整后总收入不超过 173 000 美元（单身 110 000 美元）可以开设，不考虑他们有没有其他退休或养老金计划。罗斯账户最重要的一个特点是税收，虽然2012年每个人每年的缴款不超过6 000美元，并且不能在税前扣除（税后缴款），但每年增加的收益是免税的。只要账户开设超过5年并且缴款人的年龄超过59.5岁，所有从账户中提取的钱都是免税的。换句话说，只要符合条件，你从罗斯个人退休账户中提取的钱不用缴纳任何税金。

可以把传统个人退休账户转换为罗斯个人退休账户。如果你想转换，那么你需要把之前缴款和投资收益的税补上。为什么要这样做？如果预计你所适用的税率在退休后保持不变或者提高，这么做就有意义。因此，转换为罗斯账户在长期来看可以使你的投资承担更低的税率。然而，重要的是不要使用你退休账户里的钱支付税金。如果你在59.5岁之前从个人退休账户提款的话，通常需要承担10%的罚金，而且你得放弃罗斯个人退休账户的免税优惠。如果你年龄较大，那么把传统个人退休账户转换成罗斯个人退休账户没有什么意义。因为随着你年龄增大，你弥补损失的时间会越来越少。然而从遗产税规划的角度考虑，对于老年人来说转换还是明智的。这种转换涉及的问题较多，最好咨询一下专业的税务师。你可以使用在线转换计算器算一下转换是否具有可行性，它会给你一些提示（登录 http://smartmoney.com 并找到罗斯个人退休账户转换中的退休计算器）。

无论什么样的账户类型，无论你面对什么情况，在你首次购房（最高10 000美元）、支付符合要求的教育费用、面临某些大病支出或者其他符合条件的紧急情况时，你可以提款并且不用支付罚金。在传统个人退休账户和不可免税的个人退休账户中，只要你达到70.5岁，就必须从账户中提款，但这个规定对罗斯个人退休账户不适用。

自主账户及其投资工具

个人退休账户和SEP计划类似，都属于自主账户，这表示你可以自由进行任何类型的投资。一个人在为其个人退休账户（或基欧账户）选择证券时，可以采取保守或激进的策略，但一个聪明人会以收益性资产为这些账户积累资金。同时，如果你在寻求资本利得，那么最好在退休账户之外进行操作。然而这并不意味着你不该把高质量的成长型股票或共同基金放入你的基欧或罗斯账户中。实际上，许多顾问通常建议把一些增长型投资放到个人账户中，因为它们一般有较好的业绩和抵御通货膨胀的能力。这些投资的回报可能非常丰厚，因为它们是完全免税的。最后，你的养老金账户里有多少钱很重要，至于你如何获得这笔钱无关紧要。

无论你选择什么样的投资工具，请记住一旦你把钱投入个人退休账户，钱将会在里面长期保存。像大部分有税盾的退休计划一样，从个人退休账户提款的时间有一些限制。当你把你的个人退休账户转到一个新公司的时候，如果转出方直接把滚存的资金支付给你，则需要承担20%的税。这个规则很明确，如果你有一笔退休金（即使仅有几天），在提款时就需要纳税。应对个人退休账户转移的最好方法是把资金由一个企业转向另一个企业。

那么，你应当向个人退休账户缴款吗？很显然，只要你符合个人退休账户或罗斯账户的开户条件，就需要认真考虑最大限度地向此账户缴款。不需要特别的收支记录，也不需要申报，个人退休账户是一个非常好的避税工具。可能你需要做的最重要的决策是看哪种类型的个人退休账户适合你，是传统型还是罗斯账户（提示：罗斯账户最适合30 多岁或 40 多岁的群体）。

14-4 年金

年金是人寿保险的对立面。在第 8 章里已经提到，人寿保险是系统性的资产积累，用于应对提前死亡的财务损失。相反，**年金**（annuity）是系统性资产的支出，可以应对由于个人财务原因而导致的经济困难。需要缴纳保险费用的时期称为**积累时期**（accumulation period），相应地，收到年金的时期称为**支取时期**（distribution period）。

在一个纯粹的人寿年金合同里，人寿保险公司保证按月向被保险人支付，直到其去世。保险受益由三个部分组成：本金、利息和遗嘱给付。本金是被保险人（购买年金的人）在积累时期缴付的保险费。利息是这些资金在缴付和支取时期产生的。年金产生的利息暂时免税，但需要注意，虽然年金的收益具有税盾，但向年金账户的缴款是税后支出（即对于本金部分没有特别的税收优惠）。本金与利息在被保险人死亡前没有返还的部分为**遗属给付**（survivorship benefit）。这些资金对于年金受益人而言在其生存期间一直有效。

14-4a 年金的分类

在图表 14—3 中我们看到，年金可以根据几个主要特征进行分类，包括保费支付、受益的积累、受益开始时间及计算受益的方法。

图表 14—3 **年金合约的类型**

年金的缴费方式、受益的分配方式、受益类型和收到受益的时间不同，年金合约的类型也不同。

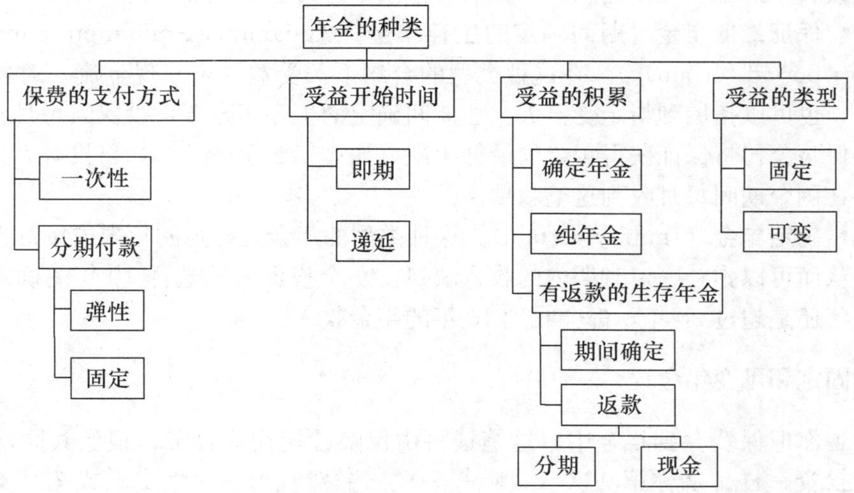

一次性保费或者分期支付保费

在购买年金保险合约时有两种支付保费的方式：你可以提前支付一大笔保费，也可以分期缴纳保费。**一次性支付保费的年金**（single premium annuity contract）通常规定最小投资额，这个额度从 2 500 至 10 000 美元不等，5 000 美元比较常见。这些年金现在很普遍，因为它们有税收优惠。人们经常在临近退休前购买年金，以获得另一种形式的收入。在这些情况下，个人通常会购买**即期年金**（immediate annuity），这种年金会在购买当期按月发放年金，第一张支票会在购买后 1 个月左右收到。

虽然大部分团体年金都是一次性的，但是许多人仍然倾向于购买分期付款的年金。在这些**分期支付保费的年金**（installment premium annuity contract）中，保费在较长时期内按固定间隔（月、季或年）支付，设置的金额可以低到 100 美元。有时，年金付款方式为支付较高的首付款（可能为几千美元），以后每期的付款额很低（如每季 250 美元）。以这种方法购买的年金称为递延年金，这种类型的合约所产生的现金受益要递延几年才支付（注意：一次性保费也可以用来购买递延年金）。分期支付保费的递延年金的一大优势是你可以在较长时间内积累资金（免税）。没有税金，你可以留下更多的钱为退休作储备。当然，最终在你开始收到年金收入时，还是需要缴纳所得税。

受益的积累

所有年金都具有“先付后收”的特征，使个人可以满足未来的现金需求，如制定退休规划，同时能够得到可观的税收好处。你可以一次性支取年金，更常用的方式是在确定或不确定的期间内，以一种系统的方式支取年金。大多数人选择以后一种方式支取年金，让我们来看看最常见的年金支取选择：

- **没有返款的生存年金（纯年金）**（life annuity with no refund（pure life））。年金受益人会收到确定金额的年金收入，时间可以为 1～50 年。年金受益人死亡后，资产所有人或其家人不会收到返款。这是所有方法中每月支取额最大的一种。
- **保证最低年金（期间确定的生存年金）**（guaranteed-minimum annuity（life annuity，period certain））。在这种类型的合约下，受益（未来现金流）对象不仅限于投保人，也可以拓展到指定受益人。在期间确定的生存年金下，投保人每月会得到年金收入，保险公司将保证获得年金的最低年限（如 5 年或 10 年）。如果投保人死亡，其受益人会在剩余期间每月收到这笔款项。
- **确定年金**（annuity certain）。这种类型的年金在确定的年限内按月支付确定的金额，从而可以弥补一定时期内的收入缺口。一个投保人若选择 10 年的确定年金，无论活 2 年还是超过 20 年，都会收到 10 年的年金收入。

固定和可变年金

当你把保费存到年金中，这笔钱将由保险公司代你投资，很像共同基金用你的钱进行投资一样。从你第一次（或唯一一次）缴费直到一次性支取或按月支取年金，这段时间里你的投入会获得一定的回报。所获得的回报是固定还是可变的，取决于是固定年金还是可变年金。在**固定利率年金**（fixed-rate annuity）下，保险公司保障你投入的本金并承诺在保险期间给予最低收益率。这种年金倾向于保守，是一种低风险的年金产品，本质上是保证向投保人（或指定受益人）返还原始投资加上收益。与债券共同基金不同，固定利率年金在利率上升和下降时保持不变，因此你的本金非常安全。

想象有一种投资工具，让你在股票、债券和货币基金之中进行投资，与此同时，投资所获得的收益是免税的，这种年金是可变年金。**可变年金**（variable annuity）根据投资的结果向投保人支付年金，投资结果没有保证，甚至本金也不保证。若你购买了可变年金，你的投资方向将取决于你的投资目标和风险承受能力，通常可以选择股票、债券、货币市场证券、房地产、其他投资工具，或上述投资的组合。作为年金持有人，你可以长期持有一种投资，也可以在市场中变来变去。当然，当市场上涨时，投资者在可变年金上的收益会增加；但当市场下跌时，这些保险产品的回报也会降低。

14-4b　年金的来源和成本

年金由寿险公司管理，所以毫无疑问，它们是这些金融产品的主要销售商。年金也可以从券商、共同基金管理机构、银行、理财规划师那里购买。在购买年金时，由于投保人投保时的年龄、投保人支取年金时的年龄、受益支取方法、覆盖的受益人数量和投保人的性别不同，保险成本也不同。

与共同基金一样，年金也有年费。有的年金需要 1%或更高的保险服务费，可变年金需支付 1%～2%的年度管理费。这相当于每年要付 2%～3%甚至更高比例的费用。还有一个签约费用（或维持费用），包含各种与合约有关的费用，这个费用通常为每年 30～60 美元。很显然，这些费用可能会降低回报并减少递延纳税的好处。最后，大多数年金对提前取款收取高额罚金。这意味着，为了更换业绩糟糕的年金，你需要付出一些成本。

14-4c　年金的投资与收入特征

大多数年金的一个主要特点是不能作为死亡后的收入来源。虽然个人可以通过自己投资获得利息或股利，但他们会发现很难系统性地提取其本金，以使在他们死亡的同时，本金也提取完毕。年金的另一个好处是它所产生的投资收益是免税的，因此是另一种有税盾的投资。实际上，年金收入是递延纳税的，这表示在支取年金时需要缴纳税金。

避税是一个有吸引力的特征，但有门槛。如果你在到期日之前提前支取或放弃投保，会面临较大的税收惩罚。具体来说，国税局将从年金中提款视同从个人退休账户中提款，即除了患有严重的疾病，在 59.5 岁之前从年金中提款会被征收 10%的税。所有这些只是为了强化年金应该被视为一项长期投资。要把年金看做退休规划的一部分（至少国税局是这么看的），需要长期持有。

从投资的角度来看，年金所产生的回报在某些情况下会使你有点失望。例如，正如前面讨论过的，虽然可变年金的回报与货币及资本市场的回报挂钩，但相对其他投资工具来说还是有点低，实际上，年金投资的回报通常较低，主要是因为年金费用较高。但要知道，这些回报的差别是在税前基础上进行比较得到的。而年金的回报有税盾，因此使这种低回报的产品具有一定的吸引力。

购买可变年金就如同购买传统的共同基金：根据过去的业绩、良好的管理能力（管理记录）寻找管理人，比较有吸引力的投资选择是可以自由进出。同时，要特别留意年金的总费用，这些年金产品一般都含有大量费用。也有可能找到业绩高于平均水平而具有较低收费的年金产品。你就是要寻找具有这种特征的产品。

最后一点：如果你真的考虑购买年金，一定要仔细阅读年金的合同，看看有保证的利率是多少，初次计算从什么时候开始，有没有救助条款。（救助条款允许你在年金收益率低于某一特定水平时提取你的资金，并且没有退出费用。当然，即使你签了救助条款，在提前取款的情况下也需要支付罚金，除非你通过所谓的1035交易把资金转到另一个年金账户中去。）同样重要的是，只有管理年金的保险公司优秀，年金才表现优异，所以有必要查一查保险公司在Best's、标准普尔和穆迪公司的评级情况。重要的一点是在购买保险公司的年金产品之前，确保该保险公司的财务状况良好。参见第8章中有关保险公司评级的内容。

理财规划小贴士

有适合你的年金吗？

我们大多数人都没有购买传统的设定受益养老金，因此需要根据401(k)计划仔细进行养老金投资管理。我们一般都希望拥有像设定受益计划一样能提供稳定收入的产品。年金设计的目的是为你的退休生活提供月收入。在你提前为这项服务付款后，可以与保险人达成协议，保险按照约定的期间向你支付受益。年金的设计要确保你不会过没有收入的生活。

在什么情况下购买年金才有意义呢？如果你有几个不同的有保证的收入来源，可能就不需要年金。然而，如果你没有加入传统的养老金计划，同时又希望退休后每月能得到固定收入，你可能就需要考虑使用一部分储蓄来购买年金。这里是一些具体的指导。

当存在以下情况时，可以考虑购买递延年金：

- 你向雇主发起的退休规划和个人退休账户的缴款额达到上限（或者你没有资格开设个人退休账户）。
- 你在59.5岁之前不需要年金收入。
- 你有一笔应急资金，至少能够支付6个月的生活费用。

当存在以下情况时，购买即期年金可能更好：

- 你现在就想把积累的一部分退休储蓄转化为收入。
- 你身体健康，预计至少能再活20年。
- 你有足够的资产支付高额费用（如医疗费用）。

资料来源：Adapted in part from Phil Taylor, "Do You Need an Annuity?" http://money.usnews.com/money/blogs/On-Retirement/2012/01/06/do-you-need-an-annuity, accessed September 2012.

一生中的规划：退休规划

以下是人生的每个阶段有关退休规划的主要考虑事项。

独立生活阶段 20 多岁	家庭与职业发展阶段 30～45 岁	成熟阶段 45～65 岁	退休 65 岁以上
√在考虑通胀的情况下，估计过舒适的退休生活需要多少钱	√拿出收入的 10%～15%进行退休投资，动手越早，退休后生活得越好	√根据近期个人状况修改退休计划，尽量多存一些钱	√修改退休计划，把资金更多投到负债或流动性金融工具上，减少股票投资
√根据你的时间要求和对风险的态度，决定你的资产在股票、债券、房地产和现金中的分配。大部分人在年轻时乐于承担更多的风险	√评价资产分配情况，进行再平衡以与你的目标相一致。大部分人会减少投资的风险	√评价资产分配情况，围绕雇主发起的退休计划进行再平衡。大部分人会减少投资的风险	√比较你资产的支出率，评估这个支出率能持续多久。考虑投资组合产生的当前收入与你日常支出的匹配情况
√根据你的整体资产分配计划，在雇主发起的 401(k) 计划中分配你的资金	√逐渐增加投资于雇主发起的 401(k) 退休计划的金额，并重新评估它与你的资产分配计划的匹配性	√继续增加投资于雇主发起的 401(k) 退休计划的金额，并定期评估它与你的资产分配计划的匹配性	√把你的投资资产分配策略与遗产规划结合起来考虑。要知道房屋的净值在需要时可以进行融资
√除了参与雇主发起的退休计划，留出一部分钱进行投资，可以考虑使用传统的个人退休账户、罗斯账户进行共同基金或交易所交易基金（ETF）投资	√考虑增加对传统的个人退休账户和罗斯账户的缴款	√考虑使用共同基金或 ETF 来增加对传统的个人退休账户、罗斯账户的缴款。考虑购买年金以补充退休收入	√制定从有税盾的账户中提款的计划，并考虑相关税金

练习题

1. 杰奎琳·斯特劳斯今年 25 岁，是第二国民银行的个人信贷专员，她知道为退休进行储蓄越早越好。假设她在 65 岁退休，每年向退休基金存 3 000 美元。

a. 如果杰奎琳把退休基金投资于股票，平均每年可以得到 8%的收益率，那么当她 65 岁时，她能积累多少退休基金？

b. 杰奎琳一直劝她的朋友迈克·古德曼赶快制定退休计划，因为目前迈克已经 35 岁了。如果他以和杰奎琳相同的方式投资，那么在 65 岁退休时，他能积累多少资金？请解释你的发现。

2. 克里斯汀·卡德威尔即将大学毕业，正在考虑两家公司的工作邀请。虽然两家公司的薪水和保险受益类似，但是退休计划不同。一个公司提供 401(k) 计划，为员工提供相当于其缴款额 25%的配套资金，上限为 10 000 美元。另一个公司以薪金扣除形式允许员工最高以其工资的 10%缴款，公司按 1∶1 提供配套资金，此计划要求员工工作满 5 年。由于克里斯汀不熟悉这些计划，转而向你寻求帮助。请解释每个计划的特点以使她做出有效决策。

3. 拉尔夫·波特现在 30 岁多一点，正在考虑开设个人退休账户。他不知道是开设传统/有税收扣除的个人退休账户还是罗斯个人退休账户，所以寻求你的帮助。

a. 为了使你的解释更有说服力，你算一下这两种类型的账户的一些数据。对于初学者来说，可以向拉尔夫说明，假定每年缴款5 000美元，资金可以获得10%的收益，25年后他可以得到多少钱。他开设的账户类型会对最后获得的金额产生影响吗？请解释说明。

b. 假设拉尔夫适用30%的税率（在未来25年中保持不变），他每年向其个人退休账户缴款5 000美元，计算每年和总的（25年）节税额。对比每年和总的（25年）从传统个人退休账户和罗斯个人退休账户获得的节税额。

c. 假定现在缴款快25年了，已知拉尔夫的账户在25年后积累的金额（结果见（a）部分），假设他把这些资金一次性取出。如果他仍然适用30%的税率，比较税后能从传统个人退休账户与罗斯个人退休账户获得多少钱。如何比较这里计算的税金与（b）部分计算的税金？请解释你的发现。

d. 根据你所计算的数字，并考虑其他因素的影响，你会向拉尔夫推荐哪种类型的个人退休账户？请解释说明。如果把每年最高缴款额增加至7 000美元，分析有何不同，请解释说明。

4. 请解释在什么情况下把传统的个人退休账户转换成罗斯个人退休账户是有意义的。

5. 请解释为什么购买可变年金很像投资共同基金。你作为买家，能够控制可变年金合约中的投资风险吗？请解释说明。

名　词

1974年《雇员退休收入保障法案》（Employee Retirement Income Security Act of 1974）　有时称为ERISA或《养老金改革法案》，目的是保护参与私人养老金计划的雇员。

归属权（vested right）　在雇员得到不可收回权利之前需要满足养老金计划的一些条件，满足条件后可以得到此权利。

非缴款型养老金计划（noncontributory pension plan）　雇主支付所有养老金的计划。

缴款型养老金计划（contributory pension plan）　雇主支付部分养老金的计划。

固定缴款计划（defined contribution plan）　指明雇主和雇员缴款的金额。在退休以后，雇员根据其缴款所对应的每月受益金额获得养老金。

设定受益计划（defined benefit plan）　决定受益的因素不是缴款，而是计划的条款。

合格养老金计划（qualified pension plan）　满足《国内税收法》所规定的特别标准的计划。

利润分享计划（profit-sharing plan）　雇员参与公司利润分配的一项安排。

储蓄计划（thrift and savings plan）　补充养老金和其他辅助性受益的计划，公司的缴款额设定为员工缴款额的一个比例。

薪金扣除计划（salary reduction plan）　或者称为人们所熟知的401(k)计划，员工的缴款部分被保留并进行投资，缴款及其投资收益的税金会递延到提取养老金之时。

基欧计划（Keogh plan）　自雇群体的特定支出可以在应纳税收入中扣除，账户中资金的收益可以递延纳税。

个人退休账户（individual retirement account，IRA）　在职的美国人都可以开设，每年个人向账户缴付特定的金额。

年金（annuity）　由保险公司设立，在一定时期内提供一系列资金支付。

积累时期（accumulation period）　购买年金而需要缴纳保费的时期。

支取时期（distribution period）　保险人收到年金的时期。

遗属给付（survivorship benefit）　本金与利息在被保险人死亡前没有返还的部分。

一次性支付保费的年金（single premium annuity contract）　以一次性付款形式购买的年金合约。

即期年金（immediate annuity）　投保人在投保后马上就收到资金给付的年金。

分期支付保费的年金（installment premium annuity contract） 在较长时期内定期支付的年金合约。

没有返款的生存年金（纯年金）（life annuity with no fund（pure life）） 年金受益人会收到确定金额的年金收入，不论支取时间有多长。

保证最低年金（期间确定的生存年金）（guaranteed-minimum annuity（life annuity，period certain）） 是供有保证的最低受益的年金。

确定年金（annuity certain） 这种类型的年金在确定的年限内按月支付确定的金额，不考虑被保险人是否生存。

固定利率年金（fixed-rate annuity） 保险公司保障你投入的本金并承诺在投保期间给予最低收益率。

可变年金（variable annuity） 根据投资的结果向投保人按月支付年金，其金额与保险人的实际投资经验相联系。

第 15 章 遗产规划

- 15-1 遗产规划的原则
- 15-2 订立遗嘱
- 15-3 信托
- 15-4 联邦统一资产转移税
- 15-5 遗产税的计算
- 15-6 遗产规划技术

学习目标

1. 阐释遗产规划在个人理财规划中的作用，并了解遗产规划所包含的七个步骤。
2. 认识到为保护你和你的遗产而订立遗嘱和其他文件的重要性。
3. 解释在遗产规划中如何使用信托。
4. 判断赠与是否需要纳税，并规划赠与以减少遗产税。
5. 计算联邦政府对遗产所征收的税金。
6. 使用有效的遗产规划技术以最小化遗产税。

遗产规划将如何影响我?

你不能把你的财产带走，但是却有另一种不错的结果：精心设计的遗产规划会让你的爱人和家人尽可能得到你所积累的财富。本章将讲解遗产规划的作用和对遗嘱的需求，并讨论在世遗嘱、预先医疗指引和信托的作用与设计，同时也会讲解如何计算联邦遗产税。学完本章之后，你应该了解为你的亲人保留遗产的一些要点。

15-1　遗产规划的原则

在前面几章我们已经讨论过怎样积累财富。不管你相信与否，没有人能长生不老，而且你去世后不可能把财产带走。那么在你去世之后你的财产如何处置呢？它会被转移给你的受益人，包括家人、朋友、慈善机构以及你所爱的人，或者，如果你没有规划，财产会以转移税或者充公的方式转移给政府。要做遗产规划，需要有遗嘱、信托和税收方面的知识。

遗产规划（estate planning）是指制定计划以管理和分配你去世后的资产，使资产以你的期望和亲人的需求相适应的方式进行分配，同时尽量减少纳税，还包括制定伤残情况下的个人事务管理计划以及提前编制关于医疗护理的个人意愿声明，因为在这些情况下你可能无法清晰表达你的意思。遗产规划的一个焦点是如何消除或者减少税金，使得最后转移给你的继承人或者受益人的遗产数量尽可能多。遗产规划也包括采取步骤以确保你的财产在你因伤病或者其他状况而不能管理时被合理地管理。你制定的计划类似保险，目的是当你失去资产处理能力时保护你的资产。这些计划包括关于你的医疗护理的一些指示，谁来负责你的财务和法律事项，以及当你生活不能完全自理时给予家人的其他特殊说明。

如果一个人没有提前规划，那么州和联邦法律将接管其资产的处置权，并决定由谁承担费用及纳税义务，这些费用和税金因为没有规划可能会很高。希望对遗产进行规划的人需要系统地发现在某些领域的问题并将其解决。图表 15—1 列示了问题的主要类型以及相关的原因或表现。

图表 15—1 潜在的遗产规划问题以及主要的原因或表现

精心进行遗产规划能够预防处理遗产时会出现的许多问题。防止问题出现的第一步就是对这些问题的原因和表现有所认识与了解。

问题	主要的原因和表现
过多的转移成本	税收和遗产管理的费用超过必要的水平
缺乏流动性	现金不足；没有足够的可以在短时间内快速、低成本地转换成现金的资产以满足税收需求
对资产处置不当	受益人收到不恰当的资产；或者虽是恰当的资产却使用了不正确的方式或者发生在不恰当的时间
退休后收入不足	资本不足，或者不能很快转换到收入产生状态
伤残后收入不足	高昂的医疗费用；资本不足或者不能很快转换到收入产生状态；很难降低生活水准
在遗产所有者去世后家庭收入不足	以上所有原因
资本不足	过多的税金；通货膨胀；不恰当的投资计划
特殊问题	家庭成员患有疾病或者身体、精神上的问题；有前妻（前夫）的孩子；受益人有特殊的医疗或财务需求；受益人不能就如何处理各种遗产问题、商业问题或者机会达成一致

通常，遗产规划中的主要关注点之一是尽量使你的遗产所缴纳的转移税最小化。其中有三种税需要特别关注：

- 赠与中的转移税，称为赠与税；
- 遗产中的转移税，称为遗产税；
- 受益人继承你的遗产而需要缴纳的所得税。

对于一些人来说，转移税的高低是可以自己选择的。也就是说，如果你不做避税计划的话，就相当于选择了纳税。通过制定规划并遵循规划中的一些规则，大多数人可以避免转移税，并使所得税最小化。因此，你的行为决定了你的财产转移给政府还是你所爱的人。

15-1a 谁需要遗产规划

不管你是单身还是已婚，有5个孩子还是一个没有，遗产规划都应当是你理财规划的一部分。例如，有许多共同资产并指定遗产继承人的已婚夫妇，需要指定一名遗嘱执行人去管理这些遗产，指定子女的监护人，阐明如何缴纳遗产税，解决共同所有者的财产分配问题。未婚同居者或者单身也需要遗产规划，特别是如果他们拥有房屋或者其他资产并想留给同居者、指定个人或者慈善机构。遗产规划既包括人的规划又包括资产规划。

人的规划

人的规划表示预计你所爱之人在精神和财务上的需求，并提供充分的资源确保他们能继续自己的生活方式，如保留母亲的宝石胸针或继续祖父75年前所创立的产业。对于拥有未成年孩子，具备艺术特长、聪明过人的孩子，在情感、精神或者身体上有障碍的孩子或被抚养人，或者不想管理钱财、证券或者企业的夫妇来说，人的规划尤其重要。

行为金融问题　识别并克服对遗产规划过程中不确定性的厌恶

大多数人会意识到遗产规划的需求，但他们通常不了解此过程。因此，很少有人能够在正确的时间采取行动。为什么？遗产规划需要我们去面对并确定我们死亡的概率，这是很难做到的。因此，大多数情况下，只有明显和严重的健康状况变化才会促使一般的美国人为最糟的情况做规划，其中心脏病或者癌症最能促使人们制定遗产规划。如果有这样的病，可能就太晚了。要考虑怎样去克服对不确定性的厌恶并制定及时有效的遗产规划。

遗产规划对于不了解它的人来说显得比较遥远，大多数人不喜欢考虑死亡问题但又不得不面对它。两种具有冲突的想法造成了对感知的不确定性。首先，我们都知道遗产规划对于规划人及其家庭来说都是非常重要的。其次，我们经常关注长寿与生育，这是一种认为遗产规划无关紧要的错误做法。相互冲突的想法会使人们认为遗产规划不怎么重要。因此，多数人变得麻痹，干脆不做规划了。

那么我们怎样才能克服对不确定性的厌恶并使得遗产规划过程正常进行呢？我们一定要承认生命是短暂的（即使我们想让它尽可能延长），因此需要为不可避免的事情做计划。也就是说，不光别人的生命会逝去，我们的生命也会逝去。承认这点，就能够通过熟知遗产规划的基础来克服对不确定性的厌恶。本章将对这个问题进行深入阐述。总之，我们必须面对死亡的可能性，熟悉遗产规划的过程，赶紧联系一位专家开始做规划吧。

资料来源：Adapted from Justin A. Reckers and Robert A. Simon, "Resolving the Aversion to Estate Planning," originally published by MorningstarAdvisor. com on April 21, 2011, http://behavioralfinances. com/category/estate-planning/, accessed July 2012.

在我们当中有许多人可以轻松管理几十万美元的资产。在美国，未成年子女根据法律规定不能持有大量现金，也不能直接处置不动产或者证券。可以想象一下这会给那些不能或者不想管理这么多现金或证券的人带来多大的负担。人的规划在很大程度上体现为对他人的体贴，同时也包括与你所爱的人讨论遗产规划。

资产规划

我们都在乎身边的人，所以需要规划一下当我们去世或者失去自理能力时谁将继承我们的资产。根据 2012 年的转移税法，若遗产少于 512 万美元，不论是通过赠与还是转移都可以免税。对已婚夫妇来说，这个数字将翻倍，为 1 024 万美元。因此这不只是税收问题，遗产规划应当使你的资产与你希望接收它们的人相匹配。当遗产中包含企业时，规划要使企业保持稳定并最大化其价值——在所有者活着、去世或者失去自理能力的时候。同样，如果所有者持有的财产在不同的州，遗产规划对于处理所面临的特殊问题也是非常重要的。你持有财产的方式（如财产实际上归谁所有、名义上归谁所有）将影响你对转移进行规划的能力。资产的性质，不管它是现金还是房地产、汽车、收藏品，或是股票、债券，都会影响你将资产与接收对象相匹配的能力。遗产规划过程对于混合家庭（父母是继父或继母的家庭）、因为精神或者身体患有疾病而有特殊需求的人来说是非常复杂的。精心的规划能够确保将你的资产转移给你所期望的受益人。

15-1b 为什么一项遗产会消失？

通常，当人们去世的时候，财产会随着他们一起消失，这并不是因为他们做错了什么，而是因为他们什么也没有做。如果不加注意，会有各种强大的力量使遗产缩水，减少资产有用性并破坏资产积累者设立的资产管理目标。这些力量包括与死亡有关的支出、通货膨胀、缺乏流动性、转移工具的不合理使用以及伤残。

1. 与死亡相关的支出。当人们去世时，会产生一些特定类型的与死亡相关的支出。例如，弥留之际的医药费以及葬礼费用，这属于与死亡相关的第一层次的成本。第二层次的成本包括律师费、评估费和会计师费、遗嘱费，还包括管理成本、联邦遗产税以及州遗产税。很多人死亡时可能会有一些未付费用、未偿付的长期负债（例如按揭贷款、企业借款或分期付款），以及未支付的所得税和财产税。

2. 通货膨胀。若没有持续地再评估或再安排遗产规划以应对通货膨胀的影响，资产可能贬值，无论是个人财产还是投资，这样就不能为活着的人提供稳定和充分的财务保障。

3. 缺乏流动性。没有充足的现金以覆盖与死亡相关的支出和其他负债是引起遗产贬值一个主要原因。例如，由于没有现金而出售家族多代经营的农场或企业，会对后代产生不良的财务和心理影响。

4. 转移工具的不合理使用。转移工具的不合理使用可能导致把财产转移给不期望的受益人，或者虽然受益人恰当，但转移的方式或时间不恰当。例如，如果有挥霍无度的配偶或子女，则可以人寿保险的形式，或者通过共同支付的储蓄账户形式，或者以员工额外福利计划受益者的形式，把大额资金留给继承人。

5. 伤残。有收入的家庭成员因长期的治疗费用昂贵的伤残而失去收入称为“活死亡”。如果不对现有资产加以充分有效的管理，那么这种财务状况会继续恶化。这些情形不仅会威胁一个家庭的财务安全，而且会加速减少遗产的价值。

15-1c 遗产是什么？

遗嘱遗产（probate estate）是指你名下所拥有的不动产和私人财产，这些财产在你死亡时可以通过遗嘱的形式转移，如果没有有效的遗嘱，则按法律规定转移。遗嘱遗产与**总遗产**（gross estate）是有区别的，总遗产包括所有的财产，有遗嘱的和没有遗嘱的，这些资产在你死亡时可能需要缴纳联邦遗产税。人寿保险、因继承而联合持有的财产以及通过特定的员工福利计划而取得的财产是非遗嘱资产，可能也需要缴纳联邦遗产税（及州遗产税）。

你的财产中有一部分没有立遗嘱，则不计入你的遗产，也不需要缴纳联邦遗产税，把这些财产转移给你的家人，会增加他们的财务安全。当你死亡时，你拥有的所有财产会计入你的遗产总额，包括现金、个人财物、不动产、保险受益、投资等，这些财产中有一些会依据物权法转移，也就是说，因为其所有者已经列明，财产会被转移给你的共同所有者。剩余部分将成为你的遗嘱遗产，它们通过遗嘱或者根据所在州有关遗产处理的法律进行转移。人寿保险、因继承而联合持有的财产以及通过特定的员工福利计划而取得的财产是总遗产但不是遗嘱遗产。总遗产中的所有财产都有可能被征收遗产税。

总遗产仅包括你死亡时自己拥有的所有财产。例如，假设你给了你女儿现金，她用这些钱为你购买了人寿保险。之后，当你死亡时，这个保险的受益就不属于你的总遗产，因为你不是保险购买人。同样，配偶得到的社保收入不属于你，因此也不属于你的总遗产。你死亡前给予别人的财产也不属于你的总遗产。总之，规划在你死亡时还拥有哪些财产是遗产规划中一个非常重要的部分。

15-1d　遗产规划过程

遗产规划的过程由七个重要的步骤组成，这七个步骤列示在图表 15—2 中。第一，你需要评价你家庭的状况，评价其优势与劣势，并设立遗产规划的目标。第二，收集家庭各个方面综合而准确的数据。第三，你应当列出你所有的财产清单并确定其价值。接下来，你需要指定遗产的受益人，评估遗产的转移成本，制定并实施你的计划。最后一步是定期（至少每 3～5 年）评价你的计划，随着个人条件的变化进行修改。

图表 15—2　　**遗产规划过程的步骤**

遗产规划由七个重要的步骤组成，列示如下：

1．评估家庭状况并设立遗产规划的目标。
↓
2．收集全面而精确的数据。
↓
3．列示所有的资产并确定财产的价值。
↓
4．指定遗产的受益人。
↓
5．评估遗产的转移成本。
↓
6．制定并实施你的计划。
↓
7．定期评价计划并在必要时修改。

遗产规划的目标是使得人们在活着的时候最大化其拥有的资产的用途，并在死后实现其个人目标。随着当事人的需求、愿望和所处环境的改变，你必须不断修改遗产规划。引起遗产规划评价与修改的主要事项包括配偶或者家庭中其他成员的死亡或者伤残、搬到其他州居住、换工作、结婚或者离婚、生孩子、取得新的资产及收入、健康状况或生活水准发生重大变化。因为与遗产规划相关的法律比较复杂，为了制定有效的遗产规划，从律师、会计师或者理财规划师那里获得专业的帮助是非常必要的。

15-2 订立遗嘱

遗嘱（will）是一种书面的法律的表示或声明，表达当事人死亡时对其财产处置的愿望。遗憾的是，大约70%的美国人没有有效的遗嘱。如果你了解一个人死亡时会发生什么，你就知道有效遗嘱的重要性了。

15-2a 缺乏有效遗嘱：无遗嘱死亡

假设贾森·哈利斯死亡时没有有效遗嘱，这种情况就叫做**无遗嘱死亡**（intestacy）。州相关法律中有关于死者没有订立遗嘱的规定，以应对无遗嘱死亡群体的财产处置问题。通常，在这些情形下，死者的配偶是第一受益人，接下来是子女，然后是其他后代。如果死者的配偶、子女或者其他后代（例如孙子或者曾孙）在世，那么他们将对遗产进行分割，其他的亲戚不能参与遗产分配。如果没有配偶，而其子女或者其他后代还存活的话，那么死者的父母、兄弟姐妹各自会得到一部分遗产。

在偿还债务、缴纳税金并扣除州所规定的家庭豁免额后，个人所拥有的财产将会按照规定的方式分配。当财产因为缺乏遗嘱而归国家所有时，称为充公。

除了不能控制财产的处置，无遗嘱死亡的人还会丧失指定个人代表去处理遗产的权利，不能指定被抚养人和财产的监护人，也不能指定哪个受益人需要承担纳税义务。遗产规划以及有效的遗嘱可以减少由于转移税所导致的遗产缩水。很显然，不管有多少遗产，有效的遗嘱都是很重要的。

理财规划小贴士 **立下遗嘱——不找借口**

超过2/3的人没有遗嘱！可以看看下面的常见借口，并考虑这些借口为什么错误。

- 我很年轻，不需要遗嘱。很有可能你不像你所希望的那样长寿。没有遗嘱，你的继承人只能自己分割了。年轻不是理由，不论什么年龄都需要遗嘱。
- 我的家人知道怎么分配我的资产。这或许是真的，但没有遗嘱，是由州来决定谁将得到什么。例如，即使你希望你的配偶继承你的遗产，你的子女仍将得到一部分遗产。
- 我的资产不多，不需要遗嘱。不仅是你拥有多少财产的问题，而且关系到谁将得到你所拥有的财产。
- 我的母亲将照顾孩子。也许她会这样做，但是如果你的岳母（或婆婆）想要抚养孩子怎么办？如果没有遗嘱，那么法官将决定谁会得到你的孩子。
- 立遗嘱太贵了。其实立遗嘱花费并不多。许多州的律师协会都提供简单遗嘱的样本，甚至有些软件也可以提供。
- 我没有孩子，单身，所以没有可以保护的人。不管是单身还是已婚，如果你没有遗嘱，那么国家会将所有财产留给你的亲戚。如果你没有亲戚，国家将得到它们。

资料来源：Adapted from Finances for Women Expert，February 18，2003，http://www.ivillage.com/wills-and-estates-write-your-will-today/7-a-219552，accessed July 2012.

15-2b　书写遗嘱

遗嘱能使**立遗嘱人**（testator）在其死亡时确定财产的分配。立遗嘱人可以随时改变或者撤销遗嘱，但是在他们死亡时遗嘱会生效。

遗嘱的书写（或者起草）有不同的难度与成本，这取决于个人所处的环境。在一些情况下，一份两页、花费 150 美元的遗嘱就足够了，在另一些情况下，可能就需要一份成本为 1 500 美元的复杂的文件。遗嘱必须有效完成分配资产的目标，同时也要考虑所得税法、赠与法和遗产税法的影响。书写遗嘱还要求对公司法、信托法、不动产法以及证券法有一定的了解。

一份正确书写的遗嘱应当满足下面三个要求：

- 要根据立遗嘱者的愿望、受益者的需求以及联邦和州的相关法律，为资产制定方案；
- 考虑遗嘱执行后家庭环境可能发生的改变；
- 能够简洁全面地描述立遗嘱者的要求。

不论遗产的规模多大，遗嘱的起草都不能由外行完成。税收、财产、国内关系及其他法律使得家庭书写的遗嘱成为一个潜在危险的文件。从长远来看，几乎没有什么比自己起草的遗嘱更危险。

15-2c　遗嘱的一般特性

书写遗嘱时并没有必须遵循的格式，但是大多数的遗嘱会包含几个相似的特定部分。图表 15—3 展示了科林・斯科特・伯克的遗嘱，包括每个条款的一般书写样本。阅读以下条款时可以对照图表 15—3 看一看。

图表 15—3　　示例性遗嘱

科林・斯科特・伯克的遗嘱展示了大多数遗嘱具有的八个部分。

科林・斯科特・伯克最终的遗嘱

第一部分　介绍条款

本人，科林・斯科特・伯克，家住伊利诺伊州芝加哥市，以下为本人最终的遗嘱，在此撤回之前订立的所有遗嘱及其附录。

第二部分　支付说明

第 1 条　借款与费用的支付

用本人财产直接支付我所有的借款以及我最后一次的医疗费用和葬礼费用。

第三部分　财产处置

第 2 条　财产处置

我所有的珠宝、汽车、书籍和摄影设备，以及其他个人物品及家庭日用品都将赠给我的妻子瑞贝卡・奥尔森・伯克。

我向芝加哥历史学会共捐赠 10 万美元。

我的遗产的剩余部分，不论位于哪里，将赠给我的孩子肖恩・布鲁斯和德伯拉・简——一人一半，以及他们的继承者和受让人，直至永远。

第四部分　指定条款

第3条　遗嘱执行人与监护人

这里，我指定我心爱的妻子瑞贝卡·奥尔森·伯克作为这份遗嘱的执行人，但是如果她不能或者不愿意担任，那么我指定我的弟弟约翰·戴维·伯克作为执行人。如果任命的两个人都在我之前去世，或者即将去世或者无法执行，那么我指定伊利诺伊州芝加哥的中西信托银行代替上述执行人执行。

如果我的妻子在我之前去世，我指定我的弟弟约翰·戴维·伯克作为我儿子肖恩·布鲁斯在他未成年期间的人身与财产的监护人。

第五部分　税收条款

第4条　税收支付

我指定用我剩余的遗产支付（由不符合配偶扣除条件的那部分支付）。所有与遗产相关的由政府征收的税金都包括在我的遗产之中，不论遗产由本遗嘱还是以其他方式处置。

第六部分　同时死亡条款

第5条　同时死亡

如果我的妻子和我在没有足够证据确定我俩死亡的先后顺序的情形下去世，那么假定她在我之后去世。我的遗产在所有方面都应该按照这种假设进行管理与分配。

第七部分　执行和证明条款

在公证之下，我在此签了我的名字，我最终的遗嘱和公证包括5页，每一页我都用姓名的首字母签了名，今天是2015年9月15日。

Colin Scott Burke

第八部分　证人条款

所有的签名、盖章和发布都由立遗嘱人科林·斯科特·伯克进行。根据立遗嘱人的要求，我们在场，并在当事人都在场的情况下写下我们的名字作为证人。

（注：一般来说，证人的签名和地址会在此条款之下。）

● 介绍条款。介绍性条款或者序文，通常会陈述立遗嘱者的姓名以及住处；这将决定法律管辖权及纳税所在地。声明通过对现有遗嘱进行修正使得旧的和被遗忘的遗嘱与附录失效。

● 支付说明。这个条款会对特定的费用支出进行说明。然而，按照通常的规则，债权人的权利受法律保护，所以这个条款可以不列入专业人士书写的遗嘱中。

● 财产处置。科林的遗嘱对于财产的处置有三个方式：

1. 个人分配。立遗嘱者也可以制作一个独立、详细和特定的个人财产清单，指明每一项财产是给谁的，以此作为遗嘱执行者进行财产分配的非正式指引（这份清单通常不应该出现在遗嘱当中，因为它可能会频繁更改）。

2. 向特殊团体捐钱。确保慈善机构有合法的权利。

3. 特殊捐赠之后剩余资产的分配。如果遗产是给近亲的（法律规定），而这个近亲在立遗嘱人之前去世的话，那么这些遗产将转赠给此近亲的继承人，除非遗嘱指定其他人。如果遗产是给比立遗嘱人提前去世的非亲属的，这些遗产将转赠给剩余的受益人。

● 指定条款。指定条款会指定遗嘱执行人（死者的代表，负责管理遗产）、未成年子女的监护人、资产托管人和他们的继承人。

● 税收条款。如果遗嘱中没有特别规定，死者所在州的相关法规会要求在各受益者之间分担税金。结果可能使一些受益者的份额不适当或产生计划外的减少，或者对遗产税造成不利影响。因为配偶的份额以及捐给慈善机构的份额会从总遗产中扣除，不作为应纳税遗产，所以不会被征税。

- 同时死亡条款。假设配偶一方在夫妇同时死亡的事件中存活下来，那么配偶的财产不用纳税。还有一些其他类型的条款可以避免对同一资产进行重复遗嘱公证——增加管理与遗嘱公证的成本。这样的条款要求存活的一方生存一定的期限，比如 30 天或者 60 天，才会成为遗嘱的受益人。
- 执行和证明条款。每份遗嘱都应当是书面的，并由遗嘱执行人最后签名，这是防止欺骗的措施。多数律师建议遗嘱执行人在每页最后一行之后或一角用其名字的首字母签名。
- 证人条款。最后的条款帮助确定存在争议的遗嘱确实是死者立下的。所有的州都会要求在立遗嘱人面前由两个证人依次签字，证人应同时写下地址。如果立遗嘱人由于各种原因无法签名，大多数州允许立遗嘱人做一个标记并让另一个人（最好是证人）代其签名。

15-2d 一份有效遗嘱的要求

为保证遗嘱有效，立遗嘱人必须精神正常，且没有受到不合理的干预（能够剥夺立遗嘱人选择的自由），遗嘱本身必须被恰当执行且执行中没有欺诈。

1. 精神能力。为了立一份有效的遗嘱，你必须精神正常，这表示你：

a. 知道遗嘱的内涵，能够意识到你正在立遗嘱和签字。

b. 清楚你与遗产正常受让人的关系，比如配偶或者子女，以及你与预期接受你遗产之人的关系（即使你可能没有被要求留给他们什么）。

c. 清楚你拥有什么。

d. 有能力决定如何分配财产。

通常，精神能力具有假设性。订立遗嘱要求在精神能力方面有清楚、令人信服的证据，并且该证据是针对质疑遗嘱之人。

2. 选择的自由。当你订立并执行遗嘱时，你没有受到另一个人不合理的干预。威胁、误导、无节制的奉承、用一些身体或精神上的手段来剥夺立遗嘱者选择的自由都属于不合理干预的类型。

3. 恰当的执行。为了更恰当地执行，一份遗嘱必须满足州遗嘱法案或者类似规定的要求，同时要说明这实际上是立遗嘱者的意思表示。大多数州都有法令规定谁可以立遗嘱（通常任何年满 18 周岁的精神正常的人都可以，例外情况是佐治亚州要求年满 14 岁，路易斯安那州要求年满 16 岁），遗嘱的格式与实施（大多数州要求遗嘱以书面形式订立并由立遗嘱者在文件结尾签字），并有对证人的相关要求。通常，利益相关者不能作为证人。

15-2e 变更或者撤销遗嘱：遗嘱附录

因为在立遗嘱者死亡之前遗嘱是无效的，所以只要立遗嘱者拥有精神能力，他就可以在任何时间变更遗嘱。实际上，定期的修改是必要的，尤其当出现以下事项时：

- 他的（或者受益人的）健康或者财务环境发生重大变化。
- 出生、死亡、结婚或者离婚改变了当前的环境。
- 立遗嘱者搬到遗嘱执行地以外的州。
- 遗嘱执行人、受托人或者监护人不能再继续服务。
- 税法发生实质性的变化。

理财规划小贴士

写遗嘱的提示

这里有一个可怕的数据：2010 年年底，FindLaw.com 网站的一项调查发现大约 55%的美国人没有立遗嘱。这意味着他们没有机会指定当其死亡时谁将得到他们的财产。这会留给家人许多法律上的不确定性，有些人可能什么也得不到。这里有一些关于如何书写有效遗嘱的提示：

- 要清楚、明确：不给解释留下余地。应当说明你的姓名和住址，声明你拥有精神能力，并清晰地注明你在写遗嘱时没有受到任何威胁。精确地陈述你想怎样分配你的财产。使用百分比的形式以适应在遗嘱立下之后资产价值上升或者下降的情况。
- 使之前的遗嘱无效。如果你曾经写过遗嘱，那么尽可能指出并正式撤销之前所有的遗嘱和附录。
- 管理期望。最好向可能会受到影响的各方解释一下你的遗嘱，你的死亡带来的震惊应当被最小化。
- 不要留下未知的结局。使用“兜底条款”来分配你在遗嘱中忘记提及的资产，将剩余的全部或者部分赠给特定个人或者慈善机构。
- 谨慎选择遗嘱执行人。遗嘱执行人是你所选择的实现你遗嘱中所描述的愿望的人，所以执行人应该是你了解并信任的人。通常还要选择一名候选人以防你的第一选择人不能执行该事项。
- 处理你的最后一笔账单。授予遗嘱执行人用你的遗产支付所有的税收和葬礼费用的权利。
- 确保你的遗嘱能够取得。通常把遗嘱存在银行的保险箱，确保遗嘱执行人能够取得遗嘱，并且你的家庭成员和你的律师都有一个备份。
- 使用律师。在网上可以找到遗嘱的格式与指引，下一步该怎么办呢？还是要聘请律师。你的遗嘱是非常重要的，律师将确保你不会遗漏任何东西。

资料来源：“How to Write a Will,” http://www.smartmoney.com/taxes/estate/how-to-write-a-will-1304667127685/, accessed July 2012.

修改遗嘱

遗嘱附录（codicil）是一份简单的一页纸的文件，是一种方便地修改遗嘱不重要的部分的法律手段，它再次确认除要改变的条款外所有其他的条款都有效，并且应该以与遗嘱相同的方式执行和见证。

当遗嘱需要实质性的改变时，一份新的遗嘱通常比遗嘱附录更合适。此外，如果一项赠与要从原遗嘱中去除，最好的方法是订立一个新的遗嘱并且销毁掉之前的遗嘱以避免侵犯遗漏的受益人的利益。有时候，即便新遗嘱订立并签名后，之前的遗嘱也不应该销毁。

如果新遗嘱因为一些原因不能成立（例如，立遗嘱者精神不健全），之前的遗嘱就可以生效，并且，之前的遗嘱可以帮助证明“遗嘱意图的连续性”，换句话说，最新的遗嘱（可能向慈善机构进行大额捐赠）是持续先前的意愿而不是由于受到不适当的精神影响。

注销遗嘱

遗嘱可以被立遗嘱者注销或自动被法律注销。立遗嘱者可以用下面四种方法注销遗嘱：

1. 订立新的遗嘱，表明注销旧的遗嘱；
2. 订立一个遗嘱附录，表明注销修改之前的全部遗嘱；
3. 订立一个与之前遗嘱不连续的新的遗嘱；
4. 以销毁的目的对遗嘱进行物理灭失、燃烧、撕毁或者毁损。

法律在某些特定条件下会自动修改遗嘱，这些条件在州与州之间有所不同，但是一般集中在离婚、结婚、出生、领养、谋杀等方面。在很多州，如果立遗嘱者在订立遗嘱后离婚，那么遗嘱中与配偶相关的所有条款都变为无效。如果立遗嘱者在订立遗嘱后结婚，配偶会得到遗产的一部分，就像没有订立有效遗嘱一样。如果立遗嘱者在订立遗嘱后孩子出生或被领养，而在遗嘱上没有分给子女遗产，那么子女不经过立遗嘱者配偶的同意也可以继承财产（除非说明这种条款的缺失是故意的）。最后，几乎所有州都禁止由于谋杀而获得继承财产的权利。

15-2f 保管遗嘱

在很多情况下，你应该在银行保险箱中保存遗嘱原件，副本则放在家中易取得的地方，同时给起草遗嘱的律师一个副本。工作表 15—1 包含了遗嘱执行人对应该放在保险箱中的文件和信息进行检查的清单。如果夫妻双方各有一个独立的保险箱，那么夫妻会希望将遗嘱存放在各自的保险箱中。一些州提供遗嘱保管服务，并具有在遗嘱法庭的办公室书写并保存遗嘱的机制，这满足了保管遗嘱的需求。

工作表 15—1　　存在保险箱中的项目的检查清单

下面的清单列示了不同的文件和信息项目，遗嘱执行人可利用这个列表有效执行遗嘱。下列项目应放在保险箱内。

遗嘱执行人检查清单

姓名（立遗嘱者）____________________　日期____________________

______ 1. 结婚证（包括之前的婚姻）	______ 7. 不动产契约
______ 2. 遗嘱和委托同意书	______ 8. 商务协议
______ 3. 人寿保险单或证明	______ 9. 汽车和保险单
______ 4. 社会保障号	______ 10. 财产保险单
______ 5. 退伍文件	______ 11. 税务信息
______ 6. 债券、股票和有价证券	______ 12. 最后指示信

列出所有支票和储蓄账户的账号、银行地址、保险箱存放地：

______________ ______________ ______________

______________ ______________ ______________

列出财产和人寿保险代理人的姓名、地址和电话号码：

______________ ______________ ______________

______________ ______________ ______________

列出律师和会计师的姓名、地址和电话号码：

______________ ______________ ______________

______________ ______________ ______________

列出雇主（现在和以前）的姓名、地址和电话号码。如果允许，声明退休日期。包括员工福利手册：

______________ ______________ ______________

______________ ______________ ______________

列出所有往来债权人和债务人，包括姓名和账号：

______________ ______________ ______________

______________ ______________ ______________

列出子女和其他受益人（包括慈善机构）的姓名、地址、电话号码和出生日期：

______________ ______________ ______________

______________ ______________ ______________

资料来源：Based on Stephan R. Leimberg，Stephen N. Kandell，Ralph Gano Miller，Morey S. Rosenbloom，and Timothy C. Polacek，The Tools & Techniques of Estate Planning，14th ed.（Upper Saddle River，NJ：Prentice Hall，2006）；http://www.enotes.com/everyday-law-encyclopedia/wills，accessed July 2012；Metropolitan Life Insurance Company，Executor's Checklist，http://www.metlife.com/assets/cao/mmi/life-advice/finances/taking-legal-action/executors-checklist.pdf，accessed July 2012.

15-2g 最后指示信

最后指示信（letter of last instruction）是与其他人交流不适合包括在遗嘱中的想法和指示的最佳方式，它是一份非正式的文件，并与正式的遗嘱相区分（由于没有法律支撑，最后指示信不包括遗产的分配）。最好将最后指示信多复印几份，在家中保存一份，其他的交给遗嘱执行人或律师，他们会在合适的时间把它交给受益人。

最后指示信应对下列事项提供指引：

1. 遗嘱和其他文件的存放地点。
2. 葬礼和安葬指示（遗嘱通常在葬礼后才打开）。
3. 对于企业延续、出售或清算的意见和建议。
4. 不便在遗嘱中公开的个人事务，例如一些声明（关于挥霍家产的配偶或者鲁莽的儿子）听起来不太好或欠考虑，但是对遗嘱执行人很有价值。
5. 推荐的法律和会计服务。
6. 对遗嘱行为的解释，可以避免诉讼（例如，“我留下 5 000 美元给我的儿子迈克，因为……”或者“我没有留下什么给我的女儿维多利亚，因为……”）。
7. 分配个人财产的建议。

15-2h 遗产管理

一个人死亡时通常会有资产和债务，也有别人欠他的钱。**遗嘱处理过程**（probate process）与企业清算过程很类似，都需要处理财产。地方法庭通常通过死者的个人代表监督遗嘱处理过程，个人代表可以由死者在遗嘱中指定（称为**执行者**（executor）），如果死亡时没有有效遗嘱，则由法院任命**管理者**（administrator）。遗嘱执行者或者管理者成为死者的法定代表，负责收集银行账户和死者的应收款项、偿还债务、为房地产进行登记以使资产可以交易，根据遗嘱或法律向权益人分配遗产。显然，遗嘱执行者不仅要熟悉立遗嘱者的事项，还要有效履行作为遗嘱执行者的责任。

15-2i 其他重要的遗产规划文件

很多其他文件对于保护你的家庭和你自己非常有用，包括财务事项委托书、在世遗嘱、医疗委托书和伦理遗嘱。

委托书

财务事项委托书（durable power of attorney for financial matter）可以使你在发生严重伤病时委任接管你财产的人（或许是你的配偶或其他亲人）。由于这个文件将巨大的权利转移给他人，因此任命一个有资格、值得信任的人非常重要。为了保持持续性，也就是说，即使在你丧失能力时也可以有效，这个文件一定要清晰说明代理人将在你失去能力时代表你执行一些事项。通过委托书明确你对开立账户的证券公司或共同基金的财产处理方法，是一个不错的主意。

在世遗嘱和医疗委托书

假设一个人陷入昏迷并且可能再也醒不过来，在没有在世遗嘱或医疗委托书的情况下，其家人可能会在医疗事项的决策上面临一些困难。这些文件可以详细说明当一个人得了重病并且不能做出正式意思表示时，想要接受或不想接受的医疗服务。**在世遗嘱**（living will）会准确地阐明希望接受的治疗方式和持续的程度。这个文件一定要准确说明你的愿望，否则会因为太模糊而无效。

很多专家推荐使用**医疗委托书**（durable power of attorney for health care），它经常称为预先医疗指引。医疗委托书授权个人（你的代理人）在你暂时或者永远不能做出决定时帮你做出有关医疗事项的决定。与在世遗嘱不同，只要你不能表达你的愿望，医疗委托书就可以使用，而不仅限于生病时使用。你应该花点时间指明委托书的范围并在医疗方面作出说明，同时与你的家人和代理人进行讨论。这些文件交给指定代理人和医生会使你的家人处理这些难题时更容易一些。

伦理遗嘱

在传统遗嘱之外，现在很多人还会订立**伦理遗嘱**（ethical will），有时称为遗产声明。这些遗嘱作为非正式的文件附在正式遗嘱之后，并与遗嘱同时宣读。这可以让死者的后代分享他的精神、商业伦理、生活经验、家庭故事和历史以及其他东西。这个遗嘱可以手写信件、短文、电子文件或者其他电子媒体的形式呈现。让你的律师审查一下你的伦理遗嘱是个不错的主意，因为对伦理遗嘱的解读可能与你的正式遗嘱相矛盾。

15-2j 什么是共同产权？

有两种形式的共同产权，包括联合共有和共同所有财产，它们具有以下特征：

1. 在**生存者取得权**（right of survivorship）下，根据法律的规定，死者留下的权益直接转让给在世的共同所有人，免于死者的债权人、继承者或者个人代表的追索。
2. **联合共有**（joint tenancy）可以存在于任何人之间，他们不一定有关系。**共同所有**（tenancy by the entirety）只能存在于丈夫与妻子之间。
3. 在联合共有下，每个所有者都可以单方面要求分割产权，而在共同所有下，只有当夫妻双方意见一致、离婚或者财产转让给第三方时才能分割产权。
4. 共同所有者具有相同的权益。

联合共有是联合产权更普遍的形式，提供了家庭安全感，在一方去世后可以快捷简便地将财产转移给配偶，能够免于债权人对死者联合共有财产的追索，并且能避免转移过程的延迟和财产处理过程的公开。联合共有的主要缺点是：遗嘱不能控制对联合共有财产的处置，所以在第一联合所有者死亡后不能控制财产的处置和管理。

例如，一个父亲有两个未婚的孩子，一个是与他关系很好的女儿，另一个是疏远的儿子，他购买了一项财产记在自己名下，并把女儿作为联合共有人。这位父亲立下一份遗嘱，指明将所有财产留给女儿并特别强调不留给儿子。假定女儿没有遗产规划文件。在与女儿的一次出游中，父亲在车祸中直接死亡，女儿受重伤。最终，女儿没有苏醒并在两个月后去世。在没有留下遗嘱的情况下，她的遗产很可能会转移到她哥哥手中。如果父亲仅以自己的名义拥有财产，他就可以在他的遗嘱中设定一个较长时间（如6个月）的生存者取得权要求条款，如果他的女儿在这段时间内死亡，则使用其他财产处置方案（如捐赠给慈善机构或者赠送给朋友）。

你应该熟悉以下两种所有权形式：一般共有和夫妻共有。

一般共有

在**一般共有**（tenancy in common）下，不存在生存者取得权，每个共有者都可以将其份额留给他期望给的人。因此，死者的遗嘱可以控制本人所有财产份额的处置。与联合共有下所有各方的权益份额必须相等不同，一般共有下权益份额可以不等。因此，在一般共有下，如果有三个共有者，可以为每个共有者指定分配的比例，如50%，30%和20%。

夫妻共有

夫妻共有（community property）是婚姻所有权的一种形式，基本上适用于美国西南部各州，指居住在这些州的夫妻在其婚姻存续期间由夫妻一方或双方获得全部财产。例如，在这些州，夫妻一方或双方在婚姻存续期间获得的工资和佣金属于夫妻双方，即使仅有一方参与取得这项财富。婚前财产、受赠财产和继承遗产可以作为夫妻一方的独立财产持有。夫妻一方可以将共同财产中自己的一半交给任何他希望给予的人，所以在这种形式的所有权下不存在生存者取得权。

15-3 信托

信托（trust）是另一个重要的遗产规划工具，它便于将财产及其产生的收益转移给另一方。当一方，即**立托人**（grantor）（也称作托管人、委托人或者创始人）为了第三方的利益，将财产转移给另一方，即**受托人**（trustee）（组织或个人）时就建立了法律上的信托关系，第三方为**受益人**（beneficiary），可能不包括立托人。置于信托中的财产叫做信托本金或信托资源。在信托中，受托人对财产有法定的权利，他们必须用这些财产及其收益为委托人指定的受益人服务。

信托可以是生前信托（在委托人生前提供基金）或遗嘱信托（订立遗嘱并在遗产分配过程中设立基金），可以是可撤销的也可以是不可撤销的。在可撤销的信托中，委托人可以收回财产、修改信托条款。在不可撤销的信托中，在信托生效期间委托人不能收回置于信托中的资产。

15-3a 为什么使用信托

信托是基于多种目的而设计的。最常见的动机是获得收益、规避遗产税并在较长一段时期内管理和保护一项资产。

取得收益和规避遗产税

在某些情况下，一个处于高税级的纳税人可以通过将证券、房地产或其他投资产生的收益指定给信托本身或受益人，从而降低税负，当然前提是信托本身或受益人比立托人适用的所得税税率低。同时，通过信托可以节约遗产税，因为投在信托里的资产的评估价值可以全部从立托人的遗产中扣除，这有可能使家族几代人受益，因为不需要缴纳联邦遗产税。

财产的管理和保护

受托人具有从受益人的利益出发来管理和保护财产的责任。受托人的财产管理权限有时会有所保留，以防那些健康而精力旺盛的人在毫无防备的情况下丧失能力而不能或不愿意管理其资产。

理财规划小贴士 **使用信托的理由**

信托可以用来实现各种财务目标，可以看一看以下几个经常使用信托的原因：

- 避免遗嘱。信托有可能用来避免遗嘱程序，这个程序的成本很高。但是，设立信托的成本和订立遗嘱的预期成本差不多。成本是一方面，还有很重要的一点，遗嘱是一份公开的法律文件，而信托能提供很多隐私保护。

● 为老年人和残疾人提供保障。你可以设立一个信托，把自己指定为受益人，将自己或其他人指定为受托人。如果你病危或是精神失常，其他受托人可以管理你的财产并按照你在信托协议里的指示分配这些财产。

● 为未成年人和年轻人提供保障。你可以通过设立信托给未成年人和年轻人留下资产。受托人会管理这些资产一直到你指定的受益人有能力自己处理这些资产。

● 免交遗产税。你可以设立一个不可撤销的信托把资产转移进去以规避遗产税。这些资产不计入你的总遗产。但有一点很重要，即信托的委托人不能是受益人，否则在收益分配时会有一些免税限制。同时要考虑到赠与税的可能性。制定计划时必须考虑到如果委托人在他死亡前三年内将人寿保险转变为不可撤销的信托基金，则这个保险资产可能会计入遗产之中。

● 减少所得税。特定种类的信托可以把收益转移给处于较低税级的继承人，这样就能减少总的税金。

● 使慈善机构受益。你可以把资产转入信托，从信托中获得收益，然后在去世后要求将收益捐赠给慈善机构。这样，可以用信托提供的收益和遗产税受益来支持你喜欢的慈善事业。

资料来源：Adapted from Joseph Nicholson, "How to Use a Trust to Avoid Income Taxes," http://www.ehow.com/how_5002770_use-trust-avoid-income-taxes.html, accessed July 2012.

15-3b 选择受托人

受托人有五个品质最为重要，他必须：

1. 拥有良好的商业知识和判断力；
2. 了解受益人的需求和财务状况；
3. 有信托管理和投资方面的技巧；
4. 为受益人提供服务（尤其是，受托人要足够年轻，预计寿命要长于信托协议期限）；
5. 公正地做出决策。

一个公司化的受托人，比如一家信托公司或是可以履行信托责任的银行，可能更容易满足上述要求。另一方面，公司受托人可能会收取更高的费用，或是在投资方面过度保守，不够人性化，或是不了解家庭的问题和需要。通常一个折中的方案需要授权一人或多人，并将公司受托人当作联合受托人。

15-3c 信托的常见种类和特点

尽管有各种各样的信托类型，但最常见的是生前信托、遗嘱信托和不可撤销的人寿保险信托，这些信托将在下面详细介绍。图表15—4列示了其他七种常见的信托。

图表 15—4 七种常见的信托

信托是指将个人遗产（以及增值）转移出去并在未来的资产使用中获得价值。信托的缺点是对信托资产的安排与管理比较麻烦并且成本较高。下面是七种常见的信托：

- 避税信托。这是遗产规划中最常见的节税信托形式。如果夫妇的共同财产超过可申请扣除额（AEA），那么这些财产可以存入避税信托，以充分利用免税扣除优惠，也就是说，这样能免于把此资产计入配偶的应纳税遗产。之所以称为避税信托，是因为当配偶一方去世后，死者的遗产中价值相当于 AEA 的部分会转入避税信托。因此，假如配偶一方于 2012 年去世，那么信托会建立一个资产为 512 万美元的信托。这种信托虽然不适用于配偶扣除，但是不用交税，这是因为暂定税金等于统一免税额。未亡配偶有权获得信托所产生的全部收益，在紧急情况下，甚至可以提取本金。若另一方去世，不管这个信托的价值有多大，这个避税信托的资产都不计入另一方的遗产，所以夫妻双方即使都去世也不用交税。

- 合格的可终止权益信托（QTIP)。通常在避税信托之外设立这种信托，目的是确保钱能够留在家里，它可以接收 AEA(2012 年是 512 万美元）之外全部或部分的资产价值。一方再婚后，新的配偶可以要求享有对方所取得的全部资产。所以，未亡的配偶一方可以在死亡之前一直享有这份信托财产所带来的收益。QTIP 的遗产税可以在第二个配偶死亡之后再缴纳。这个信托对于前段婚姻中有孩子的夫妇来说很有好处，因为 QTIP 可以在未亡的配偶一方去世之后将财产分配给子女。因此，可以保证去世的配偶的子女获得 QTIP 的剩余价值。

- 特殊需求信托。这是一种针对残疾人利益的不可撤销的信托，它设计的初衷是在不减少州和联邦政府的资助的情况下为受益人提供额外的帮助以使他们的生活更加富足。

- 未成年人 2503(c) 信托。为未成年人而设立的，可以接受免税馈赠，但是，信托资产必须在这些未成年人 21 岁之前分配给他们。

- 克拉米信托。以第一个成功使用的人的名字命名，使用这种信托可以每年给子女有一定税收扣除限额的馈赠。不像未成年人 2503(c) 信托，这类信托并不需要在子女 21 岁之前把资产分配完。受益人可以在限定时间内（例如最多 30 天）将信托里的基金提取，在这之后基金提取权终止。

- 慈善引导信托。在一定时期内将信托收益的部分或全部转给慈善机构，之后这些资产转给非慈善性受益人；以预期支付给慈善机构的钱为基础，立托人可以立即获得所得税的减免。如果立托人的子女是所谓的信托剩余受益人，那么赠与税或遗产税会使得馈赠的价值大大减少，因为他们拥有和享有信托资产的权利被推迟到给慈善机构的收益终止时。

- 慈善留存信托。除了收益归应纳税受益人（如立托人或立托人的孩子）并且信托结束时本金归慈善机构所有，这种信托与慈善引导信托基本相似。根据承诺留给慈善机构的价值，立托人可以立即获得所得税的减免。

生前信托

生前信托（living (inter vivos) trust）在立托人生前建立并存入基金，它既可以是可撤销的信托也可以是不可撤销的信托，可以在限定期间内存续，也可以在立托人死后存续很长一段时间。

可撤销的生前信托。在**可撤销的生前信托**（revocable living trust）中，立托人保留撤销信托的权利，他们可以重新收回信托财产。根据联邦所得税的规定，这种信托类型的立托人会被当作信托财产的所有者，因此会对他们从信托中获得的收益征税。

可撤销的生前信托有三个优点：

1. 在立托人去世之后，仍能保证信托资产管理的持续性和收益流。不再需要订立遗嘱，因为在立托人去世之后信托依然会像他活着的时候那样运作。

2. 受托人承担投资决策和管理的职责。例如，一个人可能想在活着并健康的时候尽可能掌控投资决策和管理政策，但是他会设立一份信托以防自己不能或是不愿继续管理信托资产。

3. 遗产计划的细节以及投到信托里的资产价值都不会公开，而在遗嘱的订立过程中不会如此保密。

这种信托的主要缺点是受托人会对管理信托资产进行收费，对信托工具的设立也要收取法律费用。

不可撤销的生前信托。委托人购买了**不可撤销的生前信托**（irrevocable living trust），就放弃了废除或终止信托关系的权利。这种信托除了具有不可撤销的信托的所有优点，还具有潜在的减税功能。这种信托的缺点主要是受托人管理资产要收费，投入的资产有可能要交赠与税，而且当环境改变时立托人会丧失更改信托协议条款的权利。

生前信托加兜底遗嘱。遗嘱可以是书面形式，因而它可以附加在事先签好的可撤销和不可撤销的信托协议上。这种信托还可以指定立托人的人寿保险的受益人。**兜底遗嘱**（pour-over will）通常包含把遗产转入生前信托的一些条款，转入遗产要在偿付债务、支付费用、纳税和特定遗赠之后，以确保生前信托所留下的资产都进入此信托。这种安排更便于遗产事项的协调和管理。

遗嘱信托

根据死者的遗嘱建立的信托称为**遗嘱信托**（testamentary trust）。这种信托只有当遗嘱生效并且有法庭决议指导遗嘱执行人将资产转移给受托人时才开始运作。可撤销的生前信托和遗嘱信托有许多相似的条款并会长期运行，例如，这个信托会在受托人去世后很长一段时期内为受托人的家人提供资产管理服务。事实上，遗嘱信托与生前信托的两个主要差别是：（1）生前信托只有在立托人丧失能力时才提供管理服务；（2）生前信托在立托人生存期间通过各种安排或行动将财产转移给受托人，而遗嘱信托是在遗产分配过程的最后通过法庭指令把财产分配给受托人。

不可撤销的人寿保险信托

一个健康的人可能需要购买一份**不可撤销的人寿保险信托**（irrevocable life insurance trust），在这份信托中主要的资产是立托人的人寿保险受益。为避免将这份保单的受益计入立托人的遗产，独立的受托人通常获得一个富有的人的保单并将受托人指定为受益人。信托的条款规定受托人用保险受益来支付立托人的遗产税，照顾立托人的妻儿，甚至最后有可能将获利的剩余部分分配给子女或信托协议中指定的其他受益人。

15-4 联邦统一资产转移税

联邦统一资产转移税是针对人们将资产从一方转移给另一方而征收的税金。这种税收影响两种类型的资产转移：通过赠与来转移的税金称为**赠与税**（gift tax），通过遗产来转移的称为**遗产税**（estate tax）。对这两种转移征税的依据都是被转移财产的市场价值。2012 年，基于最高 512 万美元的**可申请扣除额**（applicable exclusion amount，AEA），这两种转移税都可以减免 1 772 800 美元。另外，赠与税对每一个受赠者每年有不超过 13 000 美元（经通货膨胀调整）的扣除额。因此，价值 512 万美元的转移财产加上每年赠与税扣除额，都不需要征收联邦转移税。如果纳税人已婚，则夫妻双方每人有 512 万美元的扣除额，共计 1 024 万美元可申请扣除额不需要纳税。赠与税和遗产税的税率由联邦**统一税率表**（unified rate schedule）规定（见图表 15—5）。此外，2011 年和 2012 年，如果配偶中的一方去世了，则没有使用的扣除额会被转移给另一方，这称作联邦转移税减免的可携带性。

图表 15—5　　联邦统一转移税税率

下面的统一税率表规定了不同规模的资产应该缴纳的赠与税和遗产税的数量，此税率综合了 2001 年《经济增长和减税改革法案》和 2010 年《税收减免法案》的规定。在扣除额范围之内，赠品和遗产都不需要缴税。遗产税的扣除额逐年增加，从 2006 年的 200 万美元增加到 2012 年的 500 万美元（见图表 15—6）。对于价值超过 200 万美元的遗产，征税的最高税率从 2009 年的 45%下降到 2012 年的 35%。

单位：美元

应纳税遗产的价值		应纳税额		
超过	不超过	基础金额	十百分比	超出部分
0	10 000	0		
10 000	20 000	1 800	20	10 000
20 000	40 000	3 800	22	20 000
40 000	60 000	8 200	24	40 000
60 000	80 000	13 000	26	60 000
80 000	100 000	18 200	28	80 000
100 000	150 000	23 800	30	100 000
150 000	250 000	38 800	32	150 000
250 000	500 000	70 800	34	250 000
500 000	750 000	155 800	37	500 000
750 000	1 000 000	248 300	39	750 000
1 000 000	1 250 000	345 800	41	1 000 000
1 250 000	1 500 000	448 300	43	1 250 000
1 500 000	2 000 000	555 800	45	1 500 000
2009 年的最高税率				
2 000 000		780 800	45	2 000 000
2010 年	废除遗产税，赠与税的最高税率超过 500 000 美元为 35%。			
2011 年及 2012 年	赠与税和遗产税的最高税率超过 500 000 美元为 35%。			
2013 年及以后	恢复为 2001 年之前的税率，除非国会进行修改。大部分观察者认为 2013 年及以后的最高税率为 45%。			

资料来源：Internal Revenue Code，Section 2001.

图表 15—6　　遗产和赠品统一的减税和可申请扣除额

2010年12月17日，《2010年减税、失业保险再授权及创造就业法案》成为法律。其中关于转让税的主要规定是恢复遗产的转移税，将赠与税和遗产税的可申请扣除额都提高到500万美元，并增加统一转移税减免的可携带性。下表展示了可申请扣除额近期的变化。

单位：美元

年份	统一税收抵免额——遗产	可申请扣除额——遗产	统一税收抵免额——赠品	可申请扣除额——赠品
2006	780 800	2 000 000	345 800	1 000 000
2007	780 800	2 000 000	345 800	1 000 000
2008	780 800	2 000 000	345 800	1 000 000
2009	1 455 800	3 500 000	345 800	1 000 000
2010	2010年遗产税废除		330 800	1 000 000
2012	1 772 800	5 120 000	1 772 800	5 120 000
2013	345 800	1 000 000	345 800	1 000 000

资料来源：Internal Revenue Service.

对于中等收入纳税者来说，可申请扣除额已经足够高，在进行遗产规划时可以忽略不计。然而，对于高收入纳税者来说，转移税是他们需要考虑的主要问题。假如一对夫妇有价值2 000万美元的应纳税遗产，则资产的转移税会达到3 519 200美元。这就很重要了，下面会重点讨论这个问题。

15-4a　赠与和纳税

转移税以向受赠人转移的财产的市场价值减去给捐赠人的补偿金额为基础征收。在计算应纳税赠品的价值时，这个数值每年可以扣除一定的数额（2011年是13 000美元）。这个扣除额适用于每一个受赠者。因此，如果纳税人给予三个人每人10 000美元，则这些赠品都不属于赠与税的纳税范围，因为每年的扣除额使每个赠品的应纳税金额都减少到零。一个要求是赠品产生的收益以当前而不是未来为准。一个典型的例子是，将金钱作为赠品转移到信托中，并规定信托受益人必须年满30岁才能取回资金。这时，这个受益人只享有未来的收益，而现在没有。

关于当前收益的规则有两个例外：一是向未成年人信托的转移，即未成年人在18岁之前不能提取信托基金，但他此时仍符合年度扣除条件。另一个例外是克拉米条款，即向受益人提供特定期间（如30天）的提款权，如果受益人在此期间没有提取，那么存放在信托中的资产会一直保留到按照信托协议的条款可以分配资产的时候。根据克拉米提款权，向信托转移的资产可以视为赠品并适用每年扣除以提款权为限的收益的规定。

遗产规划的第一步是每年将赠品转移给潜在的继承者。赠品以两种方式减少应纳税遗产。第一，赠品未来的升值不纳入遗产之中，因为死者在去世时并不拥有这些财产。第二，如果赠品价值达到纳税标准，则所纳税资金也要从遗产中移除（在去世前3年内所交的赠与税是例外）。

另一个需要考虑的问题是赠品对受赠者所得税的影响。如果赠与的财产被受赠者出售并有获利，需要注意的是赠品的计税基础等于捐赠者持有时的计税基础，所继承遗产的计税基础等于转出人死亡时的市场公允价值。假设某纳税人在 1960 年以 10 万美元购买一栋海景房，现值是 60 万美元。如果该海景房作为赠品赠与受赠者，受赠者的计税基础是 10 万美元；如果作为遗产留给继承人，则继承人的计税基础是 60 万美元。只要资产没有出售或计提折旧，对计税基础就不会产生影响。然而，该财产如果出售，则在受赠者和继承人之间会有 75 000 美元所得税的差异（15%的资本利得税税率乘以 500 000 美元的差额）。

15-4b 应纳税吗?

不是个人的所有资产转移都需要缴纳赠与税。**年度扣除**（annual exclusions）、**赠品分割**（gift splitting）、慈善扣除和配偶扣除都是减少纳税总额的手段。

- 配偶扣除。配偶之间转移资产，无论是赠与还是继承，由于享有配偶扣除，一般都不需要纳税。配偶扣除额是配偶之间资产转移的市场公允价值减去年度扣除额。但这里存在一个问题，即收到财产的一方有财产终止权益。也就是说，在受赠方（配偶中后去世一方）去世时，这些财产将计入个人遗产并纳税，当然，由于转移税减免和其他扣除，这些遗产实际上可能不会纳税。
- 合格的可终止权益信托（QTIP)。这是不具有财产终止权益的一个例外情况。在这种情况下，向 QTIP 转移的资产要符合配偶扣除的条件，即使未亡配偶一方的权益在去世时终止。这种信托的一个基本要求是受赠一方获得终身财产权，未亡配偶一旦去世，根据先去世一方的信托协议，财产会被分配。先去世一方若想确保他的孩子和未亡配偶能够得到他的个人资产，这种信托协议是非常有用的。
- 赠品分割。回忆之前的内容，捐赠人每年赠与的财产价值在年度扣除额范围之内（2011 年为 13 000 美元）的，不需要纳税。因此，夫妻俩共同赠与一个受赠人 2.6 万美元，不会产生税金。有时配偶一方将资产转移给一个受赠人很方便。如果超过年度扣除额，则应当纳税。有些情况下，可能只有配偶一方向单一受赠人转移财产，这时，如果超过年度扣除额，就需要纳税。在这种情况下，捐赠人可以选择分割赠品。这样，一个赠品会被分成两个年度扣除，夫妻双方每人可以扣除一个。配偶的这种选择需要申报，因此，需要填写赠与税申报表。
- 慈善捐赠。许多遗产规划包含慈善捐赠。通过慈善捐赠转移资产不用纳税，而属于慈善捐赠扣减项目。一旦决定进行慈善捐赠，所要面对的问题就是在世时捐赠还是去世时作为遗产捐赠。在世时捐赠会有更多好处，比如获得所得税扣除（2011 年最高可节约 35%的税金）。此外，捐赠物的价值会从遗产中扣除，会有遗产税的节约（2011 年最高税率为 35%）。最后，在世时捐赠可以让捐赠者看到资产在慈善机构使用的效果，可以得到心灵上的安慰。当然，捐赠还需要考虑生活需要，当自己没有足够多的资产时，不要拿你大部分的资产去做慈善。在做慈善之前还要考虑你自己和你的家人。当然，大额遗产可以进行适当的慈善捐赠。

15-4c 赠与和遗产规划

赠与是遗产规划中的首要组成部分，原因有以下几点：

● 年度扣除。如前所述，赠与在最高1.3万美元（2011年）以内的部分不用纳税。

● 赠品分割。在这种情况下，赠与会在夫妻之间进行分割，这样每年一对夫妇可以将2.6万美元免税转移给受赠者。

● 统一转移税收减免（2012年为177.28万美元）基于可申请扣除额（2012年为512万美元），可以减少纳税。当然，更多的减免适用于赠与，少量的减免适用于遗产。

● 配偶扣除，即资产在配偶之间转移是免税的。

● 在世期间的慈善捐赠会产生所得税的扣除，捐赠额会从遗产中扣除。

● 如果资产预期会升值，在升值之前进行转移会减少税金。

● 如果赠与税已支付，则税金会从遗产中扣除。然而，超过年度扣除额的赠与部分需要计入总遗产并计算遗产税。

● 最后，亲眼看到他人因你的财富受益会带来心灵上的慰藉，并会使你的人生绽放光芒。

15-5 遗产税的计算

联邦遗产税针对所有者死亡时转移的资产征收，有效遗产规划的一个目的是将遗产税最小化。遗产税是基于死者转移（或视同转移）给他人的财产价值计算的。“视同转移”这个概念很重要，因为遗产税不仅适用于死亡时实际发生的转移，也适用于在世期间所做出的转移——称为“在世赠与”。例如，如果被保险人放弃他在去世前三年内的保险，这个受益将包括在被保险人的总遗产中。

15-5a 联邦遗产税的计算

联邦遗产税的计算包括六个步骤：

1. 计算总遗产，所有死者具有所有权的财产的市场公允价值需要计入总遗产中。

2. 从总遗产中扣除正常的葬礼及管理费用、债务以及其他费用，得到调整后总遗产。

3. 从调整后总遗产中减去允许的配偶扣除和慈善扣除得到应纳税遗产。

4. 计算遗产计税基础。确定了应纳税遗产之后，应加入1976年之后产生的“调整后应纳税赠与”（如超过年度扣除额的赠与），计算遗产计税基础。使用图表15—5中所列示的统一税率，根据遗产计税基础计算应纳税额。

5. 计算得到应纳税额后，减去死者调整后缴纳的赠与税和**统一税收减免**（unified tax credit），结果是总遗产税。

6. 计算应付联邦遗产税。一些遗产适用额外的税收减免，这种情况较为少见，但若符合减免条件，一美元减免抵扣一美元税金。从总遗产税中扣除符合条件的减免后，就会得到应付联邦遗产税，一般在死者去世后9个月内，继承人需要缴纳这笔税款。

可以利用工作表15—2来计算应付联邦遗产税。这个表假定死者于2012年逝世，AEA为512万美元，在此基础上计算税金。注意没有从总遗产中减去AEA。这张表用于追踪从总遗产到应付联邦遗产税的计算过程中的现金流。第 9b 行表示 2011 年的统一税收减免，基于 500 万美元的遗产税其减免额为 177.28 万美元。如果第 8 行所示的应纳税额小于去世当年的统一税收减免，就没有联邦遗产税。

工作表 15—2 计算应付联邦遗产税

本表可供计算应付联邦遗产税时进行参考。注意第 7 行，所计算的应纳税额采用的是边际税率。

计算应付联邦遗产税

姓名 特雷弗·哈顿　　日期 2012 年 9 月 5 日

行	计算	项目	金额（美元）	总额（美元）
1		总遗产		7 850 000
2	减：	(a) 葬礼费用	6 800	
		(b) 管理费用	75 000	
		(c) 债务	125 000	
		(d) 其他费用	0	
		合计		(206 800)
3	结果：	调整后总遗产		7 643 200
4	减：	(a) 配偶扣除	0	
		(b) 慈善扣除	180 000	
		合计		(180 000)
5	结果：	应纳税遗产		7 463 200
6	加：	调整后应纳税赠与（1976 年以后）		0
7	结果：	遗产计税基础		7 463 200
8	计算：	应纳税额[a]		2 592 920
9	减：	(a) 1976 年后的赠与税	0	
		(b) 统一税收减免[b]	1 772 800	
		合计		(1 772 800)
10	结果：	总遗产税[c]		820 120
11	减：	其他减免		(0)
12	结果：	应付联邦遗产税		820 120

a. 使用图表 15—5 计算应纳税额。
b. 使用图表 15—6 计算相应的统一减免。
c. 注意第 10 行的数字非常重要，因为许多州为收税主体，即由各州进行税收减免，一美元减免抵扣一美元税金。

15-6 遗产规划技术

遗产规划是制定计划以管理和分配遗产的过程，这个过程要与生者的需求和期望相一致，并尽量减少税金。所得税、赠与税和遗产税是制定遗产规划时需要考虑的三个税种。2012年，可申请扣除额是512万美元，且具有可转移性，允许未亡配偶使用去世方尚未使用的统一转移税减免。对于一对已婚夫妇来说，在1 024万美元的范围之内没有转移税。在本节的剩余部分，我们将讨论遗产规划技术。

15-6a 资产赠与程序

如果年度扣除额为1.3万美元并可以进行赠品分割，已婚夫妇每年可以向一位受赠者转移2.6万美元。资产赠与可以减少转移税，并给予捐赠者额外的享受。选择资产赠与时，要考虑对所得税的影响。回忆之前的内容，赠与资产的计价基础对于捐赠者而言一般是资产的成本，继承资产的计价基础是遗产税申报表上遗产的市场公允价值。因此如果预期要出售，资产赠与会比死亡时遗产转移产生更高的所得税收益（2012年资本利得税税率是15%）。若资产转移需要纳税，则资产转移产生的35%的税额可能会大于与资产出售相关的所得税。在这种情况下，应在资产价值较低时尽早将其赠与，即使受赠者将来要为资产出售利得而纳税。

15-6b 使用统一转移税减免

2011年之前，统一转移税（UTT）减免对于个人具有一次性，如果没有使用，就会失去这种优惠。2011年和2012年，国会给这种减免赋予可转移性，允许未亡配偶使用去世配偶的UTT减免。这种可转移特征能否写入税法具有不确定性，一种好的方法是采取措施将配偶扣除和UTT减免结合起来使用以避免丧失此优惠。经常使用的工具是“减税信托”（也称为避税信托）和QTIP，QTIP在本章之前部分已讨论过。根据减税信托，配偶一方死亡时价值相当于未使用的AEA的财产将转移到此信托中，相关的未使用的UTT减免将使遗产税减少到零。遗产的余额可直接转移给未亡配偶或QTIP，从而使配偶扣除合法并达到避税的目的。这样，UTT减免会被配偶双方利用。

15-6c 慈善捐赠

如果纳税人希望进行慈善捐赠，要考虑的问题是在世时捐赠还是去世之后捐赠。如果在世时捐赠，纳税人会得到一项所得税的扣除，并且这部分资产不包括在遗产中。当然，如果这部分资金是生存所需，去世之前就不需要捐赠了，去世后进行慈善捐赠比较合适。

15-6d 人寿保险信托

许多人将人寿保险作为一项主要的资产。人寿保险的最初目的是在被保险人死亡时产生替代收入或提供资金以支付死亡时的转移税。为了达到最小化转移税的目的，纳税人可以将此保险转变为人寿保险信托并从遗产中获得收益。这种保险的转移至少要在去世前三年内进行，否则不会被承认，若不被承认，则人寿保险受益将包括在应纳税遗产中。

15-6e 信托

一种常用的信托是将家庭成员的收入分离，以减少总的所得税。但是，这种信托的所得税税率较高，2010 年，11 200 万美元以上所得额的最高税率是 35%。将产生收益的资产转移给受益人可以避免信托所得税。但是，如果受益人是未成年人，这种收益会以其父母的税率计税。

15-6f 评估问题

转移税的计税基础是市场公允价值，若遗产中包括直接持有的股票、房地产或大量上市证券，那么在评估资产的价值时需要考虑折扣。下面是最常用的折扣方法：

- 少数股东权益。如果直接持有一家公司的股权比例低于 50%，则所持有的股权为少数股东权益。这时，一般会折扣 25%～30%。因此，如果一只股票的价值为每股 100 美元，则 30%的少数股东权益折扣会使应纳税遗产的市场公允价值降为每股 70 美元。
- 可交易性折扣。如果在一个市场或一个地区持有大量房地产，由于可交易性因素的影响，房地产的价值会降低。这个折扣的范围在 10%～30%之间。
- 大额持有折扣。如果一家上市公司的股票被大量出售，那么市场会有所反应，每股价格会降低。对于公众持有的上市公司来说，1%的股票就足以降低股票的价值。所以，如果遗产中有大额股票，则应税资产的价值会因此而降低。一般折扣率为 5%～15%。

15-6g 转移税的未来

国会于 2009 年开始讨论改革转移税。2010 年 12 月开始实施这种变革，但变化（最高税率 35%，AEA 为 500 万美元，对通货膨胀的调整，UTT 减免的可转移性）仅适用于 2011 年和 2012 年。以后发生什么还是未知数。估计最高税率会等于所得税最高税率，达到 40%。AEA 应该保持不变：在 300 万～500 万美元之间。当然这只是一个猜想，UTT 减免的可转移性在未来也是未知数。

财富超过 1 000 万美元的纳税人要考虑转移税问题，但他们毕竟是少数。然而，遗产规划是每个人都需要考虑的问题，本章讨论的问题适用于各种遗产规模，无论多少。根据对 UTT 发展前景的估计，要有这样的意识，人生唯一确定的事情就是变化。现在的税法不同于未来的税法。将你的遗产规划保存在一份 Word 文档中，这样可以根据每年税法的变动实时修改。

一生中的规划：遗产规划

以下是人生的每个阶段有关遗产规划的主要考虑事项。

独立生活阶段 20多岁	家庭与职业发展阶段 30～45岁	成熟阶段 45～65岁	退休 65岁以上
√人生起始阶段，订立遗嘱	√根据环境变化修改遗嘱，指明在你和你的配偶早逝的情况下由谁来照顾子女	√开始遗产规划，考虑为子女设立信托	√设立一个考虑周全的遗产规划。修改个人遗嘱，使遗嘱尽可能详细说明所有财产（特别是个人财产）的分配方法
√在世遗嘱是个好主意，同时准备医疗委托书。要使家人和医生可以拿到这些资料	√确认家人可以拿到遗嘱	√当子女成人并从学校毕业后修改你的遗嘱	√可考虑向子女解释他们将继承遗产的情况及你的想法
	√准备一份财务事项委托书	√根据需要评价和修改你的财务事项及医疗委托书，至少每几年修改一次	√确保你的家人可以得到你所有账户的清单
			√你和你的爱人应为葬礼作出计划并安排资金，以减轻家庭负担

练习题

1. 戴维·艾伦和切瑞尔·艾伦目前30多岁，有两个孩子，分别为8岁和5岁。他们二人的年收入为95 000美元，拥有一套共管公寓，市价为310 000美元，这套公寓有按揭贷款250 000美元。戴维有100 000美元的团体人寿保险和150 000美元的个人人寿保险。然而，艾伦夫妇还没有订立遗嘱。戴维想尽快订立一份，但是他们认为切瑞尔不需要，因为公寓是共同产权。作为其理财规划师，解释一下对于艾伦夫妇来说，为什么尽快订立遗嘱是非常重要的。

2. 你最好的朋友想请你做他的遗产执行人。你需要具有什么样的资格？你会接受这个委托吗？

3. 乔治·瑞德，48岁，丧妻，德比·摩尔，44岁，离异，二人在5年前再婚。他们都有前次婚姻的子女，乔治·瑞德有两个孩子，德比·摩尔有一个。该夫妇的遗产估价140万美元，包括一栋价值475 000美元的房子、一个山区度假屋、一些投资品、德比家中使用多年的家具，以及乔治前妻的首饰。请讨论他们如何使用信托作为其遗产规划的一部分，并为他们订立遗嘱和相关文件的时机提供一些建议。

4. 使用工作表15—2。罗素·海普斯在2012年去世时留下的遗产价值5 850 000美元。他所设立的信托对遗产的分配如下：给当地医院20 000美元，给其母校160 000美元，剩余留给他的三个成年子女。与丧葬相关的支出为：葬礼费用6 800美元，律师费40 000美元，会计师费5 000美元，他生前信托的受托人30 000美元。另外，他有125 000美元的债务。使用工作表15—2、图表15—5和图表15—6，计算应缴纳的联邦遗产税。

5. 阿尔希积累了可观的财富，她计划把一部分赠与她的儿子贾梅尔。她考虑两项资产：一栋海景房，20年前买入时成本为150 000美元，当前的市场公允价值为500 000美元；Rich公司的股票，5年前购入时花费400 00C美元，现在的市场公允价值为500 000美元。编制一份备忘录，建议阿尔希应把哪项资产赠与贾梅尔。在你的备忘录中，考虑两种情形：一是贾梅尔出售这些资产；二是不出售。

6. 迈克尔于 2012 年死亡，留下 2 300 万美元的遗产。迈克尔的妻子死于 2010 年。2009 年，迈克尔给予儿子财产，产生应税赠与物 300 万美元，缴纳了 88.5 万美元的转移税。迈克尔在有生之年没有其他应税赠与。迈克尔的遗嘱中，向教堂捐赠 100 万美元。请计算迈克尔的遗产应缴纳的联邦转移税。

名 词

遗产规划（estate planning） 制定计划以管理和分配你去世后的资产，使资产以你的期望和亲人的需求相适应的方式进行分配，同时尽量减少纳税。

遗嘱遗产（probate estate） 由某人所拥有的在其死亡后可以转移的不动产和个人财产。

总遗产（gross estate） 由某人所拥有的在其死亡时可能要缴纳联邦遗产税的所有财产。

遗嘱（will） 一种书面的法律的表示或声明，表达当事人死亡时对其财产处置的愿望。

无遗嘱死亡（intestacy） 死亡时没有有效遗嘱的状况。

立遗嘱人（testator） 订立遗嘱以在其死亡时确定财产分配的人。

遗嘱附录（codicil） 一种方便地修改遗嘱不重要的部分的法律手段。

最后指示信（letter of last instruction） 与正式遗嘱不同，是与其他人交流的非正式方式，包括一些传达立遗嘱者的想法的建议或评论。

遗嘱处理过程（probate process） 在地方法庭的监督下处理立遗嘱者的遗产的过程。

执行者（executor） 根据立遗嘱者的意愿进行遗产分配的个人代表。

管理者（administrator） 在立遗嘱者死亡时没有有效遗嘱而由法院任命的个人代表。

财务事项委托书（durable power of attorney for financial matter） 委任其他人从立遗嘱者的利益出发接管其财务事务的法律文件。

在世遗嘱（living will） 在立遗嘱人临时生病的情况下准确地阐明他所期望的治疗方式的文件。

医疗委托书（durable power of attorney for health care） 在当事人不能进行医疗决策时，委托某人代表其作出医疗决策的书面文件，也称为预先医疗指引。

伦理遗嘱（ethical will） 留给家庭、朋友或社区的传达其价值观、祈愿、经历、希望和未来梦想的个人声明，也称为遗产声明。

生存者取得权（right of survivorship） 共同产权所有者中存活下来的一方可以获得死去一方的财产的权利。

联合共有（joint tenancy） 由两方或多方持有所有权，一个或多个所有者死后存活者继续持有财产。

共同所有（tenancy by the entirety） 在指定州适用，存在于丈夫与妻子之间的所有权，财产自动转移给未亡配偶一方。

一般共有（tenancy in common） 不存在生存者取得权，每个共有者都可以将其份额留给他期望给的人。

夫妻共有（community property） 在采用这种共有形式的州，所有婚后财产平等归夫妻双方所有。

信托（trust） 一方为了第三方利益将财产及其产生的收益转移给另一方的法律关系。

立托人（grantor） 创立信托并把资产转移到其中的人，也称作托管人、委托人或者创始人。

受托人（trustee） 由立托人选择的从受益人的利益出发对信托中的资产进行管理和保护的组织或个人。

受益人（beneficiary） 从信托或死者遗产中取得受益的人，立托人也可以是他自己信托的受益人。

生前信托（living（inter vivos）trust） 在立托人生前建立并存入基金的信托。

可撤销的生前信托（revocable living trust） 立托人保留撤销信托的权利，他们可以重新收回信托财产。

不可撤销的生前信托（irrevocable living trust） 立托人放弃废除或终止信托关系的权利的信托。

兜底遗嘱（pour-over will） 包含把遗产转入生前信托的一些条款，转入遗产要在偿付债务、支付费用、纳税和特定遗赠之后。

遗嘱信托（testamentary trust） 根据死者的遗嘱建立并通过遗产分配过程取得资金的信托。

不可撤销的人寿保险信托（irrevocable life insurance trust） 以立托人的人寿保险受益作为主要资产的信托。

赠与税（gift tax） 针对赠与者生前所赠物品价值征收的税金。

遗产税（estate tax） 针对所有者死亡后所转移的财产价值征收的税金。

可申请扣除额（applicable exclusion amount，AEA） 每个人在缴纳联邦遗产税时所适用的减免额。2011年每一个配偶的AEA为500万美元。

统一税率表（unified rate schedule） 适用于所有应税转移人的累进税率表，用于联邦赠与税和遗产税的计算。

年度扣除（annual exclusions） 根据联邦赠与税法，每年可以免税赠与的特定金额，这个金额根据通货膨胀率进行调整，如2011年为1.3万美元。

赠品分割（gift splitting） 一种减少赠与税的方法，配偶一方经另一方的同意，赠送一项资产给他人，可以视为配偶双方每人各赠送了一半。

统一税收减免（unified tax credit） 在遗产计税基础上计算的从应纳税额中扣除的金额。

图书在版编目（CIP）数据

个人理财：第 3 版/劳伦斯·J·吉特曼等著；张宏亮，秦娜译. —北京：中国人民大学出版社，2016.8
（工商管理经典译丛. 会计与财务系列）
ISBN 978-7-300-23025-2

Ⅰ.①个… Ⅱ.①劳…②张…③秦… Ⅲ.①私人投资 Ⅳ.①F830.59

中国版本图书馆 CIP 数据核字（2016）第 139140 号

工商管理经典译丛·会计与财务系列
个人理财（第 3 版）
劳伦斯·J·吉特曼
迈克尔·D·乔恩科　　著
兰德尔·S·比林斯列
张宏亮　秦　娜　译
Geren Licai

出版发行	中国人民大学出版社		
社　　址	北京中关村大街 31 号	**邮政编码**	100080
电　　话	010－62511242（总编室）		010－62511770（质管部）
	010－82501766（邮购部）		010－62514148（门市部）
	010－62515195（发行公司）		010－62515275（盗版举报）
网　　址	http://www.crup.com.cn		
	http://www.ttrnet.com（人大教研网）		
经　　销	新华书店		
印　　刷	三河市汇鑫印务有限公司		
规　　格	185 mm×260 mm　16 开本	**版　　次**	2016 年 8 月第 1 版
印　　张	27.5 插页 1	**印　　次**	2016 年 8 月第 1 次印刷
字　　数	646 000	**定　　价**	59.00 元

CENGAGE Learning™

Supplements Request Form（教辅材料申请表）

Lecturer's Details（教师信息）			
Name：（姓名）		Title：（职务）	
Department：（系科）		School/University：（学院/大学）	
Official E-mail：（学校邮箱）		Lecturer's Address/Post Code：（教师通讯地址/ 邮编）	
Tel：（电话）			
Mobile：（手机）			

Adoption Details（教材信息）　原版□　翻译版□　影印版 □			
Title：（英文书名） Edition：（版次） Author：（作者）			
Local Publisher：（中国出版社）			
Enrolment：（学生人数）		Semester：（学期起止时间）	

Contact Person & Phone/E-Mail/Subject：
（系科/学院教学负责人电话/邮件/研究方向）
（我公司要求在此处标明系科/学院教学负责人电话/传真号码并在此加盖公章。）

教材购买由 我□　我作为委员会的一部分□　其他人□［姓名：　　　］　决定。

Please fax or post the complete form to（请将此表格传真至）：

CENGAGE LEARNING BEIJING
ATTN：Higher Education Division
TEL：(86) 10-82862096/95/97
FAX：(86) 10-82862089
ADD：北京市海淀区科学院南路 2 号
融科资讯中心 C 座南楼 12 层 1201 室　100080

Note：Thomson Learning has changed its name to CENGAGE Learning.

VERIFICATION FORM/CENGAGE LEARNING

教师教学服务说明

中国人民大学出版社工商管理分社以出版经典、高品质的工商管理、财务会计、统计、市场营销、人力资源管理、运营管理、物流管理、旅游管理等领域的各层次教材为宗旨。

为了更好地为一线教师服务，近年来工商管理分社着力建设了一批数字化、立体化的网络教学资源。教师可以通过以下方式获得免费下载教学资源的权限：

在“人大经管图书在线”（www. rdjg. com. cn）注册，下载“教师服务登记表”，或直接填写下面的“教师服务登记表”，加盖院系公章，然后邮寄或传真给我们。我们收到表格后将在一个工作日内为您开通相关资源的下载权限。

如您需要帮助，请随时与我们联络：

中国人民大学出版社工商管理分社

联系电话：010－62515735，62515749，62515987

传　　真：010－62515732，62514775　　电子邮箱：rdcbsjg@crup. com. cn

通讯地址：北京市海淀区中关村大街甲 59 号文化大厦 1501 室（100872）

教师服务登记表

<table>
<tr><td>姓 名</td><td></td><td>□先生 □女士</td><td>职　　称</td><td colspan="2"></td></tr>
<tr><td>座机/手机</td><td colspan="2"></td><td>电子邮箱</td><td colspan="2"></td></tr>
<tr><td>通讯地址</td><td colspan="2"></td><td>邮　　编</td><td colspan="2"></td></tr>
<tr><td>任教学校</td><td colspan="2"></td><td>所在院系</td><td colspan="2"></td></tr>
<tr><td rowspan="3">所授课程</td><td>课程名称</td><td>现用教材名称</td><td>出版社</td><td>对象（本科生/研究生/MBA/其他）</td><td>学生人数</td></tr>
<tr><td></td><td></td><td></td><td></td><td></td></tr>
<tr><td></td><td></td><td></td><td></td><td></td></tr>
<tr><td colspan="2">需要哪本教材的配套资源</td><td colspan="4"></td></tr>
<tr><td colspan="2">人大经管图书在线用户名</td><td colspan="4"></td></tr>
<tr><td colspan="6">

院/系领导（签字）：
院/系办公室盖章</td></tr>
</table>